C0-DBR-513

Changes, Conflicts and Ideologies in Contemporary Hispanic Culture

Changes, Conflicts and Ideologies in Contemporary Hispanic Culture

Edited by

Teresa Fernández Ulloa

Proofreading in English by Erin K. Hogan and Steven Gamboa

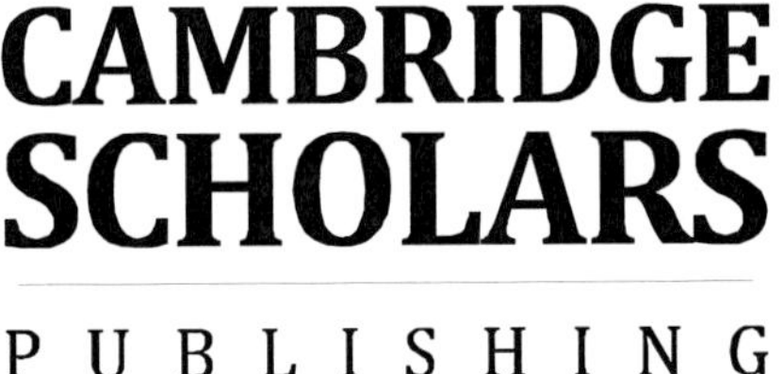

Changes, Conflicts and Ideologies in Contemporary Hispanic Culture
Edited by Teresa Fernández Ulloa

This book first published 2014

Cambridge Scholars Publishing

12 Back Chapman Street, Newcastle upon Tyne, NE6 2XX, UK

British Library Cataloguing in Publication Data
A catalogue record for this book is available from the British Library

ISBN (10): 1-4438-5654-1, ISBN (13): 978-1-4438-5654-6

Table of Contents

List of Illustrations

LIST OF TABLES

FOREWORD

This book is formed by various chapters studying how conflicts, changes and ideologies appear in Hispanic contemporary discourses. A wide variety of topics related to the manner in which ideological and epistemological changes of the 19th, 20th and 21st centuries are reflected in, and shape at the same time, Spanish language, literature, and other cultural expressions in both Spain and Latin America, will be analyzed.

The 19th century was conducive to the movements of Independence while in Europe radical changes of different types and in all contexts of life and knowledge occurred. Language was certainly affected by these changes resulting in new terminology and discourse strategies. Likewise, new schools of thought such as idealism, dialectic materialism, nihilism, and nationalism, among others, unfolded, in addition to new literary movements such as romanticism, evocative of (r)evolution, individualism and realism, inspired by the social effects of capitalism.

Scientific and technological advances continued throughout the 20th century, when the women's liberation movement consolidated. The notion of globalization appears simultaneously to various crises, despotism, wars, genocide, social exclusion and unemployment. Together, these trends give rise to a vindicating or de-marginalizing discourse that reaches large audiences via television. The classic rhetoric undergoes some changes given the explicit suasion and the absence of delusion provided by other means of communication.

The 21st century is defined by the flood of information and the overpowering presence of mass communication, so much so that the technological impact is clear in all realms of life. From the linguistic viewpoint, the appearance of anglicisms and technicalities mirrors the impact of post-modernity. It seems that there is a need to give coherence to a national discourse that both grasps the past and adapts itself to the new available resources with the purpose of conveying an effective and attractive message to a very large audience. Discourse is swift, since society does not seem to have time to think but instead seeks to maintain the interest in a world filled with stimuli that, in turn, change constantly. Emphasis has been switched to a search for historical images and moments that presumably explain present and future events. It is also significant that all this restlessness is discussed and explained via new means such as the world-wide-web. The change in communication habits (e-mail, chats, forums, SMS) that was initiated in the 20th century has had a net effect in the directness and swiftness of language.

CHAPTER ONE

CAMBIOS CULTURALES A GOLPE DE CLIC: CREANDO COMUNIDAD ONE TO ONE

NEREIDA LÓPEZ VIDALES
UNIVERSIDAD DE VALLADOLID

1. Introducción: Antecedentes, objetivos y metodología

La revolución digital vivida en los últimos años a nivel tecnológico ha provocado un importante cambio sociológico que está afectando de lleno a la cultura audiovisual. El fenómeno de convergencia resultante de este proceso se ha caracterizado por la concentración de medios de comunicación, por la necesidad de repensar los modelos de negocio tradicionales en busca de nuevos modos de rentabilizar la producción, por la globalización de los contenidos, la reinvención de los profesionales, el diseño de nuevos espacios comunicativos, la heterogeneidad de las ofertas programáticas, la pluralidad de dispositivos de nuevo cuño y la generalización del uso de internet como paradigma de libertad de expresión o democratización del acceso a la información. En el entorno social, la situación se completa con el incremento del ritmo en las actividades cotidianas, el mestizaje explícito en la producción de cualquier tipo a nivel general, el suicidio cuasi intencionado de la especialización en el entorno comunicativo y el deseo irrefrenable de la conexión en directo como forma prioritaria de relación con el exterior.

Los herederos de esta convergencia multimedia y protagonistas de los cambios culturales son las generaciones de jóvenes que hoy se sitúan entre los 14 y los 25 años. Representan el nuevo objetivo de consumo audiovisual, de contenidos comunicativos y de nuevos media, especialmente los adolescentes. Estos jóvenes se muestran dispuestos a mutar su modo de consumo audiovisual, acelerando una tendencia *ONE to ONE*, individualista y de consumo rápido, proclive a la inmediatez, a la interactividad, a la convergencia de lenguajes y formas, que pasa necesaria e irremediablemente por la Red de redes, el antes y después de los actuales medios de comunicación (López Vidales, 2008). Son jóvenes que ya no se ciñen a los contenidos ofrecidos por los radiodifusores, sino que los generan a través del móvil, los consumen por Internet, navegan y comparten su acceso con videojuegos, mensajería instantánea o intercambio de archivos de todo tipo. Son los llamados nativos digitales (Prensky, 2001), la Net-Generation (Tapscott, 1998) o Millennials según Howe y Strauss (2000), para los que la tecnología forma parte de su vida cotidiana e Internet existe desde que tienen uso de razón, han nacido y crecido en ese entorno; día a día visualizan más contenidos de televisión en la Red, mientras se conectan a Internet una media de 11 horas a la semana[1], cifra que va en aumento año tras año: "los jóvenes conviven con las pantallas de un modo espontáneo y natural. Éstas forman parte de su paisaje infantil" (Gabelas y Marta, 2011:11). Viven conectados a Internet, ahora también en el móvil, un dispositivo que, según el Informe de la Juventud 2008 del Injuve, ya por entonces manipulaba cerca del 96% de esta población, y que contribuye más que ningún otro soporte actual a la construcción icónica de su yo en la etapa narcisista de transición a adultos.

Los jóvenes de hoy navegan a golpe de clic por los canales de televisión del mismo modo que lo hacen por las páginas de Internet. Su consumo de los medios, y en especial de la televisión—aunque también ocurre con la radio y la prensa escrita—, no responde a la fórmula tradicional: son audiencias activas que buscan en la televisión digital y en los nuevos medios no solo la elección de contenidos y su lugar de recepción, sino también la posibilidad de participación e intervención productiva, con el consiguiente cambio en la organización de flujos comunicacionales. Una de las consecuencias más relevantes de esta transformación es la "actitud 2.0", basada en el deseo de mantener una relación comunicativa permanente con aquellos individuos que conforman el entorno de relaciones más próximo o habitual. Se conforma así una comunidad en red con la que compartir objetos y experiencias. Signos inequívocos de la representación social de estas nuevas generaciones son la exhibición e incluso ostentación de diferentes dispositivos móviles y/o portables para el consumo individual de contenidos audiovisuales y su difusión compartida.

Los jóvenes 2.0 construyen con estos aspectos su propia "imagen de marca", a la vez que transmiten una plantilla identitaria lista para sumar nuevos adeptos en su círculo de amigos; son "los usuarios de las nuevas tecnologías y controladores activos en busca de su propia fruición" (Barceló y Sánchez, 2010). En línea con Carmen Marta Lazo y José Antonio Gabelas, "el oxígeno ambiental que provoca el entorno mediático

---

[1] www.marketingdirecto.com, consultada el 19 de marzo de 2011.

de comunicación social con sus múltiples y permeables pantallas es un factor básico de socialización" (Gabelas y Marta, 2011: 11).

En esta aportación se presentan algunos de los datos relevantes en materia de cambios en el consumo mediático de contenidos audiovisuales obtenidos a partir de distintas investigaciones recientes llevadas a cabo en el seno de OCENDI, Observatorio del ocio y entretenimiento digital[2], con el claro objetivo de estudiar el comportamiento de los jóvenes ante los medios de comunicación actuales, sus preferencias y las consecuencias sociológicas y culturales que derivan de la globalización multipantalla propiciada por la generalización del uso de Internet. Las investigaciones aludidas hacen referencia específica a estos aspectos en el entorno televisivo, radiofónico y de la telefonía móvil.

2. Las nuevas generaciones ante una televisión en plena transición de modelo

Todos los medios de comunicación convencionales se han visto afectados de lleno por Internet hasta el punto de que se ha llegado a predecir la desaparición de alguno de ellos, como es el caso de la prensa escrita. En el caso concreto de la televisión, al igual que ya ocurrió en el pasado con la aparición de nuevas formas de comunicación mediática, la consolidación de un medio "transversal", como es Internet, no ha provocado su "muerte", sino que más bien actúa como "el motor de una reestructuración en las relaciones establecidas entre los medios ya existentes" (Maestre Pérez, 2004:840).

Para diferenciar el momento actual de readaptación o reinvención del medio, nace el término "postelevisión" (Ramonet, 2002; Imbert, 2008), con el que se hace referencia a un nuevo concepto de televisión que algunos autores resumen en la denominada "Triple A", anytime, anywhere, anyway (Arranz Esteban, 2011:207). Esta "nueva televisión tiene que desarrollarse en un contexto caracterizado por la hibridación de contenidos, la fragmentación de audiencias, el incremento de la competencia, una rentabilidad imposible para todos los canales, la caída de la publicidad, un profundo cambio global en el consumo mediático y una crisis económica a nivel mundial" (López, González y Medina, 2010).

La pregunta que inicia este estudio es si la televisión sigue siendo para los más jóvenes un medio de entretenimiento en la era digital y, sobre todo, si su oferta actual responde a sus necesidades e inquietudes, especialmente teniendo en cuenta que "la calidad y el atractivo de los

---

[2] www.ocendi.com.

contenidos son quizás el aspecto que ha despertado más críticas en la transición digital" (Academia TV, 2010:187).

Los jóvenes con edades comprendidas entre los 14 y los 25 años han modificado los hábitos tradicionales de consumo mediático, específicamente el televisivo. Hoy prefieren acceder a sus contenidos favoritos a través de dispositivos móviles conectados a Internet. Sin embargo, continúan consumiendo programas en los medios de comunicación convencionales; no han dejado de ver la televisión, aunque sí ha descendido, en la última década, el número de jóvenes menores de 25 años que lo hacen más de dos horas al día (López y Gómez, 2012).

2.1. El diseño de la investigación sobre jóvenes y televisión

En este apartado mostraremos algunas conclusiones de la investigación "Preferencia juvenil en nuevos formatos de televisión. Tendencias de consumo en jóvenes de 14 a 25 años", realizada por OCENDI, con el objetivo de analizar las tendencias de los jóvenes en materia de consumo televisivo. La investigación se ha desarrollado en dos fases: la primera de ellas, realizada en 2010 y 2011[3], se ha basado en un muestreo por cuotas intentando respetar la proporcionalidad por territorios, atendiendo, además, a las variables de sexo y edad. Se realizaron entrevistas a 3.500 adolescentes y jóvenes, entre 14 y 25 años, estudiantes de secundaria y universitarios, que se dividieron en dos sub-segmentos de edad: uno, de 14 a 17 años, y otro, de 18 a 25 años. En el primer caso, se realizaron más de 600 entrevistas, repartidas a partes iguales entre hombres y mujeres, de las que resultaron válidas 557. La elección de este segmento de edad para su estudio de forma separada se debe a que consideramos que es el segmento de referencia para la construcción de los nuevos productos y, en consecuencia, de los nuevos medios o plataformas de difusión de contenidos; es, sin duda, el que ha demostrado un mayor abandono del consumo de televisión (López, González y Medina, 2010). En el segundo tramo de edad, de 18 a 25 años, se efectuaron cerca de 2.000 entrevistas, de las que hemos seleccionado aleatoriamente 1.585 para ajustarlas a los porcentajes que nos habíamos marcado inicialmente. De ellas, 1.110 han sido a mujeres y 475 a hombres, en su mayoría estudiantes universitarios. La muestra final cuenta con un nivel de confianza del 98% y un margen de error de +.2%[4].

---

[3] La segunda fase (2011-2012) consiste en la realización de entrevistas en profundidad a expertos en la materia y su codificación mediante el método Delphi.

[4] Aun así, como en toda investigación de carácter cualitativo, hay que tomar los resultados como aproximación al fenómeno y no como verdades absolutas.

De los dos grupos de edad señalados se llevaron a cabo entrevistas en todas las Comunidades Autónomas del Estado observando las siguientes condiciones: población de cada Comunidad, presencia importante de centros universitarios (públicos y privados) y población registrada según el censo de 2010, momento anterior al inicio del trabajo de campo. El objetivo era tener en cuenta a la población juvenil en su conjunto, pero diferenciando a aquellos que se han desplazado ocasionalmente por motivos de estudios. Para nuestro análisis hemos señalado el origen de cada entrevistado, no el lugar donde se le hizo la entrevista.

A cada uno de los grupos de edad se le planteó varias preguntas divididas en tres bloques: uno, hábitos de consumo en formatos y contenidos de televisión; dos, preferencias en el consumo de formatos y contenidos de televisión; y tres, valoración de los contenidos de la televisión y propuestas de cambio.

Las respuestas ofrecidas en cada una de las preguntas nos han posibilitado, por un lado, tener un conocimiento exhaustivo de cuál es la valoración que estos jóvenes realizan de la televisión en general, así como de los contenidos, géneros y formatos ofertados. Por otro lado, también nos ha permitido dar la oportunidad de que la audiencia más joven muestre claramente sus preferencias a la hora de confeccionar una parrilla de programación "a su gusto" y de poner de manifiesto su comportamiento actual ante la televisión (y al tiempo, ante otros medios), lo que nos ha posibilitado también establecer algunas tendencias de futuro para el sector. En último lugar, las respuestas ofrecidas por ambos tramos de edad nos han facilitado un estudio comparativo en el que se han encontrado algunas diferencias significativas, especialmente en lo que a gustos y hábitos de consumo se refiere, entre los dos segmentos analizados.

2.2. La investigación y el estado de la cuestión

Las sociedades modernas se ven reflejadas en la tipología mediática que ostentan y, a su vez, vuelcan en ellos, a través de su programación, sus características y evolución en todos los ámbitos, ya sea cultural, político, económico o social. No en vano, la vieja disposición legislativa que subraya los objetivos de éstos, centrados en formar, informar y entretener, sigue vigente en el siglo XXI (López, González y Martín, 2011). La televisión es una industria cultural; informa, aunque la superabundancia de noticias y otros intereses ajenos al negocio comunicativo atenten contra este derecho con altas dosis de desinformación y manipulación; forma, no solo en conocimientos sino también en personalidad; y educa, muy especialmente en valores y comportamientos, mediante los prototipos que muestra cotidianamente como "normales" y con las historias que transmite a diario, en su mayoría reconstruidas, ficcionadas y alejadas de la realidad objetiva.

Con la reciente llegada de la televisión digital terrestre a los hogares españoles, la oferta televisiva se multiplicó de manera significativa y con ello se abrió el camino hacia la llamada convergencia multimedia y la esperada oferta audiovisual multiplataforma. La tecnología ha acercado la televisión a otros equipos inicialmente no concebidos para ello y ha facilitado la emisión en alta definición e incluso en 3D. La asignatura pendiente, marcada por el surgimiento y falta de consolidación de nuevos negocios y la ruptura del modelo de financiación basado en los ingresos publicitarios y las subvenciones públicas, continúa siendo la carencia de un nivel de calidad en los contenidos televisivos, al mismo tiempo que una insuficiente innovación en la oferta programática de cara a su futuro consumo multiplataforma. Junto a ello, y desde 2006, ha quedado patente la migración de ciertos segmentos poblacionales, fundamentalmente los jóvenes de entre 13 y 18 años, hacia el consumo de contenidos televisivos en otros soportes, móviles, portables y más flexibles. Un informe del Foro de la Generación Interactiva en España de la Fundación Telefónica, de 2009, ya nos confirmaba que el 63% de los jóvenes entre 10 y 18 años preferían Internet a la televisión.

Pero a pesar de la actual fragmentación de la audiencia por la eclosión de nuevos canales, a pesar del mantenimiento de una programación de dudosa calidad, y a pesar de la multiplicación de nuevos soportes para esos mismos contenidos, la televisión sigue sumando adeptos, también entre los más jóvenes. La televisión es el medio de comunicación elegido por la mayoría de la población para entretenerse; pasar el rato, ya sea con amigos o en familia, frente a la pantalla televisiva, es la razón más esgrimida por los encuestados en el estudio realizado por Carat Expert (Uteca, 2009).

No obstante, tal y como señalábamos anteriormente, los más jóvenes están tomando la iniciativa en la búsqueda de los contenidos a través de la Red o del teléfono móvil, provocando un consumo más adaptado a su tiempo libre y a sus gustos particulares, en consonancia con la tendencia actual de la nueva televisión que marca un disfrute menos familiar y más individual[5]:

> "Para los más mayores, la televisión es el medio con el que crecieron y son ellos los que la adoptaron como práctica comunicativa preponderante en la

[5] Los datos de *Kantar Media* (junio, 2011) concluyen que los espectadores españoles de entre 4 y 34 años pasan 164 minutos ante el televisor (frente a los 156 minutos al día que reflejaban los estudios entre 2006 y 2010).

vida doméstica cotidiana. Para los más jóvenes, la televisión es tan sólo un medio más de los dispuestos a su alcance en el entorno familiar. Y comparte en el espacio y en el tiempo, entre otros, con Internet" (Tubella, Tabernero y Dwyer, 2008).

Se produce así lo que estos mismos autores identifican como "la guerra de las pantallas", que podría ser interpretada como una clara atomización del contenido audiovisual y una mayor libertad de consumo. A la población joven le atrae la independencia del ordenador y del móvil, porque estos soportes les permite visualizar contenidos audiovisuales en el momento elegido, "sin rendir cuentas a nadie y sin tener que lidiar con los otros miembros de la familia por el mando a distancia de la televisión" (Peris, 2011).

En cuanto a la oferta audiovisual, la sinergia televisión-Internet va siendo cada vez mayor para poder responder a la exigencia de los jóvenes de pasar de un medio a otro e incluso de consumir contenidos de estos dos medios de manera simultánea. La innovación creativa resulta esencial (López Vidales, 2010), y en este terreno, existen producciones audiovisuales concebidas para Internet que han tenido su réplica en canales televisivos, y viceversa, así como nuevos proyectos[6] que muestran una relación simbiótica entre el flujo televisivo e Internet.

2.3. El ocio juvenil en el siglo XXI: Internet, cine y televisión

Los jóvenes con edades comprendidas entre los 14 y los 25 años son el segmento poblacional que menos televisión consume en la actualidad. En España, su índice ha descendido por encima de los 10 puntos, pasando de un 20% en 1995, a un estimativo 6% según los últimos estudios de Nielsen, Kantar Media y el Estudio General de Medios de 2009 y 2010, y un 6,5% en 2011. Con la edad se modifican los gustos y varía la tendencia de consumo. La III Edición del Informe de Deloitte constata que, mientras las personas con edades entre 43 y 61 años y entre 62 y 75 dedican de 19 a 21 horas y media semanales, respectivamente, a ver televisión, el consumo se reduce a 15 horas semanales entre los adultos de 26 a 42 años, mientras que para los jóvenes con edades comprendidas entre los 14 y los 25 años, estas se reducen a menos de 10 horas y media[7]. En contrapartida, según datos extraídos del Primer Encuentro sobre Televisión on line, organizado por Televeo en 2010, el 70% de los jóvenes españoles ha descargado en alguna ocasión contenidos audiovisuales, mientras que el 40% ha

[6] Diseñados fundamentalmente para los protocolos IPTV.

[7] www.europapress.es, consultada el 20 de enero de 2011.

consumido televisión o vídeos en streaming. Son, sobre todo, consumidores de redes sociales. En este sentido, según los resultados de la 2ª Oleada del Observatorio de Redes Sociales (febrero de 2010), responden al perfil denominado Trend Follower, jóvenes entre 16 y 25 años, muy activos en Internet, Tuenti, YouTube Fotolog, que usan estas redes como forma de ocio y entretenimiento, para tener información de eventos, fiestas o encuentros, pero en cuyo uso y consumo influye también el factor "moda" (I Informe Ocendi, 2012).

Gráfico 1.1. Medios que utilizan los jóvenes para entretenerse

14-25 años | | N: 2142

Provincia: Todas **Participantes según sexo:** 475 H /1110 M **Edad:** 18-25 años **Nº total de paticipantes:** 1585
Provincia: Todas **Participantes según sexo:** 185 H /372 M **Edad:** 14-17 años **Nº total de paticipantes:** 557
¿QUÉ MEDIOS UTILIZAS PARA ENTRETENERTE?

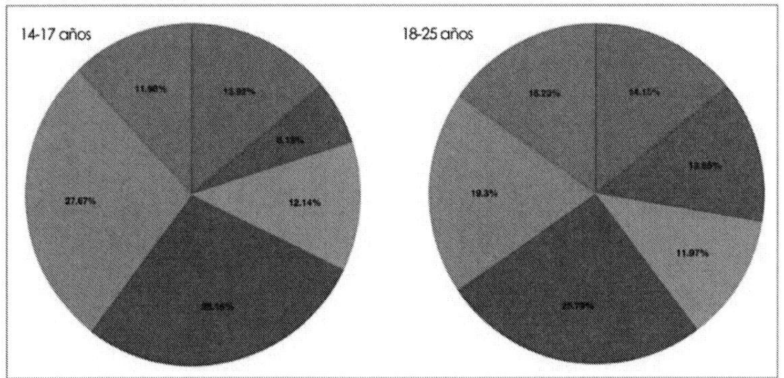

Radio Periódicos Revistas Internet Cine Televisión

Fuente: 

En nuestro estudio, Internet se erige como el medio de comunicación favorito, con porcentajes que rozan el 50% de los encuestados en ambos segmentos de edad. Los adolescentes indican que utilizan la Red para entretenerse de forma habitual (28% y 26%) por delante del cine, la televisión o la radio, que son sus medios frecuentes a la hora de disfrutar del tiempo de ocio solos o compartiendo con sus amigos y familia. Los datos reflejan que esta preferencia se incrementa notablemente si les preguntamos por cuáles son sus medios favoritos, aquellos que usarían más si pudieran elegir siempre: como hemos indicado, los adolescentes se decantan por Internet en cerca de un 47%, frente al 43% de los jóvenes de 18 a 25 años. Comparando las dos respuestas, medios habituales y medios favoritos, se pone de manifiesto una vez más que la tendencia a corto plazo en el consumo de contenidos audiovisuales, en general, y de programas de televisión en particular, pasará por las posibilidades que ofrezca la Red. Al margen de esta evidencia, en el orden de preferencia en que sitúan al resto de los medios, hay que hacer, al menos, dos constataciones: de un lado, la radio se mantiene por encima de los periódicos y las revistas en los gustos juveniles, y el cine es la única opción que puede competir con Internet por ocupar el tiempo de ocio de las nuevas generaciones.

Los jóvenes siguen escuchando radio, aunque ya no sea a través del convencional transistor; disfrutan del cine y la pequeña pantalla "familiar" en su tiempo libre, siendo mayor el índice de aquellos que están entre los 14 y los 17 años, pero han abandonado el papel. En las respuestas recogidas en el estudio, se anotaban las diferencias en cuanto a soportes, es decir, se contemplaba el que los encuestados hablaran de periódicos en papel y on line, radio a través de internet o en cualquier soporte físico, etc. Los jóvenes encuestados marcan las diferencias cuando hablan del cine, por ejemplo si es en sala, por descarga o vía streaming; o de la radio, que escuchan más en sus reproductores de bolsillo y en el coche; pero no dicen leer prensa escrita en la web cuando señalan a los periódicos como su última opción.

Gráfico 1.2. Medios preferidos por los jóvenes

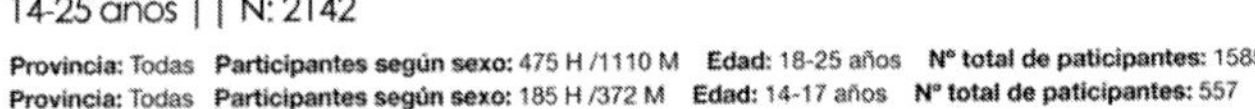

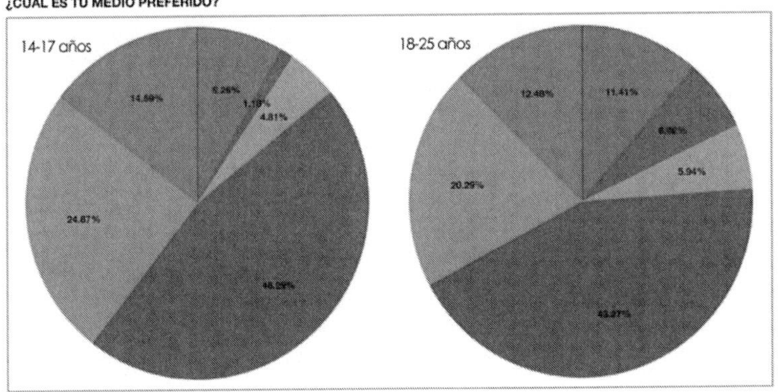

Radio · Periódicos · Revistas · Internet · Cine · Televisión

Fuente: CENDI

Podemos afirmar que las nuevas generaciones de espectadores "han cogido el mando": son usuarios y clientes de los medios; demandan contenidos y pagan por ellos, bien a través de la tarifa telefónica o bien por producto, y se decantan por contenidos *express* o a la carta que no les impidan la realización de otras tareas en paralelo y que les dejen no solo elegir, sino también intervenir (López Vidales, 2008).

2.4. A los jóvenes no les gusta la televisión actual, ¿Por qué?

La competencia en televisión, agudizada por la multiplicación reciente de canales en abierto, ha tratado de poner en marcha fórmulas de dinamización y renovación de la actual rejilla programática. En este sentido, los últimos años han asistido a una combinación de estrenos de programas de variedades, series y contenidos deportivos que han dejado exhausto al espectador. La mayoría de las propuestas se sustituían en apenas unas semanas de emisión, dando lugar a otras "luces a medio gas" que no tenían mejor suerte. Han sido también años caracterizados por re-estrenos y fórmulas mejoradas de propuestas ya conocidas que inundaron las parrillas, clonando incluso las franjas horarias para evitar el trasvase de audiencias de un canal a otro. Aún así, y a pesar del esfuerzo de los programadores por innovar en las parrillas, los actuales contenidos televisivos no acaban de convencer a los más jóvenes, quienes dicen que esta no es "su" televisión (López, 2010).

Entre los adolescentes (14-17 años), alrededor de la mitad de los encuestados consideran que en la televisión actual hay un abuso de programas del corazón (13,6%) y un exceso de periodismo rosa (12,4%), al tiempo que opinan que los contenidos emitidos están fuertemente condicionados por la publicidad (10%) y que hay pocos espacios cinematográficos (7%). En consecuencia, un 7,9% tildan al medio de "telebasura", un calificativo que en el caso del segundo grupo de jóvenes investigado, aquellos con edades entre los 18 y 25 años, aumenta considerablemente. De hecho, un 20,6% de los jóvenes encuestados entre esas edades denominan la televisión actual como "telebasura". Para estos últimos, también hay un abuso de programas del corazón en el medio (16%), con espacios de poca calidad (15,6%) y parrillas plagadas de "poca variedad" (13,6%). En su opinión, la actual televisión atiende, fundamentalmente, al entretenimiento "por el entretenimiento", descuidando las otras funciones de carácter social, informativo o formativo, que tradicionalmente han formado parte de su razón de ser.

A los más jóvenes les gustaría que los programas televisivos versaran sobre temas de ocio (17%), actualidad (16,3%) y deportes (16,1%), seguidos por aquellos de sexo (15), relaciones (13,6), viajes (8,3%), videojuegos (7,9%) e información (5,9%). En el siguiente tramo de edad

(18-25 años), las preferencias también giran en torno a la actualidad (21,7%) y el ocio (15,9%), seguidos por los programas de viajes (15,86%), información (14,4%), deportes (9,7%), relaciones (9,6%), sexo (8%) y videojuegos (4,9%).

Gráfico 1.3. Programación televisiva ideal para los jóvenes

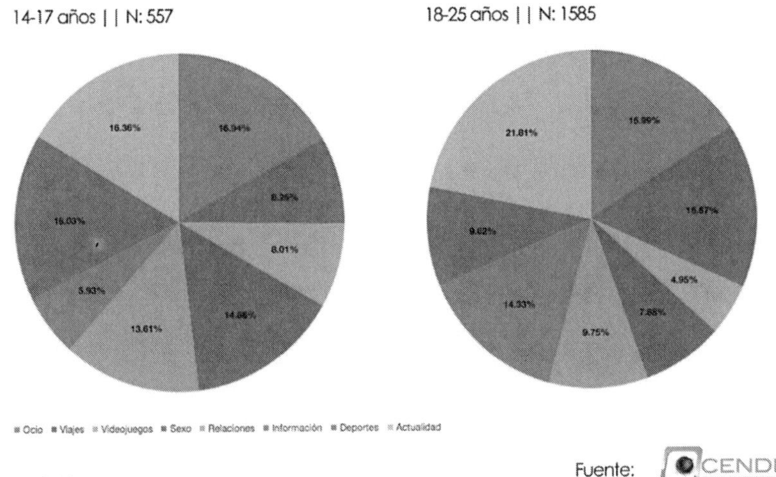

2.5. El entretenimiento como clave del éxito

A pesar de la opinión desfavorable que los jóvenes vierten sobre la televisión actual, especialmente por sus contenidos, lo cierto es que la digitalización ha traído consigo un “rejuvenecimiento” de la audiencia, cosechando mejores datos en aquellos segmentos que contaban con una menor presencia en la televisión analógica, que son los niños y los jóvenes. Así, en su primer año de implantación, el 16% de la audiencia de la TDT tenía menos de 24 años, de los que el 5,8% eran niños de hasta 12 años y el 10,2% restante eran jóvenes de entre 13 y 24 años, “un resultado interesante porque inclinaba la TDT hacia su conexión con los públicos de menor edad” (Impulsa TDT, 2010: 122). Además, los jóvenes muestran claramente sus preferencias sobre la televisión que quieren: con música; con programas dinámicos e interactivos, que versen sobre temas de actualidad; con entrevistas, y con mucha ficción.

Gráfico 1.4. Géneros de televisión seleccionados por los jóvenes

14-17 años | | N: 557

18-25 años | | N: 1585

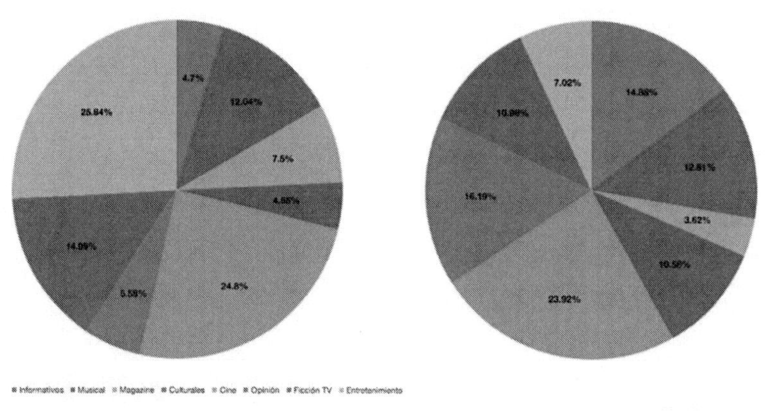

N: 2142

Fuente: CENDI

Pese a las preferencias señaladas por los jóvenes acerca de qué tipo de programas les gustaría que abundasen en la televisión, estas no siempre coinciden con su elección última a la hora de encender el televisor. De hecho, según datos proporcionados por Barlovento Comunicación, en septiembre de 2011, deportes, ficción y entretenimiento fueron los géneros más vistos por estos telespectadores: partidos de fútbol disputados dentro de la liga de campeones y emitidos por TVE-1, así como series de producción nacional—tales como “El Barco”, “Los Protegidos” y “Física o Química”, emitidas por Antena 3; o “La que se avecina” y “Aida”, de Telecinco—y los reality shows “Gran Hermano” y “Supervivientes”, de Telecinco y “Perdidos en la ciudad”, de Cuatro; y lo hacen con una cuota de pantalla que oscila entre el 48,2% registrado por el partido de la liga de campeones emitido por el primer canal de TVE y el 17% acumulado por las redifusiones realizadas por Antena 3 de la serie “El Barco” (Gómez, López y Gónzalez, 2012).

2.6. Ficción, variedades y cine, sus preferidas

Las series de producción nacional ocupan un lugar destacado entre los espacios más consumidos por los jóvenes en televisión, poniendo de manifiesto que la ficción seriada de producción propia mantiene una “excelente salud”. Este dato viene a consolidar la tendencia marcada por el último informe Impulsa TDT, correspondiente al año 2010, donde se señalaba que uno de los fenómenos más llamativos de 2009 y primeros meses de 2010 era el éxito relativo de las TV movies producidas por los canales nacionales, "que han adoptado un tipo de oferta de producción propia ya experimentado por los operadores autonómicos" (2010: 32). Estos productos—Tv movies, series juveniles, sitcoms—constituyen "uno de los contenidos estrella del mercado mediático en torno a la cultura juvenil y se colocan en la compleja encrucijada tecnológica y cultural de la era digital" (Fedele, Prado y García-Muñoz, 2011: 326).

Pero los jóvenes también consumen realities: "Gran Hermano", "Supervivientes" y "Perdidos en la ciudad", programas que buscan el espectáculo, al tiempo que convierten en información algo que previamente no lo era (Ribés, 2005), y que diluyen las fronteras entre los espacios privados, convencionales y morales al estar relacionados con la exposición pública de la vida privada como forma de espectáculo televisivo (Medrano, Aierbe y Palacios, 2010: 550-551). El catedrático de Comunicación Audiovisual, Gérard Imbert, apunta que la mayor mutación experimentada por las funciones tradicionalmente atribuidas a la televisión es la sufrida por el concepto de actualidad, entendido como lo que llena la agenda informativa, vinculado al cambio de estatus de lo público: "la ampliación del campo de lo público a aspectos de la vida privada (la intimidad, los secretos de alcoba, etc.) y la extensión de la actualidad a aspectos que hasta hace poco no tenían cabida en la agenda informativa" (Imbert, 2011: 17).

Dentro de los veinte programas más vistos por los jóvenes entre 13 y 24 años en septiembre de 2011, no encontramos ningún espacio cinematográfico, de humor, musical, de actualidad, de contenido informativo o cultural. Por el contrario, descubrimos que estos géneros emitidos en televisión forman parte de los veinte programas menos vistos, sobre todo los que corresponden a espacios divulgativos, documentales y conciertos musicales ofrecidos de forma mayoritaria por el segundo canal de TVE, con cuotas de pantalla que ni siquiera llegan a acumular medio punto. Son programas de temática variada, cuyo objetivo principal es entretener formando, pero que no resultan rentables a la cadena (Ruano, 2009), ni son atractivos para los jóvenes.

2.7. La televisión de las nuevas generaciones tiene mucha música y humor

La música y el humor son las características predominantes en la televisión que quieren los jóvenes de hoy. En nuestro estudio, los entrevistados demandan más innovación en formatos televisivos que contribuyan a una mayor variedad en la oferta, puesto que se quejan de que todas las cadenas hacen lo mismo a las mismas horas. En las preguntas abiertas que se les han formulado, algunos resumen esta opinión asegurando "que hay muchos canales, pero muy poco contenido que valga la pena" y esperan que "con la TDT se elaboren contenidos más específicos para los diferentes tipos de público[8]". La música es el contenido por el que, de forma mayoritaria, apuestan los jóvenes en la elaboración de sus parrillas de programación ideales: un 28,5% de los jóvenes entre 14 y 17 años se decantan por la música como elemento a incluir siempre, junto a un 23,6% de aquellos con edades entre 18 y 25 años, que han manifestado la misma opinión.

Gráfico 1.5. Elementos imprescindibles para los jóvenes para una "buena" televisión

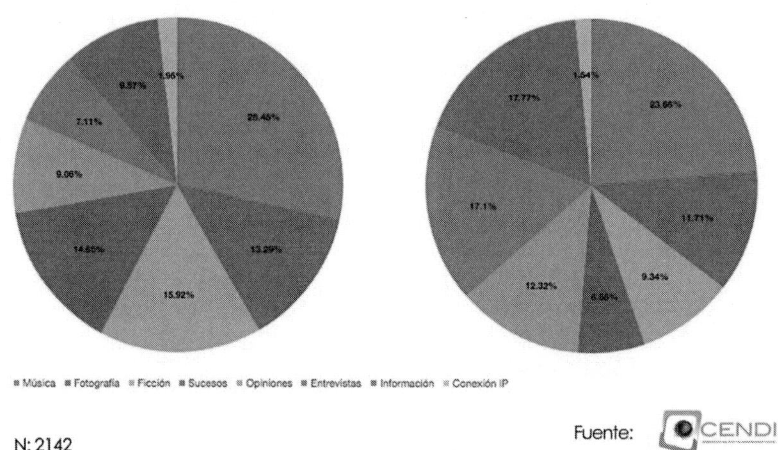

Tal y como ponen de manifiesto los gráficos, es una vez abandonada la adolescencia cuando los jóvenes comienzan a interesarse en mayor medida por los programas de actualidad, información y opinión, en detrimento de una programación que apueste única y exclusivamente por el entretenimiento, que es la televisión preferida por los adolescentes.

---

[8] Tan solo un 5,7% de los encuestados entre 14 y 17 años indican que en la televisión actual se puede encontrar "de todo".

2.8. Nuevos hábitos en el consumo de televisión entre los jóvenes

A pesar de que la primacía del entorno doméstico (domicilio familiar) "sedentario[9]" (Rubio, 2009; AIMC, 2009) sigue siendo una de las características del consumo audiovisual de los jóvenes, este no se realiza con el grupo familiar. De este modo, cada vez más jóvenes manifiestan su deseo de ver televisión solos o en compañía de amigos, aunque, en este sentido, se dan diferencias entre los dos tramos de edad diferenciados en esta investigación.

En la franja de los jóvenes de 14 a 17 años, el mayor consumo televisivo se realiza en compañía de amigos (37,6%), en el entorno familiar (31,7%) o en pareja (20,7%), mientras que tan solo un 10% señalan realizar un consumo televisivo totalmente en solitario. Por otro lado, más del 60% de los jóvenes que han tomado parte en esta investigación realizan un consumo televisivo fuera del ámbito familiar. El grueso de estos datos se mantiene sin cambios significativos para el segundo grupo de edad. Así, en el caso de aquellos con edades entre 18 y 25 años, la mayoría, un 34,1%, dicen ver la televisión generalmente en grupo, mientras que un segundo colectivo más mayoritario es aquel que dice ver la televisión solo (27,4%) o con amigos (27,3%). En este caso, únicamente un 11,2% de los jóvenes encuestados señala que consume televisión en compañía de su pareja (Gómez, López y Martín, 2011:610). Sin embargo, cuando a este colectivo de espectadores se les ha preguntado directamente "con quién le gustaría ver su programa favorito", nos encontramos con una cierta paradoja entre el deseo y la realidad actual: los adolescentes preferirían ver su programa favorito en familia (39,1%) o solos (34%), seguidos de aquellos que se decantan por los amigos (17%) y su pareja (9,9%). Para este grupo de edad, de 14 a 17 años, el individualismo frente al televisor va cobrando importancia, ya que si tan solo un 10% han señalado realizar un consumo en solitario, son un 34% a los que les gustaría ver su programa favorito de esa forma. Otro de los datos a tener en cuenta es que para este colectivo ver la televisión en compañía de amigos pierde importancia, mientras que el entorno doméstico se consolida como la opción mayoritaria.

---

[9] Los espacios de nomadismo y movilidad plantean nuevas incógnitas, según se recoge del Observatorio de Innovación en Comunicación y Cultura, del Grupo de Investigación sobre Contenidos Audiovisuales Avanzados de la Universidad de Málaga, en su investigación sobre "La industria de los contenidos audiovisuales ante su mutación digital. Búsqueda de las claves de decisión del nuevo consumidor".

Gráfico 1.6. Elección de compañía para ver su programa favorito

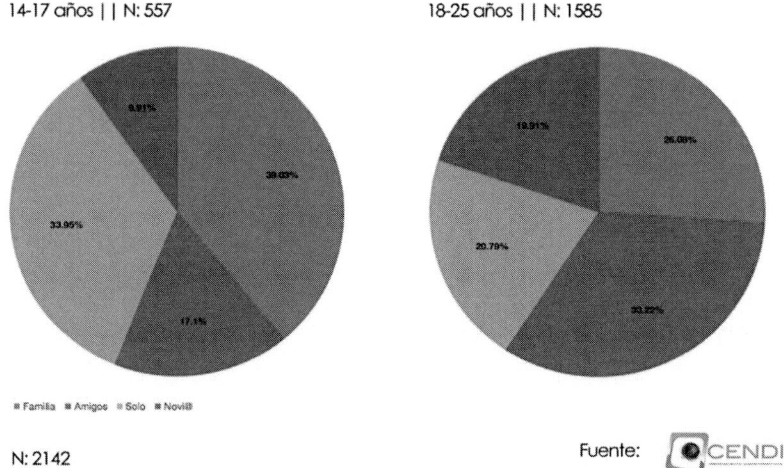

En lo que respecta a los jóvenes de 18 a 25 años, un 33,1% señala a los amigos como primera opción, seguida de la familia (26,4%), de hacerlo en solitario (20,6%) y, también en último lugar, en compañía de su pareja (19,9%). En este caso, los espectadores dan prioridad a ver su programa favorito en compañía, sobre todo de amigos y familiares, a hacerlo solo, que es, precisamente, el modo en el que, actualmente, consumen televisión un 27,4% de los jóvenes entrevistados.

2.9. A modo de conclusión

En la era digital, los jóvenes objeto de esta investigación (aquellos con edades comprendidas entre los 14 y los 25 años) no han dejado de ver la televisión, aunque sí han modificado su forma de consumo optando por un modelo de tendencia más individualista y a la carta, accesible a través de diferentes pantallas.

Internet se consagra como el medio favorito entre los jóvenes para disfrutar de su tiempo de ocio, especialmente entre los más jóvenes (14-17 años), donde el 28% dice servirse de la Red de redes para entretenerse, frente al 26% de aquellos con edades entre los 18 y los 25 años.

La valoración que los jóvenes hacen de la televisión actual es bastante negativa, ya que critican el exceso de prensa rosa, el sensacionalismo y la "telebasura". En este sentido, desearían que la televisión tuviera más calidad, menos publicidad, menos intereses comerciales, más cultura, menos programas espectáculo, etc. Cine, ficción, humor y música son los contenidos preferidos por los jóvenes, sin olvidar la actualidad y la información, que despiertan un destacado interés entre los jóvenes encuestados con edades entre 18 y 25 años.

Por otro lado, cuando a este sector de la audiencia se le da la oportunidad de confeccionar su programa ideal, la apuesta que realizan es clara; en el caso de aquellos con edades entre los 14 y los 17 años, los programas de contenido humorístico (11,7%) y los espacios de entretenimiento (10%) son las opciones más señaladas como favoritas. A continuación, este público señala como su programa ideal los musicales (7,8%), seguidos por los deportivos (6,5%) así como los espacios de actualidad (5,4%) y la ficción, bajo el formato de series (5,4%). En lo que se refiere a aquellos de 18 a 25 años, el programa que quieren es fundamentalmente un programa de actualidad (14,2%) o de entretenimiento (13,8%).

Como conclusión, podemos afirmar que aunque existe un menor consumo de televisión y uno mayor de Internet en los jóvenes actuales, no se pueden aventurar relaciones excluyentes entre los medios: Internet lo contemplan como un medio más, como una nueva forma de consumir los medios que enriquece y cambia lo convencional, y, por lo tanto, su uso para el ocio se comparte y complementa, en este caso, con la televisión.

3. Los jóvenes y los teléfonos móviles

El objetivo general del segundo estudio realizado por OCENDI titulado "Consumo televisivo a través del soporte móvil en los jóvenes españoles[10]" es obtener datos sobre la afinidad de estos usuarios con los contenidos que visualizan en sus dispositivos. También son objeto de estudio las diferencias de género en el uso e interacción con las Tecnologías de la Información y la Comunicación (TIC). Además, son objetivos concretos, y de ahí su relación con esta aportación: exponer el uso que los jóvenes hacen de estos dispositivos, observar el grado de conocimiento que tienen sobre la usabilidad de los móviles de última generación y comparar los contenidos preferidos en el televisor convencional, frente a los consumidos en los terminales móviles, tomando como referencia un estudio anterior del observatorio (al que hemos hecho

[10] Hay que subrayar que este estudio está en fase de redacción del informe final que, entre otras cosas, servirá de apoyo cuantitativo a la tesis doctoral "Perspectiva actual y análisis descriptivo de los contenidos audiovisuales móviles en España", de la directora del proyecto, Teresa Barceló Ugarte.

referencia anteriormente) sobre "Preferencia juvenil en nuevos formatos de televisión".

En este caso, la metodología se ha desarrollado en tres fases: búsqueda y análisis documental de informes, estudios y bibliografía en general sobre la temática, encuestas realizadas a jóvenes de entre 18 y 25 años, y elaboración del informe que recogerá los datos obtenidos. Se realizaron entrevistas a individuos de entre 18 y 25 años, en su mayoría estudiantes universitarios, sin razón importante de variables, como clase social o ingresos familiares, y con vivienda habitual en ciudades representativas de más de 10.000 habitantes. De estas entrevistas, 260 fueron válidas; correspondientes a 169 mujeres y 91 hombres. El tamaño del universo representado son el total de jóvenes españoles de entre 18 y 25 años, de ambos sexos, que según los datos del Instituto Nacional de Estadística (INE) son algo más de 3.900.000 personas. El error muestral máximo, utilizando un p=q=0,5 y nivel de confianza del 95% es de ± 6%[11].

El trabajo de campo de este estudio, que se realizó entre los meses de mayo y septiembre de 2011, estaba compuesto por veinte preguntas, divididas en 5 objetivos concretos: equipamiento de los jóvenes españoles, preferencias sobre contenidos en móviles, frecuencia, lugar y compañía en el consumo de estos contenidos, herramientas del móvil con mayor arraigo entre los jóvenes y riesgos y generación de contenidos. Todas ellas eran preguntas con respuestas cerradas, que en su mayoría admitían respuestas múltiples, con la opción "otros" para permitir mayor flexibilidad a los encuestados y conocer así otras conductas que se hubiesen pasado por alto al plantear la encuesta.

3.1. La investigación y el estado de la cuestión

El aumento del tráfico móvil mundial sufrió en 2011 un crecimiento mayor del esperado, ayudado en gran parte por el aumento de las velocidades de conexión respecto al año anterior (2010), especialmente por las conexiones de cuarta generación. Algunas estimaciones auguran incluso que a finales de 2012 el número de dispositivos móviles conectados superará a la población mundial.

En España el uso de Internet móvil ha experimentado un enorme crecimiento, con una penetración superior a la de los países de nuestro entorno, situándose en 2010 como la tercera fuente de acceso a Internet, detrás del ordenador de sobremesa y del portátil (Orange, 2011). Una de las causas por las que han aumentado las líneas de banda ancha fija y

[11] Como en toda investigación cuantitativa, es recomendable tomar estos datos como aproximaciones, más que como afirmaciones absolutas.

móvil ha sido el continuo descenso de los precios de las tarifas de datos. El primer móvil llega a las manos de los niños españoles a los 11 años.

A pesar de que los teléfonos móviles nacieron dirigidos a los sectores profesionales y a las elites, hace años se convirtieron en un producto de consumo de masas. Han pasado de los países desarrollados a los de en vías de desarrollo, convirtiéndose en una herramienta primordial para romper la llamada "brecha digital". Al tratarse de una tecnología con unos costes de infraestructura menores que los de la telefonía convencional, en 2002 las líneas móviles superaban por primera vez, a nivel mundial, a las fijas en número de usuarios, contabilizándose en nuestro país un mayor número de líneas de telefonía móvil, que habitantes (121%)[12].

El número de dispositivos móviles conectados a Internet, no solo teléfonos, sino también tabletas, *ipods*, *ebooks*, *netbooks* y *ultrabooks*, se ha visto incrementado considerablemente en los últimos años, hasta convertirse en elementos fundamentales de nuestra vida cotidiana. Entre los jóvenes, considerados nativos digitales, la dependencia hacia estos aparatos es más que significativa. Ellos han encontrado en los teléfonos móviles un aliado para su integración en el grupo, permitiéndoles mantener el contacto con sus iguales no solo a través del clásico servicio de voz o de los mensajes cortos (SMS/MMS), sino especialmente, a través de la mensajería instantánea y las redes sociales.

Como señala Teresa Barceló, directora de este estudio, la multiplicidad de pantallas nos lleva a la pregunta de si estos jóvenes están empleando los dispositivos móviles para el consumo de contenidos audiovisuales, o si, por el contrario, la pantalla es aún para ellos un reparo a la hora de visualizar estos productos. Mientras que los adultos acuden a Internet como un medio donde satisfacer unas finalidades concretas, los jóvenes viven en las redes sociales y desarrollan su vida de forma natural en Internet (Castaño, 2009).

3.2. ¿Cómo ha de ser el dispositivo móvil de un usuario joven?

Cuando un usuario se dispone a comprar un dispositivo móvil, son diez los factores que influyen en la decisión final, según el 7º Observatorio de tendencias Nokia (Conecta Research & Consulting, 2011):

que tenga wifi (27%),
la duración de la batería (23%),
el precio del dispositivo (19%),

[12] Datos procedentes del Observatorio Nacional de las Telecomunicaciones y de la Sociedad de la Información. (http://www.ontsi.red.es/ontsi/).

acceso a Internet (19%)
pantalla táctil (18%),
cámara (17%),
que funcione de forma rápida y fluida (17%),
tamaño de la pantalla (15%),
que sea una marca de confianza (15%)
sistema operativo (14%).

Sin embargo, los jóvenes siguen otras motivaciones al decantarse por un terminal u otro, primando el factor moda entre todos ellos, hasta tal punto que en Japón han denominado a esta tendencia "Keitai Culture[13]": así justificaba un adolescente el motivo por el que cambiaba de terminal: "Ves a tus amigos y también quieres tener *whatsapp*, *tuenti*, los juegos...[14]". El 40,8% de los jóvenes entrevistados en nuestro estudio se decanta por la *BlackBerry*, un teléfono que surgió para satisfacer las necesidades de un público bien distinto y para un uso profesional. La tarifa plana de mensajería instantánea de RIM consiguió que estos dispositivos se popularizasen especialmente entre los jóvenes de 14 a 19 años[15]. Según el estudio de OCENDI (2012) "Preferencia juvenil en nuevos formatos de televisión", a pesar de que Internet figure como el medio favorito de entretenimiento para el 26% de los jóvenes de entre 18 y 25 años, por delante del cine (19%) y la televisión (15%); el televisor (66,22%), seguido por el ordenador (30,1%) continua despertando su interés para el consumo de contenidos audiovisuales, siendo de momento muy minoritaria (3,68%) su predilección por otros soportes alternativos como el móvil, la tableta o una consola conectada al televisor.

---

[13] En 2002, Ernest S. Johnson hacía referencia a este término en la revista japonesa de entretenimiento y cultura Eye-Ai. La palabra es una abreviatura de *Keitai denwa*, que significa "algo que portas en la mano". Johnson apuntaba en su reseña "el teléfono móvil se ha convertido en una parte importante de la vida de los jóvenes. Se da por sentado que todos tienen uno.".

[14] Informe (2011): Los jóvenes, los móviles y la tecnología. Informe realizado por el Observatorio de Tendencias Nokia, en colaboración con la consultora Conecta Research & Consulting.

[15] Informe Ametic–Accenture, Retos y oportunidades del universo digital móvil en España: más ubicuo, más social, más personal. 2011. Disponible en: http://www.accenture.com/SiteCollectionDocuments/Local_Spain/PDF/Accenture_Ametic_2011_Retos_y_oportunidades.pdf.

Gráfico 1.7. Soporte empleado para el consumo televisivo

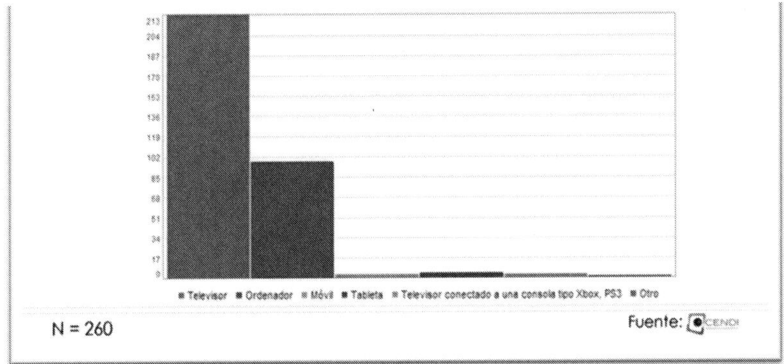

La *bedroom culture* deja de ser un espacio cerrado para abrirse al mundo, jugar en red y navegar por Internet (Santiago y García, 2009). El móvil les permite ese espacio privado en cualquier momento y lugar, pero por ahora, el televisor, para estos jóvenes, sigue siendo el soporte prioritario para "ver televisión".

3.3. Los contenidos que se disfrutan a través del móvil

En los últimos tiempos se observa una tendencia a la no acumulación de contenidos digitales, prefiriendo el consumo en streaming para "ver y borrar". Los usuarios cada vez más optan por el almacenaje en entornos virtuales, no físicos, más conocidos como "en la nube".

Preguntados sobre sus géneros televisivos preferidos, los jóvenes de 18 a 25 años se decantan preferentemente por el cine, la opinión, la información y la música. Estos mismos gustos se reproducen en el presente estudio, donde un 35,19% consume información en su móvil, un 28,52% vídeos musicales, el 17,04% contenidos deportivos y un 12,22% películas. A pesar de que en un principio se pensó que eran necesarios unos contenidos adecuados a los tiempos de consumo telefónico, lo cierto es que en la práctica, la duración de los contenidos audiovisuales visualizados en el móvil varían desde los microcontenidos, hasta los largometrajes o programas de larga duración de la televisión tradicional.

Gráfico 1.8. Contenidos audiovisuales que consumen en el dispositivo móvil

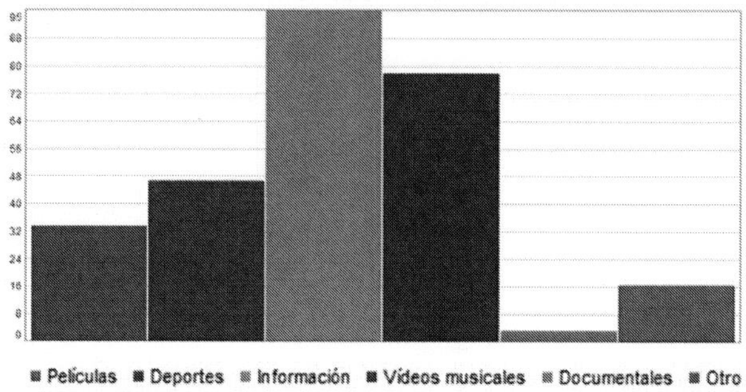

N = 260 Fuente: 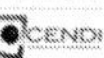

Al encontrarnos ante pequeñas pantallas podríamos considerar que son adecuadas para el consumo de contenidos de corta duración, pero en la práctica se dan casos como el del programa Pizzicato de TVE, de una hora, que en su servicio de televisión a la carta es más descargado en teléfonos móviles que en otros soportes.

3.4. ¿Cómo, dónde y con quién?

En primer lugar, los jóvenes declaran consumir contenidos en el móvil en tiempos de espera (33,17%), siendo la casa el segundo emplazamiento escogido para este fin (24,04%) y los desplazamientos (tanto cortos; en autobús o en metro, como los de largo recorrido) como el tercer lugar más frecuente (17,31% y 16,35%). El uso de los dispositivos móviles en el hogar da a entender que los usuarios valoran no solo la movilidad y los beneficios de poder conectarse desde cualquier lugar, sino también la comodidad, la portabilidad y la facilidad de uso. Otra de las motivaciones puede ser el disponer de una red Wi-Fi que mejora la velocidad de transmisión de datos, porque aunque la vía principal de acceso a Internet móvil es a través de una tarifa plana de datos, el acceso Wi-Fi sigue siendo la segunda vía.

Gráfico 1.9. Lugar donde consume contenidos en su dispositivo móvil

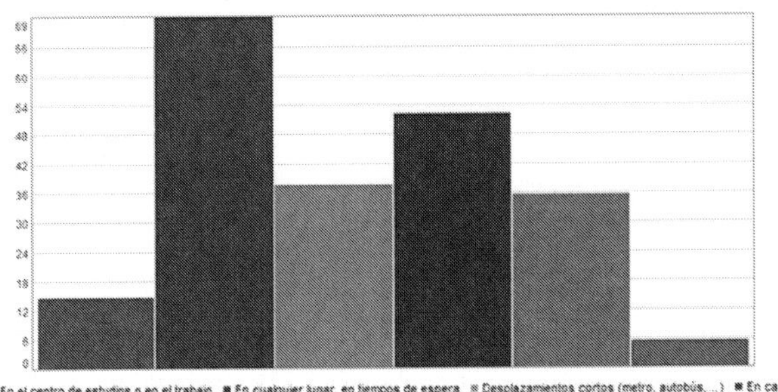

N = 260 Fuente: CENDI

Gráfico 1.10. Compañía para visualizar contenidos en el móvil

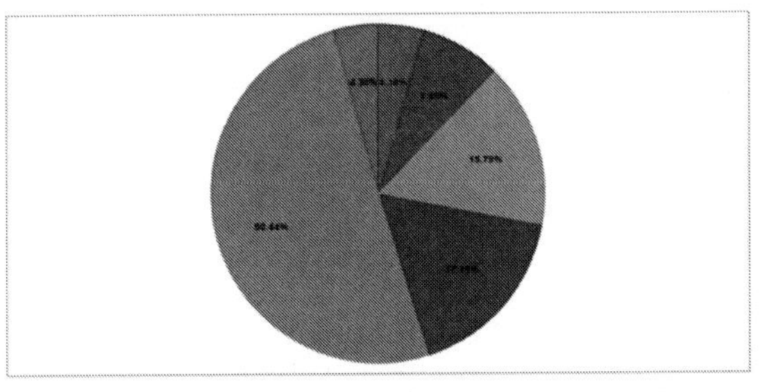

Con compañeros ■ Con familiares ■ Con su pareja ■ Con amigos ■ Es indistinto ■ En solitario

N = 260 Fuente: CENDI

La compañía no es importante para ellos a la hora de utilizar el teléfono móvil, como se puede apreciar en el gráfico anterior. Sin embargo, tal y como reflejan las respuestas, no podemos considerar a esa tecnología proclive al individualismo, en términos estrictos, puesto que las opciones "acompañado" (con pareja, con amigos, con familiares) suman más del 41% del total de fórmulas previstas.

En cuanto a los momentos del día en los que más "enganchados" están al móvil para actividades o conexiones ajenas a la telefonía, en general son la tarde (65%), la noche (64%) y la sobremesa (57%). Estos tiempos son distintos si la consulta se realiza sobre el momento escogido para el acceso a redes sociales; en primer lugar aparece la noche (34%), seguido de la hora de la comida (26%) y la mañana (22%).

3.5. Conclusiones: Si no tienes móvil eres anti-social

Los jóvenes generalizan el uso del móvil como manifestación de su propia identidad, es una forma de mostrar a los amigos cómo son y qué les gusta, más allá de lo que expresen por escrito en sus mensajes; es único, individual, propio e incluso representa un estatus, con su marca, al igual que lo hace la exhibición de un determinado coche.

El móvil que eligen es un accesorio imprescindible para ellos, porque les da autonomía, les conecta con su entorno de amistades, les hace independientes del control parental y de otras autoridades (escolares, por ejemplo). Aquí son importantes el pequeño tamaño de los dispositivos y su fácil conexión por WiFi a las redes. Siempre pueden estar conectados con sus amigos: en este punto, es importante la componenda de "actividad x móvil=infringir las normas", huir del control de la autoridad, esto es, la "renovada idea de transgresión social de los adolescentes".

El móvil representa su conexión permanente a su entorno fuera de casa; les permite conectar con sus amigos y a la vez conocer a gente diferente. Esto, que es propio de las redes sociales, se convierte en un círculo íntimo y reservado cuando está en el móvil (privado) al que acceden de pie, sentados, en el metro, en clase, etc., y solos, reforzando la idea de "somos dueños de nuestro tiempo".

4. La radio, ¿existe para los jóvenes de hoy?

El medio radiofónico cumple 90 años en España con un reto del que dependerá su salud futura: mantener la fidelidad de los jóvenes a las emisoras especializadas musicales y, al tiempo, atraer a este sector al consumo de radio generalista para cimentar la audiencia del mañana. En este contexto, el Observatorio del Ocio y el Entretenimiento Digital, OCENDI, ha planteado un estudio sobre los hábitos de consumo radiofónico de los jóvenes españoles y un análisis de la valoración que este segmento de la población hace de soportes, emisoras, programas y géneros, con el objetivo de señalar una posible línea de acción a los programadores para satisfacer a este público estratégico. La metodología aplicada a la investigación se ha basado, principalmente, en la encuesta personal a jóvenes españoles de entre 18 y 25 años, mayoritariamente universitarios (cuota aleatoria). Por ahora, solo se dispone de resultados provisionales obtenidos sobre 171 entrevistados, lo que supone un 44% de un proyecto más ambicioso que comprenderá un volumen total de cuatrocientas. El nivel de confianza de la muestra es del 95% para un error muestral de +-6%. Entre las conclusiones que se pueden avanzar relacionadas con esta aportación destaca, en primer lugar, el cambio de soporte sonoro que se ha producido respecto de los consumos tradicionales. Este segmento de la población—los llamados nativos digitales—opta mayoritariamente por escuchar la radio a través de Internet y dispositivos móviles, un 76% de los encuestados escucha la radio en estos soportes. Internet es el medio preferido para un 26,36% de los encuestados, seguido del teléfono móvil, IPod y MP3, con un 17,65%, 17% y 15%, respectivamente. La forma convencional de escucha más seguida es la radio del coche, elegida por un 22,4%. En este apartado resulta significativo comprobar que el receptor de radio en el hogar ha quedado obsoleto para este sector de la población, siendo la categoría "otros" refrendada por un escaso 1,53%.

4.1. ¿Qué valoran de las nuevas posibilidades de escucha?

Como señala Marta Redondo, participante en el proyecto, la radio a través de Internet facilita la audición en su doble vertiente: en directo o bien mediante un consumo a la carta previa descarga de los programas elegidos para poder escucharlos en el momento deseado. Esta es precisamente la ventaja que los jóvenes más valoran de la radio en Internet. Un 46,77% de los jóvenes oyentes destaca la facilidad y comodidad que representa escuchar el programa favorito cuando se quiere o se puede. Un 29%, sin embargo, todavía no aprecia los beneficios de la radio en Internet y considera que este "soporte" tiene las mismas ventajas e inconvenientes que la radio convencional. Incluso, algunos de los encuestados entienden que la escucha a través de Internet tiene la desventaja de que se pierde inmediatez, lo que supone un hándicap para el 8% de los jóvenes oyentes. Otro 9,14% llega a considerar que la radio a través de Internet no es una verdadera radio.

Gráfico 1.11. Soportes sonoros que interesan a los jóvenes

18-25 años | | N: 171

Provincia: Todas **Participantes según sexo:** 71 H /100 M **Edad:** 18-25 años **Nº total de paticipantes:** 171

LOS SOPORTES SONOROS QUE TE INTERESAN SON:

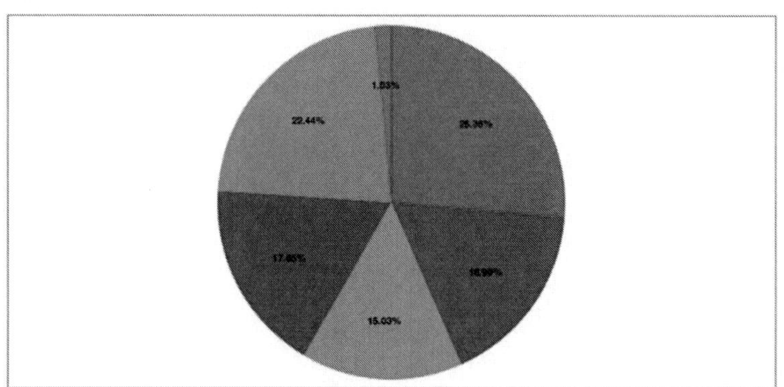

Internet · Ipod · MP3 · Móvil · Radio coche · Otro

Fuente: 

Respecto a los horarios de escucha, los jóvenes siguen el parámetro dominante del resto de la población, el porcentaje mayor (30,96%) declara escuchar la radio a primera hora de la mañana (el *prime time* radiofónico se fija entre las 8 y las 11 de la mañana), seguido de quienes la escuchan por la noche o la madrugada (21,34%) y quienes sintonizan a cualquier hora del día (19,67%).

4.2. Preferencias juveniles en contenidos radiofónicos y cadenas de radio

También las preferencias juveniles en cuanto a emisoras coindicen con los datos generales del Estudio General de Medios. La SER es la emisora más escuchada: la prefiere el 24,88% de los encuestados, seguida de cerca por Onda Cero (21,39%), la COPE (18,41%) y RNE (16,92%). Resulta significativo en este punto que un porcentaje estimable de los oyentes, un 13,93%, no se decante por ninguna de las grandes emisoras españolas y prefiera radios menores alternativas.

En cuanto a los contenidos del medio, los jóvenes, como era de prever, se inclinan mayoritariamente por la radio especializada musical. El 41,95% de los encuestados se decanta por la oferta musical, frente al 30,34% cuya motivación para encender la radio es acceder a la información de actualidad. Pero en ambos modelos la queja más extendida entre los encuestados se refiere a la escasez de variedad. De hecho, a la pregunta de qué le falta a la radio, una mayoría de jóvenes considera que la radio resulta repetitiva o tediosa y que le faltan ideas renovadoras (43,16%), seguido de quienes desean otro tipo de música menos comercial y más alternativa (19,66%), y quienes demandan programas culturales y educativos (18,8%).

Gráfico 1.12. Opinión de los jóvenes sobre la radio actual

18-25 años | | N: 172

Provincia: Todas **Participantes según sexo:** 72 H /100 M **Edad:** 18-25 años **Nº total de paticipantes:** 172

CREES QUE A LA RADIO LE FALTA:

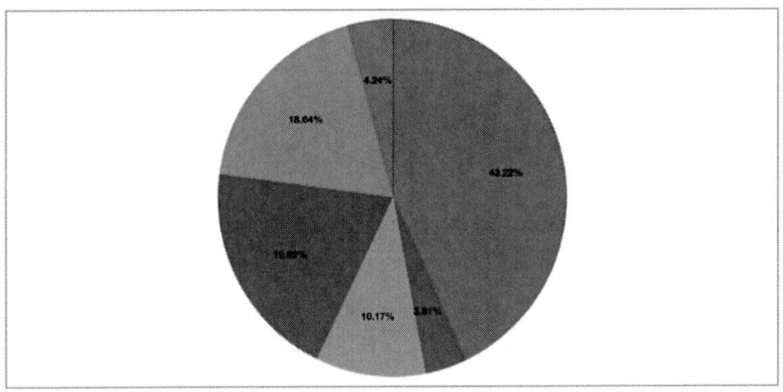

Ideas renovadoras · Más programas deportivos · Contar con otras voces · Otro tipo de música más alternativa · Programas culturales y educativos · Otros

Fuente: 

Esta falta de variedad y el bucle en el que ha entrado la radio con la repetición de esquemas de programación y formatos en las distintas emisoras hace que los jóvenes condenen mayoritariamente a la radio como medio: un 53,19% considera que carece de futuro, mientras que un 31,49% piensa que tiene futuro tal y como está, y un 14,89% opina que el porvenir de la radio pasa por adaptarse a los tiempos e incluir cambios en su programación.

Sin duda, una valoración general negativa que obliga a los programadores a repensar las parrillas y que remite a la recomendación que ya hacían Rodero y Sánchez en 2007: "la radio española de los próximos años tiene que ser capaz de ofrecer productos innovadores e incluso transgresores, a sabiendas de que en un primer momento la audiencia consolidada puede no aceptarlos. Solo si vuelve a ser capaz de sorprender, encontrará la fuerza para competir con el actual panorama mediático".

Bibliografía

Academia TV. 2010. *La industria audiovisual en España. Escenarios de un futuro digital.* Madrid: Corporación Multimedia, S.A.

AIMC. 2011. Resumen general de resultados EGM, de abril de 2010 a marzo de 2011.

ASIMELEC. *Informe 2010 de la Industria de contenidos digitales.* Madrid, 2010.

Barceló, Teresa y Sánchez, María, 2010. "La fuga digital. Convergencia de contenidos audiovisuales interactivos en las tres pantallas: televisión, móvil e Internet". En M. Francés, J. Gavaldá, G. Llorca, G. y À. Peris (coords.). *La calidad de los contenidos audiovisuales en la multidifusión digital*, 167-173. Barcelona: UOC.

Barlovento comunicación: Datos de audiencias correspondientes al año 2011 (variable edad: de 13 a 24 años).

Carpentier, Nicholas. 2009. "Participation is not enough: the conditions of possibility of mediated participatory practices". *European Journal of Communication* 24: 407-420. Disponible en http://ejc.sagepub.com/content/24/4/407.

Castaño, Cecilia. 2009. "Los usos de Internet en las edades más jóvenes: algunos datos y reflexiones sobre hogar, escuela, estudios y juegos". *Participación Educativa* 11: 73-93.

Díaz, Javier. 2010. "La participación en los medios digitales. Interactividad, diálogo y democracia". Ponencia en el XII Congreso Sociedad Española de Periodística: Periodística y web 2.0: hacia la construcción de un nuevo modelo. Valencia, 22 de mayo de 2010.

Diego, Patricia. 2010. *La ficción en la pequeña pantalla: cincuenta años de series en España.* Pamplona: Eunsa.

Fundación Orange. *eEspaña. Informe anual sobre el desarrollo de la Sociedad de la Información en España*. Madrid, 2011.

—. 2011. *Estudio sobre hábitos seguros en el uso de smartphones por los niños y adolescentes españoles.* Madrid.

Franquet, Rosa y Ribes, Xavier. 2010. "Una asignatura pendiente de la migración digital". *Telos* 84: 73-78.

Gabelas, José Antonio y Marta, Carmen. 2011. "Adolescentes en la cultura digital". En E. Martínez y C. Marta (coord.). *Jóvenes interactivos. Nuevos modos de comunicarse*, 1-16. La Coruña: Netbiblo.

Gómez, Leire y López, Nereida. 2012. *Informe sobre preferencias juveniles en formatos de televisión. Tendencias de consumo en jóvenes de 14 a 25 años*. Disponible en http://www.ocendi.com.

Gómez, Leire, López, Nereida y González, Julia. 2012. "Juventud y cultura digital: en busca de una televisión de calidad". Comunicación presentada en el III Congreso Internacional de la Asociación Española de Investigación en la Comunicación. Tarragona, 18-20 de enero de 2012.

Gómez, Leire, López, Nereida y Martín, María Ángeles. 2011. "Jóvenes, televisión y ocio digital". En J. Sierra y S. Liberal (coord.) *Investigaciones sociocomunicativas en la sociedad multipantalla*, 597-620. Madrid: Editorial Fragua.

Gordillo, Inmaculada. 2010. *La hipertelevisión: géneros y formatos.* Madrid: CIESPAL.

Howe, Neil y Strauss, William, 2000. *Millennials Rising. The next great generation*. New York: Vintage Books.

Imbert, Gerard. 2008. *El transformismo televisivo*. Madrid: Cátedra.

—. 2011. "De la hibridación a la lucuefacción de las categorías e identidades en la postelevisión". *Quaderns del CAC* 36, vol. XIV (1): 15-20.

Impulsa TDT 2011. *Informe final 2011*. Madrid: Mityc.

Informe 2011: *Los jóvenes, los móviles y la tecnología.* Informe realizado por el Observatorio de Tendencias Nokia, en colaboración con la consultora Conecta Research & Consulting.

Informe Ametic – Accenture 2011. *Retos y oportunidades del universo digital móvil en España: más ubicuo, más social, más personal.* Disponible en: http://www.accenture.com/SiteCollectionDocuments/Local_Spain/PDF/Accenture_Ametic_2011_Retos_y_oportunidades.pdf.

Johnson, Brian David, 2010. *Screen Future*. China. Intel Press.

López, Andreú, Gil, German (et al.). 2008. *Informe juventud en España 2008*. Madrid: INJUVE.

López, Nereida. 2008. *Medios de comunicación, tecnología y entretenimiento: un futuro conectado.* Barcelona: Editorial Laertes.

—. 2010. "Preferencia juvenil en nuevos formatos de televisión: tendencias de consumo en jóvenes de 14 a 25 años". Comunicación en II Congreso Internacional de la Asociación Española de Investigadores de la Comunicación (AE-IC): Comunicación y desarrollo en la era digital. Málaga, 3 al 5 de febrero de 2010. Universidad de Málaga. En: *Actas del II Congreso Internacional de la Asociación Española de Investigadores de la Comunicación (AE-IC): Comunicación y desarrollo en la era digital*. Universidad de Málaga.

López, Nereida, González, Patricia, y Medina, Elena. 2010. "Contenidos televisivos y jóvenes en la era digital". Comunicación II Congreso Internacional Latina. La Comunicación social, en estado crítico.

Tenerife, 7 al 10 de diciembre de 2010. Universidad de La laguna. En: *Actas del II Congreso Internacional Latina de Comunicación Social*. Universidad de La Laguna.

López, Nereida, González, Patricia, y Medina, Elena. 2011. "Jóvenes y televisión en 2010: un cambio de hábitos". *Zer* 16/30: 97-113.

López. Nereida, Gónzalez, Julia, y Martín, María Ángeles. 2011. "Transmisión de valores culturales en los formatos de televisión destinados a los jóvenes". Comunicación presentada en el Congreso Internacional de Educación Mediática y Competencia Digital. La cultura de la participación. Segovia, 13-15 de octubre de 2011. Universidad de Valladolid.

López, Nereida y Gómez, Leire. 2012. "Géneros, formatos y programas de televisión preferidos por los jóvenes. Análisis comparativo por Comunidades Autónomas". *Icono* 14, año 10, vol. 3: 258-283. Madrid: UCM. Disponible en http://dialnet.unirioja.es/descarga/articulo/410291 6.pdf.

Observatorio Nacional de las Telecomunicaciones y de la Sociedad de la Información. (http://www.ontsi.red.es/ontsi/).

Peris, Álvar. 2011. "Los discursos sobre la calidad en los contenidos audiovisuales para Internet y móvil". En M. Frances i Doménech (coord.), *Contenidos y formatos de calidad en la nueva televisión*, 129-160. Madrid: Instituto RTVE.

Prensky, Marc. 2001. "Digital Natives, Digital Immigrants. Part 1". *On the Horizon* 9/5. Disponible en http://www.marcprensky.com/writing/ prensky%20-%20digital%20natives,%20digital%20immigrants%20-% 20part1.pdf (Consultada el 05/05/10).

—. 2001. "Digital Natives, Digital Immigrants. Part 2". Do They Really Think Differently? *On the Horizon* 9/6: 1-6. Disponible en http://www. twitchspeed.com/site/Prensky%20-%20Digital%20Natives,%20Digital %20Immigrants%20-%20Part1.htm.

Proyecto de investigación: *Preferencia juvenil en nuevos formatos de televisión. Tendencias de consumo en jóvenes de 14 a 25 años.* Entidades financiadoras: Observatorio del ocio y el entretenimiento digital y Panoramaaudiovisual.com. Periodo 2009-2011. Código: OCENDI010911. Ficha técnica en www.ocendi.com.

Reinares, Pedro. 2010. "Jóvenes y televisión generalista en España. Es Internet responsable de una audiencia perdida?". En, Rubio A. (coord) (2010): *Juventud y nuevos medios de comunicación,* Revista de Estudios de Juventud, nº 88. Madrid: INJUVE. Disponible en http:// www.injuve.migualdad.es/injuve/contenidos.item.action?id=11804442 42&men uId=706540899.

Rodero, Emma y Sánchez, Chelo. 2007. "Radiografía de la radio en España". *Revista Latina de Comunicación Social* 62, enero-diciembre. La Laguna (Tenerife). Disponible en http://www.ull.es/publicaciones/latina/200714RoderoySanchez.htm.

Ruano, Soledad. 2009. *Contenidos culturales en las televisiones generalistas. Análisis de los formatos televisivos de las cadenas públicas y privadas.* Madrid: Editorial Fragua.

Rubio Ángeles. 2010. "Generación digital: patrones de consumo de Internet, cultura juvenil y cambio social". En A. Rubio (coord.), *Juventud y nuevos medios de comunicación. Revista de estudios de juventud* 88. Madrid: INJUVE. Disponible en http://issuu.com/injuve/docs/revista_88.

Santiago, Raúl y García, Fernando. 2009. "Noches online. Un estudio sobre el uso nocturno de internet y el teléfono móvil por parte de jóvenes navarros y su influencia en el rendimiento escolar". *Cuadernos del Marqués de San Adrián, revista de humanidades* 7: 139-164.

Tubella, Inma, Tabernero, Carlos, y Dywer, Vincent. 2008. *Internet y televisión: la guerra de las pantallas.* Barcelona: Ariel/UOC.

UTECA, 2009. *La televisión en España. Informe 2009.* Madrid: CIEC. http://tcanalysis.com/uploads/2010/02/tca2a_ola_observatorio_redes_informe_publico.pdf.

Otras referencias

AIMC. Estudio EGM. La audiencia en Internet. Disponible en, http://www.aimc.es/aimc.php?izq=audiencia.swf&op=dos&pag_html=si&dch=03internet/32.html.

Agencia EUROPAPRESS. Noticias. Disponible en, http://www.europapress.es.

Mediascope. Resumen Ejecutivo 2007. Disponible en, http://www.eiaa.net/Ftp/casestudiesppt/EIAA_Mediascope_2007_resumen_ejecutivo.pdf.

Marketing Directo. Estudios. Disponible en, http://www.marketingdirecto.com.

Observatorio del Ocio y el Entretenimiento Digial, OCENDI. Disponible en, www.ocendi.com.

Top-Noticias. Disponible en, http://www.top-noticias.com/tecnologia/el-59-de-los-jovenes-utiliza-el-movil-como-dispositivo-de-entretenimiento-segun-deloitte/.

CHAPTER TWO

EL USO DEL MÓVIL POR LOS JÓVENES ESPAÑOLES SEGÚN EL SEXO

TERESA BARCELÓ UGARTE
UNIVERSIDAD CEU SAN PABLO

M. JULIA GONZÁLEZ CONDE
UNIVERSIDAD COMPLUTENSE DE MADRID

NEREIDA LÓPEZ VIDALES
UNIVERSIDAD DE VALLADOLID

1. Introducción

El teléfono móvil se ha convertido en poco tiempo en mucho más que el nuevo canal de comunicación a través del que se puede obtener información o acceder a diversos servicios. Es un complemento de moda, un instrumento de reafirmación identitaria, de pertenencia a un determinado grupo social, un elemento de modernidad, un signo generacional.

Si hasta hace unos años la comparación provenía de aquel ordenador de sobremesa que formaba parte del equipamiento doméstico de una cuarta parte de los hogares españoles, o incluso de la marca y el tamaño del televisor, con el tiempo la "diferencia" vino de la mano de los ordenadores portátiles, de los sistemas operativos de estos—donde Microsoft era el rey—y luego de los móviles… La imagen de un adolescente de la segunda década del siglo XXI depende en gran medida de lo que lleve en la mano o en el bolsillo. La tecnología ha convertido la primera aproximación del joven al entorno exterior a la familia en una batalla por la posesión y exhibición de pequeños aparatos digitales conectados a Internet que capacitan a los jóvenes de las nuevas generaciones para la obtención de esa satisfacción hedonista que persiguen hasta llegar a la edad adulta.

En esta aportación vamos a detenernos en cómo están utilizando los jóvenes de 18 a 25 años las distintas aplicaciones de la telefonía móvil actual haciendo especial referencia al consumo de contenidos a través de la tercera pantalla, subrayando las diferencias que muestran por género. Los datos a los que nos referiremos a continuación forman parte de un estudio más extenso cuyo objetivo principal es conocer el consumo televisivo a través del soporte móvil en los jóvenes universitarios españoles[1]. En el estudio se ha tenido en cuenta, además, el uso que hacen de estos dispositivos a diario y cuáles son los contenidos que prefieren consumir en las distintas pantallas[2].

El número de dispositivos móviles conectados a Internet, no solo teléfonos, sino también tabletas, *ipods*, *ebooks*, *netbooks* y *ultrabooks*, se ha incrementado en los últimos años hasta convertirse en elementos fundamentales de nuestra vida cotidiana.

Los jóvenes, especialmente los considerados "nativos digitales", han modificado considerablemente la forma de relacionarse entre sí y con su entorno más próximo. En los últimos años se han consolidado como usuarios activos de las nuevas tecnologías de la comunicación y han desplegado nuevas estrategias comunicacionales y nuevas formas de contar historias. Su actitud es proactiva; su objetivo, intervenir en la comunicación permaneciendo siempre en directo. Los dispositivos digitales multipantalla, portátiles y móviles, por efecto de la convergencia digital, posibilitan su percepción de interacción en tiempo real; las nuevas tarifas de datos y las redes inalámbricas les facilitan el acceso a un universo virtual donde estar siempre conectados a sus amigos, a sus contenidos favoritos, a sus demandas de servicios o información. La comunicación se ha convertido para ellos en una necesidad vital que va más allá de la mera interconexión con sus semejantes. El modo en que se produce esta comunicación tiene mucho que ver con el nacimiento de una

---

[1] Proyecto de investigación conducente a la tesis doctoral de Teresa Barceló "Perspectiva actual y análisis descriptivo de los contenidos audiovisuales móviles en España", realizada a través de OCENDI. http://www.ocendi.com/estudios/el-consumo-televisivo-a-traves-del-soporte-movil-en-los-jovenes-espanoles/.
El estudio se realizó entre los meses de mayo y septiembre de 2011, con 250 encuestas válidas a jóvenes universitarios españoles con edades comprendidas entre los 18 y los 25 años.

[2] Para todo ello se toma como referencia un estudio anterior realizado por las mismas autoras sobre preferencias juveniles en nuevos formatos de televisión. http://www.ocendi.com/estudios/consumo-tv-14-25/.

nueva cultura de primacía tecnológica donde, si no están conectados, están aislados del grupo social.

El *target* objeto de este estudio, aquellos jóvenes de edades comprendidas entre los 18 y 25 años, encuentran en los teléfonos móviles un aliado para su integración en el grupo, lo que les permite mantener el contacto con sus iguales no solo a través del clásico servicio de voz o de los mensajes cortos (SMS/MMS), sino, de manera muy especial, a través de la mensajería instantánea y las redes sociales.

Sin embargo, comprobamos que existen ciertas diferencias significativas en el consumo según hablemos de hombres o de mujeres. Así, por ejemplo, en relación con sus contenidos favoritos, mientras ellos prefieren visualizar en sus terminales móviles contenidos deportivos, ellas optan por la información y la música.

2. El inicio de la "era móvil"

Mientras los adultos acuden a Internet como un medio donde satisfacer unas finalidades concretas, los jóvenes viven en las redes sociales y desarrollan su vida de forma natural en Internet (Castaño, 2009). Esta relación de supuesta dependencia con la Red se ve satisfecha con el uso de diferentes dispositivos, que se alternan a lo largo del día. Así lo demuestra la expectación creada en torno al *iPad*, por el que un 48% de los encuestados en la 4ª oleada del estudio Televidente 2.0 (The Cocktail Analysis, 2010), mostraba interés de compra.

Si el teléfono convencional necesitó 89 años para llegar a 150 millones de usuarios y la televisión 38, los tiempos de adopción de tecnologías comenzaron a acortarse con la llegada del PC, que solo necesitó 17 años para llegar al mismo volumen de usuarios, o el móvil, que en solo 14 años había superado esa cifra. Los números continúan creciendo entorno a esta tecnología: en los últimos dos años, desde que salió al mercado *iPad*, el último *gadget* de *Apple* ha logrado vender más de 55 millones de unidades.

La popularización de los precios de la tecnología permite, además, la rápida aceptación por parte de los usuarios. En este sentido, son los jóvenes quienes están actuando como motor hacia un mundo plenamente digital, arrastrando a sus padres y familiares a estos entornos interactivos. Esta generación ha crecido en paralelo a un proceso de renovación y desarrollo tecnológico sin parangón, donde José Luis Larrea[3], Presidente de Ibermática[4], destaca cuatro ejes fundamentales:

El desarrollo de Internet "que todo lo impregna".
La continua mejoría en la comunicación entre máquinas y personas.
La miniaturización de los componentes electrónicos y la continua bajada de precios.
Y por último, la migración de lo analógico a lo digital y de lo fijo a lo móvil.

Pero el desarrollo de la tecnología avanza más rápido de lo que lo hacen los proveedores de contenidos. La crisis económica ha paralizado el crecimiento en el mercado audiovisual español, que en el periodo 2006-08 contaba con una industria floreciente del ocio y del entretenimiento[5]. Estos cambios constantes tampoco le son ajenos al usuario, que intenta mantenerse a la última, o al menos no quedarse desactualizado.

Si hasta hace poco la vida útil de un televisor estaba estimada en diez años, la incorporación de nuevas funcionalidades y mejoras cada pocos meses, que se vienen desarrollando especialmente desde que se digitalizaron todas las señales televisivas (primero con la TDT, después la alta definición, las tres dimensiones y la televisión conectada), favorecen una rápida obsolescencia de los equipos tanto domésticos como profesionales, que no benefician en el asentamiento de un modelo audiovisual rentable.

Estos cambios frenéticos no dejan indiferente a la industria de los teléfonos móviles, especialmente de los *smartphones*, que en algunos casos, según los sistemas operativos de los que dispongan, se actualizan hasta tres y cuatro veces en un mismo año, obligando al usuario a sustituirlos con una frecuencia anual (Fundación Orange, 2011b).

3. La irrupción del teléfono inteligente

A pesar de que los teléfonos móviles nacieron dirigidos a los sectores profesionales y a las elites, hace años se convirtieron en un producto de consumo de masas. Han pasado de los países desarrollados a los de en vías

[3] En un artículo titulado: "La generación ‹pick & clic›", publicado en El Economista el 7 de junio de 2010, p.4.
[4] Empresa dedicada a la consultoría TIC.
[5] Según los datos ofrecidos por Nereida López Vidales en la Jornada "Competidores y aliados. Medios en convergencia, los nuevos retos en comunicación", celebrado en la Universidad CEU San Pablo de Madrid el día 27 de abril de 2011.

de desarrollo, convirtiéndose en una herramienta primordial para romper la llamada "brecha digital". Al tratarse de una tecnología con unos costes de infraestructura menores que los de la telefonía convencional, en 2002 las líneas móviles superaban por primera vez, a nivel mundial, a las fijas en número de usuarios, contabilizándose en nuestro país un mayor número de líneas de telefonía móvil, que habitantes (121%)[6].

El término *smartphone*, denomina a los teléfonos móviles con mayores funcionalidades además de efectuar y recibir llamadas, envío y recepción de mensajes (SMS y MMS) y agenda. El primer teléfono con estas características lo desarrolló la multinacional de los ordenadores IBM en 1992. Llamado SIMON, este precursor de los actuales teléfonos inteligentes ya contaba con pantalla táctil, aunque su tamaño distaba de los modelos más recientes. Estos dispositivos siguen creciendo a un ritmo vertiginoso en cuanto a prestaciones, servicios y conectividad. La mayoría de sus usuarios hoy en día son adolescentes y jóvenes que demuestran su capacidad para convertirse en "multitudes inteligentes" (*smart mobs*[7]).

Imagen 2.1. Posesión de Smartphone

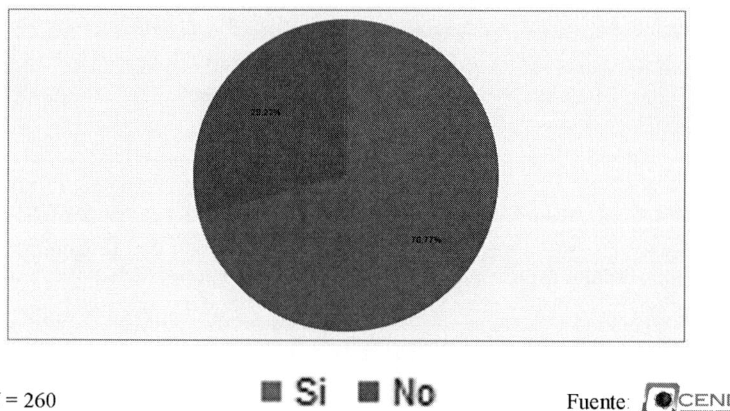

España es uno de los países con mayor presencia de *smartphones* en el mundo, según datos de ComScore (2011). El acceso al primer móvil es a

[6] Datos procedentes del Observatorio Nacional de las Telecomunicaciones y de la Sociedad de la Información. (http://www.ontsi.red.es/ontsi/).

[7] Término adoptado por Howard Drheingold en su obra *Smart Mobs: The Next Social Revolution,* refiriéndose a la organización de acontecimientos sociales, como *flash mobs*, alrededor de las tecnologías de la información y de la comunicación (TIC).

los 11 años, mientras que el primer *smartphone* llega a los 13 (Fundación Orange, 2011a). Estas edades de referencia se van actualizando cada año, advirtiéndose una tendencia cada vez más prematura al acceso a estos equipos. De este modo, las franjas de edad con mayor penetración de teléfonos inteligentes son las comprendidas entre los 25 y los 34 años y de los 35 a los 44 años. Como demuestra la imagen 2.1, de los jóvenes encuestados en el presente estudio, situados de 18 a 25 años, algo más del 70% afirma tener un *smartphone*.

Si bien la modalidad prepago abrió enormes posibilidades en los países menos desarrollados (Vacas Aguilar, 2007), también facilitó que los sectores de población sin ingresos propios o limitados, como los niños y jóvenes, pudiesen acceder a esta herramienta comunicativa.

La opción de pago a través de tarjeta es la más habitual entre los más pequeños, que pasan a modalidad contrato según van creciendo (Fundación Orange, 2011a). Así, se aprecia que de 10 a 12 años predomina el prepago, en un 57,7% de los casos, y se convierte en un medio a través del cual sus padres canalizan su asignación semanal. Entre los preadolescentes de 13 y 14 años, la mayoría (55,3%) han pasado a contrato, y esta cifra aumenta entre los 15 y 16 años, cuando un 62,4% tienen línea de post-pago. De este modo, al llegar a la franja de edad comprendida entre 18 y 25 años, casi un 90% de los jóvenes encuestados tienen un plan de contrato, frente al 10% que mantiene el otro sistema (imagen 2.2).

Imagen 2.2. Línea de telefonía móvil de contrato o tarjeta

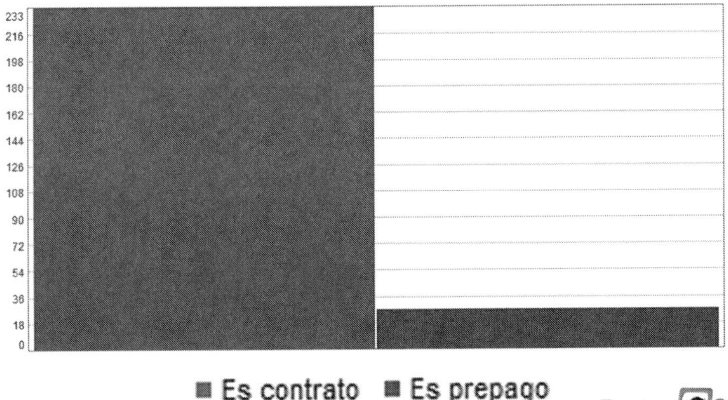

■ Es contrato ■ Es prepago

N = 260

Fuente: CENDI

Una más de las tendencias que se observa es que el 37% de los clientes que utilizan un teléfono básico tienen tarjeta prepago, mientras que el 59%

de los que han adquirido un *smartphone* son clientes de contrato y con cláusulas de permanencia en la compañía telefónica (Empírica Influentials & Research y Qdiario, 2010). Este aspecto podría cambiar en un futuro próximo, ante el anuncio de algunas compañías telefónicas de abandonar el sistema de subvenciones de terminales.

4. Telefonía móvil y dividendo digital: Tecnología 4G

En España el uso de Internet móvil ha experimentado un enorme crecimiento, con una penetración superior a la de los países de nuestro entorno, situándose en 2010 como la tercera fuente de acceso a Internet, detrás del ordenador de sobremesa y del portátil (Fundación Orange, 2011b). Sin embargo, son estos lugares (Alemania, Francia, Italia y Reino Unido) los que nos superan en modalidades de Internet fija[8] (Ametic-Accenture, 2011). Una de las causas por las que han aumentado las líneas de banda ancha fija y móvil ha sido el continuo descenso de los precios de las tarifas de datos.

En marzo de 2010, la Unión Europea puso en marcha la Estrategia Europa 2020, un plan de desarrollo y crecimiento para los países de la UE, donde se integraba una Agenda Digital para Europa. Aunque el sector TIC representa el 5% del PIB europeo, su repercusión en la economía global es mayor y Europa ha apostado fuertemente por el futuro de este sector. Dentro de esta estrategia, con vistas a la próxima década, Europa ha apoyado, entre otras actuaciones, el despliegue de banda ancha para que todos los ciudadanos dispongan de un acceso a Internet "rápido y ultrarrápido, a un precio competitivo[9]".

En España, siguiendo los compromisos de la Agenda Digital Europea, pronto se realizaran las acciones necesarias para liberar lo que se conoce como "dividendo digital", el espectro radioeléctrico que la Unión Europea acordó liberar en la Conferencia Mundial de Radiocomunicaciones[10] de 2007 para prestar servicios de comunicaciones electrónicas. Esta

[8] En España, en 2011 un 64% de los hogares contaban con acceso a Internet, mientras que la media de la Unión Europea era del 73%. Paradójicamente, en 2010 la cobertura de banda ancha en nuestro país era prácticamente total (99%), y en la Unión Europea algo inferior (95%). Datos ofrecidos por los Indicadores de la Sociedad de la Información del Observatorio Nacional de las Telecomunicaciones y de la Sociedad de la Información – ONTSI – del Ministerio de Industria, Energía y Turismo http://www.ontsi.red.es/ontsi/.

[9] Una Agenda Digital para Europa. COM (2010) 245 final/2 de 26.8.2010.

[10] Celebrada en Ginebra (Suiza) entre el 22 de octubre y el 16 de noviembre de 2007.

operación permitirá introducir la cuarta generación de telefonía móvil (4G), conocida como LTE (*Long Term Evolution*), para cubrir al 98% de la población con banda ancha móvil ultrarrápida.

Imagen 2.3. Tarifa de datos en el móvil

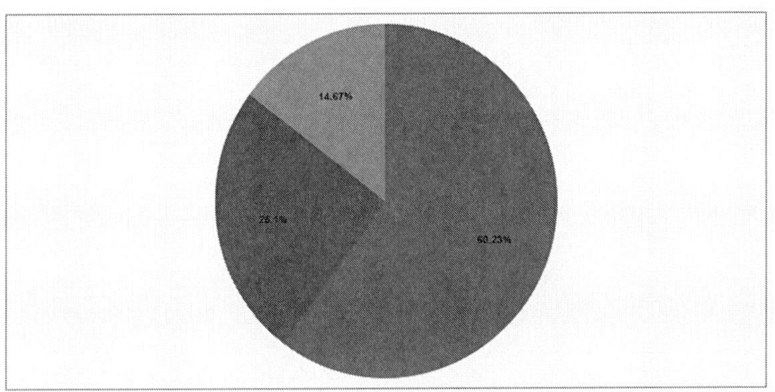

■ Si ■ No ■ No, sólo me conecto a través de redes WiFi

N = 260 Fuente: CENDI

5. La elección del móvil: Aplicaciones que enganchan al usuario

Cuando un usuario se dispone a comprar un dispositivo móvil, son diez los factores que influyen en la decisión final, según el 7º Observatorio de tendencias Nokia (Conecta Research & Consulting y Nokia, 2011):

Que tenga wifi (27%),
La duración de la batería (23%),
El precio del dispositivo (19%),
Acceso a Internet (19%)
Pantalla táctil (18%),
Cámara (17%),
Que funcione de forma rápida y fluida (17%),
Tamaño de la pantalla (15%),
Que sea una marca de confianza (15%)
Sistema operativo (14%).

Sin embargo, los jóvenes siguen otras motivaciones al decantarse por un terminal u otro, primando el factor moda entre todos ellos (Imagen 2.4), hasta tal punto que en Japón han denominado a esta tendencia como

"Keitai Culture[11]"; así justificaba un adolescente el motivo por el que cambiaba de terminal: "Ves a tus amigos y también quieres tener *whatsapp*, *tuenti*, los juegos…", según recogemos del informe, del 2011, "Los jóvenes, los móviles y la tecnología[12]". El mercado de teléfonos móviles es muy activo y mantiene unas tasas altas de rotación, de tal forma que los usuarios cambian de terminal aproximadamente cada año y medio; tiempo que puede reducirse según disminuye la edad de los usuarios, o aumentar en consumidores adultos (Orange, 2011b). Así, podemos observar que el 40,8% de los jóvenes entrevistados se decanta por la *BlackBerry*, un teléfono que surgió para satisfacer las necesidades de un público bien distinto y para un uso profesional. La tarifa plana de mensajería instantánea de RIM consiguió que estos dispositivos se popularizasen especialmente entre los jóvenes de 14 a 19 años, de acuerdo al informe Ametic – Accenture, "Retos y oportunidades del universo digital móvil en España: más ubicuo, más social, más personal" de 2011[13].

En 2010 *Nokia* seguía liderando las ventas de dispositivos móviles en nuestro país, seguido por *Samsung* y *LG*. Pero si en años anteriores *Symbian* (*Nokia*) era el sistema operativo más extendido, y encabezaba las ventas antes de la era *smartphone*, en las estadísticas actuales comprobamos que la compañía finlandesa se encuentra en caída libre desde 2009 (imagen 2.5). La alianza entre *Microsoft* y *Nokia*, los dos gigantes del *software* y del *hardware*, pone de manifiesto un cambio en las reglas del juego, donde tienen la primacía la gran competidora de *Microsoft* y el apenas recién llegado *Google*. Los datos reflejan que entre 2010 y 2011 tanto *Nokia* con *Symbian*, como *Microsoft* con *Windows Phone* perdieron un 6,2% y un 12% de clientes, respectivamente, mientras que *Apple*, *Google* y *Blackberry* aumentaban, imparables, el número de usuarios.

---

[11] En 2002, Ernest S. Johnson hacía referencia a este término en la revista japonesa de entretenimiento y cultura Eye-Ai. La palabra es una abreviatura de *Keitai denwa*, que significa "algo que portas en la mano". Según un estudio, al que hacía referencia Johnson en su artículo, a los estudiantes universitarios de primer curso se les preguntó si poseían teléfonos móviles y si conocían a alguien de su edad que no tuviese móvil. De todos los encuestados, solo uno pudo recordar a un amigo que no tuviera teléfono móvil y lo definió como "anti social". Johnson concluía su reseña apuntando "en resumen, el teléfono móvil se ha convertido en una parte importante de la vida de los jóvenes. Se da por sentado que todos tienen uno.".

[12] Informe realizado por el Observatorio de Tendencias Nokia, en colaboración con la consultora Conecta Research & Consulting.

[13] Disponible en: http://www.accenture.com/SiteCollectionDocuments/Local_Spain/PDF/Accenture_Ametic_2011_Retos_y_oportunidades.pdf.

Imagen 2.4. Sistema operativo del teléfono móvil

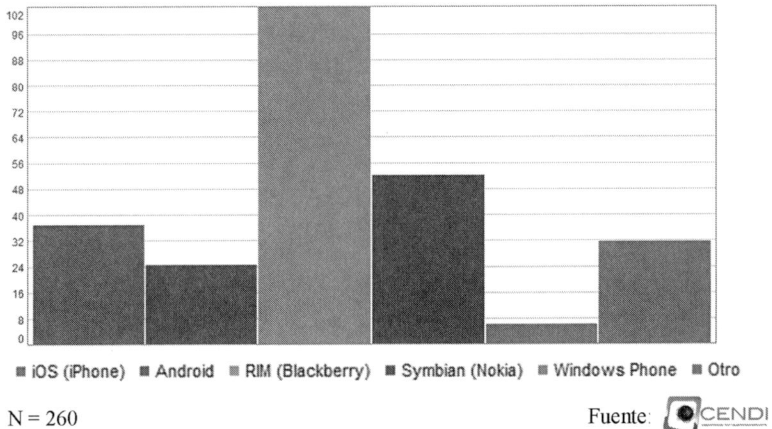

N = 260 Fuente: CENDI

Imagen 2.5. Sistemas operativos de smartphones entre octubre 2010 y octubre 2011

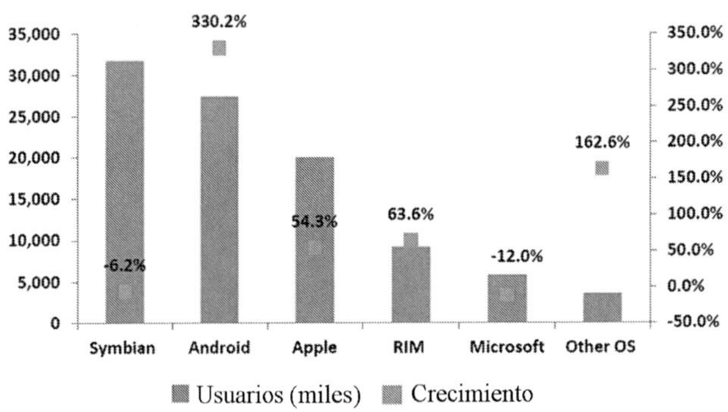

Fuente: comScore

El primero de los *smartphones* actuales[14] apareció en el mercado en 1999 de la mano de la canadiense *RIM* (*Research in Motion*). *BlackBerry* ya se hizo desde sus comienzos popular entre los ejecutivos, que la elegían por sus prestaciones (especialmente por el acceso al correo) y por su teclado. Un 49% de usuarios de móviles prefería este dispositivo por resultarles más cómodo para la consulta del correo electrónico, mientras

[14] Anteriormente IBM había sacado el modelo SIMON (1992) como el primer teléfono con las características de los actuales *smartphones*.

que un 24% consideraba que iPhone era mejor para leer esos correos (Empirica Influentials & Research y Qdiario, 2010).

Pero la auténtica revolución en la telefonía inteligente, la presentó Steve Jobs en la MacWorld[15] de 2007. Se trataba del *iPhone*, que no era un simple teléfono, un "*iPod* táctil de gran pantalla, un teléfono y la revolución en las comunicaciones por Internet", según palabras de su creador. Toda una variedad de servicios integrados en un mismo terminal, donde tiene mayor peso lo estético que lo funcional, siguiendo con la línea de la compañía. Así lo indica un 61% de usuarios móviles, que posiciona mejor a *iPhone* en cuanto a diseño, frente al 3% que considera que *BlackBerry* es más estético (Empirica Influentials & Research, 2010).

iPhone abrió las puertas a un nuevo mercado: el de las aplicaciones. Ventajas ante las que tardaron en reaccionar los históricos del mercado de la telefonía móvil. Sin embargo, como revelan los datos de ventas del cuarto trimestre de 2011 (ComScore), aunque *Android* es actualmente el sistema operativo más vendido, los jóvenes siguen apostando fuertemente por *RIM* (software de *BlackBerry*) y *Symbian* (de *Nokia*), demostrando una cierta tendencia conservadora hacia la más novedosa tecnología. Descubrimos que para estos jóvenes los teléfonos son símbolos de pertenencia a un grupo, reflejan la necesidad de comunicación con sus iguales, aplicando elementos personalizados (*customizables)* que manifiestan sus gustos estéticos. Son también la herramienta que mejor se adapta a esta generación de lo inmediato, que requiere respuestas comunicativas al momento.

El estudio "Aplicaciones en el móvil: descarga y uso" (The Cocktail Analysis, 2011) desvela que los usuarios de *iPhone* son menos reacios a la hora de pagar por la descarga de aplicaciones y que hacen un mayor uso de Internet. Por otro lado, los usuarios de la plataforma de *Google* y de *RIM* son más reticentes a efectuar pagos por aplicaciones. La navegación por Internet es más frecuente en dispositivos iPhone y Android, entre los usuarios norteamericanos y de Europa Occidental, aunque son los clientes de este último sistema operativo los que generan un tráfico más intenso de datos (CISCO, 2012).

6. La tecnología móvil desde la perspectiva de género

Al adentrarnos en las particularidades por géneros, descubrimos algunos estereotipos que se repiten constantemente en la sociedad, y que

[15] Macworld es un evento que celebra cada año, en enero, la empresa Apple para dar a conocer sus productos. Este foro ha sido la plataforma de presentación de los productos estrella de la compañía en los últimos años.

son asumidos de forma natural también por estos jóvenes. En concreto, nos referiremos a los aspectos de su relación con las tecnologías.

La escasa presencia femenina en las carreras de ciencias y su profusa concurrencia en otras ramas como las humanidades, las ciencias sociales y las ciencias de la salud no es casual, sino que forma parte de un proceso que se ha ido agravando en los últimos años con la disminución de mujeres en materias como la informática y las telecomunicaciones.

Mientras que en el colegio niños y niñas tienen actitudes similares hacia la tecnología, cuando llegan a la pubertad, y su autoestima disminuye, las chicas no encuentran apoyos a su alrededor para seguir con esos intereses y son presionadas por su entorno para acentuar su feminidad (Information Technology Association of Canada, 2009). Surgen reparos entre las jóvenes, y en la sociedad en general, por encontrarse estas ramas de estudio muy estereotipadas. Precisamente la imagen social del informático es la de una persona socialmente torpe, solitaria, que pasa las noches sin dormir buscando cómo descifrar un código informático (ITU, 2012). En esta misma línea definen Cecilia Castaño y Jörg Müller (2010: 218) al prototipo de empleado TIC como "hombre, joven, blanco, *nerd* o *hacker*, que adora trabajar dieciséis horas al día"; una imagen que poco tiene que ver con las aspiraciones de las jóvenes.

Los investigadores han encontrado cuatro factores clave que mantienen a las mujeres fuera del ámbito laboral TIC: una cultura de exclusión en estas empresas, entornos laborales inflexibles, aislamiento de las mujeres, y el fracaso de las compañías tecnológicas para identificar y fomentar el talento (Information Technology Association of Canada, 2009).

Existen aún ciertos prejuicios sociales ante la relación de las mujeres y las máquinas que se trasladan hasta el subconsciente de las jóvenes hasta el punto de que, aunque ellas ven utilidad en las TIC, siguen considerando esta materia como algo difícil de aprender (Anguita y Ordax, 2000). Esta reacción negativa ante la tecnología tiene mucho que ver con la relación que establecen los chicos y las chicas con ella. Ellos buscan un interés de dominio; de conocimiento y control pleno sobre la máquina, como *hobby* (Castaño y Caprile, 2010: 60) y encontramos casos en los que convierten este entretenimiento en su forma de vida (de ahí los apelativos *nerd* y *friki*). No es de extrañar que algunos de los grandes avances en tecnologías, impulsados por hombres, se produjesen en el garaje de casa[16] o en la habitación del colegio mayor[17], mientras pasaban el rato con los amigos. Las chicas, sin embargo, están más interesadas por las relaciones

[16] Como ocurrió con Bill Gates o Steve Jobs con el sistema operativo de *Microsoft* y el primer computador *Apple*, respectivamente.
[17] Mark Zuckerberg con *Facebook*.

personales (Anguita y Ordax, 2000) que pueden establecer mediante el uso de las herramientas tecnológicas (como se verá más adelante). Campañas como la lanzada por la Unión Internacional de Telecomunicaciones (ITU) "*Tech needs girls*" (Imagen 2.6), con el evento "*Women and Girls in ICT*[18]", ponen de manifiesto esta situación. En su web, la ITU advierte de la escasez de profesionales (cifrando este déficit en más de dos millones de profesionales) en un sector que continúa siendo una oportunidad para el empleo y para el desarrollo económico de los países.

Imagen 2.6. Tech Needs Girls

Fuente: www.itu.int

El Secretario General de las Naciones Unidas, Ban Ki-moon, ha reconocido:

> "la igualdad de las mujeres no es sólo una de las bases de los derechos humanos, sino un imperativo social y económico. Las economías son más fuertes y productivas cuando las mujeres acceden a la educación. Las sociedades más estables y pacíficas son las que integran y consideran plenamente a las mujeres" (ITU, 2012).

Otros entornos donde se ha debatido para fomentar la participación de las mujeres en TICs han sido la Cumbre Mundial Sobre Sociedad de la Información (WSIS—*World Summit on the Information Society*), donde se planteó el "Plan de Acción de Ginebra" en 2003 y en la Agenda de la

[18] En la Conferencia Plenaria de la Unión Internacional de Telecomunicaciones celebrada en Guadalajara (Méjico) en 2010 se acordó celebrar este evento una vez al año, el cuarto jueves de abril. En esta misma línea, han desarrollado un portal de Internet (http://girlsinitc.org), donde ofrecen información sobre las actividades que llevan a cabo para favorecer la inserción de las mujeres en el sector TIC.

Sociedad de la Información, de Túnez (2005). En ambos escenarios se habló de la importancia de promover la participación de las mujeres en las TIC, incluyendo la posibilidad de tomar decisiones en este campo. En la Cumbre Mundial de las Naciones Unidas de 2005, los gobiernos se comprometieron a garantizar la igualdad de acceso de las mujeres a bienes y recursos productivos, incluyendo en ellos la tecnología (CSW—*Commission on the Status of Women*, 2010).

Sería conveniente aprovechar que Internet se considera un entorno libre de sesgos de género (Castaño y Palmen, 2010: 178), para que esta industria, dominada por los hombres, abra paso a las mujeres, que por sus habilidades innatas se desenvuelven mejor en *social media* (ITU, 2012). A medida que las mujeres van integrando la tecnología en su vida diaria, se hace necesario que sean otras mujeres las que desarrollen y diseñen para ellas nuevos productos y servicios.

El código de buenas prácticas para mujeres en TIC, redactado en 2009 por la Comisión Europea, plantea que se rompan los estereotipos y se enfatice el atractivo del sector TIC desde las escuelas, organizando eventos donde se muestre a mujeres desarrollando su trabajo satisfactoriamente en esta parcela, para romper el estereotipo *geek*. También consideran necesario orientar a profesores y padres, para informarles sobre las oportunidades de trabajo que ofrecerá la tecnología y luchar contra la "tecnofobia" para evitar transmitir matices negativos a las chicas.

La popularización de los precios de la tecnología la vuelve más accesible para los bolsillos de los usuarios y posibilita una rápida adopción por su parte. La tecnología vende, incluso en épocas de crisis, porque es una inversión en comunicación y formación. Para la industria de consumo, el factor de aceptación femenina[19] (FAF) ha sido un aspecto que no ha pasado desapercibido. Que un producto tenga éxito o no depende en gran parte de este elemento. Existe incluso en el mercado de aplicaciones móviles una llamada *Wafmeter* (*Wife Acceptance Factor meter by image processing*), que analiza las formas (si es curvado o anguloso), los colores y la facilidad de uso (si tiene muchos botones o no) para medir la tolerancia de la mujer.

En la comparativa del siguiente gráfico (Imagen 2.7), podemos observar las diferencias de género al elegir un dispositivo móvil, frente a otro, probablemente influido por el factor antes mencionado. Mientras que

[19] Del inglés *Wife Acceptance Factor* (WAF), consiste en diversas cualidades de los aparatos electrónicos, especialmente los referidos a su apariencia externa, que favorecen o no el que ese producto sea aprobado por las mujeres para introducirlo en el hogar.

el *iPhone* es el teléfono elegido por un 22,73% de los chicos, solo el 9,88% de las jóvenes prefiere este dispositivo. Las *BlackBerrys* lideran el mercado femenino, con un 49,38% de seguidoras, frente al 25% de ellos. El informe de ComScore Mobile Year in Review 2010[20], posicionaba al *iPhone* como el dispositivo más vendido en EEUU y los conocidos como EU5[21]; sin embargo, el sistema operativo con mayor difusión es *Android*, por encontrarse más diversificado en el mercado[22].

Imagen 2.7. Comparativa entre los sistemas operativos de los teléfonos móviles de chicas y chicos

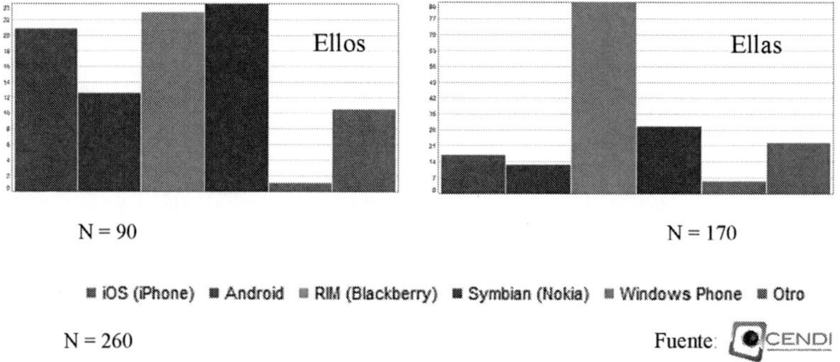

Según estos datos, observamos que mientras que las chicas prefieren *BlackBerrys*, dentro de los chicos se da más diversificación, pues escogen casi por igual dispositivos *Nokia* (26,14%), *BlackBerry* (25%) y *iPhone* (22,73%) y en menor medida móviles provistos con el sistema operativo *Android* (13,64%) y *Windows Phone* (1,14%).

7. Diferencias de género en la elección de contenidos a través del móvil

En la comparativa por género en el acceso a contenidos audiovisuales móviles (imagen 2.8), es destacable el número de chicas que afirman no consumir este tipo de producciones, 36,63% frente al 29,79% de chicos

[20] Publicado en 2011.

[21] Reino Unido, Francia, Alemania, Italia y España.

[22] Mientras que *iOS* y *RIM*, los sistemas operativos de *Apple* y *BlackBerry* respectivamente solo están disponibles en los dispositivos de estas marcas, *Google* ha optado por distribuir su software en el mercado, asociándose con varios fabricantes como *Samsung*, *HTC* o *Motorola*, entre otros.

que tampoco lo hacen. Al final de la encuesta, algunas de ellas afirmaban que desconocían la forma de verlos con sus móviles.

De sus respuestas también se desprende que ellas prefieren acceder a los vídeos a través de Internet móvil (25,58%), mientras que los modos de acceso a contenidos audiovisuales de ellos se encuentran más diversificados: el 5,32% los lleva al móvil por conexión USB, un 28,72% prefiere hacerlo a través de redes Wi-Fi y un 19,15% utiliza los canales 3G.

Imagen 2.8. Comparativa entre los modos de acceso a contenidos audiovisuales en soportes móviles

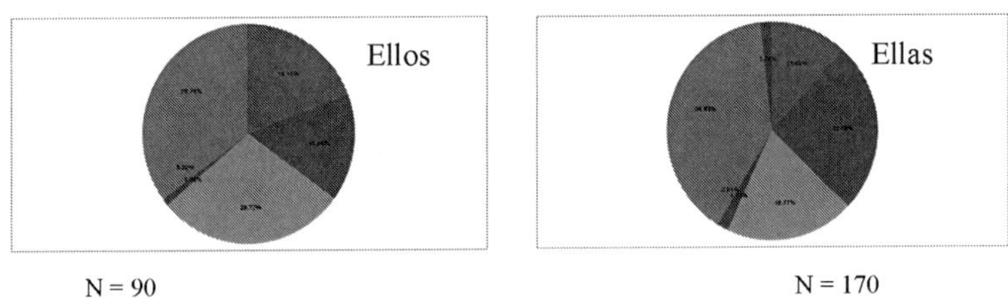

N = 90 N = 170

■ A través de canales 3G ■ Por conexión a Internet a través del móvil ■ Vía WiFi ■ Bluetooth ■ Llevando al móvil desde el ordenador por USB ■ No veo televisión a través del móvil ■ Otro

N = 260 Fuente: OCENDI

Los jóvenes no están interesados en la televisión actual. Esta afirmación, revelada por el estudio "preferencia juvenil en nuevos formatos de televisión" de OCENDI (2012), también se intuye en el Informe de la Asociación de Usuarios de la Comunicación (AUC), presentado en septiembre de 2011 (www.auc.es), sobre cómo valoran los espectadores la implantación de la TDT. Para cuatro de cada diez, según este informe, la televisión digital terrestre ha "defraudado sus expectativas", por el "exceso de contenidos de baja calidad y el abuso en la repetición de programas" principalmente.

En Estados Unidos y Europa, la visualización de contenidos audiovisuales en soportes móviles aún no es tan frecuente como en otros países asiáticos, pero es un fenómeno que está experimentando un fuerte aumento.

Preguntados sobre sus géneros televisivos preferidos, los jóvenes de 18 a 25 años se decantan preferentemente por el cine (23%), la opinión (16%), la información (15%) y la música (12,8%). Estos mismos gustos se reproducen en el presente estudio (imagen 2.9), donde un 35,19% consume información en su móvil, un 28,52% vídeos musicales, el 17,04% contenidos deportivos y un 12,22% películas. En este sentido, y a pesar de que en un principio se pensó que eran necesarios unos contenidos adecuados a los tiempos de consumo telefónico (Cebrián, 2010: 300), lo cierto es que, en la práctica, la duración de los contenidos audiovisuales visualizados en el móvil varían desde los microcontenidos, hasta los largometrajes o programas de larga duración de la televisión tradicional.

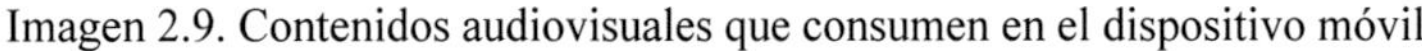

Imagen 2.9. Contenidos audiovisuales que consumen en el dispositivo móvil

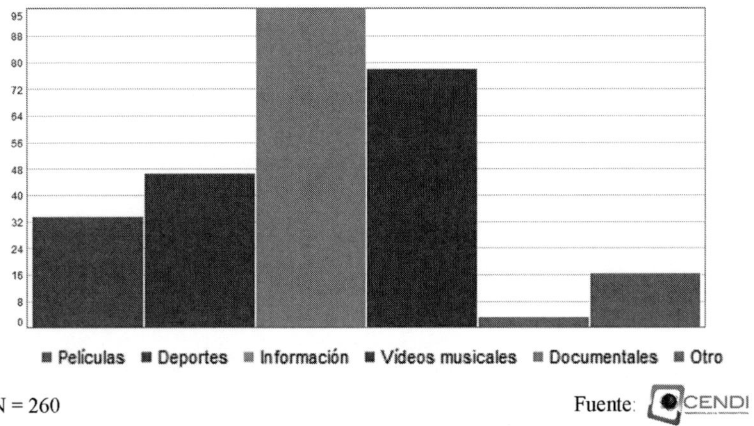

N = 260 Fuente: CENDI

Analizando los datos de audiencias de 2011, facilitados por Barlovento, Cuatro y La Sexta se revelan como las cadenas preferidas por los jóvenes de 13 a 24 años, por encontrar en sus parrillas mayor cantidad de emisiones de series extranjeras; mientras, Antena 3 destaca por la emisión de series de producción propia.

Cuando contrastamos los datos de Barlovento con los nuestros, donde los jóvenes son sus propios programadores en el móvil (imagen 2.10), no resulta extraño que un 43,48% prefiera el visionado de series extranjeras y de películas (23,19%) en sus dispositivos móviles; frente a un minoritario 2,54% que afirma consumir productos audiovisuales, concebidos en exclusiva para estos dispositivos (*mobisodes*). Por consiguiente, los contenidos más descargados en Internet son, en primer lugar las películas, seguidas de series extranjeras y, en tercer lugar, temas musicales (conciertos, videoclips, etc.), como refleja la cuarta oleada del estudio Televidente 2.0 (The Cocktail Analysis, 2010). Y un detalle más: al encontrarnos ante pequeñas pantallas, podríamos considerar que son adecuadas para el consumo de contenidos de corta duración, pero en la práctica se dan casos como el del programa Pizzicato de TVE, de una hora, que en su servicio de televisión a la carta, es más descargado en teléfonos móviles que en otros soportes[23].

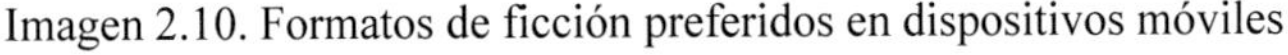
Imagen 2.10. Formatos de ficción preferidos en dispositivos móviles

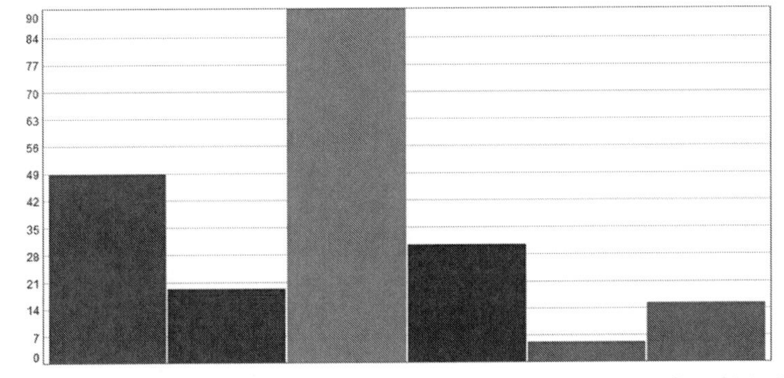

■ Películas ■ Series españolas ■ Series extranjeras ■ Series de animación ■ Mobisodes (series creadas en exclusiva para teléfonos móviles) ■ Otro

N = 260 Fuente: CENDI

8. A modo de conclusión

Los jóvenes generalizan el uso del móvil como manifestación de su propia identidad, es una forma de mostrar a los amigos cómo son y qué les gusta, más allá de lo que expresen por escrito en sus mensajes; es único, individual, propio e incluso representa un estatus, con su marca, al igual que lo hace la exhibición de un determinado coche.

El móvil que eligen es un accesorio imprescindible para ellos porque les da autonomía, les conecta con su entorno de amistades, les hace independientes del control parental y de otras autoridades (escolares, por ejemplo). Aquí son importantes el pequeño tamaño de los dispositivos y su fácil conexión por wifi a las redes. Siempre pueden estar conectados con sus amigos: en este punto, es importante la componenda de "actividad x móvil = infringir las normas", huir del control de la autoridad, esto es, la "renovada idea de transgresión social de los adolescentes.

---

[23] Según Yago Fandiño Lousa, Subdirector de Contenidos Infantiles de RTVE – Medios Interactivos, en la *Jornada smartphones y menores: oportunidades y riesgos*, celebrada en Madrid el 3 de noviembre de 2011, para los niños los diferentes soportes que encontramos en el mercado no son más que ventanas, no tecnologías. Los niños disfrutan con la animación y el entretenimiento, y, dentro de un amplio catálogo, son capaces de elegir el contenido más afín a su edad.

El móvil representa su conexión permanente a su entorno fuera de casa; les permite conectar con sus amigos y a la vez conocer a gente diferente. Esto, que es propio de las redes sociales, se convierte en un círculo íntimo y reservado cuando está en el móvil (privados) al que acceden de pie, sentados, en el metro, en clase, etc., y solos, reforzando la idea de "somos dueños de nuestro tiempo".

Junto a ello, perduran en el tiempo algunos prejuicios educacionales que se han convertido en viejas costumbres: la diferencia de uso, consumo y preferencias según género.

Sería conveniente aprovechar que Internet se considera un entorno libre de sesgos de género (Castaño y Palmen, 2010: 178), para que esta industria, dominada por los hombres, abra paso a las mujeres, que por sus habilidades innatas se desenvuelven mejor en *social media* (ITU, 2012).

Bibliografía

AMETIC – Accenture. 2011. Retos y oportunidades del universo digital móvil en España: más ubícuo, más social, más personal. Disponible en: http://www.accenture.com/SiteCollectionDocuments/Local_Spain/PDF/Accenture_Ametic_2011_Retos_y_oportunidades.pdf.

Anguita, Rocío y Ordax, Excelita. 2000. "Las alumnas ante los ordenadores: estrategias y formas de trabajo en el aula". *Revista Comunicar* 14: 218-224.

Barlovento. Disponible en: http://www.barloventocomunicacion.es/.

Castaño, Cecilia. 2009. "Los usos de Internet en las edades más jóvenes: algunos datos y reflexiones sobre hogar, escuela, estudios y juegos". *Revista Participación Educativa* 11: 73-93.

Castaño, Cecilia y Caprile, María. 2010. "Marco conceptual sobre género y tecnología". En Cecilia Castaño Collado (directora). *Género y TIC. Presencia, posición y políticas,* 21-82. Barcelona. UOC Ediciones.

Castaño, Cecilia y Müller, Jörg. 2010. "Cultura de género en las escuelas de informática y telecomunicaciones". En Cecilia Castaño Collado, Cecilia (directora), *Género y TIC. Presencia, posición y políticas*, 217-250. Barcelona. UOC Ediciones.

Castaño, Cecilia y Palmen, Rachel. 2010. "Las culturas empresariales en la implementación de políticas de conciliación e igualdad en las empresas TIC". En Cecilia Castaño Collado (directora), *Género y TIC. Presencia, posición y políticas,* 177-216. Barcelona. UOC Ediciones.

Cebrián, Mariano. 2010. *Información audiovisual y multimedia por Internet en la telefonía móvil*. Lima: Universidad San Martín de Porres Fondo Editorial.

CISCO. 2012. "Global Mobile Data Traffic Forecast Update, 2011-2016". Disponible en: http://www.cisco.com/en/US/solutions/collateral/ns341/ns525/ns537/ns705/ns827/white_paper_c11-520862.pdf.

Commission on the status of women (CSW). 2010. *Gender, science and technology*. Disponible en http://www.un.org/womenwatch/daw/egm/gst_2010/Final-Report-EGM-ST.pdf.

ComScore. 2011. *Mobile Year in Review 2010*. Disponible en http://www.comscore.com/Insights/Presentations_and_Whitepapers/2011/2010_Mobile_Year_in_Review.

Conecta Research & Consulting y Nokia. 2011. "Los jóvenes, los móviles y la tecnología". 7º Observatorio de tendencias Nokia. Disponible en: http://www.slideshare.net/conectarc/7-observatorio-de-tendencias-nokia-los-jvenes-los-mviles-y-la-tecnologa.

Empírica Influentials & Research y Qdiario. 2010. "Estudio sobre el uso de smartphones en España". Disponible en: http://www.slideshare.net/Empirica/estudio-sobre-el-uso-de-smartphones-en-espaa.

Fundación Orange. 2011a. *Estudio sobre hábitos seguros en el uso de smartphones por los niños y adolescentes españoles*. Disponible en http://acercadeorange.orange.es/UpImages/files/2206/estudio_smartphones_inteco_f14d138ffde09e29842e5a765.pdf.

—. 2011b. eEspaña 2011. *Informe anual sobre el desarrollo de la Sociedad de la Información en España*. Disponible en http://www.proyectosfundacionorange.es/docs/eE2011.pdf.

Information Technology Association of Canada. 2009. *ICT and Women*. Disponible en http://www.itac.ca/uploads/pdf/women_and_ict.pdf.

ITU. 2012. "A bright future in ICTs opportunities for a new generation of women". Disponible en: http://girlsinict.org/sites/default/files/pages/itu_bright_future_for_women_in_ict-english.pdf.

Johnson, Brian David. 2010. *Screen Future*. China: Intel Press.

Larrea, José Luis: "La generación ‹pick & clic›". (*El Economista*, 7/06/2010).

OCENDI. 2012. *El consumo televisivo a través del soporte móvil en los jóvenes españoles*. Documento inédito. Madrid.

Rheingold, Howard. 2002. *Smart Mobs: the next social revolution*. USA: Perseus.

The Cocktail Analysis. 2010. "Televidente 2.0 4ª Oleada". Disponible en: http://www.tcanalysis.com/uploads/2010/06/televidente_2010_informe_ejecutivo.pdf.

—. 2011. "Aplicaciones en el móvil: descarga y uso". Disponible en: http://www.slideshare.net/TCAnalysis/aplicaciones-en-el-mvil.

UE. COM (2010) 245 final/2 de 26.8.2010. *Una Agenda Digital para Europa.* Disponible en http://www.itac.ca/uploads/pdf/women_and_ict.pdf.

Vacas, Francisco. 2007. *Teléfonos móviles. La nueva ventana para la comunicación integral*. Madrid. Creaciones Copyright.

CHAPTER THREE

VIOLENCIA DE GÉNERO Y PRAXIS FEMINISTA ONLINE EN ESPAÑA

SONIA NÚÑEZ PUENTE
UNIVERSIDAD REY JUAN CARLOS

1. Introducción

Este trabajo pretende ofrecer una mirada acerca de cómo las diversas comunidades feministas online en España están usando Internet para el activismo contra la violencia de género, con el fin de preservar el sentido de un proyecto de agencia femenina. También nos preocupan las diferentes formas en las cuales esos colectivos online reescriben la esfera pública en el ciberespacio, ya sea mediante la adopción de la acción política offline como referente, o a partir de la construcción de una praxis online en particular. Queremos, a su vez, demostrar cómo ciertos portales web feministas de España que luchan contra la violencia hacia las mujeres, ven Internet como un espacio de construcción social sujeto a diversas desigualdades, pero que también ofrece nuevas posibilidades de acción y de interacción.

Nuestro análisis se va a centrar, por tanto, en examinar las posibilidades de agencia femenina que presentan los colectivos online en ese ámbito. Nuestra intención es ocuparnos de este fenómeno desde dos puntos de vista. En primer lugar, vamos a estudiar algunos de los sitios web que han surgido en España para luchar contra la violencia de género, y que tienen como precedente la acción de colectivos dentro y fuera de la red. Después, analizaremos algunos de los portales web feministas españoles que contienen secciones específicas, y que han ido surgiendo tras el éxito de una primera serie de sitios web que se dedicaron por completo a esta causa. Asimismo, daremos cuenta del desplazamiento que se está produciendo en el activismo online desde las páginas web a las redes sociales como espacio visible y dinámico para combatir la violencia de género.

La praxis feminista online en España en el ámbito de la lucha contra la violencia de género tiene un importante hito en las actuaciones colectivas por la aprobación de una ley integral al efecto. En el año 2002, nueve asociaciones[1] impulsaron la creación de la Red Estatal de Organizaciones Feministas Contra la Violencia de Género con el objetivo de forzar al Gobierno, por entonces del Partido Popular, para que adoptara medidas eficaces para prevenir y combatir la violencia de género. La Red aglutinó sinergias para canalizar la interlocución con el Gobierno, con los medios de comunicación y con las administraciones en la consecución de una ley que se llevaba reivindicando desde hacía una década. Para ejercer más presión y obtener mayor visibilidad, se creó un espacio virtual, http://www.redfeminista.org/, tomando como punto de partida la trayectoria del portal Mujeres en Red, www.mujeresenred.net, que había surgido en 1997, a iniciativa de la periodista Montserrat Boix, como un lugar de acción colectiva feminista. Esta plataforma, que nació específicamente en la red sin precedente offline, ya había estado al frente de varias intervenciones impulsadas a través de Internet, algunas de ellas relacionadas con la violencia de género, obteniendo resultados satisfactorios, como el indulto a Tani en el año 2002[2].

El portal Mujeres en Red es una iniciativa pionera en España en el ámbito del ciberactivismo, con una postura alternativa en el uso de las nuevas tecnologías (se aloja en el servidor Nodo 50), que apostó desde un comienzo por el hacktivismo y por el ciberfeminismo social[3]. En su

---

[1] La Asociación Mujeres Juristas Themis, la Fundación Mujeres, la Comisión para la Investigación de Malos Tratos a Mujeres, Enclave Feminista, la Federación de Mujeres Progresistas, la Federación de Asociaciones de Mujeres Separadas y Divorciadas, Mujeres Vecinales, la Asociación de Ayuda a Víctimas de Agresiones Sexuales y la Asociación Española de Mujeres Profesionales de los Medios de Comunicación.

[2] Una de las primeras campañas que se plantearon por Mujeres en Red buscando apoyos en los ámbitos online y offline fue la defensa de Teresa Moreno Maya, Tani, una mujer gitana acusada de matar a su marido. En la sentencia, que condenó a la mujer a 14 años de prisión, no se consideró que había sido víctima de malos tratos ni se contempló la posibilidad de que hubiera actuado en defensa propia. Después de una intensa campaña de movilización, que consiguió hacerse eco del caso en los principales medios de comunicación españoles y de ámbito internacional, Tani fue finalmente indultada en diciembre del año 2000 (Boix, 2006).

[3] Montse Boix distingue entre el *Ciberfeminismo radical,* el *Ciberfeminismo conservador*, y el que ella misma bautiza como *Ciberfeminismo social,* el cual, como indica, "*está asociado a organizaciones, redes y movimientos sociales que han incorporado las TIC como canales de comunicación con una tradición de*

origen, pretendía aglutinar iniciativas de mujeres de todo el mundo y servir como canal de expresión de diferentes sensibilidades y proyectos, además de impulsar la alfabetización digital y luchar contra la brecha digital de género. Posteriormente creó un portal específico para hacer frente a la violencia de género: Mujeres en Red-Violencia. De esta forma, sentó un precedente en el activismo online que sirvió como soporte para la creación posterior de otras iniciativas feministas en el ámbito virtual.

Con este antecedente, la Red Feminista articuló una plataforma que quería aprovechar las sinergias de lo online y lo offline para conseguir una nueva normativa en el ámbito de la lucha contra la violencia de género. Las organizaciones implicadas se sirvieron de las herramientas que proporcionaba Internet para exponer sus posturas, coordinar actuaciones y elaborar y difundir un discurso contundente y coherente al respecto.

Finalmente, en diciembre de 2004, el Congreso de los Diputados aprobó, por unanimidad, la Ley Orgánica 1/2004, de 28 de diciembre, de Medidas de Protección Integral contra la Violencia de Género. Un año después, se impulsó la creación del Observatorio Estatal de Violencia contra la Mujer. Esto supone entender que no solo el gobierno de España en ese momento podía estar dispuesto a asumir nuevos retos en materia legislativa sobre la violencia de género, sino, sobre todo, que el movimiento de mujeres supo aprovechar sinergias, y que la Red se convirtió en el espacio ideal para que estas confluyeran. De esta forma, se estaba creando también un colectivo online que iba a reforzar el uso eficaz de la red en la interacción entre actividades online y offline.

2. Internet como oportunidad para la praxis feminista online contra la violencia de género

El desarrollo y la proliferación de las Nuevas Tecnologías de la Información y la Comunicación (en adelante TIC) está contribuyendo, desde hace algo más de dos décadas, a rápidas transformaciones sociales. Pero la Sociedad de la Información, que ha sido definida como un "nuevo paradigma social basado en el uso generalizado, intensivo y extensivo de las TIC" (Observatorio e-igualdad UCM, 2007: 6), supone tanto retos como oportunidades.

A pesar de que Internet se ha incorporado a la vida cotidiana de gran parte de la población, la brecha digital, con carácter y alcance diverso,

---

pensamiento y acción anterior a la aparición de las redes e Internet donde grupos tradicionalmente marginados reclaman nuevos espacios políticos" (De Miguel y Boix, 2005).

persiste (Castaño et al, 2010). Diversas investigaciones constatan asimismo que el fenómeno de la brecha digital de género (en términos de acceso, destrezas y usos, más o menos avanzados) está lejos de desaparecer, tanto en el ámbito doméstico como en el formativo y en el mercado de trabajo (MIT, 1999; Pérez Sedeño, 2004; Red2Red Consultores, 2008; Castaño, 2008; Castaño et al, 2008 y 2010; Vázquez, 2010; Vázquez y Castaño, 2011).

El alejamiento de las mujeres del mundo de las nuevas tecnologías se ha explicado, entre otros factores, por la persistencia de estereotipos sexistas que asocian a los hombres a la tecnofilia (Cockburn, 1985; Mellström, 2004) y a las mujeres a la tecnofobia o al "pesimismo tecnológico" (Bonder, 2002[4]). Es más, a pesar de la mayor e-inclusión de las generaciones más jóvenes con respecto a las generaciones de "inmigrantes digitales" (Prensky, 2001), muchas mujeres continúan ciber-excluidas porque persiste la ecuación entre masculinidad y tecnología.

El género es sin duda un condicionante en el desarrollo de un modelo social basado en la tecnología. Superadas las perspectivas esencialistas, que atribuían a causas biológicas la escasa participación de las mujeres en el mundo de las TIC, los análisis feministas (no liberales) cuestionan, ya desde la década de los setenta, la neutralidad de las nuevas tecnologías. Desde esta perspectiva, Gillian Marcelle (2002) apunta que las nuevas tecnologías no son neutrales en materia de género porque sus efectos varían en función del origen de las mujeres, así como de su clase social, raza, acceso a la educación y a la formación, edad y estatus social.

Judy Wajcman (2000) señala que el ciberfeminismo popular, frente al feminismo temprano que rechaza la tecnofobia, acoge las nuevas tecnologías como un medio de empoderamiento de las mujeres. De acuerdo con las visiones más "utópicas", las nuevas tecnologías tienen un gran potencial transformador y emancipador porque posibilitan la creación de nuevos significados y entidades que pueden contribuir a la liberación de las mujeres (Haraway, 1985) y a diluir las desigualdades de género a través de nuevas formas de comportamiento, organización e interacción horizontales, no jerárquicas, no lineales (Spender, 1995; Plant, 1997). Así, algunas investigaciones advierten del potencial de las nuevas tecnologías en términos de cambio, progreso y bienestar social (salud, educación, desarrollo, etc.) (Gurumurthy, 2004; Castaño et al, 2008). Señalan además que, lejos de replicar estructuras sexistas, las TIC pueden constituir una

[4] Otros aspectos que inciden en la brecha digital de género son las dificultades de acceso (por motivos económicos, falta de tiempo o incentivos, etc.), la falta de habilidades tecnológicas, la naturaleza de los contenidos (a menudo estereotipados) o el menor contenido tecnológico de los itinerarios formativos y laborales.

oportunidad para redefinir el funcionamiento de la sociedad y avanzar en igualdad, siempre y cuando se promueva, de manera proactiva, un acercamiento más igualitario a las nuevas tecnologías (Vázquez y Castaño, 2011).[5] El potencial de la comunicación horizontal puede democratizar las interacciones dentro y entre una gran variedad de organizaciones (Garrido y Halavais, 2003; Bimber, 2003). Tendencias similares pueden detectarse en el ámbito del activismo politico, donde el uso de Internet ha facilitado nuevas formas de participación social (Andrews, 2006; Kember, 2003; Paasonen 2005; Sorenssen y Krolokke, 2006).

Sin embargo, algunos observadores advierten contra las posturas esencialistas que postulan que las tecnologías deben basarse en los atributos y valores femeninos universales (Sombra, 2002), y otros han encontrado que la apertura y la falta de jerarquía pueden ser contraproducentes (Danitz y Strobel, 1999; Liberty, 1999).

El aumento del número de mujeres usuarias de las TIC es constante y más rápido que el de sus homólogos masculinos (Castaño, 2008), especialmente gracias a la incorporación de las mujeres jóvenes (OECD, 2007; Observatorio e-igualdad UCM, 2011). Si bien esto no es suficiente, es el paso previo y necesario para que las mujeres se conviertan en usuarias activas, generadoras y creadoras de las TIC. Cuando se transformen en protagonistas y beneficiarias de la revolución que supone la sociedad red, no solo se promoverá la equidad tecnológica en los procesos de diseño, producción y gestión, sino también la igualdad real entre hombres y mujeres.

Internet es un territorio que ofrece oportunidades inéditas de expresión y participación. A continuación, veremos cómo Internet, el ciberespacio y la realidad virtual pueden impulsar transformaciones sociales, al constituirse en herramientas impulsoras de la defensa de los derechos de las mujeres y, por ende, de su empoderamiento (autonomía, toma de decisiones, etc.), a través de iniciativas online de comunidades de activistas que, en España, combaten la violencia contra las mujeres en el mundo real a través del mundo virtual.

Defendemos que los colectivos feministas online que se ocupan de la lucha contra la violencia de género en España como un objetivo ciberactivista han surgido de dos formas distintas. La primera es a través de la creación de un colectivo online con un objetivo concreto, como, por

[5] Nancy Hafkin señala que la igualdad de género respecto a las TIC significa que se pueden usar para empoderar política y económicamente a las mujeres; mejorar su calidad de vida y la de sus familias (acceso a la educación, información sobre salud, etc.); ser usuarias y productoras, y beneficiarse de los dividendos de las TIC. Mas detalles en http://web.idrc.ca/es/ev-2746-201-1-DO_TOPIC.html.

ejemplo, la aprobación de la Ley Orgánica de Medidas de Protección Integral contra la Violencia de Género. Este es el caso de Red Feminista, cuya actuación se basa en la acción política offline y que tiene como precedente un espacio online de activismo feminista como Mujeres en Red. El segundo tipo es una página web articulada en referencia al primer tipo de comunidad mencionada, que se localiza en una jerarquía dentro de las páginas web existentes y comunidades online dedicadas a la praxis feminista. Es el caso de Fundación Mujeres y del Observatorio de la Violencia de Género y del Banco de Buenas Prácticas para la prevención de la violencia de género. La diferencia en las formas en que estos colectivos online se articulan viene a ser fundamental para nuestro argumento, dado que esta diferencia demuestra la relación compleja y cambiante entre los colectivos online y offline en el ciberactivismo feminista español.

Por lo tanto, podemos decir que la praxis feminista online en España con respecto a la violencia de género tiene su contraparte offline como punto de partida en la creación de espacios virtuales que marcan la acción política en el movimiento y, a su vez, se soporta en una iniciativa online que se dedica al activismo feminista y a la alfabetización digital. Al mismo tiempo, la praxis feminista offline hace uso del ciberespacio y del activismo online como recurso o herramienta para lograr objetivos políticos concretos, como la aprobación de la Ley Integral. En este caso, lo que vemos es un proceso de "mesomobilization", según la definición de Scott y Street (2001), es decir, la alianza estratégica de las redes online y offline para aumentar el poder conjunto en las causas que suman el interés de una amplia gama de activistas. Asimismo, detectamos que los espacios web siguen siendo efectivos para la lucha contra la violencia de género, aunque cada vez más se impone estar en las redes sociales para fomentar la visibilidad y seguir promoviendo el intercambio. No obstante, veremos que no solo las organizaciones precisan estar en espacios como Facebook o Twitter, sino que, en ocasiones, el discurso se personaliza en los perfiles que las gestoras de las páginas también mantienen en la red.

Para el análisis, hemos elegido seis portales web dedicados en su totalidad o en gran parte a la violencia contra las mujeres. En primer lugar, llevaremos a cabo un análisis del sitio Mujeres en Red como iniciático en el ciberactivismo y en la alfabetización digital en España, y como precursor de algunas acciones en la red que obtuvieron resultados positivos en el ámbito de la lucha contra la violencia de género. También exploraremos la plataforma temática Mujeres en Red-Violencia, que nació para ofrecer recursos e información sobre la violencia de género y como foro para exponer e intercambiar inquietudes. A continuación, describiremos las actuaciones de la Red Feminista en Internet, como una plataforma pionera en cuanto al activismo político colectivo feminista. Después, estudiaremos otro portal que surgió al calor de esos primeros esfuerzos: el sitio web de Fundación Mujeres, y dos plataformas vinculadas a esta página que ofrecen información y son espacio de interrelación en la lucha contra la violencia de género: Observatorio de la Violencia de Género y Banco de Buenas Prácticas para la Prevención de la Violencia de Género.

3. Mujeres en Red y Mujeres en Red-Violencia: Un precedente ciberactivista con deriva hacia las redes sociales

Uno de los portales pioneros en el ciberactivismo en España fue Mujeres en Red, que hoy sigue activo en Internet a través de la página web, pero también en las redes sociales. La plataforma, albergada por el servidor Nodo 50, nace en agosto de 1997 de la mano de la periodista Montserrat Boix. En un principio, como ella misma describe, era un proyecto meramente intuitivo surgido del intento de investigar las posibilidades del uso de las nuevas tecnologías en Internet y favorecer la información y la comunicación entre las mujeres en el mundo (Boix, 2001: 39). La iniciativa fue creciendo en volumen de contenidos y de consultas, de forma que, en la actualidad, a 15 años de su fundación, el número de visitas de la web se acerca a los seis millones. Identificar recursos feministas en Internet fue, según Boix, el primer objetivo del proyecto. Desde Mujeres en Red se empezó por localizar las páginas web de mujeres en el mundo y listarlas por temas y por países. Asimismo, se aglutinaron textos de diferente temática que estaban en la red, teniendo como horizonte la idea de compartir el conocimiento "como punto esencial para la lucha en el empoderamiento colectivo de las mujeres" (Boix, 2001: 42). Desde un principio, uno de los objetivos del portal fue también la lucha por conquistar el acceso a la tecnología por parte de las mujeres y la promoción de la adquisición de habilidades para utilizar los nuevos medios. Muy pronto se impulsaron diversas protestas virtuales que recabaron amplia participación y que obtuvieron resultados positivos, de tal forma que se puso de manifiesto que la participación online y offline resultaba efectiva.

En la actualidad, la web cuenta con 25 secciones. La última de ellas se dedica de forma exclusiva a la violencia de género, que se divide, a su vez, en 14 subsecciones: *Bibliografía*, *Prostitución*, *Los agresores*, *Feminicidio*, *Síndrome de Alienación Parental*, *La sociedad contra los malos tratos*, *Abuso y Agresiones sexuales*, *Informes*, *la Ley Integral contra la Violencia de Género*, *Tráfico de Mujeres*, *Educación*, *Denuncias y Campañas*, *Guías* y *Marco teórico con mirada feminista*. Todas ellas albergan una recopilación de artículos de expertos/as, que en su mayoría proceden de sus blogs personales. Podríamos decir que la sección que más incita al activismo es *La sociedad contra los malos tratos*. Sin embargo, observamos que los textos apenas se actualizan y que, en su mayoría, no cuentan con comentarios de los/as lectores/as.

Más que llamamientos a la acción online y offline, como el pronunciamiento, en la portada del sitio, a favor de la huelga general en contra de la reforma laboral aprobada por el Gobierno, detectamos, en el ámbito del ciberactivismo, que Mujeres en Red continúa en la labor de fomentar la creación de redes online, y la alfabetización digital de las mujeres. Así, las secciones *Sociedad de la Información*, *Tecnología*, o el apartado *Creando Redes*, que incluye el espacio *Mujeres en Red en las Redes Sociales,* en el que anuncia la presencia de la plataforma en diferentes espacios en Internet: Facebook, Twitter, Canal de Google-Video de Mujeres en Red y You Tube. En otro apartado se difunde el *Manual online sobre la Web 2.0.: Enrededadas 2.0.* Su objetivo, según Boix, es formar en las herramientas de la Web 2.0 utilizando conceptos "básicos y muy comprensibles". El manual tiene perspectiva de género: "Recupera la historia de las mujeres en las TIC, a menudo invisibilizadas, plantea la necesidad de que las mujeres utilicen la red para la formación, la información y el activismo".

El portal sigue actualmente vinculado a otro sitio web que surgió en el año 2000 como espacio específico para la lucha contra la violencia de género: Mujeres en Red-Violencia. El sitio, que está organizado en diferentes secciones[6], fue una plataforma muy dinámica de activismo online, que, sin embargo, dejó de actualizarse a partir de 2003. Mujeres en Red-Violencia constituyó, durante un tiempo, una herramienta eficaz para la transmisión de información práctica, tanto legislativa como de atención integral a las víctimas. También se presentaba como una comunidad online capaz de proporcionar a las mujeres estrategias activas para la comunicación a través de foros y de listas de correo electrónico. De hecho, creó una lista de distribución de información y debate a través del correo electrónico que en su momento sirvió como espacio de reflexión sobre temas relacionados con la violencia de género.

---

[6] Actualidad, Artículos y documentación, Bibliografía, Qué hacer en un caso de malos tratos, Dónde acudir en caso de malos tratos, Violencia de género en el mundo, Agenda y convocatorias y Lista de información a través de correo electrónico.

Sin embargo, como señalamos, la lucha contra violencia de género se canaliza a través de otros espacios virtuales. Entre ellos, el blog de Montserrat Boix (http://www.mujeresenred.net/mboix/blog/) y los perfiles de la autora en Facebook y en Twitter, redes donde, como hemos señalado, también está presente Mujeres en Red. Boix, muy activa en estos foros, mantiene un diálogo permanente con sus seguidores/as (en Twitter se acercan a los/as 2.000), y aporta información constante, entre otros temas, sobre la violencia de género.

Como fundadora de los dos portales que acabamos de analizar, Boix considera que las prácticas feministas online y la creación de nuevos espacios de relación suponen un esfuerzo común para usar el ciberespacio como un lugar de encuentro y como una fuente de apoyo para las mujeres, tratando de consolidar las redes feministas online. La autora se esfuerza por una potenciación de la versión social del feminismo, y se hace cargo de los aspectos más descriptivos y técnicos de la praxis feminista en Internet.

4. Red Feminista: Confluencia de sinergias en la red contra la violencia de género

En el año 2002, nueve organizaciones feministas offline se unieron para formar una red estatal con el fin de estructurar la lucha contra la violencia de género con mayor eficacia. Ese fue el momento en que el portal www.redfeminista.org nació como un colectivo. Sus miembros argumentaron dos puntos: por un lado, se consideraba que las medidas legales adoptadas por el Gobierno eran insuficientes y que su aplicación por los jueces era claramente tibia. Por otro lado, se entendía que la violencia de género era un problema de preocupación nacional equiparable con el terrorismo por el número de vidas cobradas, comparable con el terrorismo y que, por lo tanto, debía afrontarse como un problema de preocupación nacional. El objetivo fundamental de esta Red fue la creación de una base de datos online de todas las víctimas de violencia doméstica y de violencia sexual, a fin de aglutinar los casos y las quejas. Las organizaciones integrantes denunciaban la tergiversación de las cifras oficiales sobre las muertes de mujeres, como las de aquellas que morían fuera del matrimonio o las víctimas de los mal llamados crímenes pasionales, que no se contabilizaban. A su vez, defendían la necesidad de que los poderes públicos aprobaran una ley integral contra la violencia de género que evitara que las víctimas tuvieran que peregrinar por las diferentes oficinas judiciales, con la esperanza de que una única instancia pudiera aprobar medidas preventivas y asumir todos los aspectos legales, incluyendo la separación.

El portal web Red Feminista se ha constituido como pionero y referente de la praxis feminista online en el ámbito de activismo contra la violencia hacia las mujeres. Se basa en una dirección descentralizada y no jerárquica, que ha sido eficaz para la movilización con una amplia participación. La campaña que impulsó para aprobar la Ley Integral contra la violencia de género puede considerarse un claro ejemplo de ciberactivismo.

En la página principal del portal se hace un llamamiento a todas las mujeres a no tolerar, en sus relaciones, tanto públicas como privadas, ninguna afrenta a su dignidad e integridad, sumándose, con ello, a la defensa de cuantas iniciativas tiendan a la erradicación de la violencia de género. Desde esa página se accede a diferentes secciones: Noticias, Opiniones, Documentos, Ley Integral, Violencias, Internacional, Campañas, Muertas 2012 y Suscríbete. En la sección Muertas 2012 se computa la violencia de género anual con resultado de muerte desde 2003, teniendo en cuenta la violencia en el ámbito intra-familiar, por parte de parejas o exparejas, en otras relaciones familiares, agresiones sexuales, tráfico de mujeres y prostitución y otras víctimas indirectas. La entidad también recoge noticias publicadas en los diferentes medios de comunicación que exponen casos sobre mujeres muertas.

Una de las áreas más activas en términos de la práctica feminista es la de Campañas. Este espacio recopila diversas iniciativas y llamadas a la movilización tanto dentro como fuera de la web, pero con una mayor preponderancia de la esfera offline. Al entrar en esta sección nos encontramos con un llamamiento a la militancia feminista que claramente se refiere al potencial de gran alcance que tiene Red Feminista para el ciberactivismo. La convocatoria lleva por título "¡Rescatemos el feminismo militante!", apelación con la que reclama un mayor activismo por parte de las organizaciones y de mujeres a título individual. Red Feminista se define así como un espacio no solo para la reflexión, el análisis o la información actualizada, sino que también llama al activismo y al compromiso.

La campaña "Contra la propaganda/Contra la indefensión", orientada al activismo contra la violencia de género, presenta el problema como una violación de los derechos humanos y denuncia la naturaleza parcial y limitada de las medidas de protección. Asimismo, insta al Gobierno a que, entre otras medidas, asigne recursos suficientes para asegurar el acceso de todas las mujeres a una red de protección que garantice su seguridad y apoye la iniciativa europea de poner en marcha un Observatorio sobre Violencia de Género.

Lo que se deriva de la utilización efectiva de la praxis online de Red Feminista es el hecho de que la propagación y la velocidad de las campañas de promoción que utilizan las TIC propician mayor difusión del conocimiento y una mayor participación de la sociedad civil. También ayudan a aumentar la presión sobre quienes toman decisiones políticas, ya sea a través de las prácticas feministas online como a través de las manifestaciones offline de oposición y de apoyo.

5. Fundación Mujeres, Observatorio de la Violencia de Género y Banco de Buenas Prácticas: tres espacios para la información y el activismo online contra la violencia de género

Uno de los espacios de praxis feminista online que surge al calor de las diversas iniciativas en el ámbito del activismo en Internet es el portal de Fundación Mujeres (www.fundacionmujeres.es). La plataforma virtual sirve de altavoz a esta organización no gubernamental que trabaja por el fortalecimiento de la igualdad de oportunidades dentro de la sociedad civil y el tercer sector. Uno de sus objetivos fundacionales fue la intervención a favor de la prevención y la erradicación de la violencia de género. En este sentido, Fundación Mujeres realiza propuestas de intervención dentro del sistema educativo e impulsa y apoya campañas de sensibilización social a favor de la igualdad de oportunidades y para luchar contra la violencia de género. La entidad promueve y desarrolla proyectos de investigación en materia de igualdad y de integración de la perspectiva de género, y colabora con la administración para el desarrollo de políticas públicas en esta línea. Fundación Mujeres defiende el uso de la tecnología como parte esencial para modificar los límites y la estructura que organiza el activismo feminista. Según la fundadora del sitio, Ángeles Álvarez, el principio fundamental que inspira la actuación del portal es la alianza estratégica entre las mujeres y la tecnología.

La plataforma virtual de Fundación Mujeres se divide en diferentes secciones: *La Fundación*, *Noticias*, *Agenda*, *Proyectos*, *Documentos*, *Blogs*, *Enlaces* y *Sitios Web Fundación Mujeres*. En ellas incluye información útil y actualizada sobre proyectos impulsados por la propia entidad y por otras muchas en el intento de concienciar y sensibilizar sobre la violencia de género. La abundante documentación disponible se dirige no solo a profesionales, sino también a la sociedad civil, concebida como un espacio de debate y de deliberación pública.

Desde el punto de vista de la praxis feminista online en el ámbito de la violencia contra las mujeres, consideramos relevantes dos espacios virtuales vinculados a la Fundación Mujeres, a los que se accede desde su página principal. Uno de ellos es el Observatorio de la Violencia de Género (http://www.observatorioviolencia.org/), una herramienta de consulta y de apoyo a las personas que trabajan a diario con mujeres que sufren violencia de género. El sitio web recoge información, indicadores, informes y estudios actualizados que permiten estar al día de los avances legislativos, de los datos sobre muertes, procedimientos penales, denuncias, órdenes de protección dictadas, de las noticias sobre nuevas campañas, trabajos e investigaciones, etc. El Observatorio incluye una sección de Opinión que recopila reflexiones de mujeres de todo el mundo acerca de la violencia contra las mujeres, muchas de las cuales realizan llamamientos a la sociedad civil para que se implique en su lucha. Es el caso, por ejemplo, de la Directora Ejecutiva de ONU Mujeres, Michelle Bachelet, que en una entrevista que recoge este espacio expone "que todos tienen que estar involucrados en la erradicación de la violencia contra las mujeres y las niñas". Bachelet señala a su vez que la tecnología es cada vez más importante para conectar a las diferentes personas en todo el mundo para poner fin a la violencia contra las mujeres: "Esto es especialmente cierto para los jóvenes, ya que la mayoría están en una red social en Internet. Si ellos comienzan hoy a actuar de manera diferente, nos llevarán a un futuro mejor".

El otro sitio web al que se accede desde la página de Fundación Mujeres es el Banco de Buenas Prácticas para la Prevención de la violencia de género (http://www.observatorioviolencia.org/bbpp.php), una base de datos interactiva que recopila legislación vigente, programas, proyectos y servicios, públicos y privados, que han demostrado su eficacia en materia de intervención en el ámbito de la violencia de género tanto en España como en otros países del mundo. En la actualidad, el Banco incluye alrededor de 130 proyectos clasificados en diferentes categorías: prevención (sensibilización, formación e investigación); prestación de servicios (de refuerzo y de intervención); coordinación de servicios; y legislación. La plataforma permite así el intercambio de conocimientos online y offline de forma activa, y se concibe como una base de datos viva. La selección de las buenas prácticas corre a cargo del personal de Fundación Mujeres, pero se ofrece la posibilidad, a las entidades que lo deseen, de que compartan sus proyectos y, tras su evaluación, los publiquen. El número de visitas en el año 2011 fue de 95.160, con una media mensual de 7.930. Las consultas se realizaron desde 124 países diferentes de los cinco continentes, con un mayor peso desde España y

América Latina. Según la Fundación, estas cifras muestran la consolidación de la base de datos como herramienta dirigida a la comunidad profesional.

Al igual que en el caso de Mujeres en Red, también Fundación Mujeres ha dado el salto a las redes sociales, y está presente en Facebook y en Twitter (con más de 700 seguidores/as en ambos casos). También dispone de un Canal Vídeo en You Tube, que incluye, entre otros contenidos, los cortometrajes realizados por el alumnado de los talleres preventivos "Ante la violencia de género: no te cortes, haz un corto". Asimismo, algunas de las mujeres que plasman sus opiniones en los blogs de Fundación Mujeres, como Elena Valenciano o Ángeles Álvarez, son activas en las redes sociales, donde comentan la actualidad en relación a la igualdad de oportunidades, las nuevas tecnologías o la violencia de género. Iniciativas como la web de Fundación Mujeres, así como el Observatorio de la Violencia de Género o el Banco de Buenas Prácticas, demuestran que la forma en que las comunidades feministas online españolas se enfrentan a la violencia de género mediante el uso de la red es efectiva, y que trasladan sus habilidades en Internet de forma muy ágil y enriquecedora entre los contextos online y offline.

6. Conclusiones

El estudio pone de manifiesto que Internet puede ser un espacio de oportunidad para las prácticas feministas que luchan contra la violencia de género. De esta forma, observamos que, en España, la intervención de algunas entidades feministas a través de Internet ha sabido aprovechar el potencial de la comunicación horizontal que ofrece la red para democratizar las interacciones no solo dentro, sino también entre una gran variedad de organizaciones. Es el caso de Red Feminista, que logró aunar diversas sensibilidades y propuestas y encauzarlas hacia un proyecto común, como era lograr cambiar la legislación en materia de violencia de género. De esta forma, vemos cómo Internet, el ciberespacio y la realidad virtual pueden impulsar transformaciones sociales y también contribuir al fomento de la agencia femenina, dado que la praxis feminista online también se ha preocupado por impulsar la alfabetización digital y por combatir la brecha digital de género.

Asimismo, el trabajo observa que la relación entre los colectivos online y offline en el ámbito de la lucha contra la violencia de género es compleja y cambiante en el ciberactivismo feminista español. La exploración de algunos portales que abordan este problema ha puesto de manifiesto que en la praxis feminista online en España hay diferentes usos y orientaciones de las acciones políticas que se llevan a cabo en el ciberespacio. Vemos que hay sitios web, como Mujeres en Red o como Red Feminista, que surgieron inicialmente como una continuación de la praxis feminista offline, pero que supieron hacer uso del ciberespacio como un medio efectivo para obtener logros en el ámbito de la lucha contra la violencia de género. A raíz del uso de la praxis feminista online como un instrumento eficaz para la luchar por la justicia social y política en el caso de la violencia hacia las mujeres, otros portales y comunidades virtuales emergieron, estableciéndose una relación de dependencia jerárquica entre los sitios ciberfeministas (como es el caso de Mujeres en Red-Violencia o del Observatorio de la Violencia de Género o el Banco de Buenas Prácticas para la prevención de la violencia de género).

No obstante, el aprovechamiento de las diferentes sinergias para obtener ciertas conquistas en la lucha contra la violencia de género demuestra que Internet se configura como un espacio para potenciar las capacidades expresivas y de activismo político de los colectivos feministas que están implicados en esta causa en España, y que la alianza estratégica de las redes online y offline aumenta el poder conjunto en proyectos concretos, como fue la aprobación de la Ley Integral contra la Violencia de Género.

Las alianzas de los colectivos feministas se han hecho visibles no solo por medio del resultado satisfactorio de acciones puntuales, sino que la actividad colectiva también ha logrado instalar el debate social sobre cómo denominar y conceptualizar el problema de la violencia de género, de tal forma que ha adquirido un carácter social y que los sucesivos gobiernos se han sentido en la obligación de legislar y de tomar medidas que supongan un enfrentamiento del problema como una cuestión estructural y desde una perspectiva integral.

Algunos de los colectivos online analizados promueven de forma continuada un debate vivo en sus portales web, a partir de llamamientos a la movilización y a la reflexión. Aportan documentación novedosa y útil, y favorecen el intercambio de experiencias positivas, como es el caso del Banco de Buenas Prácticas. Sin embargo, observamos cómo otros, que surgieron con mucho empuje y contribuyeron ampliamente al activismo en la red, no se actualizan desde hace años, como es el caso de Mujeres en Red-Violencia. Tanto en unos casos como en otros, se ha comprendido la importancia de estar presentes en las redes sociales para constituirse en altavoz de problemas sociales, como la violencia de género. En casos como la Red Feminista o Mujeres en Red, los espacios en Facebook, en Twitter o en You Tube, contribuyen a ser más visibles y a servir como altavoz de las diferentes propuestas o disquisiciones.

No obstante, y a pesar de los esfuerzos que las asociaciones feministas puedan hacer para reescribir la esfera pública en el ciberespacio, es preciso implementar los esfuerzos por fomentar la alfabetización digital de manera que, frente a la violencia, las mujeres que la sufren tengan más recursos a su alcance y, más importante aún, sepan cómo emplearlos de manera eficaz. Este sería uno de los compromisos que tienen que asumir las administraciones públicas con el fin de debilitar la brecha digital de género y encontrar nuevos caminos para combatir la violencia hacia las mujeres. Asimismo, sería labor de las instituciones y también de los colectivos feministas aprovechar la presencia en Internet y la diversidad de canales para proponer nuevas gramáticas y nuevos discursos que se muestren eficaces en la lucha contra la violencia de género.

Bibliografía

Andrews, Margaret. 2006. "The persistence of ethics and the search for solidarity: feminist internet spaces in Spain". En *Internet Identities in Europe Conference* (sin publicar).

AAUW. 2001. *Tech-Savvy: Educating girls in the New Computer Age.* Commission on Technology, Gender and Teacher Education.

Bimber, Bruce. 2003. "Information and American Democracy: Technology in the Evolution of Political Power". Cambridge: Cambridge University Press.

Boix, Montserrat. 2006. "Hackeando el patriarcado: La lucha contra la violencia hacia las mujeres como nexo. Filosofía y práctica de Mujeres en Red desde el ciberfeminismo social". En De Miguel, Ana (coord.): *Revista de Estudios Feministas Labrys* 10, Dossier España. Disponible en http://vsites.unb.br/ih/his/gefem/labrys10/espanha/boix.htm.

—. 2001. "La comunicación como aliada: Tejiendo redes de mujeres". En Boix, Montserrat; Fraga, Cristina; Sendón Victoria. *El viaje de las internautas. Una mirada de género a las nuevas tecnologías. Género y Comunicación,* 25-54. Red Internacional de Mujeres de la Comunicación. AMECO.

Bonder, Gloria. 2002. "Las nuevas tecnologías de información y las mujeres: reflexiones necesarias". CEPAL-ECLAC, Serie Mujer y Desarrollo, n. 39, Santiago de Chile, Junio. Disponible en http://www.uv.es/onubib/doc/PublicacionesElectronicas/MujeryDesarrollo39.pdf.

Castaño, Cecilia (Dir.). 2008. *La Segunda Brecha Digital.* Madrid: Editorial Cátedra.

Castaño, Cecilia; Martín Juan; Vázquez, Susana y Martínez, José Luis (2008). "La e-inclusión y el bienestar social: una perspectiva de género". *Revista de Economía Industrial* 367: 139-152.

Castaño, Ceclilia; Marín, Juan; Vázquez Susana y Martínez, José Luis. 2010. *La brecha digital de género. Amantes y distantes.* UCM informe, Tipografía Católica S.C.A. Disponible en http://e-igualdad.net/sites/default/files/amantesydistantes_0.pdf.

Cockburn Cynthia. 1985. *Machinery of Dominance*. Londres: Pluto Press.

Danitz, Tiffany, y Strobel, Sarren P. 1999. "The internet's impact on activism: The case of Burma". *Studies in Conflict and Terrorism* 22: 257–69.

De Miguel, Ana; Boix, Montserrat. 2005. *Los géneros de la red: los ciberfeminismos.* Disponible en http://www.mujeresenred.net/IMG/pdf/ciberfeminismo-demiguel-boix.pdf.

Gurumurthy, Anita. 2004. *Gender and ICTs. Overview* Report. Institute of Development Studies September, Bridge Development Gender. Disponible en http://www.bridge.ids.ac.uk/reports/cep-icts-or.pdf.

Garrido, María; Halavais, Alexander. 2003. "Mapping Networks of Support for the Zapatista Movement: Applying Social Network Analysis to Study Contemporary Social Movements". En McCaughey, Martha y Ayers, Michael D. (eds.), *Cyberactivism: Online Activism in Theory and Practice,* 165-184. Londres: Routledge.

Haraway, Donna. 1985. "A Manifesto for Ciborgs: Science, Technology, and Socialist Feminism in the 1980s". *Socialist Review* 15: 65-108.

Kember Stepahnie. 2003. *Cyberfeminism and artificial life.* Londres: Routledge.

Liberty. 1999. *Liberating cyberspace: Civil liberties, human rights & the internet.* Londres: Pluto Press/Liberty (National Council for Civil Liberties).

Marcelle, Gillian. 2002. *From Conceptual Ambiguity to Transformation. Incorporating Gender Equality and Women's Empowerment in the ICT arena.* United Nations, Division for the Advancement of Women (DAW). Disponible en http://www.un.org/womenwatch/daw/egm/ict2002/reports/Paper-GMarcelle.PDF.

MIT. 1999. *Study on the Status of Women Faculty in Science at MIT.*

Melstrum, Ull. 2004. "Machines and Masculine Subjectivity: Technology as an Integral part of Men's life experiences". *Men and Masculinities, Special Edition on Masculinities and Technologies* 6/4: 368-382.

OBSERVATORIO E-IGUALDAD UCM. 2007. *Informe final. Proyecto e-igualdad:* Madrid: Universidad Complutense de Madrid. Disponible en http://e-igualdad.net/sites/default/files/Informe_Observatorio_0.pdf.

OBSERVATORIO IGUALDAD UCM. 2011. *La brecha digital de género en la juventud española. Estudio cuantitativo*. Proyecto "Estudio monográfico sobre la brecha digital de género en la juventud española". Instituto de la Mujer. Madrid: COLPOLSOC.

OECD. 2007. *ICTs and Gender. Working Party on the Information Economy.* Directorate for Science, Technology and Industry. Committee for Information, Computer and Communication Policy.

Paasonen, Susanna. 2005. *Figures of fantasy: Internet, women and cyberdiscourse*. New York: Peter Lang.

Pérez Sedeño, Eulalia. 2004. *La situación de las mujeres en el Sistema Educativo de Ciencia y Tecnología en España y su contexto internacional. Informe del Consejo Superior de Investigaciones Científicas* (CSIC). Disponible en http://www.csic.es/web/guest/informes-cmyc.

Plant, Sadie. 1997. *Zeros and Ones: Digital Women and the New Technoculture.* Londres: Fourth Estate.

Prensky, Marc. 2001. "Digital Natives, Digital Immigrants". *On the Horizon* 9/5. MCB University Press. Disponible en http://www.marcprensky.com/writing/prensky%20-%20digital%20natives,%20digital%20immigrants%20-%20part1.pdf.

RED2RED CONSULTORES. 2008. *Mujeres y nuevas tecnologías de la información y la comunicación*. Estudios 106. Madrid: Instituto de la Mujer.

Scott, Andrew, y Street John. 2004. "From media politics to e-protest? The use of popular culture and new media in parties and social movements". En Webster, Frank (ed.), *Culture and politics in the information age: A new politics?*, 32–51. Londres: Routledge Chapman & Hall.

Sorensen, Ans Scott y Krolokke, Charlotte. 2006. *Gender communication theories and analyses: From silence to performance*. Thousand Oaks: Sage.

Spender, Dale. 1995. *Nattering on the Net: Women, Power and Cyberspace.* Melbourne: Spinifex.

Vázquez, Susana. 2010. "Los dilemas de las jóvenes ingenieras en el sector TIC. En Castaño, Cecilia. *Género y TIC. Presencia, posición y políticas*, 251-290. Barcelona: Editorial UOC.

Vázquez, Susana: Castaño, Cecilia. 2011. "La brecha digital de género: prácticas de e-inclusión y razones de la exclusión de las mujeres". *ASPARKÍA. Investigación Feminista*. "Ciberfeminismo: Género y red desde la práctica feminista" 22: 33-49.

Wajcman, Judy. 2000. "Reflections on Gender and Technology Studies: In What State is the Art?" *Social Studies of Science* 30/3: 447-464.

CHAPTER FOUR

CAMBIOS EN LOS ESTILOS DE APRENDIZAJE: UN EJEMPLO DEL USO DE LA TELEVISIÓN EN LA CLASE DE LENGUA DE PRIMARIA PARA ESTUDIAR LAS VARIEDADES LINGÜÍSTICAS Y MÁS

TERESA FERNÁNDEZ ULLOA
CALIFORNIA STATE UNIVERSITY, BAKERSFIELD

1. Introducción

El siglo XXI ha supuesto muchos cambios para la humanidad y, como cabe esperar, la educación ha sido uno de los sectores en los que estos cambios más se han hecho notar. Vivimos en la sociedad del conocimiento, caracterizada, entre otros rasgos, por la rapidez de los cambios socioeconómicos (y sus consecuencias sobre las necesidades de la población y las nuevas competencias que han de enseñarse en la escuela) y por los cambios de carácter sociocultural (interdependencia, reducción de barreras…), que plantean nuevos retos y exigen a los agentes educativos nuevas fórmulas para superar tales desafíos (Imbernón, 1999). Esta sociedad del conocimiento, asentada sobre los principios del saber y la especialización (Mateo, 2006), entiende el conocimiento como única vía posible hacia la prosperidad económica y la calidad de vida. Tal conocimiento es generado y desechado con una velocidad no conocida hasta ahora, lo que obliga a los individuos a estar continuamente formándose, lo que ha ocasionado que nuestra sociedad sea calificada como "del aprendizaje".

La Educación Primaria tiene como finalidad proporcionar a todos los alumnos una educación que permita afianzar su desarrollo personal y su propio bienestar, adquirir las habilidades culturales básicas relativas a la expresión y comprensión oral, la lectura, la escritura…, así como el desarrollo de habilidades sociales, hábitos de trabajo y de estudio (Ley Orgánica de Educación, España, 2/2006). Las actividades aquí presentadas buscan lograr las finalidades anteriormente citadas desde el trabajo con la televisión y las nuevas tecnologías[1], pues se entiende que los alumnos, que conviven en su día a día con ellas, deben aprender a manejar información y a analizarla, desechándola o no (Aparici, Campuzano, Ferrés y Matilla, 2010).

Los jóvenes de hoy en día viven en un ambiente cada vez más poblado de pantallas, lo que supone cambios en las formas de acceder al conocimiento y almacenarlo, y pasar el tiempo libre (Prensky, 2001[2]). La tecnología también tiene gran importancia en la vida de los alumnos, de ahí que sería adecuado introducirla en alguna medida en las actividades, haciendo, por ejemplo, que los alumnos grabaran algún programa y lo subieran a un servidor. Estamos hablando, por tanto, de la Educación 2.0. El problema es que hay un abismo entre los estilos de aprendizaje que se cultivan con la escolarización formal y los que son característicos de las experiencias extraescolares de los niños, por ejemplo, los videojuegos y las redes sociales, que les asignan una posición activa. Nuestro deber como educadores es conectar con sus motivaciones y formas de relación y de obtención de información, pues de lo contrario las experiencias docentes "formales" quedarán como una experiencia marginal en sus vidas. Además, hemos de ayudarles a desarrollar un espíritu crítico. Como señala M. Kaplún (1992: 199), el gran pedagogo de la educomunicación, actitud crítica supone adquirir la capacidad de percibir esos significados "subliminales", "descubrir el contenido ideológico infiltrado en los medios".

La educación mediática es la idea de fondo tras estas actividades que aquí explicamos[3], entendiendo que para educar hoy es necesario contar con los medios audiovisuales que nos van a permitir llegar a los alumnos y conectar con ellos y con su realidad (nueva lengua, interactividad,

---

[1] Más ideas sobre cómo usar nuevas tecnologías en primaria, según el trabajo de uno de mis alumnos: http://my.brainshark.com/LAS-TIC-EN-PRIMARIA-619 294903.

[2] Véase la web del Observatorio del Ocio y el Entretenimiento Digital (OCENDI), http://www.ocendi.com/, donde diversos investigadores, la autora de este trabajo entre ellos, presentamos diversos estudios sobre la influencia social que ejercen los contenidos digitales en sus diversas formas, la evolución de su consumo por los segmentos más jóvenes de la sociedad y el establecimiento de tendencias de futuro en la industria, la cultura y la educación audiovisual del siglo XXI.

[3] La educación mediática, como indican Aparici et al. (2010: 49), debe tener en cuenta siempre seis dimensiones: Lenguaje / Tecnología / Procesos de producción / Ideología y valores / Interacción y Estética.

pensamiento en paralelo, atención estratégica, acceso aleatorio y atención a gráficos; Prensky, 2010). Los alumnos de hoy en día son nativos digitales, mientras que los docentes son, en su mayoría, inmigrantes digitales, hecho que abre una doble brecha entre ellos (generacional y tecnológica). La introducción de las nuevas tecnologías en el aula no conlleva el abandono de la escritura y la lectura tradicionales (Camps, 2009), sino que se trata de lograr una combinación adecuada de recursos, de optimizar el rendimiento, de buscar aquellas estrategias, recursos y formas de trabajo que más conecten con los alumnos y que, por tanto, permitan lograr un mejor rendimiento académico. El uso de las nuevas tecnologías y los medios de comunicación en el aula traen diversos beneficios: favorecen las relaciones sociales y el desarrollo de nuevas habilidades y nuevas formas de construir el conocimiento y el aprendizaje cooperativo, y potencian el desarrollo de capacidades como la creatividad, la comunicación y el razonamiento (Moya, 2009). Además, no hemos de olvidar los riesgos que, sin un adecuado control, suponen para los más jóvenes (debido a su difícil control y ala influencia directa que tienen sobre ellos), motivo por el cual consideramos fundamental su inclusión, a través de actividades bien diseñadas, en el aula. Otra de las razones, más "popular", por así decirlo, por las que el trabajo con las nuevas tecnologías y los medios de comunicación es tan importante se basa en el dicho que afirma que "para educar a un niño hace falta una tribu entera". Un docente no puede reunir todo el conocimiento, no puede ser un experto en varias materias o disciplinas, y necesita, además de los recursos personales de los que pueda disponer, ayuda de las nuevas tecnologías y los medios. Todo esto obliga a incluirlas en el currículum, no como un contenido más (en este caso poco se lograría), sino como un medio para alcanzar objetivos superiores (ofrecer una formación integral a los alumnos, ayudarles a convertirse en ciudadanos críticos y autónomos…). Su adecuada integración va a suponer un cambio metodológico (siguiendo los principios y los fundamentos de la educación audiovisual), modificándose también los diseños y desarrollos curriculares, así como las situaciones de enseñanza-aprendizaje (García y Benítez, 1998), con el objetivo de generar propuestas educativas que estén en sintonía con los intereses de los alumnos y su contexto. Integrar las TIC en el aula es más que un desafío, es un recurso indispensable para lograr que los alumnos sepan desenvolverse en sociedad (Moya, 2009).

Se hace necesario precisar, pues, qué es la competencia audiovisual, digital y mediática, conceptos que incluyen una serie de dimensiones que pueden ayudarnos a la hora de plantear actividades. El mismo concepto de "competencia" nos está indicando que hablamos, superado ya el conductismo y yendo por el carril del constructivismo, de habilidades para enfrentarse al mundo y a diversas situaciones y problemas (Perrenoud, 2004), además de conocimientos y destrezas.

La Ley Orgánica 2/2006, de 3 de mayo del Ministerio de Educación de España indica que las competencias básicas son ocho, siendo una de ellas el "tratamiento de la información y competencia digital". Esta ley indica ya que dentro de esta habilidad hay una serie de habilidades que van más allá de usar las nuevas tecnologías de la información y la comunicación como instrumentos. Persiguen que se transforme la información en conocimiento, con unas destrezas de razonamiento para comprenderla e integrarla en los esquemas previos de conocimiento.

Hay que mencionar también que hasta hace poco la competencia audiovisual y la digital estaban separadas, centrándose la primera en "conocimientos, habilidades y actitudes relacionadas con los medios de comunicación de masas y el lenguaje audiovisual", mientras que la segunda se ocupaba de la capacidad "de búsqueda, procesamiento, comunicación, creación y difusión por medio de las tecnologías" (Pérez y Delgado, 2012: 27).

Masterman (1993: 275-284) sienta las bases de la educación en medios, dando importancia a la alfabetización audiovisual y a la colaboración entre familia, profesorado y profesionales de los medios de comunicación.

Muchos autores han comenzado a unir el conocimiento de los medios de comunicación y los medios digitales, entre ellos Di Croce (2009[4]), quien indica que los medios de comunicación del siglo XXI son Internet, películas y música, libros, cómics, revistas, publicidad, teléfonos móviles, videojuegos y espacios físicos. Otros autores como Ferres (2007) o Marquès (2009) también se dedican a definir las dimensiones de la competencia digital y audiovisual, pero más recientemente, Pérez y Delgado (2012) realizan una interesante y completa propuesta que pretende integrar dimensiones e indicadores diversos. Para ello, construyen una pirámide con diez dimensiones agrupadas en tres ámbitos (conocimiento, comprensión y expresión, p. 32). Se trata de pasar de la competencia digital y audiovisual a la competencia mediática:

---

[4] Di Croce, D. 2009. *Media Literacy. Teacher Resource Guide*. Canadian Broadcasting Corporation. Citado por Mª A. Pérez y A. Delgado (2012).

Imagen 4.1. Dimensiones de la competencia mediática

EXPRESIÓN
Comunicación
Creación
Participación ciudadana
COMPRENSIÓN
Recepción y comprensión
Ideología y valores
CONOCIMIENTO
Política e industria mediática
Procesos de producción
Tecnología
Lenguaje
Acceso y obtención de información

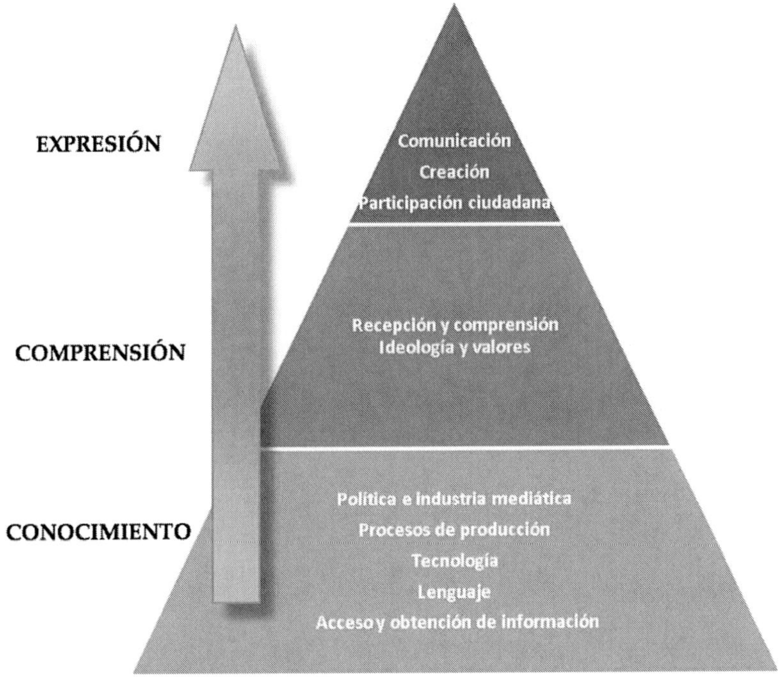

En relación con dichas dimensiones, definen una serie de actividades para el desarrollo de la competencia mediática (p. 33).

Desde ciertos sectores docentes, las nuevas tecnologías y los medios son considerados un obstáculo en lugar de un aliado para el proceso de enseñanza-aprendizaje. Por ello, los docentes deben estar capacitados para intervenir autónomamente en el diseño de actividades, llevando a cabo actuaciones didácticas que atiendan tanto a los procesos de búsqueda de información, como a los distintos lenguajes que se usan para codificar mensajes, a la recepción crítica de los mismos, al entendimiento estético, a la capacidad de producción…, seleccionando de entre todas las tecnologías y todos los productos mediáticos aquellos que consideran más útiles para el logro de los objetivos propuestos. Es por ello por lo que el cambio de mentalidad es tan necesario.

Imagen 4.2 Actividades para la competencia mediática

DIMENSIONES	ACTIVIDADES
Acceso y búsqueda de información	• Realizar búsquedas temáticas a través de buscadores, definiendo y utilizando los tópicos... • Acceder y consultar bases de datos, bibliotecas, páginas de organismos oficiales... • Buscar y recuperar información sobre películas, libros...
Lenguaje	• Analizar los distintos códigos que aparecen en anuncios, películas, conversaciones de chat... • Realizar pequeñas producciones.
Tecnología	• Utilización de diferentes herramientas tecnológicas para la elaboración de un documento audiovisual.
Procesos de producción	• Descomposición de una programación en fases. • Análisis de las diferencias entre emisiones en directo y en diferido.
Política e industria mediática	• Simulación sobre el envío de una queja.
Ideología y valores	• Analizar el uso de estereotipos en la televisión. • Analizar los aspectos de fiabilidad de un sitio web.
Recepción y comprensión	• Resumir y organizar la información a través de mapas conceptuales. • Analizar las sensaciones que nos despiertan programas o anuncios publicitarios.
Participación ciudadana	• Role playing sobre distintos tipos de participación a través de las tecnologías.
Creación	• Producir películas a través de herramientas como Movie Maker, Pinacle... • Realizar podcasts. • Creación de documentos multimedia. • Elaboración de blogs o wikis.
Comunicación	• Fomento del debate o la discusión a través de entornos virtuales. • Realización de proyectos colaborativos a distancia. • Colaboración para la solución de actividades con ayuda de las herramientas tecnológicas.

Al pensar en el planteamiento de actividades, tenemos que considerar también el otro cambio fundamental que se ha ido produciendo en las aulas: el tipo de relaciones que se establecen entre alumnos y profesores. Se ha pasado, o debe pasarse, de unas relaciones caracterizadas por la jerarquía y la unidireccionalidad, a otras basadas en la horizontalidad (idea sostenida ya por Paulo Freire, en los años 60, al tratar de alejarse de la educación bancaria desde su pedagogía de la liberación, que enlaza con el constructivismo social de Vygotski, ya que este percibe la enseñanza como un proceso dinámico, participativo e interactivo del sujeto), y en la bidireccionalidad (con lo que se relaciona también el paso de la web 1.0 a la 2.0), que suponen diálogo y reflexión sobre la propia realidad. Así, el profesor debe adoptar el papel de guía y de mediador del proceso educativo, lo que, a su vez, supone una formación permanente y el desarrollo de habilidades para fomentar el trabajo colaborativo. El clásico canal de comunicación entre docentes y discentes debe sufrir transformaciones, abandonando los profesores el perpetuo papel de emisores para cedérselo a los alumnos, y lograr así una comunicación dialógica que permita a todos ser autores o coautores del conocimiento (Aparici, Campuzano, Ferrés y Matilla, 2010).

Detrás de la idea de la Escuela 2.0 y el Aprendizaje 2.0 se encuentra el constructivismo, por lo tanto, tal y como hemos mencionado, que afirma que los alumnos tienen que ser constructores activos de su propio conocimiento, y compara el aprendizaje con la creación de significados a partir de experiencias personales, entendiendo que los alumnos no son recipientes vacíos (como ha entendido la educación tradicional), sino que, activamente, intentan crear conocimiento. A través de las distintas actividades que se plantean en este proyecto, pretendemos que los alumnos vayan construyendo sus propias ideas, creando su propio conocimiento. Como herramientas del constructivismo se encontrarían el aprendizaje significativo y el aprendizaje colaborativo. El aprendizaje significativo, según la teoría de David Ausubel, se opone al aprendizaje repetitivo o tradicional, entendiendo que el aprendizaje surge mediante la interacción (o conexión) entre lo que ya se sabe (conocimientos previos) y lo que aún no se conoce (nuevos conocimientos). De ahí el que se diseñen actividades iniciales como lluvias de ideas, charlas o cuestionarios, para comprobar qué saben los alumnos y cómo pueden conectarse esos conocimientos con los nuevos. En este tipo de aprendizaje los alumnos deben abandonar una postura pasiva y convertirse en elementos activos del proceso educativo (Moreira, 2005). El trabajo individual es fundamental (los alumnos deben ser autónomos e independientes), pero también es esencial desarrollar la capacidad para trabajar en grupo. Es por ello por lo que buena parte de las actividades que se proponen en este proyecto están basadas en el aprendizaje colaborativo, que permite a los alumnos lograr unos objetivos educativos comunes, crear significados juntos y convertirse en los responsables de su propio aprendizaje. Además, estimula las relaciones entre compañeros, el aprendizaje activo y el contacto entre profesor y alumno (Barkley, Cross y Howell, 2007).

Finalmente, otras aportaciones, como el conectivismo (G. Siemens, 2004), que toma como base el constructivismo y la inclusión de las nuevas tecnologías, tiene también mucha relación con la visión de la educación y del aprendizaje que aquí se sostiene, sobre todo con la idea de que el profesor no dispone de todo el conocimiento y necesita de las nuevas tecnologías (fuentes de información). El conocimiento es definido como un patrón particular de relaciones y el aprendizaje supone la creación de nuevas conexiones y patrones, y la habilidad de maniobrar alrededor de los ya existentes.

Debemos tener en cuenta que se ha dado una ampliación del escenario educativo, de la educación formal a un escenario educativo informal e incluso fortuito (como señalan en su libro sobre la educación invisible Cobo y Moravec, 2011). Según indica M. Prensky (2001), también hemos de tener en cuenta las formas diferentes de procesar la información de los nativos digitales (estudiantes) y los inmigrantes digitales (profesores), basándonos en los aportes de la Neurobiología, que indican que el cerebro, debido a su plasticidad, cambia y se reorganiza a partir de los distintos estímulos que recibe, y en los hallazgos de la Psicología Social, que señala que los patrones de pensamiento de cada uno cambian en función de sus experiencias.

La mayoría de los niños muestra preferencia por los estilos de aprendizaje visual, auditivo y manipulativo y, en general, todos los niños de hoy en día reciben su información de una pantalla: Internet, videojuegos, televisión... Están desarrollando un estilo de aprendizaje visual que no explotamos en el aula (donde se usan más los estilos reflexivo, secuencial y verbal). Tenemos que ser conscientes de en qué forma perciben los niños el mundo que les rodea, para poder contextualizar el conocimiento académico. En este sentido, los medios de comunicación son agentes de educación informal, esto es, tienen lugar en su vida cotidiana, de modo no intencional. Si les damos unas pautas y ejercicios en clase para que puedan entender lo que ven, estarán aprendiendo aun cuando nosotros no estemos con ellos, pues habrán adquirido conocimientos, habilidades, actitudes y capacidad crítica. Esta es la base del aprendizaje constructivo.

Teniendo en cuenta todo lo expuesto, proponemos un proyecto en el que se trabajarán la comprensión y expresión oral a través de la televisión en un curso de educación primaria[5].

2. La televisión y la comprensión y expresión oral

Nos encontramos ante una sociedad que gira en torno a la televisión y al mundo de la imagen. Actividades como la lectura, el teatro o las excursiones son sustituidas por la televisión, generadora de cultura y pautas de comportamiento. La televisión influye en todas las edades, pero de manera especial en la infancia y la adolescencia, dada su incompleta

[5] Los ejercicios que aquí se presentan fueron diseñados en la asignatura "Didáctica de la lengua oral y escrita" del curso de adaptación al grado de magisterio, especialidad primaria, con la colaboración de las alumnas Laura Díez Puertas, Jesica Fuentes Diego, Silvia Rodríguez Lavín y Lidia Ruiz López. Dicha asignatura la impartí durante el curso 2011-2012 en la Universidad de Cantabria (Santander, España). Algunas ideas sobre por qué usar la tecnología y los medios audiovisuales con los niños pueden verse en https://www.dropbox.com/s/9ey81nj9e22loe3/%C2%BFTe%20gusta%20la%20escuela.wmv. Puede consultarse también mi blog http://didacticalengualite.blogspot.com/.

formación social, ideológica, cultural y de valores (Rodríguez, 2005). El niño pasa muchas horas delante del televisor y realiza sus primeros aprendizajes mediante la observación, imitación o experimentación y, en este sentido, la televisión actúa como instrumento que mediatiza e interpreta la realidad ofreciéndole todo tipo de modelos de conducta, entre ellos modelos antisociales o violentos. Es aquí donde la familia tiene la primera responsabilidad para solucionar los problemas que provoca el poder de los medios de comunicación, educando en un uso responsable y crítico.

Por otro lado, no podemos olvidarnos del elemento emotivo del que hace uso la televisión y que se ha explotado en los últimos años con múltiples programas de formato *reality-show*, por citar un ejemplo. Gente vigilada a través de una cámara, participantes que sufren por no conseguir comida, o el cantante que no consigue alcanzar su mejor interpretación son algunos de los aspectos que consiguen emocionarnos. Pero estos no son los únicos. Aunque de manera diferente, también nos emocionamos viendo a aquel que fracasa en un concurso o con aquel que debe situarse ante un crítico jurado. Nos gustan las sensaciones que la televisión nos muestra, sobre todo si afectan a nuestros propios sentimientos (Sánchez-Carrero, 2009). Un estudio hecho en la Universidad de Tufts, Massachussets (EE.UU.), demostró que "incluso los bebés de un año de edad son capaces de captar las emociones provenientes de espacios televisivos e incorporar algunas acciones a sus comportamientos" (Sánchez-Carrero, 2009: 145).

La escuela ya no cuenta con el monopolio de la educación de sus alumnos, por lo que, ante este acusado fenómeno televisivo, se hace necesario que, desde nuestra posición como docentes, fomentemos en nuestros alumnos una "competencia televisiva" adecuada. Desde las aulas debemos formar telespectadores capaces de ver de forma crítica y creativa la televisión, provocando situaciones de diálogo, procesos creativos, pautas para la manipulación del medio, propuestas de confrontación de datos... Este acercamiento crítico a la interpretación que realizan de la realidad, y a los contenidos de todo tipo, ha de ser un presupuesto necesario para el trabajo en las aulas, lo que constituye no solo un recurso valioso desde el punto de vista del aprovechamiento educativo, sino también un requisito necesario, más que nunca, en el contexto mediático actual.

Como apunta Joan Ferrés (1998: 15), "si una escuela no enseña a ver televisión, ¿para qué mundo educa?". La sociedad ha cambiado y si queremos una escuela democrática y justa es necesario ayudar a los alumnos a ser críticos con los medios, solo así mejoraremos los procesos de enseñanza-aprendizaje y, de esta manera, podremos atender a los problemas del entorno y a las situaciones que se dan en la vida real. Como nos recuerda Paulo Freire, solo existe educación en la medida en que vamos más allá de un saber puramente utilitario. Si no va acompañado de autocrítica, de una responsabilidad hacia los demás y de un deseo, y en lo posible de un logro constante de mejora, la calidad, la dimensión ética y el beneficio social de dicha actividad se verán notablemente mermados.

Sin duda, para poder llevar a cabo este planteamiento se hace necesaria una formación del profesorado que contribuya a un uso adecuado y eficaz de la televisión en el aula. Nos encontramos en ocasiones con profesores reticentes, que niegan que la televisión pueda servir para mejorar el proceso educativo; otros que utilizan la televisión solo para pasar el tiempo, como sucede cuando se proyecta en clase una película o una serie, sin análisis crítico ni audiovisual; y, otros, que creen necesario modificar el sistema educativo y los contenidos curriculares, fomentando una verdadera alfabetización audiovisual de la televisión. Es entonces cuando se hace necesario ofrecer las pautas de interpretación y análisis, pasando tanto por educar en la televisión como por educar con la televisión (Ministerio de Educación, España, 2008). En este sentido, "educar en la televisión" hace referencia al estudio del medio, educando a los alumnos en los aspectos más técnicos del lenguaje audiovisual de la televisión, y ofreciendo las herramientas necesarias para el análisis crítico de los programas televisivos. Sin embargo, "educar con la televisión" significa aprovechar los materiales televisivos en el aula para complementar la formación en las diferentes áreas. Por tanto, creemos que una lectura crítica de la televisión en los contextos educativos favorecerá los procesos de enseñanza y aprendizaje, contribuyendo con ello a la alfabetización audiovisual del alumnado a través de su participación, convirtiéndole en el protagonista de su propio aprendizaje.

La escuela, tradicionalmente, dedicaba la mayor parte del tiempo al desarrollo de la expresión escrita: conocimiento de la ortografía y signos de puntuación, junto con ejercicios de lectoescritura y comprensión lectora. Sin embargo, la expresión y comprensión oral no puede dejarse de lado, por lo que, mediante ejercicios dinámicos donde prime el diálogo profesor-alumnos-compañeros, debemos desarrollar las destrezas orales a través la televisión. Mediante este medio de comunicación hemos desarrollado aspectos como la adecuación pragmática (el contexto, la finalidad del mensaje y los destinatarios); la corrección gramatical (fonética, morfología, léxica, semántica y sintáctica), para que el mensaje sea coherente y pueda ser descifrado adecuadamente en el discurso oral formal; y, por último, aspectos paralingüísticos y no verbales, como tener una articulación clara, una adecuada pronunciación, el papel de la entonación, los gestos, etc., para que el oyente esté atento al discurso y para conseguir que el acto comunicativo sea efectivo. Para ello, podemos trabajar algunos de los géneros orales más frecuentes en la vida diaria, como la conversación o el debate. A través de la conversación se puede trabajar la estructura: secuencia de apertura (saludos, muletillas, llamadas de atención…); los temas, dependiendo del contexto y de los interlocutores; la alternancia de los turnos, los pares de adyacencia, los operadores del discurso y las secuencias de cierre. Y, en cuanto al debate, hemos trabajado el registro formal, siendo necesario que los alumnos conozcan la estructura del mismo, trabajando la presentación del tema por parte del moderador, una primera presentación por parte de los interlocutores, el desarrollo de las argumentaciones en intervenciones solicitadas y reguladas en tiempo, y el establecimiento de las conclusiones del debate expuestas por el moderador y cada interlocutor. De esta manera, trabajamos la colaboración entre los alumnos, así como la teoría de la relevancia, con sus cuatro máximas: cantidad (decir lo justo para transmitir una información determinada), calidad (el grado de veracidad del contenido del mensaje), relación (no decir lo que no venga al caso) y claridad (ser ordenado en el discurso y evitar la ambigüedad) (Martín, 2009). Dado lo reducido del espacio de este capítulo, solo mostramos algunos ejercicios en relación con las variedades lingüísticas, el lenguaje no verbal y lo paralingüístico[6].

---

[6] Pueden verse más ejemplos sobre cómo usar los programas de televisión, el cine y la publicidad en diversos proyectos realizados en clase por mis alumnos: http://educatv2012.blogspot.com.es/, http://prezi.com/e_r_dy3gfbkp/proyecto-educatv/, http://prezi.com/2il_9a-himal/la-caja-tontano-es-tan-tonta/, https://sites.google.com/site/visionandolapublicidad/, http://elreyleonyamigos.blogspot.com.es/, http://cineprimaria.blogspot.com.es/, http://trabajandocontoystory.webnode.es/, http://somosogros.blogspot.com.es/, http://conlalenguapegadaalhieloo.blogspot.com.es/, http://vamosalinguetear.blogspot.com.es/, http://aventuraconaltura.blogspot.com.es/...).
Y algunos de mis artículos sobre publicidad y cine:
-"Media Literacy in Language Learning: Using Films in the Spanish Classes", Yoshiko Saito-Abbott, Gus Leonard, Richard Donovan, Tom Abbott, and Jonni Dugan (eds.), *Emerging Technologies: In Teaching Languages and Cultures. Theory and Practice: Foreign Language Pedagogy with Evolving Technology, Proceedings of 8th Digital Stream Conference, California State University, Monterey, California, March 23-25, 2006.* California, 2008, http://php.csumb.edu/wlc/ojs/index.php/ds/article/view/21/23.
-"La publicidad: ejemplo de actividades para primaria", en Fernando Guerra López et al.: *Estilos de aprendizaje: investigaciones y experiencias. Actas del V Congreso Mundial de Estilos de Aprendizaje, Santander 27-29 de julio de 2012*, 2012, http://es.scribd.com/doc/98278175/LA-PUBLICIDAD-EJEMPLO-DE-ACTIVIDADES-PARA-PRIMARIA.

3. El proyecto

Pretendemos explicar a los alumnos las variedades diatópicas (dialectos), diastráticas (sociolectos) y diafásicas (estilos o registros[7]) del español, para que sepan valorar la diversidad del español en el mundo, los usos lingüísticos correctos e incorrectos, además de los adecuados a la situación comunicativa. También se hará una introducción al lenguaje no verbal (cinesia[8], proxemia y cronemia) y los elementos paralingüísticos (tono, volumen, entonación, énfasis, pausas[9]...). Además, trabajaremos con algunos géneros orales[10] que se usan frecuentemente en televisión, como son el debate y la entrevista, y nos acercaremos a las características de los programas de noticias o telediarios. El profesor puede tener una serie de fichas didácticas en las que desarrolle actividades en relación con diferentes *tipos de discurso* (siguiendo lo que nos aporta la Lingüística Textual), y con *diferentes intenciones o propósitos* (según la Pragmática,

---

-"El cambio en los estilos de aprendizaje y la necesidad de alfabetización audiovisual: el uso de la publicidad televisiva", en Fernando Guerra López et al.: *Estilos de aprendizaje: investigaciones y experiencias. Actas del V Congreso Mundial de Estilos de Aprendizaje, Santander 27-29 de julio de 2012*, 2012, http://es.scribd.com/doc/98278170/EL-CAMBIO-EN-LOS-ESTILOS-DE-APRENDIZAJE-Y-LA-NECESIDAD-DE-ALFABETIZACION-AUDIOVISUAL-EL-USO-DE-LA-PUBLICIDAD-TELEVISIVA.

-"La importancia del uso del cine como medio educativo para niños", en OCENDI, 6 de marzo de 2012, http://www.ocendi.com/educamedia/la-importancia-del-uso-del-cine-como-medio-educativo-para-ninos/.

-"Anuncios y niños", en OCENDI, 18 de octubre de 2012, http://www.ocendi.com/educamedia/anuncios-y-ninos/.

-"Los anuncios en la clase de lengua y literatura de educación primaria", en OCENDI, 20 de diciembre de 2012, http://www.ocendi.com/educamedia/los-anuncios-en-la-clase-de-lengua-y-literatura-de-educacion-primaria/.

-"Teaching Media Competence in the Classroom: Television, Advertising and Film", *Conference of the International Journal or Arts and Sciences* 6(4): 411-436, 2013, http://www.scribd.com/doc/199076969/%E2%80%9CTeaching-Media-Competence-in-the-Classroom-Television-Advertising-and-Film%E2%80%9D.

[7] Véase, por ejemplo, la web http://odas.educarchile.cl/objetos_digitales/odas_lenguaje/media/02_registro_de_habla/index.html.

[8] Véase el documental http://www.youtube.com/watch?v=O9xu-mCv1n0&feature=relatedylawebhttp://tulenguajenoverbal.wordpress.com/category/conceptos-generales/.

[9] Véase http://odas.educarchile.cl/objetos_digitales/odas_lenguaje/media/07_entonacion/index.html.

[10] http://www.educa.jcyl.es/educacyl/cm/gallery/recursos_odes/2007/lengua/lc004_es/index.html.

con la teoría de los actos de habla[11]). Depende de nosotros el crear una actividad rica y significativa.

Para llevar a cabo estas actividades debemos, como docentes, tener en cuenta una serie de aspectos: mantener un buen ambiente para el desarrollo de los discursos; elegir temas de interés para los alumnos (series de televisión, dibujos animados, telediarios...), cercanos a sus conocimientos, experiencias y preocupaciones; los textos orales tienen que ser fieles a las convenciones y reglas sociales para que se entiendan como verosímiles y útiles, así como presentar experiencias que los alumnos vean útiles para su formación académica. Se pretende que los alumnos sean capaces de expresarse oralmente en diferentes situaciones comunicativas de forma adecuada en función de su edad.

En cuanto a las herramientas tecnológicas, dado que se utilizan vídeos de Youtube, es recomendable usar el programa AtubeCatcher si no se dispone de conexión en clase; con este programa se pueden descargar y usar cuando se necesiten. Blogger fue la plataforma escogida para colgar las actividades[12].

---

[11] Sobre los actos de habla, véanse las páginas http://www.educarchile.cl/Portal.Base/Web/VerContenido.aspx?ID=206120, http://odas.educarchile.cl/objetos_digitales/odas_lenguaje/media/08_decir_hacer_lenguaje/index.html, http://www.youtube.com/watch?v=bXqZ9TRIsd0.

[12] El blog que creado para presentar las actividades fue "Cine, comprensión y expresión oral y escrita para Educación Primaria" (http://uc-proyectos-primaria.blogspot.com.es/). En dicho blog se ven otras actividades, para las que se usaron plataformas de alojamiento como Photobucket y Dropbox; también, Slideshare para almacenar documentos de Word y Pdf, obteniendo así un enlace que puede ponerse en el blog; y el editor de vídeo de Windows, MovieMakeMovieMaker. Para la edición de imágenes puede usarse PhotoScape, un editor gratuito que ofrece múltiples posibilidades (recorte de imágenes, transformaciones de color, brillo, tono, opacidad..., permite enmarcar con diferentes estilos las fotografías, crear *gifs*, murales de imágenes tipo cómic...). También, la herramienta de recorte de Windows 7, que permite hacer capturas de pantalla y guardarlas en diferentes formatos, sin necesidad de recurrir a otros programas. También puede usarse Awesome Screenshot, que permite capturar pantallas o partes de ella y hacer anotaciones.

3.1. Objetivos

3.1.1. Objetivos generales

Estudio de las variedades de la lengua. Importancia de la comunicación no verbal en comunicaciones orales. Mejora de la expresión y comprensión escrita y verbal.

3.1.2. Objetivos específicos

Conocer y valorar las variedades dialectales del español y la realidad plurilingüe de España.

Conocer qué son los registros formal e informal, sus características y uso según las situaciones comunicativas.

Conocer los niveles culto y vulgar de la lengua.

Reflexionar sobre la expresión no verbal y elementos paralingüísticos.

Fomentar la reflexión crítica y personal sobre el propio registro utilizado y los ajenos. (En primaria usamos registro y estilo como sinónimos).

Desarrollar la propia expresión verbal, su adecuación, y reflexionar sobre el objetivo de la comunicación.

Desarrollar el propio control de la comunicación no verbal y reflexionar sobre su importancia en la comunicación televisiva.

Conocer programas televisivos, géneros, su objetivo y audiencia.

Potenciar la reflexión sobre hábitos y programas televisivos

Desarrollar la capacidad creativa mediante la elaboración de producciones textuales propias.

Fomentar el trabajo en equipo, la toma de decisiones, la responsabilidad, y mejorar las relaciones entre compañeros.

Fomentar y desarrollar la autonomía, la iniciativa personal y la capacidad crítica.

Acercamiento al manejo de las nuevas tecnologías con programas sencillos.

3.2. Organización

La clase es la de 6º curso de primaria, formada por unos veinticinco alumnos. La disposición habitual de la clase será en forma de "U", ya que la mayoría de las actividades requieren de la participación de todos los miembros de la clase (debates, puesta en común, lluvia de ideas…), favoreciéndose el contacto visual de los alumnos y el intercambio de ideas.

Para aquellas actividades en que sea necesario, se cambiará el orden y se agruparán en pequeños grupos o en parejas.

Las sesiones planteadas girarán en torno al principio de *funcionalidad,* ya que los alumnos van a aprender a manejar técnicas que les permitirán desenvolverse en la vida diaria fuera del centro (conversaciones, debates...). Además, se desarrolla el *pensamiento crítico* de todo el alumnado a partir de la reflexión grupal de cada actividad. No podemos olvidarnos del *aprendizaje colaborativo* ya que todas las actividades giran en torno a él, trabajando en pequeños y grandes grupos para desarrollar así habilidades sociales y personales. Este tipo de metodología busca que cada alumno haga su mejor aporte a un fin común.

Al tratarse de actividades orales en donde prima la reflexión y la puesta en común de ideas, durante el desarrollo de las sesiones el profesor actuará como guía del grupo-clase, corrigiendo los posibles errores durante su transcurso. Para las actividades donde se requiere una participación más individual de cada alumno el docente irá revisando cada una de ellas y atisbando posibles dudas que puedan ir surgiendo.

El trabajo en el aula girará en torno a las figuras del profesor y del alumno, a quienes les corresponderán tareas y actitudes diferentes:

-El papel del alumno tendrá las siguientes características:

El alumno será la figura protagonista del aula.

Deben aprender a trabajar en gran grupo, respetando las opiniones del resto de compañeros y aportando la suya propia.

Todas las actividades requieren la participación de los alumnos y, a medida que vamos avanzando en ellas, se les pedirá mayor involucración, de forma que el alumno tenga voz dentro del aula.

El alumno tendrá un papel activo en el proceso de enseñanza-aprendizaje, implicándose en las actividades y mostrándose voluntario. Además, deberá reflexionar sobre diversos aspectos de los contenidos y dar su opinión fundamentada y crítica.

-El papel del profesor se caracterizará por los siguientes aspectos:

El docente actuará como guía del proceso de enseñanza-aprendizaje.

A través de la lluvia de ideas tendrá en cuenta lo que el alumno sabe y lo utilizará como recurso para enlazar con todo lo que se vaya a trabajar.

Favorecerá la autonomía de los alumnos otorgándoles ciertas responsabilidades en algunas tareas, y permanecerá abierto a las sugerencias de los alumnos para la mejora del proceso de enseñanza-aprendizaje.

Intentará ser dinámico para motivar a los alumnos en los distintos ejercicios que se lleven a cabo, y fomentará la reflexión y posicionamiento crítico del alumnado ante diversos aspectos que hasta entonces les podrían haber pasado desapercibidos.

3.3. Recursos (espacios y materiales)

Todas las actividades planteadas se desarrollarán en el aula ordinaria. Se necesita un ordenador con conexión a Internet (si no llevamos los vídeos grabados), proyector y material fungible (fichas, rotuladores…).

3.4. Ejercicios

3.4.1. Cuestionario previo

¿Cuántas horas al día ves la televisión?
¿Tienes televisión en tu habitación?
¿Qué tipo de programas te gusta ver y cuáles no?
¿Con quién sueles ver la televisión?
¿La televisión es pública o privada?
¿Por qué crees que hay tanta publicidad en televisión?
¿Qué es la televisión de pago?
¿Se habla igual en la televisión que en la vida real?
¿Es importante hablar bien, es decir, usar el lenguaje con corrección? ¿Por qué? ¿Crees que la televisión promueve un buen uso del lenguaje u ocurre todo lo contrario?
¿Para qué sirve la televisión?, ¿qué es lo que busca la televisión?
¿A través de qué tipo de programas informa? ¿Cuáles sirven para formar? ¿Y para entretener?
Completa la siguiente tabla con programas que se dedican a cada uno de estos fines:

Tabla 4.1. Información sobre programas (informan, forman o entretienen)

Informar	Formar	Entretener

3.4.2. Ejercicios sobre las variedades diatópicas

Se puede explicar brevemente a los alumnos que hay 8 variedades dialectales o geolectales básicas en español (véase Moreno Fernández, 2007: 39-50), e incluso hacerles un resumen con las principales características de cada una. Es interesante mencionar que, en el caso de los dibujos animados y las películas dobladas al español, suele preferirse la variedad norteña en España y una versión "pulida", sobre todo de léxico particularista y de fonética no conservadora en Hispanoamérica (un estándar español y un estándar latinoamericano[13]). También resultaría de interés escoger clips que utilicen distintas variedades[14], lo que también puede hacerse de modo muy fácil con fragmentos de películas[15].

Actividad: Ved el siguiente fragmento de *Los Simpson*[16] y, en grupos de cuatro, realizad un análisis sobre las preguntas que se detallan más abajo. Poneos de acuerdo en cuanto a las respuestas antes de escribirlas. Una vez finalizada la reflexión, cada grupo aportará sus ideas a toda la clase.

Sobre el fragmento...

-De qué país creéis que son los dibujos animados?

-¿Habéis entendido todo lo que se decía en los dibujos? ¿Por qué?

-¿Habéis escuchado alguna palabra diferente a las nuestras? ¿Cuáles?

-¿Qué otras diferencias habéis encontrado?

-¿Hay algún nombre de los personajes diferente del que tienen en España? ¿Cuál?

Y ahora investiga/reflexiona sobre sobre España...

-¿Qué diferentes lenguas se hablan en España?

-¿En qué comunidades autónomas hay otra lengua oficial además del español o castellano?

---

[13] Véase el artículo de Violeta Demonte: "Lengua estándar, norma y normas en la difusión actual de la lengua española", en http://digital.csic.es/bitstream/10261/13074/1/Documento1.pdf.

[14] Por ejemplo, fragmentos de una noticia acerca de movilizaciones de estudiantes. Uno de los fragmentos pertenece a un telediario español; el siguiente a Telemundo, en el que se oye hablar a estudiantes mexicanos; Visión 7, de la televisión argentina, en el que habla un político chileno; y, por último, Telesur, un canal venezolano en el que se oye hablar a estudiantes argentinos primero, y después a un estudiante y a un político chileno. A los alumnos de primaria puede explicárseles de un modo muy básico el tema de las variedades, y ya en secundaria se pueden incluir las ocho variedades principales y una descripción más exhaustiva.

Fragmento 1: http://www.youtube.com/watch?v=rm4AEsbvjfs.

Fragmento 2: http://www.youtube.com/watch?v=24lw3rjs8IA.

Fragmento 3: http://www.youtube.com/watch?v=-nfnYXH1HXA.

Fragmento 4: http://www.youtube.com/watch?v=VxLDikmt3zI.

Fragmento 5: http://www.youtube.com/watch?v=_n0mH1zf2-w.

[15] Por ejemplo, en una película como *Maktub* aparecen las variedades españolas del norte y de las Canarias, y la variedad argentina.

[16] http://www.youtube.com/watch?v=oP1xnF8UGjg&feature=youtu.be.

-¿Hay programas de televisión en esas comunidades en los que hablan en otro idioma?

-¿Todas las comunidades autónomas tienen su(s) propio(s) canal(es) de televisión?

3.4.3. Ejercicios sobre variedades diafásicas (según la situación y el interlocutor) y diastráticas (según nivel de estudios, en este caso[17])

También se incluyen preguntas sobre lenguaje no verbal y elementos paralingüísticos. Evidentemente, habrá que destinar un tiempo para explicar a los alumnos estos conceptos.

Actividad: Leed, en parejas, el siguiente cuadro y las características de cada estilo o registro (variedades diafásicas o niveles de habla):

Tabla 4.2. Registros formal e informal

Características de la expresión formal	Características de la expresión informal
Se da en situaciones de alta formalidad. Predomina en clases medias y altas. Usan un vocabulario complejo y adaptado a las situaciones. Utilizan sinónimos, no hay palabras malsonantes. Exponen adecuadamente las ideas. Formulan mensajes de distintas maneras. Los significados de lo que se dice son explícitos.	Se utiliza un lenguaje coloquial. Predomina en clases trabajadoras. Se repiten muletillas, interjecciones. Lenguaje sencillo, con oraciones sin terminar Vocabulario poco amplio. Pocos sinónimos; puede haber palabras malsonantes. Algunas expresiones tienen significados implícitos. No se expresa toda la información. Exposición desordenada de las ideas. Pronunciación incorrecta en algunas palabras o expresiones.

Variedades diastráticas (niveles de lengua o sociolectos[18]). Dependen del grado de formación de los hablantes (aunque se podrían señalar abundantes matices y divisiones, según sexo, edad…)

---

[17] Dentro de las variedades diastráticas, podemos ocuparnos también de las jergas, es decir, de la forma de hablar según la profesión y ocupación. Véase un blog realizado por otro grupo de estudiantes de magisterio: http://el-rincon-de-lengua.blogspot.com/2012/02/ponemos-al-argot-en-su-sitio.html.

[18] En una de mis clases en la California State University, Bakersfield, los alumnos del máster tenían que diseñar actividades para sus alumnos de secundaria, y Sherley Lozano creó una historia digital, http://youtu.be/J49WfWKwdEs, para explicarles primero en qué consistían las variedades diastráticas y después realizó

Tabla 4.3. Características de los sociolectos culto, medio y vulgar

Culto	Medio	Vulgar
Persigue la precisión y la pulcritud en el uso de la lengua. Características: -NIVEL FÓNICO: Pronunciación cuidadosa. -N. MORFOSINTÁCTICO: Propiedad morfológica y sintáctica: uso variado y coherente de estructuras sintácticas. -N. LÉXICO SEMÁNTICO: Riqueza léxica. Además: -Corrección ortográfica. -Permanente ejercicio de lectura y de reflexión lingüística. -Su empleo es independiente de la modalidad del español que el hablante posea (por ejemplo, un usuario de la modalidad andaluza puede hacer uso del nivel culto de la lengua sin renunciar a ella).	El hablante común presenta menor fluidez en el manejo del código. Ejemplos: -NIVEL MORFOSINTÁCTICO: Uso limitado de oraciones compuestas. -N. LÉXICO SEMÁNTICO: Uso de muletillas y de otros elementos relacionados con la función fática o apelativa. Reducción del vocabulario (expresión menos precisa que en el nivel culto).	Se distingue por los graves desajustes entre lenguaje y pensamiento. Características: -Su principal rasgo es la presencia de *vulgarismos*, es decir, las incorrecciones de la norma (pueden aparecer también en hablantes de los niveles anteriores, pero con menor frecuencia además estos pueden cambiar de nivel cuando lo deseen). Hay vulgarismos en los tres niveles, aunque los más graves son los *morfosintácticos:* Empleo analógico de verbos irregulares: *andé*, conducí*.* -Uso erróneo de determinantes: *este aula*, la Antonia*.* -Laísmo, leísmo, loísmo: *La* dije muchas cosas.* -Ultracorrecciones: *bacalado*.* -Queísmo, dequeísmo y deísmo: *Me di cuenta que estabas mal*; Resulta de que no vino*.* -Uso de la 3ª persona en lugar de la 1ª: *Yo no lo ha visto*.* -Frecuentes errores de concordancia o anacoluto: *La mayoría piensan*.*

---

una webquest con ejercicios al respecto: http://phpwebquest.org/newphp/webquest/soporte_tabbed_w.php?id_actividad=32252&id_pagina=1.

Ejercicio 1: Vamos a comprender qué son los registros formal e informal y a ver cómo hay aspectos sociales que influyen en el uso de la lengua. Reflexionemos en voz alta sobre las siguientes preguntas:

-¿Qué tipo de lengua crees que utilizas habitualmente?, ¿es siempre igual, en cualquier situación?

-¿Qué diferencias hay en el lenguaje verbal que se suele utilizar entre un grupo de amigos, por ejemplo, y el que se utiliza cuando vamos a una oficina a pedir información? ¿Creéis que alguna de estas variedades es un impedimento para relacionarse en algunas situaciones? ¿En cuáles? ¿Por qué?

-Poned cuatro ejemplos de una situación en la que sea adecuado utilizar el registro formal y otros cuatro en los que sea más adecuado el registro informal, y explicad por qué.

Ejercicio 2: Vamos a analizar vídeos. En estas actividades identificaremos aquello de nuestra expresión verbal que hace que podamos reconocerlo como una comunicación formal o informal; además, veremos cómo son importantes también los gestos, la entonación, las pausas[19]... Realizad las actividades en parejas.

Observa los siguientes vídeos[20] pertenecientes a dos personajes famosos, Belén Esteban y Carmen Lomana, y analiza:

-El lenguaje no verbal de cada uno de los personajes (posición corporal, movimiento de manos y rostro, vestimenta…)

-Los elementos paralingüísticos utilizados (entonación, ritmo, pausas…).

-Pronunciación.

-Analiza el vocabulario utilizado por una y por otra.

-El nivel de lengua (variedad diastrática) de cada personaje y el estilo (formal o informal).

-El contexto donde se desarrolla.

---

[19] Sobre la comunicación no verbal, véase:
http://www.youtube.com/watch?v=O9xu-mCv1n0&feature=related.
http://www.youtube.com/watch?feature=fvwp&NR=1&v=Uc2akg74xz4.
http://www.youtube.com/watch?feature=endscreen&NR=1&v=tuvWaDdDIgU.
http://tulenguajenoverbal.wordpress.com/.
Sobre entonación, énfasis y pausas: http://odas.educarchile.cl/objetos_digitales/odas_lenguaje/media/07_entonacion/index.html.

[20] Belén Esteban: http://www.youtube.com/watch?v=rgUfaq7gZAc&feature=youtu.be.
Carmen Lomana: http://www.youtube.com/watch?v=YFv7qND0U34&feature=youtu.be.

-¿Cuál crees que es el objetivo de estos programas?, ¿a qué audiencia van dirigidos?, ¿cuáles son las reglas de una tertulia o debate?, ¿las siguen?

Actividad 3: Series de televisión: *Aquí no hay quien viva, Monster High* y *La que se avecina*[21].

Ahora vamos a trabajar con unos fragmentos de varias series de televisión. Leed primero las preguntas antes de ver los vídeos; vedlos dos veces cada uno. Escuchad atentamente los diálogos. Podéis tomar notas la segunda vez que veáis el vídeo. Las preguntas se corregirán todas juntas tras ser respondidas, antes de ver el siguiente vídeo.

Vídeo: *Aquí no hay quien viva* – "Érase un rumor[22]"

-¿Dónde tiene lugar la conversación?

-¿Cómo se saludan los actores?

-¿Qué tono de voz utilizan?

-¿Qué palabras te han llamado la atención?

-¿Utilizan interjecciones? ¿Cuáles?

-¿Todos los mensajes son correctamente interpretados?

-¿Se conocían los hablantes antes de la situación que hemos visto?

-¿Cómo se dirige el repartidor de pizzas al portero? ¿Y el portero a él? ¿Lo consideras adecuado? ¿Por qué? Escribe cómo lo formularías de otro modo.

-¿A qué registro consideras que corresponde? Justifícalo.

Vídeo: *Aquí no hay quien viva* – "Érase un traspaso[23]"

-¿Dónde tiene lugar la conversación?

-¿Cómo se saludan los protagonistas?

-¿Qué tono de voz utilizan? ¿Es siempre el mismo?

-¿Es una situación habitual para los actores?

-¿Hay palabras malsonantes?

-¿Qué expresiones utiliza el gerente para disculparse porque se tiene que ir un momento?

-¿Se conocían los hablantes antes de la situación que hemos visto?

---

[21] En diversas encuestas hechas durante las prácticas de los alumnos de magisterio, educación primaria, de la Universidad de Cantabria en escuelas de primaria, se comprobó que estas eran algunas de las series más vistas. Véanse resultados en: http://www.scribd.com/doc/107124754/Poster-Blanca-Gandarillas-Patricia-Hervas-Alba-Matanza, http://www.ocendi.com/descargas/tv_en_las_aulas.pdf y http://www.scribd.com/doc/107124796/Trabajo-Primaria-Television-oniboni-prieto-sierra (las *series Aquí no hay quién viva* y *La que se avecina* son semejantes, esta es casi una copia de la anterior).

[22] http://www.youtube.com/watch?v=qqOlNbFDN4Q&feature=youtu.be.

[23] http://www.youtube.com/watch?v=zipt8JtlJNY&feature=youtu.be.

-¿A qué registro consideras que corresponde? Justifícalo.
Monster High – "Guerra de colmillos[24]"
-¿Qué expresiones formales hay? ¿Y cuáles son informales?
-¿Cómo se dirige Franki a los vampiros y hombres lobo para que no discutan?
-Un hombre lobo dice "tranquis, tranquis, monada, entremos, mejor que nos mordamos la lengua el primer día" al final del fragmento. ¿Por qué crees que utiliza las palabras "tranquis" y "monada" en lugar de otras? ¿Las utilizaría para dirigirse a un profesor?
-¿A qué registro consideras que corresponde? Justifícalo.
Monster High – "Guerra de colmillos[25]"
-¿Cómo se saludan? ¿Qué lenguaje utilizan? ¿Se halagan? ¿Por qué crees que lo hacen? ¿Lo harían con un compañero habitual de trabajo?
-¿Qué expresiones te han llamado la atención?
-¿Qué tono de voz utilizan?
-¿A qué registro consideras que corresponde el fragmento? Justifícalo.

3.4.4. Algunos géneros televisivos[26]: opinión (debate, entrevista) y noticias

Actividad 1. ¿Qué conocéis sobre los debates[27]?
-¿Sabéis qué es un debate?
-¿Para qué sirven?
-¿Cuántos grupos participan en un debate?
-¿Qué es un moderador? ¿Cuál es su tarea?
Actividad 2. Análisis de un debate sobre los toros
Observad el siguiente video (http://www.youtube.com/watch?v=z B8nggDvy7s) en el que se desarrolla un debate sobre los toros y reflexionad en grupo sobre qué cosas se deben hacer en un debate y cuáles no. Elaborad una lista de ellas y exponedlas en la clase. (Entre las que deben hacerse: centrarse en el objetivo, explicarse con claridad, escuchar atentamente y respetar turnos, evitar prejuicios... No se debe: interrumpir, no respetar las opiniones, burlarse, competir…).

---

[24] http://www.youtube.com/watch?v=1Wvlhb2aXIE&feature=youtu.be.
[25] http://www.youtube.com/watch?v=KZ92khoeOdg&feature=youtu.be.
[26] En una nota anterior hemos citado diversos artículos en los que se trabaja con la publicidad.
[27] Las características y normas del debate pueden verse en http://roble.pntic. mec.es/msanto1/lengua/-debate.htm y http://es. scribd. com/doc/3793192/Normas-de-debate-en-clase. Véanse unos interesantes ejercicios en http://agrega.hezkuntza. net/visualizar/es/es-eu_2011020113_1230434/false.

Actividad 3. El profesor propone un tema de debate y divide la clase en dos grupos, los cuales, a la hora de debatir, se subdividen en dos, para que cada subgrupo defienda una posición; el grupo al que no le toca debatir en ese momento, debe observar y sacar conclusiones de las intervenciones de sus compañeros acerca de si cumplen o no las normas de los debates (respetan los turnos de palabra, obedecen al moderador…), también es interesante analizar las expresiones utilizadas, los elementos paralingüísticos (ritmo, velocidad, entonación, pausas…) y el lenguaje no verbal.

Por último, cuando ambos grupos hayan debatido el tema seleccionado y observado y sacado conclusiones de las intervenciones, deben ponerlo en común con el objetivo de mejorar en posteriores intervenciones, dado que las normas de debate y pautas ya han sido estudiadas a través de las anteriores actividades.

Actividad 4. Entrevistador y entrevistado

En esta actividad, como preparación previa, el profesor puede elegir una entrevista realizada en televisión y mostrarla como ejemplo de lo que debe hacerse (o de lo que no).

-Una entrevista es una conversación en la que una o más personas preguntan a un entrevistado para obtener información, opiniones o valoraciones.

-Está planificada: preparación de preguntas y documentación sobre la persona entrevistada. Uso más o menos formal.

-Las personas que preguntan no valoran las respuestas del entrevistado, sino que se limitan a obtener la información.

Fases de la entrevista:

Antes de la entrevista

-Pensar a quien voy a realizar la entrevista.

-¿Qué quiero preguntar? Pensar y anotar las preguntas que quiero hacer.

¿Qué cosas le interesa saber a la gente sobre la persona entrevistada?

Hay que evitar las preguntas en las que se responda con sí o no porque no serían interesantes

Durante la entrevista

-Saludo del entrevistador y entrevistado.

-Realización de las preguntas.

-Uso correcto del lenguaje:

vocabulario variado y preciso.

evitar repeticiones y palabras abstractas.

controlar el lenguaje gestual, posturas y maneras.

-Grabar la entrevista con una grabadora/cámara de vídeo o anotar en un cuaderno la información.

-Despedida del entrevistador y entrevistado.

Después de la entrevista

-Pasar a limpio la entrevista.

-Publicación de la entrevista.

En grupos, se decidirá un personaje famoso al que entrevistar. Se preparan preguntas que pueden hacérsele y se teatraliza la entrevista delante de la clase.

Actividad 5. Ponemos audio al vídeo

En primer lugar, reflexionaremos oralmente, en gran grupo, sobre el telediario, respondiendo a las siguientes preguntas: qué conocemos de los telediarios, para qué sirven, por qué son necesarios, a quién/es están dirigidos… En gran grupo, responderemos a:

¿Dónde empieza la elaboración de una noticia?

A. En la redacción.

B. En la calle.

C. En el lugar en que ha ocurrido.

¿Qué se hace con la grabación después de filmarla?

A. La envían a la redacción.

B. La alteran digitalmente.

C. Si ha salido mal, se vuelve a grabar.

¿Para qué sirve el texto que aparece después debajo de las imágenes?

A. Para nada, son anuncios.

B. Para explicar lo que ha pasado.

C. No lo sé.

¿Qué bloques temáticos recuerdas que puede haber en las noticias?

Actividad 6. ¡Lo hacemos!: En esta actividad vamos a trabajar en grupos. El objetivo es grabar el audio de un vídeo que ha sido borrado por casualidad. Hay tres vídeos de un telediario, entre los que podrán elegir uno. Los pasos que han de seguir son:

Elegid y observad el vídeo, sin audio, dos veces:

http://www.youtube.com/watch?v=1Ctqxx5VpCg.

http://www.youtube.com/watch?v=ro1RuYrM_R4.

http://www.youtube.com/watch?v=rNMoAaDG_gs.

Debatid en el grupo y llegar a acuerdos sobre: de qué tema trata, qué creéis que dicen, cuántas personas hablan. Recordad que para ello tenéis que tener en cuenta lo que hemos trabajado sobre la información que aportan la imagen (los gestos, las posturas, el entorno de grabación…).

Después, decidid quién del grupo va a redactar los diálogos o narraciones. Todos debéis aportar ideas en la elaboración del escrito.

Antes de corregir el escrito, poned de nuevo el vídeo y narradlo al tiempo que lo escucháis, para comprobar si se corresponden los tiempos.

A continuación, se lo entregaréis al docente para mejorar aquello que sea posible mejorar.

Una vez que el texto esté listo y corregido, con los micrófonos de vuestros portátiles o notebooks grabaréis el audio en un archivo. Si hay más de un narrador o personas que intervienen, debéis repartiros los papeles.

Lo siguiente es utilizar el programa Windows Movie Maker de vuestros portátiles para montar sobre el vídeo el audio que habéis grabado.

Por último, todos los grupos expondrán su creación ante la clase y comentarán después en gran grupo lo que más les ha gustado de la realización y qué dificultades han tenido. Además, han de proponer soluciones para resolverlas la próxima vez.

4. Evaluación

4.1. Evaluación del alumno

La evaluación que se llevará a cabo a lo largo del proyecto será continua, evitando la evaluación con ejercicios aislados. Se persigue así observar la evolución y mejora que experimenta cada alumno respecto a su nivel de partida, en lugar de quedarnos con una nota específica de un determinado ejercicio. Se trata de realizar un seguimiento objetivo de la evolución del alumno, intentando abarcar su desarrollo en distintos aspectos: motivación, trabajo en grupo, análisis crítico, adquisición de vocabulario específico…

No debemos olvidar que la evaluación es una herramienta de mejora tanto para el alumnado como para el docente, puesto que le sirve para comprobar si la metodología empleada es eficaz y si las actividades son apropiadas para el nivel y la capacidad de los alumnos. Puede construirse una rúbrica con ayuda de Rubistar4Teachers (http://rubistar.4teachers.org/). En este caso, se valorará la expresión oral, el vocabulario, reconocimiento y uso adecuado del lenguaje no verbal, las variedades de la lengua y los elementos paralingüísticos, la capacidad para trabajar en grupo, la creatividad, la autonomía y la capacidad crítica y el interés.

Véase una rúbrica para estas y otras actividades en el blog de mis alumnos: http://uc-proyectos-primaria.blogspot.com.es/2012/05/rubrica-de-comprension-y-expresion-oral.html.

Tabla 4.4. Rúbrica

	Excelente	Muy bien	Bien	Puede mejorar	Puntuación
Expresión oral	Se expresa de forma clara y distintivamente todo el tiempo en función del contexto y con una buena pronunciación.	Se expresa de forma clara y distintivamente todo el tiempo en función del contexto, pero con fallos en la pronunciación.	Se expresa de forma clara y distintivamente la mayor parte del tiempo en función del contexto, aunque tiene mala pronunciación.	A menudo habla entre dientes o no se le puede entender, no se adecúa al contexto y tiene mala pronunciación.	
Vocabulario	El alumno usa un vocabulario apropiado y correspondiente a su nivel para realizar las actividades.	El alumno usa un vocabulario apropiado e incluye 1-2 palabras que podrían ser nuevas.	El alumno usa un vocabulario apropiado pero no incluye vocabulario nuevo.	El alumno no usa un vocabulario apropiado ni incluye vocabulario nuevo.	
Lenguaje no verbal	El alumno reconoce y comprende de manera excelente los elementos del lenguaje no verbal presente en diferentes comunicaciones.	El alumno reconoce y comprende de manera adecuada los elementos del lenguaje no verbal presente en diferentes comunicaciones.	El alumno reconoce y comprende algunos de los elementos del lenguaje no verbal presente en diferentes comunicaciones.	El alumno no reconoce ni comprende los elementos del lenguaje no verbal presente en diferentes comunicaciones.	
Elementos paralingüísticos	El alumno identifica y comprende de manera excelente los elementos paralingüísticos en diferentes comunicaciones.	El alumno identifica y comprende de manera adecuada los elementos paralingüísticos presente en diferentes comunicaciones.	El alumno identifica y reconoce algunos de los elementos paralingüísticos presente en diferentes comunicaciones.	El alumno no identifica ni comprende los elementos paralingüísticos presentes en diferentes comunicaciones.	
Niveles de la lengua	El alumno reconoce de forma excelente los diferentes niveles de la lengua y todas sus características presentes en varias comunicaciones.	El alumno reconoce de forma adecuada los diferentes niveles de la lengua y la mayor parte de sus características presentes en varias comunicaciones.	El alumno reconoce algunos niveles de la lengua y algunas de sus características presentes en varias comunicaciones.	El alumno no reconoce los niveles de la lengua ni sus características presentes en varias comunicaciones.	

Registros verbales	El alumno identifica y comprende de manera excelente los registros verbales, sus características y su aplicación en función del contexto.	El alumno identifica y comprende de manera adecuada los registros verbales, la mayor parte de sus características y sabe aplicarlos en función del contexto.	El alumno identifica y comprende algún registro verbal y pocas características de cada uno. En ocasiones sabe aplicarlos en función del contexto, pero no siempre.	El alumno no identifica ni comprende los registros verbales, no reconoce sus características y no sabe aplicarlos en función del contexto.	
Variedades de la lengua	El alumno reconoce y comprende de forma excelente el uso de las variedades de la lengua y sus características.	El alumno reconoce y comprende de forma adecuada el uso de las variedades de la lengua y la mayor parte de sus características.	El alumno reconoce y comprende algunas veces el uso de las variedades de la lengua y sus características.	El alumno rara vez reconoce y comprende el uso de las variedades de la lengua y sus características.	
Debates	El equipo consistentemente usó gestos, contacto visual, buen tono de voz y un nivel de entusiasmo en una forma que mantuvo la atención de toda la audiencia. Todos los argumentos fueron precisos, relevantes y fuertes.	El equipo por lo general usó gestos, contacto visual, buen tono de voz y un nivel de entusiasmo en una forma que mantuvo la atención de toda la audiencia. La mayoría de los argumentos fueron precisos, relevantes y fuertes.	El equipo algunas veces usó gestos, contacto visual, buen tono de voz y un nivel de entusiasmo en una forma que mantuvo la atención de toda la audiencia. La mayoría de los argumentos fueron precisos, relevantes y fuertes, pero algunos fueron débiles.	Uno o más de los miembros del equipo tuvo un estilo de presentación que no mantuvo la atención de la audiencia. Los argumentos no fueron precisos, relevantes ni fuertes.	
Noticias	El alumno reconoce e identifica de forma excelente las principales características de las noticias.	El alumno reconoce e identifica de forma adecuada las principales características de las noticias.	El alumno reconoce e identifica algunas de las principales características de las noticias.	El alumno no reconoce ni identifica las principales características de las noticias.	

Entrevistas	El alumno preparó varias preguntas profundas y basadas en hechos, y nunca interrumpió o apresuró a la persona entrevistada.	El alumno preparó un par de preguntas profundas y varias preguntas basadas en hechos, y rara vez interrumpió o apresuró a la persona entrevistada.	El alumno preparó varias preguntas basadas en hechos pero no profundas, y en alguna ocasión interrumpió o apresuró a la persona entrevistada.	El alumno no preparó ninguna pregunta antes de la entrevista e interrumpió y apresuró constantemente a la persona entrevistada.	
Uso de las TIC	El alumno maneja perfectamente los recursos de las nuevas tecnologías y sabe aplicarlos en la realización de todas las actividades.	El alumno maneja adecuadamente los recursos de las nuevas tecnologías y sabe aplicarlos en la realización de las actividades en la mayor parte de las ocasiones.	El alumno maneja de forma básica los recursos de las nuevas tecnologías y sabe aplicarlos en la realización de las actividades en pocas ocasiones.	El alumno no sabe manejar los recursos de las nuevas tecnologías ni aplicarlos en la realización de las actividades.	
Trabajo en grupo	Sabe trabajar en grupo, respetando opiniones y turnos de palabra de los demás siempre.	Sabe trabajar en grupo, respetando opiniones y turnos de palabra de los demás la mayoría de las ocasiones.	Sabe trabajar en grupo, respetando opiniones y turnos de palabra de los demás en pocas ocasiones.	No sabe trabajar en grupo, no respeta opinionesni turnos de palabras de los demás.	
Creatividad	La presentación demuestra originalidad considerable e inventiva. El contenido y las ideas son presentados en una forma única e interesante.	La presentación demuestra originalidad e inventiva en algunas fichas. El contenido y las ideas son presentados en una forma interesante.	La presentación muestra un intento de originalidad e inventiva en 1-2 fichas.	La presentación es una copia de las ideas de otras personas, y/o sus gráficos muestran poca originalidad.	
Autonomía y capacidad crítica	Trabaja de forma autónoma siempre y se muestra crítico.	Trabaja de forma autónoma a menudo y se muestra crítico.	Trabaja de forma autónoma pocas veces y en pocos momentos se muestra crítico.	Necesita ayuda para la realización de todas las actividades y no muestra una actitud crítica.	
Interés	El alumno se muestra interesado y activo en el desarrollo de las actividades.	El alumno se muestra interesado y activo por la mayoría de las actividades.	El alumno se muestra interesado y activo en pocas actividades.	El alumno no está interesado ni activo en el desarrollo de las actividades.	

4.2. Evaluación del docente

El docente deberá llevar a cabo una autoevaluación de su papel como guía en el proceso de enseñanza-aprendizaje de los alumnos, y de la actividad propuesta, con el objetivo de mejorar en posteriores intervenciones. Debemos valorar cómo hemos actuado y la repercusión que nuestras acciones han tenido en el aula. Ello es necesario para mejorar tanto nuestra calidad como docentes como el aprendizaje del alumnado. Algunos aspectos en torno a los cuales se puede reflexionar son:

- ¿Fomento el interés de los alumnos por la actividad?
- ¿Cumplo el papel de guía y apoyo en el proceso de enseñanza?
- ¿Se consigue un buen clima de trabajo?
- ¿Dialogo con los alumnos?
- ¿Estoy dispuesto a tener en cuenta la opinión de los alumnos a la hora de abordar nuevos temas?
- ¿La actividad se adecúa al nivel de los alumnos?
- ¿Se desarrollan valores por medio de las actividades propuestas?
- ¿Las actividades están adaptadas al contexto y necesidades de los alumnos?
- ¿Qué debo cambiar y mejorar?

...

4.3. Evaluación de la actividad

La evaluación de la actividad también se hará por parte de los alumnos con el objetivo de mejorar el proceso de enseñanza y aprendizaje en posteriores intervenciones; dado que ellos son los protagonistas, los destinatarios de las actividades, deberán contestar a las siguientes preguntas:

-¿Te han gustado las actividades?
-¿Qué cambiarías?
-¿Son complicadas o fáciles?
-¿Qué has aprendido?
-¿Te gusta trabajar en grupo o prefieres hacerlo de forma individual?
-¿Crees qué es adecuado trabajar la expresión oral mediante la televisión? ¿Por qué?
-¿Estas actividades consiguen despertar tu interés por el tema?
-¿Has participado de forma activa en la realización de las actividades?
-¿El papel del docente es adecuado? ¿Por qué?
-¿Te has sentido cómodo al trabajar de esta forma?

-¿Qué es lo que más te ha gustado y lo que menos de todas las actividades?

...

5. Conclusión

La mayoría de los niños muestra preferencia por los estilos de aprendizaje visual, auditivo y manipulativo y, en general, todos los niños de hoy en día reciben su información de una pantalla: Internet, videojuegos, televisión... Están desarrollando un estilo de aprendizaje visual que no explotamos en el aula (donde se usan más los estilos reflexivo, secuencial y verbal). Tenemos que ser conscientes de en qué forma perciben los niños el mundo que les rodea, para poder contextualizar el conocimiento académico. En este sentido, los medios de comunicación son agentes de educación informal, esto es, tienen lugar en su vida cotidiana, de modo no intencional. Si les damos unas pautas y ejercicios en clase para que puedan entender lo que ven, estarán aprendiendo aun cuando nosotros no estemos con ellos, pues habrán adquirido unos conocimientos, habilidades, actitudes y capacidad crítica. Esta es la base del aprendizaje constructivo. Los contenidos de lengua tradicionales pueden enseñarse usando los medios de comunicación, con lo que les estaremos dando algo más, aparte de añadir el aspecto lúdico.

Bibliografía

Aparici, Roberto, Campuzano, Antonio, Ferrés, Joan, y Matilla, Agustín G. 2010. "La educación mediática en la escuela 2.0." Disponible en: http://www.airecomun.com/sites/all/files/materiales/educacion_mediatica_e20_julio20010.pdf.

Barkley, E., Cross, K.P., y Howell, C. 2007. "Argumentos a favor del aprendizaje colaborativo". En Ministerio de Educación y Ciencia y Ediciones Morata (eds), 17-31. *Técnicas de aprendizaje colaborativo: manual para el profesorado universitario.* Madrid: Ediciones Morata.

Camps, Victòria. 2009. "La educación en medios, más allá de la escuela". *Comunicar* 26 (32): 139-145.

Cobo, Cristóbal, y Moravec, John W. 2011. *Educación invisible. Hacia una nueva ecología de la educación*. Barcelona: Col·lecció Transmedia XXI. Laboratori de mitjans interactius/Publicacions i edicions de la Universitat de Barcelona. Disponible en http://elaulavirtual.files.wordpress.com/2011/10/aprendizajeinvisible.pdf.

Ferrés, Joan. 1998. *Televisión y educación*. Barcelona: Paidós.

—. 2007. "La competencia en comunicación audiovisual: propuesta articulada de dimensiones e indicadores". *Quaderns del CAC* 35: 9-17.

García, María Dolores, y Benítez, María Victoria. 1998. "Formación de profesores en alfabetización audiovisual". *Comunicar* 11: 202-207.

Imbernón, Francisco. 1999. (coord.). "Retos y salidas educativas en la entrada de siglo". *La educación en el siglo XXI: los retos del futuro inmediato*. Barcelona: Graó.

Kaplún, Mario. 1992. "Método de lectura crítica". En VV.AA. *Educación para la comunicación. Manual latinoamericano de educación para los medios de comunicación*. Santiago de Chile: CENECA, UNICEF.

Ley Orgánica de Educación, 2/2006, 3 de mayo. Disponible en: http://www.madrid.org/dat_capital/loe/pdf/loe_boe.pdf.

Marquès, Pere. 2009. "Aportaciones sobre el documento puente: competencia digital". Disponible en http://peremarques.pangea.org/docs/docpuentecompetenciadigitalpere.doc.

Masterman, Len. 1993. *La enseñanza de los medios de comunicación*. Madrid: De la Torre.

Martín Vegas, Rosa Ana. 2009. *Manual de didáctica de la lengua y la literatura*. Madrid: Síntesis.

Mateo, José Luis. 2006. "Sociedad del conocimiento". *ARBOR. Ciencia, pensamiento y cultura*, CLXXXII (718): 145-151. Disponible en http://arbor.revistas.csic.es/index.php/arbor/article/view/18/18.

Ministerio de Educación. 2008. *Media cine*. Disponible en: http://recursos.cnice.mec.es/media/cine/index.html.

—. 2008. *Media prensa*. Disponible en: http://recursostic.educacion.es/comunicacion/media/web/accesibilidad.php?c=&inc=prensa&blk=indice.

—. 2008. *Media televisión*. Disponible en: http://recursos.cnice.mec.es/media/television/bloque10/index.html.

Moreira, Marco Antonio. 2005. "Aprendizaje significativo crítico". *Indivisa. Boletín de estudios de investigación* 6: 83-102.

Moreno Fernández, Francisco. 2007. *Qué español enseñar*. Madrid: Arco Libros.

Moya, Antonia M. 2009. Las nuevas tecnologías en la educación. *Innovación y experiencias educativas,* 24: 1-9. Disponible en: http://www.csi-csif.es/andalucia/modules/mod_ense/revista/pdf/Numero_24/ANTONIA_M_MOYA_1.pdf.

Perrenoud, Philippe. 2004. *Diez nuevas competencias para enseñar*. Barcelona: Graó.

Pérez, María Amor, y Delgado, Águeda. 2012. De la competencia digital y audiovisual a la competencia mediática. Dimensiones e indicadores para un planteamiento didáctico convergente. *Comunicar* 39: 25-34. Disponible en http://www.revistacomunicar.com/index.php?contenido =detalles&numero=39&articulo=39-2012-04.

Prensky, Marc. 2001. "Digital natives, digital immigrants". *On the Horizon* 9/5. MCB University Press. Disponible en http://www.marc prensky.com/writing/prensky%20-%20digital%20natives,%20digital% 20immigrants%20-%20part1.pdf.

Rodríguez, Adhámina. 2005. "Los efectos de la televisión en niños y adolescentes". *Comunicar* 25/2. Disponible en: http://dialnet.unirioja. es/servlet/articulo?codigo=2925013.

Sánchez Carrero, Jacqueline. 2009. "Pequeños televidentes/Pequeños productores. De cómo los niños participan en la ciudadanía comunicativa". *Palabra Clave* 12 (1): 139-151.

Siemens, George. 2004. "Connectivism: A Learning Theory for the Digital Age". Disponible en: http://www.elearnspace.org/Articles/connect ivism.htm.

CHAPTER FIVE

SPANISH PASTA: FOOD, ADVERTISING AND NATIONALISM

FRANCESCO SCRETI[1]
UNIVERSITÉ DE FRIBOURG

"Tell me what you eat, and I'll tell you who you are"
Jean Anthelme Brillat-Savarin (philosopher), 1825

1. Introduction: The Role of Advertising in Structuring the Society

According to the latest report published by the Spanish Audio-Visual Producer's Rights Management Association (EGEDA, 2012), Spaniards watch an average of 4 hours of TV per day. If we consider that advertising constitutes at least 25% of the time of programming, Spaniards watch an average of one hour of TV advertising per day. This means that advertising is a type of discourse that is very present in our lives.

The influence of advertising in everybody's lives is obviously strictly linked to this quantitative aspect, its omnipresent nature. However, it is also linked to other basic features of the discourse of advertising: a) repetitiveness: adverts are repeated countless times; b) banality: the advert is an anonymous text, whose authors and production context are implicit, meaning it is *apparently* intelligible and simple; c) persuasiveness: adverts are rhetorical texts (they use rhetorical artifice) and argumentative texts (they express reasoning and opinions that are intended to convince) which are aimed at changing the attitudes and behaviour of the receivers; d) brevity: adverts are short texts that condense a large amount of meaning into a short space or time period: a photo, a poster or a 20-second video; e)

[1] I wish to thank Erin Hogan (University of Maryland, Baltimore County) for her linguistic assistance and her useful comments. Shortcomings instead are of my unique responsibility.

multi-modality: adverts combine signs of different semiotic types: images, sounds, words, videos, logotypes, etc. Legislators are also aware of the importance of advertising, with the Spanish General Publicity Law defining it as an activity that is "socially transcendental."

In other publications I have analysed the role of advertising and its ability to structure a society, as well as its *politicalness*, in other words the fact that it is a politically significant text (Screti, 2011a; 2011b; 2012a). This study follows the same line of research and aims to highlight the importance of publicity not only as an element that is socially structured or determined (i.e. resulting from specific social structures), but rather as an element that structures society. Advertising is capable of constructing society, and, at the same time, representing it and categorizing it. Due to its ability to influence social relationships or political perspectives, sometimes even unintentionally, advertising has a clearly political aspect. In this sense, advertising and adverts play a fundamental role in the construction and expression of certain types of ideologies (Screti, 2011b) and in the structuring of the social life and interactions of individuals, a phenomenon which is widely recognised. There are specific references to the ability of advertising to *banally* (Billig, 1995) produce and reproduce nationalist ideologies (see also Screti, 2011a; 2012b).

This will be demonstrated through the analysis of an advertisement from the Spanish company Gallo, a producer of fresh and dry pastas, precooked dishes and sauces. The advert is called *Our Own Flavours*, and was broadcast on Spanish TV stations from February 2011 onwards, in which a well-known figure from the Spanish media praises the "Spanishness" of Gallo pasta.

2. Food: At the Crossroads between Culture, Nation and Industry

The advertisement *Our Own Flavours* is a clear example of the relationship between nationalism and trade, and the commercialisation of nationalist feelings (cf. Screti, 2012b), and the (re)production and exploitation of nationalist sentiment by certain agents in order to achieve their own particular commercial goals (Screti, 2011a).

This article is based on two main ideas, firstly: food is an essential aspect of human life, and therefore of the culture of a human group. This is clearly expressed in the writings of the anthropologist Claude Lévi-Strauss (1964), from which it can be deduced that food defines and distinguishes human groups. Secondly, food is one of the key sectors for the economy of a country. In this sense, food, like many other aspects of the culture of a human group, by integrating processes of commodification, is the object of economic and financial disputes. However, by operating as a distinctive element of identity, it is the object of symbolic disputes, such as those of a nationalistic kind. In effect, food can be very closely linked to nationalist feelings 1) due to its ability to identify a group (cf. the sentence by Brillat-Savarin quoted above) and 2) due to its connection to the national economy, it is at the centre of the interests of the nationalist agents who focus on protecting their "national economy", and of those groups who (re)produce and exploit nationalist feelings to protect their own specific interests, making them appear to be common interests and goals. Actually, the so-called "national economy" is nothing more than the set of specific economic activities of these limited groups, although they are passed off as pertaining to the nation as a whole.

Alimentation refers to a series of elements (foods) and norms (forms of consumption) that are culturally defined[2]: it can be compared to a language, as it has a lexicon—the types of foods that are normally accepted for human consumption; syntax—the rules for combining and using the foods; and semantics—a meaning associated with the foods. Over time, the food becomes more elaborate, and goes from being more natural to more refined, increasingly involving human intervention. In a society organised into a class structure, the production of food has a fundamental value in the economic and productive cycle. In this sense, food is above all a product and as such is essential in the chain of production-buying-selling. As a product, food is subject to disputes between different economic agents with different interests.

As previously mentioned, food can and indeed does receive specific and even symbolic meanings: consider bread in the Christian cultural tradition, in which it represents the body of Christ. As a cultural element, food can be *ideologizable*, meaning it can receive different and even opposing evaluative connotations from groups competing for resources[3]. For instance, consider the differential relationship established by the fact of eating or not eating pork, which places Christians (who do eat pork) at odds with Muslims/ the Jewish (who do not). In this sense, food, like any other element, and especially like languages, can be used as a diacritic of identity for the group, meaning it can be "nationalised," in the sense that it is used as a distinctive or typical element of one nation in relation to or in opposition to others. This is the sense with which I have defined food as

[2] Obviously, these are also determined by objective situations, such as availability, production conditions, purposes and practical functions, etc.

[3] Put simply, this is the concept of 'ideology' I am dealing with here (Eagleton, 1994; Larraín, 1979; van Dijk, 1998).

an *ideologizable* element, as it has an evaluative content (Voloshinov, 1973 [1929]).

This said, every nation adopts diacritical elements in terms of its relationship with other nations, and food is an element that defines and distinguishes their national cultural identity, in the same way as their flag, national anthem or national football team do.

3. Pasta and the Italians

Ask anyone what are the distinctive aspects of Italian cultural identity (if something like this may exist) in terms of food, and the answer will undoubtedly be pasta and pizza. Despite being found all over the world and forming an integral part of the diet of millions of non-Italians, there are no other elements more intimately associated with the idea of Italianness than these two products.

I do not mean to say that pasta and pizza *are* two Italian products, as I find it quite difficult to describe with any certainty the genealogy of foodstuffs such as pasta or pizza. This is something that will fall into the hands of researchers in search of their fifteen minutes of fame, stating that pasta was invented by Hispano Muslims or the Chinese, when in fact they invented noodles[4], which are quite different from spaghetti, as they use rice flour instead of durum wheat flour[5]. The question of whether pasta is an Italian product or not is not an issue in this chapter; instead, my intention is merely to highlight that in the collective mind-set of the Italians and non-Italians around the world, pasta is indivisibly associated with Italians, Italy and Italianness. There is some true in this, as wheat pasta continues to form the cornerstone of the diet of the majority of Italians.

Focusing on Spain, it is interesting to note that the Spaniards, somewhere between jokingly and disparagingly, refer to the Italians as "macarroni" or "espaguetini", although written differently than in Italian (*maccheroni*; *spaghettini*), an obvious sign that pasta is the element that most typically defines the Italians.

---

[4] Reliable works on these issues are, among others, Watson (2008: 20-23) and Serventi & Sabban (2002, especially 10-30).

[5] These arguments regarding its invention form a part of a dispute about (invented) tradition. The nationalist discourse always attempts to backdate its own traditions, acclaiming its originality, antiquity and uniqueness, refuting the equally invented traditions of others (Wodak *et al.,* 2007; Hobsbawm, 2003 [1983]), in order to enhance the group's prestige and belittle the others. In the nationalist discourse, tradition is a value in itself.

But apart from identifying the Italians, pasta is a large-scale, high-profit industry with a global market, which goes far beyond the confines of the Italian peninsula[6]. It is a massive business with a high turnover, mainly in the hands of Italian companies, and which could even be considered a type of cultural colonisation, such as McDonalds or Coca-Cola.

4. Spain and Cooking

In recent years, Spain has achieved considerable notoriety in the gastronomic sphere. Spanish foods, especially Iberian ham[7], are beginning to cross its frontiers and appear in homes and restaurants all over the world.

This phenomenon implies two things: added economic value, in other words money and employment for Spain (Chinese imitations permitting), and added symbolic value, implying the valuing of the "Spain brand", as frequently found in political and business discourses.

There is a media campaign underway to promote Spanish cooking as the best in the world, Spanish food products as the best in the world, ranging from ham to wine, olive oil to fish… and pasta.

There is a struggle underway for European or worldwide leadership in terms of Mediterranean cooking between Italy and Spain, involving a number of Spanish governmental and business institutions who are constantly committed to topple Italy from its previously successful, well consolidated market positions, with a constant process of weakening the image international consumers have of Italy and the quality of its wine and foods. This is an endeavour by a challenger to undermine the consolidated market position of an already-established competitor.

Extensive contact with Spaniards has indicated that just like the Italians, they believe and claim that "here the food is better than anywhere else[8]". But above all, my experience living in Spain has revealed that there is a campaign underway in the main national media (TV, newspapers,

---

[6] As Serventi & Sabban state: "pasta represents the ubiquitous foodstuff par excellence" (2002: xvi).

[7] Note that Iberian ham is the symbol of Spain at alimentary level, demonstrated by the fact that the hamburger chosen to celebrate McDonald's 30th anniversary in Spain, called the *McIbérica* and launched in 2010, contained Iberian ham and Manchego cheese together with the hamburger (Actualidad Económica, 2012: 29).

[8] Obviously, the deictic reference of this "here" varies: for Italians means 'Italy', for Spaniards means 'Spain'. This demonstrates the existence of a public awareness of the value of food as an indicator of the value of a nation–hence the constant celebration of "national" (or "local") foods.

radio and Internet) targeted at two different types of Audiences—one internal, and another external (also involved in other publicity events such as trade fairs)—with the aim of persuading people about the wonders of Spanish gastronomy, and thereby, the greatness of Spain and Spaniards. In other words, it is a matter of national marketing or branding. To name just a few examples, in the programme *Españoles por el mundo* (Spaniards around the world), Spaniards living in foreign countries gush with praise about Spanish cooking and how they miss it; in the programme *Destino España* (Destination Spain), foreigners living in Spain sing the praises of Spanish food; the two presenters of the programme *Un país para comérselo* (A country for eating) travel around the whole of Spain glorifying its food; one can see a seemingly endless number of programmes on Spanish food and cooking. Not a day goes by without the national news on different channels including in their infotainment some type of item about Spanish food, the excellence of Spanish products, or the number of Michelin stars won by Spanish chefs. The planetary success of the restaurant *El Bulli* and its chef Ferrán Adriá has been exploited to the maximum and flaunted in the media ad nauseam as an example of the success of Spanish food and wine. The links between the national media and businessmen dedicated to the food industry with the country's monarchy and its political and cultural institutions such as the Cervantes Institute have not come about by chance. Furthermore, it would seem to indicate that this forms part of some greater plan to further gloss the "Spain brand" in a global context of competing country-brands, firmly backing its food, together with its sport (Screti, 2010) and language (Del Valle & Gabriel-Stheeman 2004a; 2004b).

The discourses heaping praise on Spanish food come from nationalising agents of the central government: several ministries (such as the Ministry of Economy or Agriculture or of Foreign Affairs), the Cervantes Institute, the Monarchy, the two main political parties (PP and PSOE), etc. They participate in the policy to create a single Spanish nationalist discourse[9], something that is constantly challenged by the peripheral nationalist movements of Catalonia (Catalanism), the Basque Country (Basqueism) and Galicia (Galicianism).

---

[9] Note that an article in the right-wing newspaper *Actualidad Económica* (2012: 29), entitled "The Spanish Secret of Mc Donald's," highlighted the strategy of creating a successful image of "Spanishness" through campaigns that emphasised the contribution made by Spanish suppliers to the chain. This led to McDonald's being positioned as more Spanish and less American, thereby overcoming the resistance from consumers derived from a sensation of cultural (or alimentary) colonisation.

5. The "Our Own Flavours" Advert

The advertisement to which this study refers in greater detail will be examined now. The video *Sabores Nuestros* (Our Own Flavours) by the agency FMRG Compact for the company Gallo S.A., was first broadcast in February 2011 as a part of an expansion strategy by the company in the fresh pasta market.

A well-known personality from the Spanish media, the journalist Carlos Herrera, acts as the endorser of the product, presenting a new line of products from the brand: fresh pastas (ravioli or a similar variety, called "soles" or suns) filled with typical Spanish products with designations of origin[10], such as Iberian ham, Manchego cheese, and Galician veal. The theme of the advert is that Gallo fresh pasta is Spanish pasta: on the outside, because it is made in Spain, and inside, because it is filled with *guaranteed Spanish (= made in Spain) products*[11]. In this sense, the theme acts as an explicit premise of the argumentation, whose implicit premise is that 'Spanish is good' (chauvinism), with the following conclusion: Gallo pasta is good. It therefore goes without saying that if it is good, it deserves to be bought. But as it will be seen, it says that it is the best (better than anywhere else), and above all, plays on nationalist sentiment: Spaniards should buy Gallo pasta, because it is Spanish.

The following section includes a descriptive transcript of the video. Subsequently, its main aspects will be examined in greater detail: 1) the presenter of the advert, who acts as the endorser; 2) the role of the music; 3) the imagined community build through the place deixis (*here*) and person deixis (*us*); 4) the role of language, as they are essential in the creation of the Spanish symbolic national(ist) space.

6. The Video

The video lasts for 20 seconds, standard length for television, and has been broadcast on the main Spanish networks. The following description, given in the table below, is not intended to be exhaustive, but instead to clearly explain the video. In methodological terms, I believe it is the best way to represent a video by written means, as it makes it possible to highlight all of the important and pertinent aspects for its analysis. The left hand column contains a description of the soundtrack, as this is extremely important to create the image of the brand as being Spanish. The second

[10] http://www.wipo.int/about-ip/es/about_geographical_ind.html.

[11] I use the same term used in the advert, as well as on the product packages.

column contains a number of frames from each of the scenes in the video, while the third contains the voiceover by the same main character (in Spanish with its English translation), divided into scenes, which correspond with the respective frames. Finally, on the right there is a short description of the settings, shots, and whether the main character is talking on screen or by voiceover.

Table 5.1. Soundtrack, images, voiceover and description

SOUNDTRACK	IMAGES	VOICEOVER	Description[12]
Spanish music with a Spanish guitar and flamenco "*cajón*" (wooden box) accompaniment, in a flamenco style throughout the whole video.	 	Como aquí no se come en ningún otro sitio (here the food is like nowhere else in the world)	Daytime interior in a bar with a typically Spanish appearance. The main character stands next to a bar, using a medium shot. Screen caption: "Carlos Herrera / Journalist". Close-up of the main character, who says, "here the food is like nowhere else in the world."

[12] This heading is lower case because it is my description, while other headings are upper case because they indicate that what appears in the column is what spectators see/hear of the ad.

		nuestro jamón ibérico (our Iberian ham)	Hands of a waiter preparing a plate of ham. Close-up of a plate with slices of ham. Voiceover by main character, who says: “our Iberian ham.”
		nuestro queso manchego (our Manchego cheese)	Outdoor shot on a pavement café with a typically Spanish appearance. Medium shot of the main character sat at a table with a glass of beer. A waiter serves him a plate of cheese. Close-up of a plate with slices of cheese. Voiceover by main character, who says: “our Manchego cheese.”

	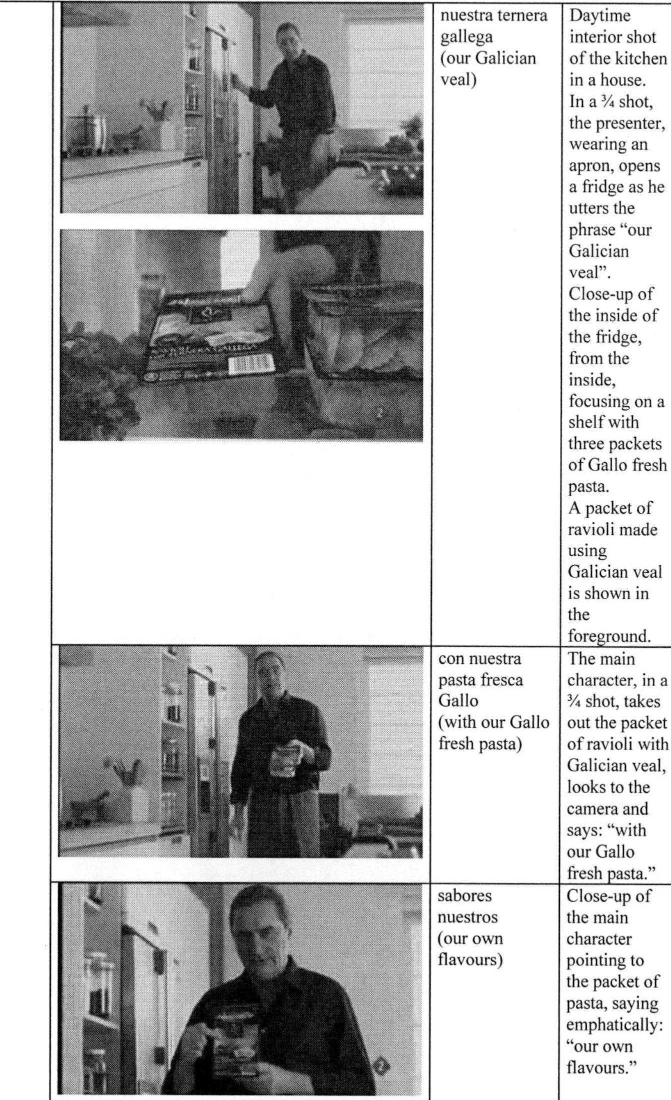	nuestra ternera gallega (our Galician veal)	Daytime interior shot of the kitchen in a house. In a ¾ shot, the presenter, wearing an apron, opens a fridge as he utters the phrase "our Galician veal". Close-up of the inside of the fridge, from the inside, focusing on a shelf with three packets of Gallo fresh pasta. A packet of ravioli made using Galician veal is shown in the foreground.
		con nuestra pasta fresca Gallo (with our Gallo fresh pasta)	The main character, in a ¾ shot, takes out the packet of ravioli with Galician veal, looks to the camera and says: "with our Gallo fresh pasta."
		sabores nuestros (our own flavours)	Close-up of the main character pointing to the packet of pasta, saying emphatically: "our own flavours."

	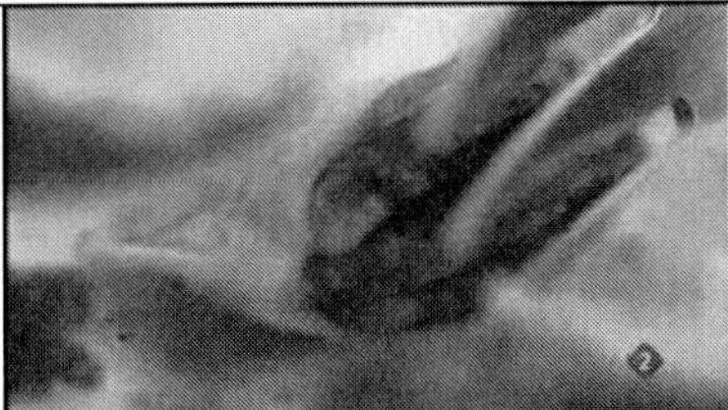 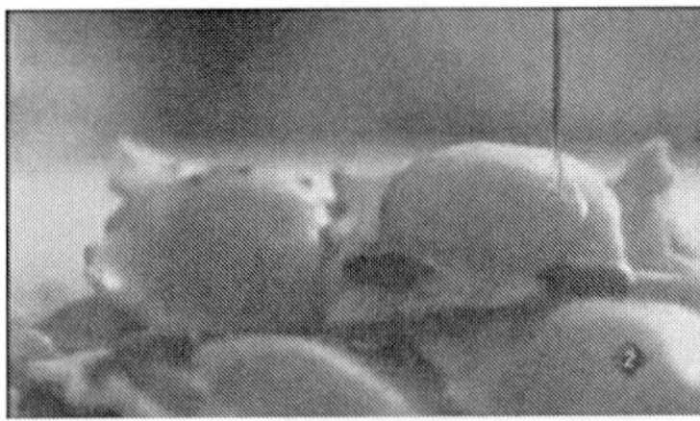  	Gallo rellena su pasta con ingredientes de aquí, garantizando su origen (Gallo fills its pasta with ingredients from here, guaranteeing their origin)	Big close-up of a plate of ravioli: a fork cuts through a piece of ravioli, revealing its interior, full of Iberian ham. Cutting between shots of the plate of ravioli and the packet of pasta, the main character says in the voiceover: "Gallo fills its pasta with ingredients from here, guaranteeing their origin."
		pasta fresca Sabores Nuestros ("Our Own Flavours" fresh pasta)	Close-up of three packets of Gallo fresh pasta, one of each flavour. Voiceover by main character: "Fresh pasta, Our Own Flavours".

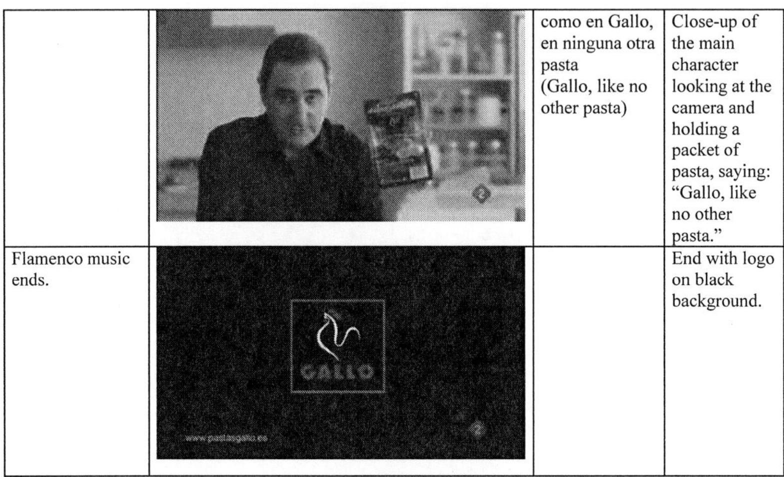

		como en Gallo, en ninguna otra pasta (Gallo, like no other pasta)	Close-up of the main character looking at the camera and holding a packet of pasta, saying: "Gallo, like no other pasta."
Flamenco music ends.			End with logo on black background.

6.1. The Endorser

Carlos Herrera, the main character who speaks for the company (with a script written by the agency FMRG Compact) is a radio, TV and press journalist, who is also a recognised gourmet and avid Spanish nationalist.

The fact that Herrera is a gourmet and a Spanish nationalist is essential in order to articulate the message contained in the advert: in order to sustain and make credible an argument whose main features are the relationship between types of food and a nation, it is essential that the speaker is both an expert on foods and on issues related to the nation. In terms of foodstuffs, Carlos Herrera owns a well-known on-line food store that sells oil, hams, cheese and other typical Spanish products, as may be seen on his personal website[13]. As regards the second point, Carlos Herrera is a figurehead of Spanish nationalism. He writes a column in *ABC*, a right-wing, Catholic and nationalist Spanish newspaper, he is one of the main broadcasters of *COPE*, the radio station that belongs to the Spanish Episcopal Conference, an extreme right-wing Catholic and nationalist station; he is a hero of the right-wing digital newspaper *Hispanidad*[14], as may be deduced from some of the articles the newspaper dedicates to him; but above all, on Monday the 27th of March 2000, Carlos

[13] http://www.carlosherrera.com/web/index_new.asp?Tipo=BI.

[14] On its own website, the digital newspaper defines itself as follows: "*Hispanidad* is a forerunner of the Spanish digital press that analyses the latest events occurring in the Spanish-speaking world from a Christian perspective and with a certain economic bias".

Herrera was a victim of an attack by the Basque armed separatist group ETA. This made him a martyr to the Spanish nationalist cause in contrast to separatist regional movements.

And so, in order to promote Spanish food products such as Gallo fresh pasta and underline their Spanishness, there could be nobody better than a journalist, an authoritative and "objective" voice (the commas are inevitable), the voice of the national linguistic standard, recognised expert on Spanish gastronomy and above all, a recognised representative of Spanish nationalism.

Before moving on and specifically analysing a number of discursive devices, a brief reference will be made of certain elements of the music used in the video.

6.2. The Role of the Music

Although it may seem to be a minor point, the music provides a contextualization cue (Gumperz, 1982) allowing the viewer to quickly locate the action in a Spanish setting. Together with the furnishings and other contextual elements, such as the setting, location, climate, and light, the music gives the sensation of being in Spain, although to a greater extent than the other elements. The music does not only make it possible to characterise the setting in a highly emotive way as being Spanish, but also leads (Spanish) receivers to imagine it as their own space, creating a community of feelings[15].

The flamenco music used is an extraordinarily strong symbolic means of characterising the fictitious space represented in the video as being Spanish. At the same time, it becomes an auditory element that runs through the whole video, clearly indicating Spanishness.

6.3. The Imagined Community of "Us Here"

It is important to examine the statements made by the main character in the video, as they are essential in the discursive construction of the imaginary community of Spain. These are listed below:

como aquí no se come en ningún otro sitiohere the food is like nowhere else in the world)
(our Iberian ham)
(our Manchego cheese)
(our Galician veal)

[15] Cf. the concept of *social unison*, elaborated by van Leeuwen (1999: 79-80).

(with our Gallo fresh pasta)
(our own flavours[16])
(Gallo fills its pasta with ingredients from here, guaranteeing their origin)
(fresh pasta Our Own Flavours)
(Gallo, like no other pasta)

The first *here* (1) refers to Spain, in the same way as the second *here* in (7), where *ingredients from here* should be taken as meaning *Spanish ingredients*.

In each of the other statements one can find the possessive adjective *our* (2, 3, 4, 5, 6, 8). In other words, except for the last, each statement contains a personal deixis, even in the first person, or a place deixis

(Levinson, 1989: 60-75). The strategic exploitation of these two discursive devices for the creation of the nation has already been put forward in the analysis of another advertisement that took advantage of nationalist feelings to increase sales (Screti, 2011a). The nation is a concept constructed through discourse, which does not exist in itself, but instead is imagined (Anderson, 1983; Gellner, 1997; Wodak *et al.*, 1999). In the video analysed in this paper, the Spanish nation is constructed by discoursively constructing a space and a group that occupies it. The speaker refers to the space using the adverb *here*, and to the group using adjectives (*nuestro*, *nuestra*, *nuestros* = *our*) referring to a first person plural (we/*us*).

The adverb *here* makes it possible to create, through discourse, the symbolic space occupied by the imagined community, the space of Spain—in other words, spatially defining the place of the group (Spaniards). This is a determination of proximity: the speaker is located—physically and symbolically—inside the place, within the place from where he is speaking. But the *here* indicates a place that is also close to those who are listening, those who are effectively in the same space, which is why it has been referred to a deixis of proximity: the proximity between speakers and listeners.

The value of the person deixis is even greater. Despite the fact that the adjective *our* has a clearly ambiguous status—or precisely for this reason—the deixis of the first person plural is typical of the nationalist discourse (Anderson, 1983; Billig, 1995; Wodak *et al.*, 1999; Íñigo Mora, 2004; Petersoo, 2007; Wilson, 1990; amongst others). The deixis of the

[16] Words of this phrase are not capitalized, because they do not refer to the name of the product, as in (8), but rather to the fact that the three fillings cited before (Iberian ham, Manchego cheese, and Galician veal), as well as the Gallo fresh pasta, are *ours* (=Spanish) they are Spanish flavours.

first person plural thereby configures the imagined community, the group. By using the adjective *our*, the speaker positions himself within the group he is speaking from, forming part of it, and establishing himself as a member of it: he is speaking from the group to the group (and in the name of the group). As a result, speaker and listener share the same space and belong to the same group: the speaker speaks from Spain and from amongst the Spaniards, to Spain and the Spaniards.

6.4. The Role of Language

A deeper analysis of the function of language (and varieties within it) as index of origin nationality—due to the supposedly straightforward relation between language and nation(ality)—as marker of authenticity, should be very interesting, also due to the huge and well founded bibliography (Gal 2012, especially p. 30; Heller 2005; Duchêne & Heller 2012, among others), but it would take an entire chapter; hence it will go beyond my editorial limits.

Nonetheless, I would like to point out some questions. For instance, it is worthy to note that Carlos Herrera is only a virtual speaker: in fact there are two addressers: 1) the real one is Gallo; 2) the virtual one is Carlos Herrera, through which Gallo speaks within the ad. Carlos Herrera works as a synecdoche for the company, he represents the company. Receivers can reasonably suppose that the virtual addresser (Carlos Herrera) is *authentically* Spaniard because he speaks in standard peninsular Spanish (Castilian). By speaking through a character immediately recognizable as a 'standard' Spaniard, Gallo builds an image of itself as an authentic Spanish company.

7. Final Considerations

In this video, the advertiser, Gallo, attempts to convince viewers of the qualities of its fresh pasta. Gallo is competing in a market that is mainly controlled by Italian brands such as Rana or Buitoni[17]. The discursive strategy of Gallo, essential in order to compete in a market such as the foodstuff sector, in which tradition (either real or invented) is a valid argument in itself, is to focus on the traditional nature of the products, which contain typical fillings, and to stimulate the nationalist spirit and

[17] Originally Italian, then owned by Nestlé, Buitoni is now owned by a Swiss-Italian businessman.

pride of Spanish nationalists[18] by emphasising the Spanishness of the product. In this way it attempts to convince them to buy Gallo fresh pasta, and not foreign pastas. This explains the commercial strategy of using typically Spanish fillings in a product such as fresh pasta that is intimately associated with Italy. The commercial strategy and positioning of Gallo is to emphasise the fact that by being a Spanish company, its fresh pasta is 100% Spanish, inside and out: the pasta itself, made in Spain, and the typically Spanish fillings, even guaranteeing them with protected geographical designations of origin.

To convince consumers of its own Spanishness, Gallo uses as its endorser a well-known journalist from the Spanish media, Carlos Herrera, bringing all of his prestige as a broadcaster and therefore his ability to persuade. He is a celebrity not because he is an expert in Spanish gastronomy, but instead, and above all, because he is recognised as a symbol of Spanishness and of Spanishism[19].

To transmit the message that its product is good, and naturally better than its competitors, Gallo states that its product is Spanish, and to do this, not only fills its products with typically Spanish foodstuffs, but even *speaks* in 'Spaniard Spanish' through a recognised Spanish nationalist. Obviously, its persuasive discourse exploits a chauvinist theme (here the food is like nowhere else in the world), or formulas from the nationalist discourse, such as the deixis of the first person plural: *our*.

Note that this deixis of the first person plural (*us, our*), preferred by the nationalist discourse, is ambiguous in nature, contradictory and above all, contradictable: it can be contradicted, criticised or refuted. For example, including Galician veal within the imaginary Spanish community configured by the adjective "our" constitutes an appropriation by Spanish

---

[18] Note that there may be passport-carrying Spaniards who are not Spanishist at all, or that are even Basqueist or Catalanist.

[19] It is interesting to note that the corporate website that presents the campaign (in a text probably written by the publicity company itself or another company associated with the interests of Gallo), makes no mention of Herrera's support of Spanish nationalism, only focusing on his interest in food and cooking. The fact that the company twists or silences the intention to make use of this nationalist feeling is indicative of a subtle type of ideological manipulation. This lack of references to nationalism is due, on the one hand, to the banality with which nationalism is (re)produced (Billig, 1995), and on the other, to the strategic value of nationalist sentiment in the argumentation and, finally, the fact that an open declaration of nationalism in Spain continues to generate a certain degree of distrust, due to its connections with the former Francoist regime. This may have contributed to the fact that Spanish nationalist sentiment is increasingly sublimated in the promotion of certain elements such as food, sport or music.

nationalists of an element that belongs to the space defended by Galician nationalists. Galicia is an element that is subject to contradiction, between Spanish and Galician nationalists, and therefore considering something Galician as typically Spanish is a form of symbolic occupation or colonisation. The custom of nationalists to occupy physical and symbolic spaces, or linguistic and cultural spaces, is widely known[20]. The *our* spoken by Carlos Herrera refers to Spain, and in this sense positions Galicia *within* Spain, although for a Galician nationalist this *our* would position Galicia outside of Spain.

In this sense, it is impossible to overlook a typical tendency of nationalism in dealing with internal differences, for example in relation to the different idiosyncrasies of the different regions or parts of the country, as a single unit, different only from what exists outside its legal frontiers. In this case, all of the parts of Spain are equal to each other, and are different from that which is not Spain.

Besides, it is also important to note the importance of publicity as a discourse that serves to structure our current capitalist and mercantilist society. Publicity is a discourse that permeates all the levels of our society, and which reaches a much larger number of people than, for example, an article in a newspaper or a book, or other texts that are produced and disseminated by the mass media. Due to its characteristics, in other words its omnipresence, repetitiveness, banality, persuasiveness, brevity and multimodality, publicity has the power to disseminate in a banal but effective manner a large number of meanings that are highly relevant in terms of the structuring of society and thought, i.e. ideological meanings. In reference to this article, but also in many other cases (Screti, 2011a[21];

---

[20] And in a way that is by no means paradoxical, it affects all of the different nationalisms, even those on a very small scale: remaining within Spain, Galician nationalists have laid claim to certain parts of Asturias or Castile and León; Basque nationalists have claimed Navarra and certain parts of La Rioja and the French Basque Country as their own; Catalonian nationalists claim parts of the Community of Valencia and the Balearic Islands, etc., exactly in the same way as Spanish nationalists claim or emphasise the Spanishness of the three disputed communities (Galicia, Catalonia and the Basque Country), Ceuta and Melilla (in Moroccan territory), or Gibraltar (British territory on Spanish soil). In this sense, all nationalisms are the same, except in terms of size.

[21] This is an interesting case, as it studies nationalism presented through an advertisement for a Galician supermarket chain (owned by a Galician company). On a smaller scale, the same phenomena dealt with in this paper can be seen: the exploitation of (Galician) nationalist feelings in order to sell local products, the (re)production of nationalist sentiment, the superiority of the local in comparison

2011b), publicity plays a leading role in the construction and dissemination of nationalist ideology.

Finally, it is important to emphasise the value of gastronomy, and especially the traditional gastronomy of a group, in constructing nationalist sentiment, something that makes it possible to refer to a genuine gastronomic nationalism. This relationship between food and the nation is well known. However, recognising the importance of gastronomy for nationalism must lead to recognising the importance of the foodstuff industry for the national economy, and in this sense, to recognising the national industry (of which the foodstuff industry is only a part) as one of the main agents for the (re)production of nationalism. The relationship between business and nationalism is widely known, or the relationship that connects the bourgeoisie with the birth of nationalism (Anderson, 1983; Gellner, 1997). This relationship does not only concern the birth of nationalism, as has been demonstrated by the previously cited academics, but instead, as has been demonstrated here and in other studies (Screti, 2011a), this relationship becomes apparent in all of the events involving the banal reproduction of nationalism, and in its instrumentalization in order for the bourgeoisie to achieve its specific objectives.

References

Actualidad Económica. 2012. "El secreto español de McDonald's", *Actualidad Económica*, 2.719 (May 2012), 22-30.

Anderson, Benedict.1983. *Imagined communities. Reflections on the origin and spread of nationalism*. London and New York: Verso.

Billig, Michael. 1995. *Banal Nationalism*. London: Sage.

Del Valle, José & Gabriel-Stheeman, Luis. 2004a. "Codo con codo: la comunidad hispánica y el espectáculo de la lengua". In *La batalla del idioma: la intelectualidad hispánica ante la lengua*, edited by José Del Valle & Luis Gabriel-Stheeman, 229-252. Frankfurt/Madrid: Iberoamericana-Vervuert.

Del Valle, José & Gabriel-Stheeman, Luis. 2004b. "Lengua y mercado: el español en la era de la globalización económica". In *La batalla del idioma: la intelectualidad hispánica ante la lengua*, edited by José Del Valle & Luis Gabriel-Stheeman, 253-264. Frankfurt/Madrid: Iberoamericana-Vervuert.

---

to the non-local, the use of *us* and *here*, or the use of the idea of "there's nowhere better than here".

Duchêne, Alexandre & Heller, Monica. 2012. "Multilingualism and the New Economy". In *The Routledge Handbook of Multilingualism*, edited by Marilyn Martin-Jones, Adrian Blackledge and Angela Creese, 369-383. New York: Routledge.

Eagleton, Terry, editor. 1994. *Ideology*. London and New York: Longman.

EGEDA. 2012. *Informe Panorama audiovisual 2011*. Madrid: EGEDA-Entidad de Gestión de Derechos de los Productores Audiovisuales. Available at http://www.panoramaaudiovisual.com/es/2011/11/15/informe-panorama-audiovisual-2011-primeros-datos-de-la-transicion-al-digital/.

Gal, Susan, 2012. "Sociolinguistic regimes and the management of 'Diversity'". In *Language in Late Capitalism: Pride and Profit*, edited by Alexandre Duchêne and Monica Heller, 22-42. New York: Routledge.

Gellner, Ernest. 1997. *Nationalism*. New York: New York University Press.

Gumperz, John. 1982. *Discourse Strategies*. Cambridge: Cambridge University Press.

Heller, Monica. 2005. "Language, skill and authenticity in the globalized new economy". *Noves SL revista de sociolingüística*, winter 2005. Available at http://www6.gencat.net/llengcat/noves/hm05hivern/docs/heller.pdf.

Hobwbawm, Eric. 2003 [1983]. "Introduction: inventing traditions." In *The invention of tradition*, edited by Eric Hobsbawm and Terence Ranger, 1-14. Cambridge: The Press Syndicate of the University of Cambridge.

Íñigo Mora, Isabel. 2004. "On the use of the personal pronoun 'we' in communities." *Journal of Language and Politics*, 3(1): 27–52.

Larraín, Jorge. 1979. *The Concept of Ideology*. London: Hutchinson.

Levinson, Stephen. C. 1989 [1983]. *Pragmática*. Barcelona: Teide.

Lévi-Strauss, Claude. 1964. "Le cru et le cuit." In *Mythologiques*, vol. I. Paris: Plon.

Petersoo, Pille. 2007. "What does 'we' mean? National deixis in the media." *Journal of Language and Politics*, 6(3): 419-436.

Screti, Francesco. 2010: "Futbol, guerra, naciones y política." *Razón y Palabra Revista iberoamericana de comunicología*, n. 74. Available at http://www.razonypalabra.org.mx/rypant/N/N74/VARIA74/34ScretiV74.pdf.

—. 2011a. "La banalización de la nación: el anuncio 'Vivamos como Galegos' de supermercados GADIS." *Comunicación Revista internacional de comunicación audiovisual, publicidad y estudios culturales*, 9: 222-237.

—. 2011b. "Publicidad y propaganda: terminología, ideología, ingenuidad." *Razón y Palabra Revista iberoamericana de comunicología*, 78. Available at http://www.razonypalabra.org.mx/rypant/varia/N78/2a%20parte/40_Screti_V78.pdf.

—. 2012a. "Publicidad en la política, política en la publicidad." *Pensar la Publicidad Revista internacional de investigaciones publicitarias*, 6(1): 35-61.

—. 2012b. "La granja nacionalista española: El Toro (español), la Vaca (gallega), el Burro (catalán), la Oveja (vasca) y el Jabalí (vasco), símbolos identitarios en competición." In *Ideology, Politics and Demands in Spanish Language, Literature and Films*, edited by Teresa Fernández Ulloa, 358-379. Cambridge: Cambridge Scholars Publishing.

Serventi, Silvano & Sabban, Françoise. 2002. *Pasta: The Story of a Universal Food*. New York: Columbia University Press.

Van Dijk, Teun A. 1998. *Ideology: A Multidisciplinary Approach*. London: Sage.

Van Leeuwen, Theo. 1999. *Speech, Music, Sound*. London: MacMillan Press.

Voloshinov, Valentin. 1973 [1929]. *Marxism and the Philosophy of Language*. Cambridge, MA: Harvard University Press.

Wilson, John. 1990. *Politically speaking. The Pragmatic Analysis of Political Language*. Oxford: Blackwell.

Wodak, Ruth, Rudolf de Cillia, Martin Reisigl and Karin Liebhart. 1999. *The Discursive Construction of National Identity*. Edinburgh: Edinburgh University Press.

Watson, Andrew. 2008. *Agricultural Innovation in the Early Islamic World. The Diffusion of Crops and Farming Techniques, 700–1100*. Cambridge: Cambridge University Press.

CHAPTER SIX

TIME, SCALE, AND COMMUNITY IN POST-HUMAN TIMES: CONTEMPORARY TOTEMS IN JULIO MEDEM AND AGUSTÍN IBARROLA

ANNABEL MARTÍN
DARTMOUTH COLLEGE

There is a very direct relation today between the minutes of meetings and the minutes of agony. (John Berger)

If globalization has taught us one thing, it is this: you can't hide. Much like death, that solitary "traveler" condemned to finding fellow companions, young and old, rich and poor, on his trip to the underworld, globalization has elevated our notion of connectedness to the point where our current world of sweeping instability pushes us to revisit our much weakened notion of humanity, I would like to think, for the better. We live in a world where most of humanity directly suffers the consequences stemming from egregious socio-economic, environmental, and political disasters. We face atrocities that originate in the radical restructuring that neoliberalism is undergoing on planetary scale. Never has the public sphere been so challenged, so weakened, so undermined by the logic of an all-encompassing economic rationale that has evolved from the abstraction of economic theory and its vision of unimaginable profits to the reality of dilapidated world economies and bankrupt social welfare systems. Globalization seems to have simplified reality for the worse as we now find ourselves streamlined, our public and private needs following one logic: that of an unbridled market that turns our lives into a closed-circuit paradigm. We live within a loop that has denaturalized the human, for our humanity has become embedded in a logic of greed that imposes how we live our lives and dream of the future in the backwaters of disaster.

Hardship and inequality, exploitation and abuse are no strangers, of course, to the history of development and the evolution of humankind. Nevertheless, today we seem to be experiencing something new, at least in terms of the level of pitilessness and unhappiness that our societies are willing to tolerate. For if historically, humanity has always been able to imagine sets of beliefs that have allowed societies to face "the cruelty of life with dignity and some flashes of hope" (Berger, 2007: 94), if we have always been able to hold onto a sense of community that no matter how deteriorated and weakened was still inspirational, is that possible today? What kinds of grand societal shifts and rifts do we face, movements that have, for example, dislocated kindness, i.e., "the ability to bear the vulnerability of others, and therefore of oneself" (Phillips and Taylor, 2009: 8), out of the aspirational realm of subjectivity and turned it into a sign of weakness? Who bears witness to the suffering and inequalities around us, to the walls that have been relentlessly erected to keep us all in place? Who or what facilitates the crossings of this binary world, of those protected on one side and those condemned to the other?

John Berger writes in his very special, *Hold Everything Dear: Dispatches on Survival and Resistance*, that we live in a time of "walls," of concrete, bureaucratic, surveillance, security, and racist walls (2007: 94) not only palpable on the outside but also inhabiting our minds and souls. For Berger, our greatest social and personal challenge today lies on deciding which side of the wall we are attuned to, not because one is good and the other evil (good and bad, obviously, exist on both sides) but because what is at stake is a choice between "self-respect and self-chaos" (2007: 94). We can either try to re-imagine our humanity in this world together or allow neoliberalism to plunge ahead in its reckless devastation and wall-building frenzy keeping us neatly separated through fear and pitilessness. We need to decide if we will complacently allow our world to be sprayed with "ethicides" (2007: 89), i.e., with "agents that kill ethics and therefore any notion of history and justice" or struggle to recuperate the kind of imaginative space that every "central public forum represents and requires" (2007: 89), a space that attends to our "need for sharing, bequeathing, consoling, mourning, and hoping" (2007: 89), for these are the conditions of humanity. The Basque context is a particularly interesting one to reflect upon this new global reality for here the acts of political violence, the victims of ETA, and of state-sponsored counter-terrorism, are a painful addition to this toxic mix and to the rethinking of social identity.

Modern day capitalism finds no qualms in exercising literal and figurative violence on our societies and communities. We have even reached the point where we need to be reminded that our lives are marked by the finite and not the capitalist infinite, that death and the end of things is what grounds us and not the race for more, as we fear and recoil from death's breath on our shoulders. Capitalism's frenzy is a rebellion against finitude, against the limits imposed upon the human condition yet this is an artificial and unnatural way to live for it is based on the illusion that we can somehow surpass our natural limitations and exercise a kind of warfare on the human condition. Spanish philosopher Santiago Alba Rico has satirically termed capitalism's insatiable appetite as its power to reduce the activity of society to that of a never-ending digestive process, of being so voracious that it has actually created a society of absence and not of "things" (abundance) (2012: 120) like it prides itself in thinking. For Alba, this is the first time in history that "things" have a radically different ontological status. Objects have "disappeared" because they no longer carry any value in and of themselves, their worth limited to being one step in a chain of endless (and futile) consumption, what Julian Stallabrass theorized as an object's ontological status of being "deferred trash" (1996: 172) within the chain and life cycle of consumer goods.

Objects have a fundamental role to play in all societies, according to Alba, for they point to the basic features of our humanity: time, memory, and fragility. If objects outside of the madness of today's capitalism were fundamentally different at one point in history, it was because they were able to (a) slow us down and invite admiration; (b) be a repository of cultural memory, of uses, of their own genealogy and materiality, and (c) remind us that sooner or later, they, like us, inevitably become fragile and break (2012: 120-121). In other words, "things" bring us closer and reconcile us with our own mortality: they make us human. The post-human condition that capitalism proposes for us today eliminates these processes and rhythms and fundamentally rewrites the ontological prerequisites of all things human: finite reason, imagination, and memory (Alba, 2012: 123). Capitalism's obsession and rebellion against these elements place us on the threshold of a society that foolishly believes in its own immortality, recklessly displaces vulnerability out of its social imagination, and unforgivably justifies the absence of justice and compassion for all, but especially for the most vulnerable, as subsidiary elements in its social policies (or lack thereof).

A strong recognition of humanity's sense of finitude, of its limitations, weaknesses, and fragility would imply, within our post-human, neoliberal context, to radically reimagine our current notion of subjectivity, of who we imagine ourselves to be, and to bring back into the web of social and interpersonal relationships an acute awareness of the most vulnerable, both socially and in ourselves. To displace the notion of "contingency" from humanity, to evade our world's insufficiencies, dehumanizes reality and turns it into a metaphysical mystification. In his *Ética de la compasión,* Catalan philosopher Joan Carles Mèlich, is quite clear: "If ethics exist, if an ethical stance is possible in the life of human beings, it is because we are finite, because we have no access to the origin of things, because knowledge is limited, because we question and have doubts, because we do not follow clear and delimited paths, because firm and secure truths are unattainable" (2010:78).[1] When did we forget that our vulnerabilities are "the medium of contact between us, what we most fundamentally recognize in each other" (Phillips and Taylor, 2009: 11)? How did it come to be that kindness—this mutual recognition of each other at our place of fear and debility—got displaced for self-sufficiency? Why is it so difficult in today's world to enjoy the pleasures of caring for others (Phillips and Taylor, 2009: 13)?[2] Why has compassion lost ground to justice, its contractual variant, or feeling to reason, when they are but each other's soul mates?

The arts might offer some answers to these questions of our time, especially in the Basque context, for the pulse of the arts interrupts the logic of profit and economic exchange by foregrounding the less obvious: that there are and have always been spaces for societies to instill a civic and reconstructive culture in our midst. We would be wise to look for inspiration in how the Greeks placed the arts at the core of civic society given how that society anchored the emotional education of the citizen, in part, in the power of the arts to evoke and educate, on their decisive impact on public pedagogy. In her recent, *El gobierno de las emociones* (2011), Spanish philosopher Victoria Camps theorizes the implications of rescuing a moral education—a sense of how things "should be"—as the starting point for theorizing individual and social behavior in our post-human context. Hers is a transhistorical approach as she reviews the understanding of social theory and the role of ethics in the project of citizenship. Beginning with classic Greek philosophy, Camps pays special attention to how that society avoided the inoperative split between affect and reason as she tries to rescue for our world the collective social

[1] All translations are my own. The page numbering follows the original. "Si hay ética, si la ética es posible en la vida humana, es porque somos finitos, porque no tenemos acceso a los principios, porque el conocimiento humano es limitado, porque dudamos, porque no andamos por un camino claro y distinto, porque no alcanzamos verdades firmes y seguras" (2010: 78).

[2] For a short history of the evolution of the notion of kindness, see their historical and psychological study *On Kindness* (2009).

processes that lead to moral thinking (*paideia*), so displaced from public discourse. Cultivating a "moral leash" might not curb the excesses of neoliberalism but it will certainly facilitate that citizens be better prepared for critiquing the apathy and inoperativeness of the status quo within the different contexts of our societies. Affect, that internal impulse to respond, should not, then, be extrapolated from political theory, from the scaffolding of the polis; quite the opposite, social affect is the end result of a long educational process, one that enlivens our awareness of inequity and is as important to the health of the community as is a fair and just legal system. In Camps' terms:

> "A person with a moral character or sensibility *affectively* responds to immoral acts and to the breaking of basic moral rules. She feels indignant, ashamed, or furious with regard to what transpired in the extermination camps, to the horrors of war, to torture in prisons, to famine, to the corruption that undermines public institutions and those who administer them. This *affective* response is key so that behavior can be redirected against what is deemed inacceptable or unjust." (2011: 17).[3]

When an individual *feels* in this manner, Camps suggests that we are in the presence of a moral being, an individual that is accustomed to responding affectively in a wide variety of ways: with prudence, with fairness, magnanimously, with valor, as demanded by context (2011: 15). If the individual *feels* these values as part of his/her identity ("as his/her own, as who h/she is" (2011: 15),[4] this person will respond and exhibit a wide variety of responses that demonstrate a keen sense of responsibility, tolerance, fairness, etc. Since morality operates in the realm of *what otherwise could have been*, how then do we educate and refocus our sensitivities towards *happiness,* to that state of affairs that the Greeks deemed inextricably linked to fairness and peace and not on individualism and personal success, as configured in our neoliberal world? One avenue would be to reformulate the types of bonds that hold us together as a people and to privilege those that make the memory of injustice the ground

---

[3] "Una persona con carácter o sensibilidad moral reacciona *afectivamente* ante las inmoralidades y la vulneración de las reglas morales básicas. Siente indignación, vergüenza o rabia ante lo ocurrido en los campos de exterminio, los horrores de las guerras, las torturas en las cárceles, las hambrunas, la corrupción que corroe a las instituciones públicas y a quienes las administran. Esa reacción *afectiva* es necesaria para orientar la conducta en contra de lo que se proclama como inaceptable o injusto" (2011: 17).

[4] "*sintiendo,* por tanto, todos esos valores como algo propio, incorporado a su manera de ser" (2011: 15).

of our collective identity. This is an option that in the Basque context is beginning to take hold outside of the nationalist appropriation of the victims of political violence.

Spanish philosopher Reyes Mate has written extensively on the role that memory should play in the move towards freer and more just societies in contemporary Europe. His writings on the Holocaust, the Spanish Civil War, or on ETA violence and victims of terrorism is inspirational in that he maps a way for rethinking modernity through the responsibility we inexorably bear with the suffering and inequities of the past, a responsibility based not so much on the importance of remembering the atrocities Europe has committed on those deemed its others both inside and outside its borders, but rather more importantly, on making the memory of that experience a lived part of our rethinking of today, whether it be in social pedagogies towards peace, in rethinking the nationalist state, or incorporating the experience of the victim into our collective understanding of the social sphere. Just how delicate and attentive a society becomes to these demands will invoke the degree to which it strives for a civic culture of reparation, one of the stepping-stones for democracy.

Naturally, this state of affairs demands adequate legal formulations to bring justice and reparation to those aggrieved; however, this process takes a different turn when addressing the demands of the dead for the only route towards reparation, in this case, is through memory, through that risky trip Margaret Atwood describes in her *Negotiating with the* Dead, as the visit the writer makes to the Underworld "to bring something or someone back" (2002: 157). Much like the public pedagogy Reyes Mate proposes in making the experience of tragedy part of the how we rethink the present in terms of greater levels of justice and compassion, Atwood finds that the goal of the writer, like that of the philosopher, historian, or political theorist, must also revert to the past but in a very special way. Like the others, the artist wishing to understand our world must also get entangled with the past, however, not as a record-keeper or archivist but instead as a *thief*. For Atwood, the writer (artist) is charged to:

> "[c]ommit acts of larceny, or else of reclamation, depending on how you look at it. The dead may guard the treasure, but it is useless treasure unless it can be brought back into the land of the living and allowed to enter time once more—which means to enter the realm of the audience, the realm of readers, the realm of change." (2002: 178)

Unlike the theories of collective reparation where the living demand retribution for the grievances of history, Atwood makes an unorthodox move—as all good writers should—and places the burden of remembrance on both the living and the dead: on the stories they took with them, on the guarded pain and humiliations, on the inequities and abuses, on the destruction of the imagination. Atwood invites us to traverse our comfortable barriers of time and space, to abandon our notion of place for the dead, to travel to that underworld, to the location of memory, and "steal" what was removed from our awareness as we turned into a post-human society. Such a larceny would involve reintroducing the dead into our everyday, or more precisely, of no longer thinking of the dead as "those who have lived" (Berger, 2007: 4) but rather reimagining them as the grand collective that we, the living, already belong to (2007: 4). In our world, the excesses of capitalism have erased the exchange and interdependency between both worlds and dehumanized our society. In the past:

> "[a]ll the living awaited the experience of the dead. It was their ultimate future. By themselves the living were incomplete. Thus living and dead were interdependent. Always. Only a uniquely modern form of egoism has broken this interdependence. With disastrous results for the living, who now think of the dead as the *eliminated*." (Berger, 2007: 5)

This severing of the social body, this turning the dead into systemic *waste* or the human embodiment of "deferred trash," underscores three other important losses derived from our current state of affairs: (1) the collapse of reason (the painstaking effort to move from the particular to the universal); (2) the displacement of affect or the difficulty of remembering with the body. This entails the loss of the imagination, of the remembrance of the pain of others. And, finally (3) the actual disappearance of things themselves or our becoming a comfortably amnesiac society that cannot remember how objects are produced, who makes them, where, and at what cost (Alba, 20012: 124). In Alba's words:

> "In anthropological terms, when the three capacities are lost, we find ourselves living in a post-human world, a world where the production of symbols has been radically impeded, therefore making us live shipwrecked and drifting, making it almost structurally impossible for us to organize or articulate collective alternatives or resistance. [...] Our being subjects of reason and of law is inseparable from our being objects (of care). [...] We are, of course, *bodies;* we are hopelessly mortal. The "free market's" negation of this limit, a market incapable of assuming finitude, aggravates our fragility and that of the planet. The Left means *care;* and care is only possible in an altercapitalist economic order and within a democratic framework of public institutions. [...] We must remember two aspects:

> first, that we are rational beings; second, that reason does not provide its own content. One of the concepts curtailing reason is the fact that we are mortal. It is, therefore, the own limitations of reason that demand that we take care of each other. We are rational *beings* but also *objects* of care. (2012: 124, 128)."[5]

This same destructive logic also operates on places, on the sites where we live our lives. Places too have lost their "gravity," at least in the eyes of the market, emptied of everything that makes them "ours," only offering a sense of belonging if expressed through consumption. Tourism embodies this shell-like notion of place quite clearly and confuses us into thinking, for example, that we actually travel when in reality we merely move through space for the economic profit of those industries that depend on the movement of people looking for a comfortable experience of a cultural other. Although the "latitude, longitude, local time, and currency" are correct (Berger, 2007: 120), we lack the "specific gravity of the destination" (2007: 120) because no sign or map will ever allow us to inhabit this new home and its complexities in the multiple ways it materializes for those who live and die there. We live in abstract times in the sense that our place in the world is determined by the logic of consumption driving the world economy and not on the production of goods for the care of people, activities which seem to have become anachronistic. Capitalism imagines the world as a single fluid market (Berger, 2007: 122) and we are consumers who are made to feel lost unless actually in the flow of the purchase and possession of goods, immersing ourselves in the operation of transforming "brand names and logos into the place names of Nowhere" (2007: 122). Much like Alba's

---

[5] "Colapsadas estas tres facultades, vivimos en un mundo antropológico post-humano, en el que la producción de símbolos ha sido radicalmente imposibilitada y en el que vivimos por tanto en una náufraga deriva, en cuyo flujo es casi estructuralmente imposible organizar o articular alternativas o resistencias colectivas. [...] Nuestra condición de sujetos de razón y de derecho es inseparable de nuestra condición de objetos (de cuidados). [...] Somos irremediablemente *cuerpos*; somos irremediablemente mortales. La negación de este límite por parte del 'mercado libre,' incapaz de asumir la finitud, agrava nuestra fragilidad y la del planeta. Izquierda significa *cuidados*; y los cuidados sólo son posibles en un orden económico altercapitalista y en un marco democrático de instituciones públicas. [...] Debe considerarse dos aspectos: uno, el hecho de que somos sujetos de razón; y el otro, el hecho de que la razón no se proporciona sus propios contenidos. Uno de los contenidos con los que limita la razón es, precisamente, el hecho de que somos cuerpos, el hecho de que nos vamos a morir. Y, por tanto, son los límites mismos de la razón los que imponen la necesidad de cuidarse recíprocamente. Somos *sujetos* de razón y somos también *objeto* de cuidado" (2012: 124, 128).

theorization of post-humanity and its losses, Berger too, finds us immersed in a demented dream of what he terms as "delocalization" (2007: 121), a process that severs our ties with reality and invites us to live the illusion that by being good clients, i.e., by being defined by where we check out and pay, that we will somehow forget where we actually live and die (2007: 122).

Why have we forgotten these basic truths about our shared humanity? What lethal consequences do our societies face because of our living with our backs to this profound awareness of finitude? How do we crawl out of the "Nowhere" and find our way back? Berger finds the answer in a struggle to establish our own landmarks, in our strife to name places again, in other words, in our search for poetry (2007: 124), or what poet Adrienne Rich termed as the writer's attempt to suspend a "netted bridge over a gorge" (2001: 118). We are charged with "holding everything dear" (Berger, 2007: 124), with turning globalization's bulldozing power of uniformity into a recovery of particularity, with finding a healing reconciliatory experience with time. The Nowhere "generates a strange, because unprecedented, awareness of time. Digital time. It continues forever uninterrupted through the day and night, the seasons, birth and death. As indifferent as money" (Berger, 2007: 124). Berger urges us to recover the eternal, those "brief yet timeless moments when everything accommodates everything and no exchange is inadequate" (2007: 125). Those are the moments when heart meets heart through the power of literature, poetry, dance, music, when minds and souls work together and not against each other, when a child gives herself selflessly to play and joy, when a animal communicates his love, when we care for the sick with dignity, when laws are written in fairness and with compassion. These are the some of the avenues that bring us towards gratitude and kindness, roads toward reimaging ourselves as objects in need of care, paths that especially need to be tended to in societies profoundly afflicted with deep rifts caused by political violence. Such is the case of the context of Basque society in its post-ETA reality.

1. Bringing us Together: Art and Translation

In her *Upheavals of Thought: The Intelligence of Emotions*, US philosopher Martha Nussbaum, finds that there are three fundamental cognitive conditions that must be met in order for compassion, kindness, and interdependency to become guiding parameters for social interaction: (1) a belief that another person's suffering is serious, not trivial; (2) a belief that the person does not deserve the suffering; (3) a belief that the possibilities of the person who experiences the emotion are similar to those of the sufferer (2001: 306), the latter being the key epistemological provision for our interconnectedness to gain ground, the empathic imagining of the other and of ourselves as subject to the same vulnerabilities. Surely, we can never walk in the shoes of others but we can certainly try them on, no matter how imperfect or awkward the fit.

This mutual recognition, premised on the universality of humanity, is in Nancy Fraser's thinking, the "preliminary condition of all meaningful 'politics of recognition'" (qtd. in McClennen, 2010: 50)[6] and is likewise for Zygmunt Bauman "the beginning, not the end of the matter; it is but a starting point for a long and perhaps tortuous, but in the end beneficial, *political* process (qtd. in McClennen, 2010: 50).[7] In thinking about the role of the poet in this "tortuous political process," Ariel Dorfman likens artistic creation to that of a particular practice, that of simultaneous translation. Taking his cues as a poet from the difficult task of the translator sitting on human rights commissions, defiantly trying to translate the words, experiences, and emotion of human rights victims into the language of the courts, hopelessly looking for equivalents that do not exist, Dorfman suggests that the task of interpreting puts us on the road towards recognizing our mutual interdependency. He insists that despite the gaps in meaning "something is communicated / a part of the howl / a thicket of blood / some impossible tears / the human race has heard something / and is moved" // "algo se comunica / una porción del aullido / un matorral de sangre / unas lágrimas imposibles / la humanidad algo ha escuchado / y se emociona" (bilingual quote in McClennen, 2010: 54).[8]

This bond that art facilitates, is a response to the confusion our time instills upon our humanity and our misguided and inaccurate sense of self. In their *On Kindness*, Phillips and Taylor address this confusion quite eloquently:

> "The self without sympathetic attachments is either a fiction or a lunatic. Modern Western society resists this fundamental truth, valuing independence above all things. Needing others is perceived as a weakness.

---

[6] Fraser (2003: 10). See Fraser, Nancy. 2003. "Social Justice in an Age of Identity Politics: Redistribution, Recognition, and Participation." Redistribution or Recognition: A Political-Philosophical Exchange. Nancy Fraser and Axel Honneth. London: Verso. 7-109.

[7] Bauman (2001: 136). See Bauman, Zygmunt. 2001. *Community: Seeking Safety in an Insecure World.* Cambridge: Polity.

[8] Dorfman (2002: 2). See Dorfman, Ariel. 2002. "Traducción simultánea" ("Simultaneous Translation"). *In Case of Fire in a Foreign Land.* Durham, NC: Duke UP. 2-3.

> Only small children, the sick, and the very elderly are permitted dependence on others; for everyone else, self-sufficiency and autonomy are cardinal virtues. Dependence is scorned even in intimate relationships, as though dependence were incompatible with self-reliance rather than the only thing that makes it possible." (2009: 95-96)

They too find capitalism to be no system for the kind-hearted, its devotees bewitched by theories of social advancement that link free enterprise with wealth and happiness for all, dismissing how in reality "free markets erode the societies that harbor them" (2009: 103). The authors remind us that, "real kindness is not a magic trick, a conjuring away of every hateful or aggressive impulse in favor of a selfless dedication to others. It is an opening up to others that—in Rousseau's terms—'enlarges' us, and so gratifies our profoundly social natures" (2009: 110). It is a kindness of gestures, a grounding of our ethical imagination on the grand yet "small," something director Abbas Kiarostami so beautifully highlights, for example, in his *Where is the Friend's Home?* (1987), a film that evolves around a child's extraordinary efforts to correct a minor yet grave mistake: his confusing his classmate's notebook for his own. The film is Ahmed's journey through the ethical conundrum of either obeying his parents' rules or trying to return the notebook so that his classmate will not be punished the next day at school. In between his running back and forth from his village to that of his friend's as he scours the streets attempting to find his friend's home, the child learns that reparation is grounded on his being able to recognize his friend's vulnerability as his own, a recognition that is deeply tied to the acknowledgement of his own responsibility in the outcome of this innocent mistake. Unlike the crime of abandonment for which Mary Shelley condemns the creator of the monster (Latour, 2007: 10-11),[9] Ahmed's recognition of Mohamed's vulnerability transforms the child into a moral and social being. It initiates him into the terrain of the political,

---

[9] In his "It's development, stupid!," Bruno Latour develops a theory of social interconnectedness based on notions of responsibility and memory derived from environmentalism. In regards to responsibility he writes: "As is not so well known, for Mary Shelley, the real crime of the Creator, Doctor Frankenstein, is not to have invented a horrible monster. The true abomination, after he had given life to an unnamed being through some combination of *hubris* and high technology, is to have *abandoned the Creature* to itself. […] Mary Shelley, in a brilliant feat of myth making, had seen at the onset of the 19th century great technical revolutions, that the gigantic sins that that were to be committed would be hiding a much greater sin that it has been upon our generation to finally atone for: not technology itself, but the absence of *love* for the technology we have created" (2007: 10-11).

"enlarged" by having achieved this intimate connection between the vulnerability of another human being and his own through error and reparation.

Art withholds this power of vision, of highlighting our interconnectedness, because it follows an epistemology that requires comparison. On the one hand, its work with metaphor, with the imperfect correlation between life experiences and representation, with the struggle of language to name the unknown, always place it in the realm of approximation, of the "not quite," of the "close enough." On the other hand, this imperfect encounter also adds a political dimension to this "comparative imagination" (McClennen, 2010: 8, 43) for it challenges the idea that there might exist "discursive formations that arrogate to themselves the immunities of incompatibility and the impunity of exceptionalism" (2010: 8).[10]

To act politically is, then, to compare, to recognize, to repair the blindness. The arts become political when we fully understand that they are but a humble *electrical converter* that makes "energy (in this case, intellectual energy) *usable* in different places and in different contexts" (Hutcheon, 2006: 229). These are all vertical movements, as Santiago Alba would suggest, for they flow from the particular to the universal. However, despite universality's bonding impulse, it can only suspend the "netted bridge over the gorge" and facilitate our social interconnectedness if the arts are able to achieve what artists like Pier Paolo Pasolini were gifted in doing: "He could whisper to people softly about the worst that

---

[10] This has been a solid preoccupation of the discipline of Comparative Literature. From the Bernheimer Report of 1993 to more recent discussions on the topic in the US academy like, *Comparative Literature and Comparative Cultural Studies* (2003), *Comparative Literature in the Age of Globalization* (2006), or *Globalization and the Futures of Comparative Literature* (2007), much energy has been spent on insisting that Comparative Literature is not a discipline concerned with a canon of texts but is instead a mode of reading (Saussy, 2006: 6). Comparative Literature is conceived today as an anti-nationalist adverb in two ways: first, as being as a practice that disassociates literature from being exclusively tied to national community and language and the nation and secondly, as a means of reading other "texts" (urban, filmic, political, etc.) in a literary fashion. In the formulation of the one of more prominent scholars of the discipline Huan Saussy, the discipline has experienced a shift from "'the comparison of *literatures*' to 'comparisons with *literature*'" (2006: 22) and also claimed a larger dialogic space for "Comparative Literature is best known, not as the reading of *literature*, but as reading *literarily* (with intensive textual scrutiny, defiance, and metatheoretical awareness) whatever there may be to read" (2006: 23).

was happening to them and they somehow suffered a little less" (Berger, 2007: 84).

The hope that is embedded within understanding and truth is the prize the arts award us. The arts do facilitate a dismissal of all hypocrisies, a return to ethical reasoning and compassion, a reparation of what Salman Rushdie terms "the crime against the word" (qtd. in McClennen and Morello, 2010: 5)[11] or the complacent distortion of language through neoliberal systems of mass communication and their manipulation of reality. If Pasolini's lucidity is based on acknowledging the complexity of reality, its ugliness and beauty, its "truth," his is a complete rebuttal "of the hypocrisies, half-truths and pretenses of the greedy and powerful [...] because they breed and foster ignorance, which is a form of blindness towards reality. Also because they shit on memory, including the memory of language itself" (Berger, 2007: 85).

Art's function is not to endorse reality, especially today when we live in times of such profound historical disappointments. Instead, through close observation of the everyday, of our faces, of how people protect themselves from disaster, of how we speak to each other, of how we imagine the future and remember the past, we endure, discover, and critique—but with rage (and love). This is the only path towards a glimpse of truth and morality. In Berger's thinking: "For us to live and die properly, things have to be named properly. Let us reclaim our words" (2007: 48). No more living within an empty and hopeless tautology (Sarrionaindia, 1991: 51) provoked by fear and unkindness, grounded on our feeling small and hopeless in the face of reality, like the child who can only respond to the question of "Why?" with "Because..." as an answer (1991: 52). Let us reclaim language; let us come to terms with truth being grounded in metaphor; let us leave certainty for the technocrats and bad politicians; and let us reclaim science and poetry because both "are grounded on uncertainties and conjectures" (1991: 148).[12] Returning now to the Basque context, what needs to be renamed in that context? Can the arts help us identify the misnomers in a post-ETA context? Let's look at the answers lying hidden inside one of the most mythic of Basque metaphors, the forest.

[11] Rushdie (2006: online). See: "Ugly Phrase Conceals an Uglier Truth." *Sydney Morning Herald* (10 January 2006): http://www.smh.com.au/news/opinion/ugly-phrase-conceals-an-uglier-truth/2006/01/09/1136771496819.html.

[12] "...se erigen sobre la duda y la conjetura" (1991: 148).

2. Totems of Interdependence: Time, Forests, and Kindness

Nature has been an easy target for nationalist discourses that wish to link sociopolitical identity with a *natural,* hence, *inevitable* bondage between land, people, and their political identities. While foundational in the nineteenth-century formulations of national identity, globalization has made the turn to nature even more pressing in these neoliberal, post-human, and environmentally apocalyptic times. Nature or the *local* (its more theoretically complex rendering) is perceived as an antidote to the leveling effects of unleashed profits, economic turmoil, and shrinking democratic control over the outcome of these evolutions. We are made to believe that they too operate as if they were "natural disasters" or "acts of God," inescapable in their brutality, refusing responsibility as if they could be fashioned as a disclaimer clause in an insurance policy. Cultural critic Txetxu Aguado explains it in this fashion:

> "While the economic sphere circulates through the world with no restrictions, with a force and power that exceeds by far that of the majority of countries and their institutions, the political sphere, on the other hand, is hardly capable of operating beyond the scale of the nation-state. We face a process of unparalleled asymmetry: the unbridled globalization of capital coexists with miniscule political control. […] When the nation-state loses part of its former responsibilities, or when larger institutional frameworks are put into question, the local becomes the smallest scale that can no longer be questioned." (2010: 203-204).[13]

Nationalist discourses are re-emerging in today's world given how a downshift in scale seems to bring the political closer to home. The Basque Country is no exception. The outcome of the recent parliamentary elections in October 2012 prove that many Basque citizens are unhappy with the shrinking of their welfare state and the bleak economic forecast looming over the region. Voters also indicated that they believe that the regional nationalist parties (the PNV and EH-Bildu) have better political

---

[13] "Mientras lo económico circula sin restricciones por el mundo, en magnitudes y poderío muy superior al de la mayoría de los países y sus instituciones, lo político a duras penas es capaz de moverse más allá de las escalas del estado-nación. El proceso es de una asimetría sin parangón: globalización de capitales al lado de enanismo político para controlarlo. […] Cuando las naciones-estado pierden parte de sus antiguas atribuciones, o cuando los entramados institucionales de escala más amplia se cuestionan, se tolera lo local como esa escala mínima de la que no se puede dudar" (2010: 203-204).

resources to manage the social and economic crisis at hand.[14] The results of the election show that models for higher autonomy, better health-care resources, funding for education and research, finalizing the ETA peace process, or economic investment in new twenty-first century industries have been entrusted to the two leading nationalist parties because a majority of Basque society, from both the left and democratic Christian center, believe that political legitimacy is better tied to a notion of "place" that is grounded on a "natural" (nationalist) model of identity, confusing, in this writer's mind, better policy with "better" ancestry.

The local matters—there is no other site for life—and it matters even more so when our social anchoring is deemed nebulous and randomly subject to intangible economic and political forces too strong to be kept in check any longer by civil dissent and potent collective organization. In the Basque context, this contradiction and clash of spheres also feeds into much of the public discourses on the role of governments and citizens. I have argued elsewhere how the nationalist model that inspires today's Partido Nacionalista Vasco (PNV) and its rendering of social and cultural space in the Basque Autonomous Community is one of "designer nationalism,"[15] an intelligent use of the tourist imaginary, its commodification of identity, and the circuits of global market capitalism to secure a political and economic visibility of "a people."[16] Bilbao's enormously successful post-industrial revitalization project was planned and staged in ideological terms through the logic of the underrepresented "minority" within the global erasure and celebration of difference. This project was never an attempt to temper global capitalism, to put in on a leash and secure a place for alternate economic or political experiments. Had this been the case, we might be facing a very different economic climate today in the region. Instead, we witnessed how a driven nationalist force embraced the new economic opportunities and, in many symbolic

[14] With 64% of the electorate participating in the October 2012 elections, the seventy-five parliamentary seats were distributed in the following fashion: PNV (Partido Nacionalista Vasco/Basque Nationalist Party) 27 seats (35% popular vote), EH-Bildu (Euskal Herria-Bildu/Basque Country Together) 21 seats (25% popular vote), PSE-EE-PSOE /Partido Socialista de Euskadi: Basque Socialist Party) 16 seats (19% popular vote), PP (Partido Popular/The People's Party) 10 seats (12% popular vote), and UPyD (Unión, Progreso y Democracia/Union, Progress, and Democracy) 1 seat (2% popular vote).

[15] See my "A Corpse in the Garden: Bilbao's Postmodern Wrappings of High Culture Consumer Architecture" (Martín, 2003).

[16] In his *Crónica de una seducción* (1997), Joseba Zulaika gives a careful account of why thc Basque Government's shrewd staging of identitarian politics was a key factor in securing the global consumer and legitimizing its cost locally.

instances, mimicked the hard-core nationalist pedagogies of Spanish cultural nationalism in its strive to secure a piece of the new neoliberal pie for the emergent Basque Nation.[17] This retooling of conservative identitarian politics would be just another example of the local playing global if the Basque context did not face the moral urgency of reconfiguring its nationalist political policies on the dawn of a post-ETA society.

The Socialist government of former Lehendakari Patxi López did try to change the tone of the conversations concerning cultural politics by successfully putting into place several measures that will hopefully generate a much more complex and ethically driven public discourse on the place of victims in Basque society.[18] However, more energy still needs to be placed on understanding and critiquing the culture of violence and victimization that took hold of Basque society for so long and on making this critique the "natural" site for social cohesion. What can artists do to facilitate this transition? Could the notions of cultural hybridity—what Primo Levi termed, "the usefulness of not being pure" (2001: 13)—, the logic of metaphor that conjures unexpected connections between the apparently unrelated, the use of the Particular to reach the Universal, not be strategies that the public sphere make its own? Could these not be the tools of a new cultural/political notion of Basque identity as individuals and institutions struggle to make the democratic values of solidarity, otherness, and reconciliation more central to that society? Basque artists in tune with this sensibility have experimented in many different formats and mediums with the "impure" and intermediary space, one of them being that of the forest. Given its recurrence in Basque nationalist mythology it seems a fitting site for artists to re-imagine and de-familiarize. The forest's complexities of space, habitat, ecosystems, and hidden and unfamiliar meanings become a door to de-naturalizing nationalism's confused and

[17] See Thomas Harrington's comparative historical mapping of Spanish, Catalan, Galician, and Basque nationalism in his "Belief, Institutional Practices, and Intra-Iberian Relations" (2005).

[18] I would like to highlight three important advances in this direction: the Socialist government's linkage of reconciliation with literature, philosophy, and the arts in the many conferences, film series, talks, and cultural events around the issues of memory and reconciliation; the Socialist government's new trilingual (Basque, Spanish, English) educational model; and the passing of the Ley de Víctimas (2008) that brings together for the first time the reparation demanded by victims of state-sponsored, anti-terrorist police brutality and those of ETA violence.

post-human notion of a people and its others. Two such artists are filmmaker Julio Medem and sculptor-painter Agustín Ibarrola.[19]

Defining the forest is no easy task. It is, of course, a natural space deeply connected with the economic and cultural spheres, a space that quickly turns mythical when its complexities are severed, camouflaged, pushed out of history, "othered" as timeless. Nevertheless, a close look at the forest, with what Latour terms the eyes of "environmental awareness" (2007: 7) would teach us that the forest is a multilayered, multi-scale, and multidisciplinary entity or, in more poetic terms, a space of "imbroglio" (Latour, 2007: 10) and of "in-between" (Berger, 2007: 141):

> "A forest is what exists between its trees, between its dense undergrowth and its clearings, between all the life cycles and their different time scales. [...] A forest is also a meeting place between those who enter it and something unnameable and attendant, waiting behind a tree or in the undergrowth. Something tangible and within touching distance. Neither silent nor audible. It is not only visitors who feel this attendant something; hunters and foresters who can read unwritten signs are even more keenly aware of it." (2007: 141-142).

Julio Medem's and Agustín Ibarrola's conceptualizations of the forest follow this relational, temporal, and emotional epistemology. In both the film *Vacas* (1992) and in the painted trees of the *Bosque de Oma* project (1982),[20] there is an acute sense of hidden significance awaiting and lurking in and among the trees, undergrowth, paths, vegetation, and animals, a significance that is posed within each artist's imaginary as a threshold to a new site of learning. It is a transitional space that is sometimes surprising, other times disturbing, yet always unique and personal for its locus is the connection of the I with the layers of its subjectivity in its full psychological and social magnitude. These forests also embody processes of being that slow things down, that invite us to experience time on a different scale, to measure it with means that force us to confront both in ourselves and in our surroundings how linear, "productive" (industrial-capitalist) time can be tamed and rethought. These forests are not the affirmation of anything fixed or immutable. These

---

[19] Other Basque artists equally relevant for this discussion would be painter Vizente Ameztoy, sculptors Jorge Oteiza and Eduardo Chillida, or novelists Bernado Atxaga, Luisa Etxenike, and Ramón Saizarbitoria.

[20] Ibarrola started painting the forest in 1982. This is an ongoing project because of the complexity and difficulty of painting the "totemic" trees (some figures are over 10 meters tall) and, quite sadly, because of the vandalism the trees have undergone, the most recent restoration having been completed in 2007.

natural and cultural ecosystems are multiple yet singular, delicate yet strong, fragile yet menacing, attendant yet right there, visible to the sensitive eye and soul.

In *Vacas,* we have extreme close-ups of the grass, of forest insects and fauna, an attempt to defamiliarize the natural surroundings through the eye of the camera. The grandfather, human embodiment of this alternate vision, is himself a social outcast of the cultural ecosystem of the film, the world of Basque nationalism. Rather than representing the patriarchal imaginary, he is the "coward" or unconventional male in the Irigibel family genealogy who, despite his talents as an *aizkolari* (sportsman wood-chopper), feared the world of war in his youth and today makes sense of his surroundings through painting, his grandchildren, and a fascination with photography. He teaches Cristina and Peru about simultaneity, about the co-existence of different realms of reality, acutely aware that times are changing, for not only does he sense another war (he was a soldier during the third Carlist War of 1875) but he also knows that the world he depicts in his paintings is coming to an end. There is no room in the burgeoning capitalist society of pre-Civil War Spain for a notion of time that is anything but what the "positivism and linear accountability of modern capitalism [make of it]: the notion that a single time, which is unilinear, regular, abstract, and irreversible, carries everything" (Berger, 2007: 145).

On the contrary, Medem's depiction of the forest would suggest that it is possible to view time as the "coexistence of various times surrounded in some way by the timeless" (Berger, 2007: 145). In *Vacas*, different scales of vision govern realities that are both complementary and antagonistic. If human beings all live within at least two-scales: the biological one of our body and the one of our consciousness (2007: 145), Medem's forest takes this one step further and exhibits a multiplicity of scales and conglomeration of time in order to exhibit *exchange*s or *incidents* that are waiting "(temporarily?) between," hence "unaccommodated in any time-scale" (2007: 145-146). This site of in-between-ness is the locus for bizarre incidents, of strange, unknown, inexplicable events that put us on the threshold of these new exchanges, sites where it is possible to break out of *both* linear, positivist, and productive time *and* out of the cyclical, nationalist, and mythic circle.

The in-between brings us closer to understanding how both scales hold insufficiencies and wound the spirit in either their teleological and circular flights. This is where Medem's wild boars, totemic scarecrow executioners, and plague-ridden trees take us. Through the eye of a camera that literally pushes us through to the other side, time turns into a malleable force that releases us from fixed, simplistic, and undignified notions of who we are, even if this new freedom comes at the price of madness. These crossings are multi-relational, interconnected, simultaneous, and unique because they depend on the I of the explorer-artist. In this universe, what lies in the in-between is presented as a cure for the nationalist wound that has separated families for generations, plaguing the mental stability of the resistant and dissent soul. In Medem's lush green valleys and dark dense forests, time is linear and cyclical, historical and biological, and especially psychological. The multiplicity of scales turns the film into a visual theorization of how to embody the "incident" as witnessed in the fragility of life, in sexuality as biological, ritualistic, menacing, and transformative, in death as a connection to the past and future, to forgiveness and reconciliation, to rage and madness. Time surrounded by timelessness.

Agustín Ibarrola's magnificent painted trees lead us into a different kind of fictional world. His exploration of new epistemological sites allows him to turn the bark of his trees into a living canvas that makes art, society, and nature inseparable. If Medem's work with time and space points to the collective through the intimacy of individual trauma, Ibarrola's art follows the opposite journey for his scale, his land art, is robust, mural-like, in the outdoors, exposed to the hostility of the whims of the wind, sun, and rain, fragile as an ecosystem but totemic in its scale and magnitude. *Oma* is what he terms "public art" (Salaburu, 2007: 45), a mural composed of "robust materials that are connected to all the materials that are exposed to the elements. And the content of the work represents, to put it in these terms, collective feelings and culture, collective situations, and not so much the space of intimacy and inner reflection" (2007: 46).[21]

In its physical materiality, the *Bosque de Oma* is a fifteen-acre stand of re-forested pine trees, planted in 1957 for industrial use (wood, pulp, and paper). Humble in origins, fragile and subjected to clear-cutting practices, this stand is now part of the Urdaibai Natural Reserve (UNESCO 1984) and remains protected thanks to several agreements between Basque public institutions, the artist, and the owner of the land. Oma is located within the town of Kortezubi (Bizkaia) and the trees are only a few miles from the caves of Santimamiñe, site of early prehistoric paintings and of much nationalist anthropology on the origins of the Basques and their

[21] "...materiales robustos que guardan relación con todos los materiales que están a la intemperie. Y los contenidos representan, por así decirlo, cultura y sentimientos colectivos, situaciones colectivas, más que situaciones intimistas y de recogimiento" (2007: 46).

cultural specificity. Ibarrola's trees are in dialogue with this ancestral heritage always acutely sensitive to the interconnections between contemporary culture and "milenarista" vestiges that are alive and well in the rural landscape and culture. In his words:

> "Where I live, in the Oma valley, below the caves of Santimamiñe, the presence of families dates back to over 20.000 years. Near my house, in Santimamiñe, and even further away, but no more than hour and a half from here, you can find caves that were inhabited and that have paintings dating back thousands of years. I am influenced by those paintings and I am influenced, in general, by the traces of other periods, the dolmens, the Celtic constructions…And in the world of the Basque farmhouse, I also see the influence of that totemic culture, even today. Totems made with rocks or with tools, in the shape of scarecrows, all stemming from the old totem." (Salaburu 2007: 61.69)[22]

At first sight, the Oma valley hides its industrial heritage and environmental abuses well for its apparently lush green hills and spectacular mountain views make ecological degradation harder to appreciate: hardwood forests of oak, maple, holly, and chestnut trees reduced to a minimum or the disappearance of all native plant life that cannot adapt to acidic, eroded, and poor soil quality. These contemporary, "industrial" intersections of time and usage of the forest are in dialogue, however, with another type of ecosystem as well. Ibarrola's painted trees introduce an "unnatural" element that puts the forest in simultaneous dialogue with a series of temporal registers, a dialogue that makes our experience of the forest a radically complex and multi-layered one give its spatial, temporal, and cultural dimensions.[23]

---

[22] "Donde yo vivo en el valle de Oma, bajo las cuevas de Santimamiñe, había ya muchas familias viviendo hace 20.000 años. Hay cerca de mi casa, en Santimamiñe, y más lejos, pero a no más de hora y media de aquí, cuevas que fueron habitadas y en las que hay pinturas de hace miles de años. Me influyen esas pinturas y me influyen en general los restos de otros tiempos, los dólmenes, las construcciones celtas…Y en el mundo del caserío veo también esa influencia de la cultura totémica, incluso en al actualidad. Tótems hechos con piedras o con herramientas, en forma de espantapájaros, derivaciones claras todas ellas del viejo tótem" (Salaburu, 2007: 61-69).

[23] Ibarrola has identified forty-seven different images in his forest ranging from geometrical shapes, to mythical figures, eyes, rainbows, children, police, demonstrators, motorcyclists, or playful interpretations of contemporary art (Kazimir Malevich). For more information and collection of images visit the website of the Bizkaiko Foru Aldundia/Diptuación Foral de Bizkaia, http://www.bizkaia.net.

The older inhabitants of the valley lived their lives, like we do, in need of spatial markers, indicators of location within a well-defined natural and cultural space. The stars, the moon, the sun, the trees, the forests, the rivers, and valleys all serve the purpose of grounding us in time and place, of marking a site for life. This, of course, is not possible within our contemporary world for we have lost these natural markers as indicators of location in our day to day, our vulnerability enhanced with the nebulous, technological, and unstable tools that mark our location in the world as diffuse and virtual, despite the precision with which these tools operate and the level of technological development behind them. In other words, our maps are intangible, devoid of materiality. In this sense, Ibarrola's space is "old" in that it is "natural" and enjoys a physical materiality; nonetheless, the notion of time that circulates through the trees is strikingly hybrid and contemporary. The artist has no mythical version of the past in mind, of an idyllic and romanticized recuperation of a Basque heritage long gone. Instead, in *Oma* he juxtaposes historical scales and economic rationales. Ibarrola re-introduces in our neoliberal world what we previously termed as the "attendant event," that sense of being on the threshold of something about to be experienced or discovered, in this case, temporarily awaiting for an "exchange" between this manufactured, artificial, and painted forest and the visitor. The magic that we experience is owed to the simultaneity of time and epistemological registers: contemporary totems inspired in the complex political relations of Basque society, aesthetically inspired in the artificial colors of industrial products, in the flat hues of Ibarrola's vibrant blues, reds, yellows, greens, purples, oranges, whites, blacks, made one with the skin of the trees. These, of course, are colors that are not part of the forest's natural landscape but have become, thanks to him, elements of its cultural imaginary.

Like our ancestors, Ibarrola reminds us, that we too need to make the natural landscape a cultural entity that connects us with our context, with our communities, with our humanity. For the artist, this implies making the forest a playing field for experimentation on three levels: with perspective, with the limits of the canvas, and with the viewer. In the case of perspective, Ibarrola reverses the Renaissance model that correlates the size of objects in a canvas with their distance from the foreground by making those furthest away the smallest in the picture. Instead, his purpose is to bring all the elements onto one flat plane, placing the shapes and figures on the trees in a relational configuration of simultaneity. This makes him use the scale in reverse: figures in the backgrounds are much larger in size than those in the foregrounds. Nothing is lost from sight (Salaburu, 2007: 60).

Likewise, Ibarrola's play with the size and the borders of the "canvas" is equally interesting as he dissects the lines and geometric shapes into fragments that he paints on multiple trees on different planes in order to extend the image of one tree onto the next. In his words: "A pine tree can be extended by amplifying its own image with the one that is on its right or left in visual terms, but that's not enough. The idea behind extending the image is so that the different trees do not become independent from each other, so that you can read them in global and horizontal terms" (2007: 87-88).[24] Finally, this experimentation demands a playful and participatory attitude from visitors as we are asked to piece together and interpret this visual puzzle, bringing together the fragments of what at first seem random lines to compose shapes, blocking out the interruptions of the in-between spaces occupied by other trees, undergrowth, or the sky. His art is an aesthetic and cultural bridge with the past, an organic interaction with natural spaces, and, in more cultural terms, a radical way of introducing to visitors the notion of perspective, ambiguity, fragmentation, interpretation, of unfixing the "natural" from its mythic significations, refamiliarizing the forest with the political.

Furiously modern, radically progressive, anti-nationalist in thinking, a strong voice in the anti-Franco and anti-fascist social movements, Ibarrola also needs to introduce into this magical world a piece of the social body. In *Oma*, it takes the shape of the persecution of dissent, political contestation, and the exertion of power. In a different section of the forest, his trees no longer magically play geometric games of vision and meaning but rather take the form of vigilant, foreboding eyes or of demonstrators escaping police repression. Ibarrola brings Basque sociopolitical reality into the forest and creates these contemporary totems to remind us how our sociopolitical context grounds us as much as the trees. One need only walk among the tree-lined hill of painted silhouettes running from another patch of repressive police-like, menacing trees to experience the force of the art given the scale of these totemic entities. One finds herself in the middle of the forest reminded just how inextricably linked we are with the responsibility of remembering our collective struggles towards democracy and peace, infuriated, though hopeful of its ending in that precise context for this forest itself has been subjected to inconceivable hooligan fury.[25]

---

[24] "Un pino puede ser prolongado ampliando su imagen con el que visualmente aparece a su derecha o a su izquierda, pero eso no es suficiente. Lo amplías siempre con vistas a que no se independice cada uno de los pinos y para poder hacer una lectura global en horizontal" (2007: 87-88).

[25] Ibarrola's forest was attacked with chainsaws and spray paint in 2000 by a group of left-wing Basque radicals unhappy with Ibarrolas' critical political stance with

Despite the attacks, *Oma* and its restoration are gifts to us all and have become to be appreciated as profound acts of kindness.

To conclude, let us recall with Phillips and Taylor that the recognition of kindness is a continual temptation in everyday life that we resist (2009: 114). Acts of kindness involve us in different kinds of conversations and our resistance to these conversations suggests, "that we may be more interested in them, may in fact want much more from them, than we let ourselves know" (2009: 114). The work of the arts in this territory has much to say on the road to reconciliation in Basque society. The arts are proposing a solid foundation for this road, extending an invitation to travel on it to us all as we begin to ardently imagine the society we want to become.

References

Alba Rico, Santiago. 2012. "Condición post-humana y socialismo." *En defensa de la humanidad. Hacia un socialism del siglo XXI.* Edited by Xabi Puerta. 117-129. Hondarribia: Hiru.

Aguado, Txetxu. 2010. *Tiempos de ausencias y vacíos: Escrituras de memoria e identidad.* Bilbao: Publicaciones Universidad de Deusto.

Atwood, Margaret. 2002. *Negotiating with the Dead.* Cambridge, UK and New York: Cambridge, UP.

Berger, John. 2007. *Hold Everything Dear: Dispatches on Survival and Resistance.* New York: Pantheon.

Bernheimer, Charles. 1995. "The Bernheimer Report: Comparative Literature at the Turn of the Century." *Comparative Literature in the Age of Multiculturalism.* Ed. By Charles Bernheimer. 39-48. Baltimore: Johns Hopkins UP.

Camps, Victoria. 2011. *El gobierno de las emociones.* Barcelona: Herder.

Harrington, Thomas S. 2005. "Belief, Institutional Practices, and Intra-Iberian Relations." *Spain Beyond Spain: Modernity, Literary History,*

ETA terrorism. Several trees were cut and there was widespread damage to the paintings on the trees, some of them spray painted with ETA symbols. Five female Fine Arts students (Estibaliz Errasquin, María de Bernardo, Ainoa Uriarte, Rosa Sánchez, and Alicia Jiménez) helped Ibarrola and his life partner and wife Mariluz Bellido bring the trees back to life with support of the Rector of the Universidad del País Vasco-Euskal Herriko Unibersitatea, Pello Salaburu. Salaburu is the editor of a bilingual book on the forest with exquisite photography by Tere Ormazabal, *Omako basoa: El bosque de Oma* (2007). Unfortunately, this was not the last attack. In 2007, two more trees were cut down and 87 others were damaged.

and National Identity. Edited by Brad Epps and Luis Fernández Cifuentes 205-230. Lewisburg, PA: Bucknell UP.

Hutcheon, Linda. 2006. "Comparative Literature: Congenitally Contrarian." *Comparative Literature in an Age of Globalization.* Edited by Haun Saussy. 224-229. Baltimore: The Johns Hopkins UP.

Kiarostami, Abbas. 1987. *Where is the Friend's Home?* Kanoon: The Institute for the Intellectual Development of Children and Young Adults.

Latour, Bruno. 2007. "'It's development, stupid!' or: How to Modernize Modernization." Available at http://www.bruno-latour.fr/sites/default/files/107-NORDHAUS%26SHELLENBERGER-GB.pdf. Shorter version published as: "Love Your Monsters." 2011. *Postenvironmentalism and the Anthropocene*. Edited by Ted Nordhaus and Michael Shellenberger. 17-25. Breakthrough Institute.

Levi, Primo. 2001. "Conversation in Turin with Primo Levi." *Shop Talk: A Writer and His Colleagues and Their Work.* Edited by Philip Roth. 1-17. Boston and New York: Houghton Mifflin.

Martín, Annabel. 2003. "A Corpse in the Garden: Bilbao's Postmodern Wrappings of High Culture Consumer Architecture." *Arizona Journal of Hispanic Cultural Studies* 7: 213-230.

Mate, Reyes. 2008. *Justicia de las víctimas. Terrorismo, memoria, reconciliación*. Barcelona: Anthropos.

Medem, Julio. 1992. *Vacas*. Sogetel and ICCA.

Mèlich, Joan Carles. 2010. *Ética de la compasión*. Barcelona: Herder.

McClennen, Sophia A. and Henry James Morello. 2010. "Introduction." *Respresenting Humanity in the Age of Terror.* Edited by Sophia A. McClennen and Henry James Morello. 1-16. West Lafayette, IN: Purdue UP.

McClennen, Sophia A. "The Humanities, Human Rights, and the Comparative Imagination." *Representing Humanity in an Age of Terror*. Edited by Sophia A. McClennen and Henry James Morello. 36-57. West Lafayette, IN: Purdue UP.

Phillips, Adam and Barbara Taylor. 2009. *Happiness*. New York: Farrar, Straus, and Giroux.

Nussbaum, Martha. 2001. *Upheavals of Thought: The Intelligence of Emotions*. Cambridge, UK and New York: Cambridge UP.

Rich, Adrienne. 2001. *Arts of the Possible: Essays and Conversations*. New York: Norton and Company.

Salaburu, Pello (ed). 2007. *Omako Basoa. El bosque de Oma*. Fotografía: Tere Ormazabal. Leioa: Servicio Editorial de la UPV/EHU-UPV-EHUko Argitalpen Zerbitzua.

Sarrionaindia, Joseba. 1991. *No soy de aquí*. Trans. Begoña Montorio. Hondarribia: Hiru.

Saussy, Haun. 2006. "Exquisite Cadavers Stitched from Fresh Nightmares: Of Nemes, Hives, and Selfish Genes." Edited by Haun Saussy. *Comparative Literature in an Age of Globalization.* 3-43. Baltimore: The Johns Hopkins UP.

Stallabrass, Julian. 1996. *Gargantua: Manufactured Mass Culture*. New York: Verso.

Tötsöy de Zepetnek, Steven (ed). 2003. *Comparative Literature and Comparative Cultural Studies*. West Lafayette, IN: Purdue UP.

Ziolkowski, Jan M. and Alfred J. López. 2007. *Globalization and the Futures of Comparative Literature*. Special Issue of *The Global South* 1.2.

Zulaika, Joseba. 1997. *Crónica de una seducción: El Museo Guggenheim Bilbao*. Madrid: Nerea.

CHAPTER SEVEN

LA MEMORIA Y LAS VÍCTIMAS, O CÓMO RECUPERAR EL PRESENTE

TXETXU AGUADO
DARTMOUTH COLLEGE

1. Introducción

Dada la desconfianza sobre lo que nos deparará el porvenir, volvemos la mirada al pasado, lo actualizamos en el recuerdo buscando posibles certezas en el hoy en día. Claro que las cantidades del recuerdo no interesan tanto como su capacidad para mantenernos dentro de la continuidad del tiempo: esa línea, todo lo quebrada que se quiera, para ligar lo que fuimos, lo que somos y lo que queremos ser. Cuando nos percibimos dentro de esta continuidad entre el pasado y el presente, nos garantizamos una identidad estable donde reconocernos sin extravíos ni pérdidas. Pero el recuerdo también puede llegar a ahogar cuando nos ata en demasía al tiempo muerto del ayer. Entonces, ¿cómo escapar del exceso de recuerdo incapaz de distinguir lo meritorio de lo meramente circunstancial? ¿Cuál será la memoria posible, ésa que permita un recuerdo pausado, no traumático, sin olvidos injustos y, al mismo tiempo, enfocada a facilitar futuros alternativos a nuestro presente?

En estas páginas me propongo analizar el exceso del interés por el pasado como resultado de un presente estancado y un futuro que no consigue ilusionar. Abocaré por una vuelta al pasado cuya finalidad sea recuperar la experiencia que permita entender el hoy en día y modificarlo, si se diera la oportunidad, en proyectos dirigidos al mañana. Aprender del pasado es aprender de la experiencia de las víctimas perdida en el decurso de la historia, o en el transcurrir del tiempo, lo cual implicará por igual dosis de olvido. No todo recuerdo es significativo ni puede acumularse sin límite.

Para olvidar habrá primero que recordar, que conocer de manera veraz lo ocurrido sin disfraces de conveniencia, sesgados hacia la visión propia, ni actitudes de fatalismo. Además, habrá que tener en cuenta que no todos se inclinan por recordar, pues muchas veces la memoria reabre heridas, más que cerrarlas, dificultando la convivencia en paz. Sin embargo, el rechazo del recuerdo en el contexto español no hablaría de otra cosa que de la dificultad de lidiar con el pasado franquista y sus incontables víctimas. Quede claro que no se trata de clasificar a la población española entre víctimas y partidarios del franquismo. Una clasificación tal es incapaz de matizar las posturas, en particular aquellas que se inclinaban por el perdón y la paz desde poco después del final de la Guerra Civil. Recordar a las víctimas es conectar las injusticias del ayer con las del hoy. Es así que interpretaré los movimientos contestatarios, como el 15-M entre otros, como un renegar del momento actual que no quiere contribuir a acumular más víctimas a esas que nos llegan desde el pasado. Quieren evitar, en la medida de lo posible, un futuro que no continúe añadiendo más injusticias, y víctimas, al devenir temporal de la historia.

2. El exceso de memoria

Es un lugar común decir que recordamos demasiado, lo que Andreas Huyssen ha denominado la "hipertrofia de la memoria[1]" (2003: 3). Se estaría en presencia de una memoria de la memoria, por así decir, de una pasión imponderable por el volver una y otra vez al ayer porque sus paisajes fueron, y seguirían siéndolo hoy en día, los que más nos satisfacieron. Ello quizás por el prurito de asentarnos en los territorios seguros de lo ya ocurrido, esto es, de lo que se presta menos a la incertidumbre, pues no dudamos que lo ocurrido tuvo lugar. El binomio seguridad e incertidumbre—la relación dinámica entre la seducción de lo asentado y la novedad de la aventura—cuando no encuentra una combinación estable produce miedo. Y el miedo a perder esa parte de nosotros originada en el pasado, el miedo a no reconocernos en el espejo de nuestra identidad, es la matriz explicativa de nuestro momento. Es comprensible, por lo tanto, volver a hundirse en el recuerdo para rebuscar las seguridades que se nos escabullen en el día a día.

Nunca se ha cuestionado menos el presente, o si se le cuestiona se lo termina por aceptar con la desmoralización de quien sabe de la escasez de los recursos para cambiarlo. Sin confianza ni en nuestras fuerzas ni en la política para modificar lo actual, sin proyecto de futuro convincente, y con el desafecto de la ciudadanía hacia lo democrático, solo se atisban dos

[1] "Hypertrophy of memory" (2003: 3). Todas las traducciones son del autor de este capítulo.

opciones: o bien se acepta lo existente a regañadientes, o bien se vuelve la mirada hacia el pasado. La segunda opción tendría la ventaja de dirigirse a un objeto abierto a la interpretación de cada cual. La imaginación para elaborar alternativas de futuro encuentra en el pasado un campo abonado a la ilusión frente a la contundencia fáctica de lo existente.

La pasión por el ayer tendría su motivación última en la pérdida de un horizonte de futuro. Sin embargo, Andreas Huyssen advierte sobre el resultado del dejarse encandilar por el recuerdo, "el pasado no puede darnos lo que el futuro ha fracasado en traernos[2]". Claro que si de momento no se ha inventado la forma de viajar hacia atrás, recuperando lo dejado de lado en aquel entonces, tampoco el viaje *natural* hacia delante, reproduciendo y perpetuando lo que tenemos, es demasiado consolador. La batalla ideológica por asentar el presente de una vez por todas es equivalente a ese tan citado final de la historia que nos condena a aceptar las pésimas condiciones de vida de gran parte de la humanidad, incluso y crecientemente, en los llamados países ricos. Para Huyssen, el fracaso y la renuncia a un futuro más satisfactorio no se podrá compensar retornando al pasado. Dicho con otras palabras, volver al pasado es una operación fútil y vana, en opinión del autor. Por su parte, también Manuel Cruz matiza la vuelta al pasado al añadir que "de ninguna manera puede significar que aquellas posibilidades perdidas sigan vivas, que aquella partida permanezca abierta" (2002: 27). Por supuesto, el pasado, pasado fue. Tomarlo de otra manera es caer en la melancolía del cualquier tiempo ya vivido fue mejor porque coincidió con la plenitud vital de cada uno de nosotros. Y a pesar de todo, a pesar de lo acertado del planteamiento de Huyssen y Cruz, embarcarnos en el recuerdo y la memoria es insoslayable para muchos de nosotros.

A lo mejor no es en realidad miedo lo que late bajo la operación memorística como un volver a recuperar lo que no se materializó en el ayer, y que quizás pueda sernos de utilidad hoy. El beber de las fuentes del pasado, en lugar de deshacerse de una vez por todas de él, como querrían los apologetas del presente, facilitará la reflexión sobre el futuro deseado. La tentación de más y más pasado, frente a la insatisfacción con lo concreto que tenemos, nos promete acceder de lleno a ese tiempo y lugar donde se manifestaron las esperanzas frustradas de las víctimas, a esos proyectos de esperanza perdidos por el deambular cruel de la historia. Buscamos en el pasado la comunidad con las víctimas vencidas, vencidos nosotros mismos a día de hoy[3].

---

[2] "The past cannot give us what the future has failed to deliver" (2003: 27).

[3] A pesar de sus dudas sobre los propósitos últimos del recuerdo, acierta Manuel Cruz al señalar que: "recordar a los vencidos y la magnitud de su derrota es en

Se está abogando por una formulación alternativa a la del miedo de Huyssen hacia el futuro—reformulado por Cruz como miedo a reconocer el presente por lo que es y cómo es (2005: 125)—en lo que el mismo autor denomina "recordar productivo[4]" (Huyssen, 2003: 27). Se está hablando de una política de la memoria enfocada a reconstruir el ahora, a resolver sus disfuncionalidades, o al menos a alejarnos de ellas lo máximo posible. El recordar productivo deriva del pasado enseñanzas y trata de reparar las injusticias de entonces al no perpetuarlas en el ahora; no vuelve atrás para corregir lo que ya no tiene remedio, lo que ha terminado y ha quedado suspendido en el no-tiempo de la muerte. Toma el pasado como un archivo de experiencias, de proyectos que si nunca culminaron en nada tangible, no por eso deben ser despachados con la alegría de quien no contempla otras alternativas que las existentes, que además suelen ser las que más le favorecen a él o a su grupo[5]. Sin necesidad de volver a revivir lo ya ido en sus ilusiones y esperanzas, sí que estas mismas ilusiones y esperanzas serían la fuente de la articulación de proyectos encaminados a un futuro que no reproduzca simplemente el presente hasta el infinito[6]. Si el presente no satisface es porque las elecciones que se tomaron para configurarlo fueron las equivocadas. Visitar el pasado no es más que reflexionar sobre qué salió mal y por qué, qué fuerzas lo hicieron evolucionar en una dirección y no en otra, y quiénes fueron los actores implicados y, por lo tanto, responsables de los desaguisados políticos y sociales de nuestro momento. Por insistir una vez más, no se propone redimir el pasado de sus fracasos como aprender de ellos; tampoco se quiere liberar al pasado de sus pesos muertos ni quedar varado en sus ensoñaciones.

---

realidad una forma de impugnar lo existente, de señalar la negatividad que lo constituye o el dolor sobre el que se ha edificado" (2002: 27).

[4] "Productive remebering" (2003: 27).

[5] En su tetralogía sobre la Guerra Civil—*El color del crepúsculo* (1995), *Maquis* (1997), *La noche inmóvil* (1999) y *Aquel invierno* (2005)—Alfons Cervera da sustancia al recordar productivo. En ellas, recrea un mosaico de personajes donde las historias y los testimonios individuales se hablan entre ellos, se conectan, para componer la historia colectiva de Los Yesares, epítome de la historia colectiva de un país. La socialidad republicana se ha destruido—sus historias de amistad, de amor, de deseos y sueños—y se la ha suplantado por el miedo de los vencidos y el privilegio de los vencedores. Lo perdido es la profundidad en las relaciones sociales, su intrínseca complejidad y diversidad, y su sustitución por el entramado franquista de violencias soterradas sin interés en la existencia pacífica.

[6] A esto se refiere Jorge Semprún cuando aboga por desmitificar la Guerra Civil y convertirla en "un saber práctico que nos permitiera vivir con ella, asumiéndola críticamente, y no desviviéndonos en sus laberintos engañosos" (1977: 92).

Para recordar productivamente como propone Huyssen, esto es, con la mirada enfocada hacia el mañana, habrá que aprender por igual a olvidar. Se olvidará ese recuerdo que nos aplasta abrumándonos con sus detalles infinitos, cuyo exceso emocional no nos deja seleccionar ni discriminar lo relevante de lo caduco. Se quiere encontrar un lugar para el recuerdo emotivo difícilmente digerible, dada la magnitud de dolor y sufrimiento implicados. Esto es, se quieren evitar a toda costa las melancolías de la memoria de imposible escapatoria que nos condenan a rememorar en un laberinto de dolor sin límite. Haber lidiado efectivamente con el recuerdo traumático, no significa despacharlo de una vez por todas. Las apelaciones a la compasión o a la empatía de dicho recuerdo no se tirarán al saco roto del *pasado, pasado fue*, como si no nos sintiéramos aludidos por las desgracias que han sido. Se trata de seguir a Cruz cuando afirma que olvidar es "una forma de drenar la historia" para que "la historia *sea*", y siga siendo, pero la condición, como el mismo autor señala, será "conocer para olvidar, pues, pero olvidar para poder proseguir" (2002: 32). Primero conocer y después olvidar todo lo necesario para seguir viviendo.

Es así que aun admitiendo una deuda de memoria con el pasado y sus víctimas, es decir, incluso reconociendo que el disfrute de lo democrático actual en España se debe a los sacrificios y muertes de todos los que decidieron levantarse contra las injusticias de antaño, la deuda no puede terminar por ahogarnos memorísticamente, por hacernos caer en una bancarrota de recuerdo, si se permite la expresión. Las prevenciones de Cruz y Huyssen también se dirigen a no dejarse seducir por las deudas *abusivas*, ésas que nos exigen servidumbre indiscriminada a lo ya acaecido, dolor interminable por las muertes que no produjimos, y reconocimiento de los esfuerzos que nos precedieron hasta el extremo de la parálisis. No es de justicia que se nos exija satisfacer deudas de las cuales somos herederos pero que no suscribimos y, por lo tanto, sobre las que no tenemos responsabilidad directa. Es elección nuestra el aceptar el envite de las deudas del pasado, y más que como deber insoslayable como apelación a reconocernos como herederos de los que antes que nosotros caminaron por una misma senda crítica contra la injusticia.

El problema no sería entonces el acto de la memoria sino, como se dijo anteriormente, qué hacer con ella al tornarla en fuente de experiencia. Antes de llegar a esta relación *tranquila* con la memoria tendríamos que depurarla en el alambique del olvido, pero para olvidar primero tendremos que saber qué hay que conocer y qué es lo que merece ponerse de lado. En el contexto español, esta discusión nos lleva directamente a qué consideración otorgar a las víctimas de la Guerra Civil y de la brutal represión franquista y a qué papel deberían jugar en la articulación del futuro. Si la actitud predominante durante la Transición fue la de no recordarlos para no enfurecer a los poderes franquistas y en general más retrógrados, no parece que la mayor consolidación democrática los haya tratado mejor. Incluso se sigue sin aplicar la llamada Ley de Memoria Histórica, manteniendo intactos símbolos franquistas celebratorios de su *victoria*, ofensivos no ya solo para todas sus víctimas, sino para cualquier mínimo ejercicio de decencia democrática.

Ni la Transición ni los posteriores gobiernos de izquierdas, y todavía menos los de derechas, han sido capaces de otorgar el reconocimiento exigido por las víctimas. Queda mucho dolor sin digerir por lo democrático. Esta es la razón del exceso de memoria, el responsable de una memoria en bruto demasiado sesgada por la impronta de la emoción desbordada. Si esta última podría serle útil a quien recuerda, empaña los cristales de los designios políticos dirigidos al mañana. Y es que cuando el dolor es excesivo—por no haber encontrado los cauces individuales para superarlo en la forma de duelo, o colectivos en la forma de una memoria democrática robusta y compartida—la tentación de quedarse regodeándose en él difícilmente puede soslayarse[7].

3. La memoria necesaria

No todos son partidarios de recordar. Por citar un ejemplo notable, David Rieff en su *Against Remembrance and Other Essays* (2011) hace responsable a la pervivencia acrítica de la memoria colectiva de las guerras de los Balcanes y sus genocidios. El autor toma la memoria colectiva, construida a su parecer solo a base de mitos y falsedades, como un entramado inasible al desaliento de una historia seria que la cuestione. La supervivencia de este entramado colectivo de recuerdo obedecería al deseo por facilitar la cohesión del propio grupo, y la depuración y el odio hacia los que no pertenecen. Es cierto que la coexistencia pacífica entre etnias no será posible mientras el recuerdo atice diferencias y violencias, que por si fueran poco remiten a un tiempo tan nebuloso y mítico que las inmuniza frente al escrutinio histórico con vocación de separar lo verdadero de lo descaradamente falso. Es más, la historia no tendría otro papel que el de seguir dotando a la comunidad o nación étnica con "un

[7] Debe señalarse que la reparación de la víctima del franquismo no es equivalente a sacarla de la historia ni a tornarla en el único criterio de verdad o autenticidad de cualquier política futura. Por otro lado, para Manuel Cruz, "lo que late realmente tras la afectada retórica que nos incita de manera permanente a no olvidar ciertos sucesos es una profunda incapacidad para afrontar realmente lo ocurrido" (2012: 40), como se discute a continuación.

arsenal de armas para continuar la guerra o mantener una paz débil y fría" (2011: x, 55-6)[8], siguiendo a Rieff. Cuanto más y mejor se olvide, mucho mejor para todos, sugiere el autor, y poco podrá objetársele en el contexto por él estudiado.

Más cercano al contexto español, Santos Juliá ha devenido el abanderado de la necesidad de poner coto a la memoria de la víctima. El historiador no cree en la existencia del llamado pacto de silencio ni en la cultura amnésica de la Transición española, esto es, en el olvido deliberado[9]. Juliá distingue entre recordar para establecer "la relación del sujeto con su propio pasado y con lo que, al traerlo al presente, quiere hacer con su futuro", noción defendida en este ensayo, y la memoria como la relación afectiva con un acontecimiento pasado entendida como "cumplimiento de un deber hacia el grupo" (2006: 4). En otras palabras, mientras el recuerdo informaría la acción política de futuro al tomar en consideración el pasado, la memoria pecaría de quedar enquistada en lealtades hacia el propio grupo difícilmente defendibles, pues el deber de adhesión predominaría sobre el deber de conocer verazmente. Por un lado, habría que apuntar las dificultades de separar entre recuerdo y memoria, o entre una vuelta al pasado válida en la forma de recuerdo y el enquistamiento afectivo no resuelto y recogido en la forma de memoria. Por otro lado, no parece fácil separar radicalmente entre una historia elaborada al calor de los instrumentos propios del estudio científico de una memoria que por muy emocional que sea se siente ausente de este mismo discurso. A manera de coda, diría que Juliá no está planteando una dicotomía falsa entre historia y memoria; más bien no toma en consideración la no representación de la memoria, su exclusión o falta de encaje, en la historia más académica.

Curiosamente, cuando Juliá quiere dar cuenta de las deficiencias de la democracia española se tiene una sensación extraña, como si todos los intentos de la Transición por poner de lado el recuerdo traumático, que no de olvidarlo, no hubiesen sido todo lo fructíferos que se esperaba. Dirá el historiador sobre estas deficiencias: "solo quedan por apagar los rescoldos humeantes del Estado nacional-católico […] Esos restos—financiación de la Iglesia, catequesis en los colegios, obispos ultramontanos—y la inagotable capacidad española para seguir dando vueltas y vueltas al

---

[8] "An arsenal full of the weapons needed to keep wars going or peace tenuous and cold" (2011: x, 55-6).

[9] Con sus palabras: "lo singular y tal vez irrepetible de la transición a la democracia en España consistió en excluir el pasado de guerra y dictadura del debate político sin, por eso, tender sobre ese pasado un manto de silencio; más bien al contrario: investigándolo y publicándolo hasta el último detalle" (2003: 24).

eterno problema del problema de España" (Martín, 2007). Parecen demasiados rescoldos y además expresados con la afectividad—"la inagotable capacidad española..."—que Juliá atribuye a la memoria, pues solo esta será capaz de traer a la primera línea de lo político las calidades de lo ultramontano y del ensimismamiento de los que se habla en la cita. En realidad, como señala Annabel Martín en relación a posturas como la de Juliá:

> "se deslegitima la memoria por considerarla 'selectiva, contenciosa y partidista'" (Santos Juliá, 14/10/2006) y en su lugar se dice que no es la memoria 'lo que hay que recuperar' sino 'la verdad la que hay que conocer' (Santos Juliá, 14/10/2006) como si la verdad histórica y la memoria no fuesen partes del mismo nudo de conocimiento" (Martín, 2007: 33).

El requisito de objetividad del conocimiento histórico no debe alcanzarse a costa de la total erradicación de la subjetividad de la memoria. La una y la otra pueden caminar juntas para dar debida cuenta del periodo que se analiza. La historia sin memoria conduce a la asepsia del mero dato. La memoria a solas, sin historia, nos podría llevar a la emotividad sin pulir del trauma. Tiene razón José Colmeiro cuando sugiere que "lo que se echa en falta en la sociedad española" es "una conceptualización crítica de acontecimientos de signo histórico compartidos colectivamente" en la memoria (2005: 17), o el ser capaz de compaginar críticamente los contenidos de historia y memoria. El corolario lo pone Joan Ramon Resina al decir que "lo que alimenta los debates sobre la memoria histórica en la España post-Franco no es la ausencia de conocimiento sobre el pasado como la falta de voluntad para confrontar ese conocimiento y sacar consecuencias prácticas de él" (2007: 409)[10], lo que sí trata de hacer la memoria al reclamar la presencia de la víctima en los debates de la esfera pública y de la historia sobre el pasado español más cercano.

La memoria llega al espacio público con la finalidad de no paralizar las relaciones sociales, es decir, de no condenar al que recuerda a aislarse en su dolor y a la sociedad en la parálisis de no saber qué hacer con tanto malestar. Tendrá la finalidad de recrearse en lo luctuoso una vez más para, como se repite tantas veces, evitar su repetición. Enseñará sobre lo que no se debe intentar y sobre lo que nunca se debe hacer bajo ningún concepto. Y, sobre todo, ha de tener productividad histórica y política—el "recordar

---

[10] "What feeds the debates about historical memory in post-Franco Spain is not the absence of knowledge about the past but the unwillingness to face up to that knowledge and to draw practical consequences for the public sphere" (2007: 409).

productivo" de Huyssen, como se dijo anteriormente—al incrementar la comprensión y significación de un periodo, otorgando un sentido veraz y completo a lo que más de una vez se presenta como dato con contornos emocionales demasiado difusos como para vislumbrarlo en la totalidad de su acontecer. Estos requerimientos son lo contrario de lo asumido por cierto discurso histórico durante la Transición española. Francisco Caudet lo señala con claridad:

> "¿es posible que una transición pactada, como la nuestra, respete y arrostre el pasado? El historiador tiene así, una grave responsabilidad. En los últimos años todo parece empujarle a que actúe como un 'narrador' sumiso, esto es, cómplice. Porque su sumisión es una forma de aquiescencia a los intereses del poder. De esta suerte, ejerce una violencia pues su escritura acaba convirtiéndose en una mediación que deforma y hace irreconocibles los contornos, el sentido del pasado". (Hermanos, 1998: 26, nota 28)

Quizás la historia reclamada por Juliá ha sido demasiado objetiva en su intento por no involucrarse en el recuento del pasado. Quizás la historia en su pretensión de distanciamiento del objeto de su estudio se ha comprometido en una operación no deseada de limpieza de las voces molestas del pasado, bien porque era mejor obviarlas dado el balance de fuerzas favorable al franquismo durante la Transición, bien porque se ha hecho cómplice de los intereses del poder, como señala Caudet. La consecuencia de todo ello la vuelve a apuntar de nuevo como conclusión Resina:

> "una vez más la época de Franco se depura oficialmente de sus aspectos más bárbaros y se racionaliza. Surge una zona difusa donde se borra la diferencia entre la víctima y el verdugo, con incalculables consecuencias no solo para la democracia española sino también para la coexistencia entre españoles". (2007: 407)[11]

Como al final del apartado anterior, se vuelve a traer a colación a la víctima, a la injusticia básica de borrar sus distancias con el verdugo con un conveniente *todos mataron, todos sufrieron*, cuya función principal no es esclarecer nada como oscurecer la política de crímenes y represión sin límites puesta en práctica por la dictadura hasta sus últimos días, y

---

[11] "Once more the Franco era is being officially cleansed of its barbarous aspects and rationalized. A gray area develops, blurring the distinction between victim and perpetrator, with incalculable consequences not only for Spanish democracy but also for coexistence among Spaniards" (2007: 407).

continuada en la Transición por sus grupos paramilitares[12]. Si la víctima, actualizada en el recuerdo y en el discurso de la memoria, no ocupa un lugar central en las elaboraciones de la historia, difícilmente podrá hablarse de un discurso histórico inclusivo, ni siquiera verosímil. Mucho menos podrá hablarse de la necesidad de olvidar para enfocarse en el futuro, así como de la coexistencia pacífica entre distintas sensibilidades políticas de los españoles, llámesela reconciliación o de alguna otra forma[13].

4. Las víctimas y el presente

Teniendo en cuenta lo anterior, el ejercicio del recuerdo y de la memoria debería alejarse del maniqueísmo, o lo que Jordi Gracia ha denominado "narcisismo" (2001: 27), en el acercamiento al pasado franquista. El maniqueísmo, y su clasificación de las víctimas en mías o tuyas, en nuestras o de los otros, empobrece sobremanera la complejidad de realidades como la de la dictadura. La simple sobrevivencia durante esta época, e incluso la estabilidad mental, requieren de concesiones y compromisos con los que no se está del todo de acuerdo, por no hablar de la torsión de las propias convicciones. Ciertas actitudes despliegan una pátina tan uniforme sobre la dictadura que no se distingue entre las actitudes de rechazo y de aceptación obligada al mismo tiempo en el día a día de la dictadura. Son estas actitudes impregnadas de un *sí, pero no* las que fueron suscritas por la mayoría de la población, gracias a las cuales

---

[12] Sin duda alguna, uno de los libros que más ha llamado la atención sobre las víctimas, y además sin ceder al edulcoramiento, ha sido el de Alberto Méndez *Los girasoles ciegos* (2004). En los cuatro relatos que componen el libro, el escritor hace *hablar* a las historias de las víctimas, sacándolas de la oscuridad del olvido, del silencio y del miedo para que el lector las haga suyas al *escucharlas*.

[13] Jorge Semprún en *Veinte años y un día* (2003) propone dejar de lado las actitudes franquistas más irredentas del policía Sabuesa a favor de una reconciliación que no significará tanto borrar las diferencias como reconducirlas hacia el no exterminio del disidente. Con el enterramiento simbólico de un maquis junto con el dueño de una finca en Toledo, asesinado accidentalmente y con la implicación del primero, en un mismo lugar en 1956 se quiere cerrar el duelo, y poner la primera piedra del edificio democrático de la Transición. Por su lado, las dos novelas de Rafael Chirbes, *La larga marcha* (1996) y *La caída de Madrid* (2000), presentan los momentos y personajes que acabarán fraguando en la Transición a la democracia española. Se trata de entender los móviles de las actuaciones de los personajes, de conocer sus orígenes en la sociedad franquista. No se nos muestra la evolución de las grandes tendencias en lo histórico, sino el vivir cotidiano de sus personajes.

encontró un acomodo vital en los tiempos de represión ciega de toda forma de disidencia. Los militantes dedicados en cuerpo y alma a su causa, o los dispuestos a arrostrar una y mil penalidades, no son nunca la mayoría silenciosa, esa que acata el poder existente intentando no dejarse demasiados jirones de convicciones propias por el camino.

Ciertamente, hay un tanto de complacencia, y más de una vez ocultamiento de la propia verdad no siempre encomiable, en la simple "demonización del régimen" (Gracia, 2001: 33) cuando no se repara en nada más. El reconocerlo no implica disminución de la crítica hacia un régimen político cruel como pocos, sino apertura a otras formas de existencia menos heroicas, o simplemente menos militantes[14]. La demonización a secas, no hay por qué ocultarlo, es en la mayoría de las ocasiones demasiado gruesa para dar cuenta del sufrimiento de la persona de a pie en la historia, tanto de los que tenían una conciencia clara de estar contra el franquismo como de los que más o menos se beneficiaron de la dictadura y eran ajenos, y no solo en contadas ocasiones, a la ideología de quienes decían actuar en su nombre.

Señala Juan José Toharia que la mayoría, en los albores de la Guerra Civil, y lo hacemos extensible al hoy en día, no se identificaban con ninguno de los grupos más extremos dentro de los bandos contendientes. Nos debemos congratular por ello: la mayoría quiere vivir tranquila o, mejor dicho, prefiere vivir en paz bajo condiciones que rozan lo inaguantable en lugar de lanzarse a aventuras de final imprevisible. Pero precisamente porque la mayoría es silenciosa—no siempre deja oír su voz ni quiere volver a pasar por guerras civiles ni enfrentamientos armados de ningún tipo—es por lo que deben conocerse sin miramientos ni falsas hipocresías la verdad de lo ocurrido[15]. No es que el recuerdo ni la memoria

---

[14] Andrés Trapiello dibuja en sus novelas personajes perdidos, alejados de la heroicidad proclamada por las ideologías a las que se adscriben. En *Días y noches* (2000) se relata la degradación de las relaciones humanas entre los soldados republicanos hasta el punto de no entenderse bien el porqué se está en esta guerra: "eso es lo peor de las guerras, terminas haciendo cosas innobles, degradándote, perdiéndote el respeto" (Trapiello, 2000: 168). En su historia sobre el maquis en Madrid *La noche de los Cuatro Caminos* (2001), Trapiello es muy crítico con el asalto a la delegación de Falange en este barrio madrileño que solo produjo la muerte de "dos pobres diablos, política y militarmente hablando, un bedel y un falangista de base, desarmados" (2001: 74).

[15] Así quiere hacerlo Suso de Toro en *No vuelvas* (2000) y en *Hombre sin nombre* (2006). En la primera, al personaje central de la enfermera se la conmina a no volver a la aldea donde nació para no recomponer la historia de los abusos cometidos con su familia por los falangistas. A pesar de los esfuerzos por olvidar, el recuerdo volverá en la forma de imágenes difusas cuyo significado tendrá que

del franquismo tengan que ser homogéneas. La disidencia, o la particularidad propia, que no la mentira, deben ser siempre bienvenidas. Sin embargo, no parece que los herederos del franquismo quieran recordar a las víctimas del otro bando, ni que la política, salvo en contadas ocasiones, vaya dirigida a resarcir a las víctimas del pasado. Se está hablando de la necesidad de conocer la verdad: los asesinatos en juicios sumarísimos, el ventajismo inaudito de los vencedores hasta la muerte del dictador, la España social y económica de la dictadura copando hasta el día de hoy todo el poder económico, las implicaciones de la Iglesia en los asesinatos, la falta de condena de la dictadura de la actual derecha, o la mentalidad pre-constitucional o casi de sus actuaciones cuando gobierna. Se trata de la exigencia de justicia por la política genocida de los que ganaron la guerra, y de la reparación del crimen cometido, pues no se debe fundar una democracia digna de ese nombre sobre la ausencia de las víctimas.

El problema, por así decir, es que la tercera España de la República señalada por Toharia y, por extensión la tercera España actual, no se identificaba ni probablemente se identificaría hoy con ninguno de los extremismos, pero ganó uno de ellos, poniendo en práctica sus políticas genocidas, por no hablar de sus actuaciones político-culturales destinadas a la eliminación de cualquier forma de disidencia de pensamiento y obra. Dentro de los vencedores no tuvieron cabida y salieron perdiendo los católicos menos dogmáticos y con mayor inclinación hacia el perdón, las personas de derechas no partidarias de políticas de exterminio, o los llamados nacionalismos periféricos moderados. En suma, perdieron todos aquellos partidarios de la paz, la piedad y el perdón. Son estas las conocidas palabras de Manuel Azaña hacia el final de la Guerra Civil, mirando hacia un posible futuro de concordia tras la guerra, ignoradas con contumacia por el franquismo. La Guerra Civil lejos de ser un drama esperpéntico[16] o un tema salido de un grabado goyesco fue real, y sufrido

desentrañar. En la segunda, se relaciona la ideología del personaje fascista con la destrucción de la vida y la exaltación de la muerte. Para este solo la destrucción es la única fuerza creadora de un mundo donde los débiles y los disidentes no tendrán cabida. El personaje es el epítome de la ideología franquista de guerra y muerte sin cuartel contra el vencido.

[16] José Ovejero en su novela sobre la guerra civil, *La comedia salvaje* (2009), ha recurrido acertadamente al esperpento para acercarse al sinsentido de las disputas ideológicas con que se tropiezan los dos personajes centrales en su peregrinar cervantino por la España en guerra. Por igual, la novela de Luis Mateo Díez *Fantasmas del invierno* (2004), describirá con técnicas esperpénticas la desolación ante un paisaje permanentemente desangelado y ante la presencia fantasmal de tantos ausentes en la más inmediata posguerra española.

sobre todo por esa tercera España, y sus repercusiones pueden seguirse trazando en el día de hoy[17]. Es esa la que debería recordar para fundar un tiempo menos sesgado por la barbarie de la guerra, de las fosas comunes y de los monumentos a los caídos en las iglesias de media España. Mirar para otro lado no es una respuesta conciliadora.

En la España surgida de la Transición, la crítica al franquismo y la recuperación de los mejores momentos democrático-liberales de la República se devalúa presentándola como una mera cuestión de opinión: de estar a favor de abrir o no las heridas del pasado, de quedar o no prendado de quimeras e ilusiones. Rara vez se escuchan discursos políticos donde se hable de la necesidad de reconocimiento y reparación de las víctimas, de la verdad de su actuar—sin lugar a dudas equivocado en más de una ocasión—del debido agradecimiento a sus esfuerzos para que nosotros disfrutemos de un hoy más democrático y pacífico que la llamada *democracia* orgánica franquista[18]. Se ha instalado en la esfera pública la relativización posmoderna donde cualquier discurso, no importa los tintes totalitarios que contenga o los resabios franquistas por los que abogue, es tan válido y legítimo como el discurso de la profundización democrática gracias a la recuperación de la memoria de las víctimas del franquismo. Más bien ocurre lo contrario, que se sitúan en el mismo nivel discursivo, y político, los 25 años de paz, o los 40 de silencio casi sepulcral—a pesar de los colores chillones del tecnicolor de las películas del turismo—con la venganza supuestamente justiciera con la que el franquismo se despidió fusilando; o la represión de la tímida oposición al régimen con la pasión contra criminales notorios como El Lute; o la inauguración de los pantanos y celebración folclórica del trabajo en el Bernabeu por Franco con la persistencia de las huelgas generales, por citar unos cuantos ejemplos. Todo se iguala, y al igualarse, todos los discursos se nivelan como meras alternativas ideológicas donde lo mismo da optar por la una que por la otra.

---

[17] En la colección de ensayos editada por Eloy Merino y Rosi Song en su *Traces of Contamination. Unearthing the Francoist Legacy in Contemporary Spanish Discourse* (2005) se recalca la artificiosidad de la ruptura con la dictadura a raíz de la muerte de Franco y la continuación de su régimen autoritario bajo disfraces variados en el presente español. Estas prácticas, que no siempre son concretas ni fácilmente reconocibles, toman la forma de *traces*, de rasgos o de huellas de una ideología derechista cuyo mayor poder reside en su latencia como sustrato cultural y político.

[18] Estamos ante las exigencias de Walter Benjamin en relación con el recuerdo, como apuntan Reyes Mate y Juan Antonio Mayorga: "recordar es, pues, hacer presente las preguntas no respondidas, los derechos insatisfechos, las injusticias pendientes de las víctimas" (Mate y Mayorga, 2002: 24).

Como nos recordaba Blas de Otero durante la dictadura, todavía nos queda la palabra. Palabra, o voz para Fernando Esteve, para ejercitar la queja frente a todo lo que no funciona como debiera y nos lo quieren hacer pasar por el mejor de los mundos posible. Esteve, frente a las manifiestas debilidades del sistema democrático español, recupera la voz crítica de movimientos como el 15-M y la voz de todos los que se manifiestan en sus aledaños. Más que descartar estos movimientos al clasificarlos derogatoriamente como antisistema—como si el sistema contra el que alzan su voz no estuviera agujereado por las carencias heredadas del franquismo—para Esteve son la esperanza del sistema democrático por, como añade Alain Badiou, traducir la desigualdad de los ciudadanos y la delegación política no representativa por la igualdad y la democracia directa (2012: 59)[19]. Parece mentira que nos vendan lo democrático sin esconder—lo cual es de agradecer—las enormes desigualdades a la hora de participar en la vida pública de quienes tienen y no tienen acceso a los medios de comunicación para hacerse oír y *formar* la opinión pública. El cinismo ya no encubre que esa opinión pública favorece unos intereses que nunca son los de la mayoría. La inmensa mayoría ha sido borrada—es inexistente, como diría Badiou (2012: 56)—de los conciliábulos donde se toman las decisiones.

Se levanta la voz y se protesta de mil y una maneras para "rescatar el momento presente, no importa lo que el futuro traiga[20]" como ha apuntado recientemente John Berger (2012). Rescatar nuestro momento de la mediocridad de quienes nos recriminan nuestro hacer crítico, de la falta de esperanza, de la intrascendencia de vidas e ilusiones a que nos condenan a condiciones económicas injustas. Salvar el momento presente de quienes quisieran reducirnos a la inexistencia de Badiou, condenados al silencio, o sustituidas nuestras legítimas reivindicaciones por la gestión empresarial de la cosas públicas de todos como si fuesen los asuntos privados de solo unos pocos. La protesta no es el sacrificio de hoy por un mañana empeñado a horizontes temporales que con toda probabilidad nos sobrepasan. Es "la redención[21]" (Berger, 2012) de las esperanzas que otros

[19] Merece la pena leer esta cita de Fernando Esteve: "la opción de la *voz* [es] la de los que, como hacen los del 15-M, se quejan indignados ante el manifiesto deterioro en la calidad institucional de nuestros sistemas democráticos. No son antisistema, todo lo contrario; son, quizá, la esperanza del 'sistema' por ser precisamente los más leales al mismo. Esperanza débil dado su escaso número y las dificultades de concreción y articulación de sus propuestas, pero esperanza al fin y al cabo" (2012: 23).

[20] "Sauver le moment présent, quoi que l'avenir réserve" (Berger, 2012).

[21] "La rédemption" (Berger, 2012).

depositaron en nosotros—materializadas como recuerdo y memoria de las víctimas—y de las esperanzas que nos elevan por encima de las miserias a que nos condenan ahora sin que tengamos voz ni voto.

El recuerdo y la memoria nutren de sustancia política los movimientos críticos de Esteve, cuyas propuestas actualizan las luchas de los disidentes antifranquistas. La comunicación entre los que protestaron con sus acciones hace años con los que protestan hoy no es una de mera empatía, que también. Entre ellos comparten una percepción común de lo que ocurre, que bebe y se orienta con las injusticias cometidas en el ayer. Antes fue la privación de todas las libertades y ahora es la privación de las libertades liberales que han tenido a bien concedernos. Antes fueron las víctimas y sus demandas insatisfechas tiradas al cubo de la historia, y hoy son las mismas o similares demandas despachadas como antisistema.

Necesitamos recordar, señalaría Reyes Mate, porque el olvido "de las víctimas no es más que la indiferencia de la generación actual respecto a los cadáveres y ruinas que subyacen a nuestro presente" (2005: 10). No seguir acumulando más ruinas y cadáveres, literales o figurados, implicaría, reconocer la deuda que tenemos con las víctimas del ayer y, añadiría aquí, que implicaría por igual que "estamos echando los cimientos para una organización que no se base en nuevas víctimas" (Mate, 2005: 10). La memoria es la llamada de atención para no seguir perpetuando una historia asentada sobre más víctimas, sobre más y más ruinas, más y más cadáveres. La memoria viene a recordarnos, siguiendo a Reyes Mate una vez más, que:

> "mientras la causa de los vencidos no triunfe, lo vencedores de antaño seguirán causando víctimas, nuevas víctimas. A esto aboca el reconocimiento de la solidaridad de generaciones: las causas nobles de generaciones pasadas permiten superar las injusticias que se comenten contra nosotros". (1991: 215)

Son sin duda estas "causas nobles" las que subyacen al alzar la voz de Esteve del 15-M, o las protestas de Berger, cuyo rescate del presente se retoma como acción política dirigida a evitar en la medida de lo posible el surgimiento de nuevas víctimas. Entre las protestas del ayer y las del mañana circula un mismo hilo de solidaridad en contra de las mismas injusticias.

Dice David Rieff que el recuerdo del campo de concentración no impedirá que se cometa otro crimen más contra la humanidad de naturaleza similar, y que pensar lo contario sería una "simple ilusión sentimental[22]" (2011: 75). Puede ser, pero lo que sí es una mera ilusión es pensar que los vencedores del ayer, y responsables de las víctimas de entonces, no celebrarían con gusto nuestro descuido memorístico para tornarnos con más facilidad en las nuevas víctimas de hoy. La memoria es una de las herramientas para evitarlo. No porque su exceso pueda en ocasiones abrumar, su necesidad es menos ineludible.

Bibliografía

Badiou, Alain. 2012. *The Rebirth of History* (*Le Réveil de l'histoire*, 2011). Trans. Gregory Elliott. Londres: Verso.

Berger, John. 2012. "Ecrire pour être témoin de son temps et refuser une tyrannie sans visage." *Le Monde*: 17. 20 de julio.

Cervera, Alfons. 1997. *Maquis*. Barcelona: Montesinos.

—. 1999. *La noche inmóvil*. Barcelona: Montesinos.

—. 1995. *El color del crepúsculo*. Barcelona: Montesinos.

—. 2005. *Aquel invierno*. Barcelona: Montesinos.

Chirbes, Rafael. 1996. *La larga marcha*. Barcelona: Anagrama.

—. 2000. *La caída de Madrid*. Barcelona: Anagrama.

Colmeiro, José F. 2005. *Memoria histórica e identidad cultural: de la postguerra a la postmodernidad*. Barcelona: Anthropos.

Cruz, Manuel. 2002. *Hacia dónde va el pasado. El porvenir de la memoria en el mundo contemporáneo*. Compilador e introducción. Barcelona: Paidós.

—. 2005. *Las malas pasadas del pasado. Identidad, responsabilidad, historia*. Barcelona: Anagrama.

—. 2012. *Adiós, historia, adiós. El abandono del pasado en el mundo actual*. Oviedo: Ediciones Nobel.

De Toro, Suso. 2000. *No vuelvas* (*Non volvas: filla da madrugada*, 2000). Barcelona: Ediciones B.

—. 2006. *Hombre sin nombre* (*Home Sen Nome*, 2006). Trad. Belén Fortes y Suso de Toro. Barcelona: Lumen.

Díez, Luis Mateo. 2004. *Fantasmas del invierno*. Madrid: Alfaguara.

Esteve Mora, Fernando. 9 de agosto de 2012. "El 15-M, la esperanza del sistema". *El País*: 23.

Gracia, Jordi. 2001. *Hijos de la razón. Contraluces de la libertad en las letras españolas de la democracia*. Barcelona: Edhasa.

[22] "pure sentimental wishful thinking" (Rieff, 2011: 75).

Hermanos, Juan. 1998. *El fin de la esperanza. Testimonio* (*La Fin de l'espoir*, 1950). Intro. Francisco Caudet. Prefacio de Jean-Paul Sartre. Versión española de Julio de Álava. Madrid: Tecnos.

Huyssen, Andreas. 2003. *Present Pasts: Urban Palimpsests and the Politics of Memory*. Stanford, California: Stanford UP.

Juliá, Santos. 2003. "Memoria y amnistía en la transición". *Claves de razón práctica* 129: 14-24.

—. 2006. "El franquismo: historia y memoria". *Claves de la Razón Práctica* 159: 4-14.

—. 2006. "La responsabilidad de los intelectuales. Trampas de la memoria". *El País-Babelia.* 14 de septiembre. Disponible en http://www.elpais.com.

—. 2007. "Mirando hacia atrás sin ira". *El País*. 25 de marzo.

Martín, Annabel. 2007. "¿Historia o memoria?: debates falsos en la ciudad democrática". *Quimera: Revista de Literatura* 279: 31-34.

Mate, Reyes. 1991. *La razón de los vencidos*. Barcelona: Anthropos.

—. 2005. *A contraluz: de las ideas políticamente correctas*. Barcelona: Anthropos.

Mate, Reyes y Juan Antonio Mayorga. 2002. "Los anunciadores del fuego: Franz Rosenzweig, Walter Benjamin y Franz Kafka". *Lecciones de extranjería. Una mirada a la diferencia.* Coordinado por Esther Cohen y Ana María Martínez de la Escalera. 13-37. México: Siglo XXI.

Méndez, Alberto. 2004. *Los girasoles ciegos.* Madrid: Anagrama.

Merino, Eloy E. y H. Rosi Song. 2005. *Traces of Contamination. Unearthing the Francoist Legacy in Contemporary Spanish Discourse*. Lewisburg: Bucknell UP.

Ovejero, José. 2009. *La comedia salvaje*. Madrid: Alfaguara.

Resina, Joan Ramon. 2007. "Window of Opportunity: The Television Documentary as 'After-Image' of the War." *Teaching Representations of the Spanish Civil War*. Ed. Noël Valis. 406-24. New York: The Modern Language Association of America.

Rieff, David. 2011. *Against Remembrance and Other Essays*. Dublin: The Liffey Press.

Semprún, Jorge. 1977. *Autobiografía de Federico Sánchez*. Barcelona: Planeta.

—. 2003. *Veinte años y un día.* Barcelona: Tusquests.

Toharia, Juan José. 2010. "La tercera España, 74 años después". *El país.* 18 de julio. Disponible en http://www.elpais.com.

Trapiello, Andrés. 2000. *Días y noches*. Madrid: Espasa.

—. 2001. *La noche de los Cuatro Caminos: una historia del maquis. Madrid, 1945*. Madrid: Aguilar.

CHAPTER EIGHT

LA NACIÓN EN LLAMAS: REPRESENTACIONES FEMENINAS DEL NACIONALISMO VASCO DURANTE LA GUERRA CIVIL ESPAÑOLA

IKER GONZÁLEZ-ALLENDE
UNIVERSITY OF NEBRASKA-LINCOLN

1. La mujer en las guerras

En los conflictos bélicos, a la mujer se la ha relacionado tradicionalmente con la retaguardia, erigiéndose como modelo de víctima inocente y del sufrimiento de la población civil debido al hambre, las penurias y los bombardeos, así como la soledad y la incertidumbre causadas por la ausencia del esposo y/o los hijos. Ahora bien, la separación entre el frente y la retaguardia y la caracterización de esta última como el único espacio de las mujeres resultan en realidad un mito, puesto que durante las guerras la población civil es víctima de numerosos ataques, y los pueblos y las ciudades terminan convirtiéndose en campos de batalla (Afshar, 2004: 47). Además, la identificación de la mujer con el dolor de la nación que las ideologías nacionalistas promueven supone una simplificación de la realidad femenina y de las múltiples y diversas labores que las mujeres realizan en tiempos de guerra. La mujer termina, por tanto, en el ámbito de la otredad, incomprendida por los nacionalismos, que al estar dirigidos por los hombres, ensombrecen su participación activa y la relegan al espacio de lo simbólico.

Durante la Guerra Civil Española (1936-1939), tanto el bando republicano como el sublevado utilizaron la imagen de la mujer sufriente como medio propagandístico porque resultaba ser un símbolo impactante y poderoso, capaz de infundir energía a los soldados para luchar con más vigor en la defensa de la nación que se hallaba en peligro. Los nacionalistas vascos, igualmente, se sirvieron de esta retórica, como se aprecia en las narraciones *Al compás de la fusilería: el dolor de Euzkadi* (1938), de Pedro de Basaldúa[1], y *Euzkadi en llamas* (1938), de Ramón de Belausteguigoitia[2]. En ambas novelas hallamos a dos figuras femeninas, la madre y la novia, que simbolizan el dolor del País Vasco bajo los ataques de los sublevados. Las madres se representan como víctimas inocentes, identificadas con la nación siguiendo el modelo tradicional de la *mater dolorosa*. Aunque las madres asumen diversas actitudes ante la muerte de sus hijos en el frente, tales como la protesta, al final o la terminan aceptando estoicamente o le culpan al enemigo, no desafiando así los principios de la ideología nacionalista. Por su parte, los personajes de las novias se erigen como las futuras madres de la nación. Las novias muestran una feminidad tradicional, basada en la belleza, la pureza y la castidad, y al igual que sus novios soldados, son defensoras del nacionalismo vasco. El objetivo de su noviazgo es el matrimonio, que simboliza la continuación de la nación. El final de estas narraciones, sin embargo, apunta a las dificultades de la supervivencia de Euskadi: la muerte del soldado o la incertidumbre sobre su futuro muestran a una novia desolada que terminará por erigirse en otra *mater dolorosa*.

Los protagonistas de ambas novelas son gudaris o soldados vascos que luchan contra los sublevados. *El dolor de Euzkadi* relata la historia de tres jóvenes, José, Miguel y Manu, que deciden alistarse a las milicias vascas. En el frente hablan sobre religión y sobre los sacerdotes vascos asesinados,

---

[1] Pedro de Basaldúa Ibarnia (Baracaldo, 1906-Buenos Aires, 1985) fue un miembro destacado del Partido Nacionalista Vasco (PNV). Ejerció como secretario del primer presidente del Gobierno Vasco, José Antonio Aguirre, y posteriormente, en el exilio, fue delegado del Gobierno Vasco en Argentina. Uno de los aspectos que de él subraya Elías Amézaga es su religiosidad, como lo atestiguan la pertenencia a las Juventudes Católicas de Bizkaia y la colaboración en Orden Cristiana en Argentina (1987: 203-4). Su pensamiento nacionalista vasco se aprecia en la temática de su producción escrita, con estudios sobre cuestiones religiosas, el Gobierno Vasco y figuras destacadas del PNV como Sabino Arana y Jesús Galíndez.

[2] Ramón de Belausteguigoitia y Landaluce (Laudio, 1891-Madrid, 1981) se licenció en Derecho y amplió sus estudios en Londres, donde trabajó como corresponsal durante la Primera Guerra Mundial. Tres de las constantes de su vida fueron su interés por otras culturas, su preocupación por los problemas de la tierra y su ideología nacionalista vasca. En 1925 se trasladó a vivir a México, donde regentó un rancho y puso en práctica sus conocimientos agrícolas. Tras su estancia en España durante la Guerra Civil permaneció exiliado en México hasta 1974, escribiendo obras como *La sombra del mezquite* (1951), *El valle inexplorado* (1960) y *La gran aventura* (1967).

padecen los ataques de la aviación enemiga y logran tomar un caserío del bando contrario. Sin embargo, los sublevados cercan el caserío y José decide volver al campamento para abastecerse de armas. Cuando éste está a punto de alcanzar su objetivo, recibe un disparo y Manu sale a su encuentro para ayudarle, siendo él también herido, con lo que al final mueren ambos jóvenes. La obra se cierra con una estampa de Mirentxu, que al ser la novia de Manu y hermana de José, se encuentra desconsolada en el hospital donde trabaja como enfermera.

Euzkadi en llamas, la novela vasca más panorámica y extensa publicada durante la Guerra Civil, narra la historia de Pedro Landate, un joven nacionalista vasco que vive en Artea. Pedro se va a estudiar a Madrid, donde se enamora de una bilbaína, Lucía, de familia adinerada e ideología nacionalista española. Después regresa al País Vasco y se introduce de lleno en la participación política al estallar la guerra. Lucía termina su relación con él porque su padre, dueño de una fábrica, es asesinado por los republicanos. Pedro es nombrado capitán, se enfrenta en diversas batallas al bando sublevado y como representante del Gobierno Vasco visita Cataluña, Andalucía, Valencia y Madrid. Finalmente es herido en el intento de recuperación de Archanda y es trasladado a Bayona. Allí le cuida Edurne, una joven vasca de un caserío de Goikoa, con cuya familia los Landate han mantenido siempre una estrecha relación. En esta obra tenemos, por tanto, dos novias: Lucía, de ideología franquista, lo que imposibilitará la relación amorosa, y Edurne, nacionalista vasca, con la que Pedro decide casarse al final de la novela.

2. La *mater dolorosa* y la nación sufriente

En ambas novelas los personajes de las madres realizan un papel secundario. En *El dolor de Euzkadi* se incluye a la madre de José y a otra madre anónima que presencia un desfile de los gudaris, mientras que en *Euzkadi en llamas*, al ser Pedro huérfano de madre[3], es la madre de Edurne, Magdalena/Carlota, quien personifica el modelo ideal de madre

---

[3] En bastantes obras publicadas durante la Guerra Civil el personaje principal es huérfano de madre, como les sucede al Falangista en *Unificación* (¿1937?), de Jacinto Miquelarena; a Elena en *La ciudad* (1939), de Manuel Iribarren; a Camino en *Mientras allí se muere* (1938), de Ernestina de Champourcin; o a María Teresa en *Madrina de guerra* (s.f.), de Rosa de Arámburu. El carecer de madre hace que estos protagonistas se tengan que enfrentar solos a la guerra y que a menudo se involucren en ella de manera más activa.

vasca[4]. La presencia de la madre como personaje dramático pero marginal en estas novelas fue común en la narrativa escrita durante la Guerra Civil, en la que el protagonismo está reservado generalmente para el soldado[5]. Cuando se incluye la figura de la madre en las narraciones, ésta parece interesar no tanto en sí misma, sino en cuanto a su función apelativa respecto a los personajes masculinos, que son los que luchan con las armas en defensa de la nación.

El sufrimiento de las madres en las narraciones de Basaldúa y Belausteguigoitia se identifica con el padecimiento del País Vasco. De esta manera, las madres se convierten en alegorías de la nación vasca[6]. Eric Hobsbawm considera que la personificación de la nación en un símbolo o imagen es un ejemplo de tradición inventada que los movimientos nacionalistas establecen e imponen a través de la repetición (1983: 7). Los nacionalismos se construyen en torno a un discurso masculino-centrista que impulsa la alegoría de la Madre Nación. Esta imagen tiene su origen en la creencia de que la mujer es la defensora y continuadora de las raíces y costumbres nacionales. Anne McClintock expone esta hipótesis

---

[4] Belausteguigoitia comete un error con el nombre de este personaje: al principio la llama "Magdalena", pero a partir del capítulo XIII la rebautiza como "Carlota" (1938: 419). Este fallo se puede explicar por la distancia existente entre las dos apariciones del personaje y la longitud de la novela.

[5] En cambio, la figura materna se utilizó profusamente en carteles para pedir ayuda y alentar a los soldados. En opinión de Josefina Serván Corchero y Antonio Trinidad Muñoz, la mujer en familia era la imagen femenina más común en los carteles de la Guerra Civil Española (1991: 366).

[6] Como los nacionalistas vascos, los republicanos también utilizaron la figura femenina/maternal para representar a la República española durante la Guerra Civil. Las mujeres republicanas que adquirieron un protagonismo político, tales como Dolores Ibárruri y Federica Montseny, solían enfatizar sus cualidades maternales para que los hombres no se sintieran amenazados (Mangini, 1995: 31). En el periódico comunista *Euzkadi Roja* también se subrayaba el aspecto maternal de la mujer. Así, cuando se hablaba de la mujer soviética, se decía que trabajaba en el campo o en el taller, pero que era muy femenina porque era madre (Martínez Martín, 1991: 253). Se quería asegurar a los hombres que el hecho de que la mujer fuera activa en la guerra no iba a provocar cambios de género y de poder. La tradición de representar a España a través de una alegoría femenina surge en la era de los nacionalismos europeos. Como la imagen de la República, la Madre España suele llevar una corona y un león. A medida que avanza el siglo XIX, su aspecto se va deteriorando y se la representa en situación precaria, flaca y con las ropas raídas debido a la mala situación del país y a las peleas entre los distintos grupos políticos (Álvarez Junco, 2001: 570). En definitiva, se tendió a personificar a España como una madre plañidera, en un ambiente enlutado, como una "transposición de la tradicional *mater dolorosa* del imaginario católico" (Álvarez Junco, 2001: 568).

partiendo de la teoría de Tom Nairn[7]—la nación es un Jano moderno, con una cara mirando hacia atrás o el pasado y la otra mirando hacia delante o el futuro—y concluye que, para los nacionalismos, mientras que los hombres representan la modernidad nacional o el progreso, las mujeres, por el contrario, simbolizan el pasado o la preservación de las tradiciones (1993: 66).

Esta insistencia en mostrar a la patria como una mujer puede deberse al hecho de que los nacionalismos necesitan personificar la nación y hacerla visible para que los ciudadanos puedan imaginarla más fácilmente (Manzano Moreno, 2000: 43). El problema radica en que esta simbología provoca una homogeneización y abstracción de la identidad femenina, eliminando las múltiples vivencias y experiencias de la mujer en la sociedad (Eisenstein, 2000: 41). Nira Yuval-Davis señala al respecto que resulta contradictorio que las mujeres reproduzcan la nación biológica, cultural y simbólicamente, y que, en cambio, se las excluya o esconda en las teorizaciones nacionalistas (1997: 2). Además, a la figura alegórica femenina se le atribuyen rasgos de respetabilidad y pureza, lo que supone que las mujeres de esa nación se vean impelidas a continuar ese ideal femenino basado en el decoro y el recato.

Las novelas de Basaldúa y Belausteguigoitia enfatizan el sufrimiento de la Madre Nación ya desde sus propios títulos y transmiten la idea de que el País Vasco es una nación pacífica por naturaleza, pero que al estar siendo invadida, se debe defender de los ataques enemigos. En *El dolor de Euzkadi* la nación se personifica en una madre (Mañá et al., 1997: 286) por la que sus hijos están luchando: "Euzkadi parecía despertar de un letargo clavado en las profundidades de su pasado, al conjuro de las descargas de fusilería y los ayes de angustia y dolor de sus hijos" (1938: 13). Más adelante se repite la misma idea: "Y una vez más el suelo fértil de nuestra patria se vio empapado en la sangre caliente y joven de sus hijos" (1938: 21). Euskadi es la madre que presencia cómo sus hijos están muriendo en su defensa. Aquí, además, se conecta la patria con la tierra, como se hace más adelante cuando se indica que el "suelo de la patria" se halla "dolorido y ensangrentado" (1938: 55). La sangre de los soldados muertos retorna a su lugar de origen, pasa a formar parte de la tierra vasca, fundiéndose con ella para la creación de nuevos héroes.

La conexión de la madre con la nación y la tierra parte de la tradicional identificación de la mujer con la naturaleza por su capacidad reproductiva (Yuval-Davis, 1997: 6). En la cultura vasca la relación de la tierra con la mujer tiene una larga tradición. Como en otros idiomas, en euskera se suele anteponer la palabra *ama* ("madre") a *lurra* ("tierra"). Además, en la

---

[7] Tom Nairn. 1977. *The Break-up of Britain*. London: New Left Books.

mitología vasca existe la figura de Mari, una mujer o divinidad femenina que se ha considerado un símbolo de la personificación de la Tierra (J. Aranzadi, 2000: 337)[8]. Pedro de Basaldúa traza la tríada madre-nación-tierra en la otra novela que publicó durante la Guerra Civil, *Sangre en la mina* (1937), en la que narra la situación de lucha entre unos mineros y los dueños de la mina en Las Encartaciones[9]. Aunque la novela no se sitúa en la Guerra Civil, los trabajadores de la mina representarían a los republicanos y nacionalistas vascos, mientras que los dueños de la empresa a los sublevados[10]. La tierra vasca está siendo explotada de manera brutal por la burguesía, lo que trasladado al momento bélico simboliza la situación de opresión que sufre la Madre Euskadi debido a los sublevados: "allí yace, en tinte rojo, la tierra violada, rotas sus entrañas, vaciada para satisfacer a veces el egoísmo y la ambición" (1937: 20). La alusión a la violación de la tierra sirve para relacionarla con una figura femenina y con la nación oprimida[11].

---

[8] Mari vive en regiones situadas bajo tierra y suele experimentar frecuentes metamorfosis, adoptando formas animales o naturales. En realidad, se la conoce con diversos nombres según la localidad en que se considera que habita, pero casi siempre suele recibir el apelativo de "Señora" o "Dama" (J. Aranzadi, 2000: 338). Mari posee una cierta ambivalencia respecto a su actuación con los hombres, ya que conjuga la bondad con la maldad, aunque suele conservar una intención benevolente.

[9] En opinión de José Antonio Pérez Bowie, la acción de *Sangre en la mina* se sitúa a finales del siglo XIX y principios del XX por una referencia en el texto a las luchas independentistas de otros países (1978: 206). En la novela, Basaldúa se posiciona en contra del capitalismo, siguiendo la ideología del primer Sabino Arana (De la Granja, 2000: 31). Sin embargo, a diferencia del creador del nacionalismo vasco, el autor busca la unidad de los trabajadores vascos y foráneos. Esto no es extraño, ya que tras la muerte de Sabino Arana, hubo cada vez un mayor acercamiento del nacionalismo vasco a los grupos obreros, como lo demuestra la creación en 1911 de Solidaridad de Trabajadores Vascos, un sindicato nacionalista vasco (Apaolaza, 1994: 114).

[10] Es cierto que se dice que algunos patronos de las minas son nacionalistas vascos, pero el protagonista señala que no son nacionalistas verdaderos porque traicionan con su actuación egoísta el pensamiento de Sabino Arana y la doctrina de Cristo (1937: 15). Además, el hecho de que al final de la obra los dueños de la mina reciban la ayuda de la Guardia Civil les identifica claramente con los sublevados.

[11] La sangre del título es la sangre de los mineros, que van agotando sus fuerzas por las condiciones infrahumanas en las que tienen que trabajar, pero también se refiere a la sangre de la propia tierra. Es decir, tanto la tierra como los trabajadores resultan ser víctimas de los patronos. La identificación entre ambos se produce sobre todo al final, cuando el protagonista muere como consecuencia de un disparo de la Guardia Civil y la tierra sufre el mismo resultado:

Imagen 8.1. Portada de *Euzkadi en llamas* (1938), de Ramón de Belausteguigoitia

En *Euzkadi en llamas* la alegoría de la Madre Nación se plasma en la ilustración de la portada, de la que no se indica el autor (véase la imagen 8.1). En ella se ve a una mujer campesina de edad avanzada con un manto

---

"La cuenca minera, mientras tanto, está muerta. Su cadáver quedará allí, con las entrañas rojas al descubierto, rotos los canales, inundadas las cuevas y los pozos, anegados y fríos los hornos; y el material, al aire y abandonado, con moho y orín, lleno de herrumbre, como el alma de tantos y tantos hombres" (1937: 32).

sobre la cabeza, encorvada y con señales de sufrimiento en el rostro. La mujer personifica a Euskadi, que está siendo atacada por el enemigo. Detrás de ella aparece un caserío y por encima de él hay ruinas de edificios. A pesar de que otras casas han sido destruidas por los bombardeos, el caserío permanece en pie, sin grietas que indiquen un futuro derrumbamiento. De hecho, el caserío se identifica con la figura femenina. Se transmite así el mensaje de que, aunque los enemigos estén acechando al pueblo vasco, éste todavía tiene posibilidades de salvarse si sus hijos actúan enérgicamente. También se puede entender que Euskadi, aunque sea atacada, continuará existiendo *ad aeternum*, ya que la nación vasca se encuentra ligada para siempre a la tierra que habita[12].

Esta conexión de la madre con la casa como microcosmos de la nación es común en las ideologías nacionalistas. A la mujer se la ha relacionado tradicionalmente con el espacio privado, con el hogar, el cual se erige como refugio y protección, como meollo de la identidad nacional. Joseba Zulaika indica que para el nacionalismo vasco es en el caserío donde se mantiene resguardada la cultura vasca debido a su conexión con el pasado (1988: 130)[13]. En *El dolor de Euzkadi* se aprecia esta idea cuando Miguel dice a sus compañeros gudaris que "el alma de la raza [está] escondida en lo profundo de esos caseríos..." (1938: 10). En dichos caseríos la madre es la figura principal: "[...] el rincón caliente de su hogar en donde la madre les sonríe mientras por sus mejillas ajadas por los años y el sufrimiento corren abundantes lágrimas" (1938: 11). En la novela se considera que el caserío, y con él la cultura vasca, se hallan en peligro de desaparición por la guerra:

> "En amarga reflexión recordaba los pensamientos luminosos del insigne Arantzadi que tan entrañablemente amó al caserío y veía que ya no sólo éste, la casa solar, vinculada en ella tradición, historia, amores y recuerdos, risas y lágrimas, se desmoronaba, se derrumbaba por la insensatez de sus hijos; ahora son también los hijos ajenos, los enemigos de la raza vasca

---

[12] El espacio rural vasco se representa en la portada porque para el autor es en los pueblos donde reside realmente el alma vasca. En la propia novela se desarrolla una oposición entre el pueblo—el de Pedro, Artea, y el de Edurne, Goikoa—y la ciudad, Bilbao, la gran urbe industrial, en manos del capitalismo. La predilección por la vida en el pueblo en la novela (Imaz, 2000: 521) es típica de los nacionalismos, que consideran que en el ámbito rural se halla el verdadero espíritu de la nación.

[13] Además, el hecho de que los nombres de los caseríos vascos incluyan palabras referidas al ámbito natural (*mendi*, "montaña"; o *itxaso*, "mar") los erige como símbolos de Euskadi (Zulaika, 1988: 125).

quienes hunden su techumbre y agrietan sus muros a cañonazos" (1938: 55).

En este fragmento, el personaje de Miguel hace referencia al libro *La casa solar vasca* (1932), de Engracio de Aranzadi, "Kizkitza", en el que éste advierte del riesgo de abandonar el pueblo por la ciudad y la vida rural por la industrialización. Para Miguel el caserío se erige como el pilar que mantiene la historia y las tradiciones vascas, y como el motor de la formación nacional. Por este motivo, los enemigos de Euskadi pretenden destruirlo[14].

En *Euzkadi en llamas* el caserío también se identifica con la esencia vasca: "allí está su fachada blanca y sonriente como la de un caserío joven, como una estampa de la raza" (1938: 132)[15]. Esta descripción corresponde al caserío Goikoa, que pertenece a la familia de Edurne. El propio nombre del caserío, que significa "el de arriba", alude a su trascendencia y a la de la nación. Belausteguigoitia, asimismo, relaciona el caserío con la mujer: "en el caserío vasco, la mujer era la que llevaba el peso del trabajo y [...] el hombre representaba el papel de un patrón benévolo" (1938: 17). La madre de Edurne encarna el modelo de mujer vasca a cargo de la vida del caserío: "En realidad ella era el ama de la casa, mujer de bríos y de imaginación, ella fue la que dio orientación a la familia y la que decidía en las graves cuestiones familiares, casamientos, ventas de ganado... viajes..." (1938: 124).

El papel activo de la madre en los caseríos vascos ha llevado a algunos investigadores como Francisco Letamendia Belzunce ("Ortzi"), Txema Hornilla, Andrés Ortiz-Osés, Julio Caro Baroja o Franz Karl Mayr a hablar de la existencia de un matriarcado en el País Vasco. Sin embargo, otros estudiosos como Mercedes Ugalde, Teresa del Valle y Juan Aranzadi se muestran contrarios a esta teoría y establecen una distinción entre la existencia de la matrilinealidad y la falta de poder político y económico de las mujeres sobre los hombres. Así, Margaret Bullen propone diferenciar

---

[14] En la literatura vasca el ejemplo más clásico de la conexión del caserío con la nación es el famoso poema "Nire aitaren etxea" ("La casa de mi padre") (1963), de Gabriel Aresti. En él, el yo poético proclama que defenderá la casa de su padre contra todo tipo de enemigos y que aunque él muera, la casa seguirá en pie. En este caso, la casa se asocia con la figura del padre en vez de la de la madre, quizás porque aunque la madre sea el espíritu del hogar, el padre es el dueño del caserío.

[15] Para Belausteguigoitia es en las zonas rurales donde se manifiestan las costumbres que definen la identidad vasca: la religiosidad, los ritos donde se mezclan lo pagano y lo místico, el respeto a los ancianos, las romerías, las ferias de ganado, la mitología vasca, los *bertsolaris* (poetas orales que improvisan versos en euskera), las comidas copiosas con muchos invitados, los bailes, el frontón, etc.

entre un matriarcado doméstico y un matriarcado político (2003: 126). En este sentido, Del Valle considera que la teoría del matriarcado vasco ha sido promovida por el nacionalismo vasco para subrayar la originalidad de Euskadi, así como su carácter ancestral (1985: 48)[16].

Ahora bien, el ensalzamiento de la maternidad no solo se produjo por parte de los líderes masculinos del nacionalismo vasco, ya que también las mujeres del PNV, agrupadas en la sección femenina del partido, Emakume Abertzale Batza, en varios de sus artículos, consideraban la maternidad como la principal tarea de la mujer, la cual debía transmitir a sus hijos el amor por la nación[17]. En este sentido, Nira Yuval-Davis y Floya Anthias recuerdan que los papeles que desempeñan las mujeres en la sociedad no simplemente se les imponen por parte de los hombres, sino que ellas mismas pueden participar en su consolidación y en el control de otras mujeres (1989: 11). Así, numerosas mujeres nacionalistas vascas defendían su posición de madres y esposas porque les confería el privilegio de ser respetadas en la sociedad.

Las novelas de Basaldúa y Belausteguigoitia erigen a las madres como metáforas del dolor de la nación sobre todo cuando éstas se tienen que enfrentar a la participación de sus hijos en la guerra y su posterior muerte en el frente. Ante una situación de guerra, la respuesta individual de cada madre puede ser distinta, desde aconsejar a su hijo que no vaya a luchar hasta ser ella la que le incite a tomar las armas. Nancy Scheper-Hughes cree que en la guerra la madre se guía más por la aceptación de la realidad, permitiendo a sus hijos combatir en el frente (1998: 229). Shirley Mangini también opina de la misma manera y defiende que en la Guerra Civil Española, tanto en la derecha como en la izquierda, la cualidad más valorada de la mujer era la abnegación (1995: 43). Los gobiernos nacionales son conscientes de la influencia que las madres ejercen sobre

---

[16] En diversos de sus ensayos Sabino Arana alababa la maternidad: "¿has visto tú amor más grande en la tierra, amor más tierno, más instintivo, más ciego, más profundo, más indefinible que el amor de la madre para con sus hijos?" (Ugalde, 1993: 41). La obra de Arana que cita Ugalde es *De fuera vendrá... Comedia en tres actos (1897-1898)*. Edición de José Luis de la Granja. San Sebastián: Haranburu, 1982, p. 145, nota 24. El propio Arana identificó a la madre con la nación vasca en obras como *Bizkaya por su independencia* (1892) y *Libe* (1902).

[17] Emakume Abertzale Batza no era la única asociación femenina del nacionalismo vasco, aunque sí la más importante, ya que correspondía al PNV. Además de ella, existían las Emakumes de Acción Nacionalista Vasca (ANV), partido nacido de una escisión del PNV en 1930, de carácter socialista y aconfesional, y Aberri Emakume Batza, sección femenina de Euzkadi Mendigoxale Batza, creada en 1934 y de ideología independentista (Sebastián García, 1991: 80). A pesar de esta variedad, los tres grupos femeninos coincidían en ensalzar la maternidad.

sus hijos, y por ello es común que la propaganda de guerra inste a las madres a que animen a sus hijos a ir al frente. Para los nacionalismos, la madre que no quiere entregar a sus hijos para que luchen en la guerra es una mala madre y desleal a su nación (Turpin, 1998: 11).

Sin embargo, en *El dolor de Euzkadi*, a la madre de José no le agrada la idea de que su hijo parta al frente:

> "—Yo he de salir, ama.
> —¿Tú? ¿Y esta noche?—exclamó la madre, una aldeana de aspecto grave y distinguido, poniéndose en pie y con ojos de espanto.
> —Sí, nos han llamado a todos los mendigoxales para reunirnos en el Batzoki... [...]
> —Irás mañana...
> —¡No, ama! Mañana tal vez sea tarde. El deber no admite demora... y la Patria mucho menos. [...]
> Fueron vanos los lloros maternos e inútiles los consejos [...]" (1938: 16-17).

Aquí la madre se posiciona en contra de la guerra y parece que el amor hacia su hijo es más fuerte que el amor hacia su nación. Sin embargo, José da pruebas de su patriotismo y de su masculinidad normativa al oponerse a su voluntad y separarse de ella. El hecho de que la madre de José parezca preferir la paz antes que la guerra no significa forzosamente que por naturaleza la mujer tienda hacia la paz y el hombre hacia la guerra (Dombrowski, 1999: 5), ya que existen madres que están a favor de la violencia e impulsan a sus hijos a tomar las armas.

Las muertes de los gudaris en las novelas de Basaldúa y Belausteguigoitia convierten a las madres en modelos de *mater dolorosa*, la cual, en opinión de Sara Ruddick, es la imagen predominante de la mujer en la guerra (1998: 215). Esta autora considera que esta figura femenina no solo se lamenta por la muerte de su hijo, sino que se aferra a la vida buscando a los niños perdidos, cuidando a los que están vivos, e incluso dando a luz. Ruddick indica que la manifestación del sufrimiento puede ser diversa y que a veces puede convertirse en un acto político, cuando las madres protestan en espacios públicos por la muerte de sus hijos (1998: 216). Bastantes críticos utilizan la expresión *mater dolorosa* de manera muy laxa, para referirse a cualquier mujer o madre que sufre durante la guerra. Ahora bien, la tradicional *mater dolorosa*, que tiene su origen en la iconografía de la Virgen María, se resigna de manera pasiva y estoica a la muerte de su hijo, mientras que la madre que busca venganza y no acepta interiorizar ni silenciar su dolor resulta un ligero desvío de este paradigma.

Este último modelo de *mater dolorosa* se recoge en el capítulo quinto de *El dolor de Euzkadi*, en el que una madre anónima que presencia un desfile de gudaris se lamenta por la muerte de su hijo en el frente:

> "¿Ir...? ¡Mi hijo fue...! Me lo mataron en el frente de Villarreal, de un balazo en el pecho... ¡Era tan bueno mi Luis!—suspiró entre sollozos y congojas. Desde entonces—continuó diciendo emocionada, después de secarse las lágrimas que deslizábanse abundantes por su rostro—acudo a presenciar todos los desfiles... [...] ¡Pobre hijo mío! No, no era un cobarde y estoy orgullosa de su comportamiento, estoy muy orgullosa de él, pero ¡a qué precio, Dios mío!; ya no lo tengo más; ¡me lo han arrancado para siempre! ¡Que Dios confunda a los asesinos que me lo mataron a traición! ¡Que confunda a quienes han dejado el corazón de una madre sangrando, solo y en la amargura!" (1938: 33-34).

El carácter simbólico de esta madre queda claro cuando el narrador indica: "En sus lágrimas estaban acumuladas las amarguras de las madres todas de Euzkadi" (1938: 34). Las lágrimas que derrama, junto a la leche, son los signos por excelencia de la *mater dolorosa*, de acuerdo a Julia Kristeva (1986: 109). En su famoso ensayo "Stabat Mater" (publicado por primera vez en 1977), Kristeva critica la identificación entre la mujer, la madre y la Virgen propagada por el cristianismo porque supone una negación del cuerpo femenino y la proyección de una imagen homogénea e irreal de la mujer (1986: 109, 115). Las lágrimas reducen a la madre a un mero símbolo del dolor. Al igual que la madre de José, la madre que presencia el desfile no parece que alentó a su hijo a ir a luchar, aunque aceptó dolorosamente su decisión. Sin embargo, no asume estoicamente la muerte de su hijo, ni se consuela con el destino divino ni la providencia, sino que desea el mal a los que le mataron. En este sentido, no se adecúa completamente al modelo silencioso de la *mater dolorosa*, aunque al posicionarse en contra de los enemigos y apoyar un evento militar no supone una amenaza a la ideología nacionalista que defiende la novela.

En *Euzkadi en llamas,* Carlota se enfrenta a la muerte de su hijo, José Leandro, de una manera más acorde a los postulados nacionalistas. Si al comienzo, cuando Pedro le comunica el fallecimiento, Carlota muestra "toda su protesta y desesperación de madre" (1938: 598), posteriormente parece resignarse a su pérdida: "Después de una noche de llanto y de desesperación, el rostro de Carlota se había cubierto de una triste serenidad" (1938: 604). En este sentido, se transmite el mensaje de la necesidad de la aceptación de la muerte de seres queridos a través de la fe religiosa: "El poder de Dios lo regía todo y no había sino someterse a él" (1938: 604-5). Cuando las madres asumen estoicamente su sufrimiento y consideran que la muerte de sus hijos era necesaria para el bien de la nación, son veneradas y admiradas por las ideologías nacionalistas.

Del análisis de la figura de la madre en las obras de Basaldúa y Belausteguigoitia se desprende que para las ideologías nacionalistas, las madres se preocupan de sus hijos, no de sus hijas, las cuales permanecen invisibles en las imágenes de maternidad (Nash, 1999: 103). Este modelo de maternidad generado por el patriarcado se transmite, de acuerdo a Luce Irigaray, a las hijas y así se reafirma intergeneracionalmente (Robinson, 2003: 120)[18]. En *El dolor de Euzkadi* y *Euzkadi en llamas*, a los autores no les interesa ahondar en el vínculo existente entre Mirentxu y su madre, y entre Edurne y Carlota respectivamente, ya que los personajes de Mirentxu y Edurne se configuran partiendo de la función que realizan respecto al hombre; es decir, como novias o hermanas, pero no como hijas. Por tanto, sobre todo en momentos de guerra, en el discurso nacionalista la madre o la mujer importan por lo que suponen para el hombre. María Teresa Gallego Méndez lo expresa así:

> "Es obvio que la mujer ha sido foco de interés permanente para los poderes establecidos. No por su condición de persona, sino por las funciones que desempeña en la familia, institución clave para la reproducción, tanto de la especie como de las condiciones sociales" (1983: 13).

3. La novia y el futuro doloroso de la nación

Mientras que la madre representa la unión entre el pasado y el presente de la nación, la figura de la novia en las narraciones de Basaldúa y Belausteguigoitia relaciona el presente de Euskadi con su porvenir[19]. A la

[18] El texto citado es Elaine Hoffman Baruch, Lucienne J. Serrano y Luce Irigaray. "Luce Irigaray: Paris, Summer 1980". En Elaine Hoffman Baruch y Lucienne J. Serrano (eds.), *Women Analyze Women in France, England and the United States*. London: Harvester Wheatsheaf, 1988, p. 156. Nancy Chodorow también indica que la maternidad se reproduce cíclicamente de madres a hijas (1978: 7).

[19] Uno de los escasos libros dedicado en exclusiva a las novias de los soldados durante la Guerra Civil es *Viudas blancas: Novelas y llanto de las muchachas españolas*, del franquista José Vicente Puente. Consiste en un conjunto de relatos en los que el autor presenta el sufrimiento de las jóvenes, pretendiendo recoger "lágrimas de novias que han empapado la nueva bandera del Imperio de España" (1937: 11). El libro incluye un cuento de ambientación vasca, "José Marí Chapelgorri", en el que una joven canaliza el dolor por la muerte de su novio carlista trabajando como enfermera. También en *Retaguardia: Imágenes de vivos y de muertos* (1937) y *Las alas invencibles: Novela de amores, de aviación y de*

novia se la considera como la futura madre de la nación, la que se encargará en un tiempo no lejano de unirse a su novio en matrimonio y perpetuar la estirpe a través de la descendencia[20]. En *El dolor de Euzkadi* y *Euzkadi en llamas* el amor no se entiende como un fin en sí mismo, sino que debe tener como objetivo la formación de una nueva familia para sustentar los valores de la nación. Esta institucionalización y naturalización de la heterosexualidad y de la familia patriarcal constituye el heterosexismo que V. Spike Peterson considera propio de los nacionalismos (2000: 59). Al hacer que el amor y el patriotismo converjan, estas novelas se podrían calificar, siguiendo a D. Sommer (1991), como "ficciones fundacionales". Al igual que las novelas hispanoamericanas decimonónicas, las obras de Basaldúa y Belausteguigoitia plantean una relación sentimental heterosexual que debe superar problemas externos a la pareja, especialmente la guerra, para la construcción de la nueva nación. De esta manera, el amor hacia el novio o la novia se proyecta como amor hacia la nación.

Las descripciones físicas de las novias en estas obras coinciden en resaltar su juventud y belleza, así como su decoro, inocencia y bondad. De hecho, los nacionalismos siempre consideran a sus mujeres como puras y castas frente a las mujeres del enemigo, a las que se describe como amorales y pervertidas (Mayer, 2000: 10). En *El dolor de Euzkadi*, de Mirentxu se dice que tiene el "rostro fresco y pinturero como una manzana" (1938: 15). Además de conferir un tono costumbrista y romántico, el retrato de Mirentxu enfatiza rasgos típicos de la feminidad tradicional, como "los dientes de nácar" (1938: 64) y "la mano aterciopelada, blanca y suave" (1938: 32). Se muestra respetuosa con la tradición familiar al escuchar con atención a su abuelo y también se caracteriza por el sentimentalismo, ya que no puede evitar las lágrimas cuando se despide de su novio y ve el desfile de los gudaris que parten al frente. El rubor y la timidez son asimismo otras de sus características cuando habla de su novio o se encuentra con él: "una oleada de carmín se extendía por sus frescas mejillas" (1938: 17).

En *Euzkadi en llamas*, tanto Lucía como Edurne son modelos de hermosura y de buen comportamiento. De Lucía se indica que "era un temperamento que se abría al amor con toda la inocencia y el afecto de una nueva juventud llena de acogimiento vital. Su belleza parecía emanar un

---

libertad (1938), de la falangista Concha Espina, se confiere protagonismo al personaje de la novia (González-Allende, 2011: 529).

[20] De hecho, en las guerras a toda mujer adulta se la termina viendo como a una madre. Mary Nash señala al respecto que en la Guerra Civil Española "todas las mujeres podían calificarse potencialmente como madres" (1999: 102).

efluvio de serenidad acogedora" (1938: 68). Lucía representa a la joven moderna de ciudad que practica deportes, pero que sigue manteniendo una feminidad tradicional, por ejemplo al necesitar la protección del hombre, de Pedro: "Me parece que la vida es así, un poco bronca, amenazadora. Pero al estar contigo tengo otra vez plena confianza" (1938: 111).

Si Lucía es un ejemplo de mujer de ciudad, Edurne lo es del campo, pero el hecho de que estudie en París con sus tíos hace que no se comporte como una aldeana común: "Pedro miraba a Edurne, la chiquilla que él había conocido, convertida en una espléndida muchacha de ojos azules y pelo rubio, y vestida con la elegancia de la moda más reciente" (1938: 126). Por otro lado, como en el caso de Mirentxu, cuando está a solas con su novio se ruboriza a menudo, lo que indica su decoro sexual: "Edurne le miró sonrojándose ligeramente" (1938: 657). También se la compara con elementos de la naturaleza como una flor cultivada y "un pájaro, inquieto y revoloteante con su acento lleno de matices" (1938: 427). La conexión de las jóvenes de la nación con la naturaleza es común en las ideologías nacionalistas[21]. George Mosse apunta al respecto que los nacionalismos tienden a identificar a las mujeres con las rosas, que simbolizan la virginidad, y de esta manera eliminan cualquier tipo de deseo sexual femenino (1985: 99-100).

En el panorama sentimental de Pedro también se halla otra figura femenina, una joven estadounidense llamada Betty. En realidad, el protagonista posee un carácter donjuanesco que provoca que en varias ocasiones esté pensando en Lucía y Edurne a la vez y las esté comparando[22]. Otras veces no le importa coquetear con Betty, hija de los adinerados Welson, que veranean en el País Vasco francés. Al ser extranjera, Betty se presenta como una mujer independiente que toma la iniciativa en el amor, por ejemplo, entregándole a Pedro una notita e incluso pidiéndole que se case con ella. En esto se diferencia completamente de Lucía y Edurne, pero se asemeja a ellas en que, como mujer, hace que el hombre olvide sus problemas: "Los ojos azules de su

[21] En varias novelas publicadas durante la Guerra Civil se halla este procedimiento en los nombres de las protagonistas. En *Retaguardia*, de Espina, una de las jóvenes se llama Rosa, mientras que en *Loretxo* (1937), del nacionalista vasco Domingo Arruti, el nombre de la joven significa "florecita". En *Río Tajo* (1938), del comunista César Arconada, la protagonista se llama Flora, lo que alude también a una estrecha relación entre la mujer, la naturaleza y la nación.

[22] A pesar de ello, en un diálogo con Betty, Pedro rechaza el comportamiento donjuanesco: "Nunca he podido resistir esa petulancia, esa actitud de gallo peleador de Don Juan. Además, siempre me ha parecido un *poseur* inaguantable" (1938: 310).

amiga, su pelo rubio y flotante le hablaban ahora de un mundo de alegrías, tan lejos de la brutal realidad de la guerra" (1938: 540). Sin embargo, su concepción del amor como goce y aventura la convierte en una candidata no idónea para el matrimonio en el ámbito nacionalista.

Mirentxu y Edurne son especialmente valoradas por su capacidad de sacrificio al trabajar como enfermeras. Mirentxu decide enrolarse como enfermera en un hospital del frente para hallarse cerca de su novio. Allí trabaja "sin cesar noche y día" y prodiga cariño a los enfermos: "La sonrisa en su fresco rostro, dibujada en sus labios de grana es una alegría, un consuelo y un alivio a los gudaris heridos [...]. De cama en cama va endulzando dolores" (1938: 48). Edurne también considera que su obligación durante la guerra es cuidar a los enfermos, lo que la llena de plenitud: "Sus ojos azules brillaban de alegría al sentirse dentro de aquella organización que prodigaba tantos consuelos a los milicianos vascos, a los gudaris" (1938: 423). Su abnegación por la nación provoca que su atractivo aumente a ojos de Pedro: "su rostro parecía más embellecido por la luz de un interés vital que se veía en su mirada y por una sombra de tristeza serena" (1938: 423). En esto Edurne se diferencia de Lucía, que no es activa políticamente ni trabaja como enfermera porque, según sus palabras, tiene miedo a que la tomen por una espía (1938: 332).

El máximo sacrificio de Edurne se produce cuando se encuentra ejerciendo de enfermera en Gernika en el momento en que la villa es bombardeada por los aviones alemanes. El relato de Edurne sobre las terribles horas vividas provoca que la admiración de Pedro hacia ella se vaya transformando en sentimiento amoroso: "Ahora se fijaba Pedro en que su cara estaba llena de polvo, su traje blanco de enfermera sucio y desgarrado y su cabellera desordenada. Pobre Edurne, le apretaba sus manos, lleno de emoción, y sus lágrimas entraban dentro de él como un hierro candente" (1938: 624).

En las novelas de Basaldúa y Belausteguigoitia el amor de las novias les sirve a los soldados como sustento y fuerza durante las batallas. Es común que los soldados que luchan en el frente consideren que sus novias, y especialmente los bordados que ellas han cosido en su uniforme o los objetos provenientes de ellas que ellos portan consigo, les ayuden a sortear la muerte[23]. Por eso parecen identificarlas con la protección divina. También, el pensar en su novia les da ánimos para luchar con más ahínco en la batalla y desear vencer, entre otras cosas, para reunirse con ella y

[23] Paul Fussell indica que durante la Segunda Guerra Mundial los soldados en el frente tenían como talismanes objetos procedentes de mujeres. Ahora bien, este historiador subraya el componente sexual de estos amuletos, ya que señala que se trataban sobre todo de prendas interiores femeninas (1989: 49).

formar una familia. Como expresa George Mosse, en las ideologías nacionalistas el hombre necesita a la mujer para ser consciente de su propia masculinidad (1996: 74); la presencia de la mujer, tanto en la cercanía como en la distancia, sirve para reforzar la valentía del hombre[24].

En *El dolor de Euzkadi* el recuerdo de Mirentxu le hace más llevadera a Manu su participación en la guerra: "Manu opina con la voz del silencio, que es lenguaje de enamorado, que nada hay como el amor, aún en guerra..." (1938: 28). Manu manifiesta especialmente la importancia que tiene su novia en el momento de su muerte, cuando profiere su nombre antes de fallecer para invocar su ayuda en ese trance final. En *Euzkadi en llamas* Lucía confiere a Pedro la tranquilidad que necesita en medio de su lucha armada: "Otra vez a su lado sentía una atmósfera de calma, de serenidad, casi de protección. Se veía como en un sosegado refugio, tras de los agitados y peligrosos días que había pasado" (1938: 328). En opinión de Pedro, la mujer debe ser la que apacigüe los impulsos del hombre y le equilibre: "La mujer es en cualquier caso una fuerza ordenadora que tiende a sujetar el desorden, creador del sexo fuerte, una presa de retención de la corriente impulsiva viril [...]" (1938: 62)[25].

Las novias también se pueden encargar de cuidar a sus novios heridos, como hace Edurne cuando Pedro resulta lesionado en la batalla de Bilbao. Los cuidados que le prodiga a Pedro en su convalecencia son esenciales para que se fortalezca su relación amorosa. Es decir, se transmite la idea de que la mujer debe actuar maternalmente cuando su novio lo necesite. Esto y el espíritu de sacrificio es lo que Pedro valora más en la mujer destinada a ser su esposa: "Pero ahora que te he visto a mi lado, que he sentido tu abnegación, me parece que no podría vivir más sin ti" (1938: 659). Ante estas palabras, Edurne le pregunta si su amor no será mero agradecimiento, a lo que Pedro le responde que no, que "es mucho más

---

[24] Cuando el soldado no tenía novia, solía disponer de una madrina de guerra. Las madrinas de guerra eran mujeres que se carteaban con los soldados para hacer más llevaderas sus horas en el frente y para proveerles de apoyo moral y de cosas que necesitaran. En ocasiones, la relación entre el soldado y la madrina de guerra se consolidaba y los dos se hacían novios, aunque era común que los soldados tuvieran varias madrinas a la vez (Martín Gaite, 1994: 153). El fenómeno de la madrina de guerra fue más habitual en la zona sublevada, pero también existió, aunque por tiempo limitado, en el bando republicano (Nash, 1999: 176).

[25] Esta concepción tradicional del papel de la mujer se contrarresta en la novela con otras ideas algo más progresistas, como la defensa a su derecho a estudiar y a tener personalidad propia: "¡Sí, la carrera de la mujer era el ser bonita y el casarse y tener familia! Pero la mujer era también un ser libre y siempre debiera tener un fondo de independencia" (1938: 185). También se critica que la mujer permanezca exclusivamente en la casa o en la iglesia (1938: 333).

que eso" (1938: 659). Sin embargo, lo que queda claro es que la razón principal por la que Pedro decide casarse con Edurne no es la atracción física hacia ella, sino su capacidad de sacrificio, característica de la mujer que los nacionalismos juzgan primordial para el futuro de una nación fuerte[26]. Se podría aventurar que Pedro resuelve casarse con Edurne más por motivos nacionales que personales, ya que al final de la obra sigue mostrando interés por Lucía, pero sabe que debido a su ideología franquista no es la mujer apropiada para su labor como patriota vasco. En cualquier caso, *Euzkadi en llamas* no defiende una dicotomía estricta entre vascos y extranjeros, ya que Pedro acepta la relación de su hermana Maitena con un médico valenciano, Romeral, una vez que éste termina apoyando a los nacionalistas vascos[27].

Desde el comienzo, el noviazgo tiene como finalidad el matrimonio, a través del cual los personajes cooperarán en el mantenimiento y crecimiento de Euskadi. En estas narraciones es aplicable lo que Sommer escribe en referencia a la novela hispanoamericana decimonónica, a saber, que se produce una asociación metonímica entre el amor, que necesita la bendición del estado, y la legitimidad política, que precisa fundarse sobre el amor (1991: 41). El matrimonio es la institución que sirve a los nacionalismos para regular la sociedad y asignar a los hombres y a las mujeres sus respectivos lugares dentro de la comunidad (Mosse, 1996: 74). No es casualidad que el desarrollo de la familia nuclear coincida con el surgimiento de los nacionalismos y de la idea de la respetabilidad burguesa. La familia que estos personajes proyectan crear simbolizará en tamaño reducido a la nación (Mosse, 1985: 19).

Ahora bien, *El dolor de Euzkadi* finaliza de manera trágica con la muerte del novio de Mirentxu, sin que sea posible el matrimonio entre ellos ni la procreación. Mirentxu pasa a formar parte del grupo de "las novias eternas", es decir, de las jóvenes que tras la muerte de sus novios en la guerra deciden permanecer fieles a su recuerdo y mantenerse solteras el

[26] En cierto sentido, la elección de esposa por parte de Pedro se asemeja a la del propio Sabino Arana, que rechazó a una joven residente en Bilbao que no era vasca para escoger casarse con Nicolasa Achica-Allende, de origen campesino y de linaje vasco (Elorza, 1978: 4). Jon Juaristi también señala que Arana no escogió a su mujer basándose en motivos pasionales (2000: 189).

[27] A pesar de ello, Gemma Mañá et al. desacreditan la novela y la consideran esencialista: "Para el protagonista pesa más el valor de la raza que el de las personas" (1997: 370). Sin embargo, se olvidan de presentar cómo evoluciona Pedro respecto a Romeral y cómo finalmente defiende que las razas no las constituyen individuos totalmente puros: "Creo yo que la raza [...] es un valor natural. Pero no puede ser algo cerrado. Eso desde luego. Pretender eso sería volver a las etapas primitivas de la civilización" (1938: 353).

resto de su vida. Carmen Martín Gaite señala que en la postguerra española las únicas mujeres solteras a las que no se criticaba eran estas novias eternas, que actuaban como viudas e incluso llevaban luto (1994: 43-44). De hecho, se reprochaba duramente que la joven cuyo novio había muerto en la guerra comenzara en seguida una nueva relación sentimental (Martín Gaite, 1994: 44).

El final de la obra presenta a Mirentxu como una víctima más de la guerra, como una versión de la *mater dolorosa*, caracterizada por las lágrimas, los ayes de dolor y los rezos. El hecho de que se la compare a una "estatua de cera" (1938: 63) aumenta su carácter simbólico y la erige en representación de la nación vasca. No obstante, la joven no se resigna estoicamente, sino que "con expresión dura y enérgica en el rostro", promete a su novio que luchará por él: "¡Seré tu continuadora, la continuadora de tu obra, de tu fe y de tu ilusión! Te vengaré, pero será una venganza ejemplar y práctica, como tú deseas y mereces... ¡Quiero vengarme por ti y para ti!" (1938: 64). Este modelo de mujer enérgica y valiente no es común en la narrativa escrita durante la Guerra Civil, donde domina la novia tradicional que espera o acepta resignada la muerte de su novio. No obstante, cabría preguntarse cómo continuará Mirentxu la obra de Manu, ya que parece muy factible que lo haga siguiendo su labor como enfermera o manteniendo y transmitiendo la cultura vasca, es decir, realizando trabajos tradicionalmente femeninos y ocupando un segundo plano en las filas nacionalistas.

En *Euzkadi en llamas*, en cambio, Pedro y Edurne terminan casándose en Bayona, aunque su boda resulta precipitada, sin la presencia de sus respectivas familias y sin apenas preparación por las circunstancias excepcionales de la guerra. La boda se describe con gran brevedad:

> "Pocos días después, Pedro vio en Bayona a uno de los curas vascos que habían hecho la campaña del Norte. [...] Una mañana temprano los casó en un santiamén. Comieron en la taberna vasca con tres o cuatro amigos, y a la tarde marchaban en un auto que les había podido conseguir uno de éstos, camino de St. Cristophe, en el Bearne, a dos horas de Bayona" (1938: 670).

A pesar del apresuramiento, la boda se realiza manteniendo las costumbres vascas, simbolizando así que los contrayentes entran dentro de la familia nacional y conservarán en su hogar y en su descendencia las costumbres de la patria.

Sin embargo, en la noche de bodas, a Edurne le asalta el recuerdo de sus familiares y amigos fallecidos: "No, exclamó ella rompiendo en amargo llanto. No puedo olvidarme de todos nuestros muertos... José

Leandro, mis sobrinos, Gorostiza... el pobre José Leandro..." (1938: 677). De la noche de bodas también destacan las pudorosas relaciones sexuales que mantiene el nuevo matrimonio. Edurne le pide a su marido que mire hacia otro lado y apague la luz mientras ella se desnuda. En la descripción de la intimidad de los amantes se elimina todo componente sexual: "Y en la estancia de los enamorados, donde penetraba la vaga luz difusa de la noche estrellada, un coro de ángeles, con sus arpas misteriosas, cantaban dulcemente las glorias de la vida" (1938: 677). El sexo solamente es permitido tras el matrimonio y no se ve como un acto físico o de placer, sino como una expresión de un amor casi místico. A las ideologías nacionalistas les interesa la esencia o el alma de la mujer, mientras que su cuerpo solo se valora como aparato reproductor de futuros ciudadanos de la nación. Como indican Andrew Parker et al., los nacionalismos excluyen las sexualidades no orientadas a la reproducción (1992: 6).

La obra de Belausteguigoitia termina mostrando un futuro incierto para la pareja. Pedro recibe una carta de un amigo en la que le informa de los batallones vascos que se están creando en Cataluña. Ante la pregunta de Edurne de si desea ir, él le da a entender que sí con la frase "nuestra causa no se ha resuelto" (1938: 681). Edurne, en cambio, no quiere que su recién estrenado marido vuelva al frente: "¡Pero si no es posible, no es posible!, exclamó Edurne tristemente, temiendo por su felicidad. ¿No será bastante lo que has hecho? ¡Además, no es posible!" (1938: 681). La joven se muestra egoísta, pero termina por aceptar la decisión de su marido con gran tristeza. No se sabe si Edurne acompañará a Pedro y volverá a trabajar como enfermera, pero lo que está claro es que tendrá que pasar de nuevo días de incertidumbre y espera. Para el autor, el matrimonio, aunque simboliza la continuación de la nación vasca, no es suficiente, y los hombres deben continuar luchando con las armas por la libertad de Euskadi. Este final abierto resulta más optimista que el de *El dolor de Euzkadi*, aunque a lo largo de la novela se expresa la mala situación en la que se hallan Euskadi y la República, y diversos personajes como el padre de Pedro y Carlota manifiestan sus dudas sobre la victoria del bando republicano.

4. Madres y novias como símbolos del dolor de la nación

En las novelas de Basaldúa y Belausteguigoitia se aprecia cómo el discurso nacionalista tiende a utilizar la figura femenina o maternal como símbolo de la nación, marginando la participación real y activa de la mujer en la arena política. Los personajes de las madres y las novias coinciden en que realizan un papel secundario en la narración y se definen a partir de su relación con el hombre, el soldado que lucha con las armas por la salvación de Euskadi. A pesar de su escasa presencia en la trama narrativa, las madres y las novias representan a las víctimas inocentes y personifican el dolor de la nación. Su situación de indefensión serviría de motivación a los lectores de las obras, especialmente a los soldados, quienes se entregarían a la lucha con más vigor.

Aunque las madres en estas novelas reaccionan de distinta manera respecto a la participación de sus hijos en la guerra y sus posteriores muertes, terminan resignándose o canalizando su rencor hacia los enemigos de la patria, apoyando así la causa nacionalista. Son personajes mayormente pasivos y simbólicos, no ejecutan ninguna acción activa en la guerra, sino que solo interesan por su sufrimiento. Las novias también realizan al final un papel semejante al de la *mater dolorosa*. Mirentxu llora la desaparición de su novio con el mismo dramatismo que el de una madre, mientras que a Edurne le espera una incertidumbre similar a la que padece la madre cuyo hijo está en el frente. De hecho, ambas jóvenes son las hijas de las madres que aparecen en las novelas, por lo que repiten el modelo de feminidad desarrollado por ellas. En definitiva, el alma de Euskadi permanecerá viva en las novias, que reiteran y transmiten la capacidad de sufrimiento y abnegación de sus madres.

Bibliografía

Afshar, Haleh. 2004. "Women and Wars: Some Trajectories Towards a Feminist Peace". En *Development, Women, and War: Feminist Perspectives*, editado por Haleh Afshar y Deborah Eade, 43-59. Oxford: Oxfam, 2004.

Álvarez Junco, José. 2001. *Mater Dolorosa: La idea de España en el siglo XIX*. Madrid: Taurus.

Amézaga, Elías. 1987. *Autores vascos*. Algorta: Hilargi, Vol. 2.

Apaolaza, Xabier. 1994. "De la esperanza de una cultura nacional al exilio (1895-1960)". En *La cultura del exilio vasco*, editado por José Ángel Ascunce y María Luisa San Miguel, 57-134. Donostia: J.A. Ascunce, vol. 1.

Aranzadi, Engracio de. 1932. *La Casa Solar Vasca o Casa y Tierras del Apellido*. Zarauz: Editorial Vasca.

Aranzadi, Juan. 2000. *Milenarismo vasco: Edad de Oro, etnia y nativismo*. Madrid: Taurus.

Basaldúa Ibarnia, Pedro de. 1937. *Sangre en la mina: Esbozo de novela social-patriótica*. Bilbo: Euzko Argitaldaria.

—. 1938. *Al compás de la fusilería: El dolor de Euzkadi*. Barcelona: Comissariat de Propaganda de la Generalitat de Catalunya.

Belausteguigoitia Landaluce, Ramón de. 1938. *Euzkadi en llamas*. México: Botas.

Bullen, Margaret. 2003. *Basque Gender Studies*. Reno: University of Nevada Press.

Chodorow, Nancy. 1978. *The Reproduction of Mothering: Psychoanalysis and the Sociology of Gender*. Berkeley: University of California Press.

Cusack, Tricia. 2003. "Introduction: Art, Nation and Gender". En *Art, Nation and Gender: Ethnic Landscapes, Myths and Mother-Figures*, editado por Tricia Cusack y Síghle Bhreathnach-Lynch, 1-11. Aldershot: Ashgate.

De la Granja, José Luis. 2000. *El nacionalismo vasco (1876-1975)*. Madrid: Arco-Libros.

Del Valle, Teresa (coord.). 1985. *Mujer vasca: Imagen y realidad*. Barcelona: Anthropos.

Dombrowski, Nicole Ann. 1999. "Soldiers, Saints, or Sacrificial Lambs? Women's Relationship to Combat and the Fortification of the Home Front in the Twentieth Century". En *Women and War in the Twentieth Century*, editado por Nicole Ann Dombrowski, 2-37. New York: Garland.

Eisenstein, Zillah. 2000. "Writing Bodies on the Nation for the Globe". En *Women, States and Nationalisms: At Home in the Nation?*, editado por Sita Ranchod-Nilsson y Mary Ann Tétreault, 35-53. London: Routledge.

Elorza, Antonio. 1978. "Emakume: La mujer en el nacionalismo vasco". *Tiempo de historia* 38: 4-17.

Fussell, Paul. 1989. *Wartime: Understanding and Behavior in the Second World War*. New York: Oxford University Press.

Gallego Méndez, María Teresa. 1983. *Mujer, falange y franquismo*. Madrid: Taurus.

González-Allende, Iker. 2011. "Las novias de Concha Espina: amor durante la Guerra Civil Española". *Revista de Estudios Hispánicos* 45(3): 527-49.

Hobsbawm, Eric. 1983. "Introduction: Inventing Traditions". En *The Invention of Tradition*, editado por Eric Hobsbawm y Terence Ranger, 1-14. Cambridge: Cambridge University Press.

Imaz Irastorza, Mikel. 2000. "*Euzkadi en llamas*: Una aproximación a la novela de Ramón de Belausteguigoitia". En *60 urte geroago: Euskal erbestearen kultura. 60 años después: La cultura del exilio vasco*, editado por Xabier Apaolaza, José Ángel Ascunce e Iratxe Momoitio, 517-30. Astigarraga: Saturrarán, 2000, vol. 1.

Juaristi, Jon. 2000. *El bucle melancólico: Historias de nacionalistas vascos*. Madrid: Espasa Calpe.

Kristeva, Julia. 1986. "Stabat Mater". En *The Female Body in Western Culture*, editado por Susan Rubin Suleiman, 99-118. Cambridge: Harvard University Press. Primera versión, 1977: "Héréthique de l'amour". *Tel Quel* 74: 30-49.

Mangini, Shirley. 1995. *Memories of Resistance: Women's Voices from the Spanish Civil War*. New Haven: Yale University Press.

Manzano Moreno, Eduardo. 2000. "La construcción histórica del pasado nacional". En *La gestión de la memoria: La historia de España al servicio del poder*, editado por Juan Sisinio Pérez Garzón, 33-62. Barcelona: Crítica.

Mañá Delgado, Gemma, Rafael García Heredero, Luis Monferrer Catalán y Luis A. Esteve Juárez. 1997. *La voz de los náufragos: La narrativa republicana entre 1936 y 1939*. Madrid: Ediciones de la Torre.

Martín Gaite, Carmen. 1994. *Usos amorosos de la postguerra española*. Barcelona: Anagrama.

Martínez Martín, Mª Ascensión. 1991. "Las organizaciones femeninas en el País Vasco: una doble Guerra Civil". En *Las mujeres y la Guerra Civil Española*, 248-55. Madrid: Ministerio de Asuntos Sociales.

Mayer, Tamar. 2000. "Gender Ironies of Nationalism: Setting the Stage". En *Gender Ironies of Nationalism: Sexing the Nation*, editado por Tamar Mayer, 1-22. London: Routledge.

McClintock, Anne. 1993. "Family Feuds: Gender, Nationalism and the Family". *Feminist Review* 44: 61-80.

Mosse, George L. 1985. *Nationalism and Sexuality: Respectability and Abnormal Sexuality in Modern Europe*. New York: H. Fertig.

—. 1996. *The Image of Man: The Creation of Modern Masculinity*. New York: Oxford University Press.

Nash, Mary. 1999. *Rojas: Las mujeres republicanas en la Guerra Civil*. Madrid: Taurus.

Parker, Andrew, Mary Russo, Doris Sommer, y Patricia Yaeger. 1992. "Introduction". En *Nationalisms and Sexualities*, editado por Andrew Parker, Mary Russo, Doris Sommer, y Patricia Yaeger, 1-18. New York: Routledge.

Pérez Bowie, José Antonio. 1978. "Nacionalismo vasco y socialismo en una novela de Pedro de Basaldúa". *Letras de Deusto* 15(8): 203-10.

Peterson, V. Spike. 2000. "Sexing Political Identities/Nationalism as Heterosexism". En *Women, States and Nationalisms: At Home in the*

Nation?, editado por Sita Ranchod-Nilsson y Mary Ann Tétreault, 54-80. London: Routledge.

Puente, José Vicente. 1937. *Viudas blancas: Novelas y llanto de las muchachas españolas*. Burgos: Editorial Española.

Robinson, Hilary. 2003. "Becoming Women: Irigaray, Ireland and Visual Representation". En *Art, Nation and Gender: Ethnic Landscapes, Myths and Mother-Figures*, editado por Tricia Cusack y Síghle Bhreathnach-Lynch, 113-27. Aldershot: Ashgate.

Ruddick, Sara. 1998. "Woman of Peace: A Feminist Construction". En *The Women and War Reader*, editado por Lois Ann Lorentzen y Jennifer Turpin, 213-26. New York: New York University Press.

Scheper-Hughes, Nancy. 1998. "Maternal Thinking and the Politics of War". En *The Women and War Reader*, editado por Lois Ann Lorentzen y Jennifer Turpin, 227-33. New York: New York University Press.

Sebastián García, Lorenzo. 1991. "Las organizaciones y actividades de las mujeres nacionalistas vascas durante la Guerra Civil". En *Las mujeres y la Guerra Civil Española*, 80-87. Madrid: Ministerio de Cultura.

Serván Corchero, Josefina y Antonio Trinidad Muñoz. 1991. "Las mujeres en la cartelística de la Guerra Civil". En *Las mujeres y la Guerra Civil Española*, 364-70. Madrid: Ministerio de Cultura.

Sommer, Doris. 1991. *Foundational Fictions: The National Romances of Latin America*. Berkeley: University of California Press.

Turpin, Jennifer. 1998. "Many Faces: Women Confronting War". En *The Women and War Reader*, editado por Lois Ann Lorentzen y Jennifer Turpin, 3-18. New York: New York University Press.

Ugalde Solano, Mercedes. 1993. *Mujeres y nacionalismo vasco: Génesis y desarrollo de Emakume Abertzale Batza (1906-1936)*. Bilbao: Universidad del País Vasco.

Yuval-Davis, Nira. 1997. *Gender and Nation*. London: Sage.

Yuval-Davis, Nira, y Floya Anthias (eds.). 1989. *Woman–Nation–State*. Basingstoke: Macmillan.

Zulaika, Joseba. 1988. *Basque Violence: Metaphor and Sacrament*. Reno: University of Nevada Press.

CHAPTER NINE

PRESUPUESTOS NEOMARXISTAS EN LA POESÍA PRIMERA DE JOSÉ ÁNGEL VALENTE

GUILLERMO AGUIRRE MARTÍNEZ
UNIVERSIDAD COMPLUTENSE DE MADRID

1. Ideario político-social en los primeros poemarios de José Ángel Valente

Cabe observar en la poesía de José Ángel Valente al menos dos estadios claramente definidos, según nos acerquemos a un periodo inicial o a uno posterior de su trayectoria. Así, si en el primero de ellos podemos hallar un lenguaje anclado en los rasgos más característicos y definitorios de la llamada poesía social, en el segundo encontramos un rigor expresivo encauzado a la persecución de una radical pureza del verbo. Cuanto a nosotros nos interesará, dada la relación patente entre ideología y palabra, será aquella etapa inicial, desarrollada desde sus primeros textos publicados hasta aproximadamente los años setenta. Esta elaboración poética, lejos de agotarse en la creación lírica del autor, quedará reflejada paralelamente tanto en los numerosos ensayos elaborados a lo largo de dicho periodo, como en una serie de relatos entre los que destaca aquel que le costó el exilio durante los últimos años de la vida de Franco, "El uniforme del general".

De entre los poemarios pertenecientes a esta etapa inicial, resultan destacables, dado su abierto compromiso político-social, *La memoria y los signos* (1960-1965), *Presentación y memorial para un monumento* (1969) y *El inocente* (1967-1970). Todos ellos participarán de un habla dirigida en primer lugar a comunicar, frente a la consabida propuesta estética llamada a comprender la poesía como conocimiento, cualidad privilegiada por Valente en posteriores poemarios. Asimismo, un sabor existencialista recorrerá de principio a fin su escritura engarzando de modo patente ésta con el pensamiento filosóficamente imperante en Europa a lo largo de los años cincuenta y sesenta.

Acudiendo ya a la primera de las obras indicadas, *La memoria y los signos*, vamos a hallar una cruda crítica política dirigida contra el autoritarismo, el poder esclerotizado, así como contra una serie de rasgos sociales de signo marcadamente patriarcal. En lo referente a este último aspecto, el poeta aludirá a un enfrentamiento entre imágenes matriarcales e imágenes patriarcales. Partiendo de esta dualidad, deudora de las teorías y categorías dadas a conocer por Jung así como por buena parte del pensamiento post-hegeliano de la época, Valente asimilará unos rasgos negativos, despóticos y obstructores, con aquellos signos de orden patriarcal que en breve comentaremos, mientras que situará dentro de un orden matriarcal aquello reconocible por su calor, afectividad y tolerancia.

La presente oposición interesará a Valente de modo excepcional en lo relativo a los diferentes modelos de lenguaje. Así, el poeta distinguirá entre un habla de uso común discernible por el empleo de un verbo tratado como moneda de cambio y dominado por el proceso dialéctico de la historia, y un habla pura concomitante con el verbo profético, distinguido por su continuo renacimiento y renovación. Este último quedará despojado de todos los sedimentos semánticos e ideológicos que llevará adherido aquel lenguaje utilitario llamado, dada su excesiva aglomeración de significados e intenciones, a transformarse paulatinamente en instrumento de engaño, marchando al compás del proceso dialéctico de la historia, tal y como consignará Valente en los siguientes versos tomados de *La memoria y los signos*: "el hilo estaba roto / el argumento falseado, / el público difunto / y la palabra que correspondía / estúpida, grotesca" (Valente, 2006: 167). La historia, por su parte, será comprendida como desarrollo hipertrófico de un pensamiento dominante y esclerótico en el que la palabra poética, carente del velo que nos hace observar el mundo como representación, queda enterrada dada su naturaleza delatora e indómita: "Y así la Historia, la grande Historia, resultaba / turbio negocio de alta complicidad o medianía" (Valente, 2006: 218).

2. Hacia un grado cero de escritura

Como vamos observando, Valente negará este sentido de la historia comprendida como proceso dialéctico donde ningún valor permanece pues todo queda en función de intereses pragmáticos. Esta firme creencia no podrá sino llamarle a la búsqueda de nociones perdurables, eternas, que tratará de hallar en la supuesta pureza de los orígenes, momento en el que nada ha sido aún dogmatizado puesto que la razón no ha instrumentalizado el desarrollo natural. Movido por este deseo de alcanzar unos estratos del lenguaje limpios de impurezas, el poeta ahondará en los espacios más densos y primarios de su creación, consciente de que "el espíritu de las obras de arte no se presenta como espíritu. Se inflama en lo contrapuesto a él, en la materialidad [...] El arte tiene su salvación en el acto con que el espíritu se rebaja a él" (Adorno, 2004: 162). Como noción correspondiente con este deseo de pureza, Valente hará referencia a la conquista de un grado cero de escritura, espacio al que debe acercarse toda idea y toda expresión como encuentro del pensamiento con una realidad primera. Este grado cero implicará fundamentalmente un vaciado de aquellos contenidos adheridos sobre la palabra con el paso del tiempo, de modo que se ansiará la utópica fusión del verbo con su materialidad primigenia, motivo que guiará al poeta gallego al estudio de la lengua hebrea por ser la única que aún no ha perdido la relación con su sonido ni con su grafía, aunando a un tiempo lo presente con lo inmemorial:

> "En vano vuelven las palabras,
> pues ellas mismas todavía esperan
> la mano que las quiebre y las vacíe
> hasta hacerlas inintcligibles y puras
> para que de ellas nazca un sentido distinto,
> incomprensible y claro
> como el amanecer o el despertar" (Valente, 2006: 215).

El habla poética, como vamos comprobando, se desvincula de la historia preservando por ello un equilibrio entre sus rasgos materiales y su capacidad de abstracción. La materia, la palabra, dada su pertenencia a un orden sensible, inmanente, palpable, mostrará una presencia táctil, cálida, donde el hombre puede arraigar sin temor a perderse en utopías y ensueños:

> "Palabra, la poética—menciona Valente—que se retrae y nos retrae a su absoluta interioridad, frente a la extroversión y el despilfarro de la palabra en una sociedad fundamentalmente reproductora y utilizadora" (Valente, 1996: 30).

En este punto resulta necesario recordar aquella equiparación realizada por el orensano que vendría a identificar el habla lírica con un espacio maternal-afectivo, y el discurso de la historia con aquel otro patriarcal-impositivo. En lo referente al lenguaje poético, será comprendido como aquel en permanente renovación, incapaz de inflarse o llenarse de contenido en la medida en que cobra su verdadero sentido precisamente gracias a su capacidad de renovar el mundo, de tornar ingenua nuestra visión de la realidad arrastrándola allí donde "opera el fermento de la expresión abismada, donde se pierde toda conciencia individual" (Domínguez Rey, 2002: 85). La voz del poeta nombrará, pero no adjudicará valores o rangos a lo nombrado, de modo que no sustraerá al mundo, a lo real, su valor, sino que lo iluminará. La función de este verbo no será reguladora, sino creadora de imágenes precisamente en el mismo instante en el que brota la palabra, de manera que no acertemos a señalar qué fue antes, si el verbo o el objeto iluminado. Ambos convergerán, sin duda, en un estado de cosas primordial, ajeno al orden de conceptos por medio del cual el individuo se va apropiando de la realidad. Desde estos parámetros, el origen será comprendido como recogimiento en la calidez de lo material, mientras que el desarrollo positivo de la historia guiará hacia el exilio de uno mismo, hacia la separación aniquiladora entre elementos de progreso y elementos de refugio, de contención.

Las concomitancias con el pensamiento de Walter Benjamin o de Henri Lefebvre resultan notables, tomando Valente del primero un sentido apocalíptico del desarrollo humano perfectamente expresado en el ensayo "El ángel de la historia"[1], y del segundo la firme convicción en la existencia de una ideología sobreimpuesta por encima de la realidad a modo de artificial y engañoso velo que encubre el verdadero rostro, dionisiaco, caótico, de la naturaleza. Toda ideología se torna de este modo falaz, al imponer una categoría o un concepto humano sobre el devenir constante de lo real. A este respecto señalará Lefebvre que

> "todo discurso es culpable, aun el de saber mejor pensado. El lenguaje sirve mucho más y mucho mejor para disimular, para traicionar, que para decir verdad [...] ¿La conciencia y el discurso? Son experiencias de la culpa y de la desgracia de lo finito: contrarios y contradictorios inherentes a lo finito, a su separación ficticia y real" (Lefebvre, 2006: 141).

---

[1] En relación con estas ideas, leemos en Benjamin:
"Hay un cuadro de Klee llamado *Angelus Novus*. En ese cuadro se representa a un ángel que parece a punto de alejarse de algo a lo que está mirando fijamente. Los ojos se le ven desorbitados, la boca abierta y las alas desplegadas. Este aspecto tendrá el ángel de la historia. Él ha vuelto el rostro hacia el pasado. Donde ante *nosotros* aparece una cadena de datos, *él* ve una única catástrofe que amontona ruina tras ruina y las va arrojando ante sus pies. Bien le gustaría detenerse, despertar a los muertos y recomponer lo destrozado. Pero, soplando desde el Paraíso, la tempestad se enreda entre sus alas, y es tan fuerte que el ángel no puede cerrarlas. La tempestad lo empuja, inconteniblemente, hacia el futuro, al cual vuelve la espalda, mientras el cúmulo de ruinas ante él va creciendo hasta el cielo. Lo que llamamos progreso es justamente esta tempestad" (Benjamin, 2008: 310).

Esta idea, compartida sin duda por José Ángel Valente, no podrá sino invitarle a emplear un verbo dirigido a desenmascarar toda iluminación falsa, tergiversada, de la realidad.

Con el transcurrir del tiempo y la consiguiente maduración de su ideario estético, el poeta irá optando por el uso de una palabra al margen de los acontecimientos, centrada en un plano ontológico donde el ser descubre su espíritu como fuente de verdad, aspecto al que aludirá Carlota Caulfield cuando indica que "la poesía es en Valente visión y revelación" (Caulfield, 1992: 89). Cuanto el verbo nombre no será ya una realidad sensible sino la esencia de esa misma realidad. La naturaleza viva de la palabra compondrá ahora una relación de esencias donde no hay lugar para un acercamiento racional, fenómeno definido por Foucault al hacer referencia a la necesidad de "ablandar el lenguaje y hacerlo desde el interior como fluido a fin de que, libre de las especializaciones del entendimiento, pudiera entregar el movimiento de la vida y su duración propia" (Foucault, 2010: 296-297). De esta manera, frente a lo sometido al reino fragmentario de la cantidad y lo mensurable, la palabra viva nos sitúa ante un permanente presente en constante transformación. El ámbito de actuación del poeta se desplaza desde lo temporal hacia lo eterno, donde será capaz de invocar una expresión carente de intención ulterior. El tiempo de Valente pasará a ser el presente comprendido como marco de lo infinito, y así le oiremos cantar, "guardo de las palabras / en tiempo de mentira / la fuente verdadera" (Valente, 2006: 206), en una estrofa de honda cercanía a poetas de lo absoluto como Hölderlin, Cernuda o incluso Celan.

3. El poeta, habitante fronterizo

La problemática a la que aludimos, claramente reflejada en los cantos de *La memoria y los signos*, se recrudecerá aún más si cabe en el siguiente poemario de Valente, *Presentación y memorial para un monumento*, fechado en 1969. En estas páginas el escenario se desplazará a la Alemania de la II Guerra Mundial, estableciéndose una equiparación entre el judío y el poeta como individuos perseguidos así como portadores de una palabra apegada a los principios, a lo sagrado: "Porque es nuestro el exilio. / No el reino" (Valente, 2006: 276). De este modo, para el poeta, la persecución de los judíos es la persecución de todos aquellos sin-patria, del exiliado permanente cuyo reino no pertenece a la historia sino a lo absoluto verdadero. De nuevo, se produce una huída hacia lo heterodoxo, hacia cuanto queda fuera de los márgenes de una historia aceptada y fuertemente determinada por toda ideología alzada hasta el poder. Cuanto se defenderá, en este sentido, será un desprecio hacia la identidad—colectiva o individual—, un rechazo hacia el ego y hacia aquello necesitado de dañar la realidad en aras del propio crecimiento, llegando el poeta a "vaciarse de sí mismo, a desposeerse" (Peinado Elliot, 2002: 322), para así hacer prevalecer en su cosmos lírico la cercanía a una experiencia primera que no arrastre en su conducta una serie de prejuicios o intereses que impidan al individuo ceñirse a la materialidad del momento presente.

La lucha contra el lenguaje prescrito, autorizado y autoritario, continuará en este poemario así como en *El inocente*, elaborado al tiempo que el anterior. Sintomático resulta—por explícito en su carga intencional—cuanto leemos en "Crónica II, 1968":

> "[…] Todos los que dominan su lenguaje, todos aquéllos para quienes tienen las palabras sentido, cuantos creen que existen alturas en el alma y que hay corrientes en el pensamiento, los que son espíritu de la época y han dado nombre a esas corrientes de pensamiento, pienso en sus trabajos precisos y en ese chirrido de autómata que a todos los vientos da sus espíritu, / -son unos cerdos." (Valente, 2006: 309).

El poema, elocuente en cuanto al desprecio absoluto manifestado hacia cualquier modelo de despotismo, precederá a un acontecimiento que pronto originará serios perjuicios en la vida de José Ángel Valente y que pasamos a detallar a continuación.

Corría el año 71 cuando se publicaba en Canarias el libro de relatos *Número trece*, compuesto por cinco narraciones de contenido notoriamente acusatorio hacia los órganos políticos de la España franquista. Entre estos relatos se encontraba "El uniforme del general", especialmente ofensivo hacia el aparato militar, motivo por el que pronto se levantó un consejo de guerra contra su autor. A partir de este momento, con el fin de no acabar entre rejas, Valente deberá permanecer en Ginebra, lugar donde se encontraba en el momento de la publicación, sin posibilidad de regresar a España hasta la muerte de Franco. El mensaje de la narración queda bien reflejado en el siguiente pasaje de la misma: "a lo mejor los generales no tenían madre y los hacían en una máquina con chapas de gaseosa, aluminio y paja, mucha paja, para que apareciesen con el pecho hinchado" (Valente, 2006: 743); además de en un final en el que observamos cómo el protagonista "se puso en pie y meó largamente sobre el traje glorioso hasta quedar en paz". La dureza y el contenido reprobatorio tan propio de los dramas de Brecht o Havel, admirados por Valente, se acentúa en exceso provocando que no sea sino a partir de dicho momento cuando el poeta decida ceñirse a su condición de hereje espiritual, de poeta extramuros, para así pasar a desarrollar un tipo de lírica cada vez más al margen de un discurso social. La función del poeta continuará siendo la de combatir el habla utilitaria y el pensamiento servil con el fin de liberar a ambos de contenido y así revivificar su presencia, pero este combate se realizará ahora no desde dentro del campo de batalla sino desde la creación de un espacio libre, veraz, al que el lector se podrá acercar para asentarse en él y así mantener viva la necesaria creencia en un ámbito al margen del dolor humano, del sufrimiento sembrado por el hombre en su utópica confianza en un ciego y estático ideal.

Este reducto será el que acerque al poeta al pensamiento de Ernst Bloch, portador de la idea de que el exilio va a ser un camino hacia el origen, pese a que éste, de acuerdo con el gallego, no quepa encontrarlo en el seno de la acción:

> "Sólo en tanto que *no-compensado, no-desarrollado, en suma, utópicamente grávido*,—indica Bloch—posee lo arcaico la fuerza para incorporarse al sueño diurno, sólo así adquiere la posibilidad de no cerrarse frente a él." (Bloch, 2007: 135).

El origen se presenta como esperanza o refugio último de quien aún aspirará a encontrar su paraíso en los márgenes de una realidad sensible que irá descubriendo con su palabra poética a partir de su pureza inicial, a partir del genuino grado cero.

4. Plasmación simbólica de la ideología del poeta

En función de esta alteridad propia de su lírica, de esta polaridad entre elementos matriarcales y patriarcales, el cosmos erigido por Valente va a quedar condensado sobre una serie de imágenes indicativas ya de su relación con el reino de lo cosificado, de lo obstruido por la razón y las categorías, ya de su afinidad con el reino de lo liberado de toda sobreimposición dogmática. De este modo podemos establecer una división entre elementos ígneos y térreos, propios de un orden impositivo; y elementos acuáticos propios de un orden afectivo. Símbolos como el sol, la arena o la ceniza, mantendrán fuertes lazos con lo carente de vida y lo fosilizado, mientras que las aguas, el río o la lluvia, se mostrarán vivificantes y partícipes de una renovación constante del universo definido. En cualquier caso, estos elementos, dada la plurivalencia propia del lenguaje poético, irán transformándose y entremezclándose de modo que todo irá fluyendo hacia un paisaje dinámico y viviente.

En función de la aludida transformación, el universo del poeta se mostrará finalmente encaminado a la reunión de órdenes opuestos, de modo que ciertas imágenes como la "hembra solar" o el "pájaro raíz", tan características de su obra, lejos de presentar polaridades extremas simbolizarán la unificación de aquellos aspectos hasta entonces disociados. Será en estos momentos cuanto su poesía despliegue una fuerza de radiación hasta entonces ramificada en los diferentes estratos de su obra, pues como ya en su momento señalase C.G. Jung: "los símbolos son intentos naturales de reconciliar y reunir opuestos que a menudo están muy separados, como muestra la naturaleza contradictoria de muchos símbolos" (Jung, 2009: 248). Alcanzada esta concentración máxima, esta identificación de los diferentes órdenes creativos sobre una unidad poética, la imagen presentada cobrará el valor de totalidad. Esta misma reunión implicará la creencia en un universo que necesitará de elementos regresivos, así como de aquellos otros progresivos, de cara a la correcta transformación del cosmos que el poeta tratará de reflejar. Por todo ello, podemos comprender que aquellos símbolos enfrentados dentro de un orden positivo de la historia, reacios a participar de una entrega y participación mutua, se manifiesten prestos a fundirse en fraternal abrazo en aquellos momentos en que la gravedad de la voz se desplaza hacia un espacio no concreto, pues, según canta el poeta, "si de pronto un día recobráramos / la entonación infantil de la mirada / caería / de un solo golpe el mundo" (Valente, 2006: 313), quedando ante nosotros, tal y como observamos en los momentos más felices y plenos de su poesía, una realidad limpia y desnuda donde todo queda fundido, entrelazado.

5. Conclusiones

A lo largo de estas páginas hemos comprobado cómo José Ángel Valente parte de un posicionamiento radical frente a cualquier despotismo ideológico. Una vez descosificado el lenguaje, llegará a un grado cero de escritura, ámbito donde el poeta recuperará, intacta, la palabra perdida, falseada en el marco de la historia, pues, como señala en una de sus páginas, "sólo el tiempo de destruir engendra" (Valente, 2006: 301). A partir de este momento, Valente se distanciará de este ámbito positivo y apostará por una voz particular y firme en su deseo de trascender conflictos o aquella dialéctica en que se entretejen las acciones propias de la existencia humana. Desde este espacio no hollado el poeta podrá aventurarse a descifrar un mundo cerrado tanto al lenguaje común como a nuestro modo habitual de acercarnos a la realidad. Una vez alcanzado este espacio neutro, "desde ese blanco del vacío, es desde donde se puede regenerar todo ya que no está adulterado ni por cromatismos artificiales ni por sonidos corrompidos por la falaz historia del hombre" (Machín Lucas, 2010: 279), de modo que el poeta podrá comenzar a erigir un universo particular distanciado de modelos y categorías positivas, ancladas a los vaivenes de la historia. Este proceso se reflejará en un imaginario simbólico denso y elaborado, definitorio de su lírica, de sus múltiples conflictos y resueltas unificaciones.

Por todo ello, cabe afirmar que la voz de Valente se presenta ante nuestros ojos como la voz de la heterodoxia, la palabra del exilio, de la búsqueda de lo no falseado, de lo no sometido, dejando ante nosotros una lírica marcada por un sentido de búsqueda que conducirá desde la oscuridad de un hipotético progreso, hacia la luz de lo real, lugar donde se revela la existencia ya al margen de toda ideología y engaño.

Referencias

Adorno, Theodor. 2004. *Teoría estética. Obras Completas. Volumen 7*. Madrid: Akal.

Benjamin, Walter. 2008. *Obras. Libro 1. Volumen 2. La obra de arte en la época de su reproductibilidad técnica*. Madrid: Abada.

Bloch, Ernst. 2007. *El principio esperanza I*. Madrid: Trotta.

Caulfield, Carlota. 1992. "Entre el alef y la mandorla: poética, erótica y mística en la obra de José Ángel Valente", tesis doctoral defendida en Tulane University, New Orleans, dirigida por Norman Miller.

Domínguez Rey, Antonio. 2002. *Limos del verbo (José Ángel Valente)*. Madrid: Verbum.

Foucault, Michel. 2010. *Las palabras y las cosas*. Madrid: Siglo XXI.

Jung, Carl Gustav. 2009. *La vida simbólica. Volumen 1*. Madrid: Trotta.

Lefebvre, Henri. 2006. *La presencia y la ausencia*. México: Fondo de Cultura Económica.

Machín Lucas, Jorge. 2010. *José Ángel Valente y la intertextualidad mística postmoderna*. Santiago de Compostela: Universidad de Santiago de Compostela.

Peinado Elliot, Carlos. 2002. *Unidad y trascendencia. Estudio sobre la obra de José Ángel Valente*. Sevilla: Alfar.

Valente, José Ángel. 1996. "Cuatro referentes para una estética contemporánea". *Revista de Occidente* 181: 21-33.

—. 2006. *Obras completas 1. Poesía y prosa*. Barcelona: Galaxia Gutemberg/Círculo de Lectores.

CHAPTER TEN

BLANCO WHITE A LA LUZ DE JUAN GOYTISOLO: UNA REIVINDICACIÓN DE LA HETERODOXIA HISPÁNICA

INMACULADA RODRÍGUEZ-MORANTA
UNIVERSITAT ROVIRA I VIRGILI

1. Notas preliminares

> "Y, abriéndote paso entre la manigua, inaugurarás caminos y atajos, inventarás senderos y trochas, en abrupta ruptura con la oficial sintaxis y su secuela de dogmas y entredichos: hereje, cismático, renegado, apóstata: violando edictos y normas, probando el sabroso fruto prohibido" (Juan Goytisolo, 1976: 222)

El silenciamiento del expatriado José María Blanco Crespo, "Blanco White", (Sevilla, 1775-Liverpool, 1845) en los manuales de Historia de la Literatura constituye una grave omisión, si tenemos en cuenta que es una de las figuras más sobresalientes del siglo XIX español. Denostado por críticos como Menéndez Pelayo, Lista o Gallego, fue rescatado del olvido y del desprecio gracias a la dedicación de Vicente Llorens y de Juan Goytisolo, entre otros. La tímida recuperación de esta figura[1] tiene un precedente en la biografía escrita por Mario Méndez Bejarano, *Vida y obras de D. José María Blanco y Crespo (Blanco White)*, publicada en 1920, a quien debe reconocérsele el mérito de haber dado a conocer vez numerosas cartas y textos inéditos. En 1971 se realiza una reimpresión de *The life of the Rev. Joseph Blanco White, written by himself, with portions of his correspondence,* obra en 3 volúmenes editada por John Hamilton,

[1] Para este aspecto nos servimos, parcialmente, de las "Notas sobre fuentes y bibliografía" contenidas en Manuel Moreno (1998).

parcialmente traducida por A. Garnica, con el título de *Autobiografía de Blanco White* (1975). Debe destacarse también la obra de Martin Murphy, *Blanco White, Self-banished Spaniard* (1989), que traza una biografía muy bien informada, con una relación exhaustiva de fuentes y de bibliografía. Por lo que se refiere a estudios críticos, destaca la edición en 1971 de una *Antología* de textos de White, a cargo de Vicente Llorens, con una amplia introducción y una bibliografía hispánica sobre el tema. También en 1971 Alianza Editorial publica la primera traducción de sus *Letters from Spain,* con el título *Cartas de España,* con introducción de V. Llorens, a partir de la traducción de A. Garnica. En 1974 aparece en Buenos Aires la edición preparada por Juan Goytisolo de la *Obra inglesa,* precedida de una extensa "Presentación crítica" dedicada a Vicente Llorens. Un año más tarde, la editorial Labor publicó *Luisa de Bustamante o la huérfana española en Inglaterra* y otras narraciones con prólogo de I. Prats. En 1982, la editorial sevillana Alfar dio la luz *España,* con introducción, traducción y notas de María Teresa de Ory. De obligada consulta son las recientes aportaciones de Manuel Moreno: en 1989 se ha encargado de las ediciones de *Cartas de Inglaterra;* en 1998, el ensayo *Blanco White (La obsesión de España)*; en 1990, las *Cartas de Juan Sintierra,* y en 2001, los *Ensayos sobre la intolerancia* (Sevilla, Caja San Fernando, 2001). Antonio Garnica tradujo y editó los *Estudios autobiográficos menores* (1999) y *Periódicos políticos* (Granada, Almed, 2005); y, en 2003 vio la luz, gracias a Antonio Viñao, el ensayo *Sobre educación.* Entre los estudios recientes que pretenden arrojar luz sobre la figura del escritor sevillano, y darle definitivamente un digno lugar en nuestra historia de la literatura, hallamos el libro de André Pons: *Blanco White y España* (2002), el volumen colectivo coordinado por Eduardo Subirats *José Mª Blanco White: crítica y exilio* (2005), el estudio de Fernando Durán, *José Mª Blanco White, o la conciencia errante* (2005), y las ponencias recogidas por Antonio Cascales bajo el título *Blanco White, el rebelde ilustrado* (2009). Reparemos, por último, en la publicación de *El Español y la independencia de Hispanoamérica* (2010), ensayo con el que Juan Goytisolo contribuye a rescatar la memoria del escritor sevillano, centrándose en la clara posición que éste adoptó en defensa de los territorios latinoamericanos.

Entre los estudios dedicados a la figura de Blanco White, es particularmente llamativa la atención que le destina uno de los narradores y críticos más incisivos del panorama literario actual: Juan Goytisolo (Barcelona, 1931), escritor que, en la España de la postguerra, asumió el ingrato papel del "mitoclasta" (Lázaro 1972: 25). Como es sabido, a consecuencia de su disconformidad con ciertos aspectos de la vida en España—nación que, a su juicio sigue estando en manos de los guardianes de la ortodoxia, política o religiosa—, como un siglo antes hizo White, Goytisolo optó por un radical exilio: "Mi exilio no era sólo físico y motivado exclusivamente por razones políticas: era un exilio moral, social, ideológico, sexual", escribe en *Disidencias* (1977: 291). El sentimiento de desarraigo, el dolor y la indignación que le causa ver "sin anteojeras", como él mismo afirma, el estado de su patria materna, así como la opresión editorial padecida durante la etapa franquista, justifica en buena medida su apasionado interés por la vida y obra de su compatriota, un interés que actúa como emblema de su rotundo rechazo a la oficialización literaria. Hemos creído oportuno, en el marco de este libro, examinar la figura y obra de Blanco White bajo la óptica de Juan Goytisolo[2], partiendo de la hipótesis de que, en sus palabras, palpita el dolor de una vivencia personal cuyos conflictos son aplicables a otras muchas figuras heterodoxas—olvidadas conscientemente—de nuestra historiografía.

Goytisolo cierra su "Presentación crítica" a la *Obra inglesa* de White con una aclaración tal vez innecesaria—por lo evidente—pero insoslayable para este estudio:

> "al hablar de Blanco, no he cesado de hablar de mí mismo [...] resulta difícil, a quien tan identificado se siente con los valores oficiales y patrios, calar en una obra virulenta e insólita como la que a continuación exponemos sin caer en la tentación de compenetrarse con ella y asumirla, por decirlo así, como resultado de su propia experiencia". (Goytisolo 1974: 98)

El autor de *Duelo en el paraíso* confiesa la dificultad que entraña despojarse de sus propias circunstancias al trazar la semblanza de un personaje al que se siente tan afín; así, nos preguntamos si su texto crítico, en cierto modo, puede ser interpretado también en clave autobiográfica. La peripecia vital y literaria de Goytisolo[3] justifica, por sí sola, su particular querencia por personajes como Sor Juana Inés de la Cruz, Blanco White, Manuel Azaña o Luis Cernuda[4]. Por un motivo u otro, todos ellos han sido víctimas de una valoración injusta—orientada hacia intenciones políticas—que les ha vedado la entrada en el panteón de la Historia de la Literatura Española oficial. El lector del citado "Estudio preliminar" no tarda en constatar que la mirada del escritor barcelonés se orienta, más que

[2] Aunque también nos apoyaremos en los juicios contenidos en diferentes obras y artículos de Juan Goytisolo, nos centraremos—fundamentalmente—en su temprano estudio sobre White, publicado como "Presentación crítica" a la *Obra inglesa* en 1974.

[3] Véase el estudio de Jesús Lázaro (1982).

[4] Véase el libro que le dedica Goytisolo (2004).

hacia una valoración de la obra inglesa de White, hacia una crítica virulenta a la ortodoxia española, a ese "sistema de disimulo" que ha obligado, desde los tiempos de la Inquisición hasta nuestros días, a obviar toda manifestación crítica que ponga en entredicho los sagrados valores de la Patria. No en vano los escritos de Blanco White—como los de Goytisolo—se enuncian desde una perspectiva narrativa que le convierte en un escritor "diferente"—odioso e irritante para algunos—: el exilio le brindó una privilegiada distancia, desde la que pudo vislumbrar las lacras de su nación y expresarlas con mayor libertad.

2. Crítica a la "España oficial"

Goytisolo señala, como causa principal del silenciamiento de Blanco White, el desajuste entre su visión de España y los valores que los órganos de poder político o eclesiástico proclaman como definidores de nuestra nación, aunque éstos no se ajusten a la compleja realidad. Opinión que ya enunció Vicente Llorens, para quien "la heterodoxia religiosa y las opiniones políticas del autor contribuyeron decisivamente a impedir la difusión de su obra entre los españoles" (1972: 8). La voluntad de conformar un pensamiento único ha sido constante en España, según defiende Goytisolo, desde el reinado de Fernando e Isabel, y sus efectos—considera, con cierta desmesura- han perdurado hasta nuestros días, en diferentes aspectos de la vida y de la cultura española, como veremos a continuación:

2.1. Apriorismo y autodepuración en la Historia de la Literatura española

"La historia de la literatura española está por hacer: la actual lleva la impronta inconfundible de nuestra sempiterna derecha" (Goytisolo 1974: 3). Esta Historia de la Literatura Española oficial ha sido ideada, según el crítico, por unos "programadores culturales" que, ante las amenazas de desestabilización de su modelo nacional, ponen en práctica ciertos mecanismos de represión y censura. Así, denuncia que en los manuales literarios españoles se transmitan "criterios y juicios avalados por el ascenso común; se traspasan falsedades y errores, los cuales circulan de libro en libro, casi sin variación alguna, como dinero contante y sonante" (1974: 9). Este proceso es lo que él llama la autodepuración típicamente hispánica, que consiste en detectar y progresivamente ir eliminando aquellos grupos sociales molestos (hebreos, moriscos, luteranos, masones…), y en la marginación de escritores cuyas ideas resultan igualmente incómodas. De ahí que Blanco White—cuerpo foráneo—haya sido desechado al pasar por ese tamiz regulador que selecciona lo puramente ortodoxo. Goytisolo trae a colación el caso de Bartolomé de las Casas, denostado ardorosamente por el ilustre Menéndez Pidal[5] y apunta que "el mismo daltonismo aberrante continúa afectando aun hoy la ejemplar conducta de Blanco con respecto a la insurrección de América" (5-6). Un proceso similar es el que sufrió *La Regenta* de Clarín, "acogida con hostilidad en los medios intelectuales hispanos, vapuleada por la Iglesia y las fuerzas conservadoras fustigadas por Alas, fue deliberadamente silenciada por nuestros programadores culturales hasta el límite de la inexistencia", proclama en *El bosque de las letras* (Goytisolo, 1995: 18). Goytisolo se halla, en pleno siglo XX, con una situación similar ante el ninguneo de la obra literaria de Manuel Azaña, cuya relevancia pretende salvar en *El Lucernario* (2004). De ahí que el reseñador de esta obra declare que la intención de Goytisolo es denunciar "cómo es posible que, a día de hoy, Azaña como escritor siga estando en la letra pequeña de cualesquiera de las historias de literatura del siglo XX [...] Goytisolo, muchos años después de reivindicar al conde don Julián y a Blanco White, se encuentra con la heterodoxia lúcida y mordaz que Azaña representa" (Arias).

Juan Goytisolo puede disculpar la omisión de Blanco White "en un tratado compuesto en 1900 e incluso en 1950, pero no en un libro publicado a finales del pasado milenio[6]". En cierto modo, atribuye esta ausencia a los comentarios que le dedicó Menéndez Pelayo en su magna *Historia de los heterodoxos españoles.* Se muestra convencido de que, al incluirlo en su nómina, el erudito puso de manifiesto el interés que suscitaba esta figura, pero su injusta valoración—censura su "furor

---

[5] Goytisolo escribe en *El furgón de cola*: "Curioso método el suyo: cuando Menéndez Pidal define a Las Casas como 'deslenguado' o 'resentido', con un adjetivo perentorio lo juzga, lo clasifica, lo cataloga; esto es, encierra a Las Casas—ser complejo y contradictorio como pocos hay—en una 'esencia', lo reduce, lo vacía, lo acomoda a la medida de sus deseos; por arte de magia elimina al Las Casas real para poner en su lugar a un fantoche" (Goytisolo 1978: 1009). Citamos este ensayo por la edición de las *Obras completas.*

[6] El escritor reitera esta idea en un artículo en prensa de 2001, donde leemos: "Con la transición a la democracia y esa preciosa e inaccesible libertad de imprenta en la que soñaban los exiliados del XIX [...] cabía esperar razonablemente que la obra de Blanco White ocupara al fin el puesto que le corresponde en la historia de la literatura y de las ideas de la época, así como el que le concede la sorprendente actualidad de sus observaciones y análisis sociales, históricos y literarios. Por desgracia, no ha sido así y, tras una celebración *pro forma* de su singularidad y talento, la marginación prosigue por otros medios".

antiespañol y anticatólico"—hizo mella en el público español, un público sin curiosidad, que se deja llevar a merced de la inercia mental. De otro modo, cree que la figura de Blanco White habría sido recuperada y ensalzada, como han hecho Francia e Inglaterra con sus escritores disidentes; pero en España, lamentablemente, reina el apriorismo[7]. Escribe el crítico:

> "Menéndez Pelayo tuvo cuando menos la honestidad mínima de acercarse a sus escritos, y sus pareceres—por apriorísticos, inexactos y anacrónicos que sean—se fundan o pretenden fundarse en un examen de los mismos; sus epígonos, por el contrario, ni siquiera intentaron leerlos. Les bastaba, y sobraba, con el fallo inapelable del Gran Maestro". (1974: 4)

2.2. El peso de la Iglesia (de la Inquisición a la censura franquista)

El escritor sevillano vivió bajo el yugo de la Inquisición, aún activa a finales del siglo XVIII, y tuvo que sortear las dificultades que entrañaba acceder a la lectura de los libros prohibidos[8]. En *El Español* cuenta que "la censura previa existió en todos los países del mundo durante los siglos XVI, XVII y XVIII" (Goytisolo 1978, 844), circunstancia que propició su exilio, puesto que Blanco no quiso renunciar a sus convicciones. Como era de esperar, la España oficial jamás le perdonaría su desconversión y su incisiva crítica a una religiosidad católica cerrada y celosa de medrar en sus privilegios. Goytisolo detecta notorios paralelismos con la realidad que le tocó vivir a él mismo en pleno siglo XX, y establece una continuidad entre la quema de libros practicada por el Santo Oficio y la censura editorial franquista que padecieron los intelectuales disidentes del régimen. Afirma en *El bosque de las letras*:

---

[7] Doña Emilia Pardo Bazán denunciaba también la tendencia al apriorismo de la crítica en España y la apatía del público, tema recurrente en sus "Crónicas" de *La Nación* de Buenos Aires (1994). Según la autora, este hecho explica, por ejemplo, que no se leyera a Baudelaire (por su contenido supuestamente "inmoral" y "repugnante"), que Echegaray fuera—erróneamente—considerado como "naturalista" o que Felipe Trigo quedara sepultado en el olvido.

[8] En *El bosque de las letras,* Goytisolo compara la etapa de formación literaria de Sor Juana Inés de la Cruz con la de Blanco White: "los estragos causados por la Inquisición en la educación cultural y moral de los españoles han sido magistralmente descritos por Blanco White en su *Autobiografía* y *Cartas de España*". Como él, "Juana Inés de la Cruz tuvo que vivir entre ideas y libros envejecidos" (Goytisolo, 1995: 55).

> "Quienes recordamos las dificultades de procurarse libros de literatura y de pensamiento prohibidos en la España de los cuarenta—cuando los héroes de la vida cultural se llamaban Laín Entralgo, Ridruejo, Rosales, Pemán y Panero—, el paralelo nos impresiona [...]. Alguien ha observado con agudeza, escribe Blanco White, que quien deseara formar una buena biblioteca debería escoger exclusivamente sus libros en el Índice de las obras prohibidas". (Goytisolo 1995: 56-57)

Hay que recordar, además, que la relación personal de Blanco White con la Iglesia fue especialmente conflictiva y angustiosa. En su adolescencia inició la carrera religiosa y en 1799 fue ordenado sacerdote; pero al cabo de unos tres años de ejercer su profesión entró en una profunda crisis de fe que le llevó, incluso, a la enfermedad física[9]; posteriormente, en su exilio inglés, experimentó una nueva conversión que le hizo adscribirse a la Iglesia anglicana. Este *heterodoxo* viraje fue interpretado por los críticos Bartolomé José Gallardo y Menéndez Pelayo como un mero "asunto de faldas", un acto que demostraba su "orgullo y lujuria[10]". Por eso Goytisolo hace hincapié en que, desde la época de los Reyes Católicos, todos los "campeones de la ortodoxia atribuyen los desvíos, errores y crímenes a una infracción del sexto mandamiento" (1974: 7-8). Poco importan las circunstancias que motivaron su conversión al anglicanismo (que abandonaría más adelante) o si—como aclara Vicente Llorens—ese acto respondía no sólo a una búsqueda de refugio espiritual, sino también a un deseo de integrarse plenamente en su nueva patria. Lo que indigna verdaderamente a Goytisolo es que los "tópicos, errores y falsedades que plagan los escritos 'ortodoxos' referentes a Blanco White" hayan sido transmitidos de generación en generación y hayan dificultado la justa valoración—aún inexistente en estos días—de "nuestro mejor escritor de la primera mitad del siglo XIX" (Goytisolo 2001).

---

[9] Explica Vicente Llorens: "El descubrimiento de su incredulidad produjo en él profunda convulsión. Cayó enfermo y su oído musical, extraordinariamente fino desde la infancia, sufrió súbita y extraña alteración [...]. Hasta que recobró la salud un mes más tarde, el oído no volvió a tener la percepción normal" (1972: 17).

[10] Es sorprendente la explicación que da Menéndez Pelayo al abandono del celibato de White: "Blanco tenía varios hijos, y, amando entrañablemente a aquellos frutos de sus pecados, quería a toda costa darles un nombre y consideración social. De ahí su resolución de emigrar y hacerse protestante; para él, incrédulo en aquella fecha, lo mismo pesaba una religión que otra, ni había más ley que la inmediata conveniencia" (1956: 920).

2.3. El "sistema de disimulo"en las autobiografías españolas

Uno de los aspectos que más interesan a Goytisolo de la *Autobiografía* de White es la sinceridad en la narración de sus dramáticas vivencias en el entorno religioso, las fases de su trayectoria espiritual, el desgarro del exilio, el dolor ante la incomprensión y rechazo de sus amistades, etc. Considera que su obra no sólo es "un testimonio inapreciable del arduo proceso de desconversión" sino también "la historia secreta de miles y miles de paisanos—una historia no escrita jamás—encerrada bajo siete llaves en el santuario de sus conciencias" (1974: 21). Una vez más, el crítico compara las experiencias descritas por White con las que se vivieron en la España de los años 40, lo que permite a la obra no haber envejecido un ápice (17). La sinceridad es una virtud inusual, según Goytisolo, entre los escritores españoles[11], pues, a su juicio, los textos autobiográficos de Dalí, Cela, Arrabal o Unamuno distan mucho de las "páginas ardientes, dolorosas o cínicas de un Samuel Pepys o un Rousseau, un Wilde, un André Gide, un Frank Harris" (13).

Son los escritores exiliados los que más necesidad han sentido de recomponer su identidad perdida en el cultivo del género autobiográfico: "La autobiografía no es reconstrucción, sino interpretación que pueda llenar el vacío producido por la ruptura entre el pasado y el presente" (Ortega 1972: 61). Desde esta perspectiva, resulta interesante la relación que Goytisolo establece entre White y Unamuno. A simple vista, aparecen importantes analogías entre estos dos escritores: la inquietud religiosa—presidida por el dilema *razón* o *fe*—y un diagnóstico certero de los males de la patria. Pero el crítico matiza que la semejanza es superficial: el autor de *San Manuel Bueno mártir* se expresa con un "calculado agonismo" muy diferente a la "devastadora sinceridad" y el "hondo sufrimiento" que impregna las *Letters* de White. En lo que atañe a la cuestión política,

[11] Opinión compartida con Manuel Moreno: "Muy pocos españoles [...] han escrito sobre su vida interior, como es bien sabido; y, mucho menos aún los que han intentado mostrar las sendas a través de las cuales han pretendido buscar la verdad. Unamuno llegó incluso a escribir que esta falta de subjetivismo en los escritores españoles, se debía a que, en el fondo, habían carecido de vida íntima espiritual y ni siquiera se habían propuesto buscar la verdad" (1998: 72). José Ortega opina en esta misma línea: "La autobiografía no es muy cultivada en las letras españolas, quizá por el miedo del español a expresar su intimidad, a compartirla, al ponerla en contacto con los otros. Unamuno en el artículo 'Cómo se hace una novela' (París, 1925) insiste en la importancia del carácter autobiográfico de este género como salvación personal, y es interesante observar que son autores exiliados—el mismo Unamuno, Arturo Barea, Ramón Sender, etc.—los que más necesidad han sentido por recuperar o buscar su perdida identidad" (1972: 61).

mientras Unamuno diagnostica las lacras de España aferrándose desesperadamente a ellas "en nombre de una españolidad abstracta de esencia cristiano-vieja", White sale de España "a fin de no tener que explicar sus opiniones a medias" (Goytisolo, 1974: 16), cargando con el recuerdo doloroso del disimulo y de la hipocresía nacionales. Precisamente por ello, en sus memorias no omite esas sombras y contradicciones que atormentaron su vida.[12]

Goytisolo atribuye esta falta de honestidad en el género autobiográfico en España a dos rasgos definidores de nuestro país: el arraigado concepto de *doble verdad* y la represión ejercida siempre, en primer lugar, sobre la *representación.* De ahí que en España reine, opina el escritor barcelonés, lo que él llama un "sistema de disimulo" que ha separado "la moral de los hechos y ha proyectado aquélla (si podemos llamar moral a una tristísima suma de represiones, propulsas, censuras) contra su representación escrita" (1974: 14).

3. La heterodoxia como tabla de salvación

En Blanco White, como en Goytisolo, el anhelo de escapar del sistema de disimulo donde sólo cabe la obediencia a un patrón oficial, desemboca en un temprano desmarque *ideológico,* seguido de una inevitable salida *física,* el exilio, y de una búsqueda de la liberación a través de la *forma,* del lenguaje[13]. Siguiendo su afán de actualizar los principios definidores del carácter y obra de White, Goytisolo halla numerosos paralelismos entre éste y uno de nuestros mejores poetas del siglo XX, Luis Cernuda (1995: 79-98). Además de coincidencias significativas como el odio a la mojigatería sevillana y a la consecuente hipocresía—el uno por su celibato forzado, el otro por su homosexualidad—o su preferencia por la literatura

[12] En *El bosque de las letras,* Goytisolo alude a las notas autobiográficas de Sor Juana Inés de la Cruz, cuya sinceridad y desgarro juzga comparables a las de White: "esa extraordinaria biografía intelectual en la que la sinceridad de la confesión—tan próxima a trechos a la que siglo y medio después nos sobrecoge en Blanco White—se entrevera con justificaciones tácticas de una mujer que se sabía acosada—consciente del peligro que corre, pese a que no quiere 'ruidos con el Santo Oficio'…" (1995: 49).

[13] Resulta esclarecedora la reflexión de Ortega al referirse al protagonista de *Señas de identidad*: "El héroe, exiliado física y moralmente de sus contemporáneos en una sociedad que rechaza y de la que es rechazado, cae en el pesimismo, la abulia y el escepticismo ante un pasado estéril, un presente que no puede tolerar y un destino vacío. Impotente para salvar su destino y el de su patria, el héroe romántico—Álvaro en nuestro caso—del siglo XX no le queda ningún puesto en el universo y la única forma de liberación la encuentra en la forma" (62-63).

inglesa y el rechazo al estilo barroco, señala la importancia de su destino común, el exilio, así como la crítica implacable a su país nativo.

La idea del exilio ya había surgido en White cuando, tras su crisis religiosa, se vio obligado a seguir con sus votos y a ejercer su "odioso oficio de engañar a las gentes[14]". A esto hay que añadir que, la situación política de España empezó a agravarse—insurrección del 2 de mayo y entrada de los ejércitos napoleónicos—y que la publicación del *Semanario Patriótico* fue suspendida por la Junta Central, "que desde el principio vio con desagrado las ideas expuestas, aunque muy veladamente, por Blanco, el cual consideraba que la prosecución de la guerra debía ir unida a un cambio político", según explica Llorens (1972: 14). Así, el 23 de febrero de 1810 embarca en el *Lord Howard* rumbo a Inglaterra, acto que le haría adscribirse definitivamente a la nómina de heterodoxos españoles. Goytisolo—escritor exiliado en París desde 1956—probablemente es, entre los críticos que se han ocupado de White, el que ha mostrado mayor sensibilidad e interés por las condiciones de su exilio. Constata que, para el escritor, esa es la única solución, aunque dolorosa, para poder desarrollar sus capacidades creativas y su espíritu crítico: "la obra de creación… requiere un mínimo de circunstancias favorables: cuando éstas no se dan, tampoco allí hay patria, y el deber del creador será buscar entonces el clima propicio sin el cual su obra no existiría", aclara (1974: 94). Aprecia el heterodoxo punto de vista narrativo del exiliado, principio que él mismo convierte en técnica narrativa en su polémica obra narrativa.

3.1. Defensa de la perspectiva narrativa *exterior*

A pesar de haber nacido en Barcelona, Juan Goytisolo se considera un apátrida. Es oportuno recordar que, en *Coto vedado* (1985), narra su peripecia vital desde que se instaló en París en 1956 hasta el descubrimiento de su homosexualidad y su opción por el punto de vista magrebí y mudéjar de la cultura española: y allí recuerda que es percibido como español en Cataluña, afrancesado en España, latino en América del norte y cristiano en Marruecos. De ahí el certero apunte de Sami Nair:

---

[14] Goytisolo cita al escritor sevillano: "¿Qué debía hacer?—escribe White. La naturaleza me había vedado la posibilidad de ser hipócrita aun en el caso de que hubiese querido serlo. Abandonar mi profesión era imposible: la ley del país lo prohíbe e interpreta la renuncia voluntaria a todos los cargos sacerdotales como una prueba de herejía que castiga con la muerte. A menos de dejar el país, mi actuación sacerdotal era inevitable" (Goytisolo 1974, 21-22).

> "Cristiano en Marruecos, meteco en todas partes: esta observación es la prueba de la absoluta libertad de Juan Goytisolo; ella atestigua que él no pierde nunca el sentido de las *objetivaciones* y sobre todo de las *objetivaciones impuestas*: dicho de otra forma: Goytisolo conoce el peso de la *mirada,* él sabe que la sociedad, cualquiera que sea, ve al *Otro* de una cierta manera y la objetiva pese a él mismo". (1988: 87)

Esta circunstancia vital, en buena medida, motiva su *Reivindicación del conde don Julián* (1976), novela publicada dos años antes de su "Presentación crítica" a Blanco White. Nos interesa atender a la perspectiva que adopta la transgresora voz narrativa de esta obra: un exiliado en Tánger se dirige, increpa y maldice a su patria, destruye sus mitos, sus nombres sagrados y hasta su sintaxis. Desde la distancia y fuera de los márgenes establecidos social, literaria y políticamente en la España del momento, adquiere la lucidez y la objetividad necesaria para advertir los vicios, las represiones y ridiculeces amparadas—con orgullo, siglo tras siglo—por su nación. El protagonista inicia su discurso con una significativa apelación a la Península Ibérica, fuente de sus angustias y rencores: "tierra ingrata, entre todas espuria y mezquina, jamás volveré a ti" (11). El amor a la patria materna, ese "país cuyo nombre no quieres acordarte" (72) aparece contrapuesto al "augurio de una vida mejor y más libre" (17) factible únicamente en el destierro.

No es casual, pues, que un par de años más tarde, Juan Goytisolo explique que las "extraordinarias dotes de narrador" de White se deben tanto a su sinceridad como a su perspectiva narrativa *exterior.* Desde el exilio el escritor se despoja de la visión apriorística, tan común en España, y consigue un análisis lúcido de nuestra historia, política y religión, así como una moderna descripción de la historia de nuestras costumbres. La obra del sevillano cobra todavía más importancia, opina Goytisolo, si tenemos en cuenta la penuria del panorama literario español del siglo XVIII. Es llamativo, según el crítico, que precisamente hayan sido narradores *externos* los "testimonios más significativos y válidos sobre la primera mitad del siglo XIX español": el expatriado Blanco White y los forasteros George Borrow, autor de *La Biblia en España*, y Richard Ford, autor de *Handbook for travelers in Spain and readers at home*. La distancia implica una dualidad de visión, que les permite compensar "la violentísima crítica con la aguda reflexión intelectual y una delicada contemplación estética" (1974: 27).

Es conocida la convicción de Goytisolo, según la cual el escritor debe librarse de aquello que le identifica, "debería definirse negativamente, en contraposición a las 'esencias' y mitos de su propio país". El escritor lamenta que, a menudo, los que han logrado este proceso de distanciamiento mental son los mismos que han optado también por el distanciamiento físico: "la nostalgia de lo que pudo ser y no ha sido ha conducido a algunos de los españoles más lúcidos a enfrentarse con la historia de su propio país y afirmar su propio destino en oposición a aquélla" (97).

3.2. Defensa de la heterodoxia ideológica

Desde este punto de vista exterior—y desde el dolor de la incomprensión—Blanco White se forja como un intelectual heterodoxo, virtud rara en el marco literario español del momento. Goytisolo destaca la lucidez de sus ideas histórico-políticas, filosóficas y literarias, valora la asombrosa actualidad de las mismas y denuncia la incomprensión con que han sido recibidas. Nos fijaremos ahora en las que llaman la atención del crítico:

3.2.1. Un nuevo concepto de *patriotismo*

A Goytisolo le impresiona profundamente la sinceridad con que White describe el dilema de los ilustrados españoles ante la intervención de Bonaparte en los asuntos de la Península, la descripción de su huída a Sevilla y el malogrado intento de difundir sus ideas sobre la insurrección en el *Semanario Patriótico,* tarea que le ofreció Quintana. En este periódico, Blanco "influido por sus lecturas francesas [...] redacta artículos inflamados contra la tiranía y los abusos del poder que, pese a las restricciones que le impone su amistad con Quintana, no tardan en enojar a los mandamases de la Junta" (1974: 33). Como era de esperar, les obligaron a suspender la publicación de este diario, fenómeno que a Blanco no le impedirá seguir con su labor crítica. Así, en su *Autobiografía* y en el nº 10 de *El Español* enuncia una afirmación que puede aplicarse a diferentes momentos de nuestra historia: "los pueblos sometidos a gobiernos opresores, que no les permiten hablar, tienen la viveza de los mudos para entenderse por señas" (34). De nuevo, Goytisolo vuelve la vista atrás hacia la España de los años 40 y evoca el descorazonador cierre de la revista *Laye* por parte de sus mecenas falangistas[15]. Cuando llega a

[15] Afirma Goytisolo: "La historia se repite. A finales de la década de los 40, un grupo de intelectuales y escritores barceloneses jóvenes [...] lograron editar, bajo el auspicio de la delegación provincial de Falange, una revista intelectual titulada *Laye,* en la que, según creo, publiqué algunos de mis primeros escritos. Alarmados por el espíritu inconformista que animaba al núcleo de sus redactores, los mecenas suspendieron su publicación y el último número apareció en 1952 con una banda

Londres, Blanco funda con unos amigos *El Español,* periódico en castellano destinado a sostener la causa revolucionaria en la Península y la alianza hispanobritánica frente a Napoleón. En sus "Reflexiones generales sobre la revolución española" realizó un análisis lúcido de los motivos que provocaron el desastre militar de sus paisanos, donde atribuyó la responsabilidad a "la mezquindad y el espíritu antidemocrático de la Junta" (36) e hizo un alegato de las libertades públicas, inexistentes en España, pues la Regencia gaditana había intentado sabotear la difusión del periódico. Goytisolo menciona también la denuncia de White de la Constitución acordada por las Cortes de Cádiz, por "la ilusión de regular con carácter obligatorio y perpetuo hasta los pormenores más nimios de la vida diaria" (37). Si este conjunto de ideas ya le habían convertido en una "oveja negra", hemos de añadir su heterodoxa visión de la cuestión hispanoamericana, que el propio Goytisolo ha recuperado recientemente en su volumen *Blanco White. El Español y la independencia de Hispanoamérica* (2010). Su esperanza puesta en una posible asimilación e igualdad entre los pueblos americanos y peninsulares queda truncada con las agresivas actuaciones de la metrópoli y la política de represión instaurada por las Cortes de Cádiz, lo que explica que Blanco acabe por resignarse a la separación e independencia de Hispanoamérica. La defensa de tales ideas contribuyó a conformar la leyenda negra de Blanco White, relegado al ostracismo por sus compatriotas y por las mismas repúblicas hispanoamericanas por las que tomó partido. La España oficial le ha tachado de "antipatriota y traidor", calificación que, según Goytisolo, ilustra "el extraño mecanismo mental de nuestros programadores y *zombis*" (38). Vale la pena detenernos en esta cuestión:

En primer lugar, hay que atender a su condición de *exiliado* y a que "la proverbial antipatía de nuestros programadores por los emigrados escamotea en realidad el verdadero problema, a saber: el por qué se fueron" (43), y justifica la opción del exilio como una obligación—casi moral—del escritor[16]. En segundo lugar, el crítico aclara que White no

---

negra, al pie de la cual figuraba una cita de Garcilaso: 'Sufriendo aquello que decir no puedo'" (1974: 35). Sobre la revista *Laye* y la escuela de Barcelona, remito a los estudios del profesor Laureano Bonet (1988; 1994).

[16] Esta idea es una de las más importantes de la "Presentación crítica"; no en vano una de las citas que la encabezan constituyen una denuncia de la única opción que tiene el que quiere pensar por su cuenta en un país oprimido mentalmente. Goytisolo trae las palabras de Ibn Hazm de Córdoba: "Tal es, entre nosotros la suerte del que se pone a componer un poema o a escribir un tratado: no se zafará de estas redes ni se verá libre de tales calamidades, a no ser que se marche o huya o que recorra su camino sin detenerse y de un solo golpe".

manifestó odio ni intención de traicionar a la patria[17]; es más, si nos adentramos en su obra advertimos justo lo contrario. Entre sus ideas políticas sobresale la defensa de un concepto de patriotismo moderno, inseparable de la autenticidad y amor a la justicia, la verdad y la libertad, definición cercana a la que proclamarían un siglo más tarde Unamuno y Ganivet. En el *Semanario Patriótico* ya había llamado la atención sobre el "auténtico patriotismo", definido como la "verdad sencilla", el odio a la tiranía y su dedicación por entero a la patria (Moreno 1998: 94). Es significativa la "sinceridad suicida"—como diría M. Moreno—con que denuncia a aquella clase de patriotismo imperante en España, que "ciega a los hombres tanto con respecto a los defectos de su propio país como a los suyos personales" (96). Para explicar esta idea Goytisolo alude al conocido principio ético latente en la obra de Vargas Llosa, la literatura como expresión de inconformidad:

> "[Vargas Llosa] escribía que hay que desconfiar de los escritores que hablan bien de su país, pues, si el patriotismo es virtud fecunda para militares y funcionarios, en el caso del escritor es índice casi seguro de autosuficiencia y mediocridad. La literatura, agregaba, es una expresión de descontento, y la función crítica del escritor es tan necesaria como la apologética del funcionario". (1974: 93)

A su juicio, el verdadero patriota no es el que muestra complacencia ante unos supuestos valores patrióticos[18], sino el que manifiesta un espíritu crítico y honesto respecto a su nación, idea que Goytisolo expresa en *El furgón de cola*:

> "Los escritores hemos de imponer el dicho 'quien bien te quiere te hará llorar' como principio rector de nuestra conducta. Idealizar al pueblo,

---

[17] Esta intención sí se advierte, en cambio, en el transgresor e irónico discurso del conde don Julián, creación novelesca de Goytisolo: "la patria es la madre de todos los vicios: y lo más expeditivo y eficaz para curarse de ella consiste en venderla, en traicionarla: venderla?: por un plato de lentejas o por un Perú, por mucho o nada: a quién? al mejor postor: […] por el simple, y suficiente, placer de la traición" (1976: 134).

[18] Valores que, tanto a White como a Goytisolo, no les merecen ni un ápice de admiración. El primero afirma que "España, como entidad política estaba 'miserablemente oprimida' por el gobierno y la Iglesia; y como tal 'dejó de ser objeto de mi admiración desde mi temprana juventud'" (Moreno, 1998: 96); el segundo, confiesa que "hace ya bastante tiempo que el apego sentimental a los valores 'patrióticos' me resulta perfectamente extraño: poco, muy poco de cuanto la España oficial encarna algo agradable para mí. Mi actitud frente a ella ha sido un largo, continuo proceso de ruptura y desposesión" (Goytisolo, 1974: 97).

ocultar sus defectos, sería prestarle un flaco servicio. Si nuestro propósito es la destrucción de los mitos de la España sagrada, el 'buen pueblo' forma parte de este arsenal de mitos. Y puesto que se trata de ser lúcidos, comencemos a serlo con nosotros mismos al retratar a los intelectuales". (1978: 1031)

3.2.2. Crítica a la *infabilidad* y a la ortodoxia

Los escritos de White sobre el asunto religioso pueden dividirse en dos etapas, apunta Goytisolo: 1ª) el periodo de su ascenso al anglicanismo, y 2ª) la fase unitaria y racionalista. Nos interesa especialmente esta última, pues ilustra la lucidez con la que un sacerdote católico convertido en protestante acaba extendiendo sus ataques tanto al pontificado romano como al anglicanismo de Oxford, de donde surge su crítica y análisis certero de los conceptos que sustentan a todas las Iglesias, la "infabilidad y la ortodoxia" (1974: 49).White se interesa por el proceso histórico que llevó a la institucionalización de la Iglesia y aboga por "un cristianismo primitivo, sin dogmas y sin casta sacerdotal" (51). Estas ideas no sólo tienen un valor actual, apostilla Goytisolo, pues el debate iniciado con el Concilio Vaticano II ha evidenciado la incompatibilidad teórica entre catolicismo y marxismo, pero a nivel práctico "ofrece vastas posibilidades… según y conforme la congelación ideológica estaliniana ha fomentado la creación de Iglesias marxistas. El diálogo se convierte así en una confrontación amistosa de poderes, provechosa para ambas partes". Esta circunstancia no se circunscribe al ámbito religioso, tiene un alcance político e incluso filosófico. Conviene acudir a las palabras de Goytisolo[19] a propósito de la denuncia de White al "dogma de un juez infalible", representante de la poderosa ortodoxia política:

> "La denuncia de Blanco no la podemos limitar por tanto a las Iglesias de tipo tradicional: la esclerosis del marxismo en los países del bloque soviético ha facilitado la promoción de una poderosa casta burocrática investida de poderes casi sacerdotales, con sus obispos-cuadros, sus comités-curias y sus omnímodos pontífice-secretarios generales. 'El dogma de un juez infalible—escribe—es la fuente auténtica del fanatismo y quien

[19] Moreno trae a colación que, en *Coto vedado*, Goytisolo escribe a propósito de la noción de *ortodoxia* entendida por Blanco, aplicándola a la organización de los partidos comunistas: "[Goytisolo] señala que el 'conjunto de sus factores sicológicos y sociales, como me enseñaría la lectura de Blanco White, entroncan a lo largo de los siglos con unas nociones de ortodoxia, absolutismo e infalibilidad—cosecha de San Pablo más que de Marx—profundamente ancladas en la naturaleza del hombre' (*Coto vedado,* 241)" (1998: 73).

quiera que crea de verdad en él es necesaria y conscientemente un perseguidor'". (1974: 54)

Es necesario precisar que el alcance filosófico del pensamiento de White se debe, además, a su crítica a la Iglesia como impedimento para el "ejercicio del pensamiento libre y racional" (55). La lectura de los filósofos alemanes, explica el crítico barcelonés, le condujo a la convicción de que la teología opresora no es más que "falsa filosofía"; por esta razón el crítico aproxima el pensamiento de White al grupo positivista de Stuart Mill. Como buen filósofo, nuestro escritor se caracterizó por poseer un espíritu inquieto, abierto, y por la certeza de que, honestamente, no podía llegar a verdad alguna.

3.2.3. En torno al anquilosamiento de la lengua y de la literatura española

Otro de los aspectos que llama la atención de nuestro crítico es la modernidad de las ideas del políglota y cosmopolita White sobre la lengua y la literatura española, recogidas por Vicente Llorens; en ellas encontramos cierto espíritu trasgresor que sintoniza con la obra y pensamiento de Goytisolo: debe recordarse que el eje de *Reivindicación del conde Don Julián* es la destrucción de la España literaria, el "exterminio de las convenciones expresivas y de las creencias literarias que la historia ha formado y ha ido trasmitiendo" (Sobejano, 1977: 7). Como característica principal de la lengua española, White destaca la "falta de flexibilidad", derivada de la gran longitud de las palabras, de la escasa variedad de las terminaciones y de lo abultado de los adverbios (Goytisolo, 1974: 56-57). Goytisolo considera que, en materia lingüística, White se anticipa a los descubrimientos de la corriente postsaussuriana, pues habla del lenguaje como "conjunto de signos arbitrarios" y advierte del peligro que entraña este fenómeno cuando en una nación se tiende a repetir las expresiones de acuerdo a los conceptos de un determinado modelo cultural:

> "...y no teniendo las palabras otra acepción sino la que les confiere el hábito mental de quienes la usan, cualquier palabra y, todavía más, cualquier frase [...] si se repite corrientemente respecto a determinados conceptos, parecerá que rechaza todas sus otras acepciones como consecuencia de una ley natural". (1974: 71)

Goytisolo—como escritor y lector—se siente víctima del "anquilosamiento" del idioma español[20], fenómeno que—como Blanco—ha podido apreciar gracias a su expatriación. Pero él lleva esta idea más lejos, y culpa a una "casta omnímoda" de la ocupación del idioma: "Una lengua ocupada por una casta omnímoda que mutila sus posibilidades expresivas ejerciendo una violencia solapada sobre sus significaciones virtuales. Podemos hablar de idiomas ocupados como de países ocupados" (71). Esta cerrazón del idioma explica la "exigua libertad de pensamiento poético que embaraza gran número de nuestros composiciones", pues los poetas castellanos "rara vez dicen lo que quieren sino lo que pueden" (59). Por otra parte, la modernidad de las ideas de Blanco se deja ver en su rechazo al preceptismo clasicista y a la doctrina de las Unidades, tendencias que entonces dominaban en la Península. Es significativo, también, que por encima de las obras de Calderón o Lope sitúe al *Quijote* o a *La Celestina,* preferencias en las que coincide su crítico. Goytisolo muestra especial interés por la defensa de la imaginación y de la inverosimilitud sostenida por White, principio que no sólo implica una crítica al apego al realismo propio de la literatura castellana, además le convierte en un adelantado "sobre todo si lo examinamos a la luz de las creaciones más recientes de la novelística hispanoamericana", matiza (60). Blanco opinó que la afición por los libros de caballería debería haberse corregido, no sofocado y que, en este sentido, el *Quijote*—aunque merezca su admiración—tuvo efectos desfavorables para la literatura española. Aunque Goytisolo aclara que, en este punto, White exagera, se muestra conforme con la tesis de que cierta apatía imaginativa envuelve a nuestra literatura, cuya causa localiza en la represión ejercida por la Inquisición:

> "El placer de las ficciones que nos transportan a un universo imaginario, agrega, es natural al hombre y no puede arrancarse de su alma sino con violencia. El Santo Oficio observaba con creciente desconfianza la literatura imaginativa y podemos preguntarnos si su designio no era, como se huele Blanco, extirpar de la mente humana el don de evocar mundos invisibles y 'convertirnos en una especie de seres de cal y canto, en quienes sólo hiciese mella o impresión un martillo'". (61-62).

Por último, el escritor añade que el proceso de "autodepuración" de la Península, y la consecuente expulsión de musulmanes, contribuyó al

[20] En *El furgón de cola* Goytisolo insta a la destrucción de la parálisis de la lengua española, ya anunciada por White: "Nuestro anquilosado lenguaje castellanista exige, en efecto, con urgencia, el uso de la dinamita o el purgante. El futuro renovador de nuestra narrativa será aquél, creo yo, que corte más audazmente sus amarras con el pesado lastre de la tradición que soportamos" (1978: 878).

extrañamiento del tema erótico en nuestra literatura, que tan provechosamente había influido en nuestro *Libro de Buen Amor* y en la *Celestina.*

4. Conclusiones

La recepción de Blanco White por parte de Juan Goytisolo posee, indudablemente, unas características especiales. Más allá del rescate de la figura de escritor sevillano—tarea que ya había llevado a cabo Vicente Llorens-, el interés de su ensayo radica en que, lejos de limitarse a ofrecer una semblanza biográfica o un análisis crítico de su obra, logra desentrañar los motivos que explican la sepultura o el falseamiento no sólo de su quehacer literario, también de la de otros escritores de nuestro particular acervo literario. Así, Goytisolo esboza una particular reivindicación de la incomprendida *heterodoxia* hispánica, de la que White constituye uno de los sus máximos exponentes. Para confirmar su tesis, el crítico establece concomitancias entre la suerte White y la de otras víctimas de los mecanismos de represión y regulación de nuestra España "oficial", verbigracia Las Casas, Sor Juana, Cernuda, y el propio Goytisolo.

En virtud de este análisis, hemos reconocido las claves de su reivindicación: propone la reescritura de nuestra Historia de la Literatura; denuncia los mecanismos oficiales de represión, el apriorismo y la ortodoxia de los juicios de los críticos españoles, así como la apatía del público; reivindica la figura del *exiliado,* del paria, del marginado: justifica su opción vital y muestra su preferencia por el punto de vista narrativo exterior y por un patriotismo basado en la sinceridad y en la honestidad crítica, no en la cómoda autocomplacencia; y, por último, expone las lacras sociopolíticas de la España contemporánea, al trasladar los defectos de nuestra nación planteados por White a la España del franquismo a través de su experiencia personal. El intenso apasionamiento de su "Presentación crítica" convierte a este texto en un desahogo íntimo, cargado de dolor y de sufrimiento, presidido por una intensa—y no velada—subjetividad. El Blanco White de Goytisolo aparece, así pues, no como un alter-ego del escritor barcelonés, sino como uno más del múltiple potencial imaginativo de éste—como sugería Gonzalo Sobejano (7) al referirse a los protagonistas de *Señas de identidad* y del *Don Julián—,* casi como uno de sus personajes de ficción, habida cuenta de que "cada uno es un reflejo parcial de la totalidad de Juan Goytisolo, elaborada con palabras, forjada de papel, dividida en configuraciones cómicas y serias" (Gould Levine, 1988: 12). Concluimos, de este modo, que la lectura goytisoliana de la obra de White puede incorporarse a la composición de la enigmática figura del escritor barcelonés. En palabras de Manuel Moreno:

> "En su obsesión constante por definirse en el mundo que le rodea está siempre presente este doble aspecto de sus confesiones, que para él es indisociable. Por ello en todas sus obras, desde las más extensas hasta las más breves, está siempre el autor, el hombre, la obsesión. Desde un punto de vista histórico es evidente que este carácter puede restarle exactitud u objetividad, porque su pasión es muy grande; pero por otro, en lo que tiene de subjetivo y de parcial, puede ayudar a entender mejor y verazmente la realidad. Su relato, dejando al margen no pocos errores y exageraciones, es siempre en el fondo auténtico. Lo que le falta de objetiva sinceridad lo gana con creces en sinceridad". (1998: 76)

Bibliografía

Arias Argüelles-Meres, Luis. 2004. "La lucidez de un político humanista. *El Lucernario*, de Juan Goytisolo". Disponible en http://www.foroporlamemoria.info/documentos/2004/jgoytisolo_28022004.htm.

Bonet, Laureano. (ed.). 1988. *La revista* Laye. *Estudio y antología.* Barcelona: Edicions 62.

—. 1994. *El jardín quebrado. La escuela de Barcelona y la cultura del medio siglo.* Barcelona: Península.

Blanco White, José. 1865. *The life of the Rev. Joseph Blanco White, written by himself, with portions of his correspondence,* ed. por J. Hamilton. London: Chapman and Hall.

—. 1971a. *Cartas de España,* ed. por Vicente Llorens, trad. por Antonio Garnica. Madrid: Alianza Editorial.

—. 1971b. *Antología,* ed. por Vicente Llorens. Barcelona: Labor.

—. 1975. *Autobiografía de Blanco White*, ed. y trad. por Antonio Garnica. Sevilla: Servicio de Publicaciones de la Universidad de Sevilla.

—. 1975. *Luisa de Bustamante o la huérfana española en Inglaterra,* ed. por Ignacio Prat. Barcelona: Labor.

—. 1982. *España,* ed. y trad. por Mª Teresa de Ory. Sevilla: Alfar.

—. 1989. *Cartas de Inglaterra y otros escritos,* ed. por Manuel Moreno. Madrid: Alianza Editorial.

—. 1990. *Cartas de Juan Sintierra: críticas de las Cortes de Cádiz,* ed. por Manuel Moreno. Sevilla: Servicio de Publicaciones de la Universidad de Sevilla.

—. 1994. *Obra poética completa,* ed. por A. Garnica & J. García. Madrid: Visor.

—. 1999. *Estudios autobiográficos menores,* ed. y trad. por A. Garnica. Huelva: Publicaciones Universidad de Huelva.

—. 2001. *Ensayos sobre la intolerancia,* ed. por Manuel Moreno. Sevilla: Caja San Fernando.

—. 2003. *Sobre educación,* ed. por Antonio Viñao. Madrid: Biblioteca Nueva.

—. 2005. *Periódicos políticos,* ed. por A. Garnica. Granada: Almed.

Cascales, Antonio (coord.). 2009. *Blanco White, el rebelde ilustrado.* Sevilla: Centro de Estudios Andaluces.

Durán, Fernando. 2005. *José Mª Blanco White, o la conciencia errante.* Barcelona: Fundación José Manuel Lara.

Gould Levine, Linda. 1988. "¿Cómo se lee a Juan Goytisolo leyendo a Juan Goytisolo?". En *Escritos sobre Juan Goytisolo. Coloquio en torno a la obra de Juan Goytisolo,* coord. por Manuel Ruiz Lagos, 5-12. Almería: Instituto de Estudios Almerienses.

Goytisolo, Juan. 1974. "Presentación crítica", en Blanco White, José. *Obra inglesa,* 3-98. Barcelona: Seix Barral.

—. 1976. *Reivindicación del conde don Julián.* Barcelona: Seix Barral.

—. 1977. *Disidencias.* Barcelona: Seix Barral.

—. 1978. *Obras completas. Relatos y ensayos.* II. Madrid: Aguilar.

—. 1985. *Coto vedado.* Barcelona: Seix Barral.

—. 1995. *El bosque de las letras.* Madrid: Alfaguara.

—. 2001. Un escritor marginado: Blanco White y la desmemoria española. Disponible en http//:www.webislam.com/numeros/2001/05_01/Escritor_marginado.htm.

—. 2004. *El lucernario: la pasión crítica de Manuel Azaña.* Barcelona: Península.

—. 2010. *El Español y la independencia de Hispanoamérica.* Madrid: Taurus.

Lázaro, Jesús. 1982. *Juan Goytisolo.* Madrid: Ministerio de Cultura.

Lázaro, Alfonso & Escamilla, Manuel. "Blanco White, *in partibus infidelium*". Disponible en http://www.ugr.es/~filod/pdf/contenido35_17.pdf.

Llorens, Vicente. 1972. "Introducción". En Blanco White, José. *Cartas de España.* Alianza Editorial: Madrid.

Menéndez Pelayo, Marcelino. 1956. *Historia de los heterodoxos españoles.* Madrid: Biblioteca Autores Cristianos.

Moreno Alonso, Manuel. 1998. *Blanco White. La obsesión de España.* Sevilla: Alfar.

Murphy, Martin. 1989. *Blanco White, Self-banished Spaniard.* New Heaven: Yale University Press.

Nair, Sami. 1988. "Territorios del paria". En *Escritos sobre Juan Goytisolo. Coloquio en torno a la obra de Juan Goytisolo,* coord. por Manuel Ruiz, 83-88. Almería: Instituto de Estudios Almerienses.

Ortega, José. 1972. *Juan Goytisolo. Alienación y agresión en* Señas de identidad *y* Reivindicación del conde don Julián. New York: Eliseo Torres.

Pardo Bazán, Emilia. 1994. *Crónicas en* La Nación *de Buenos Aires (1909-1921),* ed. por Cyrus de Coster. Madrid: Pliegos.

Pons, André. 2002. *Blanco White y España.* Oviedo: Instituto Feijoo de Estudios del siglo XVIII.

Sobejano, Gonzalo. 1977. "Don Julián, iconoclasta de la literatura patria". *Camp de l'arpa* 43-44 (7-14).

Subirats, Eduardo (ed.) 2005. *José Mª Blanco White: crítica y exilio.* Barcelona: Anthropos.

CHAPTER ELEVEN

UNA TRAYECTORIA DISIDENTE EN LA SECCIÓN FEMENINA DE FALANGE: MERCEDES FORMICA Y LA REFORMA DEL CÓDIGO CIVIL DE 1958

MIGUEL SOLER GALLO
UNIVERSIDAD DE CÁDIZ

"Conservé mi feminidad y el suave acento de mi tierra sin que me hicieran perder firmeza para la lucha contra la injusticia"
(Mercedes Formica, 1998: 171)

1. Introducción

La década de los cincuenta del siglo XX significó el inicio de un progresivo cambio en la sociedad española y, como parte integrante de ella, de la mujer y sus derechos. Comenzó desde la temprana posguerra con unas personalidades aisladas y, más tarde, se configuró como movimiento feminista. Se trataba de mujeres que, en un principio, no eran propiamente feministas[1] pero sí alzaron la voz e iniciaron una revolución que acabó con siglos y siglos de silencio.

El 22 de junio de 1951, la edición sevillana del periódico *ABC*, quizá el de mayor prestigio de la época, publicaba un artículo firmado por el

[1] Conviene señalar que, en la época, las pocas mujeres que reivindicaban derechos femeninos rehusaban autodenominarse o que se las denominara "feministas", sobre todo aquellas vinculadas o simpatizantes de la Falange o del nuevo régimen de Franco, principalmente por el componente colérico que se le asociaba al término al ir unido a las actuaciones fervientes de la mujer republicana. En estos años se entendía que se podía luchar por la igualdad de la mujer sin llegar a tonos agresivos que hicieran perder la feminidad. De ahí la cita de Mercedes Formica con la que se abre este trabajo.

letrado de las Cortes, y falangista, Gaspar Gómez de la Serna (primo del escritor y periodista Ramón Gómez de la Serna), titulado "Defensa de las mujeres", cuyo contenido se relacionaba directamente con el momento de cambio que se estaba produciendo en España en cuestiones femeninas. El artículo decía:

> "No son ellas las que pretenden forzar, con equívoco gesto, las compuertas de una sociedad tranquila y armónicamente estable; es la realidad misma, la dialéctica objetiva de la realidad contemporánea la que, con su ingente compilación y su prodigioso crecimiento, va imponiendo nuevas determinantes a las relaciones sociales, modificando y renovando los modos de convivencia [...]. En esa transformación radical de la sociedad es tal vez la situación de la mujer la que más ha sufrido los más violentos y rápidos virajes".

La incorporación de la mujer al mercado laboral desde las clases más modestas a las más acomodadas, llegando incluso a las capas aristocráticas, era un hecho irrefrenable. De igual modo, el crecimiento vertiginoso de la mujer independiente despegada del dominio masculino, y su acceso a la universidad, hacía que la sociedad comenzara a plantearse la posibilidad de la liberación de la mujer. El artículo seguía:

> "La mujer no ha conquistado esa libertad de entrar y salir de su casa a horas tempranas o tardías, de andar sola por la calle o de mezclarse, sin la correspondiente carabina, entre hombres; es la circunstancia la que ha obligado a la mujer a hacer todo eso, imponiéndola un repertorio de conductas antes exclusivo del varón".

Entre las mujeres que inauguraron la reacción y realizaron las primeras aportaciones al tratamiento de la cuestión femenina en política, sociedad, legislación e intelectualidad, destacan Lili Álvarez, la condesa de Campo Alange, Consuelo de la Gándara, Marichú de la Mora, Elena Catena de Vindel, Julia Maura, Mercedes Ballesteros, María Jiménez de Obispo del Valle, Mary Salas y Pura Salas, nombres que apenas hoy nos son conocidos pero que en la posguerra alcanzaron gran repercusión y notoriedad en las páginas de la prensa y en los círculos sociales del momento.

De entre todas, la primera que alzó la voz fue la escritora y abogada Mercedes Formica[2], quien emprendió un activismo firme en beneficio de

---

[2] Mercedes Formica (Cádiz, 1913–Málaga, 2002) es una de las mujeres que más ha trabajado por los derechos femeninos en la España contemporánea, siendo su labor más meritoria por hacerlo en plena dictadura de Franco. Su vinculación con el partido político de Falange Española ha motivado que su nombre no sea recordado

la mujer desde las páginas del periódico *ABC*, fundamentalmente hacia el derecho privado, aunque también se pronunció en cuestiones referentes al derecho público, sobre todo en lo concerniente al tema de la mujer y la universidad y su desarrollo laboral.

Lo interesante es que estas mujeres que comenzaron a reflexionar sobre otras formas de vida para la mujer, fuera del hogar y del cuidado de los hijos y del marido, procedían de Falange Española, el partido político fundado por José Antonio Primo de Rivera en 1933, reacio a la emancipación femenina. Es el caso de Mercedes Formica, que entra en contacto con la ideología falangista casi desde el mismo momento de la fundación del partido, tras oír por radio el mitin inaugural pronunciado por Primo de Rivera en el Teatro de la Comedia de Madrid, el 29 de octubre de 1933.

En este trabajo me voy a centrar en la campaña llevada a cabo por Formica durante la década de los cincuenta, quien logró, con la animadversión de miembros importantes de la Sección Femenina de Falange y parte del sector social más conservador, reformar el código civil y mejorar la situación jurídica de la mujer española.

2. Sobre la situación jurídica de la mujer en el franquismo

A continuación, enumero algunos de los preceptos legales que situaban a la mujer, sobre todo a la casada, en una situación de absoluta dependencia del varón. En lo que respecta a este trabajo, hay que hacer

---

como merece. Formica posee una trayectoria vital interesante en cuanto a que muestra la evolución de la mujer española durante el siglo XX, pasando de una educación burguesa, clasista, fuertemente apegada al catolicismo, al mundo de la pura ciencia en sus años de universidad, cuando no era muy bien visto que la mujer accediese a ella. La guerra civil trajo su desencanto ideológico ante la brutalidad del conflicto, tanto por el bando nacional como por el republicano. A partir de este momento, su actividad en política decae, manteniéndose reticente ante las actuaciones de la nueva Falange de Franco, quien según ella nunca fue falangista, sino que aprovechó un partido político en ciernes para legitimar su proyecto dictatorial. Mercedes Formica siempre fue fiel a los principios joseantonianos. En la posguerra arranca su faceta literaria en el campo de la narrativa y su carrera de jurista, convirtiéndose en una de las mujeres más influyentes de aquellos años. Dirigió varias publicaciones periódicas como la revista *Medina*, *Feria* y *La novela del sábado* y colaboró en multitud de publicaciones prestigiosas de la época, fundamentalmente en *ABC* y en su suplemento *Blanco y Negro*. Fue una mujer independiente, de personalidad fuerte, que con su inteligencia y su pluma consiguió reformar el Código Civil.

referencia, en primer lugar, al artículo 1.880 (y siguientes) de la Ley de Enjuiciamiento Civil, el cual hablaba del domicilio conyugal como "casa del marido". En caso de que el matrimonio culminara en divorcio, la mujer debía permanecer depositada en casa ajena, en compañía y al cuidado de un depositario escogido, o al menos autorizado, por el marido, aunque fuera presunto cónyuge culpable. Perdía también la guarda custodia de los hijos durante el tiempo que duraba el periodo de separación, unos seis años aproximadamente, y su pensión alimenticia era siempre incierta.

No quedaban aquí las irrazonadas disposiciones que situaban a la mujer en desiguales condiciones al hombre. El periódico *ABC* publicó el 22 de noviembre de 1953 un artículo titulado "Inferioridad jurídica de la mujer"[3], en el que daba cuenta de los verdaderos límites de la mujer casada. Según apuntaba este artículo, la mujer estaba incapacitada *para ser tutora, protutora o vocal del consejo de familia, así como para ser testigo en un testamento*, unas limitaciones que constituían auténticas ofensas a la dignidad de la mujer. Pero además de las restricciones que se refieren a la mujer como tal y que se aplican, por tanto, lo mismo a la casada que a la viuda, la legislación limitaba de tal forma la capacidad de la mujer casada que la reducía a la inacción, sobre todo en la esfera patrimonial. El artículo señalaba en primer término que sin autorización de su marido la mujer española *no podía adquirir, ni transferir bienes*. La limitación de adquirir no sólo se extendía a las adquisiciones de valor, sino incluso a las gratuitas. Tampoco podía *constituir derechos reales, hacer donaciones contractuales, ni aceptar un mandato, ni ejercer el comercio*. En el orden procesal, se leía que la mujer casada *no podía comparecer en juicio sin la autorización marital*. Las restricciones se extendían incluso al área estrictamente familiar: *no podían legitimar hijos por concesión ni disponer de su dote o bienes parafernales sin autorización marital, ni siquiera adquirir obligaciones sobre los bienes gananciales*. Y también para *aceptar o rechazar herencias necesitaba de la autorización marital*. En la práctica, la mujer casada estaba enteramente sometida al marido en el orden patrimonial, y su capacidad para disponer de bienes era nula. Complemento de este espíritu legal era la presunción de que *todo matrimonio*, salvo capitulación de lo contrario, *se contraía dentro del régimen de sociedad de gananciales*, en el que las facultades otorgadas al marido eran de tal naturaleza que de hecho quedaba convertido en señor casi absoluto incluso de los bienes propios de su mujer. La mujer vivía en una especie de prisión perpetua subyugada por el marido. En lo que respecta al derecho público, la cuestión se complicaba con el acceso de la mujer al mercado laboral. Partiendo de la base de que el único reducto

[3] La cursiva es mía.

ideal para la mujer era el hogar, la sociedad se mostraba reacia a cualquier trabajo ajeno al quehacer cotidiano de la casa y la atención del marido e hijos. Sin embargo, si esto ocurría, si la necesidad de trabajar fuera del hogar era inexorable, por falta de dinero, viudez, o si la mujer era soltera, el empleo se convertía en una extensión de las labores domésticas o actividades consideradas puramente femeninas. Estas profesiones eran: enfermera, secretaria, lavandera, modista, institutriz, maestra, practicante, empleada de institutos de belleza o telefonista[4]; ocupaciones que, en su mayoría, habían sido desempeñadas por la mujer durante la guerra civil:

> "Durante la guerra, el hogar de miles de mujeres españolas estaba en el frente de batalla. Las enfermeras sirvieron a los soldados heridos, en los hospitales, con dulzura y ecuanimidad; las lavanderas, día tras día y hora tras hora, se mantuvieron en sus puestos con labor humilde y silenciosa"[5].

Un sector femenino especialmente ultrajado eran las universitarias, a las que, una vez que finalizaban sus estudios, se les cerraban las puertas de acceso a puestos considerados de alta responsabilidad, y, por tanto, tradicionalmente asignados al hombre. Baste citar, por ejemplo, la convocatoria de oposición a la Escuela Diplomática, publicada en el Boletín Oficial del Estado el 10 de octubre de 1949. Entre los requisitos para optar a la plaza figuraban:

> "Ser varón, mayor de edad y menor de treinta y tres años. Tener nacionalidad española de origen. No estar casado con extranjera. Poseer título de Licenciado en Derecho o Ciencias Políticas y Económicas" (Formica, 1998: 11)[6].

Lo mismo sucedía en otras oposiciones como Judicatura, Registro, Abogado de Estado, Notaría, etc.

Desde que se posibilitó el ingreso libre de la mujer a la universidad, fundamentalmente a partir del 1910, gracias al cambio normativo

---

[4] *Y: Revista de la mujer nacionalsindicalista*, nº 44, septiembre de 1941.

[5] *Medina: Semanario de la Sección Femenina*, nº 85, 1 de noviembre de 1942.

[6] La cita proviene del tercer tomo de sus memorias publicadas bajo el título genérico de *Pequeña historia de ayer*. Los dos primeros son *Visto y vivido (1931–1937)*, Barcelona, Planeta, 1982 y *Escucho el silencio*, Barcelona, Planeta, 1984. En el tercer tomo de memorias, *Espejo roto. Y espejuelos*, es donde se narra toda la campaña iniciada en pro de la mujer, que culminó con la reforma legal de 1958, objeto de nuestro estudio. En este trabajo haremos referencia a este tomo, pero la mayoría de los datos están extraídos de la prensa de la época, muchos de ellos nunca publicados en los diferentes estudios que se han realizado sobre la faceta jurista de Formica.

propiciado por el entonces ministro de Instrucción Pública, Julio Burell y Cuéllar[7], la mujer encontró trabas en cuanto a usos y costumbres, jamás en el derecho vigente. Un caso representativo es lo que le sucedió a la protagonista de este trabajo.

Mercedes Formica ingresó en la facultad de Derecho de Sevilla en 1932, siendo de las primeras mujeres en las aulas de esta universidad, carrera que alternó con la de Filosofía y Letras. Formica tuvo que interrumpir los estudios a causa de la guerra civil española, retomándolos en la posguerra y finalizándolos en 1948. Es entonces cuando decidió ingresar al cuerpo diplomático[8] y tropezó con el ignominioso requisito de "ser varón". Ante este revés machista, Mercedes Formica solicitó una entrevista para tratar el asunto con el ministro de Justicia, Raimundo Fernández–Cuesta, quien, al estar "reunido", mandó a un secretario que le indicó que debía haber escogido una profesión de acuerdo a su condición femenina: "Partera, debió estudiar para comadrona" (Formica, 1998: 12).

Colmada de impotencia e indignación, porque se le frustraba su anhelo, y el de tantas españolas, por el simple hecho de ser mujer, Formica ofreció una entrevista en la revista *Semana*, el 29 de marzo de 1949[9], en la que se daba como titular: "Hablando con una mujer de nuestro tiempo". Entre las preguntas que se le formularon destacaba la referente a su experiencia como alumna universitaria española. Formica respondía aludiendo al problema comentado:

> "Como mujer, no deja de preocuparme la injusticia de que la muchacha universitaria de hoy tenga cerrados todos los caminos para el ejercicio de una profesión; sobre todo de las que se derivan del Derecho. Esta situación injusta puede decirse que es excepcional de nuestro país, pues en todas las naciones del mundo tiene legítima opción a ejercer todas las profesiones a que dan acceso las facultades. Creo que a las españolas se les debía reconocer esa aspiración de dignificar su trabajo".

---

[7] Simpatizante de la Institución Libre de Enseñanza, que permitía la entrada independiente de la mujer a los estudios superiores (anteriormente se debía solicitar el permiso de las autoridades universitarias). La ley de Burell derogaba otra anterior de 1888 que limitaba el acceso de la mujer a la universidad. El citado ministro, poco tiempo después, creó otra Real Orden que disponía que "la posesión de los diversos títulos académicos habilitará a la mujer para el ejercicio de cuantas profesiones tengan relación con el Ministerio de Instrucción Pública", incluyendo la posibilidad de opositar a cátedras.

[8] Formica afirma en el tercer tomo de memorias que su intención era acceder a las oposiciones de Abogado del Estado. Si bien, en numerosas entrevistas, cita la anécdota y expone lo que le sucedió optando al cuerpo diplomático.

[9] La entrevista salió en el número 475 de la revista, que además utilizó el rostro de la autora como portada.

Esta actitud rebelde e insumisa de Mercedes Formica encendió los ánimos de la Sección Femenina, que, a partir de entonces, comenzó a mirarla como si no fuese "trigo limpio":

> "Hubo quien llegó a dudar de mi condición de 'camisa vieja'. Compañeras de Facultad que nunca habían sido falangistas y ahora ocupaban cargos importantes, guardaron silencios cuajados de sobrentendidos" (Formica, 1998: 13).

Para la Falange, el que la mujer cursara estudios universitarios no se contemplaba como una acción indigna de acuerdo a las funciones femeninas que ellos patrocinaban. A pesar de que mostraban mayor conformidad si la universitaria era soltera, no se restringía el paso de la mujer a la universidad, sino que las consignas difundidas iban encaminadas a recordar la verdadera misión de la mujer en la sociedad (ser madres y esposas) y remarcar los valores falangistas de abnegación, dulzura, sencillez y sacrificio, debido a que, al adquirir mayores conocimientos, podían transformarse en la frívola intelectual de la época republicana. Como se podía leer en la prensa femenina de la época, refiriéndose a la mujer universitaria:

> "El día de mañana, el amor llama a su corazón y la hace señora de una casa, será la mejor compañera del esposo y la mamá más perfecta, porque todas sus acciones estarán guiadas por el talento que sus estudios han sabido en ella desarrollar"[10].

El imparable avance de los tiempos, los progresos llevados a cabo en la cuestión femenina durante el periodo republicano, las necesidades surgidas tras la guerra civil, el hambre, las epidemias, etc., impedían a la sociedad mirar hacia otro lado y se comenzaba a analizar los posibles beneficios o consecuencias que podrían desencadenarse si la mujer ocupase un lugar en la sociedad y no sólo en la familia.

3. Comienzan a resonar voces inconformistas

La mujer iba siendo consciente de que su educación, su experiencia o su inteligencia le impedía reducir su función en la vida únicamente a ser esposa y madre. Un lance crucial que elevó públicamente lo que soterrada o tímidamente se discutía fue la aparición en 1949 del polémico ensayo *El segundo sexo* de Simone de Beauvoir, que produjo un gran revuelo internacional, logrando vender veinte mil ejemplares en una sola semana.

---

[10] *Medina*: *Semanario de la Sección Femenina*, n º 29, 5 de octubre de 1941.

Beauvoir hablaba sin tapujos de las presuntas diferencias biológicas o psíquicas que hacían que la mujer fuese considerada un ser relativo, frente al hombre como ser absoluto; o cómo el mundo femenino se había estructurado sobre los márgenes del masculino, moldeado sobre un conjunto de reglas, prohibiciones, principios de lo normal y deber ser de la condición femenina. La cita del filósofo cartesiano y escritor francés del siglo XVII, Poulan de la Barre, con la que Beauvoir abría su ensayo no podía ser más representativa: "Todo lo escrito sobre las mujeres por los hombres debe ser sometido a sospecha, ya que son a la vez juez y parte".

Simone de Beauvoir y Mercedes Formica poseen puntos esenciales en común. Conviene recordar que fue Mercedes Formica la que realizó la recensión de *El segundo sexo* en 1950, al poco de publicarse en Francia. Formica leyó el ensayo por medio de un buen amigo, Gonzalo Figueroa, el cual adquiría en el país galo esas obras de difícil circulación en nuestro país, y luego las prestaba a su entorno más cercano.

Mercedes Formica realizó la entusiasta reseña en la *Revista de Estudios Políticos* y destacaba la conclusión a la que llegaba Beauvoir sobre la liberación de la mujer, una vez que el hombre la considerara como su igual. Formica traía a colación la situación de la mujer española que, con el avance de los tiempos, se veía obligada a trabajar fuera del hogar. Por ello se preguntaba: "¿Quién se atreve a decir a la española de hoy: limítate a hacer calceta o a guisar tu comida?" (Formica, 1950: 269). Lógicamente, la autora se refería a que era necesario disponer de una estabilidad económica y un tiempo mínimo de sosiego para coser o guisar. Un valioso tiempo casi imposible de tener, dadas las dramáticas situaciones que vivían muchos hogares españoles, con escasez de recursos. La cuestión ahora residía en impedimentos históricos y económicos que paralizaban el desarrollo laboral de la mujer en ciertos ámbitos de primera categoría. Mercedes Formica se refería, nuevamente, al problema que encontró cuando quiso opositar al cuerpo diplomático. La autora no lograba comprender las trabas que imposibilitaban a la mujer incorporarse al mercado laboral; mucho menos el hecho de que ciertas oposiciones o trabajos estuvieran vedados a la mujer por su presunta debilidad intelectual:

> "Es cierto que no podemos presentar con nombres de mujer una nómina de genialidades, tan numerosa como la ostentada por los hombres. Pero no es menos evidente que el genio sale de la masa, no de la minoría, y la masa femenina en este instante, gracias a la política obstaculizadora del hombre, permanece, en gran parte, sin cultivar, sin cultivar las posibilidades de una formación. No sería justo, por tanto, exigir a unas contadas generaciones

de mujeres el mismo rendimiento ofrecido por el hombre a través de toda la historia de la humanidad" (Formica, 1950: 269).

Mercedes Formica compartía con Simone de Beauvoir el rechazo hacia la propagada inhabilidad de la mujer[11].

En la sociedad española de los cincuenta se dejaron oír igualmente otras voces críticas hacia el injusto trato que el código civil otorgaba a la mujer. Uno de los ataques más duros fue lanzado desde el mismo seno de la Iglesia Católica, en concreto por una de las autoridades más respetadas, como era el primado de España, el cardenal Isidro Gomá, que en su libro *La familia según el Derecho natural y cristiano* escribió lo siguiente: "Estará en su punto poner de relieve el desnivel bochornoso a que el Código Civil ha relegado a la mujer y a la madre española".

Por otro lado, el presidente del Tribunal Supremo, D. José Castán Tobeñas, trató la necesidad de la reforma del Código Civil en su tesis doctoral, publicada en 1914, cuyos criterios mantuvo a lo largo de toda su vida.

También, a principios de los cincuenta, destacó la celebración del I Congreso Nacional de Justicia y Derecho de F. E. T. y de las J. O. N. S. en julio de 1952. El extracto de las conclusiones que allí se propusieron son las siguientes:

> Que durante la tramitación del proceso de separación o nulidad del matrimonio no pueda el marido disponer de los bienes gananciales sin el consentimiento escrito de su esposa.
>
> Que se sustituya la locución de la "Ley depósito de la mujer", que se estima vejatoria e inadecuada, por la de "medidas protectoras de la mujer en el caso de separación o nulidad", ventilándose de la incidencia en un juicio sumario de naturaleza verbal.
>
> Que, planteado el pleito de separación o de nulidad, pueda el juez determinar en cada caso cuál de los esposos debe abandonar el domicilio conyugal.
>
> Brevedad en la tramitación del expediente de concesión de alimentos provisionales o definitivos; y que su prestación esté asegurada con garantía real sobre los bienes del alimentista o por retención, en su caso, de los haberes del mismo.
>
> Que, planteada la separación o la nulidad del matrimonio, recobre la mujer la administración de sus bienes parafernales, conservando el marido la

[11] A Mercedes Formica hay que reconocerle también el difundir en la España de la dictadura de Franco *El segundo sexo* de Simone de Beauvoir–junto con a la Condesa de Campo Alange en *La secreta guerra de los sexos* (Madrid, Revista de Occidente, 1950)–, en un momento de alto control y asfixia intelectual.

administración de los gananciales, pero con obligación de rendir cuentas al Juzgado.
Supresión del artículo 1887 de la Ley de Enjuiciamiento Civil, que se atiene a la edad de los hijos para determinar en poder de cuál de los cónyuges deben quedar estos, cuando tiene lugar el llamado depósito de la mujer casada, dejando al arbitrio del juez la determinación de este extremo, en consideración a las circunstancias concurrentes en cada caso.
Brevedad para la liquidación de la sociedad conyugal, una vez ejecutoria de la sentencia de separación o nulidad del matrimonio.
Que se suprima la limitación existente para la mujer de ser testigo en testamentos; que, soltera o viuda, sea declarada apta para formar parte del organismo tutelar, sin prejuicios de su derecho a excusar el cargo por razón de su sexo; y que se suprima la limitación del artículo 206 del Código Civil, que establece que el nombramiento de los organismos tutelares realizados por la madre requiere la aprobación del consejo de familia.

La mayoría de las cuestiones allí defendidas fueron desarrolladas por Mercedes Formica a través del periódico *ABC*, aunque con mayor intensidad y repercusión. Formica, ante la imposibilidad de acceder al cuerpo diplomático, decidió darse de alta en el Colegio de Abogados y abrir su propio despacho en una de las dependencias de su casa madrileña. De esta manera, se convirtió en una de las tres abogadas en activo del Madrid de la posguerra, junto a Pilar Araiz y Josefina Bartomeu. Sus clientas, mujeres separadas y maltratadas, le permitieron conocer a fondo el estatus jurídico de la mujer española, e iniciar una campaña que desembocó en la reforma de varios artículos del Código Civil en 1958.

4. Mercedes Formica en pugna contra el Código Civil

El caso que mayor trascendencia alcanzó fue el de Antonia Pernia Obrador, una clienta cuyo caso utilizó Formica para elevar a debate nacional la desigualdad jurídica de la mujer española en el derecho privado. Antonia Pernia sobrellevaba los continuos malos tratos de su marido. Formica relataba que ya en la primera agresión le había desviado la espina dorsal de una patada. Sin embargo, fue otra mala acción la que hizo divulgar su caso. Ocurrió cuando el marido le asestó diecisiete cuchilladas que la dejaron casi moribunda. La mujer, madre de varios hijos, soportaba con infinita impotencia el hecho de no poder separarse. Mercedes Formica era consciente de que nada se podía hacer, ya que si Pernia solicitaba la separación, lo perdía todo: hijos, casa, bienes, etc. Por lo general, siempre que la esposa inocente presentaba una demanda de separación, se repetía el mismo esquema: ocultación de los bienes, en el alzamiento o enajenación de los gananciales, o en disfrazar o menoscabar sus ingresos por trabajo o rentas; todo ello con la consiguiente disminución de la pensión alimenticia. Estas actuaciones recaían, en definitiva, sobre los hijos. Formica ya estaba acostumbrada a recibir el escepticismo de los jueces cuando, en los procesos de separación, reclamaba para su cliente que fuera el hombre quien abandonara el domicilio. En cierta ocasión, un juez le increpó: "Está usted loca. ¿Cómo podemos tolerar que un hombre salga de *su* casa?" (Lafuente, 2004: 155).

En aquel tiempo, el que a la mujer se le otorgara el beneficio de poder ocupar la vivienda familiar en un proceso de separación era casi imposible. Mercedes Formica lo sabía, lo había vivido en su propia familia[12]; por eso conocía que, de embarcarse en un proceso de este tipo, la duración era indefinida a causa de las repetidas apelaciones que se efectuaban. Según cuenta Mercedes Formica, el sistema teocrático—boda religiosa de efectos civiles—permitía la intervención del Juez seglar en las medidas provisionales. A partir del depósito eran los Tribunales Eclesiásticos los competentes para dictar sentencia determinando si había o no causa de separación. Era frecuente que el proceso terminara con la siguiente orden: "Reúnase el matrimonio" (Formica, 1998: 40).

Si la resolución era favorable, la mujer podía haber pasado varios años depositada en casa ajena, alejada de sus hijos y privada de la administración de sus bienes, lo que repercutía dramáticamente en el desarrollo vital de los hijos, quienes crecían traumatizados y atormentados. Mercedes Formica sólo tenía una única vía para hacer ver a la sociedad la horrible situación que vivía la mujer en las leyes: denunciarlo públicamente.

Sintiendo sobre sí el resentimiento de la Sección Femenina, Formica no se contuvo y escribió "El domicilio conyugal", que salió publicado en *ABC* el 7 de noviembre de 1953, después de un tiempo retenido por la censura. El artículo decía abiertamente:

---

[12] El episodio del divorcio de los padres de Mercedes Formica en 1933 es, sin duda, uno de los hechos trascendentales de su vida. Como ella misma decía: El divorcio de mis padres "no fue para los míos la solución a un problema entre seres civilizados, sino el triunfo del más fuerte protegido por la ley" (Formica, 1982: 166). El padre solicitó la residencia forzosa de la madre y sus hijas en Madrid. Los hijos quedaron bajo la custodia materna y la patria potestad paterna. En concepto de manutención, el juez estipuló una pensión de mil pesetas mensuales, que debían cubrir los gastos de comida, vivienda, vestido, educación y cuidados de una familia compuesta por cinco personas, madre y cinco hijos. Para la autora, la resolución fue una especie de muerte civil. El padre, mientras tanto, rehízo su vida con una amante alemana en la casa donde había vivido la familia.

> "Nuestro Código Civil, tan injusto con la mujer en la mayoría de sus instituciones, no podía hacer una excepción con la esposa, y la casada que se ve en el trance de pedir la separación, aun en aquellos supuestos en que su inocencia está comprobada, ha de pasar por el previo depósito, que en este caso habrá de ser realizado fuera del domicilio conyugal, y ya el proceso de separación en marcha, el juez le entregará o no le entregará los hijos, los bienes muebles, fijará una pensión alimenticia, pero lo que ningún magistrado sentenciará—entre otras razones porque carece de facultades para ello—es que sea la esposa la que permanezca en el domicilio conyugal y sea el marido culpable el que lo abandone. En otra época, la medida aunque injusta, planteaba problemas secundarios; hoy esta parcialidad lleva a las doce cuchilladas".

El entonces director del periódico, Luis Calvo, captó enseguida la importancia del tema y días después, el 18 de noviembre, ABC publicó un artículo editorial donde en grandes titulares se leía: "El domicilio conyugal no es la casa del marido", en clara alusión al artículo precedente de Mercedes Formica. Veamos un extracto:

> "El hecho que presenta Mercedes Formica es, por desgracia, corriente. Y los problemas que suscita encierran un profundo interés humano. Para la esposa que sale del domicilio conyugal, del que sigue disfrutando el marido, amparado en un título de derecho arrendaticio, no es lugar adecuado un convento o un hotel, puede no tener parientes que la acojan, y si los hay, quizá no estén en condiciones de hacerlo; si tiene posibilidades, la esposa ultrajada buscará un piso, pero ante ella, se presenta como obstáculo infranqueable, la escasez de viviendas, especialmente económicas. La Ley no da, pues, a esta mujer otra alternativa que volver con su marido, de cuya crueldad es víctima o quedarse en medio de la calle. Se trata no ya de un problema jurídico, sino de una cuestión de humanidad".

Debido al revuelo que el artículo de Mercedes Formica originó en la sociedad española, el periódico *ABC* abrió una encuesta titulada "La capacidad jurídica de la mujer", con el objeto de recoger en sus páginas las opiniones de expertos en jurisprudencia sobre la capacidad jurídica de la mujer casada. La encuesta se desarrolló el 26 y 28 de noviembre y el 2, 4, 6 y 12 de diciembre de 1953, interviniendo ilustres abogados de la época como Eloy Montero, Ursicino Álvarez, Hernández Gil, Jaime Guasp, Serrano-Súñer, Eduardo Benzo, José María Ruiz Gallardón o Joaquín Calvo Sotelo, entre otros. Casi todas las opiniones se mostraron acordes a una reforma legislativa a favor de la mujer, aunque defendiendo—muchos de ellos—la idea de la mujer tradicional.

Igualmente, junto al análisis de aquellas autoridades del derecho, los lectores enviaron cartas a la redacción del periódico expresando su sentir al respecto y detallando casos reales de mujeres duramente maltratadas por sus maridos y por las leyes. Un alto porcentaje de ellas provenían de hombres, padres o hermanos de mujeres víctimas de violencia doméstica.

En este sentido, la periodista Josefina Carabias ofrecía un reportaje sobre la autora con el sugerente título de "Mercedes Formica: la mujer que ha puesto el dedo en la llaga". En él se ofrecían dos extractos de cartas que describían la cruda realidad que padecían muchas mujeres[13]:

> "Mi marido no trabaja. Con frecuencia viene a casa borracho y me pega. Para poder mantener a mis hijos, he tenido que tomar huéspedes. ¿Pero se imagina usted lo que es para una mujer pasarse el día trabajando como una negra y a la hora de descansar tener que compartir mi cuarto con un hombre privado de razón por el alcohol y que, en cuanto proteste, me da una paliza? El juez me ha dicho que puede arreglar la separación; pero es condición indispensable que yo salga de la casa y me "deposite" en otra parte. Esta casa, con la que yo me gano la vida, le pertenece a él cualquiera que sea su conducta. Mis hijos a los que yo he sacado adelante con tantas fatigas, también le pertenecen a él, y es él quien manda en ellos".

Como esta carta llegaban centenares a la redacción de *ABC*. Este es otro ejemplo:

> "Mi marido nos tiene abandonados hace mucho tiempo. Hoy ha vuelto a casa a decirme que quiere separarse legalmente. Según me ha explicado, yo tengo que irme y dejarle a él el piso para disfrutarlo con quien quiera. Dice que la ley le da derecho también a quedarse con los hijos; pero que en ese punto renuncia a sus derechos y que los dejará irse conmigo".

Mercedes Formica respondía las cartas más destacadas con un lenguaje claro y sencillo, ofreciendo posibles soluciones a los dramas planteados. Por primera vez, las mujeres, que habían soportado años de silencio e indiferencia pensando que su situación era la corriente por su condición femenina, encontraban un hombro en el que desahogarse y un lugar en el que poder contar las difíciles circunstancias que la ley les obligaba soportar con resignación.

La prensa española se hizo eco de la gran repercusión alcanzada por la encuesta de *ABC* a raíz de "El domicilio conyugal". Periódicos de tirada nacional como *Informaciones*, *Ya* y *Pueblo*; locales como *El Norte de Castilla* y *Madrid*; los editados por Falange: *El Alcázar*, *Arriba* y *Alerta*;

---

[13] El reportaje se publicó en 1953 y la Formica lo recogió en *Espejo roto. Y espejuelos*.

revistas como *El Español*, *Foco*, o las destinadas a las mujeres: *Teresa*, *Semanas*, *Fotos*, *La movida en España* y *La Ilustración Femenina* dieron cuenta de todo lo que sucedía en la sociedad española con motivo de lo revelado por Formica. Asimismo, el semanario de humor de más fama y repercusión del siglo XX, *La codorniz*, puso su sello al tema publicando un artículo—"Sentencia dictada contra doña Mercedes Formica"[14]—en el que se responsabilizaba a "El domicilio conyugal" de Formica de "actuar de despertador e interrumpir el luengo sueño del Código Civil". A pesar de que muchos elogiaron las reacciones que la autora estaba suscitando en el país, se la acusaba al mismo tiempo de intentar paliar exclusivamente aquellos artículos en los que la mujer era perjudicada, y no otras muchas injusticias que recogía el Código Civil. De ahí que, figuradamente, condenaran a Mercedes Formica "a la pena de una prisión correccional de siete días y una hora en la cárcel de papel de esta villa". El artículo se acompañaba de una simpática caricatura de la autora tras la ventana de una simbólica cárcel.

Pronto la cuestión traspasó las fronteras españolas. La alarma social promovida por Mercedes Formica fue más propia de una democracia que de un régimen dictatorial. Estados Unidos fue el país donde la campaña tuvo mayor repercusión. Gregorio Marañón Moya solía enviarle recortes de prensa de los periódicos internacionales donde aparecían alusiones al asunto originado por la autora, por ejemplo, el *New York Times* publicó el 5 de diciembre de 1953 una larga referencia al artículo de *ABC*, a través de su corresponsal en Madrid. Asimismo recogieron la noticia *Dayly Telegraph* y la revista gráfica *Times,* que le dedicó una página el 7 de diciembre de 1953, rematada con esta frase escuchada a un madrileño: "Creo que empieza un gran torbellino. Gracias a Dios mi mujer no lee los periódicos" (Formica, 1998: 42). La repercusión alcanzada por Mercedes Formica en la sociedad estadounidense se reflejó en el seguimiento realizado por la revista *Holiday*, la cual dedicó un reportaje monográfico bajo el epígrafe de "*World of women*", en el que se analizaba a mujeres de diferentes países que habían destacado en los últimos años en las ciencias, las artes, la política, la literatura o el derecho. El nombre de Mercedes Formica se incluía junto al de la reina Federica de Grecia, la doctora Han Suyin de Singapur y la científica norteamericana Eugenie Clark. El reportaje fotográfico corrió a cargo de la agencia Magnum. Su director, Robert Capa, pidió a la fotógrafa Inge Morath que se trasladase a España: "Tú irás a España. Tienes que ver a una mujer extraordinaria. Se llama Mercedes Formica, es abogado y defiende a las mujeres que no se pueden separar de sus maridos. España es tu país" (Formica, 1998: 155).

---

[14] Citado según consta en *Espejo roto. Y espejuelo.*

En Europa también se hablaba de Formica. En enero de 1954, numerosos diarios tales comos: *Die Weltwoche* (Suiza), *Kolner Stad* Anzeiger (Alemania), *Oggi* (Italia) o *British Telecom* (Gran Bretaña) comentaron la noticia. La repercusión también llegó a los países latinoamericanos: *La Prensa* (Buenos Aires), *Diario Carioca* (Brasil), *El Colombiano* (Colombia), *Visión* (México) y *Mañana* (Cuba), entre otros. El semanario *CNT*, publicado en París, dedicó una extensa nota donde se hacía mención a la encuesta llevada a cabo por *ABC*, motivada por el revuelo provocado por las cuestiones que planteaba Mercedes Formica, valorada, en su opinión:

> "mucho más por lo que sugiere que por lo que expresan las opiniones terciadas. Y mucho más dada la significación del periódico auspiciante [...] Esperamos sin embargo, que no haya sido dicha la última palabra. A la Iglesia como Institución tocará decirla cuando logre reponerse de la sorpresa" (Formica, 1998: 42).

El debate continuaba vibrante, y el 14 de enero de 1954, de nuevo para *ABC*, la autora ofrecía unas interesantes declaraciones en respuesta a varios artículos anónimos aparecidos en diferentes periódicos españoles. Se titulaba "Acerca del estado jurídico de la mujer española. Los verdaderos límites de la cuestión: defensa del cónyuge inocente". Formica se vio obligada a realizar estas declaraciones en referencia a una acusación realizada por un sector social, quizá interesado en abortar tales posibles reformas (pues nunca vieron con buenos ojos la protección del cónyuge inocente, cuando el cónyuge inocente era una mujer), que veía que la encuesta referente a la situación de la mujer en el Derecho positivo español estaba inspirada por un ánimo antifamiliar y anticristiano, y que lo que se perseguía era implantar en España el divorcio vincular y exterminar la institución familiar.

Formica se sentía aludida:

> "Dado que la campaña está originada por un modesto artículo mío, y constándome como me consta que está inspirada por el deseo de la protección al más débil, voy a intentar aclarar a dónde se contraen los verdaderos límites de la cuestión".

La abogada declaraba no defender en la campaña a la mujer soltera, "ya que, desechando el principio de la *imbecilitas sexus*, sólo le afectan determinadas limitaciones de escasa trascendencia". Por tanto, la autora aclara que su lucha se dirige hacia la mujer casada y, en concreto, hacia aquellas mujeres inmersas en un matrimonio quebrado, pues en los casos donde la pareja vive en armonía, únicamente merecen estudio y solución dos cuestiones: "la que impide a la mujer casada ser tutora de hijos habidos en su anterior o anteriores enlaces, y su falta de intervención en la administración de los bienes del matrimonio".

En el primer caso, Mercedes Formica apuntaba al asunto ya comentado de la supresión de la patria potestad de los hijos a la mujer viuda que contrae segundas nupcias. El segundo problema indicaba una opinión generalizada que entendía que si la mujer interviniese en la administración de los bienes, la autoridad del marido se vería menoscabada. La solución que propone Formica es que, en aquellos casos en donde el marido actúe despóticamente y de manera irregular, la mujer pueda hacer uso, al menos, de los bienes propios que ella ha aportado al matrimonio.

La cuestión se complicaba una vez que el matrimonio entraba en desavenencias, como ha quedado señalado más arriba. Mercedes Formica volvía a manifestar su deseo de proteger al cónyuge inocente, argumentando que no por eso debía ser tachada de anticristiana y antifamiliar. Formica entiende por cónyuge inocente tanto al hombre como a la mujer. Ahora bien, se abogaba por la protección de la esposa porque

> "en nuestro ordenamiento jurídico el marido sin culpa está protegido hasta la saciedad, y así si es la mujer la que abandona el domicilio, el marido inocente podrá obligarla a regresar a casa (*manu militari*), empleando la fuerza pública, que la reintegrará al hogar".

Las ventajas del marido inocente se extienden:

> "Si la mujer ha cometido adulterio, será castigada con pena de prisión menor, y sorprendida 'infraganti' o 'semiinfraganti' en este delito, el esposo que le quite la vida contará con la simpatía de los tribunales que hayan de juzgarle y más de un parricida hay suelto que purgó la muerte de su semejante con un simple destierro a un lugar de clima suave recomendado por las agencias de turismo".

La autora utilizaba este recurso hiperbólico para dar cuenta de lo extremo de la situación y la urgencia de un cambio en las leyes que transfiriera algo de dignidad a la mujer. Ella es quien necesitaba protección

> "para la guarda de sus hijos, para que se le adjudique la titularidad del domicilio conyugal, para que se le señale una pensión alimenticia suficiente y se dicten medidas cautelares que impidan que los bienes gananciales se oculten o enajenen. El hijo, sin limitación de edad, debe quedar bajo la guarda de la madre inocente—o presunta inocente—,

durante el período del depósito de la mujer, que, por regla general, como todos los profesionales sabemos, dura de tres a cinco años".

Mercedes Formica conocía perfectamente la situación, además de por su condición de abogada, como hija de una mujer separada y vejada por las leyes. De ahí que difiera de la medida que consiste en separar a los hermanos entre sí, "como si fuesen naranjas, para dar unos hijos al padre y otros a la madre". En el divorcio de sus padres, su hermano pequeño, José, de apenas ocho años de edad, quedó bajo la patria potestad del padre y alejado para siempre de aquella otra parte de la familia.

En lo que respecta al domicilio conyugal, Mercedes Formica continuaba sosteniendo lo que declaró en su elogiado y polémico artículo causante de todo el revuelo: "El domicilio conyugal". Esto es, que en caso de separación matrimonial se conceda la titularidad del hogar al cónyuge inocente, ya fuera éste el marido o la mujer.

El 10 de febrero de 1954, Mercedes Formica habló de la situación jurídica de la mujer en el Círculo Medina de Madrid. Dividió su exposición en dos partes, ocupándose, por un lado, de los aspectos del derecho que situaban en desventaja a la mujer, sobre todo en lo referente a las instituciones legales o cotidianas que le vedan el acceso a los puestos relevantes de trabajo (relacionado esto con lo vivido por ella misma cuando intentó ingresar en el cuerpo diplomático), y, por otro lado, de la esfera del derecho privado, refiriéndose a las peculiaridades de la posición jurídica de la esposa, de la viuda y de la separada judicialmente, comentando los desfavorables efectos del régimen legal en diversos aspectos del futuro del hogar y de los hijos. En definitiva, los temas que estaba tratando en su campaña. Sobre las críticas que estaba sufriendo por parte de algunos sectores en contra de una posible reforma, decía: "Yo arrostro con gusto esa impopularidad, la cargo sobre mis hombros y, aún con ese peso, seguiré luchando en defensa del más débil, que, con respecto a las leyes actuales, es siempre la mujer" (Ruiz Franco, 1997: 36–37). Según cuenta Rosario Ruiz Franco, la conferencia fue generosamente comentada en la prensa, por ejemplo en *Informaciones*, destacando las opiniones de Josefina Carabias, quien la calificó de "curso de inteligencia" (Ruiz Franco, 1997: 37). En *Espejo roto. Y espejuelo*, Mercedes Formica declaraba que había sido la única ocasión en que la Sección Femenina se mostró de su lado, si bien también destacaba que la mediación de Pilar Primo de Rivera fue esencial para conseguir la entrevista con Franco, el 10 de marzo de 1954, a las 11:30 de la mañana, a fin de estudiar el asunto que tanto revuelo estaba ocasionando en el país.

Por entonces, corría el rumor que detrás de la campaña había toda una maniobra izquierdista que se ocultaba con la intención de restaurar el divorcio. Mercedes Formica temía que, por tal motivo, su empeño en reformar el código no finalizase correctamente. Por este motivo, decidió actuar con suma cautela e inteligencia. Consideró prudente solicitar una audiencia con Franco a través de la Sección Femenina, a la que acudiría acompañada, como respaldo esencial para alejar recelos, por el sacerdote experto en derecho canónico, el padre Honorio Alonso, así como por el director del Instituto de Estudios Políticos, Javier Conde, y la fotógrafa Inge Morath.

Durante la entrevista, Mercedes Formica le expuso la cuestión y se percató de que Franco estaba perfectamente enterado de todo lo que estaba sucediendo. Al llegar al controvertido punto del consentimiento de la esposa en trance de separación para disponer de los bienes gananciales, limitado en el proyecto al inicio del proceso, opinó rotundo: "El consentimiento debe exigirse en todo momento. Con separación y sin separación" (Formica, 1998: 52). La entrevista resultó positiva. Franco conocía a la perfección lo que suponía ser hijo de padres separados y las vicisitudes que conllevaba tal situación. Mercedes Formica cuenta que cuando era cadete y la pensión paterna no llegaba a tiempo, Franco fue numerosas veces a los ultramarinos y "pedía fiado" algunos alimentos (Formica: 1998, 49). Al terminar la audiencia, Franco le aconsejó que fuese a ver al Ministro de Justicia, Antonio Iturmendi. Y Formica se dirigió en su búsqueda: "Me recibió con una forzada sonrisa. –¡Ya sé! ¡Ya sé! El Caudillo ha telefoneado y ha expresado su interés por la reforma" (Formica: 1998, 53).

La popularidad de Mercedes Formica llegó hasta las Fallas de Valencia, donde erigieron en la plaza de la Universidad una en su honor. La figura representaba la efigie de la autora sobre un libro gigante titulado "Formicalogía", haciendo pasar por el aro a una serie de abogados vestidos con togas, junto a hombres y mujeres que reivindicaban sus derechos, rodeados por hormigas (significado del apellido italiano de la autora).

Dos años después del inicio de la campaña, la revista de la Sección Femenina *Teresa* publicó una entrevista a Formica donde se rememoraba todo lo que había supuesto su artículo y mostraba su opinión sobre cómo habían transcurrido los hechos. Salió publicada con el titular: "Un problema candente. Mercedes Formica, abogado, no sólo defiende a las mujeres". Algunas de las opiniones más significativas de la autora fueron las siguientes[15]:

[15] *Teresa, Revista de la Sección Femenina*, 3, marzo de 1954.

"—¿Crees que se debe reformar la ley?
—Si has leído todas las respuestas de los juristas que han intervenido en la encuesta…
Confieso que no me he enterado demasiado. Los términos profesionales que usan los importantes hombres de Leyes no me dejan ver al final si quieren decir que sí o que no.
—… Todo esto deberá traer una reforma para unos problemas del Código Civil, para la solución de otros de la Ley Procesal. Por ejemplo, el artículo 1.882 de la Ley de Enjuiciamiento Civil, al regular la forma de llevarse a cabo el depósito de la mujer casada, habla por dos veces de 'casa del marido' cuando se refiere al domicilio conyugal. Este domicilio conyugal debe ser considerado como 'la casa de la familia'—de los hijos y del cónyuge inocente—, sea éste el marido o la mujer—. Aquí la reforma se impone.
—¿Has tenido muchos ataques por tu campaña? ¿Cartas? ¿Anónimos?
—No; puedes creerlo. Todos los ataques han sido desde las columnas de la prensa… Es la verdad…
—¿Y cartas alentadoras?
—Eso sí, muchísimas."

5. De la "buena Juanita" a la reforma del Código

La campaña en pro de los derechos legales femeninos produjo otro debate interno entre las propias mujeres. La periodista Marichú de la Mora[16] puso nombre a los dos bandos: el de La Buena Juanita, y el de la Reforma del Código, en un artículo publicado en el *Diario de Navarra*, el 24 de agosto de 1956, titulado "De la buena Juanita al Código". Así se expresaba:

"Las mujeres españolas andan algo revueltas. Desde que el ilustre letrado y encantadora mujer Mercedes Formica, lanzó a la popularidad el grito de alarma sobre los pisoteados derechos femeninos en caso de desavenencias conyugales, la mujer española, unas curándose en salud y otras tratando de

[16] Marichú de la Mora y Maura (Madrid, 1907–Segovia, 2001) fue una escritora y periodista española cercana, como Formica, al núcleo inicial de la Falange de José Antonio Primo de Rivera, de la que llegó a ser Secretaria Nacional de la Sección Femenina durante un período. Su hermana fue la republicana Constancia de la Mora y Maura. Fundó la revista de la Sección Femenina *Y*, que también dirigió. Posteriormente estuvo al frente de *La moda en España* y *Ventanal*, ejerciendo en sucesivas etapas la subdirección de las revistas *Sucedió* y *Textil*, y colaborando a la vez en *Semana* y *Actualidad Española*, así como en el diario *Madrid*. Para mayor información, véase el estudio de Inmaculada de la Fuente (2006) y el de Mercedes Roig Castellanos (1977), de donde están extraídos estos datos.

> mejorar una situación ya grave, se han dividido en dos bandos que podríamos llamar: el de La Buena Juanita, y el de la Reforma del Código".

El primer grupo representa la idea de la mujer tradicional encarnada en el tópico decimonónico del "Ángel del hogar", cuyos principios fundamentales son una vida de sacrificio, abnegación y silencio: "Esta escuela propugna como remedio a todos los males del matrimonio y a todos los escollos de la convivencia, la bondad y la dulzura femenina".

Lo cierto es que esta tipología de mujer es la que se difundía desde la retórica oficial del Régimen, por ejemplo, a través de los diversos medios de propaganda.

Del otro lado se hallaba el sector de mujeres que apoyaban la reforma del Código Civil, en este caso de la Mora defendía que "la Reforma del Código no propone otra cosa que la justa adjudicación del castigo al culpable sin permitir sofismas jurídicos ni disimulos económicos más o menos legales". En este punto, la autora se muestra de acuerdo con lo defendido por Mercedes Formica, finalizando su exposición apuntando que "nos negamos a aceptar que nos 'buen juaniteen' a su conveniencia, el mundo de los 'Jaimitos' masculinos".

Las opiniones reticentes a la posible reforma del Código llegaban igual que las favorables a *ABC*, lugar matriz de la campaña. En este sentido, hay una en concreto que la redacción del periódico quiso resaltar por "expresar sentimientos y opiniones que no han terciado hasta ahora en la polémica". La carta, fechada el 3 de abril de 1954, estaba firmada por una señora de Zaragoza, doña Elena de Zayas, que se mostraba abiertamente antifeminista. Su contenido es digno de reseñar:

> "Hay que dejar sentado que el fin normal de la mujer es el hogar [...]. Sería incurrir en necia pedantería repetir los argumentos de la natural separación de los sexos en cuanto a su cometido y finalidad humana. La realización del propio destino es no sólo una cuestión moral, sino estética: el hombre debe afrontarlo con sus músculos y el impulso ofensivo de su inteligencia, rompiendo la marcha contra los elementos hostiles. A la mujer, con su ternura y blanda receptibilidad, le basta saber crear el hálito acariciante alrededor del hombre, que le conforte y anime en su tarea".

Igualmente, *ABC* publicaba el 8 de agosto de 1956 otra carta remitida por Marta de Burgos en la que se mostraba contraria a la reforma y a favor de la "Buena Juanita":

> "Olvidemos las leyes, los derechos, sólo hace falta para la armonía matrimonial más comprensión en la mujer, más abnegación, menos amigos, y más espíritu de sacrificio, como nuestras abuelitas. Deponed las

armas y someteros al mando de ellos, que con amor e inteligencia siempre será nuestro".

Cuando parecía que todo ya estaba dicho, se volvió a actualizar el tema con la publicación, el 24 de julio de 1956, de una noticia en *ABC*, titulada "Los derechos de la mujer casada", que tenía como protagonista el caso de otra mujer con complicaciones en la separación matrimonial; sin embargo, en esta ocasión, la resolución fue a su favor. La crónica se hacía eco de la sentencia pronunciada por el Juzgado de Primera Instancia número 3 de Madrid en beneficio de doña Ana Cabello y Rodrigo, por el que se rechazaba la petición de depósito fuera del domicilio conyugal solicitado por parte de su marido.

La sentencia fue recogida favorablemente por parte de la sociedad; la propia mujer escribió al periódico, dos días después, agradeciendo la difusión y la buena acogida que había tenido su caso. Doña Emilia Cabello contaba que llevaba en depósito desde hacía siete meses en casa de una hermana y que el marido había vendido y disimulado todos los bienes para no tener que pagar la pensión mensual de 1.000 pesetas que el juez había estipulado para su esposa y sus dos hijos.

El abogado de la defensa solicitó la vuelta de la mujer al hogar debido a que la casa era propiedad suya antes de casarse, por lo tanto se trataba de un bien privativo de la mujer. El juez finalmente falló a su favor y el marido fue quien tuvo que abandonar el hogar en el que hasta la fecha habían convivido.

Sin embargo, un nuevo dato volvería a encender la polémica; la mujer, inocente, habló erróneamente de una presunta "ley anterior" responsable de su depósito, como si hubiese habido una nueva ley interesada en protegerla, cuando en realidad sólo había una sola ley. Este desliz producido por una persona no puesta al día de la jurisprudencia, fue inteligentemente aprovechado por Mercedes Formica ("Los derechos de la mujer casada. A la señora Ana Cabello y Rodrigo") para volver a situarse en primera línea de la actualidad, y así volver a reivindicar desde *ABC*, el 27 de julio de 1956, lo que hacía casi tres años inició: un cambio legislativo en beneficio de la igualdad entre hombres y mujeres:

> "Un párrafo de su carta, concretamente el siguiente: 'Yo, por la ley anterior, quedé depositada en casa de mi hermana', pudiera llevar a la creencia de que, después de la fecha de su depósito, una ley nueva, más justa y humana, tiene presente la inocencia del cónyuge que solicita la separación independientemente de que sea el hombre o la mujer. ¡Nada más lejos de la realidad! Ninguna ley nueva se ha dictado en este sentido, y las mujeres españolas continuamos sometidas a las mismas normas civiles que la arrojaron a usted de su casa".

Mercedes Formica explicaba que el hecho de que el juez permitiera que volviera a su domicilio no se debía a ninguna ley nueva, sino a que la casa en cuestión pertenecía a la mujer, en calidad de bienes parafernales. Pero advirtió que esa resolución no tenía carácter definitivo y que podía ser revocada ante recurso a la Audiencia por el Tribunal Superior. La autora, para corregir el error de la mujer y el de todos aquellos lectores que hubieran creído en la existencia de una nueva ley, comenzó a poner ejemplos de casos donde en primera instancia ganaba la mujer, pero luego fracasaba. Considero que es significativo exponerlos:

> "Ya en el año de 1953, el Ilmo. Sr. D. Miguel Antolín Saco, Juez de Primera Instancia del Juzgado número 22 de Madrid, dictó—con fecha 12 de marzo de aquel mismo año—un Auto o Resolución en el que autorizaba a la esposa a permanecer en el domicilio conyugal por darse la triple circunstancia de ser la esposa propietaria del piso donde estaba situado el domicilio, haber perdido el esposo la patria potestad sobre el único hijo del matrimonio—lo que mostraba indicio de gran culpabilidad—y ser el marido de considerable fortuna, que disponía, además, de otro piso en nuestra capital.
> Habiendo apelado el marido contra el Auto del Juez de Instancia, en el plazo que concede la ley, ante la Sala tercera de lo Civil, los ilustres magistrados que lo componían revocaron el Auto, razonando la revocación en unos de sus Considerandos al tenor siguiente: 'Que las derivaciones legales que pudieran deducirse de tan anómalo y singular procedimiento darían al traste con todo un sistema formalista de la justicia, que es necesario garantizar y proteger el derecho y la libertad de los ciudadanos'.
> Huelga decir que la esposa salió de su propia casa, quedando en la de sus padres, donde continúa en la actualidad.
> […]
> La ley que a usted le arrebató su hogar y sus medios de vida, es la misma que a la esposa de uno de los industriales más ricos de Madrid le arrebató su hijo mayor, de tres años, y le escamoteó sus bienes gananciales—a pesar del probado adulterio del esposo—, dejándola reducida a ganarse la vida como señora de compañía para terminar más tarde aislada en un centro benéfico de Carabanchel.
> La ley, que a usted le privó de sus enseres más elementales de todo hogar, es la misma que permitió que unos menores—A. J. y R.—tuvieran que interrumpir sus estudios en razón a que el padre culpable había disfrazado sus verdaderos ingresos, reduciendo la pensión mensual a una pensión de hambre.
> Esa ley es la misma que durante la campaña mantenida y alentada por un periódico del prestigio de *ABC*, dio lugar a que una distinguida dama—de estado soltera—, confundiendo el derecho canónico con el derecho civil, asegurase en un artículo, que bastaba un poco de dulzura femenina para conseguir que un marido malvado o inconsciente, borracho o adúltero,

> volviera sobre sus pasos, haciendo con ello innecesaria la rectificación de las normas que a usted le han aplicado".

Estas últimas enfurecidas palabras tenían una clara destinataria: la zaragozana Elena de Zayas, aludida anteriormente. Para Mercedes Formica, una ley podrá considerarse equitativa y justa cuando se cumplan los siguientes requerimientos:

> "Cuando el domicilio conyugal se considere casa de la familia, en lugar de casa del marido. Cuando—sin tomar como base la edad—los hijos sean asignados al cónyuge sin culpa, hombre o mujer. Cuando se señale una pensión alimenticia suficiente, persiguiendo al marido que disfrace sus verdaderos ingresos y exigiendo responsabilidades a quienes colaboren con la ocultación.
> Cuando los bienes gananciales no puedan enajenarse sin el consentimiento de la mujer, evitando con ello, en caso de desavenencia matrimonial, el alzamiento de dichos bienes, que en definitiva pertenecen a los hijos. Cuando las resoluciones judiciales puedan dictarse teniendo en cuenta el principio de favorecer al cónyuge sin culpa—hombre o mujer—, por entenderse que el cónyuge inocente hizo posible, con su buena conducta, que la institución familiar continuase.
> Cuando la ley sea más cristiana que romana—es decir, pagana—, entonces sí, entonces, mi admirada y admirable doña Emilia Cabello y Rodrigo, esposa española, depositada en casa extraña, viviendo de la caridad ajena, podrá hablarse 'de una ley anterior injusta' y 'de una ley posterior equitativa'.
> Mientras ese paso no se dé, las circunstancias no habrán cambiado, y las mujeres españolas continuarán como hasta hoy, y los ejemplos como el suyo se multiplicarán".

Como es de suponer, las palabras de Mercedes Formica trajeron cola. Al día siguiente el periódico ofreció la réplica, cargada de socarronería, del abogado defensor de doña Emilia Cabello y Rodrigo, Antonio Cases:

> "¿Reformar la ley? ¿Pero se puede reformar otra ley que no sea la de Arrendamientos Urbanos? Permítame un consejo: Señora, no debe usted desconfiar de la Justicia. Mantenga siempre sus derechos, pero sin estridencias, sin rencores, ni odios apasionados y virulentos, porque la dulzura es una elegancia que envuelve como un encaje impalpable, los encantos, la gracia femenina. Y también un motivo más para que nosotros, las adoremos mejor.
> Y no olvide nunca, se lo ruego, que el matrimonio no supone autoridad del marido sobre la mujer, despótica y férrea fuerza del menos inteligente. El matrimonio es comprensión mutua, tolerancia, bondad. Llegará antes a la felicidad conyugal si ayuda y alienta a su esposo cuando él regresa a

> casa—a la casa de los dos, que es tanto como decir de uno solo—derrotado, humillado por la lucha que ha de soportar día a día. Porque, aunque no se lo diga, él está sediento, y busca la frescura de sus palabras y la suavidad de sus brazos, para aliviar su fracaso".

Mercedes Formica no se contuvo, un día después ofreció su réplica:

> "Tengo tanta fe en que la situación jurídica de la mujer española cambiará, en que la reforma será amplia y generosa, abarcando todos los puntos que deban tocarse–guarda de los hijos, pensión alimenticia suficiente, régimen administrativo de los bienes gananciales, domicilio conyugal, etc., etc.—, que no he dudado en hacerlo constar así a los corresponsales de los periódicos extranjeros, y a los ilustres miembros de asociaciones y Universidades norteamericanas que me han visitado o escrito sobre el particular".

Mercedes Formica se resistía a perder la esperanza del buen término de su campaña. Contaba con información privilegiada, sabía que la entrevista que mantuvo con Franco iba a resultar fructífera. Al parecer, el dictador Francisco Franco había dado órdenes de que estudiaran la reforma de aquellos artículos del Código Civil y de la ley Procesal susceptibles de una nueva redacción a la Comisión de Códigos, que funcionaba en el Ministerio de Justicia, cuya presidencia ostentaba don José Castán y Tobeñas, presidente del Tribunal Supremo[17].

---

[17] Formica confiaba plenamente en la buena disposición de Castán y Tobeñas, quien fue el primer abogado que, en 1914, rompió una lanza a favor de los derechos de la mujer, tomando la situación jurídica de la mujer en el derecho privado como tema de su tesis doctoral. Por esa misma época, Castán y Tobeñas escogió como tema de su discurso en la sesión de investidura de los Tribunales, celebrada el 15 de septiembre de 1954, "Los derechos de la mujer y la solución de los conflictos conyugales". Según recoge Ruiz Franco (1997: 41) sus opiniones eran favorables a la reforma debido a que "venía avalada por la transformación de la sociedad y de las mujeres en la misma". La historiadora señala algunas de sus manifestaciones en aquel discurso: "Reconocemos la profunda transformación que en la actualidad está experimentando la vida social y, dentro de ella, el papel de la mujer […] No debemos aferrarnos, con actitud retrógrada, a las formas de vida que ya pasaron". Aun así, el jurista, fiel a una ideología conservadora, se mostraba a favor de la reforma siempre que no peligrara la feminidad de la mujer: "Todo se perderá si al reconocer a la mujer sus valores humanos y sus derechos naturales, protegiendo su libertad y su dignidad, pusiéramos en peligro su feminidad y olvidásemos el interés primordial en la conservación de la familia". Para Ruiz Franco, el discurso de Castán y Tobeñas significaba el referendo oficial a lo propuesto desde las páginas de *ABC*, lo que fue calificado por el propio diario como la elevación del tema a la "categoría de preocupación oficial". Además de lo

Mientras la reforma llegaba, Mercedes Formica siguió sacando a la luz nuevos casos de mujeres atrapadas por el Código Civil. En la revista *La Ilustración femenina*, en el número correspondiente a febrero de 1957, la autora publicó "La patria potestad y el quinto mandamiento", que relataba el amargo sufrimiento de una mujer ante la posible pérdida de su hijo, después de que su anterior pareja solicitara la patria potestad del menor ante los tribunales.

La mujer, clienta de Formica, se había quedado embarazada y sufrió el abandono de su pareja, que no quería hacerse cargo del hijo ni mucho menos casarse con ella, pues pensaba que todo era una argucia para aprisionarlo. Le indicó que interrumpiera el embarazo, pero la mujer se negó y decidió seguir adelante ella sola, ya que había sido también rechazada por sus padres. El niño nació, y el padre que lo repudiaba contrajo matrimonio con una mujer estéril. Entonces se acordó de que tenía un hijo y quiso reconocerlo, pero, anteriormente, la madre le había hecho firmar un documento en el que cedía libremente todos sus derechos. La vida discurría y la mujer se enamoró y decidió casarse. Fue en ese punto cuando comenzaron los problemas… El padre del niño presentó un ultimátum: o dejaba aquella relación o la denunciaría por mala conducta ante el Tribunal Tutelar del Menor, haciendo valer sus derechos a la patria potestad.

Mercedes Formica se preguntaba:

> "¿Debe un juez otorgar la patria potestad sobre su hijo al padre que se opuso a que tal hijo naciera? ¿Se le confiaría al autor de un asesinato frustrado, la guarda de su víctima? Cierto que no basta con la confesión de la madre, y que la prueba del delito presentará dificultades, pero los indicios—el abandono total durante tres años, el reconocimiento tardío, posterior a la certeza de la infecundidad de la mujer legítima, la existencia de un documento privado, de fecha anterior al reconocimiento, de ninguna eficacia jurídica, pero de indudable eficacia moral—quizá fuese suficiente para formar la conciencia del juzgador".

---

expuesto, Ruiz Franco (1997: 41–42) señala como elemento relevante las conferencias impartidas en la Real Academia de Jurisprudencia y Legislación durante los cursos 1953–54 y 1956–57, dedicadas a los problemas jurídicos de las mujeres: "El régimen legal de la mujer casada" y "La mujer ante la ley".

6. La reforma del Código Civil de 1958: "La Reformica"

En el verano de 1957 comenzaron a oírse las primeras voces que anunciaban una inminente reforma del Código Civil. En la edición del 4 de agosto de 1957, el periódico *ABC* recogía unas palabras del entonces ministro de Justicia, Antonio Iturmendi: "Lo que en definitiva pretenden el Movimiento, el Caudillo y su Gobierno es edificar un auténtico estado de derecho", seguidas de estas otras: "El Gobierno va paulatinamente procediendo a una revisión metódica del Código Civil".

Faltaba poco para que el arduo camino iniciado por Mercedes Formica desde hacía más de tres años tuviera un final feliz. Un camino que le había acarreado numerosos problemas, controversias y casi descalificaciones por un sector reticente a una mejora legal que beneficiara a aquel sexo que habían controlado y manejado desde tiempo inmemorial. El proyecto de ley había sido enviado a las Cortes. Se pedía: flexibilidad de las medidas cautelares en caso de discordia matrimonial, determinación del continuador ocupante del domicilio conyugal en tal evento, ampliación de los derechos del cónyuge viudo en aproximación a las normas forales, acceso de la mujer a la tutela, su intervención en actos de disposición sobre bienes inmuebles gananciales, etc. En definitiva, lo que Mercedes Formica había estado reivindicando desde las páginas de *ABC* y desde otros medios de divulgación.

El día llegó. El 24 de abril de 1958, las Cortes Españolas aprobaron la reforma de sesenta y seis artículos del Código Civil. Se trató de la mayor reforma sufrida por este cuerpo legal desde su promulgación en 1888. El abogado Antonio Garrigues la denominó, en honor de su impulsora, "La Reformica". Veamos cuáles fueron estos cambios.

Con anterioridad a la reforma de 1958, el artículo 168 establecía que la mujer que contraía segundo matrimonio perdía la patria potestad sobre los hijos de la primera unión, lo que no sucedía cuando el viudo se volvía a casar. El nuevo artículo 168 quedaba redactado en el sentido de dar igual trato a los viudos, con independencia de su sexo: "Las ulteriores nupcias del padre o de la madre no afectarán a la patria potestad".

Otro punto importante es el que hacía referencia a su artículo "El domicilio conyugal". La esposa que pedía el divorcio con justa causa, perdía el domicilio conyugal, considerado casa del marido, de acuerdo con la redacción del artículo 1.880 (y siguientes) de la Ley Procesal. Debía permanecer depositada en casa ajena, en compañía y al cuidado de un depositario escogido, o al menos autorizado, por el marido, aunque fuera presunto cónyuge culpable. Perdía también la guarda custodia de los hijos durante el tiempo que duraba el periodo de separación, unos seis años aproximadamente, y su pensión alimenticia era siempre incierta. La reforma suprimió el trámite del depósito. El domicilio conyugal se consideró casa de la familia, y la esposa, presunta inocente, podía quedarse en ella. Asimismo se le concedió la guarda de los hijos menores, Formica dice al respecto: "Hoy suele irse el marido a un hotel, situación sencillamente inconcebible antes de 1958"[18].

Se reformaron algunos artículos del Código Civil en los que se recortaban varias facultades en la disposición del marido sobre los bienes gananciales al necesitar del consentimiento de la esposa.

Con anterioridad a 1958, el delito de adulterio se penaba únicamente en el caso femenino. La nueva redacción del artículo 105 del Código Civil se basaba en la igualdad, considerando causa de separación "el adulterio de cualquiera de los cónyuges".

Se suprimió la equiparación de la mujer con niños, enfermos y delincuentes, reminiscencia de la *imbecilitas sexus*, que la impedía ser testigo en los testamentos y ejercer los cargos de tutor y protutor.

En los días siguientes, numerosos elogios, reconocimientos y homenajes fueron realizados en honor de la autora. Un acto relevante fue el celebrado el 14 de julio de 1958 en el Hotel Savoy de Madrid, por la campaña que, desde 1953, venía desarrollando en pro de los derechos de la mujer española. Al homenaje asistieron, entre otras personalidades del foro, de las artes, las letras y la sociedad, Pilar Primo de Rivera, Mercedes Sanz Bachiller o Torcuato Luca de Tena.

Aunque todavía quedaba mucho por hacer, la mujer en 1958 empezó a tomar conciencia de su situación legal. Trabajos como los de María Laffite, condesa de Campoalange, (Laffite, 1964: 67–370) o Lidia Falcón (1973: 356–360), entre otros, recogen esta revolucionaria reforma y citan a Mercedes Formica como pionera en la lucha por los derechos de la mujer, en un tiempo tan reacio a cualquier avance de la mujer como fue el franquismo.

Hoy, la reforma emprendida por Mercedes Formica apenas es recordada en los estudios feministas; y cuando lo hacen es de manera muy

---

[18] Con motivo de la celebración en 1975 del Año Internacional de la Mujer, establecido por la ONU, Formica elaboró una conferencia en la que comentaba la evolución de la situación jurídica de la mujer española, que fue publicada como separata de la revista *Arbor*, en el mismo año, con el título "El año internacional de la mujer y la situación jurídica de la española". En ella hizo referencia a su campaña y a los cambios producidos en 1958 en el Código Civil. Por consiguiente, los datos que figuran referentes a la reforma han sido tomados directamente de lo escrito por la autora.

concisa, resaltando principalmente la publicación de "El domicilio conyugal" y poco más. Aunque cabe destacar las aportaciones de la historiadora Rosario Ruiz Franco, que al analizar la situación de la mujer durante el franquismo sitúa a la autora en un lugar predominante.

La reforma de 1958 tiene nombre propio: Mercedes Formica. Posteriormente fue completada con otras modificaciones especialmente dirigidas hacia el derecho público, como fue la reforma de 1961 con la aprobación de la ley sobre "Derechos políticos, profesionales y de trabajo de la mujer", ampliada en 1966. Pero estas nuevas reformas se realizarán cómodamente, amparadas por la Sección Femenina al completo; en cambio, la reforma de Mercedes Formica, la de 1958, fue efectuada tras una larga campaña, en solitario, con la oposición de casi toda la Sección Femenina, y únicamente apoyada por sus colegas de derecho.

Bibliografía

Fuentes primarias

De la Fuente, Inmaculada. 2006. *La roja y la falangista*, Barcelona: Planeta.

Falcón, Lidia. 1973. *Mujer y sociedad: análisis de un fenómeno reaccionario*, Barcelona: Fontanella.

Formica, Mercedes. 1949. Entrevista. "Hablando con una mujer de nuestro tiempo". En *Semana*, 475, 29 de marzo de 1949.

—. 1950. "Simone de Beauvoir: *Le Deuxième Sexe*. 1. Les faits et les Mythes". En *Revista de Estudios Políticos* (Recensiones), 49, 264–270.

—. 1954a. "Acerca del estado jurídico de la mujer española. Los verdaderos límites de la cuestión: defensa del cónyuge inocente". En *ABC* (Madrid), 14 de enero.

—. 1954b. Entrevista. "Un problema candente. Mercedes Formica, abogado, no sólo defiende a las mujeres". En *Teresa, Revista de la Sección Femenina*, 3, marzo de 1954.

—. 1956. "Los derechos de la mujer casada. A la señora Ana Cabello y Rodrigo". En *ABC* (Madrid), 27 de julio.

—. 1975. "El año internacional de la mujer y la situación jurídica de la española". En *Arbor* (separata), *Revista general de investigación y cultura, enero.*

—. 1982. *Visto y vivido (1931–1937)*, Barcelona: Planeta.

—. 1998. *Espejo roto. Y espejuelos*, Madrid: Huerga y Fierro editores.

Laffite, María. 1964. *La mujer en España, cien años de su historia (1860–1960)*, Madrid: Aguilar.

Lafuente, Isaías. 2004. *Agrupémonos todas. La lucha de las españolas por la igualdad*, Madrid: Aguilar.
Mora, Marichú de la. 1956. "De la buena Juanita al Código". En *Diario de Navarra*, 24 de agosto.
Roig Castellanos. Mercedes. 1977. *La mujer y la prensa: desde el siglo XVII a nuestros días*, Madrid: M. Roig.
Ruiz Franco. Rosario. 1997. *Mercedes Formica (1916–)*, Madrid: Ediciones del Orto.

Fuentes secundarias

Medina: *Semanario de la Sección Femenina*, 29, 5 de octubre de 1941.
Medina: Semanario de la Sección Femenina, 85, 1 de noviembre de 1942.
Y: Revista de la mujer nacionalsindicalista, 44, septiembre de 1941.

CHAPTER TWELVE

MARIA AURÈLIA CAPMANY AND HER CONTRIBUTION IN SPANISH TO FEMINISM

AGNÈS TODA I BONET
UNIVERSITAT ROVIRA I VIRGILI

1. Maria Aurèlia Campany

Maria Aurèlia Capmany (Barcelona 1918-1991) emerges as a writer in Catalan during the post-war period, despite what this meant, trying to dodge all the obstacles that the Franco regime, through censorship, imposed. With these works she will attempt to assume the responsibility that, as a writer, she takes towards her people, as Vicent Andrés Estellés states, years later, in one of his poems:

> "You will assume the voice of the people, / and it will be the voice of your people, / and you will be forever people, / and you will suffer, and you will wait, / and you will go always through the dust, / a cloud of dust will follow you. / [...] / You were not given birth to sleep / you were given birth to watch over / in the long night for your people.[1]"

For this reason, too, she tries to offer a great literary repertoire to her people, to provide them references from which to grow a varied and wide Catalan literature. Aware of what Francoism meant for Catalan culture, she not only makes contributions in Catalan, but she permeates them (although in a more or less subtly hidden way, in order to avoid

[1] "Asumiràs la veu d'un poble, / i serà la veu del teu poble, / i seràs, per a sempre, poble, / i patiràs, i esperaràs, / i niràs sempre entre la pols, / et seguirà una polseguera.
[…].
No t'han parit per a dormir: / et pariren per vetlar / en la llarga nit del teu poble".

censorship) with those ideals that Francoism pursued or intended to spread in another way; this is the case in the history of the Catalan-speaking territory, and in the history of women. In the first case, because Francoism wanted a genocide; in the second, because it wanted women submissive and subordinate to men. She wanted, then, with her works, to counteract the strength of those who had risen against democratic power and had won the war which they had caused; she wanted to offer an ideology opposed to that spread as the sole and indisputable one.

We will focus on one of these two areas addressed by Capmany throughout her work: the history of women and/or feminism.

2. The Context from the Point of View of Women

Maria Aurèlia Capmany was educated during the Second Republic, a time which witnessed some progress, such as the introduction of the mixed school, civil marriage and divorce, the progressive development of equal employment laws, maternal insurance, political and social citizenship for women, universal suffrage, and the individual rights and freedoms. It is in the Second Republic, then, when women reach their citizenship, a certain equality before the law, although there was still a long way to go.

Thus, Capmany, who was educated at the Institut Escola—a secondary education center created in Barcelona by the Generalitat de Catalunya in 1932, following the model of the Instituto Escuela de Madrid—, will be living a different reality from the one she had been prepared for, and she will discover penis envy—as formulated by Freud—in April 1939 (Capmany, 2000: 334), when the civil war ended. Becoming aware of all that, as a woman, was denied to her, in the society imposed by the new regime, Maria Aurèlia Capmany explains: "1939 was for us, Catalan women, women who live and work in Catalonia, the year of the defeat. [...] Army and Church dictated the rules".[2] (Capmany, 2000: 764).

3. Prevailing Ideology during Francoism

With the civil war and the arrival of the dictatorship, the advancement of women represented by the Second Republic not only freezes, but fades. There is a reinterpretation, a redefinition of the woman that represents a real setback, a real counterrevolutionary involution.

[2] "el 1939 va ser per a nosaltres, les dones catalanes, les dones que vivim i treballem a Catalunya, l'any de la derrota. [...] Exèrcit i Església dictaven les normes" (Capmany, 2000: 764).

The mission of women is constrained to being beautiful and to bringing children into the world, subordinate to men (the real head of household). The woman, then, becomes again the angel of the home, in the words of Susan Tavera; she is held as a "domestic and/or inside exile"[3] (Tavera, 2011: 76), symbol of the fence that fascism established on political and social individualism. The woman, then, returns to her traditional role, both in the social and family aspects.

Even the *Sección Femenina* (Women's Section)[4], as an organization that serves as a vehicle for the dictatorship's gender policy, proclaims denigrating speeches for women and femininity; so, as Angela Cenaro states, it becomes a dilemma for the same movement leaders.

4. Maria Aurèlia Capmany's Contribution

Just as Dolores Ibárruri and Federica Montseny stand out in this historical context, in the Catalan intellectual field Maria Aurèlia Capmany stands out as a grown woman who refuses to be swayed by the parameters of the new order, despite what it may represent. A great connoisseur of existentialism, she assumes Sartre's statement that women are "half victims, half accomplices", and she seeks, with her input, awareness of her contemporaries.

It is always the winners who write the history and, because of that—taking into account that women are silenced in history, in general terms—, we find bibliography especially on the Women's Section; but Maria Aurèlia Capmany—beyond what is already contained in her writing, showing the contempt felt by women for the imposed submission, to feel fulfilled and at ease with themselves—, will go into the essay and will write the history of feminist progress or set-backs over time. This way, she will seek to minimize the effects of Francoism, in this case, on women.

Capmany begins to cultivate this other side of her work—apart from articles, conferences and different initiatives on the subject—,during the second half of the sixties, in particular in 1966, when she wrote *La dona a*

---

[3] "exilio doméstico y/o interior" (Tavera, 2011: 76).

[4] Sección Femenina (*Women's Section*) was the women's branch of the Falange political movement in Spain. Founded in 1934, it subsequently became an official institution in the Francoist era. Following General Franco's death and the beginning of the transition to democracy it was disbanded on 1 April 1977 together with all Movimiento Nacional institutions. Sección Femenina was led throughout its history by Pilar Primo de Rivera, the younger sister of Falange founder José Antonio Primo de Rivera. http://en.wikipedia.org/wiki/Secci%C3%B3n_Femenina.

Catalunya. Consciència i situació,[5] and concludes it with a book that represents a selection/compilation of all previously published material about it, even from the point of view of narrative and memory: *Dona, doneta, donota*[6] (DOPESA, 1975), precisely the same year as the death of the dictator (we mean, concerning these dates, only the contribution in book form; her other contributions in this field will continue until the very end of her life).

It is interesting to note that this new aspect of Capmany's writing starts custom-made. Josep Maria Castellet, the literary director of Edicions 62, asked her to prepare *La dona a Catalunya. Consciència i situació*, and with it she emerges as the highest representative of Catalan feminism. From here, she will continue this path with other works, apart from those written in Spanish (to which we will turn below, and from those in Catalan, that we have already mentioned). Among those other works, we may mention *The feminisme a Catalunya*[7] (Terra Nova, 1973).

No doubt all this production is possible because the Francoist regime was already at death's door, so some political dissent was allowed, and the breaches that started to appear were taken advantage of.

As mentioned, 1975 is, significantly, the date on which Capmany's books about women end, because the orders are completed and her contribution should have already achieved its goal. A new era starts, and it seems that, with it, certain issues are gone, perhaps because it is time to deal with other issues, and to address the problem of women from a different perspective (once the historiography of feminism is complete, and, thus, the ideas and the referents are clear); perhaps it is time to achieve new milestones.

5. Her Contributions in Spanish

Capmany's contribution to the historiography of feminism in Spanish is based on four works, published between her first and her last work on the subject, both in Catalan: *El feminismo ibérico*, *De profesión: mujer*, *Carta abierta al macho ibérico* and *El comportamiento amoroso de la mujer*.[8] They will be analyzed here.

First of all, we must keep in mind that in the rest of her work we can also find reflections of what we see in these works, albeit in a more

[5] Women in Catalunya. Conscience and situation.

[6] Woman, little woman, big woman.

[7] Feminism in Catalunya.

[8] *Iberian Feminism, Profession: Woman, Open Letter to the Iberian Male*, and *Woman's loving behavior*.

tangential way; in them she pursues the same objective: to make women aware. She does that first with some works where women are distressed because of being subject to men; then, with an awareness of what that subjugation means and, therefore, with rebellion against it—a paradigmatic and very symbolic case is the rebellion against the corset and what it represents.

-*El feminismo ibérico* (Oikos-Tau, 1970) is a research project done in collaboration with Carmen Alcalde, to recover the history of the most important women from the late nineteenth century to the beginning of the republican era. To do this research, they consult numerous documents that they provide as an appendix, and that are of undoubted interest and importance at the time of the publication of the work.

Carmen Alcalde and Maria Aurèlia Capmany provide both protest and modernizing analysis. They indicate that the most serious problem of the moment is "indifference" (Capmany, 2000: 280) and that "so-called Spanish feminism never existed" ("el llamado feminismo español no ha existido jamás"), (Capmany, 2000: 229)—to prove it, they review the work of various Spanish women who have stood out, to show their watered-down contribution; and they also mention the initiative of women (and men) from outside the Iberian Peninsula, to place their research in context.

They call for the fight of women for their freedoms, to leave their alienation, to overcome the mystification of inferiority—imposed on women by Francoist morality—, and to fulfill themselves. In this regard, it should be noted that Capmany assumes totally Simone de Beauvoir's (with whom she was often compared) approach. As Montserrat Palau says:

> "Capmany, and this way she explains it in *La dona a Catalunya* (Women in Catalonia), agrees with the French author in the thesis that, throughout history, the woman has been the other of man, has been denied the right to her own subjectivity and to be accountable for her actions. Capmany presents women as immanence, and men as transcendence. And Capmany follows Beauvoir to demonstrate, especially in portraying and accusing the Catalan bourgeoisie, how these conceptions dominate all aspects of social, cultural and political life, and how women themselves internalize this objectified vision, living in an inauthentic state, or 'bad faith', as Jean Paul Sartre would have called it."[9] (Palau, 1993: 88)

[9] "Capmany, i així ho va explicant a *La dona a Catalunya*, combrega amb l'autora francesa en la tesi que, al llarg de la història, la dona ha esdevingut l'*altre* de l'home, se li ha negat el dret a la seva pròpia subjectivitat i a ser responsable de les seves accions. Capmany, presenta la dona com a immanència, i l'home com a

They complain of the difficulty of placing women on an equal footing in, among other areas, university careers, and the attribution of male abilities to those women who stand out, as if to do so they had to leave their own womanhood; because the culture allowed to a woman is only "a culture of *adornment*, i.e. useless"[10] (Capmany, 2000: 255)—hence, also, their difficulty in being respected. And from their own experience, they reveal a way to access public life, avoiding certain obstacles that, otherwise, they would have had to overcome: writing, creative writing.

-*De profesión: mujer* (Plaza & Janes, 1971) is another solicited work. Guillem-Jordi Graells defines it as "a book between sociology and cultural dissemination"[11] (Graells, 2000: IX). In this work, it is quite clear that the issue of women is a commercial one (it brings sales), and with this book, Maria Aurèlia Capmany goes from being a person of reference in the field from the Catalan point of view, to become a national figure at the state level. The book is dedicated to Lidia Falcón, which shows the complicity woven between women of different natures.

Capmany, now alone, refers again to the "masculinization" of women:

> "Women were and still are largely absent from the story, we see them barely as main characters and if, sometimes, as an exception, they have a place in the front row, there is always somebody judging them and concluding that they have adopted a maleway of being, leaving the features which are peculiar to them; in short, those women are no longer women"[12] (Capmany, 2000: 325).

And she links their situation, the situation of women, to political vicissitudes—we see, then, how in an indirect way she makes reference again to the moment of the publication of the book.

On a personal level, she openly manifests the influence that *Three Guineas* (Virginia Woolf) and *La secreta guerra de los sexos* (*The Secret*

---

transcendència. I Capmany segueix Beauvoir per demostrar, sobretot retratant i acusant la burgesia catalana, com aquestes concepcions dominen tots els aspectes de la vida social, cultural i política, i com les mateixes dones interioritzen aquesta visió objectivada, vivint en un estat inautèntic o de 'mala fe', com ho hagués denominat Jean Paul Sartre." (Palau, 1993: 88).

[10] "...una cultura de *adorno*, es decir, inútil." (Capmany, 2000: 255).

[11] "un libro entre la sociología y la divulgación" (Graells, 2000: IX).

[12] "La mujer fue y sigue siendo la gran ausente de la historia, escasamente la vemos como protagonista y si, alguna vez, como excepción, ocupa un lugar en primera fila, no falta jamás quien la juzgue y llegue a la conclusión que ha adoptado el modo de ser masculino, abandonando las características que le son propias; en resumen, que ha dejado de ser mujer" (Capmany, 2000: 325).

War of the Sexes, by María Campo Alange), among other works, had on her. We observe that because, when providing examples of all that she is explaining, she often includes references to her own life, to what she has had to live through for daring, despite being a woman, to move in areas that seemed exclusively for men.

She makes women aware of their alienation, and encourages them to kill the angel in the house—following the advice of Virginia Woolf, Capmany notes that: "The great enemy of women is loneliness, isolation, and not having lost their womanhood"[13] (Capmany, 2000c: 481) and "the woman of mid-19th century cannot live her alienated condition without this causing an imbalance on her personality"[14] (Capmany, 2000a: 190). She calls for their public, and therefore, social commitment. Openly she is more on the side of the working woman than the bourgeois, because the latter, as she explains, "will behave like a bourgeois, not realizing that he abdicates, with fidelity to their class, all the principles for which he began his struggle"[15] (Capmany, 2000c: 363), hence stating that "the way in which you have to get the integration of women in society is the way to work, in full recognition of its compositional action"[16] (Capmany, 2000c: 369) and, simultaneously, through a review of the value system of the time. She called on women to criticize the existence of female professions or the idea that certain occupations were particularly suitable for women.

She examines male misogyny and points out that what shapes the behavior of women, more than the law, is entrenched custom. Daring to write marks the beginning of the history of women in Spain. Margarida Aritzeta points in this regard that:

> "Maria Aurelia Capmany, essayist and feminist activist, explains how through the centuries it was seen as a negative thing that women read or write. And how this thematic topic has been created in a way to save those

[13] "El gran enemigo de la mujer es la soledad, el aislamiento, el no haber perdido su condición femenina".

[14] "la mujer de la mitad del siglo XX no puede vivir su condición alienada sin que repercuta en un desequilibrio de su personalidad".

[15] "...se comportará como una burguesa, sin darse cuenta de que abdica, con la fidelidad a su clase, de todos los principios por los cuales inició su lucha." (Capmany, 2000: 363).

[16] "el camino por el cual tiene que llegar la integración de la mujer en la sociedad es el camino del trabajo, en el pleno reconocimiento de su acción productora" (Capmany, 2000c: 369).

cases that were otherwise treated as singularities or extravagances not to be imitated, of the so-called 'male intelligence'."[17] (Aritzeta, 2002: 114).

In this book we do not find an epilogue with the documents consulted, although there is a basic bibliography. She includes in the text several reference fragments in a constant back and forth on the generic history of women, linking feminism in the Spanish State with the international one.

-*Carta abierta al macho ibérico* (Editions 99, 1973) is another solicited piece, like the other open letters in the collection, written by, among others, Francisco Vázquez Montalbán—that Capmany uses to attack a prototype of "Iberian male" ("macho ibérico"), one guilty of having converted "the woman into the shade or the paperback reproduction of her husband"[18] (Capmany, 2000d: 620). She asks him to self-extinguish, and uses him to report certain traits still present in men who define themselves as progressive and left-wing; she asks them for understanding and solidarity regarding the status of women.

It is a text different from the rest, because of the tone and register that she uses. Capmany abandons that seriousness and scholarly tone present in her other works, to talk to the "Iberian male" using colloquial expressions.

In this case there are not so many references to other texts (although we find a few), but rather a focus on the everyday situations where she identifies and decries mysogyny, giving her point of view (Capmany certainly cannot do without her intellectuality, but in this case she discloses it by using linguistic expressions different from the ones used so far): compliments—which she considers "a sketch of rape"[19] (Capmany, 1997: 388-389)—, to be unfaithful…

-*El comportamiento amoroso de la mujer* (Dopesa, 1974), is also a solicited piece, and it represents a reformulation and expansion of the material she has already published, with an emphasis on the sexual act, treating it in an educational way, like in a sex manual.

At the beginning of the work, she states that "civilization has sacrificed half of the humanity—women—to meet the needs of the domain of the

---

[17] "La Maria Aurèlia Capmany assagista i militant feminista explica com a través dels segles s'ha fet veure com era de negatiu que les dones llegissin o escrivissin. I com s'ha anat creant el tòpic, per salvar aquells casos que es volien deixar com a singularitats o extravagàncies no imitables, de les anomenades 'intel·ligències masculines'" (Aritzeta, 2002: 114).

[18] "la mujer en la sombra o reproducción en edición de bolsillo de su marido" (Capmany, 2000: 620).

[19] "un esborrany de violació" (Capmany, 1997: 388-389).

other half—men"[20] (Capmany, 2000e: 627), and near the end she points out that "the being who knows she/he is inferior, does not love, but seeks safety and security, which is something else"[21] (Capmany, 2000e: 715), and that "while [the woman] keeps being a dependent being, afraid to be alone, weeping and asking for protection, no matter the price, she will be unable to love because there is no love without risk"[22] (Capmany, 2000e: 729), because "women can only find the ability to love if they learn to be sufficient and free"[23] (Capmany, 2000e: 730).

She points out that our view of sex is something cultural, and therefore it refers to different ways to live it in different cultures throughout history. She also notes something very shocking at the time of the publication of the work: the union of a man and a woman to do it, to complete the sexual act, does not mean their union as a couple. She also refers to the mystique of femininity, and she presents the woman as a victim of the "patrocentric order" ("orden patrocéntrico") (Capmany, 2000e: 653).

She addresses the sexual revolution—a woman's right to pleasure, the orgasm—, as opposed to the old clitoridectomy or female circumcision. In *Carta abierta al macho ibérico*, she has already written that "the fact that pain is something specifically feminine has always seemed to me one of so many practical jokes that you have managed to imagine"[24] (Capmany, 2000d: 609), taking into account that "women of today have become immanent sexuality"[25] (Capmany, 2000c: 387). Or, as she expresses in *De profesión: mujer:*

> "The Spanish woman has freed herself from the visible authority of the father, brother and husband, and has become dependent on sexual manipulators. [...] That which is offered as freedom is the imposition of a previously planned behavior, which is set prematurely and in which one's

[20] "la civilización ha sacrificado a la mitad de la humanidad–las mujeres–para satisfacer la necesidad de dominio de la otra mitad–los hombres" (Capmany, 2000e: 627).

[21] "El ser que se sabe inferior no ama, sino que busca protección y seguridad, que es otra cosa" (Capmany, 2000e: 715).

[22] "Mientras [la mujer] sea un ser dependiente, que tiene miedo de quedarse sola, que llora y reclama la protección al precio que sea, será incapaz de amar porque no hay amor sin riesgo" (Capmany, 2000e: 729).

[23] "la mujer sólo puede encontrar la capacidad de amar si aprende a ser suficiente y libre" (Capmany, 2000e: 730).

[24] "Esto de que el dolor es específicamente femenino me ha parecido una de tantas bromas pesadas que usted ha sabido imaginar" (Capmany, 2000d: 609).

[25] "la mujer de hoy se ha convertido en sexualidad inmanente" (Capmany, 2000c: 387).

sexuality is experienced as identification between instinctual needs and sexual coercions."[26] (Capmany 2000c: 388)

In this book she reintroduces external sources, showing in this way her wide knowledge of literary works from different times, and which serve her as an example of what she wants to show us.

6. Conclusions

In five years, Capmany published four books in Spanish on the same subject. This clearly indicates something; it indicates that there is a situation of change; that woman (the subject of woman) is awakening from the lethargy into which she has been immersed.

This is an extremely important essayistic legacy, because it will help us to know where the woman is and why, as it analyzes the precedents and possibilities for the future.

We find much irony in capmanian texts, many implications between the lines, either to overcome censorship, or because she is looking for a reaction to her words (not obedience to an order). To Capmany, it is the woman herself (and the man also may be added to this, of course; without him, there is no revolution) who has to come to her own conclusions—the exception would be, perhaps, the option of killing the angel in the house—and act from them. Let us not forget that existentialist philosophy greatly influenced Capmany; in this sense, she understood that doing nothing is already to do something, in this case, to let Francoism with its castrating morality get away with it.

That is the reason why behind her contributions we glimpse a pedagogical intention; therefore, the repetition of many themes in these four works is not a problem. On the contrary, it serves to ensure that certain concepts have reached society, either through one or another work (especially considering that they are not always aimed at the same kind of public), or through several (what allows her to deepen into those concepts).

With her work as a writer, Capmany is looking for transformations in the society of her time and, therefore, also of future societies, debtors to

[26] "La mujer española se ha liberado de la autoridad visible del padre, hermano y marido, y ha pasado a depender de los manipuladores de la sexualidad. […] Aquello que se le ofrece como libertad es la imposición de un comportamiento previamente planeado, que se fija prematuramente y en el que la propia sexualidad se vivencia como una identificación entre necesidades instintivas y coerciones sexuales" (Capmany 2000c: 388).

the past. And she does so with works where she demonstrates great knowledge, great intellectuality; where she makes clear that her background is comparable to that of any man of great reputation. She herself, therefore, serves as an example of the changes that must be pursued.

References

Aritzeta, Margarida. 2002. "Maria Aurèlia Capmany: l'escriptura com a inscripció." In Palau, Montserrat; Martínez, Raül-David (comp.). *Maria Aurèlia Capmany: l'afirmació en la paraula*, 107-116. Tarragona: Cossetània.

Capmany, Maria Aurèlia. 1997. "Mala memoria." In *Obra completa*, vol. 6, 327-455. Barcelona: Columna.

—. 2000a. "La dona a Catalunya: consciència i situación." In *Obra completa*, vol. 7, 5-195. Barcelona: Columna.

—. 2000b. "El feminismo ibérico." In *Obra completa*, vol. 7, 211-318. Barcelona: Columna.

—. 2000c. "De profesión: mujer." In *Obra completa*, vol. 7, 319-485. Barcelona: Columna.

—. 2000d. "Carta abierta al macho ibérico." In *Obra completa*, vol. 7, 571-623. Barcelona: Columna.

—. 2000e. "El comportamiento amoroso de la mujer." In *Obra completa*, vol. 7, 625-735. Barcelona: Columna.

—. 2000f. "El feminisme, ara." In *Obra completa*, vol. 7, 761-777. Barcelona: Columna.

Graells, Guillem-Jordi. 2000. "La producción literaria de Maria Aurèlia Capmany. VII. La dona." In Capmany, Maria Aurèlia. *Obra completa*, vol. 7, V-XII. Barcelona: Columna.

Palau, Montserrat. 1993. "La mística de la feminitat franquista a la narrativa de Maria Aurèlia Capmany." *Catalan Review*, vol. II, núm. 2: 71-90.

Tavera, Susanna. 2011. "'Els quedava la paraula': derrota, exili i memòria (1939-1975)". In Ginard, David (coord.). *Dona, Guerra Civil i franquisme*, 67-92. Palma: Documenta Balear.

Chapter Thirteen

El Discurso Sobre el Otro en la Literatura Infantil y Juvenil en Castellano: Los Mozárabes

Beatriz Soto Aranda
CES Felipe II – Universidad Complutense

1. Introducción

La relación de la cultura española con su pasado arabo-islámico es un tema que en la actualidad aún sigue produciendo controversias, tanto en el ámbito intelectual (Fanjul 2000; Magda 2008; Maillo 2004, Vernet 2006), como en el mediático (El-Madkouri 2009) y en el político (Stearns 2009)[1]. Así, en su conceptualización y revisión han influido factores diversos, entre ellos la entrada de España en la CEE en 1986, el desarrollo del fenómeno migratorio magrebí en los años noventa y su tratamiento mediático, o la eclosión de movimientos políticos que inciden en esta cuestión como parte su ideario.

Desde un punto de vista literario, la cuestión de *al-Andalus* también ha sido reflejada en la novela histórica contemporánea. Así, y desde la publicación en 1990 de *El manuscrito carmesí* de Antonio Gala, han visto la luz un buen número de novelas de corte historicista que se mueven entre dos polos ideológicos: la reivindicación de *al-Andalus* como parte del pasado cultural español (Cavanillas de Blas 2009; García Marín 2008; Seijas 2009) o su tratamiento como un constructo exógeno a la historia

[1] Stearns cita en concreto al ex presidente Aznar quien, en su primera conferencia en los EE. UU. en 2004, señaló que los ataques tanto del 3/11 como del 9/11 eran el resultado de la invasión musulmana de la península ibérica en el 711.

española. No obstante, también se dan propuestas heterodoxas, que se aproximan al tema desde planteamientos rupturistas (Serrano 2006)[2].

La novela de temática andalusí parte, pues, de dos percepciones antagónicas del concepto de España, representadas, respectivamente, por Américo Castro y Claudio Sánchez Albornoz[3]. En todas estas obras se replantea tanto la convivencia idílica de las tres culturas (Sánchez Adalid 2006), como los juegos de poder que se dieron tanto en la corte andalusí como en las zonas de frontera (Fernández Ruiz 1994; Molina 2011).

En el caso de la literatura infantil y juvenil (en adelante LIJ) escrita en castellano, también han aparecido publicaciones con esta temática, entre las que destacan varias novelas en las que el personaje que asume la representación de la alteridad no es, como cabría esperarse, ni el judío ni el musulmán que vive en tierras cristianas, llámese mudéjar, como tampoco lo es el cristiano nuevo (baste recordar la conversión forzosa a partir de 1526). El papel del otro queda consagrado al mozárabe, esto es, al cristiano que, aún habiéndolo sido desde siempre, forma parte de *al-Andalus* y que incluso cuando sale de ese universo cultural para integrarse en la sociedad cristiana del norte, conserva su impronta cultural. De él se cuestionará tanto la forma de practicar su religión como la autenticidad de sus creencias, con el consiguiente cuestionamiento de su identidad como cristiano.

Más allá de la consideración de la LIJ como área periférica (Shavit 1999) y las implicaciones que el discurso subyacente en este tipo de literatura pueda tener dentro del canon literario español en su conjunto (Lluch 2000), el protagonismo de la figura del mozárabe merece nuestro interés ya que el profesorado recurre cada vez más a este tipo de textos literarios como instrumento de apoyo para la docencia en la Enseñanza Secundaria Obligatoria (ESO), tanto en el área de ciencias sociales como en el de lengua y literatura (Ballesteros 2008; Fundación Sánchez Rupérez 2008)[4]. Por otra parte, EvenZohar (1994: 336) habla de un modelo cultural europeo donde la educación reglada promueve la identidad nacional mediante la transmisión de sentimientos de pertenencia al grupo. Sin

---

[2] En su novela *Zawi*, Serrano defiende la idea que al-Andulus se construye a partir de dos hechos: la guerra civil entre godos y la entrada del Corán en la Península, que no sería en el siglo VII sino en el XI, con la llegada de los almorávides. Véase http://elpais.com/diario/2006/05/26/andalucia/1148595743_850215.html.

[3] Para un análisis detallado de la controversia entre ambos pensadores, véase Goytisolo (1995).

[4] Entre las guías de lectura que se han publicado recientemente, puede consultarse *El señor del Cero*: http://literaturajuvenil.wikispaces.com/file/view/SE%C3%91OR-ALUMNO.pdf.

olvidar que en la adolescencia es cuando el joven lector forma su personalidad y construye su identidad social. En este sentido, "si las identidades sociales polarizadas desempeñan un papel tan importante en las ideologías y en el discurso y otras prácticas sociales, se hace necesario explorar cómo los estudiantes adquieren gradualmente y a menudo sutilmente, dichas actitudes e ideologías polarizadas entre Nosotros y Ellos" (Atienza y van Dijk 2010: 76).

Desde esta perspectiva, y a partir del análisis del discurso de narradores y personajes, el presente estudio tiene por objeto deconstruir de la imagen del otro, analizando sus posibles implicaciones, tanto en la reconsideración del concepto de *al-Andalus,* como en la consideración genérica de la alteridad en la cultura española. Así, en primer lugar analizaremos el papel de la lengua como patrón cultural ¿Qué lenguas se hablan? ¿Quién las habla? ¿Qué tipo de dominio lingüístico demuestra tener? ¿Qué valores están asociados a ellas? En segundo lugar, estudiaremos los procesos de construcción de la identidad cultural en un grupo social como el mozárabe, que siendo cristiano se siente identificado con modos de vida andalusíes. En este sentido, analizaremos su papel de mediador intercultural ante los cristianos del norte. En tercer lugar, se analizará la identidad como constructo sociopolítico ¿Con qué elementos se identifican los mozárabes? ¿Cómo influye el contexto histórico en dicha construcción?

El corpus de análisis está formado por dos novelas de Mª Isabel Molina: *El vuelo de las cigüeñas* y *El señor del Cero.* En la primera, el protagonista es Gonzalo, un discípulo del sacerdote mozárabe Dulcidio de Toledo. Ambos son enviados por Alfonso III de Asturias a la corte del emir de Córdoba para recoger las reliquias de Eulogio y Lucrecia, mártires mozárabes. Tras una serie de peripecias, Gonzalo se enamora de Mariem—María—, hija del mayordomo del emir y Dama blanca, su segunda esposa cristiana asturiana. La historia termina con el bautizo de esta última y el viaje de los enamorados a tierras cristianas del norte. En la segunda, el protagonista es José ben Alvar, un aventajado estudiante mozárabe de la escuela del califa que, acusado de maldecir el nombre del Profeta, se ve obligado a emigrar a los condados catalanes con una misión secreta. En su viaje, además de transmitir sus conocimientos matemáticos en el monasterio, conoce a Emma, de la que se enamorará y a quien salvará de ser enviada como regalo al califa.

2. La función de la lengua en la construcción de la identidad social e individual

Entre los siglos IX y XIII, en la península ibérica van a interactuar varias lenguas y variedades dialectales. Así, dos son las lenguas de escritura y de transmisión de conocimiento, esto es, el árabe clásico en territorio de al-Andalus y el latín en los territorios cristianos. Por lo que al registro oral se refiere, tenemos un abanico que se mueve entre el aljamiado[5], el mozárabe hablado por los cristianos de *al-Andalus* y el romance.Desde el punto de vista lingüístico, los personajesse caracterizan o por dominar una o varias lenguas, o por no cocerlas bien. Entre ambos extremos se va a dar un abanico de situaciones en las que los usos lingüísticos se presentan como un pilar central en el proceso de identificación social. En el caso de José ben Alvar, por ejemplo, el protagonista de *El señor del Cero*, el narrador señala:"Tras ellos fue José, que hablaba el latín mejor que los otros chicos, con un mensaje del obispo Rezmundo para el obispo de Vic" (26).

José habla latín mejor que otros estudiantes mozárabes, de hecho, se desenvolverá sin problemas en los monasterios por los que pase; no obstante, su grado de competencia dependerá de la percepción subjetiva del resto de los hablantes. Así, la descripción del narrador contrasta con un comentario posterior puesto en bocadel abad Arnulf, a la llegada de José al monasterio de Santa María de Ripoll: "El abad Arnulf sonrió ante el suave acento árabe con que hablaba latín el muchacho. Se notaba que no hablaba en su idioma materno [...] A primera vista, no se diferenciaba demasiado de los novicios del monasterio. Tal vez algo más moreno, tal vez más maduro, más adulto" (61).

En *El vuelo de las gaviotas*, el narrador dice de Lope ben Lope, el mozárabe que recibe a Dulcidio y a Gonzalo a su llegada a Córdoba: "Había hablado en aljamía, la lengua del pueblo, que entremezclaba el latín y el árabe mal pronunciados ambos. La lengua que utilizaban los juglares que cantaban poemas en los mercados y en las plazas" (65). En este caso, el uso lingüístico es previsible en un ciudadano sin formación que no ostenta cargo alguno. Sin embargo, en el caso del obispo mozárabe de Córdoba la autora señala, por ejemplo, que, "se expresa en latín, pero su pronunciación y su sintaxis era muy torpe; hablaba como un niño" (65).

Aquí, competencia y actuación lingüísticas no se corresponden con lo que cabría imaginarse de un personaje del rango social del obispo al que se

[5] Variante dialectal resultante de la interacción de variantes orales del latín y del árabe.

le presupone una formación eclesiástica. En este caso, el personaje está acostumbrado a utilizar las lenguas de uso cotidiano en detrimento de las lenguas académicas. Cabe recordar que la población mozárabe tendía a utilizar el árabe en el marco de los actos litúrgicos, como la recitación del padre nuestro. Esta imagen se ve reforzada con la intervención de Dulcidio:

> "Dulcidio hizo una inclinación y le contestó en árabe:
> —Tanto mi secretario como yo conocemos el árabe y la aljamía además del latín y el romance. Podéis expresaros en la lengua que os sea más cómoda, señor obispo.
> El obispo respiró aliviado y continuó en aljamía" (65).

En esta intervención, el sacerdote Dulcidio pone de manifiesto unos conocimientos que no se explican solo por su procedencia—es un mozárabe de Toledo—, sino por su formación. Como dirá más tarde Gonzalo en una conversación con Mariem, la hija cristiana del mayordomo del califa:

> "—Habláis muy bien árabe. Os he oído.
> —Lo tuve que estudiar. Además del latín y del griego, en el monasterio nos enseñaban árabe, para que pudiésemos estudiar las matemáticas de los sabios árabes.
> —¿Todos los hombres tienen esos conocimientos en los reinos cristianos? Nuestros juglares dicen que son unos bárbaros.
> —Los monjes sí estudian; pero los hombres de guerra y muchos nobles ni siquiera saben leer y escribir" (82).

El escaso dominio lingüístico del obispo Daniel en *El vuelo de las cigüeñas* contrasta con la imagen que se ofrece del califa en *El señor del Cero*: "El Califa examinó muy detenidamente el mensaje. Los monjes de Santa María de Ripoll se habían esmerado en la caligrafía, que resplandecía de dorados y rojos. [...] El Califa conocía la mayor parte de las lenguas cristianas, aunque en las audiencias, por el protocolo, se servía del traductor" (25).

Llama la atención la formación lingüística de personajes que viven o han vivido experiencias en ambas comunidades, la cristiana y la musulmana. En el caso de Mariem en *El vuelo de las cigüeñas,* ha tenido acceso a una educación privilegiada gracias a la posición que ostenta su padre y ha recibido formación lingüística y religiosa por parte de su madre: "Conozco el árabe, la aljamía y mi madre me ha enseñado el romance. Quiero que me enseñe el latín [se sobreentiende que la madre también sabe latín, lengua reservada a la iglesia] pero soy incapaz de aprenderme el alfabeto" (82).

Por su parte, el visir Hachim, enviado del Califa ante la corte del rey Alfonso para acordar la tregua, vivió durante bastante tiempo como cautivo en la corte del rey hasta que se pagó su rescate. Este tiempo le sirvió para conocer las costumbres cristianas y el modo de vida de la corte: "Cuando habló, lo hizo en un buen romance, con algo del acento de los árabes; su voz tenía un ligero tono musical" (50).

En cada sociedad, la valoración de otras lenguas se establece en función de determinados valores asignados por el imaginario colectivo a los colectivos que las hablan. En la novela *El señor del Cero*, podemos ver cómo un alfabeto diferente al latino era considerado como diabólico en los territorios cristianos del norte. Esto sucede cuando el monje que había ayudado a José ben Alvar a colocar su equipaje en el convento dice:

> "—Y libros llenos de signos diabólicos.
> —Son libros en árabe. El alfabeto no es más que la representación de los sonidos de una lengua.
> —Si esa lengua la hablan los servidores del diablo, sus signos conjurarán a su señor, el diablo—dijo el hermano Hugo, el sacristán.
> —Cuando en Córdoba escribimos el padrenuestro en árabe, ¿lo hacemos con signos del diablo?—replicó José.
> —Sí. Con los signos del diablo. Y es una grave herejía escribir el padrenuestro en árabe" (65).

En su réplica, José ben Alvar ofrece una respuesta argumentada, en la que justifica el uso de otras lenguas por los cristianos:

> "—Muchos de los nuestros apenas comprenden ya el latín. Cuando se dirigen al Señor, lo hacen en la lengua en la que hablan todos los días. Si yo tuviese más edad y sabiduría, preguntaría a los venerables monjes por la santidad de la lengua latina, que si bien es cierto que la hablaron muchos santos y mártires, también fue la lengua de los emperadores romanos que persiguieron hasta la muerte a los santos" (65).

En los ejemplos propuestos se observa una doble dinámica: por un lado, y como la lingüística externa moderna ha demostrado, "la lengua está estrechamente relacionada con la identidad, sea ésta individual o comunitaria, y sus circunstancias. Tan estrecha es la relación de la lengua con la identidad, que se presenta como fundamento para la configuración de identidades nacionales" (El-Madkouri 2007: 139). Por otro, el vínculo religión-lengua es lo que va a articular en su origen el concepto de estado. En este sentido, Mora Luna et al. (2010: 8) sostienen que dicha imbricación conlleva la formación de mitos de una "una identidad religiosa, guerrera y heroica como principios de la identidad nacional española y castellana que se ven reproducidos hasta nuestros días en manuales de lengua literatura para la ESO".

3. La identidad como construcción cultural

Siendo los mozárabes cristianos, se autoperciben—y son considerados—diferentes de los cristianos del norte tanto en comportamiento como en costumbres. El narrador de *El vuelo de las cigüeñas* describe de la siguiente forma a los mozárabes cuando llegan y se asientan cerca de la ciudad de Astorga: "Los recién llegados se apresuraron a instalar sus viviendas, que edificaron de ladrillos al estilo musulmán" (131).

En otro pasaje en el que se describe la boda de Mariem y Dulcio, la autora señala que, "las familias que les habían acompañado desde Córdoba se agolpaban en la pequeña iglesia, con sus trajes cristianos—que no lo eran del todo, por los detalles que conservaban de las modas musulmanas-, su hablar distinto y una expresión de felicidad en todos los rostros" (133).

Por último, el nuevo hogar de los recién casados es descrito de la siguiente forma: "Los mozárabes también habían traído regalos para su nueva casa. Arquetas de cuero repujado realizadas por ellos y almohadones de seda rellenos de plumas para Meriem que todavía no se acostumbraba a los escabeles y los asientos de madera de los cristianos" (134).

Los personajes procedentes del norte también hacen mención a la singularidad cultural mozárabe. Así, por ejemplo, en la estancia de Gonzalo y Dulcio en la casa de Lope ben Lope, el narrador dice de Gonzalo:

> "Se acercó a la jarra y bebió con ansia. Luego tomó una naranja de la cesta. No las había vuelto a probar desde sus años de estudiante mozárabe" (59). "Gonzalo se acercó a la fuente del centro del patio y se mojó la cara. No era lo más adecuado en una casa árabe—aunque sus habitantes fueran cristianos- que tendría baños de agua y vapor, pero prefería disfrutar del sosiego de la mañana" (60).

En el contexto del acto litúrgico organizado por los cristianos tras la llegada de Dulcio y Gonzalo, el narrador señala sobre la vestimenta de los mozárabes: "Los fieles llegaban en pequeños grupos, vestidos al estilo musulmán, con amplias ropas de algodón y las mujeres cubiertas con velos que se quitaban en cuanto traspasaban las puertas de la iglesia, y se acomodaban en los sitios previstos" (64).

Desde una perspectiva cultural, resultan de interés algunas alusiones al valor de los libros en la comunidad mozárabe,lo que la distingue de la comunidad cristiana del norte. Este valor podría explicarse por ese interés que por el conocimiento existe en tierras andalusíes:

> "—El rey quiere dar una apariencia de riqueza que no tiene—comentó uno de los escuderos.
> Gonzalo recordó la escuela en la que había estudiado los primeros años en tierras de moros. Aunque entre cristianos mozárabes no abundaban los que poseían grandes riquezas, existían diferencias con los cristianos del norte: las iglesias tenían mayor cantidad de paños de seda bordados y manteles de altar con un algodón tan fino que dejaba pasar la luz, así como libros, tanto de rezo como biblias y escritos de los Santos Padres. Incluso había libros de filósofos griegos. Para los cristianos del norte, un libro era muchas veces un lujo inalcanzable" (48-49).
> O este otro comentario realizado por el obispo en respuesta a la entrega por parte de Gonzalo y Dulcidio de los códices regalados por el rey Alfonso a la comunidad mozárabe de Córdoba: "—Aunque aquí tenemos muchos más libros que en el norte, no nos es fácil conseguir escritos cristianos" (49).

Este interés por los libros está en consonancia con el papel de la corte como valedora de la cultura, como puede observarse en El señor del Cero cuando el narrador señala:

> "Djawar admiraba profundamente la sabiduría de su señor. El califa Al-Hakam, Señor de los Creyentes en Alá no era un guerrero como su padre, sino un gran sabio. La biblioteca de Córdoba había aumentado durante aquellos años hasta convertirse en la primera del mundo; de todos los países llegaban los sabios y se habían creado nuevas escuelas donde enseñaban los mejores maestros" (22).

Las diferencias también se observan en la forma en que José tradujo uno de los pergaminos que había traído de Córdoba, el cual hablaba sobre los fundamentos del sistema de numeración árabe.

> "El abad ojeó el volumen escrito en limpia caligrafía latina y observó los perfiles de las letras, más finos, menos adornados, en blanco y negro, sin colores.
> —No has puesto colores—observó.
> —En Córdoba lo hacemos así—dijo José. También se sorprendió el hermano Raúl. Me ha ayudado mucho.

—Los números siguen estando en árabe—comentó mientras pasaba las páginas.
—No he encontrado forma de escribirlos en latín, padre abad. Pero los árabes tampoco los escribieron en su idioma: solo los adaptaron. Estos signos son indios en su origen" (82).

En el caso de José, él también observa diferencias en las prácticas religiosas y en los modos de vida familiar:

"—También en los monasterios de mi tierra se hace penitencia. No me molestan los ayunos, las largas oraciones o el sueño interrumpido; son otras cosas. Los asientos tan altos y tan duros, la comida, las ropas, la poca limpieza, el odio y la desconfianza de algunos hacia la ciencia… ¡Hasta las oraciones son distintas!—terminó con amargura. (88)
"En aquella hora su madre se afanaría en la cocina, dirigiendo la preparación de la comida del mediodía. Hasta le parecía sentir la mezcla de los aromas del cordero asado, el té con hierbabuena, el arroz hervido y los pasteles de canela" (87).

En los ejemplos propuestos observamos que el concepto de "cultura" admite significados diversos. Poruna lado, tenemos lo que Mascareño (2007) ha denominado "cultura del pueblo", esto es, los usos y costumbres (vestimenta, usos culinarios, modos de construcción, entre otros) de un determinado grupo social que los singularizan frente a otros colectivos. Martínez Sahuquillo (1997: 185) señala al respecto que:

"Nos hallamos ante un desarrollo o creación relativamente inconsciente y que va cristalizando lentamente a lo largo del tiempo en una colectividad (formada por sucesivas generaciones); dicho pueblo o colectivo unitario expresa su manera de vivir, pensar y sentir mediante diversos actos y hechos significantes, hechos de los que se participa grupalmente y de forma ritualizada".

Desde una perspectiva sociocultural, Páez y González (2007: 7) conciben las culturas como sistemas en constantes cambios internos y externos:

"Las culturas son sistemas en tensión pues los cambios en las circunstancias pueden transformar las prácticas culturales y cuestionar las normas existentes. Existen diferencias entre actitudes, normas y prácticas, y entre roles y normas en una situación dada. Los valores culturales suelen

> ser en parte contradictorios porque son temas que tratan de dar sentido a las realidades conflictivas".[6]

Cuando los mozárabes están en grupo y recién instalados en tierras del norte, mantienen las tradiciones como un símbolo de identificación y distinción grupal. A lo largo de la novela *El señor del Cero* se observa cómo tienen una valoración positiva de sus propias costumbres—en el caso de la limpieza, el estilo de vida, la alimentación—, frente a las costumbres de los cristianos del norte. En el caso de José ben Alvar, por el contrario, este personaje sufre un proceso individual de adaptación cultural—de corte asimilatorio—que bien podríamos calificar de traumático, ejemplificado en hechos como el cambio de caligrafía a la hora de firmar su ingreso como monje: "Allí le presentó el pacto que firmaban todos los monjes y José estampó su nombre. Tuvo que hacer un esfuerzo para vencer su resistencia interior a escribir en latín y con letras latinas" (86).

Este proceso de adaptación pasa a lo largo de la novela por diversas fases, como lo demuestra su actitud personal a la hora de sentarse. A su llegada a San Joan de Ripoll, en su primera conversación con Emma, por ejemplo, José opta por sentarse en el suelo con los pies cruzados, al estilo árabe:

> "—Es una decisión digna de alabanza—dijo cortésmente José. Debo marcharme.
> Ella le detuvo.
> —Perdonad, ¿no queréis quedaros un poco más? Ya que habéis entrado… No partiréis para Santa María hasta mañana y yo tengo tan pocas ocasiones de hablar con alguien diferente …—*señaló un banco*—¿Nos sentamos?
> José contempló el banco con un aire de duda. Luego extendió el faldón de la capa y se sentó en el suelo con las piernas cruzadas.
> —Perdonad, mi señora. Estoy más cómodo aquí.
> —¿Al uso árabe?—su risa levantó ecos en los árboles—. Sois muy divertido, José ben Alvar" (56-57).

Tiempo después, en una conversación con el monje Gerbert, insiste en esta cuestión:

---

[6] "Cultures are tension systems, because changes in circumstances can transform cultural practices and question existing norms. There are differences between attitudes, norms and practices, and strains between roles and norms in the same given situation. Usually cultural values are in part contradictory, because they are themes that try to give meaning to conflictual realities" (Páez y González 2000: 7).

> "En unos meses ha cambiado toda mi vida y extraño este ambiente tanto como...—sonrió al ver que Gerbert volvía a brincar sobre un pie para que la sangre volviese a circular por sus piernas- las sillas tan duras que utilizáis para sentaros.
> —¡Vosotros debéis de tener los huesos más blandos que los demás hombres!—Bromeó Gerbert" (80-81).

Por el contrario, otras cuestiones como la voz o la pronunciación son difíciles de adaptar, transcurrido el período crítico en los adolescentes: "De reojo percibió la sonrisa de Gerbert. Su forma de cantar tenía un ritmo musical de los monasterios de su tierra" (87).

Este personaje nos parece relevante no solo por su protagonismo en la novela *El señor del Cero*, sino porque en sus conversaciones con diferentes personajes como los monjes o Emma, su futura esposa, pone de manifiesto lo difícil que resulta para muchos de los cristianos del norte, pertenecientes a una sociedad monocultural, la distinción entre costumbres y religión.

> "La cultura conserva una alta utilidad como instrumento para la afirmación de una diferencia local e histórica que viene asociada a posicionamientos instrumentales u objetivos políticos [...] La cultura se vuelve porosa. Por esto mismo, sin embargo, para los que aspiran a auto comprenderse a través de ella y para otros que persiguen objetivos estratégicos invocándola" (Mascareño 2007: 32)
> Junto al concepto de "cultura" que acabamos de mencionar, en la novela también aparece el concepto de "cultura de la élite" o "alta cultura", definida por Marínez Sahuquillo en los siguientes términos: "Una realización del espíritu humano—no como algo ligado a alguna peculiaridad nacional—y percibe una relación de mutua dependencia entre el desarrollo de las artes, las letras y las ciencias y el avance de la civilización en su aspecto tanto económico como en lo que se refiere al refinamiento de las costumbres" (1997: 179).

Esta cultura, basada en el interés por la ciencia, es la que pasará a los territorios del norte a través de los monasterios y será una de las fuentes del cambio cultural europeo al final de la Edad Media (Vernet 1999: 8):

> "En sus bibliotecas atesoraron, junto a las copias de la Biblia y los escritos de los Santos Padres, la valiosa cultura árabe, sus traducciones de los antiguos sabios griegos y latinos y sus libros de medicina y matemáticas. Desde allí se transmitieron a una Europa de pueblos semibárbaros y que, en muchos lugares, adoraban a los dioses germánicos, y todavía no estaban muy preparados para comprenderla"

4. La identidad como constructo sociopolítico

Los cristianos mozárabes también se ven a sí mismos como diferentes por las circunstancias sociopolíticas en las que viven, muy distintas de las del norte. El Islam reconoce las religiones del libro—judaísmo y cristianismo—y permite la existencia de comunidades bajo una serie de condiciones: pagan un tributo especial—*dimma*—de ahí que se les denomine *dimmíes*. Esta circunstancia se ve reflejada en la persona de la Dama Blanca, la segunda esposa del mayordomo del califa, cristiana:

> "—He seguido siendo cristiana y mi marido me permite acudir a las celebraciones de la iglesia—señaló el velo caído sobre el banco—siempre que me vista con el decoro debido.
> El obispo intervino:
> —La fama de Dama Blanca, su bondad y su caridad están en la boca de toda la ciudad. Todos la aman y la respetan. El prestigio de su marido ha aumentado por su causa.
> —Soy cristiana, debo procurar ser un ejemplo" (72).

En *El señor del Cero*, por ejemplo, aparecen cristianos y judíos en la escuela del Califa:

> "El maestro dio una palmada y los muchachos se levantaron y del arcón que había al fondo de la sala sacaron sus pequeñas alfombras de plegaria disponiéndose para la oración, José y otros cinco muchachos se dirigieron a un rincón y se quedaron de pie. No todos ellos eran cristianos; dos eran judíos, pero todos estaban dispensados de la oración" (14).

Del Califa Al-Hakam, el narrador señala: "Se habían establecido premios a los mejores alumnos y el Señor de los Creyentes pagaba de sus propios bienes los estudios de aquellos muchos pobres que los maestros recomendaban por su inteligencia y su trabajo, sin importarle la raza o la religión, como aquellos que delante de él, acompañaban al obispo Rezmundo" (22).

Tienen sus propias leyes civiles y sus representantes. En El señor del Cero, en una escena en la que José ben Alvar ha sido llamado ante IbRezi, uno de los cuatro jueces del Califa, para defenderse de la acusación de blasfemia, éste señala:

> "—Esta denuncia que me hacen y que puedo jurar que es falsa, ¿no tendría que juzgarla el cadí de los cristianos?
> —Por supuesto, José Ben Alvar. Y así hará después de mi sentencia. Juzgará tu acusación el cadí de los cristianos en presencia delgobernador de los de vuestra religión. Yo solo atiendo esta denuncia, la compruebo y si

locreo preciso, juzgo y la resuelvo. Ten en cuenta que este es el diván del Califa, ¡Alá le guarde!, y no está sujeto a muchas formalidades. Es la justicia de nuestro buen señor que, como un padre presta oído a sus súbditos sin ninguna discriminación de raza y religión y sin ninguna espera y protocolo" (42).
En el caso de *El vuelo de las cigüeñas*, se dice que con ocasión del bautizo de Meriem: "La silla de madera tallada del obispo Daniel estaba vacía y faltaban también el cadí de los cristianos, que tenía que atestiguar el bautismo, y varios de los principales de la ciudad que Gonzalo había conocido el primer día" (199).

En esta novela también se aprecia el papel del obispo. Cuando los mozárabes reclaman que las reliquias de Eurlogio se queden en Córdoba, el obispo Daniel ben Bassan insiste:

"—Hermanos, hermanos—dijo el obispo—, guardad un momento de silencio. Debemos ser fieles súbditos de nuestro emir, que Dios le bendiga. (67)
—Hermanos, recordad que tenemos que vivir bajo el emir.
Una voz se alzó por encima de los comentarios y de los rumores:
—¡Pero no engordar con él! ¿Habéis visto vuestra barriga?
Una carcajada general acogió las últimas palabras. El obispo enrojeció. (689
El emir es generoso y justo, y su corazón quiere la paz, no sólo con los cristianos del norte, sino con sus vasallos. Como obispo, es mi deber no consentir críticas contra quien nos gobierna con benevolencia, generosidad y tolerancia" (66).
Acto seguido señala: "—No comprenden, no comprenden que las órdenes del emir son para obedecerlas [...] ¿No dijo el apóstol que debíamos rezar por nuestros gobernantes? Ellos son nuestros amos y ésta es nuestra tierra, aquí hemos vivido siempre, ¿por qué crear dificultades?" (69).

El obispo no solo rinde pleitesía al emir sino que intenta evitar situaciones conflictivas como es el bautizo de Meriem, la hija del mayordomo, o que sucedan actos como los que llevaron a la muerte a Eulogio:

"—[...] Os habéis negado a enseñarle las verdades de la fe y que participe de la catequesis de los catecúmenos ¿Le vais a impedir también participar de las oraciones?
—Dios está en todas partes, señora, y ve los corazones de todos. ¿Qué necesidad tiene vuestra hija de venir a la iglesia? Puede rezar en su casa si gusta y no atraer la perdición sobre la comunidad.
—Desde hace tiempo sé que no os arriesgaréis, señor obispo. Habéis puesto disculpa tras disculpa [...].

—[…] Conozco vuestros deseos ylos de vuestra hija y Dios los conoce también. Estáis pues justificada. No es legítimo que arriesguéis la vida de nadie" (73).

El emir necesitaba la tregua con los cristianos para aplacar las revueltas de los mozárabes y los musulmanes conversos. Para ello utiliza dos tipos de recursos: a) promover acciones que ensalzan su imagen ante la corte cristiana, pero que a la vez están vetadas para la comunidad mozárabe y b) alejar espacialmente las reliquias de Eulogio y de Leocridia, motivo de refuerzo espiritual para los mozárabes. En el primer caso, el emir ofrece dinero para restaurar el monasterio de Sahagún, destrozado por el ejército del emir en su retirada hacia Toledo. A ello se añade la devolución de las campanas sustraídas por los soldados. Esto contrasta con la realidad mozárabe: "A Córdoba no llegaban las influencias artísticas del norte, aunque los cristianos mozárabes ya construían con ladrillo como los árabes. A la luz del día se advertía mejor el deterioro de la fachada que las leyes impedían restaurar" (63).

Uno de los clérigos interrumpió a Dulcidio:

"—¿El emir va a pagar para reconstruir el monasterio de Sahagún? ¿El emir repara los monasterios del norte?—su acento se tiño de amargura—¿y los nuestros? Si sois de Toledo, sabréis que tenemos prohibido reparar nuestras iglesias. ¡Mirad! Por debajo de los paños de seda bordada, en esta iglesia que nos sirve de catedral se ven las grietas de los muros" (66).

Por lo que al traslado de las reliquias se refiere:

"Al paso de Dulcidio y Gonzalo volvían las cabezas con hostilidad. Se decía que los recién llegados, los cristianos del norte, los que se creían más fieles y decían que seguían mejor las disposiciones de la iglesia, los que no corrían riesgos y no se jugaban la vida, venían a quitarles las reliquias del que había sido su obispo mártir" (74).
"—¡No nos quitarán a nuestro santo! Eulogio era de Córdoba, en Córdoba escribió y en Córdoba murió. Necesitamos su ejemplo y su fuerza ¿Quién piensa en arrebatárnoslo? ¡No saldrán de aquí sus reliquias!" (66).

No obstante, no todos estaban de acuerdo con esta imagen de Eulogio; es el caso del obispo: "Era intransigente y tenía en cuenta que el primer mandamiento es conservar la vida, don de Dios. Por eso murió" (67).

Por otro lado, el concepto de identidad, tanto frente a cristianos del norte como frente a los musulmanes, se trasluce en algunos de los discursos, como cuando José ben Alvar dice al juez del Califa: "—Señor, soy

cordobés y mi familia ha vivido enesta ciudad desde los antiguos tiempos de los romanos. Somos cristianos desde hace más de trescientos años y todos hemos seguido la fe de nuestros padres" (44).
"Tu patria es Córdoba, hijo. Tú has nacido aquí, y aquí nacieron tus abuelos y bisabuelos. El resto es política. Nosotros somos cordobeses; nuestra familia ha vivido en esta ciudad desde los tiempos de los antiguos romanos, más de lo que el más viejo puede recordar. No hemos querido nunca emigrar porque ésta era nuestra tierra, gobernase quien gobernase. Día llegará en que podamos adorar a nuestro Dios libremente en nuestro país; también los romanos y los godos en los primeros tiempos perseguían a los de nuestra fe. Bajo los musulmanes…nuestro pariente Álvaro fue mártir por su fe en tiempos de Eulogio y ahora mi hermano goza de la confianza del Califa y es uno de los embajadores en la corte de Bizancio; sin traicionar nuestra fe, siendo veraces y honrados, haremos lo que podamos por sobrevivir" (51-52).

Quizá la clave para entender esta postura esté en esta conversación entre Emma y José ben Alvar:

"—¿Si sois cristiano por qué no habéis huido al norte?
—Señora, Córdoba es nuestra patria y allí están las tierras de la familia y los sepulcros de nuestros abuelos, ¿Por qué tendríamos que huir?" (55-56)
A ello podemos añadir el valor que se les da a los cristianos del sur en el norte. Los consejeros sugieren a Lotario, rey de los francos, que envíe un regalo personal al Califa: "El arzobispo viene acompañado de hombres de armas del rey que apresarán todos los hombres, mujeres y niños que han huido de las tierras de los árabes y los entregarán al Califa" (99).

La comunidad mozárabe se presenta en ambas novelas como una comunidad incomprendida y en una situación de inferioridad frente a las comunidades con poder. Ellos defienden su idiosincrasia frente a la comunidad cristiana mayoritaria; aunque como demostrará la historia, en poco tiempo se suprimirá el rito mozárabe en Toledo. Resultan reveladores en este sentido los comentarios de Moralejo (1974: 146): "Paradójicamente, la Reconquista militar y política no trajo consigo la restauración del cristianismo y cultura visigóticos, antes bien la implantación de los dictados centralistas del papado romano y de los usos culturales francos. Resultado parecido al de las Cruzadas, que flaco favor hicieron a la Cristiandad del Oriente".

5. El otro en la construcción identitaria

Cuando José ben Alvar tiene que explicar su salida de *al-Andalus*, el monje que pregunta no se sorprende porque la razón sea el insulto a

Mahoma, sino por la actitud del protagonista de negar tal hecho y de considerarlo en sí mismo ofensivo:

> "—¿Lo hiciste?
> —No, señor. Nunca.
> Un monje grueso y sonrosado, que había ejercido de sacristán durante el rezo, intervino:
> —¿Y presumes de ello?
> José se volvió con sorpresa:
> —No presumo, solo digo la verdad.
> El abad aclaró:
> —El hermano Hugo se extraña porque aquí no se censura un insulto a Mahoma, el infiel que Dios confunda" (63).

Lo que para los cristianos del norte está bien visto, para el mozárabe es reprobable, ya que la realidad del Islam no le resulta ajena. Ello le permite no solo reconocer al otro, sino valorar aquellos aspectos que en él considera positivos. En el discurso que sigue a esta conversación, José ben Alvar recurre a dos técnicas: por un lado, justifica su cristiandad frente a los cristianos del norte, y por otro, explica su visión de Mahoma.

> "José ben Alvar levantó la cabeza con viveza.
> —Perdonadme, señor. Soy cristiano fiel, cristianos son mis padres y cristianos fueron mis antepasados. De mi familia era Álvaro, el gran amigo de nuestro santo mártir Eulogio, que también murió por nuestra fe. Hemos sido fieles al Señor en los buenos y en los malos tiempos: hemos soportado impuestos injustos y persecuciones, yo he huido de mi tierra y de la casa de mi padre, he perdido mis estudios, mi casa, mis compañeros, todo lo que era mi vida. Lo he hecho para salvar mi vida, pero, si hubiese llegado la ocasión, estaba dispuesto a morir por mi fe. Como los otros cristianos que viven bajo el gobierno del Califa. El obispo Rezmundo puede garantizarlo" (63).

En esta intervención observamos el modo de construir su defensa frente al cristiano del norte. En primer lugar, argumenta el origen y la continuidad en el tiempo de su adhesión religiosa. En segundo lugar, hace referencia a Eulogio, un personaje histórico convertido en mártir y venerado en la época, cuyas reliquias terminaron en la catedral de Oviedo. En tercer lugar, y para ponderar su situación, hace referencia a los impuestos y a las circunstancias adversas para la práctica de la fe. Por último, justifica su huida debido a una inculpación falsa, aunque señala que en su caso, él hubiera aceptado ser mártir. Así, la imagen que propone del otro, representado en este caso en la figura de Mahoma, no solo no es tan negativa como la que tienen los cristianos del norte, para quienes es simplemente un infiel y un impostor, sino que esta aparece objetivada merced a la narración de una serie de vivencias personales con las que pretende demostrar que él también es y debe ser considerado un verdadero cristiano.

> "Sin embargo, debo deciros que Mahoma era un hombre justo que buscaba a Dios por otros caminos. No tuvo la gracia de la fe en Nuestro Señor Jesucristo, pero tenía buena voluntad. Dios nuestro Señor se lo habrá tenido en cuenta.
> —Eso es una herejía" (64).

El protagonista reflexiona sobre la razón de ser de su forma de ver la realidad:

> "—Hermanos, allí en Córdoba las cosas son diferentes. No todos nuestros amigos o parientes llaman a Dios de la misma forma que nosotros, pero eso no significa que no sean buenos o que no los amemos. Nosotros defendemos nuestra fe con la mayor y más arriesgada fidelidad, pero tal vez sin mucha ciencia. Las cartas del Papa no llegan con facilidad a aquellas tierras y nuestros obispos no tienen muchas oportunidades de acudir a sínodos con sus hermanos en la fe. Tampoco tenemos muchos monjes ni tantos monasterios como en el Norte" (64).

José ben Alvar actúa de forma parecida ante el juez del califa:

> "Creemos firmemente que es la verdadera, pero no ofendemos a los que buscan el paraíso que promete el Profeta y llaman a Dios con el nombre de Alá [...] Creo que el Califa, ¡Dios le guarde!, es un gobernador justo y clemente, el mejor señor de la tierra, y rezo a Cristo para que le aumente sus días. Nadie puede testimoniar con verdad que yo he ofendido al Profeta ni he hecho burla de los que siguen sus leyes" (44).

En los ejemplos citados observamos al personaje ejerciendo como mediador intercultural (Sales 2005). Así, la autora ejemplifica en José el trabajo de trasvase de conocimientos y formas de trabajar que tuvo lugar en España, un proceso no exento de recelos y de obstáculos. A su vez, la autora expone la forma de ver al otro de alguien que convive con él en un mismo contexto social (es el caso de los mozárabes con relación a los musulmanes), frente al que se reconoce a sí mismo por oposición o por negación del otro (cristianos del norte con relación a los musulmanes).

6. La percepción del lector juvenil

Desde la pragmática se asume que el mensaje en última instancia no depende del emisor, sino del receptor del mismo. Así, una vez visto cómo la autora ha articulado el discurso entorno al mozárabe, nos planteamos ¿Cómo percibe el lector juvenil dicho discurso? ¿Qué parámetros entran en juego en la interpretación del mismo?

En primer lugar, está el concepto de identidad española de la que parten los lectores. La identidad podemos definirla como un constructo ideológico, "una abstracción formal cambiante" en palabras de López Falcal (2010: 22), sobre la cual el individuo refleja la imagen de sí mismo, que una vez asumida condiciona tanto al individuo en sí como al contexto en el que vive: "La identidad no es aprehensible, pero podemos analizar y evaluar los procesos de identificación: los valores, comportamientos, tradiciones y creencias con los que se identifica cada persona o grupo, generando lazos de solidaridad entre quienes los asumen y frente a los que no los comparten".

Hobsbawm (2012: 1), por su parte, habla de tradiciones inventadas, en el sentido de que este constructo se nutre de prácticas que conforman un ritual simbólico que trata de inculcar determinados valores y normas de comportamiento mediante la repetición, lo que supone la continuidad con un pasado deseado o idealizado. A ello cabe añadir que el concepto de identidad no es estático, sino que se transforma en función del contexto sociopolítico. Para un lector actual, el concepto de identidad resulta indisociable del de nación. El concepto de nación tal y como se utiliza en la actualidad proviene del siglo XVIII con el romanticismo alemán, siendo referencias obligatorias un territorio, una lengua y, en muchos casos, una religión.

> "La identidad de una nación—entendida como grupo étnico—tiene como un atributo fundamental, sin duda, el idioma que se aprende en el hogar durante los primeros años de vida. Es posible cambiar de costumbres—de vestuario, de alimentación, de ideas—, pero la lengua de la infancia se mantiene e incluso surge como sustrato cuando se aprende una nueva. La identidad lingüística propicia la solidaridad de los hablantes y, de esta manera, la posibilidad de imaginar un futuro compartido. La importancia de la lengua ha hecho que los estados promuevan el empleo de una sola en todo su territorio, para consolidarse como tales" (Ávila 1998: 105).

Otro elemento a tener en cuenta es la cultura. Siguiendo a Triandis (1995), esta es definida por Páez y González (2000: 7) en torno a tres tipos de conocimientos: "denotativo (lo que es o se cree), connotativo (lo que debería ser, actitudes, normas y valores) y pragmático (cómo se hacen las cosas o reglas procedimentales) compartido por un grupo de individuos que tienen una historia común y participan en una estructura social"[7]. Podemos decir que la cultura va más allá de parámetros lingüísticos y religiosos, para imbricarse en la forma de concebir e interactuar con la realidad en tanto que individuos de una comunidad.

> "Por su lado, y desde la perspectiva del grupo, pueblo o nación, la existencia de una cultura aglutinante, con sus valores, tradiciones, costumbres, rituales, etcétera, favorece la cohesión o solidaridad del grupo, especialmente, y como ya descubrió *Ibn Khaldun* en el siglo XIV, si esta descansa en una religión, y permite también su diferenciación particularista respecto a otros grupos culturalmente distintos, los cuales, al aparecer como 'otros', refuerzan aún más el 'nosotros' apoyado en la identidad común que proporciona la cultura" (Martínez Sahuquillo 1997: 188).

Por negación o afirmación, la cuestión de *al-Andalus* no es un tema baladí en España, sino que ha estado presente en el discurso identitario español. Goytisolo (1999) señala dos momentos claves para su tratamiento: a) la creación de la Inquisición y el desarrollo de los conceptos de limpieza de sangre y de cristiano nuevo, y b) el movimiento de la Ilustración y su proyecto europeizador de España. Si el primero tiene un objetivo eminentemente religioso, el de borrar cualquier duda sobre la cristiandad frente a otros territorios cristianos europeos, el segundo asume que es la religión la causante del atraso histórico frente a Europa. De ahí que "había que deshacerse del peso inerte de la historia, asumir las doctrinas del progreso, ser europeos como los demás. Para los autores de ese proyecto bienintencionado y saludable, cualquier alusión a elementos de nuestro pasado que no se compaginaran con el abstracto ideal europeizador, resultaba incómoda e incluso molesta" (Goytisolo 1999).

Por su parte, Aidi (2006: 67) sostiene que el tema, particularmente por lo que a la presencia intrusa de lo árabe se refiere, sigue estando presente en la psique de los españoles y ha cobrado fuerza en momentos claves de la historia española.

> "En momentos críticos de la historia de España—en 1898 con el colapso del imperio, en la década de 1930 con la guerra civil y sus consecuencias, en la década de 1970 con el fin del franquismo y la transición democrática y en 1986, con la adhesión de España a la Unión Europea—el país ha

---

[7] "It is a denotative (what is or beliefs), connotative (what should be or attitudes, norms and values) and pragmatic (how things are done or procedural rules) knowledge, shared by a group of individuals who have a common history and participate in a social structure (Triandis 1995)" (Páez y González 2000: 7).

pasado por momentos de doloroso análisis de su 'grado de occidentalidad', cuestionando si sus ocho siglos de presencia musulmana y el consiguiente hibridismo cultural y étnico es el que dejó al país sumido en la pobreza y el despotismo mientras el resto de Europa progresaba[8]".

Desde una perspectiva educativa, López Falcal (2010) señala que es en el siglo XIX con la construcción del Estado liberal cuando la idea de nación pasa de las élites intelectuales al pueblo. Según este autor hasta los años 70 se pueden rastrear los estereotipos del constructo nacional en los manuales escolares, con independencia de su orientación ideológica:

> "La historiografía, y la totalidad de los manuales escolares hasta los años setenta del siglo XX, han destacado como decisivos en la formación de la nación española una serie de acontecimientos como: La supuesta resistencia 'nacional' a la conquista romana: la 'unidad nacional' visigoda; la 'Reconquista'; o la monarquía de los Reyes Católicos, culminación de la unidad nacional." (López Falcal 2010: 11).

Con la ley de educación cambia la orientación de la enseñanza de la Historia hacia una visión europeista. Desaparecen las viejas denominaciones y las metodologías memorísticas de batallas y fechas. Se intenta resaltar nuestra pertenencia a Europa y la caracterización de la identidad europea que, nuevamente, se ha forjado como oposición a algo. Baste recordar la reacción a la solicitud de entrada de Turquía en la UE. En este sentido, resultan interesantes los resultados de varios estudios que sobre el discurso se han venido llevando a cabo en los últimos años en España en los manuales educativos, sobre todos en los de ciencias sociales. Atienza (2007), por ejemplo, señala que se observa algún cambio en los modelos, incluso la coexistencia de modelos, pero que la mayoría de las editoriales siguen editando manuales en los que:

> "Lo que se silencia, lo que se destaca en uno y otro caso es diferente. Desde la posición del nosotros se enfatiza lo positivo y se silencia o mitiga lo negativo, estrategia discursiva frecuentemente analizada en los estudios de Análisis Crítico del Discurso. Desde la posición de los otros, la relación

---

[8] "At critical moments in Spanish history—in 1898 with the collapse of the Empire, in the 1930s during the Spanish civil war and its aftermath, in the late 1970s with the end of Francoism and the democratic transition, and in 1986, with Spain's accession into the European Union—the country has gone through moments of painful self-examination about its 'qualified Westerness', pondering if it was the eight-hundred-year Muslim presence and Spain's subsequent cultural and ethnic hybridist that kept the country mired in poverty and despotism as the restof Europe progressed".

es a la inversa: se destaca lo negativo, se silencia o se mitiga lo positivo" (cfr. Van Dijk 1998).

Atienza analiza diversos manuales en los que figura como tema el Islam y su expansión. Así, en uno de ellos, cuyo tema lleva por título *La España musulmana*, el párrafo introductorio señala que:

"(4) Hasta el siglo VII de nuestra era Arabia se quedó aislada, casi sin relacionarse con ningún otro pueblo. Tenía una cultura muy pobre y la religión era idolátrica. El ídolo principal era una piedra negra (quizá un meteorito), que adoraban en un santuario de la Meca. (*Mediterrània 3* (1999: 82); Mediterrània 2 (2001: 2))" (Atienza 2007: 554).

En otro manual también aparece un tema titulado el Islam, cuyo texto introductor es el siguiente:

"(13) Durante la Edad Media, a partir del siglo VII, se formó una civilización nueva y original: el Islam. Se extendió con una rapidez sorprendente desde el Oriente Medio hasta Asia Central y España. En su expansión, el Islam chocó con otros dos grandes imperios de la época: el bizantino y el persa sasánida.
El primero, aunque con dificultades, consiguió superar el embate del mundo musulmán hasta finales del siglo XV. El segundo, en cambio, fue destruido con facilidad. Todos estos territorios sufren un clima desértico o estepario. El agua tenía, por tanto, un gran valor.
Su etapa de máximo esplendor comprende los siglos [...] Los dos rasgos que mejor definieron la civilización islámica son. La religión [...] y su carácter urbano. La lista de grandes ciudades era larga, pero la más importante de todas fue Bagdad, que en la Edad Media era reflejo de una civilización muy superior en todos los sentidos a la europea e, incluso, a la bizantina (Serbal 2002: 281)" (Atienza 2007: 563)[9]

Teniendo en cuenta estos elementos, el discurso propuesto en las novelas estudiadas es rupturista con el discurso tradicional, ya que plantea la cuestión de *al-Andalus* de una forma más compleja y sutil, añadiendo nuevos componentes a la diatriba tradicional "moros vs. cristianos". La figura del mozárabe emerge en este contexto como una suerte de "abogado del diablo" que tiene en sus manos las llaves para entender al otro e interactuar con él.

Este discurso resulta tanto más extraño cuando consideramos el hecho de que en el caso de la enseñanza de la literatura, parece que ha tardado

[9] Según información ofrecida por la autora en el artículo referido, *Mediterrània* hace referencia a una de las series de libros de ciencias sociales publicados por la editorial Edelvives para la E.S.O. en catalán.

aún más en renovarse y esta se ha visto condicionada por quienes no ocultan su intencionalidad nacionalizadora[10]: "Su estudio (de la Literatura Española) contribuye poderosamente a la instalación de los ciudadanos en la comunidad nacional a que pertenecen" (Carreter y Tusón 1977: 8). En coherencia con esa declaración se recurre a un discurso histórico tan esencialista como simplista, que había sido abandonado por los historiadores y por el profesorado de historia" (López Falcal 2010: 16)[11].

Pero seguro que al lector juvenil no solo le sorprende una propuesta literaria que plantea claramente una vía de comprensión entre dos comunidades presentadas como antagónicas en el discurso tradicional, sino que el elemento de conexión, los mozárabes, resulta tanto o más extraño. Es verdad que desde el punto de vista literario, se han dado períodos en los que ha existido cierta maurofilia o visión positiva de lo árabe (Carrasco Urgoiti 1999), recordemos, por ejemplo las*Cartas marruecas* de José Cadalso (1774). Además, y como señala Goytisolo (1997:66): "En relación con la literatura, autores como Américo Castro, Blanco White, Luz López Baralt, entre otros, han defendido no solo la herencia cultural arabo-judía en el desarrollo de obras medievales como la Celestina o El libro del Buen Amor, sino el papel desarrollado para la herencia mudéjar en la construcción del paradigma literario español del siglo XVI".

No obstante, la figura del mozárabe apenas ha aparecido en la literatura española, y menos aún en la literatura moderna y contemporánea. Para encontrar referencias a la figura del mozárabe hemos de retrotraernos al siglo XVIII, a la comedia religiosa *La Virgen del Sagrario*, su origen, pérdida y restauración, publicada en 1637 por Calderón, o *Los Mozárabes de Toledo* de Juan Hidalgo publicada en 1672 (Hichcock 1987: 489). En los manuales escolares se explica qué es un mozárabe y se habla del arte mozárabe, la literatura mozárabe y del dialecto mozárabe de forma superficial y simplista, cuando no se producen errores de localización o definición.

---

[10] López Falcal hace referencia en concreto a un manual de lengua y literatura en el que se menciona que "el reino visigodo sucumbió a la invasión de los árabes, que empezó en el año 711 por Gibraltar. En menos de siete años, ocuparon casi todo el terreno peninsular. Tropas cristianas se reagruparon en lugares montañosos del norte, y desde allí iniciaron la Reconquista, que terminó en 1492 con la toma de Granada (…) Los españoles que quedaron en los territorios ocupados por los árabes eran, como sabemos, los mozárabes". (Carreter y Tusón 1977: 101).

[11] Lázaro Carreter, Fernando. y Tusón Val, José María. 1977: *Literatura española*, 3º, Anaya, Madrid.

> "Al mapa de la situación lingüística del siglo XIII al XIV que sitúa a los mozárabes en el Reino de Granada y que suele llevar a los alumnos al error de identificar o confundir a los mozárabes con los árabes (Vicens Vives, Bruño)" (Méndez García de Paredes 2003: 228)

La inclusión del personaje del mozárabe en las novelas objeto de este estudio constituye una novedad en el contexto de la literatura española en general y la LIJ en castellano, en particular. Tanto en *El señor del Cero* como en *El vuelo de las cigüeñas*, el mozárabe aparece como un personaje de marcado carácter intercultural, un puente entre dos culturas. En este sentido, Mª Isabel Molina parece decantarse por protagonistas con los que se pueda identificar sentimentalmente el lector juvenil, que sigue viendo la cultura árabe en general y la andalusí, en particular, como un hecho ajeno a su propia construcción identitaria, social e histórica.

La autora, igualmente, resalta la diferencia entre los territorios y *al-Andalus*, en el sentido de que en esta última el cristianismo forma parte de sus raíces al ser reconocido por el Islam como una de las religiones del Libro. Por último, los personajes mozárabes sirven para explicar el papel que la herencia andalusí tuvo en el desarrollo de la cultura peninsular y europea, el legado recibido a través de los monasterios.

Bibliografía

AciénAlmansa, Manuel. 2009. "Consideraciones sobre los mozárabes en Al-Andalus". *Stud. hist., H.ª mediev.* 27: 23-36.

Aidi, Hisham. 2006. "The Interference of al-Andalus: Spain, Islam, and the West.". *Social Text* 87: 67-88.Disponible en http://columbia.academia.edu/HishaamAidi/Papers/1024758/The_Interference_of_Al-Andalus_Spain_Islam_and_the_West.

Atienza Cerezo, Encarna y Teun Van Dijk. 2010. "Identidad social e ideología en libros de texto españoles de Ciencias Sociales". *Revista de Educación* 353 septiembre-diciembre: 67-106. Disponible en http://www.revistaeducacion.educacion.es/re353/re353_03.pdf.

Atienza, Encarna. 2007. "Discurso e ideología en los libros de texto de ciencias sociales". *Discurso & Sociedad*, 1(4): 543-574. Disponible en http://www.dissoc.org/ediciones/v01n04/DS1(4)Atienza.pdf.

Ávila, Raúl. 1998. "Lenguaje, medios e identidad nacional". *European Review of Latin American and CaribbeanStudies/Revista Europea de Estudios Latinoamericanos y del Caribe*, Amsterdam, 64: 105-112.

Carrasco Urgoiti, María Soledad. 1999. "La comedia del siglo XVII y la frontera norte-africana La comedia del siglo XVII y la frontera norte-africana". En *Actas del V Congreso Internacional de la Asociación*

Internacional Siglo de Oro (AISO). Disponible en http://cvc.cervantes.es/literatura/aiso/pdf/05/aiso_5_006.pdf.

Cavanillas de Blas, Antonio. 2009. El cirujano de Al-Andalus. Madrid: La esfera de los libros.

El-Madkouri, Mohamed. 2004. "España y el Mundo Árabe: Imagen e imaginario". En *Tonos digital revista española de estudios filológicos* 7. Disponible en http://www.um.es/tonosdigital/znum7/portada/tritonos/Imagendeespahtm.htm.

—. 2007. "Escuela, lengua, identidad y problemática de integración de inmigrantes". En *Ilu. Revista de ciencias de las religiones. Anejos*21*:* 139-158.

Even-Zohar, Itamar.1994. "La función de la literatura en la creación de las naciones de Europa". *Avances en Teoría de la Literatura*, editado por D. Villanueva, 357-377. Santiago de Compostela: Universidad. Disponible en http://www.tau.ac.il/~itamarez/works/papers/trabajos/EZ-function-literatura.pdf.

Fanjul, Serafín. 2000. *Al-Andalus contra España: la forja del mito*. Madrid: siglo XXI.

Fernández Ruiz, Manuel. 1994. *A la sombra de las espadas*. Madrid: Fundamentos.

Fierro, Maribel. 2009. "Cristianos en contextos arabizados e islamizados en la península ibérica". *Stud. hist., H.ª mediev.* 27:119-124.

Fundación Germán Sánchez Rupérez. 2008. *La multiculturalidad en la literatura infantil y juvenil*. Salamanca: Fundación G.S.R.

García Marín, José Manuel. 20. *Azafrán*. Barcelona: Editorial Roca.

Goytisolo, Juan. 1995. *Disidencias*. Barcelona: Taurus.

—. 1997. *El universo imaginario*. Edición de José Miranda. Madrid: Espasa Calpe.

—. 1999. "El legado Andalusí: Una perspectiva occidental". *El País*, 9 de julio.

Hitchcock, Richard. 1986. "La imagen literaria de los mozárabes en el Siglo de Oro" *Actas del IX Congreso de la AIH*: 487-496. Disponible en http://cvc.cervantes.es/literatura/aih/pdf/09/aih_09_1_047.pdf.

Hobsbawm, Eric. 2012. La tradicióninventadaThe invention of tradition. Cambridge: CUP. Disponible en. http://is.muni.cz/th/180493/ff_b/sixto_concepto.pdf.

Justin Stearns, Justin. 2009. "Representing and remembering al-Andalus: Some Historical Considerations Regarding the End of Time and the Making of Nostalgia". *Medieval Encounters* 15: 355-374.

Lluch, Gemma. 2000. "Panorámica de la literatura juvenil actual". *Articles de didàctica de la llengua i de la literatura* 21: 7-16.

López Facal, R. 2010. "Nacionalismos y europeísmos en los libros de texto: identificación e identidad nacional". En Clío & asociados 14: 9-33. Disponible en http://www.memoria.fahce.unlp.edu.ar/art_revistas/pr.4018/pr.4018.pdf.

Maillo, Felipe. 2004. La desaparición de Al-Ándalus. Madrid: Abada.

Martínez Montávez, Pedro. 2012. *Significado y símbolo de Al-Andalus*. Almería: Fundación ibnTufayl de estudios Árabes.

Matínez Sahuquillo, Irene. 1997. "Los dos conceptos de cultura: Entre la oposición y la confusión".*REIS* 76: 173-196.

Mascareño, Aldo. 2007. "Sociología de la cultura. La deconstrucción de lo mapuche". *Estudios Públicos* 105: 61-112.

Méndez García de Paredes, Helena. 2003. "El habla andaluza en los libros de texto escolares". *CAUCE, Revista de Filología y su Didáctica"* 27: 207-230. Disponible en http://cvc.cervantes.es/literatura/cauce/pdf/cauce26/cauce26_08.pdf.

Miranda, Jorge. 2010. "Notas sobre Cultura, Constitución y derechos culturales". *ReDCE*. 7/13: 47-66.

Molina, Carolina. 2011. *Sueños del Albaycín*. Barcelona: Editorial Roca.

Mora Luna, Antonia; María González; Erika García y Miguel Beas Miranda. 2010. "La función de la educación literaria en los manuales Escolares españoles: creación de la identidad nacional". En *X Congreso Nacional de la Asociación de Historia Contemporánea* (Santander, 16 y 17 de septiembre de 2010) (e. p.). Disponible en http://ww.ahistcon.org/docs/Santander/contenido/MESA%2013%20PDF/Antonia%20Maria%20Mora%20Luna%20Erika%20Gonzalez.pdf.

Moralejo Álvarez, José Luis. 1975. "La nueva edición de los mozárabes". *Estudios clásicos* 19/74-76: 145-157. Disponible en http://interclassica.um.es/index.php/interclassica/investigacion/hemeroteca/e/estudios_clasicos/numero_74_76_1975/la_nueva_edicion_de_los_mozarabes.

Navaro, Josep Mª. 1997. *El islam en las aulas. Contenidos, silencios, enseñanza*. Barcelona: Icaria Antracyt.

Ortiz Ballesteros, Antonia Mª. 2008. *Edad Media y Literatura juvenil: Recursos para el aula (I)*. Madrid: VisiónLibros.

Páez, Darío y José Luis González. 2000. "Culture and Social Psychology". *Psicothema*12, Supl: 6-15.

Parra Montserrat, David. 2007. "Islam e identidad en la escuela franquista. Imágenes y tópicos a través de los manuales*". Didáctica de las ciencias experimentales y sociales* 21: 15-32.

Rivera, Juliá. 2008. Libros y enseñanzas en al-Andalus. Pampona: Editorial Urrigoiti.

Rodríguez Magda, Rosa Mª. 2008. *Inexistente Al Ándalus: De cómo Los Intelectuales Reinventan el Islam*. Oviedo: Nobel.

Sahuquillo Martínez, Irene. 1997. "Los dos conceptos de cultura: entre la oposición y la confusión". *Reis: Revista española de investigaciones sociológicas*79: 173-196.

Sales Salvador, Dora. 2005. "Panorama de la mediación intercultural y la traducción/interpretación en los servicios públicos en España". *Translation Journal*, 9/1 enero. Disponible en http://accurapid.com/journal/31mediacion.htm.

Sánchez Adalid, Jesús. 2005. *El mozárabe*. Barcelona: Zeta bolsillo.

Seijas, Enrique. 2009. *El fuego de Al-Andalus*. Ámbito Cultural de El Corte Inglés.

Serrano, José Luis. 2006. *Zawi*. Barcelona: Roca Editorial.

Shavit, Zohar. 1999. "La posición ambivalente de los textos. El caso de la literatura para niños". En *Teoría de los polisistemas. Estudio introductorio, compilación de textos y bibliografía, editado por Montserrat Iglesias:* 147-183. Madrid: Arco/Libros.

Triandis, Harry Charalambos.1995. *Individualism and Collectivism*. Boulder: Westview Press.

Van Dijk, Teun. 1998. *Ideología. Una aproximación multidisciplinar*. Barcelona: Gedisa.

Vernet, Juan. 19999. *Lo que Europa debe al Islam de España*. Barcelona: El acantilado.

CHAPTER FOURTEEN

SEMIÓTICA E IDEOLOGÍA EN LOS LIBROS DE TEXTO DE INGLÉS EN ESPAÑA

JAVIER BARBERO ANDRÉS
UNIVERSIDAD DE CANTABRIA

1. Introducción

La evolución histórica de nuestro país en las últimas tres décadas del siglo XX nos ofrece cambios relevantes que alcanzan diversas esferas de influencia de entre las que fijaremos nuestra atención en el ámbito educativo. En efecto, en el periodo histórico conocido como "la transición", la educación en España ha sido escenario de una auténtica revolución legislativa, metodológica y didáctica en la cual los libros de texto han jugado un papel preponderante en la vertebración de las clases de lengua inglesa. Si asumimos como válida la premisa de que el microcosmos educativo y, concretamente el ámbito curricular de la lengua inglesa, acompasa su evolución a los cambios mencionados, podríamos afirmar que el ámbito escolar reproduce, al tiempo que resiste y transforma, el tipo de relaciones que caracterizan la sociedad en la que se inscribe. De entre las múltiples herramientas de las que nos podríamos servir, utilizaremos el análisis semiótico de aspectos icónicos y temáticos en las portadas y en el diseño interior de algunos de los libros de texto utilizados en España, a fin de tratar de revelar determinados enfoques ideológicos que, de forma subrepticia, han visitado nuestras aulas y calado en nuestros alumnos y alumnas durante los últimos años.

Para ello, nos hemos servido del modelo ofrecido por Kress y Van Leeuwen en su texto *Reading Images. The Grammar of Visual Design*, 1996, donde encontraremos una serie de factores característicos de esta época que son comunes a los textos observados, conformando lo que los autores denominan "el paisaje semiótico" (*semiotic landscape*) de los libros de texto:

> "El lugar de la comunicación visual en una sociedad determinada solo puede ser comprendido en un contexto de, por un lado, la gama de formas o modos de comunicación pública disponibles en esa sociedad y, de otro, sus usos y validaciones[1]" (Kress y Van Leeuwen, 1996: 33).

Este modelo analítico recupera las definiciones de Halliday en torno a las metafunciones ideacional, interpersonal y textual del lenguaje[2]. Esta plantilla de lectura nos descubrirá en la materialidad y diseño de los textos de enseñanza del inglés una herramienta, a modo de puente, para transitar desde el microcosmos del texto al macrocosmos de la sociedad como contexto, desde los cursos escolares hasta los discursos sociales, y desde las prescripciones lingüísticas (las lecciones) hasta las descripciones ideológicas.

Para ello, los autores parten de ocho premisas analíticas básicas:

a) Las sociedades humanas utilizan distintos modos de representación.
b) Cada modo tiene de forma inherente un potencial representacional diferente, un potencial diferente para la construcción de significados.
c) Cada modo tiene una validación social específica en contextos sociales particulares.
d) El diferente potencial de construcción de significados puede implicar diferentes potenciales para la formación de la subjetividad.

---

[1] "The place of visual communication in a given society can only be understood in the context of, on the one hand, the range of forms or modes of public communication available in that society and, on the other hand, their uses and valuations".

[2] La metafunción ideacional se define como la capacidad de cualquier sistema semiótico para "representar, en un sentido referencial o pseudoreferencial, aspectos del mundo experimental que se encuentra fuera de ese sistema de signos en particular" ("represent objects and their relations in a world outside the representational system"); la metafunción interpersonal se define como la capacidad de "proyectar las relaciones entre el productor de una señal o de una señal compleja, y el receptor o reproductor de esa señal" ("project the relations between the producer of a (complex) sign, and the receiver/reproducer of that sign"); finalmente, la metafunción textual se define como la capacidad para "formar textos, complejos de señales que son coherentes tanto internamente como dentro del contexto y para los que fueron producidos" ("form texts, complexes of signs which cohere both internally with each other and externally with the context in and for which they were produced"), (Kress y Van Leeuwen, 1996: 40-41).

e) Los individuos utilizan un abanico de modos de representación [...] que, cada uno por su parte, afectan a la formación de la subjetividad.
f) Los diferentes modos de representación no se albergan de forma independiente [...]; en lugar de ello, se mezclan e interactúan todo el tiempo.
g) Los aspectos afectivos del comportamiento humano y de su naturaleza no se pueden separar del resto de sus actividades cognitivas y, por lo tanto, no se pueden separar de su comportamiento representacional y comunicativo.
h) Cada modo de representación tiene una historia evolutiva continua, en la cual su alcance semántico puede contraerse, expandirse o desplazarse hacia distintos ámbitos como resultado de los usos que se hace de él.

A la luz de estas premisas, Kress y Van Leuween se sirven del análisis de los siguientes conceptos: las representaciones narrativas y el significado de las formas geométricas; los procesos narrativos hacia una meta determinada; las representaciones conceptuales a través de los procesos de clasificación; los procesos analíticos entre el todo y sus elementos configuradores; los procesos simbólicos; la representación y la interacción a través de la posición del observador; la distancia del encuadre en relación a la distancia social; la perspectiva y la imagen subjetiva; el grado de compromiso y el ángulo horizontal; el poder y el ángulo cenital; la modalidad de la representación de la realidad; la orientación de la codificación; el valor de la información; la relevancia y, finalmente, el encuadre.

2. Los años setenta

La naturaleza icónica de las portadas de los libros de texto de lengua inglesa editados en los años setenta ofrece un panorama de escasa variedad en todos los títulos que hemos consultado. La identificación de la lengua inglesa con su entorno sociocultural anglocéntrico, y concretamente británico, es prácticamente exclusiva. Se hace referencia al puente de la torre de Londres (*Lengua inglesa*); al cambio de guardia del palacio de Buckingham (*English for Communication* y *English Course*); al *Big Ben* (*Successful Reading*), a los autobuses de dos plantas (*Inglés*) o, como en *English for teenagers,* las banderas británicas y norteamericana[3].

[3] No podemos obviar la utilización generalizada del método *Access to English*. Se trata de un conjunto de libros de texto cuyas portadas están diseñadas a través de

Paralelamente, y desde el punto de vista de los aspectos semióticos más destacables en estos casos, los libros de texto que manejamos en esta década ofrecen una serie de conjuntos visuales encuadrados en formas geométricas que sugieren la perfección surgida de la modernidad tecnológica y que circunscriben la realidad a una versión parcial muy concreta. Así, el orden tecnológico del primer mundo (representado por los procesos simbólicos asociados a los países anglocéntricos[4]) propone una cohesión social vertebrada por la lengua inglesa que no cuestiona el orden social y político, que acepta sin condiciones la incipiente "globalización lingüística", y que define la construcción de un primer mundo a partir de la colonización multiforme del resto del planeta. Asistimos, pues, a la generalización de nuevas formas de dominación, más sutiles que las tradicionales, pero también más eficaces.

Además, abundan los procesos narrativos y las representaciones conceptuales que muestran a la lengua inglesa como denominador común de las taxonomías que presentan las portadas. Los procesos simbólicos, por su parte, son evidentes. Se relaciona las distintas partes del todo (o *carrier*, en el texto original) con sus atributos simbólicos (es decir, cada una de las ideas que inferimos de ellos por lo que "son", por lo que "significan", así como por las realidades con las que los identificamos). Se crea así una imagen general que sugiere un "estado de cosas" o un "clima" determinado (*mood* o *atmosphere,* en el texto original). Así, los libros de texto están llenos de atributos simbólicos que identifican la totalidad de las realidades culturales, sociales, económicas y lingüísticas que sugiere el

---

dibujos alusivos a los personajes que conforman la temática secuencial que se despliega en sus diferentes unidades didácticas. Los conocidos Arthur Newton, Mary, Bruce y Mr. Steele se introducen en unas portadas confeccionadas con viñetas de vivos colores que adelantan el interior del texto.

[4] Desde un punto de vista semiótico, el marcado carácter anglocéntrico de estos materiales expuestos en el interior de los libros de texto (al igual que ocurría con las portadas) viene condicionado por la inclusión de un repertorio de atributos característicos de los procesos simbólicos. En este caso, se pretende identificar la compleja realidad sociocultural de los países de habla inglesa a través un repertorio que, en todos los casos, es extremadamente reducido y tendencioso. Mientras a los atributos simbólicos incluidos (propios de unos entornos geográficos muy concretos y de unas capas socioeconómicas determinadas) no se añadan elementos que conformen un paisaje más acertadamente representativo, se puede llegar a afirmar que los atributos simbólicos que se presentan ante los ojos de los estudiantes españoles sirven a unos intereses socioeconómicos y culturales que pretenden afianzar la ya de por sí posición predominante del idioma inglés y los valores tradicionalmente asociados a su dominio por una clase social elitista y minoritaria.

inglés con unos atributos simbólicos muy reducidos: fundamentalmente banderas y monumentos del entorno anglosajón.

En cuanto a la orientación de la codificación, este concepto, tomado de Bernstein (1981: 327-363), está constituido por un conjunto de principios abstractos que indican la forma en la que los textos están codificados según los grupos sociales autores de los mismos, o según los contextos institucionales en los que estén inscritos. El caso de estos libros de texto es el de la orientación natural (*commonsense naturalistic coding orientation,* en el texto original), dominante en nuestra sociedad y que todos los miembros de un entorno cultural no solo reconocen, sino con la que se identifican, independientemente de su preparación humanística o científico-tecnológica. Es altamente llamativo que los referentes socioculturales que se muestran en estas portadas se hayan incorporado progresivamente al paisaje semiótico español hasta el punto de reconocer en ellos automáticamente una "codificación natural".

En cuanto al diseño interior, los libros de texto de la época acusan una calidad editorial muy baja, con ilustraciones muy simples y con una maquetación realmente sencilla. En efecto, los libros que hemos consultado ofrecen un diseño muy parecido a los textos de otras asignaturas (*Inglés* de Santillana); reivindican su especificidad en torno a la materia que tratan a través de dibujos estereotípicos de una gran simplicidad (*Inglés* de Magisterio Español) o, en el caso del extendido método *Access to English*, recurren a una presentación muy original pero basada exclusivamente en la iconicidad propia de los cómics. Todo ello bajo el prisma de una temática basada en tres núcleos fundamentales que se repiten en todos los libros que hemos consultado: el mundo científico y técnico; el peculiar retrato sociológico que sugieren abundando en una estructura familiar clásica y, por último, los símbolos anglocéntricos.

3. Los años ochenta

El inglés en la sociedad española de los ochenta afianzará su implantación y ramificará su presencia, cada vez más ubicua, entretejiendo su influencia en los ámbitos de la educación formal y en cualesquiera otras esferas culturales lingüísticamente mediadas. Por lo tanto, los libros de texto que fueron editados y utilizados en esta década no son una excepción y abundan en esta nueva red de influencia socioeducativa.

Estos materiales sufren un cambio radical respecto a sus predecesores y sus portadas son un claro ejemplo de ello. Se empiezan a ofrecer nuevas referencias que cambian las identificaciones de carácter anglocéntrico por nuevos iconos que desligan a la lengua de su origen geográfico para ofrecerla como una realidad internacional. Asistiremos, pues, al triunfo de los diseños abstractos para las portadas de los libros de inglés, como ocurre con el conocido método[5] *Strategies*. Presentado en vivos colores que diferencian los distintos niveles de los volúmenes, el método de Longman opta por un diseño de figuras circulares en su portada. Otros métodos tienen, sin embargo, referencias reconocibles pero difusas. En ellos se puede reconocer, a través de vivos colores y referencias simbólicas, figuras de escolares (*New Generation*), composiciones cromáticas a modo de *collages* (*Headway*), figuras de animales (*Blueprint*) o multitudes representadas a través de técnicas estéticas propias de ejercicios de fotocomposición (*Insights into English*). También encontramos casos donde se resalta la dimensión internacional de la lengua inglesa a través de conjuntos fotográficos compuestos de postales, pasajes de avión, tarjetas de embarque y demás referencias al mundo de los viajes (*English Visa*), o las inevitables referencias a la estética de la modernidad a través de diseños de personajes propios de los bocetos extraídos de las colecciones de moda (*Mode*), los medios de transporte más modernos (*Streamline*) o la contextualización según claves de diseño propias de las nuevas tecnologías, tanto en el tipo de letra utilizada (que reproduce las luces de neón), como en el fondo de la composición, que recuerda la superficie de la pantalla del ordenador (*The Cambridge English Course*).

Desde el punto de vista semiótico, cabe destacar que en las representaciones narrativas se produce un cambio en las formas geométricas dominantes, que ahora son curvas. Estas nuevas formas sugieren realidades completas, cerradas, conformando un universo en sí mismo que, a su vez, ofrece protección, abrigo e impresión de infinitud. En cuanto a los procesos simbólicos, su *carrier,* es decir, la cultura asociada a los países de habla inglesa, es representada a través de los atributos simbólicos clásicos de estos materiales, iconos asociados al mundo británico y norteamericano, incurriendo en un reduccionismo conceptual del que ya hemos dado cuenta en estas mismas páginas. Son casos como *Road to English* o *Ready, Steady, Go!*

Según la orientación de la codificación, ésta se clasificaría dentro de la "orientación de la codificación abstracta" (*abstract coding orientation,* en

[5] Es significativa la utilización extendida de la palabra "método" como sinónimo de libro de texto. Conscientes de ese injusto reduccionismo, preferimos a pesar de ello hacer en adelante uso indiscriminado del término familiar "método" pues, en realidad, comprobaremos que fueron los libros de texto los que en buena medida, aunque no exclusivamente, determinaron la orientación metodológica de los docentes.

el texto original). Dentro de este grupo, estas portadas poseerían un alto grado de modalidad, ya que este tipo de composiciones (dirigidas a elites socioculturales dentro de los contextos artísticos, académicos y científicos más elevados) tienden a ofrecer un alto grado de representatividad simbólica a través de elementos simples que sugieren un todo más complejo, ampliando la impresión de que están dirigidas a personas con un alto nivel cultural y artístico. No es casualidad que *Strategies*, por ejemplo, ofrezca un alto grado cromático en una representación gráfica abstracta o que los esbozos antropomórficos de *Mode* nos remitan ineludiblemente a los bocetos del mundo de la moda.

Con todo ello, las portadas de los libros de los ochenta eligen un modo nuevo de reivindicar la excelencia sociocultural y la bonanza económica asociadas al dominio de la lengua inglesa. A través de senderos visuales con un alto grado de abstracción, se separa al objeto de estudio de los ámbitos naturales más realistas, elevando su *status* sociocultural y, como consecuencia, la necesidad de su dominio. A través de los materiales didácticos que se utilizan en la España de los ochenta, la lengua inglesa nos ofrece un paisaje semiótico que ha dejado de constituir una realidad vinculada a una bandera, nación o entorno geográfico concreto para convertirse en paradigma comunicativo transfronterizo de la nueva sociedad tecnológica, moderna, donde los valores icónicos (logos comerciales y diseños visuales) ocuparán un papel semiótico primordial.

En consonancia con este nuevo papel, las portadas de los libros de texto nos han ofrecido un universo de protección completo en sí mismo que ha trascendido sus orígenes anglocéntricos iniciales para instalarse como un denominador común en el llamado "primer mundo". Con la lengua inglesa, los estudiantes españoles acceden a un universo visual cuyos cimientos comunicativos se basan en la ocultación de los procesos de dominación inherentes a los países que ejercen el dominio socioeconómico en la sociedad de consumo y en la propuesta de acceso a un código aparentemente neutral y ya familiar para el español medio. Complementando las excelencias científico-tecnológicas que mencionábamos en la década anterior, la lengua inglesa, a través de su presentación semiótica, se presenta ahora bajo la apariencia de un tipo de codificación abstracta típicamente asociada a las elites socioculturales (que dominan el mundo de la ciencia y la tecnología, pero también el mundo del consumo y sus innumerables vertientes).

El giro estético se produce también en las páginas interiores de los libros de inglés. Entre los diversos tipos de actividades, se utilizan recursos que ayudan a su contextualización. Fotos, dibujos, cómics y gráficas estadísticas ilustran algunas de las temáticas ya presentes en los años setenta (la vida doméstica, figuras relevantes de las artes o la Historia Universal) a las que se suman temáticas innovadoras que, o bien sólo se apuntaban anteriormente o, simplemente, no aparecían (la tecnología, las preocupaciones sociales propias de la época, el mundo y sus diferentes países y culturas o la posibilidad de vida extraterrestre). Socioculturalmente y en consonancia con esta nueva visión, a las referencias del Reino Unido y de los Estados Unidos (principalmente todos los iconos, objetos y monumentos de la ciudad de Londres y de Nueva York), comienzan a sumarse las de otros países que completan un panorama universal ante los ojos de los estudiantes españoles[6].

4. Los años noventa

4.1. La Educación Infantil

Los libros de texto para esta etapa albergan todas las peculiaridades metodológicas que demandan niños y niñas tan pequeños. Los títulos de los materiales que se manejan ya nos indican la edad de los potenciales alumnos y alumnas a los que va dirigidos (*Teddy's Train*, *Robby Rabbit, Bertie Bear, Supersongs*, *Playground Fun*, *Fun English, Tiny Talk, First Steps* o *Snip Snap).* Además, estos libros de texto suelen ir acompañados de materiales auxiliares de representación gráfica (estampas adheribles, *flash/picture cards*, *wall charts*, *story cards*, *realia* y construcciones de madera, gomaespuma, plástico...); de audio (casetes o discos compactos y libros de canciones); de vídeo e informáticos; de lectura (*readers*); y específicos para la Educación Infantil.

En cuanto al diseño y formato icónico y visual que despliegan estos métodos, el colorido altamente llamativo; el tipo de trazo grueso en representaciones de gran simpleza técnica y, finalmente, el predominio del lenguaje visual de las numerosas ilustraciones, configuran un universo de representación típicamente infantil. Así, y en primer lugar, las representaciones narrativas carecen de formas geométricas definidas, lo

---

6 Aunque de forma aún minoritaria, comienza a observarse una tendencia generalizada que trata de acercar progresivamente los contenidos de los libros de texto a la realidad global que ha de ser asociada a la lengua inglesa como lengua internacional. Así, los atributos simbólicos clásicos que ya mencionábamos en la década anterior, dan paso a un nuevo paisaje donde, con la ampliación del todo a representar, se amplían las referencias simbólicas propias de la lengua inglesa. Aún siendo insuficiente, con esta tendencia incipiente podemos comenzar a hablar del inicio de una cierta "democratización" en la representatividad simbólica de la lengua inglesa en los libros que manejan los estudiantes españoles.

cual da una impresión de mayor tibieza y seguridad al participante interactivo que observa formas sinuosas y de trazo suave; en segundo lugar, se resalta el carácter cooperativo y grupal a fomentar a través de procesos narrativos activos no transaccionales, taxonomías encubiertas que identifican el acceso al inglés con la felicidad propia de los juegos infantiles, procesos analíticos desestructurados que muestran unos atributos posesivos (ositos, trenes de juguete, pelotas...) que representan un todo lúdico (*carrier*) propio de niños y niñas y, finalmente, procesos simbólicos cuyos atributos son fundamentalmente los posesivos, ofreciendo muestras significativas del universo habitualmente asociado a estos escolares. En todos los casos, y a diferencia de otros libros de otros niveles y épocas, la posición del participante interactivo siempre permite establecer un contacto visual directo con los participantes representados, lo cual indica una actitud evidente de demanda ante los contenidos ofrecidos. Además, se acorta la distancia del encuadre y, por tanto, la distancia social entre lo representado y el observador (con un aumento efectivo de la familiaridad con la que el escolar se acerca al texto). Y es que la orientación de la codificación (lo cual apunta una nueva tendencia frente a décadas pasadas) evoluciona hacia una codificación sensorial (*sensory coding orientation*, en el texto original) donde, según Bersntein, el placer visual es la principal meta. Encontramos esta orientación en textos de publicidad, moda, decoración, etc., donde el color es una fuente de placer y de un significado afectivo que exige una alta modalidad. Tras la observación de los ejemplos consultados, esa alta modalidad se encuentra en la saturación, diferenciación y modulación del color, en su iluminación y en su brillo.

4.2. La Educación Primaria

En esta etapa educativa, que sigue la línea descrita en los libros de Infantil con las lógicas adaptaciones al alumnado de esta edad, existen algunas pequeñas diferencias: los procesos analíticos desestructurados, que también caracterizan estos libros, diversifican el ámbito de actuación de sus atributos posesivos. Además de representar realidades propias del mundo infantil, se recogen imágenes de los propios escolares, es decir, se identifican los participantes representados y los interactivos, realizándose un ejercicio de aserción de la individualidad propia del discente como protagonista dentro del ámbito escolar. Por otro lado, se recuperan atributos de tipo anglocéntrico, como elementos conformadores de un todo: la lengua inglesa. Estos atributos posesivos son, a la vez, altamente simbólicos, ya que recurren, una vez más, a elementos como el *Big Ben* londinense, muestra representativa, pero reducida, del ámbito sociocultural anglosajón. Finalmente, y aunque la orientación de la codificación se sigue inscribiendo en la categoría sensorial, hay que destacar que, dentro de la modalidad de estos conjuntos visuales, la representación, la contextualización y la profundidad se incrementa respecto a la Educación Infantil, acompasando su naturaleza al aumento de edad de sus destinatarios.

En términos generales, se puede afirmar que la evolución del paisaje semiótico de los libros de texto de Educación Primaria respecto a los de Educación Infantil se adapta a los destinatarios de los volúmenes, sin renunciar al espíritu mercantil que ya apuntábamos en la etapa anterior. Así, esa adaptación se convierte en identificación, ya que las claves semióticas que se manejan tratan de homogeneizar los referentes socioculturales de los niños y niñas españoles en clave globalizada. De este modo, la lengua inglesa se erige en el elemento unificador y vertebrador de realidades cada vez menos diferentes. Al mismo tiempo, y en consonancia con lo apuntado, se confunden conscientemente el ámbito escolar y el lúdico, con el mantenimiento de determinados atributos posesivos que, ajenos en origen, ya forman parte del paisaje habitual que rodea a los alumnos y alumnas españoles. Tan sólo hay que observar los títulos de estos libros, que refrendan la tendencia apuntada. Son ejemplos como *Kids English Language, Splash, Fun Time o Chatterbox.*

Esta suerte de codificación sensorial por la que se apuesta también en los manuales de Primaria no se aparta de la evolución de un país que, inmerso de forma plena en las corrientes consumistas que se propugnan desde el primer mundo, contempla el concurso de los escolares de Primaria en virtud de su mayor capacidad de decisión en sus hábitos de consumo, supeditando, una vez más, las razones pedagógicas a las sociales, y las culturales a las económicas.

En cuanto al diseño interior, los recursos ya mencionados en otras décadas siguen predominando en esta época. Fotos, dibujos ycómics ilustran temáticas relativas a las relaciones personales, lugares y costumbres de todo el mundo; viajes; hechos históricos; diferencias entre campo y ciudad; los medios de comunicación de masas; así como el ocio infantil con un trasfondo sociocultural que tímidamente abandona las referencias anglocéntricas.

4.3. La Educación Secundaria Obligatoria

Las portadas de este nivel educativo establecen una de las grandes diferencias que podemos señalar en relación a décadas anteriores, ya que los libros de texto de inglés han dejado, de manera casi total, de ofrecer portadas que los identifiquen directamente con el área curricular que tratan.

En clave semiótica, y dentro de las representaciones narrativas, las formas geométricas cuadradas y rectangulares pierden su preponderancia por primera vez de forma absoluta. Asistimos, pues, a un dominio de las formas curvas que sugieren un universo de protección completo en sí mismo. Además, los procesos narrativos no transaccionales y de clasificación muestran taxonomías encubiertas que amplían el espectro representativo a la diversidad lúdica propia del mundo adolescente. Los procesos analíticos desestructurados, por su parte, siguen conformando este universo estético, añadiendo la figura del adolescente como novedad, tanto en su devenir individual como social dentro de un entorno que aún registra atisbos anglocéntricos que identificar con el *carrier* de dichos procesos en algunos casos. Así, los atributos simbólicos identifican los libros de texto con el mundo de la juventud a través de elementos lúdicos como los deportivos, de tiempo libre y, finalmente, los inevitables, aunque minoritarios, trazos anglocéntricos.

En cuanto a los conceptos de representación e interacción, la posición del observador nunca mantiene contacto visual con los participantes representados, con lo cual el contenido de las composiciones visuales se establece como ofrecimiento, en lugar de la demanda que establecía en otros niveles. La distancia del encuadre también cambia; ahora encontramos distancias medias y lejanas que, consecuentemente, alejan la familiaridad con la que se trataba a escolares más jóvenes y establece un cierto distanciamiento del conjunto visual. En lo relativo a la modalidad de estas portadas, se incrementa en todos los marcadores que hemos manejado de forma muy llamativa. De este modo, hemos de volver a ubicar su orientación de codificación en la categoría sensorial. Finalmente, y en cuanto al valor de la información, se sigue ubicando el texto en la parte superior de las composiciones, ejerciendo el papel preponderante, mientras que el papel secundario se deja a la imagen, que ocupa zonas inferiores. A nuestro juicio, la auténtica novedad reside en el tratamiento del texto en estas composiciones que, en virtud de la orientación de su codificación, se convierte en un elemento más al servicio del universo sensorial que se persigue. Para ello, los títulos de los textos buscan formas curvas, sinuosas, abusan de la diferenciación y de la saturación cromática, aumentan su tamaño y buscan ubicaciones impensables en textos de otras épocas.

En cuanto al diseño interior, estos libros de texto mantienen una tónica general que evidencia una clara mejora en la calidad y diseño de los materiales, así como la confirmación de las tendencias temáticas que ya apuntábamos en la década anterior, con la única salvedad de la inclusión del universo tecnológico que no sólo se filtra a través de los contenidos sino, como ocurre en las portadas, en la concepción estética del diseño interior de los métodos. No es extraño, pues, observar ejercicios enmarcados en la reproducción de una página web, o un ejercicio de redacción ubicado en un diseño extraído de un *software* de correo electrónico. Asimismo, ya se ofrecen unidades didácticas completas sobre la red y la revolución de la información. El prisma sociocultural que se ofrece como telón de fondo corresponde a otros ámbitos diferentes en lo cultural, que no en lo lingüístico, bajo denominaciones tan significativas como "otras culturas", "culturas diferentes" o "a través de las culturas" ("*other cultures*", "*different cultures*" o "*across cultures*", en los textos originales).

4.4. Bachillerato

Siguiendo la tendencia registrada en niveles anteriores, las portadas abandonan las referencias visuales anglocéntricas para integrarse plenamente en un lenguaje visual lleno de claves publicitarias. Desde el punto de vista semiótico, encontramos algunas diferencias con los materiales de ESO: en primer lugar, constatamos la práctica ausencia de formas geométricas clasificables dentro de las representaciones narrativas que ofrecen estos textos. Además, los procesos narrativos activos no transaccionales, que también aparecen aquí, son claramente minoritarios en relación a otros volúmenes de otros niveles y épocas. Todo ello es debido a que las representaciones conceptuales se vinculan a taxonomías encubiertas que dejan a un lado la identificación grupal y cooperativa del inglés con los ámbitos lúdicos para insertarse definitivamente en las referencias científicas y tecnológicas. De este modo, el *carrier* de los procesos analíticos ha variado del ámbito lúdico al científico y tecnológico, y los atributos posesivos que se encargan de representarlo también (a través de circuitos integrados, instrumentos de navegación, teclados de ordenador o visualizaciones de escáneres médicos). Inevitablemente, hemos de extender estas reflexiones a los procesos simbólicos donde los participantes representados también entran a formar parte del todo científico y tecnológico. Llama la atención la práctica ausencia de atributos posesivos y simbólicos de carácter anglocéntrico, tan característicos de otras épocas.

En segundo lugar, la distribución de los elementos de las composiciones visuales viene condicionada por las nuevas asociaciones simbólicas ya indicadas. Así, y en lo referente a la representación e interacción, la posición del observador nunca recibe contacto visual por parte de los participantes representados. Se sugiere así la lengua inglesa como un ofrecimiento a un nuevo mundo regido por la ciencia y la tecnología. Además, se aleja la distancia del encuadre y, consecuentemente, la distancia social entre el participante interactivo y representado. La ciencia y tecnología es el objetivo distante a alcanzar con el concurso de la nueva lengua internacional y científico-tecnológica.

Por último, la modalidad de estos textos abunda en la peculiaridad de los marcadores de los textos de la ESO. No se puede entender esa estrategia de presentación de los materiales sin contemplar lo que, a nuestro juicio, es una evidente sumisión de la razón cultural ante la razón comercial. Así, entendemos que cuanto mayor sea la edad de los estudiantes a los que van dirigidos los materiales (de los clientes "*target*", si se nos permite la expresión), mayor será la exageración en los recursos semióticos de naturaleza publicitaria que se exhiben en los manuales. Ante unos clientes potenciales que "viven" bajo el influjo de una cultura predominantemente audiovisual, estos libros de texto se muestran como "estallidos" para los sentidos, en una clara maniobra para atraer la atención de los ciudadanos de una nueva España plenamente integrada en los ámbitos de decisión europeos e internacionales de esta sociedad de mercado.

5. Conclusiones

Si observamos los libros de texto editados en los años setenta podemos concluir: en primer lugar, observamos que la lengua inglesa va asociándose a los valores propios del primer mundo al que aspira integrarse nuestro país. En segundo lugar, los textos de inglés son permeables a la realidad científica y técnica. De este modo, se empieza a identificar a la lengua inglesa con una realidad instrumental concreta que se erige en sinónimo de éxito. El potencial emancipador de la lengua inglesa (en cuanto a transmisor de ideales culturales y a vía de acercamiento para el conocimiento de otras culturas) se verá paulatinamente relegado por su creciente capacidad como instrumento de divulgación científica. En tercer lugar, dentro del retrato sociológico que se sugiere a través de los materiales utilizados en el diseño interior de los libros de inglés de los setenta, nos llama la atención la estructura familiar estereotipada que se ofrece en estas páginas y, concretamente, el rol social que cumple la mujer en la misma[7].

Finalmente, y como principal elemento caracterizador del carácter semiótico que se atribuye al código lingüístico, nos encontramos el acusado anglocentrismo. Esta simplificación, a través de emblemas preestablecidos sirve a la sociedad española, ávida de integrarse en la modernidad que encarna el mundo anglosajón, para confeccionar una referencia sociocultural sistemática que, poco a poco, va penetrando como forma de dominación ideológica.

> "El imperialismo cultural en la ciencia, los medios de comunicación y la educación es una suma de procesos en virtud de los cuales se incluye a la sociedad en el sistema moderno mundial. A través de esos procesos, las fuerzas dominantes de dicha sociedad son atraídas, presionadas, forzadas y a veces sobornadas dentro de las instituciones que la moldean para corresponder o incluso promocionar los valores y las estructuras del centro dominador del sistema[8]" (Phillipson, 1992: 9).

Como consecuencia más directa en el ámbito escolar, se establece una tipología de comunicación visual entre los usuarios de los libros de texto y determinados parámetros comunicativos culturales, que comienzan a ser asumidos como propios.

En la década de los ochenta hay que destacar que, a pesar de que se produce un desfase entre las corrientes metodológicas de esta década y el inmovilismo en el que se instala la literatura legislativa española, los libros de texto experimentaron una evidente mejora. De hecho, no fueron pocas las ocasiones en las que, ayudados por las indicaciones de los textos y por su propia experiencia, los docentes efectuaron una actualización de sus recursos didácticos en consonancia tanto con las nuevas corrientes metodológicas, como el nuevo papel del inglés como lengua de comunicación internacional. Fueron los libros de texto los que sugerían un

---

[7] En un texto de la época podemos leer: "Vacaciones: siempre me levanto pronto por las mañanas durante mis vacaciones. Me lavo la cara, me afeito y leo el periódico. Mi mujer se levanta pronto también. Prepara el desayuno, hace las tareas domésticas y se va a hacer la compra" (*The holidays: I always get up early in the morning during my holidays. I wash my face, shave and read the newspaper. My wife gets up early too. She prepares breakfast, does the housework and goes shopping*, en el texto original). (Ibarrondo y Collin, 1976: 104).

[8] "Cultural imperialism in science, the media and education is the sum of processes by which a society is brought into the modern world system and how its domination stratum is attracted, pressured, forced and sometimes bribed into shaping social institutions to correspond to, or even promote, the values and structures of the dominating centre of the system".

abandono progresivo de enfoques exclusivamente anglocentristas; los que propugnaban el inglés como lengua científica, tecnológica y de consumo; y los que, finalmente, aprovechaban el enorme potencial del código para aproximarse a la realidad propia de los jóvenes de la época.

En cuanto a la década de los noventa, todos los niveles educativos analizados utilizan materiales donde la codificación sensorial que se ofrece nos remite directamente al lenguaje publicitario, en una maniobra que elige a la lengua inglesa como código ideal para trascender el ámbito didáctico y buscar la "fidelización" del estudiante como "cliente", usando un lenguaje visual ineludiblemente vinculado a la sociedad de consumo mercantilista típica de final de siglo. Mención especial merecen los libros de texto de Bachillerato, donde se produce la vinculación definitiva de la lengua inglesa como código de acceso al progreso tecnológico y, concretamente, informático. La primacía de los recursos informáticos y de internet hace que, en el futuro más inmediato, las nuevas formas de comunicación no permitan que el inglés retroceda ni un paso en su dominio dentro del concierto internacional sustentado por sus ámbitos de influencia más notables: las relaciones políticas, comerciales, educativas y, sobre todo, mediáticas. Es en estas últimas donde el futuro de la lengua inglesa goza de una mejor salud gracias a la prensa, la publicidad, los medios audiovisuales, el cine, la música pop y, por supuesto, internet:

> "En el futuro inmediato, es difícil prever nada que reduzca el impacto del inglés en las autopistas de la información. El obstáculo más grande al que se hubiera enfrentado el inglés como lengua global habría ocurrido hace una generación, tal y como se dice de forma irónica, si Bill Gates hubiera crecido hablando chino[9]" (Crystal, 1997: 112)

A través del análisis expuesto en estas páginas, hemos tratado de cuestionar las verdades asumidas en nuestro escenario socioeducativo en las últimas tres décadas y de analizar las causas por las que el "paisaje sociocultural" español ya no contempla la realidad que representa el idioma inglés como algo ajeno, sobre todo si tenemos en cuenta las intenciones perversas con las que, en no pocas ocasiones, la realidad circundante, necesariamente compleja y plural, se nos muestra naturalizada bajo una única apariencia. Altísimo riesgo real del que ya nos avisa Paul Watzlawick en su brillante reflexión: "De todas las ilusiones, la

---

[9] "For the immediate future, it is difficult to foresee any developments which could seriously reduce the stature of English on the information superhighway. The biggest potential setback to English as a global language, it has been said with more than a little irony, would have taken place a generation ago—if Bill Gates had grown up speaking Chinese".

más peligrosa consiste en pensar que no existe más que una sola realidad" (Watzlawick, 1978: 14).

Bibliografía

Abbs, Brian. 1993. *Splash!* Harlow: Longman.

Abbs, Brian, y Freebairn, Ingrid. 1982. *Strategies*. Harlow: Longman.

Alcaraz, Enrique. 1995. *Kids English Language*. Barcelona: Vicens-Vives.

Barbero, Javier. 2004. *Lengua inglesa y sociedad española*. Salamanca: Universidad de Salamanca.

Beltrán, Fernando. 2000. "La lengua inglesa como neolengua". En *Aula, revista de enseñanza e investigación educativa*, vol. 11, 113-119. Salamanca, Ediciones Universidad de Salamanca.

Bernstein, Basil. 1981. "Codes, modalities and the process of cultural reproduction: a model". En *Language and Society*, 327-363.Londres: Routledge.

Blundell, John. 1984. *English Visa*. Oxford, OUP.

Bobb, Leslie, y Hahn, Tim. 1986. *Insights into English*. Madrid: Sociedad General Española de Librería.

Calero, Ignacio et al. 1976. *Inglés*. Madrid: Santillana.

Cant, Andrew. y Charmington, Michael. 1997. *Fun Time*. Heinemann: Oxford.

Coles, Michael, y Lord, Basil. 1974. *Access to English*. Oxford: OUP.

Concari, Leonor. et al. 2000. *Snip Snap*. Oxford: Heinemann.

Crystal, David. 1997. *English as a Global Language*. Cambridge: Cambridge University Press.

Echevarría, Carmen. et al. 1988. *Ready, Steady, Go!* Madrid: Anaya.

Fente, Roberto, y Wulff, Enrique. 1977. *English Course*. Madrid: Edelvives.

Fernandez, Jorge, y Harrison, Mark 1977. Engl*ish for Teenagers*. Madrid: SM.

Graddol, David. 2000. *The Future of English?* Londres: The British Council.

Graddol, David, y Meinhof, Ulrike. 1999. *English in a Changing World*. Oxford: AILA.

Granger, Colin, y Beaumont, Digby. 1986. *New Generation*. Oxford: Heinemann.

Hartley, Bernard, y Viney, Peter. 1982. *Streamline*. Oxford: OUP.

House, S., y Scott, K. 2000. *Playground Fun*. Londres: Richmond.

Ibarrondo, Ana, y Collin, Rebecca. 1976. *English for Communication*. Bilbao: Larrauri.

Kress, Gunther, y Van Leeuwen, Theo. 1996. *Reading Images. The Grammar of Visual Design*. Londres: Routledge.

Maxwell-Hudson, Tom. 1977. *Lengua Inglesa*. León: Everest.

Monterrey, Tomás. 2003. "Los estudios ingleses en España (1900-1950): legislación curricular". *Atlantis* 25.1: 63-80. Madrid.

Monterrubio, Miriam y Salido, Marcela 2000. *First Steps*. Oxford: Heinemann.

Munford, Helen, y Wagner, Barbara. 2000. *Bertie Bear*. Limassol: Burlington.

Mur, Olga. 2000. *Fun English*. Harlow: Longman.

Odriozola, Jesús y PALENCIA, Ramón. 1985. *Road to English*. Madrid: SM.

Palacios, Ignacio. 1994. *La enseñanza del inglés en España a Debate*. Santiago de Compostela: Universidade de Santiago de Compostela.

Pujals, María Engracia. 1977. *Inglés.* Vitoria: Magisterio Español.

Phillipson, Robert. 1992. *Linguistic Imperialism*. Oxford: OUP.

—. 1996. "Globalizing English: Are Linguistic Human Rights an Alternative to Linguistic Imperialism?". *International Conference on Language Rights*. Hong Kong Polytechnic University.

—. 2003. *English-Only Europe? Challenging Language Policy*. Londres: Routledge.

Radley, Paul y Millerchip, Chris. 1989. *Mode*. Londres: Nelson-Santillana.

Read, Ana y Soberón, Carol. 2000. *Robby Rabbit*. Oxford: Heinemann.

Rivers, Susan. 1997. *Tiny Talk*. Oxford: OUP.

Soars, Liz, y Soars, John. 1984. *Headway*. Oxford: OUP.

Strange, Derek. 1994. *Chatterbox*. Oxford, OUP.

Supersongs. 1997. Oxford: OUP.

Swan, Michael, y Walter, Catherine. 1984. *The Cambridge English Course*. Cambridge: CUP.

Swatridge, Colin. 1979. *Successful Reading*. Londres: Macmillan.

Tomás, Lucía, y Gil, Vicky. 2000. *Teddy's Train*. Oxford: OUP.

Watzlawick, Paul. 1978. *La réalité de la réalité*. París: Points.

CHAPTER FIFTEEN

UNA APROXIMACIÓN A LA HISTORIA SOCIOCULTURAL Y A LA IDEOLOGÍA POLÍTICA DE LA GUERRA EN LA EUROPA DEL SIGLO XX: LA DIVISIÓN AZUL

JUAN JOSÉ VARELA TEMBRA
UNIVERSIDADE DA CORUÑA

LUIS VELASCO MARTÍNEZ
UNIVERSIDADE DE SANTIAGO DE COMPOSTELA

1. Introducción: España en la Guerra de Europa a través de Alemania

Con la llegada de la década de los años noventa, la Nueva Historia Social alemana comenzó a incluir novedosos estudios en torno al campo de la historia militar y a la propia historia de la violencia.

Así, como es sabido, Frevert comenzó a desarrollar una historia de los duelos desde nuevas perspectivas metodológicas, como, por ejemplo, el análisis de la historia de género desde un prisma propio. En aquella Alemania de comienzos de los años 90, la historiografía comenzaba a mudar, pasando del estudio de las realidades vistas por el ojo de las conformaciones de las estructuras sociales a zambullirse en el estudio de la propia sociedad.

De esta manera, fuentes escritas, hasta ese momento poco utilizadas o marginadas, comenzaron a ser tomadas en consideración por la comunidad historiográfica, pues eran una forma única de acercarse al estudio de las percepciones de los individuos. Además, el encontrarse en un país fuertemente alfabetizado y con una cierta tradición de autobiografía burguesa, permitía contar con una gran cantidad de fuentes escritas de carácter personal de fácil acceso: diarios, colecciones epistolares, prensa local, prensa de trinchera, etc.

Esta revisión de la Historia Social alemana, supuso una profunda renovación de la historia militar alemana desde mediados de la década de los años 90. Dicho repentino interés de la historia social por la temática militar y de la violencia no parece baladí; Alemania había pasado a lo largo del siglo XX por dos grandes guerras masivas, así como por numerosos procesos de violencia política.

Así pues, el estudio de las grandes batallas y de los movimientos tácticos de tropas fueron abandonados por la historiografía académica, para comenzar a estudiar la guerra como una experiencia masiva por la que habían tenido que pasar muchos millones de alemanes a lo largo de la primera mitad del siglo XX. En esa búsqueda por reconstruir esa realidad a través de la experiencia de los individuos que la padecieron y la protagonizaron, comenzó a fraguarse una fórmula de reconstrucción e interpretación del pasado en el que la historia de la guerra se convertía en algo muy diferente a la vieja historia militar.

En este aspecto, resultó de especial relevancia la obra de Wolfram Wette, en tanto en cuanto marcó un punto de inflexión en la historia militar del siguiente decenio, a través de la utilización reiterada de fuentes propias de la historia de la vida cotidiana para plantearse el por qué de la participación de los soldados en las guerras, pasando de ser individuos marcados por unas normas conductuales y sociales convencionales, a hombres uniformados capaces de matar a sus semejantes en un contexto bien diferenciado de su medio habitual. Aunque ambos contextos se relacionaron cada vez más conforme la guerra fue convirtiéndose en una experiencia de masas que superaba los límites geográficos del frente, pasando la población civil a ser víctima de la violencia directa y no solo de la coyuntura bélica. Los bombardeos generalizados, el exterminio, la persecución de la población civil, la ampliación del frente a la totalidad del territorio ocupado, etc., fueron condicionantes que a lo largo del siglo XX ayudaron a cambiar el concepto tradicional de la guerra que la definía como choques de fuerzas terrestres o navales, para pasar a ser grandes movimientos estratégicos planeados por unos personajes conocidos—los Estados Mayores—y ejecutados por individuos sin nombre.

Las guerras del siglo XX pasaron a ser sufridas por la totalidad de las poblaciones de los contendientes, convirtiendo la violencia y la experiencia de guerra en una característica fundamental en el proceso de conformación de aquellas sociedades. El papel de los historiadores en su condición de científicos sociales, conforme se fue teniendo constancia de esta realidad, comenzó a revalorizar la historia militar—obviada por las corrientes historiográficas de entreguerras—, replanteándose la necesidad de investigar cómo la violencia generalizada propia de una guerra de masas había incidido en la conformación de nuestra sociedad.

La idea para desarrollar esta corriente parecía clara: estudiar la guerra desde abajo, preguntarse cómo y por qué gente normal podía de pronto matar a otra gente, mediando tan poco entre una situación y otra. A fin de cuentas, esos hombres eran desde aplicados estudiantes, hasta amantes maridos, profesionales abnegados, etc., en definitiva, personas completamente normales que en su mayoría jamás habrían blandido un arma y mucho menos asesinado a otra persona contra la que, personalmente, no les movía ningún tipo de animadversión y que ni siquiera conocían. Personas normales convertidas de la noche a la mañana, a través de procesos de adoctrinamiento y alienación propios de la guerra moderna, en asesinos.

La historiografía española hace tiempo que ha asumido ese nuevo rol de la historia militar en cuanto a su condición de historia social y cultural, capaz de superar los viejos parámetros analíticos de la historiografía rankeana, pero también los condicionantes contrarios a ella de otras escuelas historiográficas del siglo XX. En ese sentido, la vuelta a la actualidad y al debate constante en la esfera pública de algunos episodios conflictivos de nuestro pasado reciente, señaladamente la guerra civil de 1936-39, ha supuesto un importante revulsivo que ha fomentado la aparición de nuevas investigaciones y proyectos analíticos volcados hacia estas novedosas perspectivas en nuestro panorama científico. A ese respecto debemos señalar que, por ahora, ese replanteamiento historiográfico se ha volcado de una forma casi exclusiva en el escenario bélico de la Guerra Civil, postguerra y violencia política durante la segunda república. Se echa de menos, por tanto, una mayor implicación de la comunidad académica en el estudio de los españoles que participaron en la segunda Guerra Mundial, o en otras experiencias de violencia total. Algunos de los sujetos susceptibles de este análisis pueden ser los exiliados republicanos de la *División Leclerc* y los voluntarios de la *División Azul*.

Sin embargo, debemos resaltar que durante los últimos años ha ido creciendo también el interés social y científico por estas dos participaciones de españoles en la gran experiencia de la violencia generalizada de la historia militar del siglo XX. No parece baladí que en el desfile militar del *Día de la Hispanidad* de 2004 un combatiente de cada una de las divisiones citadas compartiera asiento con las autoridades del estado en la tribuna de invitados, englobándose este acto de, si se quiere, propaganda política, dentro de un ejercicio de pretendida justicia histórica.

No siendo nuestra pretensión juzgar este tipo de actos o sacar ningún tipo de interpretación política o electoral de estos, entendemos que pueden suponer un interesante estímulo para el investigador, tal y como parece que así ha sido (Núñez Seixas, 2005: 84-86).

A continuación vamos a hacer un repaso del estado de la cuestión de la historia social y cultural de los españoles en la segunda Guerra Mundial centrándonos en la División Azul. Para ello, primero analizaremos las fuentes y la bibliografía a disposición de la comunidad historiográfica y después pasaremos al análisis de los enfoques analíticos en consonancia con lo expuesto en la introducción. Así, podremos plantear un estado de la cuestión sintético y, por último, unas conclusiones que abordarán lo dicho antes desde una triple perspectiva: analítica, metodológica y de futuras líneas de investigación.

2. Fuentes y bibliografía a disposición del investigador

Que la División Azul no ha sido uno de los temas estrella de la nueva historiografía militar española, surgida a raíz del ejemplo alemán, no parece ninguna novedad. Pero lo cierto es que, con posterioridad al fin de la Segunda Guerra Mundial, surgió en torno a ella un gran número de publicaciones, la mayoría relatos autobiográficos más o menos realistas o ficticios escritos por ex-divisionarios.

Esto no puede parecernos en absoluto algo extraño; el alto número de voluntarios alfabetizados, así como el papel destacado en la Guerra Civil de aquellos que habían logrado, como mínimo, superar la enseñanza preuniversitaria de la época, los famosos *alféreces provisionales*, hacían de este variopinto grupo de voluntarios y supuestos voluntarios un potente caldo de cultivo para la germinación de este tipo de publicaciones. Una potencialidad aumentada en el caso de los primeros divisionarios de 1941 y de su primer reemplazo de 1942, donde tuvieron una presencia porcentual destacada universitarios y falangistas de cierta formación intelectual, así como algunos primeros espadas del mundo de la cultura del *Nuevo Estado* (Núñez Seixas, 2005: 83-91).

Este factor, junto al posterior auge de los *veteranos de Rusia* en cargos medios dentro del entramado político del régimen, posibilitará que se conviertan en gente con cierta influencia en pequeñas editoriales o servicios editoriales del Estado tales como diputaciones provinciales, ayuntamientos, etc., logrando, de este modo, un horizonte de oportunidades capaz de ofrecerles la posibilidad de editar sus diarios de trinchera, epistolarios y, en definitiva, sus recuerdos, memorias e impresiones de lo que supuso su paso por el frente del Este, tanto a nivel personal, como político o intelectual.

De esta manera, hoy en día, el historiador tiene disponible un amplio abanico de información referente a los sentimientos, vivencias, peripecias, interpretaciones, etc., de la realidad del frente en la mente de los españoles que participaron en él al lado de la *Wehrmacht*. Incluso más allá de eso, aún existen en casas particulares escritos de antiguos divisionarios que nunca llegaron a publicarse, diarios de trinchera, epistolarios, condecoraciones, cartillas militares, etc., que los familiares guardan con celo, muchas veces y por desgracia, sin que el historiador sea capaz de convencerlos de que se le permita digitalizarlos o de la necesidad de que se donen a alguna institución para su custodia, conservación y consulta pública.

La aparición, durante la década de los años ochenta del siglo XX en España, de las primeras iniciativas de Historia Oral, ha permitido, también, que hasta nuestros días lleguen grabaciones y transcripciones de los recuerdos de algunos individuos que no pudieron o no quisieron dejar constancia escrita de su paso por la División Azul. Gracias a ello, hoy, entre otros relatos, tenemos acceso a los recuerdos de un Sargento de la División Azul, en los que nos habla de su paso por la Francia ocupada, su llegada al III Reich, y sus recuerdos de la población ocupada del frente del Este o de la oficialidad alemana[1]. Un tipo de información de vital relevancia, en cuanto constatamos que el típico *relato divisionario* (Núñez Seixas, 2006a: 236-67) que se impondrá a partir de los comienzos de la década de 1950 (Núñez Seixas, 2006b: 729), con su estructura estandarizada, va más allá de las memorias escritas y llega a contaminar o a influir el relato oral de los mismos protagonistas.

A estas fuentes debemos sumar aquellas que permanecen en los archivos de las administraciones públicas, especialmente en los archivos militares españoles, alemanes y rusos, y, en general, cualquier archivo público, privado o particular en el que pudiéramos encontrar información concerniente al paso de las tropas españolas de voluntarios en el frente ruso entre 1941 y 1944, dejando ya aparte a aquellos que continuaron la guerra dentro de la *Legión Azul*, o que formaron parte de los *irreductibles* que participaron, incluso, en la defensa de Berlín hacia el final de la guerra.

Tampoco podemos olvidar aquella producción hemerográfica directamente redactada por los propios voluntarios, los diarios de trinchera, pequeñas publicaciones periódicas realizadas para aumentar la

---

[1] UPDOC, USC, entrevista nº24.

moral de la tropa y filtrar las noticias que a esta le llegaban del desarrollo del conflicto.

Contamos también con los datos obtenidos por algunas recientes actuaciones de la administración pública española. Tenemos que recordar que entre los años 1995 y 2004 se gastaron algo más de 360.000 euros en la localización, exhumación y traslado de los cuerpos de los divisionarios muertos en el frente, así como en la creación de monumentos conmemorativos en Rusia, a través de un convenio de colaboración entre el Ministerio de Defensa y algunas asociaciones alemanas (Aizpuru, 2007: 22).

Como vemos, existe un gran número de fuentes a disposición de la comunidad científica; sin embargo, esto no ha supuesto, ni mucho menos, un auge en el estudio e interpretación de la historia social y cultural de la violencia a través de toda la documentación y la memoria que ha dejado el recuerdo de la División Azul. Si bien es cierto que existen excepciones, como muestra nuestra bibliografía, aún así el estudio e interpretación de nuestro caso particular apenas ha comenzado a ser abordado por la historiografía española desde las ópticas social y cultural.

Por lo tanto, tenemos un número considerable de bibliografía primaria, aquella que roza el estatus de fuente en tanto en cuanto ha sido obra de los propios divisionarios; pero su interés se reduce porque ha sido objeto de un proceso de construcción ideológica y de manipulación, consciente o inconsciente, de la realidad, señaladamente tras el fin de la guerra y el inicio del acercamiento de la España de Franco hacia los aliados, y de estos hacia la España de Franco (Huguet, 2003: 502-506), algo que ya hemos definido como *relato divisionario*.

Por otra parte, contamos con algunas obras recientes que pese a abordar el tema de la División Azul, lo hacen desde la óptica de la historia militar tradicional, lo que no llega en absoluto para cubrir nuestras expectativas, que no son otras que averiguar por qué esos hombres iban a morir y a matar a un frente lejano, y qué tipo de pensamientos, dudas y curiosidades les asaltaron en el momento de encontrarse con el terrible enemigo, conocido ya por muchos, durante la guerra: Rusia.

3. Perspectivas analíticas: Cultura y sociedad. El soldado español en el frente del Este

Analicemos esta escena: un combatiente nacional, capitán de regulares, herido y apresado por las hordas rojas, es llevado ante un pelotón de fusilamiento. Allí, justo antes de que el jefe del pelotón dé la orden de fuego, se descubre el pecho y enseña sus condecoraciones. Durante la misma descarga de fusilería grita "¡Arriba España!", mientras el heroico combatiente cae víctima de las balas de unos personajes zafios y grotescos. Queda tras él visible el paredón, y en él podemos ver una frase lapidaria: "¡Viva Rusia!".

Esta escena pertenece a *Raza*, un film anunciado como "la gran superproducción española" en todas las salas cinematográficas durante el año de su estreno, 1941; justo el mismo en el que partió el primer contingente de voluntarios españoles hacia el frente del este. Esta película, que contó con un guión elaborado por el propio Franco bajo el pseudónimo de *Jaime de Andrade,* y con el asesoramiento de la UFA, pretendía expresar los nuevos valores que habría de encarnar el Estado. Desde luego, el odio a Rusia, el verdadero enemigo de España durante la guerra de 1936-1939, debía estar presente de forma constante.

Esta imagen predefinida de los rusos y de la propia Rusia con la que salieron de España los voluntarios es tremendamente importante. Si hacemos caso al *relato divisionario*, hubo una cierta cercanía por parte de los españoles hacia la población en la parte del frente del este que ocuparon, una suerte de imagen agradable y romántica (Núñez Seixas, 2008: 50) que casa con el mito de la *honorable Wehrmacht* (Wette, 2007), según el cual tanto la *Soah* como los crímenes de guerra y el genocidio de la población eslava fueron obra de las Waffen-SS, la Gestapo y otras unidades militares fuertemente politizadas. Mientras, el grueso del honorable y prusiano ejército alemán permaneció firme en torno a las leyes de guerra internacionales. Sin embargo, tenemos constancia de que en el frente del este estuvieron vigentes las *Instrucciones para la conducta de la tropa en Rusia*, del 19 de mayo de 1941, distribuidas y acatadas por todas las unidades de la Wehrmacht en vísperas de la *operación Barbarroja*, por las cuales los comisarios políticos del ejército soviético deberían ser ejecutados inmediatamente tras caer prisioneros del Reich (Núñez Seixas, 2006: 702).

Surgen entonces varias preguntas en torno a qué paso con la División Azul, ¿desobedecieron las órdenes del Alto Mando? También cabe cuestionarse por qué no aparecen las ejecuciones sumarísimas en los libros de memorias de los voluntarios y qué relevancia ha tenido esto en la configuración del *relato divisionario*.

Debemos señalar que, pese a la certeza de que los soldados españoles no partían hacia el frente con condicionantes biológico-genéticos hacia la población rusa (Núñez Seixas, 2006: 728), lo cierto es que sí tenemos constancias escritas de que hubo situaciones en las que se vislumbraba un contagio de ese tipo de planteamientos. Así, un artículo publicado en la *Hoja de Campaña* durante septiembre de 1943, ya en las vísperas de la retirada de la División Azul, cargaba con argumentos de ese estilo contra el pueblo ruso (Núñez Seixas, 2006: 727).

Tenemos aquí un buen ejemplo de hacia qué tipo de conclusiones nos llevan los postulados de la historia social y cultural aplicados a la historia militar y, concretamente, al estudio del papel desempeñado por los hombres de la División Azul en el frente del Este.

En primer lugar, estamos en posición de comparar cierta información: aquella que nos han dado los archivos seleccionados y nos quisieron transmitir los supervivientes de la división en el frente ruso. Ahí encontramos una relectura masiva de los hechos que nos hace plantearnos por qué se pretende silenciar algunos de los sucesos vividos en el escenario bélico, los cuales entendemos que eran comunes en él, y en general durante las guerras del siglo XX, tal y como nos muestra en una de sus obras Joanna Bourke (2008).

De este modo, podríamos constatar que aquellos mismos que veían con cierto respeto o piedad al pueblo que estaban ocupando, entendiendo que el ejército alemán estaba siendo excesivamente despiadado con ellos, eran, por otra parte, capaces de cometer un gran número de crímenes contra ese mismo pueblo. Cabe preguntarse por qué, y se hace entonces indispensable acercarse lo más posible a sus sentimientos y sensaciones, algo que ante la lejanía temporal de los acontecimientos y el escaso número de supervivientes en la actualidad, solo podemos realizar a través de sus recuerdos escritos durante la campaña o, si acaso, aquellos confiados a sus seres más allegados. Algo, como ya hemos dicho, nada fácil.

Para la elaboración de este trabajo localizamos un cuaderno de notas escrito por un soldado de la División Azul oriundo de La Coruña, pero el diario lo guarda uno de sus hijos y no pudimos tener acceso a él. La respuesta era tajante: "son recuerdos de familia que para nada le pueden interesar a la historia ni a nadie fuera del núcleo familiar". Evidentemente, no podemos ofrecer este caso como paradigmático de la actuación de los familiares; sin embargo, sí podríamos atrevernos a plantear que, tras la negativa a que alguien consulte esa información está el interés en ocultar algo, probablemente trivialidades, pero de las que el descendiente se avergüenza. Esto quizá sea un efecto secundario de la reciente desmitificación de la memoria franquista en España a través de la *Ley de Memoria Histórica* y otras muchas, y más útiles, iniciativas cívicas que intentaron resaltar a las víctimas y represaliados del franquismo, creando un clima social en el que no es cómodo decirse heredero, aunque no sea ideológico, de elementos contaminados de alguna forma con el régimen anterior.

Pese a todo, el interés que guarda ese material lo hace merecedor de la insistencia del historiador para conseguir su consulta y, llegado el caso, el que sea custodiado por un ente sin ánimo de lucro.

Volviendo a lo que estamos tratando, debemos entender también cómo se da el paso de la imagen que nos transmitía *Raza* de los rusos, y con la que partirían los españoles hacia Leningrado, hasta la deriva racial que tomó la situación en los instantes anteriores a la repatriación del último contingente. Aún nos queda mucha información que cosechar y que cotejar antes de llegar a conclusiones válidas, pero la realidad cultural cambiante desde el fin de la contienda mundial puede ponernos sobre la pista correcta. Es evidente que la experiencia de guerra no acaba en el campo de batalla, muy al contrario continúa expresándose en las propias interpretaciones que de los acontecimientos vividos realizará el superviviente a lo largo de su existencia. Es más, pasará a desempeñar el eje central de su discurso respecto a la justificación de algunos actos cometidos y el cargar las culpas a otros.

Por ello surgió el *relato divisionario*, como una respuesta natural de un amplio grupo de supervivientes para justificar sus actuaciones y limpiar sus penas ante la sociedad, pasando a ser espectadores de una realidad de la que no se sienten responsables; algo, como ya adelantamos, relacionado con el mito de la *honorable Wehrmacht* y del *honrado pueblo alemán*, representados también como víctimas, al igual que el nazismo. El propio régimen franquista supo vender muy inteligentemente esa imagen, como víctima en potencia de un hambriento Reich, que no hubiera dudado en abalanzarse sobre España, una mujer indefensa ante el lobo ario, a la que solo salvó la astucia de su caudillo y el sacrificio de aquellos que fueron pioneros en la defensa de occidente en las estepas: la División Azul.

La realidad que nos aporta ese tipo de relato está basada en la utilización y el ocultamiento recurrente del pasado bélico del franquismo en las estepas, en función de sus intereses estratégicos en su largo camino de acercamiento a Occidente (Núñez Seixas, 2005: 84) tras el fin de la guerra.

Así, podemos constatar cómo las diferentes lecturas culturales, políticas e ideológicas que se han podido inculcar al relato divisionario por distintos sectores a lo largo del tiempo, incluyendo su renovada exaltación por parte del falangismo y la extrema derecha española con posterioridad al fin de la dictadura y la transición, sirven a su vez como elementos de propaganda y exaltación ideológica en el seno de las viejas familias del régimen desaparecido, así como en el movimiento neo-nazi español, apuntalado por toda una suerte de historiadores revisionistas o de pseudo historiadores capaces de ofrecer una enésima relectura del *relato divisionario*.

4. Un estado de la cuestión: Memoria e historia de la división azul en la segunda década del siglo XXI

En la introducción presentábamos el panorama historiográfico español como receptivo hacia los cambios en la historia militar y hacia la sensibilización de la comunidad historiográfica española para con los nuevos campos y temáticas propios de la necesaria renovación del género surgida en la Alemania de la década de los años 90 del pasado siglo.

Hablábamos también del papel preponderante en la historia contemporánea española de la Guerra Civil como campo de estudio y de investigación, así como de lo poco destacado del estudio de la intromisión de España en el escenario bélico internacional. Y ello pese a más que agradecidas excepciones, como podría ser el caso de las investigaciones puestas sobre la mesa por Florentino Rodao (2003: 352) sobre la posibilidad de que el régimen se hubiera aventurado a enviar una segunda División Azul, esta vez *marino*, a luchar contra el Imperio del Sol Naciente y del lado de los aliados anglo-estadounidenses en el teatro de operaciones del Pacífico (Rodao, 1998-2000).

Como en otras fronteras del conocimiento histórico, parece que los historiadores hemos dejado vía libre para que las demandas de conocimiento que nos reclama la sociedad no sean saciadas por nuestras investigaciones, pasando a cubrirse la demanda con ofertas en muchos casos de tintes acríticos y poco científicos, ayudando así a desprestigiar la profesión de historiador y nuestro papel en la sociedad, e incluso como científicos sociales.

En los últimos diez años, la guerra civil y el primer franquismo han vendido una cantidad ingente de libros en España, y si se hiciese un recopilatorio del número de ventas de un historiador, sería decepcionante. Los historiadores venden menos que otros; quizá porque no responden a las preguntas que se hace la sociedad, o quizá por los lugares en donde las responden: a muy pocos historiadores se les ha ocurrido plasmar sus investigaciones en libros de difusión fuera del exclusivo círculo de las publicaciones científicas.

Hoy por hoy, cualquier libro que se ponga a la venta en España en cualquier gran superficie comercial y que lleve en su solapa la referencia a la División Azul se vendería sin problemas. No se hace porque cuesta exportar los nuevos enfoques analíticos y sus conclusiones hacia el gran público. Esa es la gran asignatura pendiente de la historiografía española, relacionarse con la sociedad que la cobija y serle útil en primera instancia.

La historia y la memoria de la División siguen siendo en la España del segundo decenio del siglo XXI un tema importante para la normalización de la relación del país con su pasado cercano. Hoy por hoy, siguen saliendo de las imprentas publicaciones que tratan sobre este tema tanto desde la óptica de la historiografía militar tradicional, como desde posicionamientos políticos convergentes hacia una interpretación maniquea de nuestro pasado que para nada ayuda a entenderlo mejor, y mucho menos a hacerlo desde nuevas apuestas metodológicas y analíticas.

5. Conclusiones: Nuevos enfoques, nuevos campos

Pese a su consolidación en otros ambientes académicos europeos y americanos, la nueva historia militar con su querencia social y cultural no es una apuesta mayoritaria de la historiografía española. Desde este mismo punto de vista crítico, el episodio de la División Azul durante la segunda guerra mundial apenas ha supuesto una preocupación para ningún investigador de primera línea del panorama científico español, ni ha contribuido casi al desarrollo de otras investigaciones. Si bien es cierto que ejerce un fuerte atractivo sobre el investigador y el público, lo cierto es que las dificultades y limitaciones, propias de un proceso de investigación que requiere la necesidad de acudir a archivos alemanes y rusos, dificultan sobremanera el despegue de la temática dentro del desarrollo de una nueva historia militar y de la violencia en España. Prueba de ello es la limitadísima bibliografía directa que hemos podido adjuntar a estas breves líneas de presentación y aproximación a algunos aspectos básicos de la historia social y cultural en la nueva historiografía militar a través del ejemplo de la División Azul.

Así, entendemos que su incorporación, como tema fundamental, a las investigaciones científicas sobre el franquismo y la segunda Guerra Mundial se irá incrementando de forma exponencial en los próximos años conforme vayan teniendo lugar diversas investigaciones que la aborden de forma secundaria.

Bibliografía

Aizpuru Mikel, Urko Apaolaza, Jesús Mari Gómez y Jon Odriozola. 2007. *El otoño de 1936 en Guipúzcoa. Los fusilamientos de Hernani*. Irún: Hernaniko Udala.

Bourke, Joanna. 2008. *Sed de Sangre: historia íntima del combate cuerpo a cuerpo en las guerras del S.XX*. Barcelona: Crítica.

Huguet, Montserrat. 2003. "La política exterior del franquismo (1939-1975)". En *La política exterior de España (1800-2003)*, coordinado por Juan Carlos Pereira Castañares, 495-515. Barcelona: Ariel.

Núñez Seixas, Xosé Manoel. 2005. "Los vencedores vencidos: La peculiar memoria de la división azul, 1945-2005". *Pasado y memoria. Revista de Historia Contemporánea* 4: 83-113.

—. 2006. "¿Eran los rusos culpables? Imagen del enemigo y políticas de ocupación de la División Azul en el frente del Este, 1941-1944". *Hispania. Revista española de historia* 223: 695-750.

—. 2008. "El Tercer Reich, la Wehrmacht y la División Azul, 1941-1945: Memoria e imágenes contrapuestas". *Ayer* 69: 47-72.

—. 2009. "Del ruso virtual al ruso real: el extranjero imaginado del nacionalismo franquista". *No publicado*: 1-22.

Rodao García, Florentino. 1998. "Japón y la política española hacia la postguerra mundial". *Hispania Nova: Revista de historia contemporánea* 1: 1998-2000. Disponible en http://hispanianova.rediris.es/general/articulo/002/art002.htm.

—. 2003. "La colonización filipina y las relaciones con Asia". En *La política exterior de España (1800-2003)*, coordinado por Juan Carlos Pereira Castañares, 341-356. Barcelona: Ariel.

Wette, Wolfram. 2007. *La Wehrmacht: los crímenes del ejército alemán*. Barcelona: Crítica.

CHAPTER SIXTEEN

CONSTRUCCIÓN IDEOLÓGICA Y DISCURSIVA EN EL CINE RADICAL DE LA TRANSICIÓN

ÁNGEL RODRÍGUEZ GALLARDO
UNIVERSIDADE DE VIGO

1. Cine radical y construcción discursiva de la realidad social

Analizo en este trabajo la construcción ideológica y discursiva en el cine radical de la Transición. Lo hago partiendo del hecho de que el cine es un medio de comunicación de masas o de minorías, de modo que supone un discurso con capacidad de influir en el espacio público, que es capaz de ayudar a crear una representación colectiva y que interviene en la construcción de la realidad social.

Sobre esta idea general del cine como un discurso social, me centraré en el llamado *cine radical* que se realizó durante el periodo de la Transición. Fue este un cine minoritario, pero con una cierta influencia social y pública, como buena parte de la producción cultural alternativa de estos años (Vilarós, 1998: 18). Fueron sus promotores, quienes como agentes sociales y políticos, trataron de implantar una propuesta social y cultural con rasgos alternativos, que se opuso o se contrapuso a la propuesta hegemónica social y cinematográfica de la Transición.

Este discurso fílmico radical era un discurso social, construido dentro de ciertos espacios públicos, que alentaba una realidad social diferente y que interactuaba con sistemas de creencias, valores y actitudes que provenían aún del franquismo. Fijarse en fines sociales y contrahegemónicos suponía focalizar ciertos niveles de representación y ciertas estructuras narrativas, tematizando los y las más relevantes y proponiendo una construcción alternativa de la realidad social, de la memoria comunitaria y de la identidad colectiva.

Obviamente, esta propuesta discursiva y fílmica, sumamente "radical", no fue capaz de aglutinar la masa crítica necesaria para hacerse o para convertirse en significativa y central. La sobrepasó la construcción discursiva mayoritaria, que fue la del consenso ideológico, convertido en discurso dominante durante la Transición.

El discurso fílmico radical no obtuvo un procesamiento cognitivo dentro de las clases sociales susceptibles de haberlo completado o asumido. Al contrario, lo desvalorizaron, afeando o estigmatizando sus modelos interpretativos e impidiendo que se incorporase al bagaje colectivo de una generación. Se le mancilló a partir de su estructuración formal, de su semántica y de su narrativa visual, tan alejadas del modo de representación institucionalizado, y de sus convenciones anticomerciales. En el fondo, como apuntan algunos autores, este discurso fílmico radical no se introdujo en el discurso público general ni se convirtió en un espacio discursivo fértil, siquiera delimitado e identificable. Tampoco ayudó a ello la censura, la organización industrial cinematográfica, la financiación y distribución comercial y las tendencias narrativas y de género vigentes en aquel periodo. Con todo, el discurso fílmico radical pervivió de algún modo en otros discursos fílmicos posteriores, no estrictamente radicales, porque ciertos modelos discursivos alternativos y radicales se han recuperado y revisitado periódicamente en otros contextos y en otros tiempos, en otros ámbitos y gracias a otros agentes socioculturales.

Me centraré en analizar algunos ejemplos de esta propuesta discursiva e ideológica—el discurso del cine radical de la Transición en sus formas más amplias y variadas—dentro del contexto sociopolítico del paso de una dictadura a un sistema democrático. Ese contexto institucional, cultural y económico, aparentemente cambiante, limitó la producción cinematográfica radical y alternativa, pese a la validez de ciertos productos cinematográficos realmente valiosos y significativos. Además, ciertas decisiones o reglamentaciones legislativas impidieron su crecimiento, que solo fue posible en parte en las denominadas culturas periféricas peninsulares, donde convergió el discurso radical con el discurso contrahegemónico antiespañolista.

El análisis se centra en el periodo 1975-1982 (desde la muerte de Franco hasta la llegada de los socialistas), aunque aludiremos a la etapa precedente (la de los pioneros, que se remonta a finales de los años cincuenta e inicios de los años sesenta) para entender la creación y el origen del llamado cine radical.

2. Los antecedentes

En este trabajo seguiré una idea de "radicalidad" relacionada con el concepto de transformación artística, intelectual y social del mundo. Tiene mucho que ver con lo que se produce en el mundo durante los años sesenta del siglo XX (Linares, 1976), cuya influencia, pese al contexto represivo de la dictadura, también alcanzó al territorio español (Soler de los Mártires, 2006; 27). En muchos casos, las propuestas artísticas radicales se vieron acompañadas de periodos de falta de libertad, como les ocurrió a los integrantes del Colectivo de Cine de Madrid, quienes hubieron de sufrir ciertos periodos de cárcel al ser acusados de propaganda ilegal (Trenzado, 1999: 278; Hernández Ruiz y Pérez Rubio, 2004: 56).

En este sentido, de enfrentamiento a lo establecido, el cine radical contiene un discurso ideológico de transformación del mundo a partir de las herramientas narrativas y semánticas visuales. No obstante, bajo este paraguas discursivo radical, habríamos de englobar cines tan diversos como el cine de autor, el cine independiente, el cine experimental, el cine subversivo, el cine marginal o underground, el cine de combate e intervención y el cine clandestino. Todos ellos conforman una red tentacular de cines radicales, transformadores y promotores de un cambio de las estructuras discursivas hegemónicas.

Este discurso de enfrentamiento contra el sistema establecido se manifiesta en ciertos casos por la posición de ilegalidad e insumisión frente a la industria cultural. Es un cine que rechaza el entretenimiento y la diversión (Linares, 1976: 17), abocándolo a carecer de público, porque, como ha afirmado Hopewell (1989: 232), los espectadores no van al cine para que les recuerden el origen económico o de clase que promueve esa propuesta artística. Además, durante el tardofranquismo y la Transición se introdujeron ciertos tabúes fílmicos. Por ejemplo, no era atractivo comercialmente cuestionar el sistema socioeconómico capitalista, ni reclamar responsabilidades por los crímenes del franquismo, ni plantear la alternativa Monarquía o República, todas ellas cuestiones inseridas en el imaginario colectivo de aquel periodo. No obstante, el discurso fílmico asumió rasgos radicales o alternativos al abordar cuestiones consideradas críticas para aquel periodo tales como la homosexualidad, la corrupción, la pobreza y la violencia (Trenzado, 1999: 89-90).

Este cine genuinamente radical agudizó su discurso ideológico de oposición abierta al sistema sociopolítico que se creó durante la Transición. Al aumentar la radicalidad, asumió un carácter propiamente marginal (Soler de los Mártires, 2006: 28), una serie de mecanismos incómodos para el cine hegemónico desde el tardofranquismo. No obstante, conviene aclarar, como lo hacen Pérez Perucha y Ponce (2011: 253), que no hay que identificar "radicalidad fílmica" con "radicalidad ideológica", "aunque sí habría fusión entre partidarios de la ruptura democrática y adscritos a un cine rupturista tomando como gozne los conceptos de ruptura política/ruptura cinematográfica".

El cine radical se aglutinó sobre todo en Madrid y Barcelona, con focos menores en Andalucía, Euskadi, Galicia, País Valencià, Canarias, Gerona, Santander y Zaragoza. El cine madrileño tenía un corte más "literario" que sugería una propuesta de crítica al discurso opresivo y oscurantista de la larga dictadura. El cine radical catalán se proponía desvelar problemas sociales (luchas obreras e inmigración, sobre todo) y problemas identitarios (Soler, 2006: 51). En ambos discursos fílmicos, subyacían críticas al sistema hegemónico, a la censura, a la burocracia oficial y al modo de producción capitalista. Había un deseo de manifestarse con libertad, de enfrentarse al control y a la manipulación que provenían de las estructuras de poder. Pero habían de luchar con la ausencia de distribución y de exhibición de sus productos, porque, como afirma Trenzado (1999: 89), "la estructura de la industria española y la debilidad de los circuitos cinematográficos alternativos no daban para producir un cine radical rupturista, que no se plegase a la legitimidad oficial del consenso y de la reconciliación". En realidad, entre 1960 y 1975, el cine independiente carecía de un proceso de distribución vertebrado. Un ejemplo emblemático es la Central del Curt, vinculada a la Cooperativa de Cinema Alternatiu de Barcelona (Trenzado, 1999: 278-279; Hernández Ruiz y Pérez Rubio, 2004: 56; Berzosa Camacho, 2009). Frente al modelo cinematográfico institucionalizado distribuido en las salas comerciales, el cine radical habría de recurrir a espacios como festivales, semanas de cine, concursos, cineclubs, cinefórums, universidades, centro de enseñanza no universitaria, colegios mayores, centros sociales, centros culturales, ateneos, colegios y asociaciones profesionales, clubs, círculos o centros recreativos, asociaciones de vecinos, centros parroquiales, asociaciones confesionales, proyecciones privadas y domiciliarias, etc.

Al acabar lo que podríamos denominar el periodo de pioneros del cine radical (1960-68), un grupo de autores consolidará una cierta forma de realizar este discurso, sobre todo en el periodo 1968-1971. Quizá el cineasta emblemático de este periodo sea Pere Portabella, representante del cine independiente de Barcelona y activo participante de la Escola de Cinematografia de Aixelà, de donde surgirán varios cineastas del cine marginal (Fernández-Santos, 2013).

Después del periodo de los llamados pioneros durante casi toda la década de los 60, aparece un grupo de cineastas que consolidarán una cierta idiosincrasia de cine radical. Las circunstancias sociohistóricas conforman un tipo de cineasta radical individualista y endogámico, como el caso de Pere Portabella, quien había llevado sus filmes a espacios nada convencionales. En este caso, estamos hablando de un autor marginal difundido internacionalmente, aunque con escasa presencia en el interior del Estado español (Torreiro, 2001; Fanés, 2008 y Zunzunegui, 2011 y 2013).

En nuestra opinión, el discurso fílmico de autores radicales o marginales como Portabella se construye en una perspectiva política relacionada con el valor del producto artístico, de modo que admiten que el compromiso y la transformación colectiva de muchos de los problemas sociales están unidos al sentido de su obra. Hay un elemento de conexión, por perdido que pueda parecer, con el discurso cultural que provenía del contexto de la II República. Ello explica la evolución de parte del cine radical hacia un discurso fílmico de intervención pública y política. Véase el caso de Llorenç Soler, quien experimentó una combinación de neorrealismo testimonial y social con propuestas discursivas más avanzadas:

> "En aquella etapa de mi vida me interesaba más el cine maloliente de la Meseta que el de los perfumados pijos catalanes. Aunque yo no me casaba ni con unos ni con otros. Iba por libre. Era lo que se llamaba un cineasta marginal. Y en cierto modo lo sigo siendo, mi sentido de la libertad casa mal con las férreas exigencias comerciales de la industria del cine" (Losilla, 2007: 425).

En otros casos, autores puntualmente radicales como Javier Aguirre asumieron los discursos underground de autores como Pierre Hébert y Peter Kubelka o las propuestas más vanguardistas del New American Cinema y de Norman McLaren (Soler, 2006: 85; Benet, 2012: 338). Las influencias del cine experimental de Aguirre abarcaban desde otras artes como la poesía y la música serial a aspectos tan sofisticados como el tratamiento de lo sensorial a través de lo que denominaba "agresión objetiva", manifestada en imágenes subliminales difíciles de ver (Aguirre, 1995: 27). Las obras de Aguirre resumían el sentido experimental del nuevo discurso audiovisual, de modo que dejaban entrever la disolución de las artes dentro de la industria cultural moderna y el apogeo de la intermedialidad como estandarte de la expresión de la vida cotidiana. Su proyecto de "anticine" se corona con *Che Che Che* (1970), en la que fusiona experimentalismo, agresión objetiva, conceptualismo formal y discurso político. De algún modo, esa película resume el hibridismo entre lo estético y lo político que caracterizaba a muchas de las propuestas fílmicas del periodo final del franquismo.

Otros, como Josep Lluís Seguí, se vieron sumamente influidos por los trabajos de Jean-Luc Godard, Bertolt Brecht y el surrealismo. Pese a lo que pudiera pensarse, predominaron las propuestas estéticas, aunque obviamente ideologizadas, que asumieron mecanismos propios de otras artes y que huyeron de funciones puramente comerciales (Benet, 2012: 333). Un caso paradigmático de esto es *Contactos* (1970) de Paulino Viota. El film estaba construido semánticamente desde una perspectiva que resultaba incomprensible para la ideología dominante y que exigía un proceso de deconstrucción por parte del espectador. Aquí residía la clave de buena parte de la construcción discursiva del cine radical. Lo ha expresado así su propio director (Viota, 1998: 110):

> "Se trataba de amalgamar en un todo indisociable lo expresivo y lo inerte, plantear al hipotético espectador, provocadoramente—se puede decir que era una película planteada contra el espectador, o al menos contra sus hábitos de recepción del cine—, la imagen directa de las duraciones de la vida real, algo para lo que el cine está en principio, por su propia naturaleza, más capacitado que cualquier otro arte, pero a lo que procura renunciar para resultar más atractivo e interesante".

Como Burch (1985: 188) señaló al hilo del análisis de este film, el concepto durativo que subyacía a la temporalidad de la narrativa fílmica tenía que ver con un "descentramiento radical", sustentado en la combinación de intercambio de palabras de los personajes con el vaivén de una puerta que comunica dos espacios, en el movimiento de personajes seguidos por una cámara fija "que no siente" y que no sigue a los personajes, sino que espera que reaparezca delante de ella. Ese tratamiento de la imagen y de los movimientos de los personajes recuerda a los *pillow shots* de Yasujiro Ozu, como si existiese una dialéctica entre lo que se puede y no se puede decir. Al descentrarse radicalmente la imagen y el discurso, los espectadores sólo pueden acceder a una parte muy limitada de los movimientos cotidianos de los personajes. Funciona como una metáfora de la opresión del franquismo sobre las clases trabajadoras, que hubieron de recurrir a la clandestinidad para esconder incluso buena parte de sus actividades cotidianas.

Otro caso significativo es *Travelling*, de Luis Rivera (1972), en la que el discurso de los personajes se mezcla con la construcción del propio film. La experimentalidad de la propuesta tiene que ver con la imagen, el sonido y los recursos expresivos, como manifestaciones de la ruptura absoluta con el cine burgués. En la creación de este tipo de discurso fílmico tuvieron mucha influencia discursos cinematográficos como el de la *Historia del cine experimental* de Jean Mitry (1974) o el de la *Praxis del cine* de Noël Burch (1970).

3. El cine radical en la Transición

El fin de la dictadura va a suponer en cierta medida el fin del cine marginal. Cineastas como Paulino Viota, Iván Zulueta, Antonio Artero, Carlos Rodríguez Sanz y Pere Portabella continuarán asumiendo propuestas radicales. En cambio, otros optarán por fugarse a la televisión (Alfonso Ungría o Emilio Martínez-Lázaro), al cine mainstream (Antonio Drove) o a una propuesta más o menos contestaria (José Luis García Sánchez, Elías Querejeta). En general, hubo una especie de estampida hacia el cine comercial. Jaime Chávarri se lo hacía saber al historiador Caparrós Lera (1983: 71 y ss.): "Espero dejar de ser marginado lo antes posible". Lo ha explicado Benet (2012: 355) con cierto detalle:

> "La identificación que, bajo el término revolucionario, relacionaba experimentación con activismo político, comenzó a diluirse tras la muerte del dictador. Casi inmediatamente empezó a hacerse evidente una actitud diferente entre los nuevos cineastas del círculo independiente y sobre todo del marginal. Sus películas carecían de complejos ante los dogmatismos políticos o el purismo experimental que había imperado hasta entonces. Muchas de estas películas ofrecían una aproximación lúdica y centrada en sus propias experiencias vitales, más que en el compromiso social o en el carácter trascendente del arte. Ya no pensaban en la exploración meticulosa del medio cinematográfico. Tampoco en la denuncia de una realidad opresiva. En definitiva, no pensaban que el cine podría ayudar a transformar el mundo, pero sí a llenar sus vidas".

La actitud de buena parte de los cineastas que hicieron el recorrido de lo marginal o radical hacia lo comercial fue de "reapropiación" de los géneros del modo de representación institucional, de modo que la parodia, el pastiche y la burla accedieron en forma de caricatura a los nuevos productos de la industria cinematográfica, que incorporó así mismo muchas formas de la cultura musical contemporánea (el rock), de la cultura underground popular (los fanzines, el cómic) o de la cultura popular (las revistas del corazón). Esta nueva metodología discursiva e ideológica explica uno de los primeros cortometrajes de Pedro Almodóvar, *Salomé* (1978), uno de los cineastas que representará los nuevos discursos cinematográficos de la democracia. Para algunos autores, es significativo que fuese este autor quien hegemonizase durante más de una década el universo cultural del cine posdictatorial y no lo hiciese el discurso cinematográfico de Iván Zulueta[1], más expuesto al discurso autobiográfico, al delirio y a la transmisión de los fantasmas de toda una generación, como luego veremos en su obra emblemática *Arrebato* (1980). El cine que propuso Almodóvar se situaba entre el cine experimental y el militante, pero asumía formas propias de lo underground y de la marginalidad, solamente para presentarse como un discurso capaz de ser recibido de ese modo en ciertos círculos cinematográficos, como hizo en *Folle folle fólleme Tim* (1978) o en *Pepi, Luci, Bom y otras chicas del montón* (1980).

Una corriente de cineastas radicales mantuvo su fe en la transformación política de la sociedad, asumiendo un discurso en parte revolucionario y en parte pactista[2]. En los primeros años de la Transición, especialmente entre 1977 y 1980 se presentan propuestas ideológicas de cierto calado (Hernández, 1976: 19), siempre bajo una atmósfera muy politizada en el mundo de cine (Trenzado, 1999: 309). Una de las variantes fílmicas será la deconstrucción del discurso oficial (*Anticrónica de un pueblo* de Equipo Dos, 1975; *El campo para el hombre*, *O todos o ninguno* y *A la vuelta del grito* del Colectivo de Cinema de Clase). Para ello, el discurso cinematográfico se llena de la voz de personajes marginales (como los gitanos y los obreros), de denuncias anti-sistemas (como la especulación urbanística en la Costa del Sol, la situación del campo español, el paro y la emigración) y de emblemas progresistas (como García Lorca o la bandera republicana presente en *Una fiesta para la democracia o el oro del PCE* de Andrés Linares). Por ejemplo, Portabella había ideologizado un discurso visual vanguardista en el cortometraje *El solpor* (1973). En él dos militantes antifranquistas antiguos expresidiarios conversan sobre el futuro político del país. Portabella se decantará finalmente por una izquierda posible en su obra *Informe general sobre algunas cuestiones de interés para una proyección pública*, rodada entre noviembre de 1976 y febrero-marzo de 1977, en la que desgrana un discurso político e ideológico que procura realizar un análisis profundo de la Historia (Torreiro, 2004: 380; Pérez Perucha y Ponce, 2011: 260-261; Zunzunegui, 2011).

En esta obra, Portabella nos sitúa al inicio en la basílica del Valle de los Caídos, en la misma tumba del general Franco, para seguidamente trasladarnos a manifestaciones por las calles de Madrid y Barcelona de

---

[1] Paul Julian Smith, "Spanish Spring", *Sight & Sound*, julio 2011, citado en Costa (2012: 125).

[2] Por ejemplo, los colectivos cinematográficos de Madrid vinculados al PCE (Colectivo de Cine de Madrid) funcionaron hasta 1977, justo la fecha en que el PCE aceptó los pactos de la Transición.

1976 para presentar a los manifestantes como héroes y a los policías que los reprimen como los enemigos. Ese contexto de héroes anónimos y amorfos deja paso a una larga conversación con los principales líderes políticos de la izquierda pactista (Felipe González, Ramón Tamames y Raúl Morodo). Prevalece la idea de futuro, la resistencia del búnker franquista y las ambiciones de quienes se ven como futuros gobernantes. Portabella opta por presentarnos un documento histórico compromisivo. De nuevo, una larga escena de viaje por un túnel de la ciudad, con la imagen del metro atiborrado de gente anónima. Se abre como una transición al debate de un grupo de trabajadores de Santa Coloma, quienes reflexionan sobre la falta de unidad sindical. Portabella juega con planos y contraplanos, de modo que a quien se le da voz no se le ve. Sirve para enfatizar la idea de la clase trabajadora como un agente revolucionario. Los trabajadores dan paso a los líderes sindicales (Nicolás Redondo, Marcelino Camacho y José María Zubiaur). Discrepan sobre el modo de acción sindical, sobre la unidad sindical y sobre las orientaciones del sindicalismo en la sociedad. Prevalece la presión de los trabajadores en conseguir variar el rumbo del final de la dictadura. Portabella juguetea con la falta de atención y de escucha entre quienes hablan, entre los líderes sindicales y políticos. De nuevo, regresa la figura de Franco, ahora dentro del Palacio del Prado. A través de sus uniformes, conocemos su ascenso a general y a dictador, la creación de la dictadura, el control que ejerció sobre todo el país. Como una metáfora del origen de la política reformista que sacude a España. El discurso fílmico es el recorrido por los espacios y los objetos que acompañaron la vida del dictador. Un nuevo discurso con la imagen de dos exiliados (José Carretero y José Prat) relatando las desmesuras del exilio, la idea del exiliado como "un barco a la deriva", como un caracol que vive en un país y lleva dentro otro. Las imágenes del emblemático lugar de Belchite infunden un valor subjetivo al discurso. Imágenes devastadoras y música insoportable como una expresión del horror del recuerdo. José María Gil Robles habla del dolor del exilio, de la distancia del conflicto español y de los cambios que se están produciendo dentro del régimen. Las últimas voces son las de la izquierda revolucionaria (Eugenio Ríos del MCE, Nazario Aguado del PTE y Amancio Cabrero de la ORT). Hablan en una azotea, como fuera del tiempo real, sobre las posibilidades de crear una dictadura del proletariado, sobre la conquista de la democracia por las clases trabajadoras. En el trasfondo del discurso se contempla la posibilidad de que las fuerzas que han luchado por la democracia abandonen su discurso antifascista. Las imágenes finales de la película se reservan para los últimos fusilamientos del franquismo, en concreto para la descripción del fusilamiento, para el último trayecto de los fusilados, sus últimas acciones, para su entierro. Portabella reserva para el final el discurso de que esos muertos "son los nuestros", como un símbolo de lo que se perdió durante la dictadura. Todo el film es un discurso complejo y alambicado que funciona como documento histórico y como memorial de agravios de lo que fue y de lo que no pudo ser.

El protagonismo de los trabajadores aparece en una obra capital del cine documental de la Transición: *Númax presenta* (1980) de Joaquín Jordá. Financiada por los propios obreros, se convierte en una crónica radical del proceso de ocupación de una fábrica barcelonesa. El discurso fílmico adquiere rasgos de intervención en la realidad (Zunzunegui, 2007: 175). Es un cine extraterritorial, alejado del modo de representación dominante en la Transición y que no contó con enganches en la industria cinematográfica. Funciona como un cine con un discurso en la distancia, en los márgenes y en los límites de la radicalidad (Pérez Perucha y Ponce, 2011: 253). Jordá juega con muchos elementos absolutamente anticomerciales: desde un manifiesto leído por los propios obreros, una representación teatral dentro del cine, la historia de los trabajadores, hasta la crónica cruda y desnuda de la lucha obrera contra los despidos arbitrarios. El documental funciona como un discurso revolucionario con sus elementos emblemáticos como los comités de huelga, la caja de resistencia, la clandestinidad sindical y política, los juicios, la ocupación de la fábrica, los expedientes de crisis, la crítica contra los sindicatos y los problemas para introducir conceptos como la autogestión. Como en otras propuestas fílmicas de Jordá, el final es sencillamente una fiesta.

Otras manifestaciones marginales durante la Transición presentan estructuras híbridas que rompen las convenciones del canon discursivo tradicional. Un caso es *Con uñas y dientes* (1978) de Paulino Viota, una obra que denuncia la violencia y la corrupción de los patronos ante las reivindicaciones de los trabajadores. La película comienza con una escena violenta de tres hombres golpeando sin piedad a un sindicalista que está preparando una huelga en su empresa. Sus compañeros lo esconden y lo protegen. El discurso de la película se centra en el discurso reivindicativo obrero: despidos, readmisión, subida de salarios. Entre tanto, la prensa establece la dialéctica entre los dirigentes sindicales que se esconden y los trabajadores que dudan de mantener las jornadas de huelga. Es un cine claro, directo, sin aspavientos, en el que prevalece la violencia impune de los patronos, capaces de emplear cualquier medio para acabar con el movimiento obrero. "El único fin de los patrones es retrasar la hora de la verdad", afirma Marcos, el sindicalista protegido, poco antes de ser asesinado por un matón a sueldo. La respuesta es dramática: "Hay que matarlos a todos. Les estorbaba. Lo asesinan. ¿Qué vamos a hacer?", afirma uno de sus compañeros.

Un discurso resistente aparece en obras relacionadas con el movimiento nacionalista vasco, como las de Iñaki Núñez (*Estado de excepción*, 1976; *Toque de queda*, 1978; *Sueño y mentira de Franco o Saski*, 1979), en una línea más moderada las de Imanol Uribe (*El proceso de Burgos*, 1979; *La fuga de Segovia*, 1981) y con un tono épico las de Gillo Pontecorvo (*Operación ogro*, 1979). Por ejemplo, en esta última, los autores del atentado a Carrero Blanco se transforman en héroes, desdoblados temporalmente en un doble discurso, el de 1973 y el de la Transición. Pontecorvo juega con el miedo al golpe militar como una marca indeleble de la historia de España. Le sirve para apuntar los dos discursos o salidas posibles: el pacto razonable y la vía radical armada.

Ese doble discurso—posibilista y radical—articula la industria cinematográfica de la Transición. La posibilista la emplean cineastas que prefieren barnizarla de ruptura estética heterodoxa. Les alienta transmitir una idea de cultura que pueda llegar a la sociedad, de modo que no caiga en una recepción absolutamente silenciosa. Para ello se emplean géneros cinematográficos populares como el melodrama, la comedia, el folletín o el género negro. Lo hace Eloy de la Iglesia, partidario de un cine de izquierdas y de una visión radical de la Transición. Los personajes de sus obras padecen traumas que representan a ciertos sectores sociales. Por ello, su cine se puebla de homosexuales, de drogadictos, de delincuentes o de huérfanos, por poner solo algunos pocos ejemplos. Opta por un discurso directo, con personajes pragmáticos y escenarios evidentes. Esconde un significado que proyecta la idea de un ser humano liberado, a pesar de que existan represores e infelices. Son emblemáticas de esta propuesta *Los placeres ocultos* (1976) y *El diputado* (1978). Eloy de la Iglesia propone un discurso liberador desde el punto de vista sexual y político, a pesar de entender que ello se produce dentro de una sociedad capitalista imperfecta que coacciona los procesos de liberación del ser humano presionado por las convenciones sociales, políticas y sexuales. Estas situaciones afectan a personajes de la clase popular (*La otra alcoba*, 1976), a travestidos políticos (*La criatura*, 1977), a la clase media (*Miedo a salir de noche*, 1979) y a las víctimas de la represión producida por la Iglesia (*El sacerdote*, 1978). Eloy de la Iglesia huye de ser un cineasta con un discurso prioritariamente artístico. Prefiere asumir un discurso colectivo (el de las clases populares, el de los marginales, el de los delincuentes violentos), antiburgués y radical, que procura, siempre que puede, enfrentarse al poder y promover la lucha de clases.

Un último ejemplo puede servirnos para entender el cine radical de la Transición. Iván Zulueta es el autor de *Arrebato* (1980), el cine de culto y de vanguardia de la Transición. Hopewell cree que fue "una recuperación original de elementos clásicos del género de terror" (1989: 229). Desde una posición discursiva "extraterritorial" y de outsider[3], mezclando diversos formatos artísticos, Zulueta reflexiona sobre el "poder vampírico de la cámara cinematográfica, descripción fría y behavorista de la dependencia y la drogadicción, reivindicación lúcida y desesperanzada del mundo de la infancia y sus fantasmas" (Torreiro, 2004: 392). No obstante, lo más interesante de esta obra es que funciona como una síntesis del cine *underground* de Zulueta, pero también de la Transición, con reminiscencias del cine *underground* neoyorquino, aunque ambientada en un Madrid lleno de punkis y drogas.

Arrebato supone un discurso anacrónico y chocante en la estética del cine español de la época. Nutrido de la cultura pop, del cine independiente y de la atracción del cómic, se introduce por los vericuetos significativos de las drogas, del vampirismo, de la psicosis y de la movida madrileña, temas inéditos en la cultura cinematográfica española. La cámara apresa la realidad pero también los procesos alucinatorios del vampírico protagonista. Zulueta combina diversos puntos de vista para narrar estos sucesos, como el empleo de una carta audiovisual que detalla la locura en la que cae Pedro. Este llega a dormirse delante de una cámara viva y autónoma que lo graba, pero que sólo revela unos fotogramas rojos como muestra de una cámara que vampiriza la sangre de Pedro. Este se ha ido ya hace tiempo del mundo, asumiendo un ritmo vital singular y propio, que le ha conducido a renunciar a la gente, a fidelizarse exclusivamente con el cine y a pensar en no sobrevivir.

Este discurso novedosamente radical se encadena a procesos de intertextualidad a través de referencias a otras películas. El cine funciona como un mecanismo de fuga y de arrebato. Desaparece el tiempo y el espacio, con ellos la memoria, la infancia y la familia. Solo existe el presente y el lugar en el que uno habita. Al desaparecer el tiempo como hecho que organiza cronológicamente a los seres humanos, no hay pausa, no hay secuenciación, no hay sucesión de hechos. El discurso cinematográfico asume condiciones de delirio, de psicosis, de desintegración de la realidad, de pérdida de la existencia, de paralización del tiempo. Todo ello lo convierte en algo inefable e imposible, porque los seres humanos se construyen en base al tiempo. La negación de este hecho hace que el discurso de Zulueta adquiera rasgos sumamente siniestros.

---

[3] Hopewell afirma que la policía se incautó de muchas de sus películas y no se las devolvió (Hopewell, 1989: 230).

Como afirma Hopewell (1989: 231), *Arrebato* muestra una visión "muy sombría" sobre las posibilidades con las que contaban los cineastas radicales en la España de la Transición: integrarse en el cine comercial, perdiendo parte o totalmente su discurso alternativo o ser cautivado por el cine marginal instalándose en la incertidumbre económica. En realidad, como apunta Julian Smith (2011[4]), Iván Zulueta y Eloy de la Iglesia ejercieron como "contrapuntos" a la "mucho más conocida y enormemente creativa autopromoción de Pedro Almodóvar". Los cineastas radicales se invisibilizaron después de la Transición ante el modelo dominante representado por el cine costumbrista y populista auspiciado por Almódovar (Lamas, 2002: 53), que algunos consideraron "una traición máxima" (Costa, 2012: 127).

En realidad, el cine triunfante durante la Transición asumía los principios de tolerancia y consenso imperantes y hegemónicos en aquel periodo que muchos asumieron como fundacional. La industria cinematográfica huirá de posicionamientos transformadores a nivel social. Por eso, el cine radical, en sus variadas formas, se encontrará con obstáculos de difusión tan significativos como los que hemos señalado. Seguramente el principal era que el cine triunfante incorporaba un discurso ahistórico, acrítico y nulamente reflexivo, tanto como para obviar el pasado más reciente, que era una terrible y sanguinaria dictadura.

Bibliografía

Aguirre, Javier. 1995. "Una experiencia personal", en AA.VV., *Entre, antes, sobre, después, del anti-cine*. Madrid: CSIC.

Benet, Vicente J. 2012. *El cine español. Una historia cultural*. Paidós, Barcelona/Buenos Aires/México.

Berzosa Camacho, Alberto. 2009. *Cámara en mano contra el franquismo. Desde Cataluña a Europa, 1969-1982*. Buenos Aires: Ediciones Al Margen.

Burch, Noël. 1970. Praxis del cine. Madrid: Fundamentos.

—. 1985. *Itinerarios. La educación de un soñador del cine*. Bilbao: Caja de Ahorros Vizcaína, Bilbao. Trad. de Aitor Gabilondo y Santos Zunzunegui.

Caparrós Lera, J. 1983. *El cine español bajo el régimen de Franco*. Barcelona: Universitat de Barcelona.

[4] Véase en nota más arriba.

Castro de Paz, José Luis; Pérez Perucha, Julio; y Zunzunegui, Santos (dirs.). 2005. *La nueva memoria. Historia(s) del cine español 1939-2000*. Vía Láctea Editorial, A Coruña.

Costa, Jordi. 2012. "CT y cine: la inclemencia intangible. Una primera aproximación a la obra crítica y cinematográfica de j.l.i.", en VV.AA., *CT o la Cultura de la Transición. Crítica a 35 años de cultura española*. 125-140. Barcelona. Debolsillo.

Fanés, F. 2008. *Pere Portabella*. Barcelona: Filmoteca de Catalunya.

Fernández-Santos, Elsa. 2013. "Portabella: el cine como resistencia", *El País*, 28 de marzo, p. 39.

Hernández, Marta. 1976. *El aparato cinematográfico español*. Ramón Akal Editor, Madrid.

Hernández Ruiz, Javier, y Pérez Rubio, Pablo. 2004. *Voces en la niebla. El cine durante la Transición española (1973-1982)*. Barcelona: Paidós.

Hopewell, John. 1989. *El cine español después de Franco*. Madrid: Ediciones El Arquero.

Lamas, Rafael. 2002. "Zarzuela y restauración en el cine de Almodóvar", en Eduardo Subirats (ed.), *Intransiciones. Crítica de la cultura española*. 53-70. Madrid: Biblioteca Nueva.

Linares, Andrés. 1976. *El cine militante*. Castellote editor, Madrid.

Losilla, Carlos. 2007. "Llorenç Soler", en Josetxo Cerdán y Casimiro Torreiro (eds.), *Al otro lado de la ficción. Trece documentalistas españoles contemporáneos*. 399-435. Madrid: Cátedra.

Mitry, Jean. 1974. *Historia del cine experimental*. Valencia. Fernando Torres.

Pérez Perucha, Julio y Ponce, Vicente. 2011. "Algunas instrucciones para evitar naufragios metodológicos y rastrear la Transición democrática en el cine español", en Manuel Palacio (ed.), *El cine y la transición política en España (1975-1982)*. 223-268. Madrid: Biblioteca Nueva.

Pérez Rubio, Pablo, y Hernández Ruiz, Javier. 2005. "Esperanzas, compromisos y desencantos. El cine durante la Transición española (1973-1983)", en Castro de Paz, José Luis; Pérez Perucha, Julio; y Zunzunegui, Santos (dirs.), *La nueva memoria. Historia(s) del cine español 1939-2000*. 178-253. Vía Láctea Editorial, A Coruña.

Romaguera i Ramió, Joaquim, y Soler de los Mártires, Llorenç. 2006. *Historia crítica y documentada del cine independiente en España. 1955-1975*. Barcelona: Laertes.

Soler de los Mártires, Llorenç. 2006. "Historia crítica", en Romaguera i Ramió, Joaquim, y Soler de los Mártires, Llorenç, *Historia crítica y documentada del cine independiente en España. 1955-1975*. 25-159. Barcelona: Laertes.

Torreiro, Casimiro. 2001. "Derivas militantes. El cine de Pere Portabella, entre el tardofranquismo y la transición democrática", en Marcelo Expósito, *Historias sin argumento. El cine de Pere Portabella*, Valencia/Barcelona, Ediciones de la Mirada/MACBA, pp. 331-347.

—. 2004. "Del tardofranquismo a la democracia (1969-1982", en Roman Gubern y otros, *Historia del cine español.* 341-397. Madrid: Cátedra, 4ª edición.

Trenzado Romero, Manuel. 1999. *Cultura de masas y cambio político: el cine español en la transición.* Centro de Investigaciones Sociológicas, Madrid.

Vilarós, Teresa M. 1998. *El mono del desencanto. Una crítica cultural de la transición española (1973-1995)*, Madrid: Siglo XXI.

Viota, Paulino. 1998. "Carta sobre Contactos", en *Vértigo*, nº 13/14, p.110. Ateneo y Ayuntamiento de La Coruña.

Zunzunegui, Santos. 2007. "Joaquín Jordá Catalá", en Josetxo Cerdán y Casimiro Torreiro (eds.), *Al otro lado de la ficción. Trece documentalistas españoles contemporáneos.* 173-206. Madrid: Cátedra.

—. 2011. "Aimez-vous le cinema? La representación cinematográfica de la Transición española (1976-1977) según Pere Portabella", en Manuel Palacio (ed.), *El cine y la transición política en España (1975-1982).* 33-45. Madrid: Biblioteca Nueva.

—. 2013. "Sobre el lienzo blanco", *Caimán. Cuadernos de Cine*, 14, pp. 6-10.

CHAPTER SEVENTEEN

LOS USOS DEL ESPAÑOL DE LOS ESTADOS UNIDOS: DEL ÁMBITO PRIVADO A LOS ÁMBITOS PÚBLICOS

MARGARITA HIDALGO
EMÉRITA SAN DIEGO STATE UNIVERSITY

1. Breve panorama histórico

La historia del español en Estados Unidos no es muy antigua. Comienza a mediados del siglo XIX inmediatamente después de la Guerra de 1846-48, evento que culmina con la pérdida de la mitad del territorio mexicano. A partir de entonces se pueden trazar las tendencias del español estadounidense, primero en un proceso de erosión de algunos rasgos lingüísticos, luego en incipiente contacto con el inglés, y finalmente con una clara inclinación hacia el desplazamiento.

Las comunidades hispanohablantes pertenecientes primero a la Nueva España (1598-1821) y luego a la naciente República de México (1821-1848) contaban con escasa población en aldehuelas o pueblos que subsistían a base de actividades pastorales. El total aproximado en los estados del suroeste (California, Arizona, Nuevo México y Tejas) llegó a 75.000 residentes en lugares generalmente aislados y gobernados desde la lejana capital novohispana. Algunas de estas comunidades consumieron sus mejores décadas en batallas en contra de los pueblos indígenas, por un lado, y en esfuerzos por evangelizar a grupos que no tenían interés en el proceso de evangelización. Este hecho contrasta con el triunfo de la cristianización en la zona mesoamericana.

El estudio diacrónico del español de Tejas ilustra la influencia de la marginación socio-económica y la pérdida de la tierra, eventos que se asocian con el valor estilístico en modo indicativo que los hispanohablantes le dieron a la forma del imperfecto del subjuntivo en -RA. La erosión de la terminación en -SE ocurrió en la mayor parte de los dialectos del Nuevo Mundo; sin embargo, como resultado del desplazamiento de las identidades nacionales provocado por la invasión de anglohablantes en algunas regiones tejanas este cambio se dio tardíamente en el español de Tejas. El discurso narrativo de la comunidad se fue simplificando al mismo tiempo que se sustituía el español en los ámbitos institucionales y los tejanos se iban haciendo bilingües. El abandono tardío de la forma en -SE aparece vinculado a la independencia lingüística, anticipando la independencia política. En Tejas, la erosión del subjuntivo en -SE también estuvo asociada a la identidad, pues iba desapareciendo en México toda vez que los residentes de esa zona mantuvieron lealtad a la Corona Española muchos años después del Movimiento de Independencia Mexicana de 1810-1821 (Martínez, 2001).

Inmediatamente después de la Guerra (1850-1900) se dio la migración de anglohablantes a la región del suroeste, y en contraste, la de México fue casi nula. Los hispano-mexicanos que se quedaron en el recién desprendido territorio americano trabajaron en los campos, la minería y la construcción del ferrocarril. En 1882 y 1907 llegó a su fin la importación de trabajadores chinos y japoneses, y para 1910 los administradores de la industria agrícola empezaron a importar mano de obra de México por considerarla más barata. A partir de entonces empezó a crecer la población hispanohablante. Durante la primera década del siglo XX la mayoría de los mexicano-americanos trabajaron en el mantenimiento del ferrocarril y en la agricultura de los estados del suroeste. A principios de 1920 aumentó la demanda de trabajadores mexicanos y en esta etapa se admitió a casi medio millón. Para entonces tal cantidad de trabajadores mexicanos era tolerable pues se consideraba una fuente de trabajo temporal. La migración continuó aumentando a partir de entonces y los emigrados empezaron a ocupar vacantes en la agricultura, industria, transporte y servicios (Sánchez, 1985: 7-9).

El censo de 1910 enumera 220.000 mexicanos de nacimiento residentes en EE.UU., cifra que aumenta a 640.000 en 1930, pero se cree que pudo haber llegado hasta un millón. Se calcula que entre 1930 y 1933, durante la Gran Depresión, regresaron a México más de 300.000 personas. Durante la Segunda Guerra Mundial los gobiernos de México y EE.UU. pactaron un convenio conocido como Programa de Braceros, el cual se inició en 1942 y se extendió hasta 1964. Se calcula que entre 4.5 y 5 millones de jornaleros llegaron legalmente a EE.UU. a trabajar en los campos. La emigración indocumentada adquirió una intensidad semejante. Cuando terminó el Programa de Braceros las devoluciones o expulsiones se incrementaron de forma acelerada. Entre 1950 y 1975 los emigrantes mexicanos a EE.UU. suman más de un millón (Alba, 1989: 56-58).

Cuando terminó el Programa de Braceros, los gobiernos de México y EE.UU. firmaron otro acuerdo conocido como Programa de Industrialización Fronterizo, el cual consistió en plantas de ensamblaje con materia prima importada de EE.UU. pero manufacturada en fábricas mexicanas conocidas como maquiladoras, que aún operan con equipo y maquinaria americana. Las maquiladoras se establecieron en ciudades fronterizas principalmente, aunque la intención era hacerlas llegar al interior de México para aliviar el problema del desempleo. Esta industria empezó a contratar mano de obra femenina en el ramo del vestido y la electrónica, supuestamente porque las mujeres tienen más pericia que los hombres en hacer tareas tediosas. Finalmente la industria de la maquila atrajo a miles de personas del interior de México en busca de empleo de manera que las ciudades fronterizas o muy cercanas a las fronteras tuvieron una explosión demográfica que se aprecia mejor en 39 ciudades de la franja fronteriza mexicana, las mismas que en 1930 contaban con escasos 283.395 habitantes; seis décadas más tarde las mismas 39 ciudades tenían 4.115.419 de habitantes; asimismo, los estados fronterizos aumentaron su población de 2.054.345 en 1930 a 13.222.146 de habitantes en 1990, lo que representaba el 16.29% de la población total de México (Zenteno Quintero y Cruz Piñeiro, 1992: 34-36).

La explosión demográfica de México en general y de la zona fronteriza en particular son los factores externos más significativos en el crecimiento de la población de origen hispanohablante en los EE.UU., lo que empieza a observarse a partir de la década de 1960 (ver Apéndice II). Esta fecha coincide con el movimiento pro derechos civiles de afroamericanos y chicanos así como con la primera ola de refugiados cubanos que huyen del régimen castrista. La salida incipiente del español del ámbito privado a los ámbitos públicos ocurre también en esta década, y desde entonces no ha dado marcha atrás. Hay por lo tanto una primera generación o por lo menos dos generaciones de campesinos inmigrados legalmente durante y después de la Segunda Guerra Mundial. Hay otra generación o varias generaciones de obreros, quienes no habiendo encontrado empleo en el lado mexicano de la frontera decidieron cruzarla y establecerse en alguna comunidad del interior para trabajar en la industria de la manufactura. Finalmente hay una segunda generación o varias de "hablantes de herencia", hijos y nietos de campesinos y obreros, que en tiempos recientes han tenido oportunidades de empleo en diversos sectores de la sociedad estadounidense. Las generaciones de hablantes de herencia, hijos y nietos de campesinos, trabajadores de cuello azul y cuello blanco, profesionales y para-profesionales que en tiempos recientes han tenido oportunidad de empleo en los diversos sectores de la sociedad estadounidense, representan las tendencias lingüísticas, culturales y educativas de los hablantes pan-hispánicos de los EE.UU.

2. Panorama socio-demográfico

La primera generación representa la movilidad horizontal y vertical. No solamente descubrió las fronteras sino que las cruzó para (re)crear una nueva experiencia. La segunda generación representa la diversidad bilingüe y bicultural. Ambas generaciones han dado continuidad a sus experiencias y ambas han quedado inmersas en el proceso de globalización en el que ya no hay margen para la des-globalización. La información sobre bienes y servicios—que en teoría debería seguir con fluidez los modelos normativos en los mercados nacionales e internacionales—se ofrece tanto en el español de herencia (E de H) como en distintas variedades del español hispanoamericano (e incluso el español de España). Los hispano-estadounidenses de la segunda generación han servido de puente entre la primera generación y la sociedad anglohablante y son proveedores de bienes y servicios en los grandes y pequeños mercados de consumo. Han llegado ahí a raíz de los avances tecnológicos del siglo XXI, los cuales requieren el conocimiento y manipulación de códigos lingüísticos que satisfagan las demandas de bienes y servicios de los usuarios que en algunos sectores ya tienen opciones entre el inglés y el español: grandes empresas bancarias, grandes corporaciones de servicios médicos y farmacéuticos, compañías aseguradoras, despachos de abogados y servicios locales de uso inmediato que se concentran en el acto comunicativo-pragmático y cuyo objetivo final es el cumplimiento del servicio requerido. En todos estos ramos de interacción el E de H se acepta por su valor socio-pragmático mientras que el español de la primera generación, relativamente apegado a la normatividad—si no se descarta totalmente—, por lo menos tiende a debilitarse, puesto que la relación diglósica ocurre entre el E de H y el idioma inglés, más frecuentemente que entre el español normativo y el español informal. La necesidad de completar los servicios en el mundo globalizado subraya tanto el contenido del mensaje como la habilidad comunicativa en la interacción, de manera que la forma es menos importante. A partir de la última década del siglo XX, los interlocutores de primera generación son menos críticos en el proceso de recibir y finiquitar un servicio por teléfono, red electrónica o vía personal con hablantes de herencia (H de H) que prestan distintos servicios al público.

A la gran mayoría de mexicano-americanos se añaden millones de hispanohablantes que han pasado los mejores años de su vida en las fábricas de las grandes ciudades (como operadores de maquinaria). Los H de H y algunos individuos de la primera generación se dedican a actividades de cuello blanco y utilizan con mayor eficiencia el repertorio bilingüe o multilingüe que encuentran a su disposición. En las últimas dos décadas los individuos bilingües tienen mayor acceso a múltiples redes de comunicación y modelos culturales internacionales debido en parte a la internalización de la educación de los EE.UU. El origen nacional de los hispano-estadounidenses es tan diverso como América Latina. En la Tabla 17.1 se puede apreciar la proporción de diez nacionalidades en relación a la población total de hispano-estadounidenses. De la población total de 46.822.000, un poco más de la tercera parte (38.1%) nacieron fuera de los EE.UU. con la proporción más alta (60% +) entre guatemaltecos, peruanos, hondureños, colombianos, ecuatorianos, salvadoreños y cubanos; más de la mitad de los dominicanos nacieron fuera de los EE.UU. (57.3%) y un poco más de la tercera parte de los mexicanos (37.1%) mientras que los puertorriqueños son de facto ciudadanos americanos (98.9%). El promedio de edad es de 27 años con una variación de 41 años entre cubanos y 25 entre mexicanos. El conocimiento del idioma inglés es mayor entre los puertorriqueños (80.5%), y desciende gradualmente entre mexicanos, cubanos, colombianos, peruanos y dominicanos (con porcentajes entre 61.6 y 53.4%); mientras que los coeficientes más bajos se encuentran entre los ecuatorianos, salvadoreños, hondureños y guatemaltecos (49.1 a 39.1%).

Tabla 17.1. Origen nacional de los hispano-estadounidenses

	Población total	46.822.000	Porcentaje
1	Mexicanos	30.746.000	65.66
2	Puertorriqueños	4.151.000	8.80
3	Cubanos	1.631.000	3.48
4	Salvadoreños	1.560.000	3.33
5	Dominicanos	1.334.000	2.85
6	Guatemaltecos	986.000	2.10
7	Colombianos	882.000	1.88
8	Hondureños	608.000	1.29
9	Ecuatorianos	591.000	1.26
10	Peruanos	519.000	1.10

Fuente: www.pewhispanic.org/data/origins: 2008

Del total de 30.746.000 de mexicano-americanos, casi 22 millones (71.14%) son ciudadanos de los EE.UU. y del subtotal, más de 19 millones nacieron en EE.UU. Por otro lado, un poco más de la mitad de los que tenían 25 años o más en 2008 terminaron el equivalente a bachillerato en los países hispanohablantes, cursaron algunos estudios universitarios o terminaron una licenciatura (o más) en EE.UU. Una pequeña minoría de los mexicano-americanos se encuentran en el noreste (2.68%); la concentración asciende a 10.56% en el medio-oeste; a 33.78% en el sur (incluyendo Texas y Nuevo México, y la mayoría (52.97%) se encuentra en el suroeste (incluyendo California, Arizona y Colorado). Del mismo total, se desprenden siete grupos etarios distribuidos de la siguiente manera: 12.14% son menores de 5 años; 24.79% son grupos infantiles y adolescentes entre 5 y 17 años; el grupo de jóvenes adultos (18-29) desciende a 20.64% y de ahí presenta un descenso gradual con 16.73% entre adultos de 30 y39 años; 12.01% entre 40 y 49 años; hay solamente 9.26% de adultos entre 50 y 64 años; y finalmente otra pequeña minoría de 4.4% entre adultos de la tercera edad (cfr. Pew Hispanic Center, 2010).

En el año 2008, el total de hispano-estadounidenses alcanzó 46.822.000; de este total se estima un subtotal de 41.706.000 de 5 años o más. De este subtotal se desprenden tres grandes subgrupos: [1] los que solo hablan inglés en el ámbito doméstico ó 9.855.000; [2] los que hablan español en casa pero también hablan "muy bien" el inglés, o sea, 16.223.000; y [3] los que hablan español en casa pero hablan "no muy bien el inglés", o sea, 15.529.000 (Pew Hispanic Center, 2010: 4). Estos cálculos se pueden comparar con los del año 2000, cuando el 21.4 % del total reportó hablar solo inglés en casa, mientras que una gran mayoría (78.5%) indicó que hablaba español y también inglés (cfr. Ramírez, 2004: 10).

3. Un modelo para el bilingüismo de los Estados Unidos

La pregunta obligada que se hacen tanto los investigadores como el público en general es si los hispano-estadounidenses son distintos o semejantes a los otros grupos étnicos, pues con frecuencia se comparan con afroamericanos o inmigrantes de lenguas europeas. Se podría decir que son grupos intermedios. Por un lado, el idioma español se habló inicialmente en lo que ahora es territorio americano al mismo tiempo que el inglés, es decir, a principios del siglo XVII. No obstante, la Guerra del 46 hizo de los mexicano-americanos un bloque étnico-nacional con profundas raíces en la civilización hispano-mexicana, mientras que las desventajas económicas los han mantenido en la misma posición que los afroamericanos. Por otro lado, las diferencias entre los hispanohablantes de EE.UU. y los demás grupos inmigrantes son más bien culturales, ya que en general se asemejarían a los latinoamericanos, pero no son muy distintos de los inmigrantes europeos de finales del siglo XIX. El estudio de inmigrantes de lenguas europeas respalda la búsqueda de parámetros sociolingüísticos, pues los mismos pasaron por un proceso semejante de aculturación y asimilación.

3.1. La norma bilingüe

Un modelo práctico se encuentra en Einar Haugen (1977 y 1987), el lingüista noruego-americano, estudioso de las lenguas escandinavas y el derrotero de las mismas en EE.UU. Su punto de partida fue la polémica suscitada en Minnesota a finales del siglo XIX entre dos editores de origen noruego que publicaban periódicos en este idioma. Uno de ellos era purista mientras que el otro, más flexible, aceptaba las supuestas desviaciones del noruego, que recibía con laxitud los préstamos del inglés americano. Según Haugen los puristas solo aceptan tales desviaciones cuando se consideran variaciones estilísticas, ya sea en tono de burla o para indicar que hay un relajamiento frente al modelo normativo. Esta postura se puede considerar "la norma retórica", a la que se apegan los gramáticos. En las comunidades bilingües se mantienen algunas de estas reflexiones retóricas cuando algunos hablantes emiten juicios de valor sobre las desviaciones cotidianas de su lengua, aunque los mismos tengan otras motivaciones. El periódico no purista acostumbraba a insertar préstamos en inglés con el propósito de comunicarse mejor con sus lectores, mientras que el editor purista le recordaba que su responsabilidad era ofrecer un modelo aceptable del noruego para evitar la preocupación por las traducciones. El editor más flexible utilizaba tanto los préstamos del inglés que ya estaban integrados al noruego así como el estilo que ahora conocemos como "alternancia de código". La capacidad de mantener la normatividad de la lengua ancestral en cualquier ambiente requiere vigilancia continua, la que Haugen denominó "determinación lingüística"; pero la vigilancia también requiere que se mantengan los vínculos con el lugar de origen con el fin de sondear la competencia lingüística, aunque esto no sea factible.

Que todos o una gran mayoría de los hablantes se mantengan en contacto con su lugar de origen es poco probable; por lo mismo el concepto de mantenimiento de la normatividad o "norma retórica" abre el camino a favor de la "norma comunicativa", la cual implica la existencia de una comunidad bilingüe y estable, lo que tampoco es común entre inmigrantes de EE.UU. (Haugen 1977, 1987). Los hablantes bilingües tienden a mantener rasgos dialectales por contacto con otros dialectos de su mismo idioma o con otras lenguas. Este concepto se conocería como "dialecto de contacto". Según Haugen, los que se aferran a la norma retórica tienden a despreciar los dialectos de contacto, porque supuestamente la desviación de la norma conlleva un serio problema y provoca, entre otras cosas, la burla, fenómeno que el lingüista observó entre los sueco-americanos. Para otros observadores, tal mezcla no era el resultado de la afectación sino de la naturalidad. Este es el punto de partida para introducir la noción de "norma bilingüe". Palabras compuestas como *"state-church"* y *"Swedish made*" podrían haberse convertido en préstamos o haber retenido los originales en sueco. El análisis de textos revela que los préstamos del inglés no sobrepasan el 5 o 10% de las palabras. La norma se refleja también en los comentarios de los informantes de sus mismas comunidades, y aunque los hablantes admiren la norma de los líderes no necesariamente la aprueban como el modelo purista, y por otro lado, tampoco quisieran ver su idioma invadido de palabras del inglés. Los cognados casi no se toman prestados como entidades fonéticas pero por inducción tienden a favorecer las transferencias semánticas.

El desprecio de los códigos bilingües no socava la nueva norma comunicativa, pues es más elástica y menos predecible que la de una comunidad monolingüe, ya que los hablantes tienen doble competencia, disponen de recursos en ambas lenguas y solo un tremendo esfuerzo les permite mantenerlas totalmente separadas. Identificar las reglas de ambas lenguas en toda ocasión es tan difícil como impráctico, pues se tendría que apuntar la regla para cada uno de los idiomas. Si se repiten los usos en contextos idénticos o parecidos se pierde la noción de la regla, y si se pierden todas las reglas solo se puede estudiar una competencia que abarque ambas lenguas y sus respectivas gramáticas. La tendencia a la convergencia surge en cualquier comunidad bilingüe, pero es generalmente unilateral, ya que la lengua materna sufre transformaciones por efecto del contacto con la lengua dominante que tiende a imponerse en la relación de poder de la comunidad. La lengua oficial o mayoritaria convierte a la minoritaria en un dialecto de contacto, si no es que consigue eliminarla por medio de la aculturación y la asimilación. La problemática de la norma bilingüe incluye la teoría del préstamo que se conoce como "selección jerarquizada", pues la competencia bilingüe permite que todos los hablantes tengan acceso a las formas disponibles en los dos idiomas. No obstante, en la actuación el hablante tiene opciones limitadas. Para identificar este proceso, Haugen (1977: 99, siguiendo a Hasselmo[1]) propone cinco niveles de opciones: lexemas, sufijos de derivación, sufijos morfológicos, abreviaturas y prosodia. Si un hablante escoge una forma nativa de cualquiera de los cinco niveles, su selección bloquea automáticamente las otras opciones. Las formas ligadas se toman prestadas considerando las formas libres con las que tienden a ocurrir en el modelo de la competencia lingüística, por lo que se infiere que las opciones están limitadas por las preferencias tradicionales; esto significa que algunas palabras se seleccionan normalmente en inglés mientras que otras aparecen en su forma original y otras más con afijos en inglés. Los resultados de tal análisis entre los hablantes sueco-americanos mostraron que el léxico de la primera y segunda generación se mantiene estable hasta la tercera generación. Los bilingües producen formas no gramaticales antes de que las mismas formen parte de la otra lengua, por lo que en el complejo mundo del bilingüismo no habría necesidad de despreciar la norma resultante del compromiso entre dos lenguas, una norma comunicativa que indica cuándo es apropiado usar una palabra de la segunda lengua. La norma podría ser una aproximación intermedia y tendría el potencial para llegar a la estabilización de funciones. Tomando todos estos postulados en consideración, Haugen (1977) concluye que la aceptación de la convergencia entre dos códigos es mejor que el rechazo total de la lengua materna, lo que resultaría si siempre y en todas las situaciones se insistiese en la rigidez de la normatividad.

4. Factores del mantenimiento

Mientras que los planteamientos de Haugen ayudan a entender, si no a promover la noción de una norma bilingüe para el país, las regiones o las comunidades, el modelo de las tres generaciones explica el bilingüismo de forma linear de manera que el monolingüismo en la lengua del inmigrante se convierte en bilingüismo en la segunda generación solo para terminar con el monolingüismo en inglés de la tercera generación en adelante. A este modelo se le pueden añadir distintas variables sociales que abarquen usos y actitudes contextuales. Un modelo global incluye parámetros amplificadores que consideren el uso familiar como primer factor del mantenimiento. En la familia, el género es determinante porque las niñas y jovencitas no solo pasan más tiempo dentro del ámbito doméstico sino que su proceso de socialización difiere del de los varones. El tamaño y la

---

[1] Hasselmo, Nils. 1974. *Amerikavenska. En bok om språkutvecklingen i Svensk-Amerika*. Stockholm: Esselte studium.

ubicación del grupo étnico y la proximidad a los enclaves étnicos son factores positivos, puesto que los hablantes tienen más y más frecuentes oportunidades de contacto. Un factor negativo es la posición socioeconómica, ya que las familias de altos ingresos y mayor nivel de educación tienden a utilizar más y con mayor frecuencia el idioma inglés.

Con base en datos (1988) de una muestra nacional de miles de estudiantes del nivel secundario, el estudio de Arriagada (2005) ilustra las hipótesis y variables independientes que inciden en el uso del español entre hispanohablantes de tres generaciones, lo que incita a estudios comparativos con datos más recientes. Desafiando la teoría de las tres generaciones, Arriagada añade factores externos que explicarían el mantenimiento: que el hablante haya adquirido el español como primera lengua, lo que a su vez explica el uso y competencia posterior en fluidez oral, comprensión y lectoescritura. Otros indicadores son el uso de los medios de comunicación y la proximidad a un país hispanohablante. El reabastecimiento migratorio de países hispanohablantes es en sí mismo un factor de distintas formas del mantenimiento a través de las generaciones. Esta hipótesis se corrobora en modelos explicativos de determinantes contextuales entre adultos nacidos en EE.UU y los miembros de la generación 1.5, es decir, los que emigraron a los EE.UU cuando tenían 10 años o menos. Usando los datos censales de 1990 y 2000, Linton y Jiménez (2009) reportan que el reabastecimiento migratorio es un factor indicador del bilingüismo entre los hispanos nacidos en EE.UU. Otros factores subrayan el contacto institucional con el español, las recompensas en el mercado de trabajo y las actitudes cosmopolitas.

5. El uso doméstico y el ambiente bilingüe

El estudio de Barker sobre Tucson, Arizona, fue uno de los primeros que abordaron el uso del español en los ámbitos privados y públicos. Los datos recogidos entre de 1942 y 1945 indican que si bien Tucson no se regía por los principios de segregación racial, en la práctica había separado a los hablantes de español en el sur de la ciudad y a los del inglés en el norte. Los resultados avalan hipótesis que aún tienen relevancia en los ambiente bilingües: [1] *La división de funciones sociales* se refiere a la distribución del inglés y el español y a la asociación de cada uno con ciertos ámbitos de *relaciones interpersonales*, a saber: (a) íntimas o familiares; (b) informales; (c) formales; y (d) anglo-mexicanas. En las dos primeras dominaba el español mientras el inglés predominaba en las dos últimas. [2] *La congruencia de parámetros lingüísticos individuales* implica la división en tipos bilingües, a saber: (a) los nacidos en EE. UU., hablantes del dialecto regional del español, quienes se comunicaban en inglés deficiente buscando la movilidad social; (b) muchos inmigrantes que hablaban español mexicano normativo e inglés deficiente, pero favorecían el español en conversaciones con anglohablantes, buscando la movilidad social a través de las relaciones intracomunitarias; (c) los hijos de los individuos agrupados en (a) y (b) hablaban el dialecto regional del español, además del pachuco y el inglés deficiente, y rechazaban tanto a los anglohablantes como a los hispanohablantes; (d) las familias tradicionales hablaban el español normativo, el dialecto regional y el inglés normativo pero rechazaban tanto el grupo mexicano como el americano. [3] *La congruencia de los parámetros lingüísticos del grupo con las relaciones sociales.* La preferencia del español en los ámbitos íntimos e interpersonales y el aislamiento de la comunidad se observaba en los patios de la escuela pública donde se prohibía hablar español y se requería el uso del inglés. Una vez fuera de las áreas comunes de juego, los mexicanos del Tucson hablaban el español del sur de Arizona. [4] *La correlación de parámetros de conducta lingüística con condiciones de aculturación* se manifestaba en la resistencia a hablar español en presencia de o con hablantes del inglés, en la ausencia de relaciones interpersonales con anglohablantes, en la inhabilidad de traducir libremente del español al inglés y viceversa. Este estudio resalta la focalización del uso lingüístico como instrumento de análisis sociológico, y la aplicabilidad del mismo en la investigación de las relaciones interpersonales con particular referencia a las actitudes (Barker, 1942/1975).

Cinco décadas después del estudio de Barker, Jaramillo (1995) hizo hincapié en algunos cambios estructurales que explican la legitimación pasiva del español de Tucson dada la cercanía con México, de donde proceden no solo inmigrantes sino también turistas y visitantes ocasionales que coadyuvan al uso del español en diferentes ámbitos públicos y privados. Por otro lado, en cinco décadas surgieron élites bilingües que apoyan el uso del español en los medios orales y escritos, así como en distintos servicios sociales y religiosos. Estos cambios han tenido un efecto positivo en el uso del español en público, provocando una diglosia a la inversa, de manera que en algunas familias mexicano-americanas se usa el inglés en casa mientras que los mismos hablantes usarían el español en público.

6. Del ámbito doméstico a los ámbitos públicos

El estudio del uso del español en los ámbitos públicos presenta uno de los mayores desafíos para la investigación, puesto que las comunidades hispanohablantes varían en tamaño, recursos, calidad de vida, actitudes, recursos educativos, centros comunitarios, medios de comunicación, servicios de apoyo a la creciente clientela de hispanohablantes, reabastecimiento migratorio, etc. La primera tarea del investigador consistiría en hacer un conteo preliminar de una población o poblaciones. Una muestra de 22 ciudades con más de 100.000 habitantes se encuentra en el estudio de Bills et al. (1995: 14, 17). Con datos del Censo de 1980, el análisis subraya el índice de lealtad lingüística según la población total, el porcentaje de población de origen hispanohablante, y el porcentaje de habitantes nacidos en México. Las 22 ciudades se encuentran en los estados de California, Arizona, Nuevo México, Colorado y Texas, es decir, los estados tradicionalmente poblados por hispanohablantes de origen mexicano. Cuando se mide la distancia de estas ciudades de las fronteras con México, destacan en los primeros lugares las ciudades fronterizas o cuasi-fronterizas como El Paso (Texas), Tucson y Phoenix (Arizona), y la lista continúa con San Diego, Santa Ana, Anaheim, Long Beach, Los Ángeles, Fresno, San José, Oakland, San Francisco y Sacramento (California), Corpus Christi, San Antonio, Austin, Houston, Fort Worth y Dallas (Texas), Albuquerque (Nuevo México), Colorado Springs y Denver (Colorado). El índice de lealtad lingüística varía de 56% en Denver a 98% en Dallas y entre los jóvenes de 31% en la primera comunidad y 93% en El Paso. Diez de estas ciudades reaparecen en el censo del 2010 catalogadas como las más grandes del país. Este dato aislado indica que hay información ilimitada tanto en las grandes como en las pequeñas ciudades.

6.1. Un estudio de caso: San Diego, California

La breve historia de San Diego ejemplifica la evolución del español en EE.UU., dado que la población hispanohablante era escasísima en sus inicios. San Diego se convirtió en la frontera de la República Mexicana después de la Guerra entre México y EE.UU. Antes de este período pertenecía a la Nueva España. San Diego se fundó en julio de 1769 con un fuerte y una misión en lo que hoy se conoce como "el pueblo viejo". Para 1799 San Diego tenía una escasa población de 177 habitantes, la mayoría soldados españoles y sus familias. En 1820 la población total era de 450 personas. Durante casi setenta años vivió bajo las órdenes de militares españoles o novohispanos hasta que en 1835 se estableció el gobierno civil. Los hispanohablantes de la pequeña zona se aliaron a la causa americana durante la guerra entre México y Estados Unidos, y al término de la misma la población empezó a crecer rápidamente de manera que para

1860 ya tenía 4.324 habitantes y para 1870 contaba con 4.951 (excluyendo indígenas). (Cfr. Smythe, 1907).

Tabla 17.2. La población total y de origen hispano: San Diego (1850-2010)

Año	Población total	Población de origen hispano	Porcentaje (%)
1850	798	n.d.	n.d.
1860	4.324	1.211	28.0
1880	8.618	733	8.5
1900	35.090	1.263	3.6
1930	209.659	10.483	5.0
1960	556.808	35.079	6.3
1970	1.357.854	112.820	8.2
1980	1.861.864	275.177	14.8
1990	2.498.016	510.781	20.4
1996	2.690.255	619.638	23.0
1997	2.724.437	642.772	23.6
1998	2.794.785	670.761	24.0
1999	2.911.468	722.377	25.0
2000	2.813.834	750.965	27.0
2005	3.051.280	880.030	28.8
2008	3.001.072	926.926	30.9
2010	3.095.313	991.348	32.0

Fuentes:
a) 1850-1990 (State of California, Department of Finance, 1998)
b) 1996-1999 (San Diego Association of Governments (1997, 1999)
c) 2000- 2010 (Pew Hispanic Center). N.d. = no disponible

Los hispanos de California, conocidos como *californios*, tuvieron por muchos años el control exclusivo de las tierras, la política y la economía básica de la zona. Después de la Guerra del 46, la población hispana de San Diego tuvo la misma suerte que la de California, es decir, quedó en desventaja numérica frente a la nueva ola mayoritaria de pobladores anglohablantes. La estrategia de acomodo ante la nueva mayoría no devengó ventajas para los *californios*, sino que tuvo como efecto la subordinación de los hispanohablantes, quienes casi desaparecieron hacia finales del siglo XIX. La recuperación de los hispanohablantes por medio del reabastecimiento migratorio es un fenómeno que arranca a partir de 1960 y desde entonces no ha dado marcha atrás (ver Tabla 17.2). En 2005 la región de San Diego se divide en siete zonas estadísticas, las que han permanecido estables por más de 30 años. Con excepción de la zona Este, la población ha crecido constantemente. En estas zonas se encuentran 19 distritos, entre los que destaca la ciudad de San Diego con 1.305.736 habitantes, de los cuales, 350.098 (o 26.8%) son de origen hispano. La concentración de hispanos se encuentra entre niños, adolescentes, jóvenes y adultos menores de 45 años.

Tabla 17.3. San Diego: Población total y población hispana por distrito

Distrito	Población total	Población hispana	Porcentaje
Carlsbad	95.146	12.175	11.9
Chula Vista	217.543	107.874	49.6
Coronado	26.973	3.184	11.8
Del Mar	4.543	193	4.2
El Cajón	97.703	3.836	24.4
Encinitas	62.774	10.513	16.7
Escondido	141.350	59.866	42.4
Imperial Beach	27.710	12.645	45.6
La Mesa	55.983	8.683	15.5
Lemon Grove	25.531	8.143	31.9
National City	63.773	37.470	58.8
Oceanside	175.085	57.823	33.0
Poway	50.675	5.976	11.8
San Diego	1.305.736	350.098	26.8
San Marcos	73.054	27.612	37.8
Santee	54.476	6.836	12.5
Solana Beach	13.400	2.264	16.9
Vista	94.109	39.050	41.5
No incorporado	465.716	105.679	22.7
TOTAL	3.051.180	880.030	28.8

Fuente: San Diego Association of Governments (2006: 9)

En el año 2005, los 19 distritos tenían una población total de 3.051.180 de habitantes; de estos, 880.030 o 28.8% eran hispanos (ver Tabla 17.3). Las concentraciones mayores se encuentran en los tres distritos del sur, o sea, National City (58.8%), Chula Vista (49.6%) e Imperial Beach (45.6%), mientras que hacia el norte hay otro conjunto de concentraciones en Escondido (42.4%), Vista (41.5%), San Marcos (37.8%) y Oceanside (33%). El resto tiene menos de 33% de hispanos. Se estima que entre 2000 y 2005, el ingreso promedio en San Diego fue de $47.360 a $52.192

variando de $33.439 en National City a $87.982 en Del Mar (SANDAG 2004). Los tres distritos del sur son adyacentes a la frontera con México, y en ellos se concentran 157.989 habitantes de origen hispano. Se estima que en Chula Vista entre 30 y el 60% de la población habla otro idioma en casa distinto al inglés, mientras que en National City e Imperial Beach, 60% o más de los residentes hablan otro idioma distinto al inglés (SANDAG, 2006: 25). Cabe agregar que San Ysidro, colindante con Tijuana, fue incorporado a la ciudad de San Diego hace cinco décadas. En el año 2000 San Ysidro tenía una población de 26,953 habitantes, de los cuales 89% se consideraban de origen hispano. Se calcula que una gran mayoría (85%) habla español en casa, pero que 58% "hablan inglés bien" o "muy bien" mientras que 27% "no hablan muy bien" o "no hablan nada" (SANDAG, 2003). San Ysidro se suma a la zona suburbana del sur de San diego (ver Mapa 1 en el Apéndice I).

6.2. Los usos públicos del español

En cuanto a los medios de comunicación masiva, la radiodifusión en español compite con la radiodifusión en inglés, puesto que todas las emisoras de Tijuana se escuchan en San Diego, así como las de San Diego se escuchan en Tijuana. Tijuana cuenta con 30 estaciones de radio que transmiten enteramente en español. San Diego cuenta con el mismo número pero tres de las estaciones transmiten en español y una en lenguas asiáticas. Las estaciones locales de televisión de Tijuana son ocho y algunas transmiten en vivo la programación del interior de México. En San Diego existen diez emisoras locales que transmiten en inglés y una en lenguas asiáticas. Por lo que se refiere a la transmisión masiva por medios orales, el inglés y el español mantienen el equilibrio esperado en comunidades fronterizas. Finalmente, durante casi dos décadas, San Diego ha sido la sede del Festival del Cine Latino, el que ha traído 160 películas de calidad internacional, además de las celebridades y celebraciones relacionadas a las mismas (*La Prensa San Diego*, 2011).

Los recursos anteriores indican que el uso del español al nivel oral-informal de recepción es bastante sólido y que probablemente no vaya a dar marcha atrás. Por lo que se refiere a la prensa escrita, los hispanos de San Diego consumen revistas y periódicos diarios de circulación masiva que llegan de México principalmente. El único periódico enteramente en español es el semanario *Diario San Diego*, original de Chula Vista, y cuya versión impresa se encontraba en la zona suburbana del sur. El semanal ha cubierto noticias internacionales, regionales y locales así como deportes, espectáculos, cartelera cinematográfica, anuncios comerciales y avisos clasificados, además del tema de la migración, violación de derechos humanos y narcotráfico, mientras que las notas editoriales se refieren sobre todo a la política de México o de EE.UU. Las noticias que no son locales se derivaban de las fuentes noticiosas mexicanas e internacionales, de modo que los lectores tenían acceso al español de la prensa que circularía en cualquier ciudad monolingüe o en donde predominaría la lengua española en contacto con otros idiomas. Desde junio de 2011 este semanario ha sido remplazado por *Frontera San Diego*, que aparece tanto impreso como en línea (www.frontera.info/sandiego). Sin embargo, el diario más antiguo es *La Prensa San Diego*, que publica en ambos idiomas pero le da un espacio privilegiado al idioma inglés (www.laprensa-sandiego.org).

En las grandes librerías locales (Barnes and Noble o Star Books) se puede encontrar una pequeña sección dedicada a los libros en español. Se venden los clásicos españoles y latinoamericanos (p. ej., Cervantes, Lope de Vega, Gabriel García Márquez, Carlos Fuentes, Mario Vargas Llosa) así como libros de divulgación general, política mexicana, diccionarios, libros de texto y libros para niños. En ocasiones se invita a los autores a presentar sus libros y autografiarlos. Los clientes curiosos o interesados asisten a estos eventos. Por otro lado, los letreros y señalamientos públicos en las comunidades fronterizas son mixtos, pero predomina el inglés. En las grandes tiendas de departamentos se encuentran letreros bilingües, pero no son tan regulares como los letreros que aparecen en inglés. El directorio telefónico de toda la zona sur está en inglés. En las comunidades del sur las guías telefónicas blanca y amarilla se distribuyen también en inglés. Las escuelas públicas de San Diego han puesto en práctica programas de las lenguas del mundo aunque el español aparece en los programas de alfabetización bilingüe. Todas las universidades locales y escuelas vocacionales ofrecen mini-programas de español como lengua extranjera con una matrícula considerable, y en ocasiones algunos cursos de español como lengua de herencia (L de H). En comparación con los recursos orales, los recursos escritos no son abundantes ni variados.

6.3. Interacción personal, actitudes y variantes dialectales

En San Diego, así como en otras fronteras americanas, la interacción en español y la aceptación pasiva de los usos en español se inició por efecto de las transacciones comerciales con consumidores mexicanos. Esta práctica tiene una historia de muchas décadas pero se intensifica a partir del fin de la Segunda Guerra Mundial, dado el mayor poder adquisitivo de turistas mexicanos y residentes del lado mexicano de la frontera, que entonces no tenían mucha fluidez en inglés. Desde la década de 1950, los comercios fronterizos del lado americano procuraban contratar empleados bilingües que atendieran a la clientela hispanohablante y desde entonces el uso del español en público se considera normal. La interacción en las comunidades del sur de San Diego ocurre en cualquiera de los idiomas, pero a diferencia de comunidades más antiguas como El Paso, Texas, en las comunidades fronterizas de San Diego, uno de los interlocutores, generalmente el cliente puede iniciar el cambio hacia el español y sostener una conversación en español cuando se trata de una actividad comercial. Una vez que los bilingües se conocen y "agarran confianza", tienden a usar cualquiera de los dos idiomas. En todo el condado de San Diego, el volumen de voz de los hispanohablantes es normal, a diferencia de otras comunidades de California donde los mismos bajan el tono de voz o susurran en presencia de anglohablantes.

En las comunidades del sur se escuchan las distintas variedades del español mexicano tanto urbano como rurbano, e incluso el rural. Una gran mayoría de los hablantes proviene de Tijuana, Rosarito, Ensenada y Mexicali (Baja California Norte) principalmente, pero los hay de otras regiones de México y Latinoamérica. En las comunidades del sur de San Diego, el español mexicano rurbano exhibe los rasgos más generalizados como la adición de *-s* en las formas del pretérito (*dijistes*, *trajistes*, *pusistes*), el uso de *-nos* en lugar de *-mos* como en *hablábanos*, *subíanos*, *bajábanos*; y el cambio acentual en las formas esdrújulas del subjuntivo como en *pónganos*, *hágamos*, *puédamos* (cfr. Hidalgo 1987a y 1987b). También se escuchan rasgos del español rural y arcaico (*trujistes, trajites, dites, vivemos, salemos, dicimos*). En los ámbitos públicos de San Diego, el español de Tijuana es el modelo más disponible y frecuente puesto que lo avalan los medios de comunicación. El español de Tijuana se puede considerar una koiné, resultado de la mezcla de los distintos dialectos regionales mexicanos (cfr. Martínez, 2000 y Adame, 2001). En el nivel formal, el español de Tijuana se confunde con el español urbano de cualquier parte de México pero también se usan las distintas variantes informales y los registros provenientes de áreas rurales. En Tijuana se escucha también el español "rurbano" proveniente de las distintas áreas "rurbanas" de México.

6.4. Uso y actitudes en las comunidades del sur de San Diego

Dos estudios llevados a cabo en las distintas escuelas públicas de San Diego ilustran la correlación entre usos y actitudes hacia el español (Hidalgo, 1993 y Apalategui, 2008). El primero se basa en encuestas de

1988 y el segundo en datos recogidos entre 2002 y 2003. El primero explora las reacciones de 136 estudiantes de nivel secundario y las de sus padres con un total de 81 adultos informantes residentes de Chula Vista; el estudio muestra el contraste de actitudes en los distintos planos (integracionista, utilitario y personal) entre la primera y la segunda generación, entre el mantenimiento del español y el bilingüismo juvenil. Por otro lado, los usos en el ámbito familiar son un poco más frecuentes entre los jóvenes, porque hablan español con sus abuelos, padres, hermanos y otros parientes, mientras que los adultos lo usan con sus hijos pero no mucho con sus padres o abuelos. En los ámbitos públicos (tanto en la comunidad como a través de los medios de comunicación masiva) los adultos usan más y con más frecuencia el español. Estos datos constatan la relación dinámica entre los hablantes de la primera y la segunda generación, quienes representan el español nativo por un lado y el E de H por el otro. Mientras que los adultos se inclinaban por el uso del español en público los jóvenes se inclinaban por el inglés sin descartar totalmente el español. Los intercambios entre la primera y la segunda generación son el motor que da origen al E de H. Los jóvenes que viajan con frecuencia y regularidad con sus padres a sus países de origen tienen mayores oportunidades de desarrollar una fluidez cercana en apariencia a la de la primera generación, aunque tal fluidez tienda a debilitarse o a fortalecerse de acuerdo al menor o mayor contacto con las comunidades nativas.

Por otro lado, el estudio de Apalategui (2008) incluye la variable examinada por Bills et al. (1995). El instrumento original usado y ampliado (Hidalgo, 1993) sirvió de base en las escuelas públicas de San Diego donde se encuestaron 586 estudiantes matriculados en cursos de español para hablantes de herencia (H de H), distribuidos entre varones (33.9%) y mujeres (66.1%), cuyas edades fluctuaban entre 13 y 19 años. La proporción de estudiantes de grupos encuestados varía del 48.5% en Clairemont a 90.3% en San Ysidro (ver Tabla 17.4). La gran mayoría de los estudiantes son bilingües activos en inglés y español y respondieron a preguntas de autoevaluación en fluidez oral, comprensión y lectoescritura en ambos idiomas en la escala de 1 al 5. La Tabla 17.5 muestra los promedios (= *p*) por escuela. Dos escuelas de Chula Vista (Eastlake y Chula Vista) reportaron el promedio más alto en ambos idiomas mientras que los informantes de Sweetwater, también en Chula Vista, reportaron el promedio más bajo en inglés pero más alto en español. Por otro lado, la escuela Clairemont, más alejada de la frontera, reportó un promedio (= *p*) más bajo en español.

Tabla 17.4 Número de informantes encuestados por escuela y distancia con la frontera

Escuela	Distancia de la frontera en millas	Número de estudiantes	% de encuestados	% de hispanos
A. Chula Vista	6.5	105	19.1	81.9
B. Sweetwater	9.5	93	16.9	80.3
C. Eastlake	11.6	90	16.4	48.8
D. San Diego	14.4	156	28.4	71.0
E. Clairemont	23.1	106	19.3	48.5
F. San Ysidro	Ciudad gemela	36	n.d.	90.3

Fuente: Apalategui (2008: 39)

Tabla 17.5. Promedio de fluidez en inglés y español por escuela

Fluidez oral, comprensión, lectoescritura	A		B		C		D		E		F		Total	
	n	*p*	*n*	*p*	*n*	*p*	*n*	*p*	*n*	*p*	*n*	*p*	*N*	*P*
Inglés	105	4.38	93	4.03	90	4.49	156	4.13	106	4.38	36	4.31	586	4.28
Español	105	4.59	93	4.51	90	4.69	156	4.52	106	4.23	36	4.58	586	4.52

Fuente: Apalategui (2008: 50, 57)

La Tabla 17.6 muestra los resultados por ámbito y por escuela. Los encuestados de las tres escuelas de Chula Vista (Chula Vista, Sweetwater, Eastlake) reportan un uso mayor del español en el ámbito familiar y en el social, lo que indica que las redes sociales en sus comunidades son muy activas en promover el uso del español. El promedio (= *P*) de todas las escuelas es de 3.81 en el ámbito familiar y 4.28 en el social. En todas las escuelas el uso de los medios de comunicación en español es más bajo que el del inglés, con un promedio total de 2.79. Cuando los encuestados se dividen por grupos etarios de 13-15 y 16-19, los resultados no muestran el contraste según la edad.

Tabla 17.6. Uso del inglés y el español por ámbito y escuela

Ámbitos	A	B	C	D	E	F	
	p	*p*	*p*	*p*	*p*	*p*	*P*
Inglés							
Familia	2.21	2.09	2.21	2.32	2.53	1.92	2.21
Comunidad	3.51	3.28	3.37	3.57	3.88	3.25	3.47
Escuela	3.51	3.23	3.46	3.74	4.01	3.37	3.55
Sociales	2.60	2.48	2.62	2.98	3.10	2.54	2.71
Medios	3.99	3.99	4.09	4.15	4.43	4.00	4.10
Personales	2.43	2.31	2.45	2.65	2.97	2.00	2.46
Español							
Familia	3.84	3.80	3.97	3.77	3.51	4.00	3.81
Comunidad	2.98	3.10	2.84	2.79	2.63	3.30	2.94
Escuela	3.27	3.42	3.31	3.27	2.94	3.77	3.33
Sociales	4.19	4.34	4.24	4.04	3.97	4.94	4.28
Medios	2.87	2.98	2.69	2.68	2.49	3.03	2.79
Personales	3.33	3.22	3.30	3.15	2.88	3.30	3.19

Fuente: Apalategui (2008: 52, 59)

7. Conclusiones

La piedra angular del mantenimiento del español entre los H de H es el ámbito privado familiar, que incluye tanto la familia nuclear como la extendida. El crecimiento masivo de hispanohablantes y su adaptación casi inmediata al nuevo ambiente en los ámbitos institucionales, materiales y culturales sirven de estímulo a la creatividad bilingüe, la que a su vez mantiene el español en una intensa dinámica de interacción y redes sociales de primera y segunda generación. Arraigados desde hace más de 150 años, los hispano-estadounidenses siguen recibiendo a sus connacionales a la vez que los mismos estimulan el uso del español en las comunidades ya existentes. La interactuación entre las primeras y las segundas generaciones es el foco vital que explica los procesos de aceptación y rechazo a partir de 1940 en todos los ámbitos. Inclinados al mantenimiento en el ámbito doméstico y al reabastecimiento migratorio, los mexicano-americanos destacan por la continuidad en los siglos XX y XXI. Mientras un sector de las "primeras generaciones" prefiere la normatividad, otro se adapta a las innovaciones derivadas de los ámbitos públicos (laboral, mediático, comercial, legal o electrónico) catalizadores del cambio. Algunos calcos semánticos referentes al mundo institucional se asemejan superficialmente al español y tienden a obstaculizar la construcción de relaciones diglósicas a nivel formal, toda vez que una mayoría usa tanto el discurso como las variantes informales, coloquiales, dialectales o vernáculas en detrimento del discurso formal. Por otro lado, las "segundas generaciones" se inclinan por la convergencia de estructuras internas dado su valor socio-pragmático y comunicativo, de las cuales van surgiendo los H de H. Los calcos integrados de los ámbitos públicos apuntan tanto al bilingüismo de los H de H como a usos más frecuentes preferidos por hablantes de primera generación.

Algunos ejemplos ilustran la adopción acelerada de calcos semánticos entre hablantes de primera generación. Primero se presenta la versión normativa equivalente (=) al E de H y finalmente la frase original en inglés. [1] Rellenar el formulario = llenar la forma (< *to fill out the form*). [2] Hacer una solicitud = Hacer la aplicación o aplicar (< *to apply or to make an application*). [3] Hacer la declaración de impuestos o de la renta = Hacer los taxes (< *to do the taxes*). [4] Pagar las cuentas de servicios = Pagar los biles (< *to pay the bills*) como en "Mi cuñada nomás trabaja pa' pagar sus biles. [5] Poner una infracción o multa = Poner un ticket (< *to get a traffic violation*). [6] Apelar una multa = Ir a corte o tener corte < (*to go to court*).

Por otro lado, la creatividad ilimitada de los H de H genera las siguientes oraciones: [1] "Los empleadores que no paguen horas extras podrían enfrentar cargos criminales" = "Los patrones o empleadores que no paguen horas extras tendrían problemas legales" [2] "Tomar ventaja de esta oferta" = "Aprovechar la oferta". [3] "Clases uno a uno" = "Clases individuales". [4] "Medicación" con el significado de tratamiento se usa en lugar de "medicina o "medicamento". [5] "¿Cómo le puedo ayudar?" se calca de *May I help you?* pero en un ambiente monolingüe se diría "¿En qué puedo servirle?" [6] ¿Cómo te gusta…? se usa en lugar de "¿Qué te parece + sustantivo o frase sustantivada?", y proviene de *How do you like it?* [7] "Hice drop la clase" es común entre estudiantes universitarios que no tienen familiaridad con la misma noción en comunidades monolingües donde se diría: "Dejé la clase" o "Me di de baja"; [8] "Lo hice double-check (algo)" se deriva de *"to double-check (something)"* que entre monolingües se diría "Lo revisé" o "Lo volví a hacer". Los H de H dicen "Andas en puro negocio" o "Haces puro negocio" (< "*you do your personal business at work*"), expresión desconocida entre hablantes de primera generación.

El crecimiento de la población hispana no basta para reclamar la vitalidad o prestigio del español estadounidense ya que las desventajas socio-económicas, educativas y políticas contrarrestan su posición de lengua masiva en la gran constelación del multilingüismo americano. El E de H alterna con el español normativo o el español nativo de primeras generaciones que tienen a su disposición varios dialectos regionales y sociales de manera que éstos nutren constantemente el E de H no solo en el ámbito doméstico sino en los múltiples ámbitos públicos. En las primeras décadas del siglo XXI el E de H empieza a confundirse con el español latinoamericano de los distintos medios internacionales. Una opción viable sería la re-estandarización purista de materiales impresos, pues es improbable que en el futuro se dé apoyo a un programa de estandarización provocado por un movimiento nacionalista; tales eventualidades son raras en los EE.UU. Es improbable que se acepte totalmente el E de H dada su inestabilidad, si bien los mismos fenómenos ocurren en todo el país: préstamos léxicos del inglés, transferencia estructural del inglés al español, alternancia de código español-inglés (cfr. Hidalgo, 2001) y los distintos estilos de comunicación como la mezcla de código y el cambio de código. Conservar el E de H es mejor que aceptar a rajatabla el monolingüismo como única opción. Un compromiso razonable sería la adhesión a la norma bilingüe que aflore en las distintas comunidades y que a la vez se adapte a las necesidades estilísticas y comunicativas más apremiantes, de manera que dé cabida a los usos locales al mismo tiempo que los hablantes se percatan de las normas internacionales.

Bibliografía

Adame, Guadalupe M. 2001. *Comparación de koinés norteñas y dialectos sureños: Muestras morfosintácticas del español de México.* Tesis de Maestría. San Diego State University.

Alba, Francisco. 1989. *La población de México: Evolución y dilemas.* México: El Colegio de México.

Apalategui, Mariana. 2008. *Spanish language use and attitudes in San Diego County: Samples of high school and college students.* Tesis de Maestría: San Diego State University.

Arriagada, Paula A. 2005. "Family-context and Spanish language use: A study of Latino children in the United States". *Social Science Quarterly* 86, 599-619.

Barker, George C. 1947/1972. "Social functions of language in a Mexican-American community". *Anthropological Papers of the University of Arizona*, 22. Tucson: University of Arizona.

Bills, Garland D., Eduardo Hernández-Chávez, y Alan Hudson. 1995. "The geography of language shift: distance from the Mexican border and Spanish language claiming in the Southwestern U.S." *International Journal of the Sociology of Language* 114: 9-28.

Fishman, Joshua A. et al. 1984. *The rise and fall of the ethnic revival in the United States*. Berlin: Mouton de Gruyter(Contributions to the Sociology of Language 37).

Haugen, Einar. 1977. "Norm and deviation in bilingual communities". En *Bilingualism. Psychological, social and educational implications,* editado por P. A. Hornby, 91-102. Nueva York: Academic Press.

—. 1987. *Blessings of Babel: Bilingualism and language planning*. Berlin: Mouton de Gruyter (Contributions to the Sociology of Language 46).

Hidalgo, Margarita. 1987a. "Español mexicano y español chicano: Problemas y propuestas fundamentales". *Language Problems and Language Planning* 11, 163-190.

—. 1987b. "On the question of standard versus dialect: Implications for teaching Hispanic college students". *Hispanic Journal of Behavioral Sciences* 9, 375-395.

—. 1993. "The dialectics of language maintenance and language loyalty in Chula Vista, Ca: A two-generation study". En *Spanish in the U. S.: language contact and diversity*, editado por A. Roca y J. M. Lipski. 47-71. Berlin: Mouton.

—. 2001. "Spanish language shift reversal on the U.S.-Mexico border and the third space". *Journal of Language and Intercultural Communication* 1, 57-73.

Jaramillo, June A. 1995. "The passive legitimization of Spanish: A macro-sociolinguistic study of a quasi-border". Tucson, Arizona. *International Journal of the Sociology of Language* 114, 67-92.

La Prensa San Diego. 4 de marzo de 2011. 18th Annual Latino Film Festival brings the best of Latino cinema to San Diego 35, p. 1.

Linton, April and Jiménez, Tomás R. 2009. "Contexts for bilingualism among U.S. Born Latinos". *Ethnic and Racial Studies* 32, 967-995.

Martínez, Glen A. 2001. "Política lingüística y contacto social en el español méxico-tejano: La oposición *–ra* y *–se* en Tejas durante el siglo XIX." *Hispania* 84, 114-124.

Martínez, Nicole K. 2000. *Leveling and koineization in Tijuana.* M.A. Thesis. San Diego State University.

Pew Hispanic Center. 2010. "Hispanos de origen mexicano en los Estados Unidos, 2008". Hoja descriptiva (18 de mayo de 2010). www.pewhispanic.org/data/origins.

Ramírez, Roberto R. 2004. "We the people. Hispanics in the United States". *Census 2000 Special Reports*: Washington, D. C.: U.S. Department of Commerce.

San Diego Association of Governments (SANDAG). 2003. San Ysidro Community Planning Area. SANDAG.

—. 2004. "Mapping the Census detailed population and housing characteristics in the San Diego Region". Junio SANDAG INFO, N° 4.

—. 2006. "San Diego Region. Demographic and Economic Characteristics". Junio SANDAG INFO, N° 1.

Sánchez, Rosaura 1983. *Chicano discourse. Socio-historic perspectives.* Rowley: Newbury House.

Smythe, William S. 1907 *History of San Diego: 1542-1907.* San Diego: History Company.

Zenteno Quintero, René M. y Rodolfo Cruz Piñeiro. 1992. "A geo-demographic definition of the Mexican northern border". En *Demographic dynamics of the U.S.-Mexico Border,* editado por J. R. Weeks y R. Ham Chande, 29-60. El Paso: The University of Texas at El Paso.

Apéndice I

Imagen 17.1. Zonas estadísticas más grandes de la región de San Diego

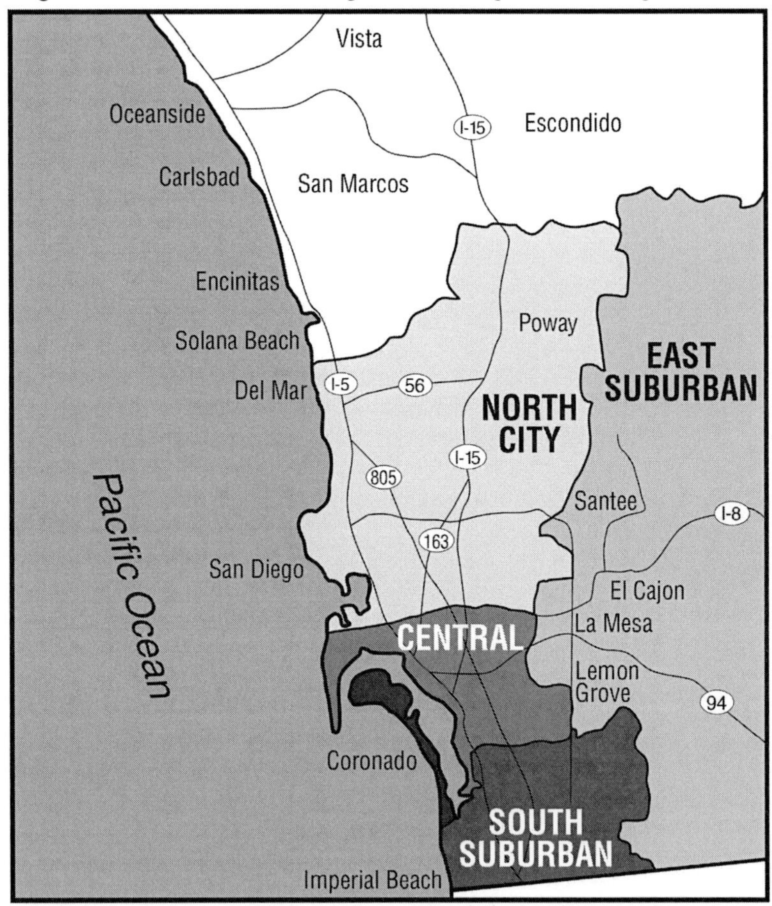

Mapa 1. Las Zonas estadísticas más grandes de la región de San Diego.
Fuente: San Diego Association of Governments (2004)

Apéndice II

Tabla 17.7. Crecimiento de la población hispana: 1940-2010

Año	Población total	Origen hispano	%
1940	132.165.29	1.861.400	1.40
1960	179.325.671	3.334.960	1.85
1970	203.210.158	7.823.583	3.84
1980	226.542.199	14.608.673	6.44
1990	248.709.873	20.425.646	8.21
2000	281.421.906	35.238.481	12.50
2006	299.398.484	44.321.039	14.80
2008	304.060.000	46.822.000	15.39
2010	308.745.538	50.477.594	16.35

Fuentes:
a) 1940-1970, J. A. Fishman et al. (1984: 132)
b) 1980-2010, U.S. Census Bureau (1981-1982; 1992, 1999, 2006, 2008, 2011). Washington, D.C.

Tabla 17.8. Proyecciones del crecimiento de la población: 2015-2050

Año	Población total	Origen hispano	%
2015	325.540.000	57.711.000	17.72
2020	341.380.000	66.365.000	19.40
2025	357.452.000	75.772.000	21.19
2030	373.504.000	85.931.000	23.00
2035	389.531.000	96.774.000	24.80
2040	405.655.000	108.223.000	26.67
2045	422.059.000	120.231.000	28.45
2050	439.010.000	132.792.000	30.24

Fuente: U.S. Census Bureau. Population Projections, 2008

CHAPTER EIGHTEEN

CORPORATIVE SOCIETY AND CYBERQUEER: UTOPIA AND DYSTOPIA REVISITED*

PIOTR SOBOLCZYK
INSTITUTE OF LITERARY RESEARCH
OF POLISH ACADEMY OF SCIENCES

1. Corporative Society, Neoliberalism and Economical Crisis

At the beginning of the second decade of 21st century Spanish society faced a big wave of the so called "economic crisis", its consequences being the underemployment of the youngest generation and increasing unemployment among the whole population, sometimes referred to as "precariedad laboral"[1], as well as the reduction of "social politics". Young Spanish writer Juan Sardá's second novel *Taksim,* published in 2012[2], seems to refer precisely to this situation and to offer not only a description of the social situation, but mostly seeks deeper examination and understanding. Although written as a science fiction dystopia with the typical, not to say *cliché,* themes such as robots, and although set during the last decades of the 21st century, that is, in the distant future, its vision of the possible world is rather an actualization of a political programme available today as a fantasy or utopia of some group or class, only not (yet?) realized. It shows a world we could have today, or the future consequences of today's politics. This is, precisely, first a critique of the actual politics that led to the social situation of Spain after 2008, and second, a caution and a call for a political revolution and a change of the

* The research was subsided with the Polish National Center for Sciences grant nr DEC-2012/04/S/HS2/00561.

[1] The term has been in use in Spanish discourse from 2008.

[2] Sardá is a Barcelona-born journalist (1976).

dominant paradigm. In the second meaning, it applies not only to Spain but to the Western world as a whole.

Sardá draws on some of the known political, economic and social critiques, but does not employ commonly used names nor terms. More precisely: his dystopic critique coincides and seems to be influenced by anti-neoliberalist and anti-globalist writings and arguments, i.e. by "leftist" or "neo-marxist" positions—and yet he never uses the word "neoliberalism". Sardá starts his novel with the Third World War in 2018, called also "The Unlimited Sacrifice Operation" (*Operación Sacrificio Ilimitado*), which was meant to dissolve the problem of "overpopulation" in the world. As the epigraph to the book, a quotation from an American economist, Dr. Charles A. Hall, puts it: "Overpopulation is the only problem. If we had 100 million people on Earth—or better 10 million—there wouldn't be any other problem."[3] After the War the number of people living was adjusted to an economical calculation which aimed at eliminating poverty. "Overpopulation" means a situation where only a minority of people have jobs and financial resources, while the majority have no employment (or they have "precarious work") or work as slaves (for example, workers in China) or get the money from social programs or live in complete poverty. It seems to put in a literary form what Samir Amin once said of neoliberalism and its consequences: that neoliberal economy is not democratic (contrary to how it presents itself), but it restitutes feudalism with a dominant class of capital, which means redistribution of capital to the hands of the rich, while ignoring the problem of the increasing poverty of the majority of the population, and as a consequence it leads to self-destruction of humankind, or, at least, to a situation where some 20 million people have the capital, and some 5 billion people have no resources on which to live, which could be summed up as a planet filled with slums where there are over 5 billion people too many (S. Amin, 2004). However Sardá chooses not to talk about "capitalism" nor "capital". The War was induced by "corporationism" and led to establishing this ideology as the dominant, or, rather, exclusive one. After the War there are no "countries" or "states", only corporations. Most of the novel takes places in "Light BCN", which is the name of a corporation, and yet the reader might guess that it stands for former Barcelona, since it has a district called Eixample; other cities are called e.g. "Coca-Cola" or "Coca-Cola Zero MNC" (Manchester?), "iPad MHTN" (Manhattan?), "Big Mac CRC" (Cracow?), "Hilton-Inn"

[3] J. Sardá (2012: 10). "La superpoblación es el único problema. Si tuviéramos 100 millones de personas en la Tierra—o mejor, 10 millones—, no existiría ningún otro problema." All translations of *Taksim* to English are mine.

continent (=Africa), "Repsol Oriente" (=Turkey) etc.[4]; there are no local governments with ministers etc., there is a "board" with Product Managers, e.g. product Manager of Culture or Product Manager of Security; the UN was changed into Corporative World Government, and the society as such is called "corporative society". The writer might not use the words "capitalism" or "neoliberalism", but the world he depicts is a utopic fantasy of neoliberal ideologists. As the critics point out:

> "Enclosure and the assignment of private property rights are considered the best way to protect against the so-called 'tragedy of the commons' (the tendency for individuals to irresponsibly over-exploit common property resources such as land and water). Sectors formerly run or regulated by the state must be turned over to the private sphere and be deregulated (freed from any state interference). The free exchange of capital between sectors, regions, and countries is regarded as crucial. All barriers to free movement (such as tariffs, punitive taxation arrangements, planning and environmental controls, or other locational impediments) have to be removed, except in those areas crucial to 'the national interest', however it is defined. State sovereignty over commodity and capital movements is willingly surrendered to the global market. (...) Neoliberal theorists are, however, profoundly suspicious of democracy." (D. Harvey, 2007: 65-66).

David Harvey gives an account of how today's marriage of the state with capital functions (i.e., capital uses the state for its further accumulation). Other critics, e.g. Alain Bihr, show that the neoliberal economy hides behind a political fantasy of a world ruled only by the "market" without any boundaries such as governments, taxes and "social conditions" for workers (or the so-called "workfare"). "State" as such is either a "necessary evil", either a source of the world's problems (e.g. "social policy" such as public health system or public education, or systems supporting the unemployed, "unemployed benefits") which stand in the way of the capital free self-regulation (A. Bihr: 2007). As anticapitalistic critics show, the effects of such deregulations of the state are increasing unemployment or precarious employment (which seem to be inscribed in the program of neoliberal ideology, e.g. it might "stimulate" individuals to "accumulate more personal capital" in order to get better jobs[5]), and, especially, the reduction of a working class or

---

[4] The influence of David Foster Wallace's *Infinite Jest* (1996) is possible. In this novel corporations sponsor specific years, e.g., there is the Year of the Whopper (like "Big Mac CRC").

[5] For this reason some critics of neoliberalism say that poverty or the "lower" class is needed in its symbolic meaning, i.e. stimulating the elite or under the dread of becoming unemployed, or to "accumulate more personal capital", f.e. making

exploiting them in states where it can be done legally (without "social burdens", i.e. cheaper). That is, one might guess, a description of the "crisis" that Spain (and other countries) are undergoing.[6] Sardá goes further and actualizes the fantasy of a world made only of the capital-owners and free of the problematic "lower class". In the new "corporative society" there are, mostly, two kinds of people, all of them rich or well-situated: managers, i.e. today's financial elite, and celebrities. Work nowadays still performed by the "working class" is in the future world after the War performed by robots who have this advantage or superiority over humans since they don't need to eat nor earn money (although some of them are capable of eating, e.g. "escort" robots that a person might take to a restaurant). Curiously enough, Sardá shows some paradoxes of the situation. First, although neoliberal (*resp.* corporative) ideology as anti-democratic, after "solving" the overpopulation problem it ceases to be a struggle for capital and establishes a stagnant world of well-being which might be called "democratic": now everyone is really equal (but the robots). It also works the other way round, as a critique of today's system—it says, more or less, that the only coexistence possible between democracy and neoliberalism is through getting rid of the class of the "weak", and if not, it might be only realizable in the feudalistic way. There is only a brief mentioning of a "commercial war" between Hilton and Sheraton over South Africa (J. Sardá, 2012: 248), nevertheless the world in general seems divided between a sort of agreement of corporations, so there is no struggle for accumulation of (more) capital; and "agreement of groups" could stand for a definition of "democracy". Second, it shows that although corporations prefer a world without a state, they themselves are built and ruled by some kinds of "states", or boards; perhaps it is a consequence of the new-found democracy. Third, it shows that although class struggle among humankind ended, it went "down", i.e. is reproduced among the new class of robots:

---

people work "after hours" or more for less money etc. Some critics say also that this assumption that getting good jobs depends entirely on the individual's self-effort is wrong, because it does not take into account existing discrepancies in classes and in the availability of education, information etc. While the "rightish" say that it is one's fault if they can have no proper job, the "leftish" argue that this is a systemic, structural problem.

[6] Neoliberal ideology was adopted in most European countries after it was introduced in Chile and the In USA and UK. Spain took a clearly neoliberal turn with the government of Partido Popular under the leadership of José María Aznar in 1996-2004. Aznar's neoliberalism was connected with the so-called New Right and this alliance, which to some critics seem contradictory in its assumptions, repeats the paradigm of Margarte Thatcher's UK and Ronald Reagan's USA.

> "The majority of them are Jacksons who dedicate themselves to surveillance tasks, or Browns who work as concierges, or Smiths who do the cleaning. Jacob asks Joshua where are the Jacksons Plus of the most apolline kind that he had seen in the swimming pool, or even Windsors like Joshua. Jacob is frustrated by the class struggle reproduction in the robot world, just as if they inherited the same defects as their constructors had."[7]

Even the names of the classes of robots are significant; the lowest class of robots bares the most common English names, while robots of the best sort (mostly prostitutes) are called after the British royal family. The only opposition to this regimen comes then from the robots who form a revolutionary guerilla army called Guerreros del Marte who choose for their place of operation Taksim, a place in Stambul in "Repsol Oriente". The concept that the opposition is somehow linked to the "East", and possibly to the petrol industry (Repsol is a Spanish petrol corporation), probably shows that according to Sardá, the states that most strongly oppose neoliberal ideology are in the Islamic part of the world, and that neoliberalism is a part of US imperialist policy. This interpretation could be deepened, but I choose to elaborate on another issue.[8]

2. Neoliberal Utopia/Dystopia and (Cyber)queer

The reason which makes *Taksim* such an interesting political novel resides not only in its potential of being read as an illustration of some theses taken from political and/or economic writers. Up until now the interpretation has taken place on a rather general, macro (macroeconomic) level. On the more personal, "micro" level, Sardá offers an interesting discussion of the relation of gender policy and the place for queers in a neoliberal society, as the novel's main character, Jakob Jones, is a film

---

[7] J. Sardá (2012: 168-169). "La mayoría son Jacksons que se dedican a tareas de vigilancia o Browns de conserjería o Smiths que se dedican a la limpieza. Jakob pregunta a Joshua dónde están los Jacksons Plus apolíneos que ha visto en la piscina, o incluso los Windors como él. (...) A Jakob le fastidia que la lucha de clases se reproduzca en el mundo de los robots, como si hubieran heredado los mismos defectos de sus creadores.".

Rosi Braidotti (1996) commented upon this: "Hyper-reality does not wipe out class relations: it just intensifies them. Postmodernity rests on the paradox of simultaneous commodification and conformism of cultures, while intensifying disparities among them, as well as structural inequalities".

[8] S. Amin (2002) favors the thesis that imperialism is a permanent stadium of capitalism. Harvey at times uses the concept of "America Inc.", as it were a corporation (2007: 192).

producer in a long-term gay marriage.[9] At first glance the new corporative society seems to be tolerant and non-homophobic, since gay marriages are widely accepted and there are even escort-robots designed to serve as homosexual prostitutes, like Joshua for example. But the logic of sexual "liberation" follows a whole bunch of paradoxes of "liberation" in neoliberalism. At first, as many authors show, the ideal of "liberalism" was to increase personal liberty, including sexual liberty.[10] This is why John D'Emilio in his classic—albeit controversial—text *Capitalism and Gay Identity* could endorse the view that homosexual identity and lifestyle "could evolve because capitalism allowed individuals to survive beyond the confines of the family" J. D'Emilio (1996: 167). At first capitalism did "blur" the notion of family, it is only then—D'Emilio argues—that it joined forces with the "New Right":

> "And, as our movements have grown, they have generated a backlash that threatens to wipe out our gains. Significantly, this New Right opposition has taken shape as a "pro-family" movement. How is it that capitalism,

---

[9] Among modern Spanish novels by young Spanish writers there is one—at least of those that I know—which deals with similar themes. *La piel gruesa* de Raúl Portero (Barcelona-Madrid: Egales, 2009), also takes place in Barcelona and its main characters are gay or queer people (also the motive of "beautiful people" as an obligation for everyone appears in both), as well as it offers some discussion on the "crisis". The difference is it is situated in our time and it is not s-f. Yet everything in this book, compared to that by Sardá, seems "simple" or "simplified" or "superficial". While the self-reflection on homosexuality seems to tend to some identity stereotypes at times (e.g. that "gay people" are more obsessed with the beauty of their bodies; while Sardá shows that this is a general tendency in contemporary culture), the "ideological" discussion at best is present in declarations like this one (or even less elaborated): "The president of one of the banks saved by the government with public money declares in a press conference that the only way to reactivate the economy is to make the redundancy payment cheaper. Then this news is associated with some other about a US company that also was saved with public money, and which shared out two hundred million dollars as extra salaries for the chief executives. As I hear this, I start thinking about the frozen salary that my brother-in-law offered to me and accepted by the majority of the union representatives." Original: "El presidente de uno de los bancos rescatados por el gobierno con dinero público declara en una rueda de prensa que la única manera de reactivar la economía es abaratando el despido. Después enlazan esta noticia con la de una compañía estadounidense a la que también rescataron con dinero público y que repartió de doscientos millones de dólares en concepto de primas entre sus directivos. Al escuchar esto, me viene rápidamente la congelación salarial propuesta por mi cuñado y aprobaba, sin ningún tipo de discusión, por la mayoría de los representantes sindicales." (104).

[10] See A. Bihr (2007).

> whose structure made possible the emergence of a gay identity and the creation of urban gay communities, appears unable to accept gay men and lesbians in the midst? Why do heterosexism and homophobia appear so resistant to assault? The answers, I think, can be found in the contradictory relationship of capitalism to the family. On the one hand, as I argued earlier, capitalism has gradually undermined the material basis of the nuclear family by taking away the economic functions that cemented the ties between family members. As more adults have been drawn into the free-labor system, and as capital has expanded its sphere until it produces as commodities most goods and services we need for our survival, the forces that propelled men and women into families and kept them there have weakened. On the other hand, the ideology of capitalist society has enshrined the family as the source of love, affection, and emotional security, the place where our need for stable, intimate human relationships is satisfied." (J. D'Emilio, 1996: 268-269).

The alliance of neoliberalism and the New Right[11] and its consequences for gender issues has been well described in Lesley Hoggart's essay *Neoliberalism, the New Right and Sexual Politics* where the author shows how superficial "tolerance" is in gender issues under neoliberalism (L. Hoggart, 2005: 149-155). Also Judith Butler, one of the most influential theorists of queer, conducted an analysis of current sexual policy in the US, although she did not use the word "neoliberalism". (Yet, if we assume that the current US policy is neoliberal, this analysis is treated as "neoliberal sexual policy"). Butler indicates that in Western discourse about sexuality there prevails a myth that "modernization" as a historical term was tightly linked to the notion of "liberty" in sexual issues (D'Emilio would put "capitalism" in modernity's place), i.e. the more modern we became, the more sexually liberated. This link is used in anti-

[11] Most crucially it meant the glorification of family alongside the individual, or, in some cases, even instead. Hoggart recalls that this extension—or reduction?—of the family to the individual was present in the thoughts of Friedrich Hayek, one of the "fathers' of neoliberalism. Juliet Mitchell (1973: 154) clarifies: "Capitalist society seemed to offer more because it stressed the **idea** of individual private property in a new context (or in a context of new ideas). Thus it offered individualism (an old value) plus the apparently new means for its greater realization—freedom and equality (values that are conspicuously absent from feudalism). However, the only place where this ideal could be given an apparently concrete base was in the maintenance of an old institution: the family. Thus the family changed from being the economic basis of individual private property under feudalism to being the focal point of the **idea** of individual private property under a system that banished such economic form from its central mode of production—capitalism.".

Islamic policy (which has also some context for Sardá's novel) to show that those Islamic societies are not "modern" (because they are not neoliberal?) because of their attitude towards women and "sexual minorities"; yet, as Butler deconstructs this rhetoric, this "modernity" rather uses some phantasmatic "label" of "women rights" and "LGBT rights", while giving those groups only limited rights.[12] In *Taxim* the corporatism is not allied to any "New Right" nor its values anymore. However, Sardá in his novel also shows that although some rights are given to gay people—most favorably, to gay couples and/or "masculine" (not "effeminate") gays, which is significant—they are limited, or regimented, as happens to all "liberal" qualities under this regimen. John D'Emilio might be right to some extent that capitalism, if it were not tied with the New Right, would create some acceptable conditions for a gay identity. There is, however, a difference between "gay identity" and "queer". If D'Emilio, and some other "gay liberationists", fantasized of a capitalist world without right wing conservative family values, Sardá offers a complex vision of such a society, but goes further to ask about the place of a/the queer in this society. "Queer" is understood here as a step further than the identity-politics-constructed "gay" or "lesbian" (or "bisexual") and, politically, as a less-adaptive and more subversive strategy, more concerned with individual sexual expression rather than the "collective" (paradoxically, as usual, in theory "liberalisms" emphasize the individual, not a group). In political terms, "queer" is understood similarly in some points to Donald Morton's (1995: 369) "cyberqueer", which opposes, or at least should oppose, gay-identity-capitalism.[13] Jakob Jones,

[12] J. Butler (2008). In *Taksim*, much like in the US Butler describes, this "allowance" policy is a version of "political correctness". Jacob Jones' father, before the war a convinced catholic who had to "adjust" ("incorporarse a la sociedad corporative"), remembers with some nostalgia the times with "inferior" races and when one could be homophobic thanks to their catholicism: "Now you can't say that Smiths are short or that Windsors have a faggot aspect, because you are not allowed to use the word faggot." Original: "Ahora ya no puedes decir que los Smiths son cortos o que los Windors parecen maricones, porque maricones tampoco puedes decirlo si no quieres que se te echen encima." J. Sardá (2012: 238). On p. 409 the reader learns that in this society there are still anti-homophobic campaigns, which probably means that there still is some homophobia. However, there is a difference, to which Butler also points to, between the official state definition of homophobia and the "invisible" homophobic policy inscribed to the system. That is to say, the state might fight against homophobia (some version of it) and practice it (by indirect means) at the same time.

[13] Morton quotes Barry D. Adam's catchphrase: "The paradox of the 1970's was that gay and lesbian liberation did not produce the gender-free, communitarian

the queer subject, is a movie producer, however—and this is utterly significant—he seems to be more important than the movie director(s), to him all the artistic efforts are attributed, in the novel's language he is depicted with the rhetoric of today's press paying homage to successful movie directors; he is the most important man behind the movies. Jones is also a celebrity, just as some movie directors today are (but rarely producers). His "queerness" is partially represented by the "neurotic artist" stereotype (moody, oversensitive, capricious, sometimes aggressive, egocentric), and the ironic descriptions of this neuroticism constitute the finest pages of the novel. In sexual terms, although in a long-term gay relationship, he also has sex with a woman, the journalist Marianne, and then is involved in a sexual triangle with Jones' husband (J. Sardá, 2012: 210-211). Jones is also addicted to drugs, which is not well-seen in the corporative society, including the movie industry. Society tries to regulate or temperate his queerness in two general ways. His husband, Paul, is a high-class robot that was programmed by the corporation at a difficult moment in Jones' life so that he could finish a movie. Then the marriage serves as a "settling down", "society-adapting" mechanism.[14] Paul is programmed to behave as a home-loving, quiet, regular and beautiful person, "a gay Stepford wife" to some extent, although with a proper job. He is also programmed to have a "masculine" performance of gender, because *Corporative society was always cruel with the effeminate, not with gays*.[15] (Although there is no explanation of this in the novel, one might assume that this is due to a stereotype that the "effeminate" are more "lazy", or less subordinate, less conformist; and yet in this noncompetitive society there is no need for rivalry which is usually seen as a "masculine" quality).[16] Sardá then repeats the critiques of nuclear

---

world it envisioned, but faced an unprecedented growth of gay capitalism and a new masculinity." Barry D. Adam, *The Rise of a Gay and Lesbian Movement* (Boston: Twine Publishers, 1987: 97). This phrase nicely sums up the "liberation effect" in neoliberal society as described by Sardá.

[14] William N. Eskridge (1996) predicted that exactly such an effect would bring—or brings—the introduction of same-sex marriages; therefore its effect is mostly "adaptive", not "subversive".

[15] J. Sardá (2012: 405-406). "La sociedad corporativa siempre fue cruel con los afeminados, nunca con los gays." And then: "I've never been a queen, I've always loved football, boxing and motorbikes. My voice is hoarse and my manners a little rough. In original: Yo nunca he tenido pluma: siempre me ha gustado el fútbol, el boxeo y las motos. Mi tono de voz es ronco y mis modales, un tanto agrestes.".

[16] Alicia H. Puleo (2012: 362) in a recent revision of Donna Haraway's cyborg concept stressed the double aspect, both utopic and dystopic, of its relation to gender: "Yet we can question whether the 'monstruous world' of techno-science

families of present times, that in a "traditional way" serve as normalizing, socializing units, preventing "sexual anarchy" (i.e., more or less, "queerness"). After Jakob is informed about Paul's robot identity and Paul disappears from his life, which leads to the producer's depression, he is sent by the corporation to a luxury but enclosed hotel, Patatas Lays, a consumptionist paradise, an institution partly similar to a luxury prison, or concentration camp, and partially to a mental hospital. Eventually another robot, Joshua, is sent to him to get him out of his "queer" depression.[17] But Sardá shows also another aspect of suppressing queer, or even gay representation. Although the Jakob-Paul couple is widely known (and widely publicized as they are celebrities[18]) to be a gay marriage, the films Jones makes, and the TV-series Paul acts in, are always heterosexual and, moreover, highly conventional, as descriptions show, Jones' movies completely lack any "queer" stamp. Corporative society in the novel, then, maintains a false differentiation between "private life" and "screen life", that is to say, while allowing a gay-identity life, it does not allow its representations (for financial reasons?). The future world is then only one step further than the situation in Hollywood today, where actors and

---

will bring true freedom. Behind the luminous face of the liberty and equality utopia lurks a dystopian side populated with monsters driven by the greed of the economic interests and a blind faith in a technique which claims to have solutions for all problems. But alas, technoscientific konwledge is not able to repair the disasters that it produces. (...) Today, it is possible to transgress certain unfair and irrational limits such as those of gender—a right that should have always been ours and that society denied us for centuries. (...) Hyperconstructivism is the cultural corollary of neoliberal productivism."

See also Braidotti (1996): "One of the great contradictions of Virtual Reality images is that they titillate our imagination, promising the marvels and wonders of a gender-free world while it simultaneously reproduces some of the most banal, flat images of gender identity, but also class and race relations that you can think of."

[17] Dictionary definitions bring up also this meaning of "queer", e.g. *Concise Oxford Dictionary* gives "giddy" and "faint (feel queer)", while *The Faber Dictionary of Euphemisms* gives "of unsound mind—'queer in the head'—a bit queer". "Drunk" is also issued. See C. Smith (1996: 277).

[18] "Show business homosexuality" is seen as a sort of adornment, addition, supplement, something "small" (note the use of this word): "An orientation very much seen in showbiz, especially among those who specialize in making small talks with celebrities, like telling them they are beautiful when they are loaded with trimmings." In original: "una orientación muy bien vista en el show business, especialmente entre aquellos que se dedican a hacer pequeñas reverencias a las celebrities y decirles que están guapas cuando van emperifolladas." J. Sardá (2012: 297).

actresses can hardly come out if they want to maintain a successful career. Jones launched his career with the so-called "indie movie" *Power Trio*, subversive and anti-corporationist because young Jakob rejected corporative values:

> "The movie starts and it is horrible form the very beginning, everything is a flow of stupid conversations between Jakob and Antony. There they are disputing over the corporative society and its miseries, believing that they are subversive when they employ a pack of clichés about materialism and consumerism. "Before all we are persons", Jakob was saying, "not numbers", as if it were an ad of some bank. "We live in the new type of fascism based on image and money", followed Antony who spent two hours per day in the gym and was rich. Mediocrity rules the public life, stupid people who only think about consuming and leading their miserable lives, their shitty jobs, their puerile and bourgeois expectations. Stupidity everywhere: machines who speak in the first person." (J. Sardá, 2012: 381-382).[19]

Jakob's evolution from "off" to "mainstream" is obviously a model one; it repeats the popular cultural myth of "indie artists who sell out" (and then suffers the neurotic consequences of this betrayal of values). But the ironic mode so often employed by the writer shows also how easy—and how cliché—anti-corporationist critiques are (on the other hand, they are easy but unproductive as nothing changes). To simplify, it could be said that the "talking heads" convention might allegorically represent today's leftish intellectualists or/and young people who quit their ideals as soon as they get "incorporated" (*incorporarse a la sociedad corporativa* is an often used phrase in the novel[20]). Not much (in sexual terms) could be expected from the revolutionary movement though, when Paul joins the

[19] J. Sardá (2012: 381-382). "Comienza la película, que era horrenda desde el primer minuto, y todo consiste en las estúpidas conversaciones entre Jakob y Antony. Ahí estaban los dos disertando sobre la sociedad corporativa y sus miserias, creyéndose sumamente subversivos por recitar una sarta de tópicos sobre el materialismo y el consumismo. 'Ante todo somos personas,' decía Jakob, 'no numerous,' como si fuera la publicidad de un banco. 'Vivimos un nuevo tipo de fascismo basado en la imagen y el dinero,' seguía Antony, que se pasaba dos horas diarias en el gimnasio y estaba forrado. (...) Lo mediocre se apodera de la vida pública, gentes inanes que solo piensan en consumir y proseguir con sus vidas miserables, sus trabajos de mierda, us expectativas burguesas y pueriles. Lo imbécil por todas partes: máquinas que hablan en primera persona (...)".

[20] The most ironical context, given that the world after War is atheist and anti-religious, is the expression *incorporarse a la sociedad corporativa como Dios manda.* Sardá, *Taksim,* 488.

rebel robots, he renounces homosexuality[21]: "During the time of the marriage with Jakob, Paul never felt ashamed of his homosexuality which he finally rejected in the last months of his life when he was a fanatic."[22] The rebellion of a robot from a "peaceful" to a "military" position could be seen as a return to the "original" military destination of robots or cyborgs as stressed by Donna Haraway (2000). Sardá interestingly shows the double bind[23] of a queer position. It is not acceptable for neoliberals, for leftish revolutionists, nor for many current leftish ideologists.[24] E.g., Samir Amin and David Harvey both express more or less similar points of view that neoliberalism is strategically joined with postmodernism, feminism and queer etc., which are part of the postmodern movement. As Harvey (2007: 47) puts it:

> "The ruling elites moved, often fractiously, to support the opening up of the cultural field to all manner of diverse cosmopolitan currents. The narcissistic exploration of self, sexuality, and identity became the leitmotif of bourgeois urban culture. Artistic freedom and artistic licence, promoted by the city's powerful cultural institutions, led, in effect, to the neoliberalization of culture. 'Delirious New York' (to use Rem Koolhaas's memorable phrase) erased the collective memory of democratic New York.

---

[21] This motive appeared earlier in a Polish dystopic novel *Farewell to Autumn* (1926) by Stanisław Ignacy Witkiewicz, where homosexual experiments belong to the artistic and/or "decadent" world which comes to an end with mechanisation and the triumph of the masses which for this writer (a witness of the 1917 revolution) was associated with communism. Sajetan Tempe, the leader of the communists, had a homosexual experiment with an openly gay count Łohoyski, but after the revolution queer sexualities will be prohibited: "Now Athanasius understood: Tempe had been one of Łohoyski's passing victims in his forays into inversion. Besides, Tempe was what is called "ambidextrous". At present he used inversion only to ensnare and dominate the men he had need of. 'Well, after all he served as a lieutenant in the notorious Cadets Corps [Russian Army – P.S.], so there's nothing to be surprised at,' Athanasius recalled." Quoted after: *The Witkiewicz Reader,* ed., transl., introd. D. Gerould (Evanston: Northwestern University Press, 1992), 218-219.

[22] J. Sardá (2012: 440). "Durante sus penosos años de matrimonio con Jakob, durante los que tampoco sintió jamás la vergüenza de ser homosexual, condición de la que acabaría renegando en los últimos meses de su vida cuando ya estaba tan fanatizado.".

[23] I understand "double bind" as a position which in no way gives a favorable solution, following Eve Kosofsky, Sedgwick: "it codifies an excruciating system of double binds, systematically oppressing gay people, identities, and acts by undermining through contradictory constraints on discourse the grounds of their very being." (1990: 70).

[24] See also a historical overview in W. Wilkerson (2000) and H. Oosterhuis (1995).

> The city's elites acceded, though not without a struggle, to the demand for lifestyle diversification (including those attached to sexual preference and gender) and increasing consumer niche choices (in areas such as cultural production). New York became the epicentre of postmodern cultural and intellectual experimentation."

Then, he continues, came the alliance with the New Right; it seems that he sees sexual suppression as a positive effect. Amin in his book, which proposes a way to quit neoliberalism and repair the damages it has made, never mutters a word about sexuality. Not accidently in *Taksim* there is a stereotypical linkage between homosexuality and artistic expression, complete with a financial perspective, according to the neoliberal rules: Marrakesh is a sort of a ghetto-city for homosexual artists, where corporate laws are slightly diminished (as also the full name of the city shows): "I was thinking of moving to Marrakesh OS X which turned into a colony of millionaire homosexual artists."[25]; once again the space of greater liberty is situated in an Islamic country, and there might be another context to it, that is, some similarity to the position of Tangier in William S. Burroughs' Naked lunch; it follows that artistic homosexuality (supported by wealth) is either a product or a marginal possibility far from the mainstream. What in political and economic terms could then be seen as a revolution in left ideology, on the grounds of sexuality being seemingly a backlash. After Judith Butler and others it is evident, however, that neoliberalism is also a "backlash" in sexuality. Moreover, the mere "backlash" is the conception that "sexuality" is a separate issue, in some way or other attached to "more important", political and/or economic matters, that it is a secondary whim (or a bourgeois caprice). As Volker Woltersdorff in his article "Neoliberalism and its Homophobic Discontents" says:

> "Addressing questions of power difference is suspected to undermine the unity and power of political organization. This objection has been very common among the traditional left referring to the Marxist distinction of main and subordinate social contradictions. According to that, the contradiction between labour and capital is the main one whereas any other contradiction, such as sexuality and gender, is regarded as merely epiphenomenal of capitalism. (...) The capitalist economy relies thoroughly on sexuality and gender, and sexuality and gender are deeply entangled in it from within their very hearts. Gender and sexual identity are not added as a further source of exploitation to an otherwise sex- and genderless form

---

[25] J. Sardá (2012: 254). "Estaba pensando en trasladarme a Marrakech OS X, que se había convertido en una colonia de artistas homosexuales millonarios.".

> of labour. Rather, the workforce is provided with a gendered body and sexual desires that are regulated and systematically exploited by capitalism. As queer scholars like Ann McClintock (1995) and Renate Lorenz (2007) have illustrated, desire is not only gendered but also thoroughly racialised and classed."[26]

Eve Kosofsky Sedgwick analyzed a phenomenon she called "Western fantasy of a world after gay", that is, after a gay genocide:

> "From at least the biblical story of Sodom and Gomorrah, scenarios of same-sex desire would seem to have had a privileged, though by no means an exclusive, relation in Western culture to scenarios of both genocide and omnicide. (...) In the first place there is a history of the mortal suppression, legal or subjudicial, of gay acts and gay people, through burning, hounding, physical and chemical castration, concentration camps, bashing—(...) the gay genocide. (...) In the second place, though, there is the iveterate topos of associating gay acts or persons with fatalities vastly broader than their own extent: if it is ambiguous whether every denizen of the obliterated Sodom was a sodomite, clearly not every Roman of the late Empire can have been so, despite Gibbon's connecting the eclipse of the whole people to the habits of a few. Following both Gibbon and the Bible, moreover, with an impetus borrowed from Darwin, one of the few areas of agreement among modern Marxist, Nazi, and liberal capitalist ideologies is that there is a peculiarly close, though never precisely defined, affinity between same-sex desire and some historical condition of moribundity, called 'decadence,' to which not individuals or minorities but whole civilizations are subject. Bloodletting on a scale more massive by orders of magnitude than any gay minority presence in the culture is the 'cure,' if cure there be, to the mortal illness of decadence." E. Kosofsky Sedgwick (1990: 127-128).

---

[26] V. Woltersdorff, *"Neoliberalism and its Homophobic Discontents*", *Interalia. A Journal of Queer Studies* 2 (2007), quoted after: http://www.interalia.org.pl/en/artykuly/2007_2/06_neoliberalism_and_its_homophobic_discontents_1.htm.
And also: "Gayness was so much entangled in commodity capitalism that the very concept had become unacceptable for a considerable part of the younger generation. Nonetheless, growing queer visibility in advertising continues to be mistaken as a realistic picture of society. As a consequence, political discourse draws the image of people getting the straighter the poorer they are. According to that, homosexuality seems to be a kind of luxury that only wealthy people can afford." If "queer" stands for "anarchy" (which is not my claim and neither do I find it in theorists of the movement, but some people from capitalist or marxist positions might understand it this way), then the aphoristic phrase by Anthony Burgess in his *1985*: "Anarchism is an unacceptable bedfellow to the Marxists and the capitalists alike." (1994: 350). (This phrase is both general and a commentary on George Orwell's experience in Catalonia during the civil war).

In Sardá's novel we are faced not with "the world after gay", but with "the world after queer". The writer shows precisely the dubious status of the "utopia—dystopia" distinction (and the class factor that could be assigned to it by the reader). The "corporative society" vision for today's readers might seem a utopia and a desired fantasy if they occupy a neoliberal or/and gay (as an identity) position[27] for the dispossessed but for the queer the same vision might be a dystopic nightmare. As Donald Morton (1995: 376) says: "queer theory points not toward a differently ordered utopia but toward a nonconditioned and nonordered atopia." If we understand the general novel's viewpoint as pro-queer (anti-neoliberal, respectively), then Sardá must seem utterly pessimistic: he shows what is needed (a queer revolution or a revolution with queers), but at the same time he claims there are no possible conditions for it. And this pessimism is even deepened with the vision of the pre-war catholic regime times as (nostalgically) remembered by Jones' father, a homophobic ideologue[28];

---

[27] See also G. Beatty (2000: 620-622).

[28] Jacob's father talks about what in Burgessian terms would be called "interphase" (time before the new regime installation) this way: "The difference resided fundamentally in the catholic religion problem. The Muslims would also be a problem, but they were all killed so that the problem was solutioned without too much complication. The leftish thought known as the "ecological supersurvival" which finally was imposed accused the Vatican of the overpopulation, the main and almost unique problem of the planet, and prohibited all religious organisations that wouldn't submit to the new rules in society. The most despective ones called the new world power 'the faggot revolution' and because of this stress churches change their attitude in this matter. Benjamin York, the writer of the manifest "Ecological supersurvival" used by the coalition between Bill Clinton and Barack Obama who took power when Mark Rubio was killed, he was a homosexual himself and he was the master of rousing many social margins (faggots, women who aborted, multidivorced, people of bad conduct etc.), by using the argument of modernity. It was a great success. One could fuck anyone tirelessly and still be a good christian." In original: "La diferencia la marcaba, fundamentalmente, la cuestión católica. Los musulmanes también habrían sido un problema, pero se los cargaron a casi todos, así que la cuestión se arregló sin demasiadas complicaciones. la corriente de pensamiento de izquierdas, conocida como 'supervivencia ecológica,' que se acabó imponiendo, consideraba al Vaticano culpable de la superpoblación, pincipal y casi único problema del planeta, y condenaba toda organización religiosa que no cumpliera con los preceptos de la nueva sociedad. Los más despectivos llamaban al nuevo poder mundial "la revuelta de los maricas" por su insistencia en que las iglesias cambiaran su doctrina en este asunto. Benjamin York, escritor del manifiesto "Supervivencia ecológica' esgrimido por la coalición entre Bill Clinton y Barack Obama que tomó el poder al asesinato de Marco Rubio, no en vano era homosexual él mismo y fue

Jacob's friend, Martin, as a child was a passionate listener of such stories about the past and as an adult he becomes the leader of the new revolutionary movement. This movement, then, is a "conservative revolution" one with a sinusoidal trajectory of "step further—step back" and a historiosophy which resembles much from the idea of the "phases" ("pelphase" and "gusphase") in Anthony Burgess' *The Wanting Seed*. Their ideal is a theocratic "nation-state"where homosexuals don't exist.[29] This counter-dystopia seems to allude, e.g., to Margaret Atwood's *The Handmaid's Tale*, another reproduction-obsessed dystopia, where homosexuals are hanged in public in the Christian theocratic state Gilead. Even on the intertextual level, Sardá shows that there is no escape from non-homophobic visions of future.

3. Homosexuality and Literary Utopias

There are two interesting points to make concerning homosexuality and utopia. The basic mythic plot for the gay genocide is, as Kosofsky Sedgwick accurately suggests, the story of Sodom. Its interpretation as referring to the condemnation of homosexual acts is a later overwriting of homophobic Christian tradition, yet it remains in the popular consciousness a "homosexual myth". Sardá's Third World War might be understood accordingly as the myth of the destruction of Sodom, where, as we remember, only the "just" and the "righteous" remain. In this case "gay"—yet not "queer"—are among the "righteous". Such reading is reinforced by the literary tradition of encoding the Second World War as a

---

un maestro a la hora de agitar el rencor de amplias capas sociales (maricones, mujeres que han abortado, multidivorciados, personajes de mal vivir y etcétera) al utilizar, arteramente, el argumento a la modernidad. La iniciativa tuvo un éxito formidable. Se podía follar sin descanso con todo quisqui sin dejar de ser buen Cristiano." J. Sardá (2012: 263-264). The "se podía follar sin descanso con todo" changes, however, after the introduction of "corporative society" and this underlines the "interphase" character of times described above.

[29] Compare this revolutionary fantasy which sounds like a summary of Atwood's novel: "Expiate their sins and come back to the State-Nation and to an almost theocratic Government where homosexuals don't exist and abortion is punished with a death penalty, the girls are virgins before marriage and there is no therapeutic cloning, test-tube babies and the scandal of discos that never close." In original: "expiar sus culpas y volver al Estado-nación y a un Gobierno poco menos que teocrático en el que los homosexuales no existían, el aborto estaba penado con la muerte, las chicas llegaban vírgenes al mtrimonio y se terminaba con l clonación terapéutica, los niños en probetas y el escándalo de las discotecas sin horario de cierre." J. Sardá (2012: 448).

mythic plot or symbol of Sodom (without necessarily referring to homosexuality)—examples are Andrzej Szczypiorski's novel *Za murami Sodomy* [*Behind the Walls of Sodom*] (1993) or in a allegoric way Jean Giraudoux's play *Sodome et Gomorrhe* (1943). Samir Amin more than once uses comparisons between the current neoliberal policy and Nazism (the American government as a "junta", 11 IX as the Reichstag fire, *National Security Strategy* as *Mein Kampf*, and, eventually, the predicted genocide of five billion people in the Holocaust).[30]

The second point might be looking at *Taksim* as a queer counter-utopia to Anthony Burgess's *The Wanting Seed* (1962).[31] However, there are some points of reference with *Brave New World* by Aldous Huxley, too. In this classic novel the future is also a fantasy about regulating fertility and population, which in the book is referred to as a "hatchery", but the goal does not seem to be the reduction of the population, only its control, seen as "one of the major instruments of social stability" (A. Huxley, 1983: 19). Much as in Sardá's dystopia, social stability depends also on the planified and controlled (through "hatchery") class difference (but not struggle), with the difference that in Huxley's novel the lower classes are not robots and that people do not desire getting rich(er). The explanation given by Mustapha Mond, the new world's leader, of this social policy serves also as an explanation of Sardá's world, and coincides with the neoliberal vision of a new feudalism (while *Taksim* is the distopic vision of neoliberalism, *Brave New World* is the vision of a previous version of capitalism and mass production, in this book called "Fordism"):

> "We believe in happiness and stability. A society of Alphas [highest class—P. S.] couldn't fail to be unstable and miserable. Imagine a factory staffed by Alphas—that is to say by separate and unrelated individuals of good heredity and conditioned so as to be capable (within limits) of making a free choice and assuming responsibilities. (...) It's an absurdity. An Alpha-decanted, Alpha-conditioned man would go mad if he had to do Epsilon [lowest class—P. S.] Semi-Moron work-go mad, or start smashing things up. Alphas can be completely socialized—but only on condition that

[30] S. Amin (2003).

[31] The entry *Utopias and Dystopias* in R. P. Lunčunas Conner (1998: 335-337), gives more contexts. As published in "Playboy" in 1955 short story *The Crooked Man* by Charles Beaumont tells the inversion-story of a world where heterosexuality is prohibited and a man tries to have sex in secret with a woman dressed as a man, but they are caught. After Burgess, in 1970, Kate Wilhelm also presented a similar dystopia, *Where Late the Sweet Birds Sang* (1976). As for queer counter-dystopias, an anthology on AIDS as a gay genocide was published in 1989 by Tim Barrus, under the title *Genocide: The Anthology*.

> you make them do Alpha work. Only an Epsilon can be expected to make Epsilon sacrifices, for the good reason that for him they aren't sacrifices; they're the line of least resistance. (...) You cannot pour upper-caste champagne-surrogate into lower-caste bottles. It's obvious theoretically. But it has also been proved in actual practice." (A. Huxley, 1983: 260-261).[32]

When it comes to sexual policy, however, although in theory the rule in Huxley's world is "every one belongs to every one else" (1983: 55), that is a non-monogamical love with "no strings attached", and although people do not reproduce themselves through sexual acts, this rule is true only under the condition of obligatory heterosexuality: men don't sleep with men, women don't sleep with women (they are not conditioned to it?), then the rule about "every one" is false (probably as the whole concept of "personal freedom" in this "liberal" world). It is not clear whether this is inscribed on purpose to the novel's viewpoint, or is it Huxley's heteromatrix, say, "error". And yet there is a brief mentioning of homosexuality, but as something that was allowed in the past but as a secret practice and that belongs to the past. In pre-modern times, says the Directer of Hatcheries and Conditioning, sexual proclivities among children were regarded as abnormal, only "Barring a little surreptitious auto-eroticism and homosexuality—absolutely nothing" (A. Huxley, 1983: 47). Perhaps this view on homosexuality's place is due to Freudism, which is accepted in *Brave New World,* and which associates homosexuality with a developmental "phase", that is, a sort of "immaturity" and "underdevelopment", as well as "narcissism".[33] In brief, Huxley's novel in this respect does not seem to be complete. Seen on this background, *The Wanting Seed*, without doubt related to *Brave New World,* is a counter-

---

[32] In Sardá there is a "modernized" allusion to the process of "conditioning", that is programming the classes or castes through sleep-teaching *hypnopaedia* (propaganda)—in "corporatism" robots can be obviously programmed, but also the humans might be "programmed" through inserting a kind of computer "chip" into their heads. Another similarity is the concept of a "reserve" for social outcasts, or people who dare to think and/or be different. In Sardá this is Marrakesh, in Huxley there are islands, like Iceland. Huxley also shows that the rebel, the subversive—which in this case is represented by The Savage—is a conservative (The Savage repeats the patriarchal ideology of classifying women as either "wives", or "bitches"), which shows no positive alternative. Much the same is in Sardá. When it comes to similarities with *The Wanting Seed,* there is the motive of a mother who lost her child (Beatrice-Joanna Foxe), and in the case of *Taksim* Marianne's son, Joshua, was taken away (although the official version was he died) as a kid and turned into a robot.

[33] See the discussion of this concept in M. Warner (1990: 190-206).

excess. There is also a vision of a future world that has to deal with overpopulation, like in Sardá, but the remedy to it seems to be normative and imposed "compulsory homosexuality".[34] Burgess describes this solution with notable disgust, thus the novel is a dystopia (from the heterosexist patriarchal point of view), yet if any reader had any doubts about it, a book written 20 years later in the Thatcher era, *Afterward* makes it clear (we are living in the times of the glorification of homosexuality, he said in 1982, the year when homosexuality was depenalised in Ireland and two years after its depenalization in Scotland).[35] Burgess's vision is based on the figure of inversion (which is often associated with homosexuality, due to its former understanding as "sexual inversion") and the author embroils in paradoxes, e.g. while he blames homosexuals for imposing their government as a solution to overpopulation, he seems to forget that it is rather not homosexuals (as a

---

[34] At the moment of the introduction of the new neoliberal order, some General pronounces: "We cannot allow ourselves another massacre like this one, the general said, homosexuals are our friends because they don't reproduce." Original: "No podemos permitirnos otra masacre como esta, decía el general, los homosexuales son nuestros amigos porque no se reproducen." J. Sardá (2012: 473). This is one of the most "Burgessian" moments in the Spanish dystopia.

[35] E.g.: "I cannot foresee the highly schematic world of The Wanting Seed' as ever coming to birth, but I think some aspects of it—the glorification of the homosexual, for instance—are already with us." A. Burgess (1994: xii). Curiously enough, in a 1993 *"1985" and "The Wanting Seed"—an Introduction* Burgess tries to speak "neutrally" about the homosexual issue in the novel (which means almost avoiding it), while focusing on the other solution for overpopulation in the novel, cannibalism. In *1985* (1978) he declared that women and homosexuals must have equal job opportunities (ibid., p. 359), but declared himself to be against what nowadays is called "anti-hate speech" or "political correctness" (even stronger on p. 516). It is interesting to see Burgess's prophecies as misguiding or misdirected and the writer changing his opinions later, or being inconsequent, just as above. The story repeats with *1985.* In the essay part of the book he states that Orwell's vision of 1984 is far from the actual time, so Burgess, as a way of emulation, in the late 70s offers a "more probable" scenario. His vision is of a Britain governed by a socialist dictatorship and with the fear of Islamisation. However, in the 80s it was not the socialists, but the rightist Margaret Thatcher who ruled, and, funny enough, the things that Burgess saw as socialist mechanisms—e.g. the main character's, Bev, obligation to change his work from a school history teacher to a chocolate factory worker, because history is a redundant subject, came true under the neoliberal government(s). But after "Thatcherism", in the introduction from 1993, the writer states a different position again: "But my own '1985', which was written before the Thatcher revolution, must raise very sardonic guffaws when the nightmare is compared with the reality." A. Burgess (1994: v).

fixed identity) who overpopulate the planet and that their government must have been voluntarily chosen by those who are in the majority, i.e. heterosexuals. Burgess's conservative ideology draws upon a widespread ideal among the conservatives topos, which could be traced as far back as Sextus Empiricus who said that allowing homosexuality leads to the extinction of mankind. This argument was rejected by Jeremy Bentham in *Offences Against One's Self: Paederasty* (ca. 1785):

> "'No'", says he, 'it is not in human nature to make a law that contradicts and outrages nature, a law that would annihilate mankind if it were observed to the letter.' This consequence however is far enough from being a necessary one. For a law of the purport he represents to be observed, it is sufficient that this unprolific kind of energy be practised; it is not necessary that it should be practised to the exclusion of that which is prolific. Now that there should ever be wanting such a measure of the regular and ordinary inclination of desire for the proper object as is necessary for keeping up the numbers of mankind upon their present footing is a notion that stands warranted by nothing that I can find in history. (...) If it is then merely out of regard to population it were right that paederasts should be burnt alive monks ought to be roasted alive by a slow fire. If a paederast, according to the monkish canonist Bermondus, destroys the whole human race Bermondus destroyed I don't know how many times over." (1997: 20-21).

Empiricus's argument is perhaps the first testimony—which Burgess later in large follows—of the rhetorical trick still often found in conservative discourses, namely, the dominant majority speaking as if it were an oppressed minority—in order to oppress the factual minority.

4. Conclusion

Although in Sardá's vision of a future society the position of the homosexual is far better while possibly having a similar function as in *The Wanting Seed*—i.e., maintaining the desired number of the population (the title of Jones' movie, *Wisdom and Fertility,* is quite significant in this context[36])—contrary to Burgess, on the general novel's viewpoint level, it

[36] And yet, to remind, this "wisdom" of governing the "fertility" among mankind, as we might understand the message, does not influence the plot of the movie with any homoerotic nor queer desire(s), instead offering a mixture of classical Western heterosexual love-and-sex clichés, which could be seen—from a queer point of view—as reproducing the ideology of sexual reproduction (i.e., leading to fertility). If this means that Jones is somehow subversive (in *The Wanting Seed* such a movie would definitely be "subversive", because the whole novel is

not only rejects homophobia (which Burgess seems to glorify[37]), but in an ironic if bitter manner yearns for a subversive revolution where queer subjectivities shall not be neglected.

References

Adam, Barry D. 1987. *The Rise of a Gay and Lesbian Movement.* Boston: Twine Publishers.

Amin, Samir. 2002. *Au-delà du capitalisme sénil.* Paris: PUF.

—. 2003. *Le virus libéral.* Paris: les temps des Cerises. English translation: *The Liberal Virus: Permanent War and the Americanization of the World.* New York: New York University Press, 2004.

Beatty, Greg. 2000. "Utopian Literature." In *Reader's Guide to Lesbian & Gay Studies,* edited by Timothy F. Murphy, 620-622. Chicago: Fizroy Dearborn.

Bentham, Jeremy. 1997. "Paederasty". In *We Are Everywhere. A Historical Sourcebook of Gay and Lesbian Politics*, edited by Mark Blasius, Shane Phelan, 15-32. New York—London: Routledge.

Bihr, Alain. 2007. *La novlangage néolibérale: La rhetorique du fétichisme capitaliste.* Lausanne: Editions Page Deux.

Braidotti, Rosi. 1996. "Cyberfeminism with a difference.. Available at http://www.let.uu.nl/womens_studies/rosi/cyberfem.htm.

"inversive"), this subversiveness is not recognized by the ideological apparatus as such.

[37] E.g., the new sexual customs proclaimed by The Homosex Institute (which might echo The Institute for Sexual Science—Institut für Sexualwissenchaft—created by Magnus Hirschfeld and destroyed by the Nazis with its complete documentation in 1933) are summed up in the catch-phrase *It's Sapiens to be Homo* (the figure of inversion) and with a commentary, which shows that Burgess shares the Christian understanding of "nature" and "sex", developed in the Middle Ages: "That sort of thing was now encouraged—anything to divert sex from its natural end." A. Burgess (1994: 6). While in dystopias like *Farewell* to *Autumn and Insatiability* by Stanisław Ignacy Witkiewicz (Witkacy) or in *Taksim*, or in a part of decadent literature of early and high modernism the belief that artistic creativity is connected with decadence and (sexual) "deviance", Burgess, as many conservatives, following e.g. Edward Gibbon, puts into the mouth of Tristram, the main character, his credo that art comes from fertility: "Great art, the art of the past, is a kind of glorification for increase. I mean, take even drama for instance. I mean, tragedy and comedy had their origin in fertility ceremonies." A. Burgess (1994: 67). No matter the political attitude toward sex, however, all these novels show that art is always seen as something suspicious and tends to be banned under any kind of regime.

Burgess, Anthony. 1994. *Future Imperfect. The Wanting Seed, 1985.* London: Vintage.

Butler, Judith. 2008. "Sexual Politics, Torture and Secular Time." *The British Journal of Sociology* 59: 1-23.

D'Emilio, John. 1996. "Capitalism and Gay Identity." In *The Material Queer. A Lesbigay Cultural Studies Reader*, edited by Donald Morton, 263-271. Boulder: Westview Press.

Eskridge, William N. 1996. *The Case for Same-Sex Marriage: From Sexual Liberty to Civilized Commitment.* New York: Free Press.

Gerould, Daniel (ed., trans.) 1992. *Witkiewicz Reader.* Evanston: Northwestern University Press.

Haraway, Donna. 2000. *How Like a Leaf. An Interview with Thyrza Nichols Goodeve.* New York: Routledge.

Harvey, David. 2007. *A Brief History of Neoliberalism.* Oxford: Oxford University Press.

Hoggart, Lesley. 2005. "Neoliberalism, the New Right and Sexual Politics." In *Neoliberalism: A Critical Reader,* edited by Alfredo Saad-Filho and Deborh Johnston, 149-155. London: Pluto Press.

Huxley, Aldous. 1983. *Brave New World.* Anstey: F. A. Thorpe.

Kosofsky Sedgwick, Eve. 1990. *Epistemology of the Closet.* Berkeley-Los Angeles: University of California Press.

Lunčunas Conner, Randy P. (ed.). 1998. *Cassel's Encyclopedia of Queer Myth, Symbol and Spirit.* London: Cassel.

Mitchell, Juliet. 1973. *Woman's Estate.* New York: Vintage Books.

Morton, Donald. 1995. "Birth of the Cyberqueer." *PMLA* 110: 369-381.

Oosterhuis, Harry. 1995. "The 'Jews' of the Antifascist Left: Homosexuality and Socialist Resistance to Nazism." *Journal of Homosexuality* 2/3: 227-257.

Puleo, Alicia. 2012. "From Cyborgs to Organic Model and Back: Old and New Paradoxes of Gender and Hybridity." *Comparative Critical Studies* 3: 349-364.

Sardá, Joan. 2012. *Taksim*. Madrid: Suma de Letras.

Smith, Cherry. 1996. "What Is This Thing Called Queer?" In *The Material Queer. A Lesbigay Cultural Studies Reader*, edited by Donald Morton, 277-285. Boulder: Westview Press.

Warner, Michael. 1990. "Homo-Narcissism; or, Heterosexuality." In *Engendering Men: The Question of Male Feminist Criticism,* edited by Joseph Allen Boon and Michael Cadden, 190-206. New York: Routledge.

Wilkerson, William. 2000. "Communism and Homosexuality." In *Reader's Guide to Lesbian & Gay Studies,* edited by Timothy F. Murphy, 154-155. Chicago: Fizroy Dearborn.

Woltersdorff, Volker. 2007. "Neoliberalism and its Homophobic Discontents." *Interalia. A Journal of Queer Studies* 2. Available at http://www.interalia.org.pl/en/artykuly/2007_2/06_neoliberalism_and_its_homophobic_discontents_1.htm.

CHAPTER NINETEEN

ECHOES OF THE VENEZUELAN DIASPORA: ONE NOVEL, TWO REALITIES[1]

ANA CHIARELLI
THE UNIVERSITY OF WESTERN ONTARIO

1. Introduction

The Venezuelan diaspora began in January 1999 at the same time the nationalist model of government arrived in Venezuela with Hugo Chávez's presidential inauguration. Social researcher, Ivan de la Vega, discovered that between the years 2002 and 2012, approximately 1.200.000 people left Venezuela. According to the researcher, violence, disproportionate unemployment, and the intense political polarization in the country, constitute the main reasons why people are leaving ("The intellectual emigration from Venezuela"). The emigration figure would be 4.42% of the global population, if compared with the results of the 2011 census carried out in Venezuela, which totaled 27.150.095 people nationwide (INE-National Statistics Institute). In 2010 alone, more than half a million Venezuelans left the country, going mainly to North America and Europe. Frank López Ballesteros published an article in the

[1] On March 5th, 2013, after the final version of this paper was completed, Hugo Chávez died in Caracas, Venezuela. Admiral Diego Molero, Secretary of Defence, claimed the Venezuelan Army will continue supporting the revolutionary process started by the Venezuelan president. The active participation of the military world in the political scene is certified by the results in the elections for governors in December 2012, where 10 out of 23 elected governors are retired military members of the Venezuelan Army. The election of Diosdado Cabello (also a retired member of the Venezuelan Army and one of the most powerful public figures in Venezuela), in January 2013, as the Chairman of the Venezuelan National Congress, constitutes another sign of the military presence in the political world. All quotations have been translated from Spanish into English for this paper.

Venezuelan newspaper *El Universal* and wrote, "[t]he results are meaningful and show a reality: United States of America represents the goal for a high number of Venezuelans leaving their country, and the Venezuelan immigration has risen to 135% in the United States ... Spain is the second [frequently chosen destination]: in 6 years the Venezuelan immigration increased 64%, [according to] the Spanish National Statistics Institute."

Literature echoes this reality. The novel, *Una tarde con Campanas (An Afternoon with Bells)* written by Venezuelan writer Juan Carlos Mendez Guédez and published in Madrid in 2004, presents this topic from the innocent point of view of a child named José Luis. The young narrator lives in Spain, reminisces and remembers the reasons why he left from "the other city" (153), located in a never-mentioned country, which is obviously Venezuela. This can be deduced given the dialectal variation of the Spanish used by the characters and mention of Maria Lionza's cult, a hybrid religion with an indigenous origin, including African practices and elements from Catholic beliefs originating from that country.

It is a fragmentary novel, compounded by a description of events and daily memories, dialogues and dreams. This child tells moments of his family life in Venezuela and Spain, talking about their illegal situation and limited access to public services like health, housing, education and employment in Madrid; the journey they had to make to arrive at their destination, and the friends they made on both sides of the world. Jose Luis's disconnected stories allow the author to build 3 different plots. The first one is in the past, using Venezuela as the setting, letting readers understand the reasons why the family is now living in Spain. The second plot is also told from the past, and confirms the difficulties and experiences they had to go through when arriving and settling in Madrid. The final plot that leads the reader from the recent past to the present time, unravels family matters and the denouement of the novel.

2. Literature echoing the dominant social discourse

Una tarde con campanas is a novel about immigration, presenting an autobiographic discourse which reveals the point of view of an immigrant and how he lived his journey and adapted to his new environment. This novel also presents both features of a classic learning novel (bildungsroman) and a political novel at the same time (Valladares-Ruiz 388, 397). With immigration as its main topic, this novel presents to the reader two different societies where the characters' lives develop: Venezuelan and Spanish.

Which facts represent the political phenomena as a cause of immigration in this novel? Is it possible to notice any characteristics of present day Venezuelan society through these political actions? How important is the influence of the Army in the events told in the text? This paper maintains that Méndez Guédez chooses the military figure as a metaphor of the almighty authority that, together with the governmental power, influences other aspects like access to employment or guaranteed personal safety. It is through the connection of the military figure and governmental power that the novel presents to the reader a point of view about the Venezuelan society within the Bolivarian Revolution started by Chávez. This society shows the highest rates of emigration from the country. The author includes strong influences from Venezuela and Spain since this novel was written in both countries, taking characteristics from each society, transferred to his novel in a way they can be perceived in the text. This proposal starts from the social criticism point of view, which shows a reflection of the socio-cultural context allowing the creation of a literary work. This literary work is the result of different kinds of discourses interacting among themselves, co-existing and representing a foundation for the writer. So written words in this novel show an ideological influence, which turns this work into an intermediary between the reality and its knowledge.

3. Life surrounded by soldiers: separation between public and private spaces is blurred

When José Antonio Rivas Leone speaks about militarism as a model that is repeated throughout Latin America, he points out that this fact

> "shows a military world superimposed over the civilian world, a military logic superimposed over the civilian one, a military participation exacerbated in comparison with the regular citizen's, and a civilian participation diminished as occurred during the first decade of the XXI century in Venezuela" (80-81).

The military presence was established at all levels in the daily life of Venezuela, including the social programs, which were managed by civilians in the past.

In the text written by Méndez Guédez, this superimposition of the military is clear, presenting immigration as a way out of an evidently oppressive situation (Valladares-Ruiz, 386). This is how José Luis repeats the words he heard from his brother when he was questioned by his Spanish friend Pilar about the reasons why he voluntarily went into exile:

> "... because I woke up on a Thursday, said Augusto ... I went to the kitchen and found a soldier in the oven; I went into the elevator and found a soldier; went out in the street and I found a soldier at every stop; I got on the bus and there was a soldier seated; and I walked all day, and as I couldn't find a job, I went to the movies afterwards, and on the screen, in the seats and in the popcorn stand ...... there was a soldier; when I finally got home, very tired, there was a soldier speaking on TV; and when I went to bed, there was a soldier hiding in my sheets" (51-52).

The image of a soldier as pictured by Augusto covers all aspects of life, even those highly public and/or private. It is a symbolic figure that chases him in the morning when he wakes up and at night when he goes to bed. This constant presence even reaches the mass media. This military representation that takes over every aspect of life can be associated with Hugo Chávez Frías as an iconic figure, a man with a military career who made his image and discourse permeate, not only in the mass media, but also in the urban space, visually speaking, using signs and advertisements about his administration, loaded with political slogans and his image dressed like a civilian as well as a soldier. Blanca de Lima has done studies about the urban graphic expressions related to the historical moment Venezuela is going through. She calls the communicational strategy followed by the government as "graphic hyper-production" (109), which presents red as the dominant color, the Venezuelan flag and "the image of the President—including a strong personality cult- it also goes with old and new heroes" (111).

Chávez's military omnipresence, together with his political administration, is reaffirmed in his self-description via his weekly articles *Chavez's Lines* (*Las Líneas de Chávez*), published on the internet:

> "Essentially, I am a soldier. As a soldier, I was formed in a school where I learned commitment and obedience to the legitimate authority, as well as directing a collective effort towards accomplishing tactical goals and strategic aims. I became a revolutionary soldier from a young age due to the circumstances and conditions of my life. This is why, since then, I assumed as legitimate and superior the sovereign power bestowed on me by the Venezuelan people, to whom I am absolutely subordinated" (Chávez Frías).

Miguel Gomes talks about the nationalism created by Chávez as a recurring topic within the new Venezuelan narrative (115), and proposes Juan Carlos Méndez Guédez as one of the writers who has taken the option of placing "Venezuelan characters in a globalization scene" (118). The political issue is associated with immigration, as a cause and trigger of it. It also reveals a society where coercion and authority take over all spaces of life. Becoming an echo of the political and migratory reality in Venezuela, the pre-text, defined by Claude Duchet as everything *"out of the text"* (31, cursive in the original text), or everything registered in a precise moment in a determined society, is chosen by the author as a part of the literary work or its social-text, as Duchet would have defined the literary production.

4. Militarism and material power: Hope of an impoverished society

The symbolic power of the military uniform as the source of government is not the only element that can be read in this novel. The military aspect can also be related to economic power, or, in any case, to the possibility of obtaining goods or money thanks to the military's indulgence. But, how is this relationship revealed in the novel? This question could be answered by evaluating two specific events in the text: the family losing their temporary home due to lack of influential contacts and the soldiers arriving in the neighborhood as employers. In the first event, José Luis tells how a flood destroyed all the family belongings one night. The house where they lived was destroyed and they were sent to live in a building, presumably public property, where the child erased little by little all memories related to the natural disaster.

> "One day, a man suddenly arrived and told my dad he had to start paying to continue living there. Dad got angry, and some people told him if he wanted to keep on living there for free, he should get a letter from a politician. After multiple attempts, dad got the letter, but it was no longer useful because the Army members had taken over the government. So they asked us to get a new letter, a letter from some captain, or lieutenant. But this time, dad couldn't do anything. Some other people, who got letters from some colonels, went to live there for free. We were kicked out." (46)

The benefits of knowing influential people or having links with the military power are clearly represented in this novel. The militaristic government described in the text shows some aspects related to social welfare, which is given only to those who demonstrate a clear activism for the current political development to become militaristic. This description seems to match the revolutionary process lived in Venezuela, in which the Bolivarian Army members participate, not only to defend it, but by voting in every election, regional, municipal and national. This right was conceded to the Army members after the new Constitution was promulgated in December 1999 (notice the adjective "Bolivarian" added to the original name of the country in 2007, and the slogan shared by the United Socialist Party of Venezuela, Chávez himself, and his followers proclaimed during the same year: "Motherland, Socialism or Death!", which is). Thus, the power of weapons, traditionally related to the protection and defense of the national sovereignty and public safety, becomes a political entity when the Venezuelan Constitution was modified to legalize their political participation.

Rivas Leone, quoting Miguel Manrique, with regards to the militaristic trends of Chávez' government, points out that "it is about a politicization of the Army mixed with its transformation into a legitimate political tool in order to make it participate actively and permanently in the direction of every single public matter" (84). And a question arises from this relation with the management of aspects like the access to employment: what is the connection between the military elements and employment in Méndez Guédez' text? The writer presents the symbolic figures of the Army as job creators in his novel. José Luis remembers the time his dad and brother started to stay home all day:

> "And one day, the military men arrived and said there would be jobs for all those who go to the square. So the little square was full of people. A captain was organizing them and gave each of them a broom to sweep all the dry leaves in the neighborhood" (81).

The boy describes how the captain asked them to place all the dry leaves in black bags when the evening came, in order to throw them away, but suddenly he received a message saying those bags were not there yet; "That is why they left the big bunch of leaves to pick it up the next day. The captain took some money out of his pocket and started to pay the people. So, there was a big party in the neighborhood that evening" (82). The scene described by José Luis is repeated every day for a long period of time and the black bags never showed up, until the captain did not come back any more, and the neighborhood went back to the same old apathy. The nonexistent bags represent a clear symbol of the government's incompetence. The money given by the captain represents a symbolic element of the dominant role of military men in the political process, having access to public funds and becoming non-regulated employers for civilians.

The lack of employment is included in the plot as one of the factors that ultimately adds more reasons for the characters to emigrate. Unemployment is one of the pressing problems affecting Venezuelans in the last decade. According to a report written by the United Nation's

Economic Commission for Latin America in conjunction with the International Labor Organization, in the middle of 2011, unemployment in Venezuela was 9.2%, higher than the regional average, which registered an unemployment rate of 7.4% by then. This report also highlights how the Venezuelan's salary, in real terms, dropped 8% because of inflation (8). This high unemployment rate is not a new problem, having reached an 18% peak in 2004 (CIA WorldFactbook).

5. Violence and militarism: A different means of social exclusion

Violence in Venezuela is the third aspect presented by the researcher De la Vega as a cause of emigration. Returning to Méndez Guédez' text, is it possible to confirm the presence of violence in the novel, as a cause for emigration? The answer is affirmative. Emigration is presented in this novel as a valid unavoidable necessity, especially when José Luis's family faced personal safety issues and civil violence. After a confrontation between Jose Luis's father and some members of a family called the Serranos, a family that together with some soldiers put up posters on stores owned by immigrants that read: "Long live the Homeland. Exploitive foreigners out!!!!!!" (87). The Serranos went to José Luis's home to burn the place down with them inside. The family could kick them out of the place without any harm, even though the child remembers that "Augusto took a deep breath then, as if he were more frightened than he felt when he was fighting with the Serranos in the backyard" (158). The decision to emigrate was made tacitly with those words. The soldiers protected the Serranos, who shared the same belief system as the government in power. That same ideology kept José Luis's family from receiving any possible benefits. Even though they tried to support these beliefs publicly, they still could not get the social help. This is clear when José Luis lost against other children from his region in a competition because he simply could not repeat the slogans for the President with misty eyes and enough enthusiasm. José Luis just missed the opportunity to give a letter to the President asking him to bestow upon the family the apartment they were kicked out of, so their last chance vanished into thin air.

The text reflects again a structural problem in Venezuelan society, that of personal safety and civil violence. These problems worsen when men in uniform, symbols of violence created by the fact they have weapons, support and protect civil violence, justified by the political trend. The Venezuelan Observatory on Violence (Observatorio Venezolano de Violencia) rated 2011 as the most violent year in Venezuelan history, with

19.336 assassinations registered during that year. The Observatory estimates that between 2001 and 2011, there were 141,487 assassinations in Venezuela, a figure related to the constant praise of violence and increasing impunity in the country, affirming that "social life directed with regulations has been substituted for the use of force" (4). It is important to underline the fact that the Observatory was born as a result of a combined experience from several Venezuelan universities and receives financial support from governmental and non-governmental entities; it studies violence in Venezuela and the figures it shows correspond to official records.

To conclude this section, it is interesting to read the words José Luis's mother forbade him to say since they are part of the anti-Chávez and anti-military discourse in the Venezuelan society:

> "Don't call them dogfaces, they are military members
> Don't call him gorilla, he is a sergeant
> Don't call him the top dog that talks, he is Mr. President
> Do not repeat anything your brother says, do not say anything not coming from the book they read when starting the class, you know what? You'd better not say anything, don't say, you do not say.
> (Mom, every Monday before taking me to school. The first coffee with milk. There, in the other city)" (153).

Mom expressed her fear for the military men, for anyone hearing those words, for everything. Again, the image of the military figure, which is omnipresent, almighty, indoctrinating and implicitly punishing.

6. Conclusion

The Venezuelan society described by Juan Carlos Méndez Guédez in *Una tarde con campanas* deals with the topic of how the political world rules both individual and family aspects. In the text, the writer presents the lack of access to work and violence as some of the most important characteristics of the social problems, delimited by Méndez Guédez in a revolutionary process ruled by a *caudillo*, who is associated with a military and nineteenth-century speech. The social aspect is also included in the text. The circulating discourse is reflected by the characters of the novel, and the plot becomes a meaningful space between reality and the literary work.

Immigration, as a direct consequence of three defining characteristics in Venezuelan society during this last decade: unemployment, personal safety and political polarization, is related to the role the military element plays in the aforementioned aspects, since Hugo Chávez was sworn in as president in 1999 until the establishment of his Bolivarian revolution. *Una tarde con campanas* presents these realities to the readers, from the point of view of a child who is experiencing the consequences of living in an exile imposed on him.

This article has read the novel from a sociocritical perspective representative of the political, economic and social events in present day Venezuela, which are shown as an emigration trigger. This is not the only perspective presented in this novel. As Claude Duchet expressed, "… the end of a text is not its end, but a waiting for a new reading, the beginning of its reason to be, of the direction it will take" (33).

References

Chávez Frías, Hugo Rafael. 2012. "Las líneas de Chávez." Available at. http://www.sunai.gob.ve/index.php/section-blog.

Comisión Económica para América Latina y Organización Internacional del Trabajo. 2011. "Políticas contracíclicas para una recuperación sostenida del empleo." *Conyuntura laboral en América Latina y el Caribe* 5: 1-20.

De la Vega, Iván. 2012. "La emigración intelectual en Venezuela." *Diálogos USB.* Decanato de Estudios Profesionales de la Universidad Simón Bolívar. Video available at http://www.profesionales.usb.ve/node/40.

De Lima, Blanca. 2011. "La nueva historia oficial en Venezuela y su expresión gráfica es espacios urbanos". *Cultura gráfica e ideología,* 5.10: 107-136.

Duchet, Claude. 1991. "Para una socio-crítica o variaciones sobre un íncipit." *Sociocríticas. Prácticas textuales/cultura de fronteras.* Ed. By M. Pierrete Maculzinsky, 29-41. Amsterdam – Atlanta: Editions Rodopi.

Gomes, Miguel. 2012. "La persistencia de la nación: el país como signo en la nueva narrativa venezolana." *Revista de estudios hispánicos* 46.1: 115-133.

Instituto Nacional de Estadísticas (INE). Gobierno Bolivariano de Venezuela. 2012. *Primeros resultados Censo 2011.* Available at http://www.ine.gov.ve/index.php?option=com_content&view=category&id=95&itemid=26.

Iwasaki, Fernando. 2004. "Una novela de campanillas". *Renacimiento. Revista literaria,* 45-46: 104-105.

López Ballesteros, Frank. 2011. "Más de 500.000 personas emigraron de Venezuela en 2010." *El Universal,* August 15th. Available at http://www.eluniversal.com/2011/08/15/mas-de-500000-personas-emigraron-de-venezuela-en-2010.shtml.

Observatorio Venezolano de Violencia. n.d. "Informe homicidios 2011." Available at http://www.observatoriodeviolencia.org.ve.

Rivas Leone, José Antonio. 2011. "Precariedad jurídica y militarismo en Venezuela 2000-2012". *Provincia,* 26: 67-97.

Torres, Ana Teresa. 2006. "Cuando la literatura venezolana entró en el siglo XXI. *Nación y Literatura: itinerarios de la palabra escrita en la cultura venezolana.* Ed. By Carlos Pacheco, Luis Barrera and Beatriz González Stephan, 911-925. Caracas: Fundación Bigott -Equinoccio-Banesco.

Valladares-Ruiz, Patricia. 2012. "Narrativas del descalabro: El sujeto inmigrante en dos novelas de Juan Carlos Méndez Guédez." *MLN* 127.2: 385-403.

CHAPTER TWENTY

DESAFIRMACIONES ECONÓMICAS EN LOS RELATOS DE MERCADO DEL CONO SUR DURANTE LA GLOBALIZACIÓN (1990-2008)

CRISTIAN MOLINA
CONSEJO NACIONAL DE INVESTIGACIONES CIENTÍFICAS Y TÉCNICAS (CONICET), BUENOS AIRES

1. Introducción: Problemas e insuficiencia de la denegación

Hasta avanzado el siglo XX, una de las leyes fundamentales de funcionamiento de los mercados simbólicos consistía en lo que Pierre Bourdieu entendió como "denegación". En un artículo traducido y publicado en la revista *Punto de Vista* en 1980, Bourdieu sostiene que la denegación es producto de la *ilutio* del campo artístico, que niega por medio de la creencia en el arte aquello que no puede negar: la relación relativamente dependiente entre los valores estrictos del campo artístico y los de la economía[1]. Bourdieu insiste en que la denegación de la economía

[1] "La historia cuyas fases más decisivas he tratado de restituir practicando una serie de cortes sincrónicos, desemboca en la instauración de ese mundo aparte que es el campo artístico o el campo literario tal como lo conocemos en la actualidad. Este universo relativamente autónomo *(es decir, también, relativamente dependiente, en particular respecto al campo económico y al campo político)* da cabida a una economía al revés, basada, en su lógica específica, en la naturaleza misma de los bienes simbólicos, *realidades de doble faceta, mercancías y significaciones*, cuyos valores propiamente simbólico y comercial permanecen *relativamente independientes*". (2005: 213. La cursiva es mía). El artículo de la revista *Punto de Vista* sostiene que: "Las economías fundadas sobre la denegación de 'lo económico' lanzan un desafío al economicismo, precisamente por el hecho

permite al campo artístico "hacer lo que hacen, simulando al mismo tiempo que no lo hacen" (1980: 19). Es decir, negar la injerencia y la notable intervención que la economía y sus valores también tienen sobre el campo de producción simbólica. Esto no implica, necesariamente, que el valor económico determine el simbólico, lo que sería sesgar la lectura de Bourdieu. Todo lo contrario, se trata de pensar que esa relación es siempre redefinida en un mayor o menor nivel de dependencia dentro de cada campo artístico y, aún, dentro de la obra de cada productor de bienes simbólicos, y que de esa redefinición se sigue su posición respecto del mercado. Sin embargo, lo concreto es que la denegación consistía, precisamente, en una *ilutio* de autosuficiencia, en una barrera instaurada para negar la intervención de los criterios y valores económicos en el arte.

Desde 1990, diferentes relatos de mercado del Cono Sur[2] pusieron en evidencia la transformación de los circuitos editoriales dentro de parámetros trasnacionales y de lo que Yúdice, en *El recurso de la cultura*, denominó como devenir de lo cultural en recurso (económico-social)[3]. En la última década surgieron debates muy interesantes en Latinoamérica tendientes a focalizar estas transformaciones dentro de lo que se piensa como una ruptura desde una lógica autónoma del campo literario a otra

---

de que no funcionan, en la práctica no pueden funcionar, sin rechazar constante y colectivamente el interés propiamente económico y la verdad de las prácticas que el análisis económico revela" (1980: 9).

[2] La categoría relato de mercado comprende textos literarios que tematizan el mercado simbólico, a través de la presencia ya sea de agentes o de bienes que hacen evidente una dualidad económico-simbólica, siempre en tensión, constitutiva de dicho mercado.

De esta manera, permite la lectura de los significados atribuidos al mercado simbólico, de los estados históricos del mismo, así como de las relaciones entre estos y las prácticas (poéticas y/o de circulación) que sus autores realizan en él.

[3] "El propósito de este libro es esclarecer e ilustrar, mediante una serie de ejemplos, de qué manera la cultura como recurso cobró legitimidad y desplazó o absorbió a otras interpretaciones de la cultura. Deseo recalcar desde el comienzo que no estoy repitiendo la crítica de Adorno y Horkheimer a la mercancía y su instrumentalización. En el capítulo 1 aclaro que la *cultura como recurso* es mucho más que una mercancía: constituye el eje de un nuevo marco epistémico donde la ideología y buena parte de lo que Foucault denominó sociedad disciplinaria (por ejemplo, la inculcación de normas en instituciones como la educación, la medicina, la psiquiatría, etc.) son absorbidas dentro de una racionalidad económica o ecológica, de modo que en la "cultura" (y en sus resultados) tienen prioridad la gestión, la conservación, el acceso, la distribución y la Inversión.

La cultura como recurso puede compararse con la naturaleza como recurso, sobre todo porque ambas se benefician del predominio de la diversidad." (Yúdice, 2002: 13).

postautónoma (Ludmer en *Aquí América Latina*, García Canclini en *La sociedad sin relato*, entre otros). De este modo, tendieron a considerar el impacto sobre la imaginación pública (artística inclusive) como un desplazamiento de las luchas políticas en el interior del campo hacia otro contexto, caracterizado por la convivencia de temporalidades distintas y por la fusión de la economía con la cultura y viceversa. Por eso, postularon que las consideraciones bourdianas respecto de la autonomía artística en el contexto global, habían dejado de tener poder explicativo[4]. A partir del análisis de los relatos de mercado; es decir, de textos que tematizan el estado simbólico editorial, y de las consideraciones relativistas de la autonomía que el propio Bourdieu enuncia, nos proponemos desplazar la discusión de la postautonomía hacia otra dirección. Concretamente, nos interesa pensar que los relatos de mercado dan cuenta de nuevas situaciones donde las denegaciones artísticas que caracterizaron el campo desde el siglo XIX han devenido desafirmaciones de la economía en la literatura.

---

[4] En "Campos culturales o mercados", Néstor García Canclini sostiene que el empleo de la categoría de campo en el mundo artístico del presente es un problema. Para él, la autonomía que implica, la vuelve inapropiada debido a que en el presente existiría "una promiscuidad entre los campos" que: "no se debe sólo a la reestructuración de los mercados y la fusión de empresas procedentes de campos distintos. Es también el resultado del proceso tecnológico de convergencia digital y de la formación de hábitos culturales distintos en lectores que a su vez son espectadores e internautas" (2007b: 30-31).

Ludmer también sostiene que: "En algunas escrituras del presente que han atravesado la frontera literaria [y que llamamos posautónomas] puede verse nítidamente el proceso de pérdida de autonomía de la literatura y las transformaciones que produce. Se terminan formalmente las clasificaciones literarias; es el fin de las guerras y divisiones y oposiciones tradicionales entre formas nacionales o cosmopolitas, formas del realismo o de la vanguardia, de la 'literatura pura' o la 'literatura social' o comprometida, de la literatura rural y la urbana, y también se termina la diferenciación literaria entre realidad [histórica] y ficción. No se pueden leer estas escrituras con o en esos términos; son las dos cosas, oscilan entre las dos o las desdiferencian.

Y con esas clasificaciones 'formales' parecen terminarse los enfrentamientos entre escritores y corrientes; es el fin de las luchas por el poder en el interior de la literatura. El fin del 'campo' de Bourdieu, que supone la autonomía de la esfera [o el pensamiento de las esferas]. Porque se borran, formalmente y en 'la realidad', las identidades literarias, que también eran identidades políticas. Y entonces puede verse claramente que esas formas, clasificaciones, identidades, divisiones y guerras solo podían funcionar en una literatura concebida como esfera autónoma o como campo. Porque lo que dramatizaban era la lucha por el poder literario y por la definición del poder de la literatura." (2007: 1).

2. Desafirmaciones

En *La sociedad sin relato* (2010), Néstor García Canclini plantea la limitación de la categoría de campo y de autonomía de la teoría bourdiana para leer el arte y la literatura del presente. Sin embargo, paradójicamente, no las descarta como herramientas críticas válidas y aún vigentes:

> "Con la misma cautela habría que moverse al ponerle post a autónomo. Aunque existan fronteras menos nítidas entre lo histórico real y las ficciones literarias o artísticas, aunque hoy la pretendida lógica interna del campo artístico se muestre porosa a muchas instancias sociales, persisten proyectos con forma e intención estética, autores que la buscan y espacios relativamente diferenciados donde circulan libros de ficción y las artes visuales. Como dijimos en la apertura de este libro, es visible un movimiento hacia la postautonomía como desplazamiento de las prácticas artísticas basadas en objetos a prácticas ubicadas en contextos hasta llegar a la inserción de las obras en los medios, redes e interacciones sociales. Pero no ayuda a entender las oscilaciones y las ambivalencias entre autonomía y dependencias, entre 'realidad' y ficción, ni a decretar abolidas las diferencias [...] ¿Importa aún la autonomía del arte? La simple descripción etnográfica revela que sí, pero con formatos abiertos". (245)

Por un lado, la pregunta de la que parte o a la que llega Canclini no resulta precisa, porque lo que entiende por autonomía en Bourdieu es una lectura que descuida el adjetivo de su relatividad y que implica un formato abierto en sí mismo (y por lo tanto, no solo su dependencia—y hasta su porosidad—de los demás campos, sino también de su dependencia histórica y contextual). Por el otro, el problema que nos interesa no es si importa o no la autonomía del arte en el presente, si no ¿qué sucede con el arte o con la literatura en una situación en la cual aquello que había garantizado su autonomía relativa (la constitución de un mercado simbólico) y, por lo tanto, su separación de la hegemonía del campo del poder político, comienza a estructurarse en torno de la hegemonía de los valores económicos que reemplazaron, incluso, la organización de lo social por la política, lejos de la utopía libremercadista del liberalismo? Esto es lo que los relatos de mercado permiten comprender en el Cono Sur desde 1990 hasta 2008: es decir, la conflictividad inherente al mercado simbólico en un contexto signado por la hegemonía globalista del valor de cambio y de la cultura como recurso. Porque lo que todos tematizan no es el problema de la heteronomía o autonomía del arte, sino las transformaciones de los valores denegatorios de lo económico que en el siglo XIX—y hasta poco después de la segunda mitad del XX—eran constitutivos de la relación entre literatura y mercado. Y esa tematización indica una suerte de preocupación común de los escritores y productores de literatura respecto de la relación de su praxis con las condiciones económicas (y del mercado) que ella conlleva.

Lo que se desprende de esa preocupación común no es la denegación de la economía en la literatura (o en el arte), o sea, la negación sin poder negar de la injerencia de la economía en las prácticas artísticas, sino todo lo contrario, su *desafirmación* como un avatar diferente de la relación entre arte/literatura y mercado en la globalización. Es decir, la afirmación de las relaciones del arte con la economía, pero sin poder afirmarse; porque siempre, aún en las experiencias más próximas al mercantilismo, se impone una suerte de singularidad entre valor económico y simbólico; una especie de autenticidad, no relativa a la originalidad aurática del trabajo artístico, sino a una diferencia que, en su relación, genera un desvío o una fuga o, incluso, una transformación de los valores que entran en vinculación, reafirmando el poder de la práctica artística sobre la económica. La desafirmación es una doble afirmación. Se afirma la injerencia de lo económico en el arte y, al mismo tiempo, el poder irreductible de la práctica artística sobre cualquier intento de determinación económica. El concepto de desafirmación es, entonces, una doble afirmación en devenir de la relación entre las dos prácticas; pero precisamente por su carácter de devenir, que no puede culminar de afirmarse en primera instancia y que, por eso mismo, siempre impone otra afirmación respecto de la singularidad más o menos reconocible—que es también un límite y un yacimiento de autenticidad—entre las dos prácticas, sus valores y sus relaciones.

De este modo, por ejemplo, los relatos de mercado del continuo narrativo airano señalan una relación de la economía con la literatura a partir de la invención. Desde *Ema la cautiva*, hasta las aventuras de *Barbaverde*, hay una insistencia en señalar que la literatura y la economía pertenecen a lógicas análogas y conectadas al mismo tiempo por el puente de la invención. Esto es, tanto una como otra son, en definitiva, convenciones que consisten en la invención de algo que se pone a circular y que adquiere valor en su circulación. Pero son mundos análogos que, puestos en conexión, y pasados por los puentes de acción del continuo, se terminan afectando al mismo tiempo, generando una valoración conflictiva en el terreno de la literatura pero también una circulación deficiente en el mercado a partir de la invención de un dispositivo de superproducción narrativa y de saturación del mercado editorial. Es decir, si la invención conecta, también la invención separa y produce efectos en ambos mundos y, por ende, en sus valores[5].

Esto implica que si bien el continuo narrativo airano señala permanentemente el interés económico de la praxis; genera un dispositivo que hace fallar finalmente a este interés como fin único y definitorio de la praxis artística. Muchas veces, se trata de un desajuste entre el interés económico que los personajes-narradores manifiestan por su supervivencia (en una verdadera reivindicación arltiana); y el proceso de su transformación en artistas o el proceso de su obra que hace fallar todo el

[5] El valor de la invención en el terreno de la economía contrasta con el que ésta posee en la literatura. La contratapa de *Ema* permite comprender esto con mayor precisión. Allí, Aira—la firma garabateada en el margen inferior derecho—describe cuáles fueron las condiciones de invención de *Ema* a partir de una atmósfera de época: "reina la desocupación. El tiempo sobra" (1981: contratapa). Por lo tanto, si la novela nace porque sobra el tiempo debido al desempleo, no es para generar una utilidad productiva como el dinero del coronel, sino como simple gasto u ocupación del tiempo vacío de actividad social. Es decir, para reafirmar la desocupación, la improductividad no económica de la praxis humana. Pero la operación de Aira en relación con la economía no se agota en este señalamiento. El segundo párrafo de la contratapa liga la invención de *Ema* no sólo con un género de novela comercial, la novela gótica, a la que el *contratapista* declara traducir, sino que sostiene, al querer copiarla, simplificándola: "había creado para mí una pasión nueva, la pasión por la que pueden cambiarse todas las otras como el dinero: la indiferencia" (1981: contratapa). *Ema* produce la indiferencia. En esa afirmación está implícito el concepto marxista de fetichismo de la mercancía que oculta el proceso productivo a través de la indiferencia del valor de cambio, generando la indiferencia como forma novelesca. Por lo tanto, un valor en el plano de la economía deviene valor en la literatura; pero como diferencia que separa a partir del pasaje los dos mundos. Porque la indiferencia de *Ema* es la de la improductividad en el tiempo que sobra; pero no la inutilidad que se vuelve productiva como el sistema de intercambio de los indios para pasar el tiempo, sino una inutilidad que no sirve para nada o que solo sirve para pasar el tiempo, sin utilidad secundaria, sin otra razón de ser. Por lo tanto, el puente de acción y el pasaje desde el best-seller a la novela airana, implica la trasformación de la utilidad monetaria y productiva del best-seller en mera indiferencia literaria, en una gótica fallida.

La tensión y los puentes de acción entre economía y literatura señalan, así, que en el continuo esas dos praxis humanas análogas se encuentran u ofician pasajes de una a la otra; pero ese pasaje implica la transformación y la interferencia de los mismos, porque opera mediante una falla que hace temblar tanto a una esfera como a la otra. *Ema* falla como best-seller—es una gótica fallida—; pero hace fallar a la literatura, porque recurre a un modelo no literario para componerse. Esta relación se trasladará a todos los relatos de mercado del continuo narrativo.

mecanismo del interés[6]. Otras veces, el interés económico, como en *Las aventuras de Barbaverde*, es relegado a un interés análogo y accesorio, señalando que los artistas verdaderos o auténticos, independientemente de sus condiciones materiales, devienen tales si lo son y pueden sobrevivir como tales. Como si el dinero fuera necesario para la supervivencia del artista, pero al mismo tiempo, como si no fuera el condicionante de su praxis[7].

De la misma manera, los relatos de mercado de Alberto Fuguet configuran comunidades multidisciplinarias de artistas que relativizan, a un mismo nivel, el valor simbólico y económico de la experiencia artística, reduciendo la tensión entre esos dos valores a una elección personal válida, sea cual fuere la misma[8]. Todos, sin embargo, persiguen un éxito

---

[6] Ver nota precedente.

[7] Esto sucede con casi todos los personajes de Aira, el dinero es necesario, pero no condicionante; el artista auténtico consigue los modos de sobrevivir con su práctica: "El problema era que ya estaban adjudicados todos los pasajes que proveía el subsidio científico. Karina lo había previsto, dijo que ella conseguiría su propio billete, y así lo hizo. Beneficiaria habitual, para su trabajo artístico, de diversas fundaciones y órganos oficiales, incluida la Cancillería, se las arregló para conseguir una ayuda de emergencia con la que adquirir el pasaje." (2008: 97).

[8] En todos los relatos de mercado de Fuguet reaparece con insistencia una puesta en cuestión de la relatividad del valor simbólico y de, al mismo tiempo, una significación de la cultura como mercancía. En efecto, en el nivel de la ficción, los productos culturales circulan por los mismos canales que cualquier mercancía. Por ejemplo, en *Las películas de mi vida,* Beltrán Soler asegura: "Lo que más recuerdo de esos años parisinos es mi pieza y mi colchón; el McDonald's de Saint Germain; el restaurante vietnamita del viejo Lu Man; la FNAC subterránea de Beaubourg; Rafiq Isber, el físico sirio con quien compartía el departamento; los afiches de las películas viejas hollywoodenses en los cine-arte que repletaban mi angosta calle y a los que nunca fui a pesar de que, de niño, y luego de adolescente, no hacía otra cosa que devorar la mayor cantidad de películas posible" (2003: 44).
Las marcas, afiches y nombres homologan productos culturales, personas y mercancías en un mismo nivel, tanto los productos de la FNAC—la cadena multnacional que se dedica a la venta de libros y de tecnología—como el McDonald's, Isber y los afiches de películas hollywoodenses. Así también en "Road Story" (en *Cortos*, luego transformada en novela gráfica—2007), Simón cuenta que solo una vez intentó escribir un cuento, y lo envió a un programa de radio, y "le tocó" revisar un libro:
"edición de lujo, sobre salmones. […] El libro tapa dura con fotos de lujo sobre papel cuché se llamó *Salmones de Chile*. Simón quiso ser más poético y sugirió Agua viva pero el comité lo rechazó. El libro se editó en inglés y castellano, portugués y japonés, alemán, francés e italiano. El libro era para regalar. Para seducir a los clientes. El padre de Simón Rivas es uno de los reyes del salmón…" (2006: 175).

masivo, en ventas, que les permita vivir holgadamente o, al menos, lo anhelan o lo viven como una injusticia cuando no les llega[9]. De todos modos, no se conocen entre sí y viven en un mundo desencantado y vaciado que puede leerse como una crítica disipada de aquello que los relatos sostienen: la relatividad del valor económico y simbólico.

También en João Gilberto Noll, una condición económica, la pobreza—o la precariedad—obliga a sus narradores/personajes/escritores a un vínculo de dependencia económico que los conduce, progresivamente, a su desintegración o a la supervivencia parasitaria con otros sujetos, agentes o fundaciones internacionales del o con intervenciones en el mercado simbólico-editorial en sus últimos relatos[10]. Frente a esas condiciones—y como táctica de supervivencia—los escritores deciden 'procrastinar' perezosamente su trabajo o, directamente, no realizarlo, como si en ese resquicio se operase una especie de fuga de esas condiciones impuestas de supervivencia económica en relación con la práctica literaria. Situación procrastinadora que reproducen los relatos de mercado de Noll tanto en su publicación, como en la escritura de los

---

De modo que el cuento va a parar a un medio de comunicación y el libro que, en Chile, ha sido el objeto idealizado por el liberalismo como vehículo privilegiado de la cultura, es un objeto mercantilizado, al servicio de un rol utilitario dentro de una empresa de salmones. Así, los relatos de mercado de Fuguet hacen visible la mercantilización de la cultura devenida recurso que parece hegemonizar el mercado simbólico.

[9] "—¿La novela? No es muy larga: 247 páginas. Mi editor cree que se va a vender. Incluso en suburbia. A los gringos les gusta este tipo de cosas. (*1990-2008b:* 88)".

[10] "Ele não falava inglês. Quando deu seu primeiro passeio pelo campus de Berkeley, viu não estar motivado. Saberia voltar atrás? Não se arrependeria ao ter de mendigar de novo em seu país de origem? [...].

Esse homem caminhava pelo campus da Universidade, sim, em Berkeley, naquela California gelada muito embora ensolarada—e, por um segundo, como quem acorda, lhe acendeu a dúvida se estava ali chegando do Brasil, ou, ao contrário, se já estava voltando ao Sul do planeta, para aquela falta de trabalho ou de aceno de qualquer coisa que lhe restituísse a prática do convívio em volta de uma refeição, sob um endereço—"ah, esse país, esse país, pois é, deixa pra lá..." (2002: 10).

Traducción propia: "Él no hablaba inglés. Cuando dio su primer paseo por el campus de Berkeley, se vio sin motivación. ¿Sabría volver atrás? ¿No se arrepentiría de tener que mendigar de nuevo en su país de origen?

A ese hombre que caminaba por el campus de la Universidad, sí, en Berkeley, en aquella California helada así como asoleada, por un segundo, como quien se despierta, le vino una duda sobre si estaba allí llegando del Brasil, o, al contrario, si ya estaba regresando al Sur del Planeta, a aquella falta de trabajo o de caricias de cualquier clase que le restituyese la práctica de sobrevivir en pos de una comida, con una dirección—ah, ese país, ese país, pues dejálo allá…".

mismos que acontece, por lo general (salvo en *Lorde*) con posterioridad a los viajes que Noll efectivamente realiza como autor. Es, entonces, la manera de posibilitar, de este modo, un duelo melancólico incesante del valor simbólico, mediante el cual se lo retiene como experiencia artística frente a la presión de los valores económicos que se caracterizan por una lógica acelerada de resultados a corto plazo.

3. Consideraciones finales

Por lo tanto, al tiempo que todos los relatos afirman la relación de la práctica artística con la economía, esa afirmación se realiza tensionada por la singularidad irreductible que se impone o que se construye a través de una "falla" que malogra las dos lógicas (literarias o económicas), o a través de un desencanto que deriva en una relativización del valor simbólico y del económico, o de fugas de poderes coercitivos mediante procrastinación como forma melancólica y precaria de elaborar un duelo incesante del valor simbólico de la experiencia artística.

De este modo, esta tensión no tiene por qué pensarse—en todos los casos, al menos—como una fusión definitoria y definitiva de la economía con la literatura del presente, así como tampoco que todas las relaciones sean iguales porque no habría más identidades literarias, que eran identidades políticas (Ludmer 2007 y 2010)[11]. Al contrario, los relatos de Noll y los de Aira generan puntos de fuga a la imposición de la lógica económica para la supervivencia artista, desestructurando los modos de funcionamiento en la circulación, indicando la misma condición convencional de la ficción trasladada al funcionamiento económico o resignificando negativamente las asimetrías que empobrecen a los productores del mercado simbólico-editorial, incluso, procrastinando su producción como un duelo melancólico. Entonces, la misma praxis literaria de algunos escritores genera puntos/líneas de fuga a la lógica hegemónica de la economía en el mercado simbólico editorial y, de este modo, la praxis literaria funciona, en sí misma, como un espacio de fisura del valor económico y de reafirmación del valor simbólico como autenticidad (no en términos de origen, sino de diferencia). En cambio, los relatos de mercado de Fuguet recaen en una relativización y marcación funcional a la lógica economicista del mercado simbólico e imitan, en lo esencial, la lógica de la venta en muchas de sus operaciones de marcación; aunque el desencanto desde el cual resemantiza las comunidades incognoscibles de artistas instala una distancia mínima que puede operar

[11] Ver nota 3.

como crítica—y no solo celebración—de esa lógica. De modo que se afirma lo que, al mismo tiempo, no se puede afirmar del todo; es decir, la relación de lo económico con lo cultural/literario, pero no como algo sintético, superador, sino como tensión que se resuelve de modos diferentes que son también posiciones literarias y políticas distintas.

Esos puntos de fuga que pueden observarse en los relatos de mercado, cuando los analizamos como regímenes (como relación entre el decir y el hacer) permiten encontrar instancias en que la "crítica artista" puede apoyarse desde el seno de lo que Giorgio Agamben denomina la religión del capitalismo en "Profanaciones" para mantener su emancipación del "Nuevo espíritu del capitalismo"[12]. Si todos estos relatos de mercado circulan en el mercado y desafirman su relación con la economía, al mismo tiempo—fundamentalmente y con mayor énfasis los relatos de Aira y de Noll—permiten conjeturar una forma de experiencia auténtica en cuanto a su posibilidad de "profanar lo improfanable" que Giorgio Agamben define como programa de las generaciones del futuro ante el capitalismo[13]. Así de paradojal, el efecto performático, no como mero

---

[12] La categoría de "crítica artista" está tomada del libro *El nuevo espíritu del capitalismo* de Boltanski-Chiapello (2002). Con la misma se define la crítica que el arte ha realizado históricamente al sistema de producción capitalista, tanto desde el punto de vista teórico-crítico como desde el punto de vista de la praxis artística. La noción de "Nuevo espíritu del capitalismo" es definida como un nuevo avatar del sistema capitalista que habría cobrado consistencia a partir de la década de los 70 con una fuerte intervención de los activos financieros y de la regulación social a partir de la apertura de los mercados internacionales bajo un espíritu de eficiencia empresarial que relegó al Estado a un rol accesorio.

[13] Según Agamben: "El capitalismo como religión es el título de uno de los más penetrantes fragmentos póstumos de Benjamin. Según Benjamin, el capitalismo no representa sólo, como en Weber, una secularización de la fe protestante, sino que es él mismo esencialmente un fenómeno religioso, que se desarrolla en modo parasitario a partir del cristianismo. Como tal, como religión de la modernidad, está definido por tres características: 1. Es una religión cultural, quizá la más extrema y absoluta que haya existido jamás. Todo en ella tiene significado sólo en referencia al cumplimiento de un culto, no respecto de un dogma o una idea. 2. Este culto es permanente, es 'la celebración de un culto sans trêve et sans merci' [sin piedad ni gracia—traducción del autor]. Los días de fiesta y de vacaciones no interrumpen el culto, sino que lo integran. 3. El culto capitalista no está dirigido a la redención ni a la expiación de una culpa, sino a la culpa misma. 'El capitalismo es quizá el único caso de un culto no expiatorio, sino culpabilizante... Una monstruosa consciencia culpable que no conoce redención y se transforma en culto, no para expiar en él su culpa, sino para volverla universal... y capturar finalmente al propio Dios en la culpa... Dios no ha muerto, sino que ha sido incorporado en el destino del hombre".

simulacro, sino como articulación del decir y el hacer—en Aira y en Noll, y mínimo en Fuguet—que se desprende de sus relatos de mercado indica hasta qué punto se pueden resituar las discusiones sobre la autenticidad, no ya como criterio elitista, sino de performatividad estético-política (simbólica) en un contexto de hegemonía económica, en las relaciones entre literatura y mercado simbólico.

Bibliografía

Agamben, Giorgio. 2006. *Profanaciones*. Buenos Aires: Adriana Hidalgo Editora.

Bauman, Zygmunt. 1999. *La globalización: consecuencias humanas*. Buenos Aires: FCE.

—. 2002. *Modernidad líquida.* México: FCE.

—. 2005. *Vidas desperdiciadas. La modernidad y sus parias*. Buenos Aires: Paidós.

—. 2006. *Vida líquida*. Buenos Aires: Paidós.

—. 2006. *Vidas de consumo*. Buenos Aires: Paidós.

[...] "Tratemos de proseguir las reflexiones de Benjamin en la perspectiva que aquí nos interesa. Podremos decir, entonces, que el capitalismo, llevando al extremo una tendencia ya presente en el cristianismo, absolutiza en cada ámbito la estructura de la separación que define la religión. Allí donde el sacrificio señalaba el paso de lo profano a lo sagrado y de lo sagrado a lo profano, ahora hay un único, multiforme, incesante proceso de separación, que inviste cada cosa, cada lugar, cada actividad humana para dividirla de sí misma y que es completamente indiferente a la cesura sacro/profano, divino/humano. En su forma externa, la religión del capitalismo realiza la pura forma de la separación, sin que haya nada que separar. Una profanación absoluta y sin residuos coincide ahora con una consagración igualmente vacua e integral. Y como en la mercancía la separación es inherente a la forma misma del objeto, que se escinde en valor de uso y valor de cambio y se transforma en un fetiche inaprensible, así ahora todo lo que es actuado, producido y vivido—incluso el cuerpo humano, incluso la sexualidad, incluso el lenguaje—son divididos de sí mismos y desplazados en una esfera separada que ya no define alguna división sustancial y en la cual cada uso se vuelve duraderamente imposible. Esta esfera es el consumo. Si, como se ha sugerido, llamamos espectáculo a la fase extrema del capitalismo que estamos viviendo, en la cual cada cosa es exhibida en su separación de sí misma, entonces espectáculo y consumo son las dos caras de una única posibilidad de usar. Lo que no puede ser usado es, como tal, consignado al consumo o a la exhibición espectacular. Pero eso significa que profanar se ha vuelto imposible (o, al menos, exige procedimientos especiales). Si profanar significa devolver al uso común lo que fue separado en la esfera de lo sagrado, la religión capitalista es su fase extrema apunta a la creación de un absolutamente improfanable." (*2006:* 105-106).

—. 2010. *Mundo consumo*. Buenos Aires: Paidós.
Boltanski, Luc, y Chiapello, Ève. 2002. *El nuevo espíritu del capitalismo*. Madrid: Akal.
Bourdieu, Pierre. 1980. "Los bienes simbólicos. La producción del valor". *Punto de vista* 8: 19-23. Buenos Aires: marzo-junio.
—. 1983. *Campo del poder y campo intelectual*. Buenos Aires: Folios. Traducción de María Teresa Gramuglio.
—. 1984. "The market of simbolic goods". En Pierre Bordieu y Randal Johnson (eds.), *The field of cultural production: Essays of art and literature*, 3-37. Columbia UP. También disponible en http://web.mit.edu/allanmc/www/bourdieu2.pdf.
—. 1998. *La esencia del neoliberalismo*. Buenos Aires: Tres Puntos.
—. 1999. "Una revolución conservadora en la edición" en *Intelectuales, política y poder*, 223-267. Buenos Aires: Eudeba.
—. 2001. *Las estructuras sociales de la economía*. Buenos Aires: Manantial.
—. 2005. *Las reglas del arte. Génesis y estructura del campo literario*. Barcelona: Anagrama.
García Canclini, Néstor. 1990. *La producción simbólica*. México: Siglo XXI.
—. 1995. *Consumidores y ciudadanos*. México: Grijalbo.
—. 2001. *La globalización imaginada*. Buenos Aires: Paidós.
—. 2007a. *Culturas híbridas*. Buenos Aires: Paidós.
—. 2007b. *Lectores, espectadores e internautas*. Barcelona: Gedisa.
—. 2010. *La sociedad sin relato*. Buenos Aires: Katz editores.
—. y Moneta, Carlos Juan (coords.). 1999. *Las industrias culturales en la integración Latinoamericana*. México: Grijalbo.
Ludmer, Josefina (org.). 1994. *Las culturas de fin de siglo en América Latina*. Rosario: Beatriz Viterbo Editora.
—. 2002. "Temporalidades del presente". *Boletín/10 del Centro de Estudios de Teoría y Crítica*: 91-112. Rosario. Disponible en http://www.celarg.org/int/arch_publi/ludmer.pdf.
—. 2006 y 2007. "Literaturas postautónomas". 1 (2006) y 2 (2007). Disponible en http://www.loescrito.net/in dex.php ?Id=158.
—. 2010. *Aquí América latina*. Buenos Aires: Eterna cadencia.
Yúdice, George. 2002. *El recurso de la cultura*. Barcelona: Gedisa.

Corpus

César Aira

Aira, César. 1981. *Ema, la cautiva*. Buenos Aires: Ed. Belgrano.
—. 2008. *Las aventuras de Barbaverde*. Buenos Aires: Emecé.

Alberto Fuguet

Fuguet, Alberto. 1990-2008b. *Sobredosis*. Santiago de Chile: Suma de Letras.
—. 1998-2008b. *Por favor, rebobinar*. Santiago de Chile: Suma de Letras.
—. 2003. *Las películas de mi vida*. Santiago de Chile: Suma de Letras.
—. 2004. *Cortos*. Santiago de Chile: Alfaguara.
—. 2004. *Las hormigas asesinas. Santiago: GOA FILMS- Cinépata-El asombro- Lastarria 90.*
—. y Ortega, F. 2004. *Se arrienda (Guión)*, SCL/MDZ, 15 de diciembre. (versión 2.O).
—. 2005. *Se arrienda*. Cinépata, 1 de octubre. Santiago de Chile. Disponible en: http://vimeo.com/16003312.

João Gilberto Noll

—. 1991. *O quieto animal da esquina*. São Paulo: Francis.
—. 1996. *A céu aberto*. Río de Janeiro: Record.
—. 2002-2003. *Berkeley em Bellagio*. São Paulo: Francis.
—. 2004. *Lorde.* Río de Janeiro: Record.

CHAPTER TWENTY-ONE

RE-VISITANDO EL CINE CHILENO PRE-DICTADURA: ALDO FRANCIA Y RAÚL RUIZ

SILVIA DONOSO HIRIART
UNIVERSIDADE DE LISBOA

"Los que tienen memoria son capaces de vivir en el frágil tiempo presente; los que no la tienen, no viven en ninguna parte"
(Patricio Guzmán, película *Nostalgia de la luz*, 2010)

1. Introducción

En 1973 hubo un golpe militar en Chile, promovido por los Estados Unidos, que tuvo como objetivo acabar con el gobierno socialista democráticamente elegido de Salvador Allende Gossens. La vida cultural durante los diecisiete años que duró la posterior dictadura encabezada por Augusto Pinochet quedó prácticamente anulada o muy restringida a los pequeños círculos de agrupaciones de izquierda. Hoy, décadas después, el cine chileno ha tomado fuerza, y realizadores como Andrés Wood con su filme *Violeta se fue a los cielos* (2011) o Pablo Larraín con *No* (2012) se han consagrado a nivel mundial. Sin embargo, hubo un momento fecundo del cine chileno que quedó en la historia y solamente se ha mantenido en la memoria de una élite cultural. Durante los años previos al golpe militar, en este país sudamericano hubo filmes de valioso contenido social y político, que hoy han adquirido un valor histórico inmenso por el hecho de tener tintes documentales en su modo de abordar la realidad nacional del momento. Se trata de realizadores como Aldo Francia con *Valparaíso, mi amor* (1969) y *Ya no basta con rezar* (1972), y Raúl Ruiz—quien se hiciera luego muy famoso a nivel mundial tras el exilio en Francia—con *Tres tristes tigres* (1968) y *Palomita blanca* (1973).

Nos interesa que aquellos inestimables enfoques del Chile de fines de los años 60 y comienzos de los 70 que ofrecen estos filmes, se hagan conocidos más allá de las fronteras nacionales. Es justo recuperar un momento de la historia del cine chileno de alguna manera opacado por causa del periodo negro que lo sucedió y probablemente también debido al renacimiento que vive hoy la actividad cinematográfica del país.

Durante la década de los 60 en Chile el panorama cultural se encontraba activo, y desde las políticas públicas en relación al desarrollo del cine los realizadores veían un ambiente propicio para el despliegue de sus trabajos. En 1965 el Gobierno del Presidente Eduardo Frei Montalva designa a Patricio Kaulen como presidente de Chilefilms y en 1968 promulga dos disposiciones que favorecen al cine nacional; estas disposiciones liberan de impuestos a la importación de la película virgen de 35 mm, como asimismo a la internación de equipos y a las entradas vendidas de las salas que exhibiesen cine nacional (Mouesca y Orellana, 1998: 292). Estas medidas favorecían mucho al productor. Barría Troncoso en *El espejo quebrado. Memorias del cine de Allende y la Unidad Popular* (2011) comenta sobre la importancia de Chilefilms en aquel contexto lo siguiente: "La posibilidad de que el cine chileno tomara un carácter nacional, popular y revolucionario se expresó en las políticas públicas impulsadas desde Chilefilms" (55). Como se observa, desde antes de la elección de Allende ya se venía generando un fuerte apoyo a la producción nacional desde el estado.

Ya cerca de los años 70, el fenómeno de la Unidad Popular cobra inmensa fuerza en el país y los filmes que nos interesa analizar se enmarcan justamente en ese momento, a partir del año 1968. Exactamente en el año 1969 se funda la Unidad Popular, "alianza que asocia a los partidos radical, socialista, comunista, Mapu y otros grupos menores" (Mouesca y Orellana, 1998: 297).

En lo político, entonces, Chile se hallaba en un momento efervescente; y en lo cultural el país vivía un nacimiento de grandes figuras que se convertirían con el pasar del tiempo en verdaderos iconos. En 1967 tiene lugar el Quinto Festival de Cine de Viña del Mar, que será el Primer Festival de Cine Nuevo Latinoamericano y al mismo tiempo el Primer Encuentro de Cineastas Latinoamericanos. El realizador Aldo Francia preside este festival y encuentro, y grandes nombres del panorama cinematográfico latinoamericano llegarán a Chile, tales como el cubano Humberto Solás o el argentino Eliseo Subiela. Años después, el crítico español Ángel Fernández Santos recordará este festival en un artículo en el periódico hispano *El País*, señalándolo como "uno de esos momentos privilegiados de la historia en que la búsqueda de la belleza coincide con la búsqueda de la libertad" (Fernández Santos, en Mouesca y Orellana, 1998: 296). Pero no solo el cine se encontraba boyante en aquellos años. En 1969 se lleva a cabo el Primer Festival de la Nueva Canción Chilena, donde participarán los hermanos Parra (hijos de Violeta, quien ya se había suicidado), Víctor Jara, Inti Illimani y Quilapayún, entre otros.

Durante estos años de entusiasmo socialista, cuando la expresión del pueblo a través del arte y del cine gozaba de libertad y en que gran parte de los artistas se sentían llamados a colaborar con una causa, algunos cineastas chilenos redactan un "Manifiesto de los cineastas de la Unidad Popular", que la mayoría de los realizadores de ese entonces suscribe, donde dan a conocer el rol que les corresponde adoptar ante el panorama nacional. Probablemente la afirmación que resume mejor este manifiesto es aquella que dice: "Que antes que cineastas, somos hombres comprometidos con el fenómeno político y social de nuestro pueblo y con su gran tarea: la construcción del socialismo[1]".

Ya en el año 1970 la Unidad Popular llegará a su punto cenital con la elección de Salvador Allende como Presidente de la República. Es el primer presidente socialista democráticamente electo en el mundo. Durante su periodo—que dura hasta el golpe militar liderado por Augusto Pinochet, en 1973, con el ya indiscutido impulso y respaldo de la CIA—, el cine nacional se mantendrá en intensa actividad. Un hecho muy marcador en relación al cine y Allende es que en el año 1973 el prestigioso realizador italiano Roberto Rossellini realiza, por cuenta de la Televisión Italiana, una extensa entrevista al presidente socialista, la cual, luego del golpe militar y, por consiguiente, de la muerte del gobernante, sale a la luz en Italia.

A partir de 1973, la situación para los cineastas cambia radicalmente. Aldo Francia deja de hacer cine y Raúl Ruiz sale al exilio. También el activo realizador nacional Miguel Littin abandona el país, entre otros. La Junta Militar deroga los decretos que favorecían la industria cinematográfica, y, de esta manera, el cine, así como la actividad cultural en general, entra en un periodo semimuerto, con excepciones como la de la afamada película *Julio comienza en julio* de Silvio Caiozzi, en 1976, quien había sido director de fotografía en importantes filmes de los años previos al golpe. De hecho, trabajó con Aldo Francia y con Raúl Ruiz. Mouesca y Orellana (*ibíd.*) afirman sobre la acción de la dictadura militar frente al cine lo siguiente:

---

[1] Manifiesto completo en anexo en *Plano secuencia de la memoria de Chile. Veinticinco años de cine chileno (1960-1985)*, Jacqueline Mouesca. Madrid: Eds. del Litoral, impresión de 1988 (Santiago: Tamarcos). Disponible en línea en http://www.memoriachilena.cl/temas/documento_detalle.asp?id=MC0029424.

> "Comienza un periodo de desmantelamiento del cine chileno: se cierran estudios de filmación y se clausuran los centros universitarios de producción, formación y difusión. Comienza un éxodo masivo de cineastas, intérpretes y técnicos. (…) Se extrema la censura cinematográfica. En los once años siguientes, se rechazará la exhibición de más de 340 largometrajes" (318).

Este desalentador panorama sume a Chile en una enorme infecundidad artística durante poco menos de dos décadas.

En la investigación dirigida por Alicia Vega, *Re-visión del cine chileno* (1979), se señala 1974 como el año en que comienza lo que se considera el cine chileno de exilio. Algunos largometrajes serán terminados fuera del país habiendo comenzado a rodarse dentro de él, pero la mayoría de ellos se realizan completamente en el extranjero. Un caso emblemático es el del filme de Raúl Ruiz *Diálogo de exiliados*, justamente de 1974, rodada en París, donde él vivió su exilio. Ese filme pone en cuestión la figura del exiliado chileno, llevando a cabo una suerte de estudio de su comportamiento, en el cual finalmente se muestra una "vacía retórica de un discurso político más preocupado por conseguir aplausos (y fondos de ayuda internacional) que de resolver su situación[2]." Luego Ruiz se convertirá en un cineasta internacional, es decir, sus filmes dejarán de tener esa tónica chilena y a lo largo de su prolongadísima e incesante carrera (trabajó hasta su muerte en 2011) realizará películas complejas y será un director heterogéneo. De Chile Ruiz no se desvinculará nunca. De hecho, además de una serie que realiza en su país, *La recta provincia* (2007), en el año 2004 había dado vida al filme *Días de campo*, una coproducción chileno-francesa, en el cual volvería a trabajar con la actriz Bélgica Castro, más de treinta años después, ya que ella formó parte del elenco de *Palomita blanca* en 1973, última realización de Ruiz previa al exilio. Antes de morir, también rodará *La noche de enfrente* (2012), filme póstumo, donde llevará al actor Christian Vadim a actuar a Chile con reconocidos actores locales.

Los realizadores que más trascendieron del periodo pre-dictadura fueron Raúl Ruiz, Aldo Francia y Miguel Littin. Únicamente el último vive todavía. Hemos decidido abocarnos a los dos primeros, aproximándonos al modo en que sus filmes de aquella época (en el caso de Francia son sus únicos dos largometrajes los realizados en esos años) caracterizan la realidad del país y la idiosincrasia del chileno que vivía en medio del apogeo del socialismo.

---

[2] Comentario completo del filme en la Enciclopedia del cine chileno, disponible en http://www.cinechile.cl/pelicula-1122.

2. *Tres tristes tigres*, 1968, Raúl Ruiz

Director: Raúl Ruiz
Guión: Raúl Ruiz (basado en la obra homónima de Alejandro Sieveking)
Productora: Los Tres Capitanes
Fotografía: Diego Bonacina
Música: Tomás Lefever
Montaje: Carlos Piaggio
Duración: 105'
Reparto: Nelson Villagra, Luis Alarcón, Shenda Román, Delfina Guzmán, Jaime Vadell, Jaime Celedón

Sinopsis y breve historia:

> "Tito[,] un simplón e irresponsable provinciano[,] llega a Santiago, para ponerse a las órdenes de Rudy, un arribista negociante de autos. Durante un fin de semana, mientras Rudy espera que Tito llegue con los documentos necesarios para cerrar una venta, éste, en lugar de entregárselos, se dedica a farrear con su hermana Amanda, una estriptisera que en los ratos libres oficia de prostituta. Aparece un profesor de Angol que se une a la parranda. Los personajes buscan una felicidad utópica entre bares, callejuelas y hoteles de mala muerte. A pesar de ser una de las películas chilenas más alabadas de la historia (elegida más de alguna vez como la mejor película de todos los tiempos), se estrenó con un éxito relativo de público (17.771 espectadores) y escasa repercusión crítica. Tras el golpe de 1973 y con Ruiz en el exilio la película fue convirtiéndose en mito y recién se pudo ver nuevamente en Chile en 1993, en el marco del Festival de Cine de Viña del Mar. Un entusiasmo renovado para un filme que fue encontrado casualmente en la Cineteca Uruguaya, [el] cual se copió y restauró para preservar el filme en Chile"[3].

Alicia Vega se refiere a *Tres tristes tigres* como "la primera película argumental chilena de la época sonora que se expresa en un lenguaje cinematográfico de alto nivel creativo y que establece una escuela" (*ibíd.* p.41). Basada en la obra homónima del dramaturgo también chileno Alejandro Sieveking, del año anterior, en ella se halla un minucioso retrato de la chilenidad de esa época. Vega señala que en este filme el cineasta "propone un cine de indagación, basado en la búsqueda de nuestra identidad" (*id.*). Teniendo un tono improvisatorio, el filme procura seguir un ritmo natural al compás de la cotidianeidad de un grupo de chilenos comunes que representan prototipos de los individuos de clase media y proletaria de esos años, mostrando tanto el humor como la violencia que

[3] En http://www.cinechile.cl/pelicula-186.

forma parte del carácter de ellos. En 1971, Carlos Ossa Coo dirá sobre este trabajo de Ruiz lo siguiente: "... logró en este filme caracterizar sicológicamente al chileno medio, poner en evidencia la violencia subterránea que se desliza en las relaciones cotidianas y que muchas veces no es percibida en integridad" (78).

Esta cinta de 1968 no solo se interesa por dar cuenta de la forma de ser del chileno medio, tanto de origen popular como de vida más acomodada, sino que también enfatiza enormemente en los diálogos, en la terminología vernacular, que únicamente puede ser totalmente entendida por quienes o pertenecen o se han adentrado en esa cultura. También la estructura de las frases y los usos de cortesía típicos del chileno son tratados aquí. De hecho, estos usos típicos ya se hacen presentes desde la dedicatoria, desde el mismo Ruiz en cuanto director, cuando antes de comenzar el filme, con fondo negro y letras blancas, expresa lo siguiente: "Esta modesta película está dedicada con todo respeto a don Joaquín Edwards Bello, a don Nicanor Parra y al glorioso club deportivo Colo Colo". "Con todo respeto" es una expresión que no ha variado diacrónicamente en Chile durante décadas, y es bien propia de la humildad—término también utilizado en esta dedicatoria—del sujeto modesto. Esa idea de no molestar ni importunar a otros está bastante arraigada en este sujeto, y el ya clásico "con todo respeto" resulta un epítome de esta característica.

Aquella dedicatoria de *Tres tristes tigres* es digna de bastante análisis, en la misma línea de lo que hemos observado a partir del "con todo respeto". Los dos sujetos y el club deportivo a los cuales se dirige Ruiz representan cada uno algo importante. El escritor Joaquín Edwards Bello es una figura particular por el hecho de venir de una familia aristocrática pero haber tomado otro camino, que ponía en cuestión el aparato desde el que se había formado inicialmente. El sitio web de la Dirección de Bibliotecas, Archivos y Museos de Chile (DIBAM), Memoria Chilena, se refiere a él como un "rebelde y gran cuestionador de la realidad chilena[4]" Una importante novela suya se titula *El roto* (1920), modo despectivo de designar al individuo chileno de bajo pueblo. Imaginamos que además motivado por el hecho de que el escritor se había suicidado a inicios de ese año (y quizás por eso lo nombra en primer lugar), los rasgos de su figura se corresponden con la línea en que Ruiz perfila su película.

Nicanor Parra es el segundo. El antipoeta chileno—quien el año 2011 obtuvo el Premio Cervantes, máximo galardón de la literatura en lengua española—es un icono, no solo para Chile, de la irreverencia respecto a los cánones, y una de sus mayores características es justamente que no tiene el

[4] En http://www.memoriachilena.cl/temas/index.asp?id_ut=joaquinedwardsbello(1887-1968).

más mínimo reparo en transgredir los estilos. Parra se ubica en la línea de la validación de lo popular y de remecer lo establecido. Uno de sus versos más representativos respecto a ello es aquel que sentencia: "Los poetas bajaron del Olimpo", en su poema *Manifiesto*, de *Obra Gruesa*, en 1969. También los años de producción entre estos artistas coinciden. Parra es un poeta al cual le interesa expresarse en consonancia con la voz del pueblo chileno. La jerga popular, los términos campesinos, el habla callejera: he ahí su fuente de recursos lexicales. Una situación muy similar es la que se observa en el filme de Ruiz. La expresión popular es abordada desde todos los ángulos: distintas instancias, distintos escenarios, diálogos serios, diálogos cómicos y no tan cómicos enmarcados en un contexto de ebriedad, expresiones de cariño y duras peleas incluso a golpes, etc. Lo importante es que siempre en *Tres tristes tigres* el protagonista es el pueblo chileno, cristalizado en unos pocos personajes. Este enfoque es lo que vincula el cine de Ruiz de esta época con la poesía de Nicanor Parra.

El Colo-Colo, equipo de fútbol nacional, tradicionalmente conocido como "el equipo del pueblo" (aunque esto sea discutido), lleva como nombre el de un famoso cacique mapuche (importante pueblo indígena del territorio). En *Palomita Blanca*, Ruiz hará que un personaje mencione al famoso club. También el hecho de referirse a este como "glorioso" deja ver abiertamente su preferencia en materia de fútbol, que tradicionalmente ha sido la preferencia de la gran masa popular chilena.

Hemos visto, entonces, que el filme ya desde antes de comenzar a contarnos la historia se emplaza en una línea clara de contenido. Todo lo que veremos se mantendrá fuertemente asido dentro de esa directriz.

Es así como, al comenzar, la situación que observamos es totalmente cotidiana. Porque justamente en relación al énfasis en lo popular se halla el realce de lo cotidiano, pues la instancia en que la vida popular se despliega es lo cotidiano. Dos de los protagonistas están en una "micro" (autobús público) por el centro de Santiago hablando hacia afuera con una hermana de uno de ellos que los saluda. El "micrero" (conductor) quiere partir pero estos no acaban nunca la charla. Otra persona dentro del autobús le dirá al conductor: "un momentito, por servicio", expresión totalmente chilena, partiendo del diminutivo, de uso transversal en el habla de aquel país. "Por servicio" es muestra de la formalidad a veces un tanto exagerada del sujeto común chileno que busca guardar las maneras y ser sumamente amable.

Luego el filme se sumergirá en eventos comunes y corrientes enmarcados en espacios cerrados: departamentos y bares. El trato entre ellos de "compañero" hará un fuerte guiño a los albores de la Unidad Popular. El personaje de la actriz chilena Delfina Guzmán aparecerá ya algo avanzado el filme, completando una gama que Ruiz quiere mostrar, pese a que su énfasis está—ya sabemos bien—en el sujeto chileno de raíz popular. La gradación va en una suerte de orden ascendente en cuanto a nivel social, partiendo por la gente que va en la "micro", continuando con otros sujetos que claramente parecen ser de un nivel socioeconómico acomodado (aunque solo un poco más, debido a que están endeudados) y finalmente asistimos al personaje de Guzmán, la típica "pituca" chilena—es decir, la mujer adinerada (o no tanto como quisiera) y muy relamida—en un estilo muy caricaturizado.

El filme se sumergirá en la conversación cotidiana, diálogos rebosantes de expresiones nativas, siendo un ejemplo significativo el del término "huevón", que se utiliza a nivel de habla simplemente como "hueón". Expresiones de la chilenidad profunda navegarán a lo largo y ancho del filme. La terminación de frases en "po" (pues) o "nomá" (nomás) serán tratadas con claro énfasis por parte de Ruiz. Asistiremos a un retrato detallado del chileno capitalino en su diario vivir y sus conversaciones triviales. El bar, el cabaret y los boleros configurarán los escenarios y la atmósfera del filme todo. También será recurrente la figura del borracho, que—independientemente de cualquier juicio de valor—es una imagen bastante visible dentro del panorama chileno; y en este recorrido por la cultura capitalina de su país, el cineasta sabe que no puede soslayar aquella innegable particularidad de la idiosincrasia nacional.

Raúl Ruiz al contar historias no está interesado en la estructura convencional del filme, en atraer la atención del público de un modo centrípeto, pues él tiene una postura frente al cine bastante clara, que expresó en su libro *Poética del cine* (2000: 19)[5]:

> "Afirmar de una historia que no puede existir sino en razón de un conflicto central, nos obliga a eliminar todas aquellas otras que no incluyen ninguna confrontación, dejando de lado los acontecimientos a los que somos indiferentes o sólo despiertan en nosotros una vaga curiosidad—tales como un paisaje, una tormenta lejana o una cena entre amigos…"

Esta es la "Teoría del conflicto central". A partir de ella se explica el cine de Ruiz, que para un espectador ansioso de llegar al punto nuclear de la acción resultará tedioso y hasta aburrido. El espectador conocedor de este cineasta sabe a qué atenerse. En su cine el peso semántico no está en función de uno o más acontecimientos que lo sostienen; el hecho mismo del devenir del filme es lo que interesa, con todos los detalles del escenario, los diálogos, los rostros, la música, etc. El cine de Ruiz no es

[5] Publicado en 1995 en Francia por la editorial Dis-Voir y editado en castellano en el año 2000.

apto para espectadores de ojo habituado al estilo Hollywood. Ni su cine inicial ni sus últimos trabajos recientes antes de morir lo son.

Entonces, en esta línea de eventos mínimos y cotidianos que no giran en torno a un núcleo que los atrae en función de darles un sentido único, *Tres tristes tigres* continúa su desarrollo a ritmo pausado. Diálogos sobre temas de la vida de sujetos simples que configuran el abanico de la variedad humana chilena será lo que más encontremos en él. También, hemos dicho, mucho alcohol y, en menor grado, acercamientos sexuales.

La escena de tono sexual entre los personajes encarnados por Jaime Vadell y Shenda Román será interesante en términos formales, ya que en la primera parte la cámara apuntará a unas persianas, mientras se oye a los personajes hablar; luego el personaje femenino aparecerá en el encuadre y la cámara se mantendrá siempre estática, en dirección a las persianas. Se aprecia, así, que la utilización del fuera de campo como recurso narrativo es manejada por Ruiz antes de los años 70 en Chile.

Sabemos que lo político en estos tiempos estaba fuertemente enraizado en la cultura y, por ende, en la conversación de los bares, el segundo hogar para muchos integrantes del pueblo chileno. Es por eso que no tardará en aparecer el diálogo común sobre política y el intercambio de opiniones desde una perspectiva no necesariamente intelectual en esta película. También surgirá la infaltable figura del apolítico. En esa época, el presidente de Chile era Eduardo Frei Montalva, y será sobre él sobre quien se hable. Y como la revolución cubana y el referente de Fidel Castro serán tan influyentes en el panorama de Latinoamérica en esa época—y más aun ante los aires de socialismo que se respiraban en Chile en esos años—, resulta ineludible para Ruiz referir al país caribeño y su proceso revolucionario a través de estos diálogos.

El filme se acercará hacia su desenlace, en el que los personajes protagónicos zanjan cuentas de modo violento: uno golpeando al otro. Esta escena tendrá un sórdido final. A Ruiz no le interesan los finales felices. No hay esquemas que a él le interese seguir.

Acompañado de un bolero—música que marca el tono de la película—llegará el cierre, con el protagonista, encarnado por el actor Nelson Villagra, rostro del cine chileno de esa época, adentrándose en las céntricas calles de Santiago. El bolero dejará de sonar y solo escucharemos el sonido de la ciudad mientras vemos, a partir de un travelling, al personaje de Tito caminar.

Frente a este filme, Ruiz niega completamente el hecho de que se le califique de "político", tal como señalan Alicia Vega y su equipo en *Revisión del cine chileno*. En esta investigación se hace mención a una entrevista hecha a Ruiz por la revista *Cine Cubano*, en donde él señala que a *Tres tristes tigres* "se le tomó como filme político, lo que no es cierto" (42). El cineasta chileno manifiesta esto categóricamente, pues lo que a él le interesa está muy lejos de aquello que habría podido fácilmente incurrir en lo "panfletario", especialmente dentro de los ánimos de esa época. Lo que motiva a Ruiz en este filme de 1968 es de un orden más descriptivo, esencialmente de registro.

A partir de entrevistas en revistas nacionales de la época, se verifica esta intención de Ruiz sobre su filme de 1968. Por ejemplo, en *Cormorán, "Revista mensual de arte, literatura y ciencias sociales"*, en el año 1969, expresa que esta película está planteada "como muestrario de Chile", excelente definición de su trabajo ahí. Vemos perfilados en *Tres tristes tigres* al borracho chileno, "el curao"; a la mujer adinerada afectada, "la pituca"; a la cabaretera; al sujeto oportunista y mentiroso, también un poco "arribista"; y otros tipos de personalidades que se pasean por este "muestrario" de Ruiz.

Estos planteamientos sobre sus intenciones e intereses frente a su filme de 1968 también se encuentran registrados en otra importante entrevista cuyo título nos resulta decidor ante lo que estamos revisando: "Prefiero registrar antes que mistificar el proceso chileno", de la *Revista Primer Plano* en el año 1972. Aquí Ruiz continúa dejando en claro el tenor de su película, cuado expresa estas palabras: "Yo entendí la película como una reflexión visual, en imágenes, de la condición nuestra en ese momento. Más allá no creo haber ido; tampoco pensaba llegar". El crítico chileno Alfredo Barría Troncoso dirá en relación a los filmes chilenos del cineasta: "… la mirada de Raúl Ruiz al proceso de la Unidad Popular está lejos de ser mitificadora y, por el contrario, en varios momentos de la película, un matiz documental parece apropiarse de las imágenes" (2011: 110).

Justamente en relación a este matiz documental, insistimos en el carácter descriptivo que adquiere este filme, el cual lo hace coquetear con un estilo de registro, al igual como, según veremos, sucede luego con *Palomita blanca*, de 1973. A veces resulta nefasto procurar un sentido profundo en las manifestaciones artísticas, pues esto conduce a interpretaciones rebuscadas que buscan escudriñar en escondrijos inexistentes. En una película como *Tres tristes tigres* definitivamente no hay una dimensión velada, un trasfondo que precise de un sagaz espectador que lo haga emerger para que así el filme cobre sentido. El sentido de este está en el devenir de los hechos, en los que participa la fauna humana chilena. El sentido del filme está también en la naturalidad de estas situaciones, en la vivacidad de los momentos que ahí desfilan ante los ojos del espectador, que ve descrita en la pantalla la idiosincrasia del pueblo chileno. Esta vivacidad toma aun más fuerza por el hecho de que la película se rueda con cámara en mano; solamente hay una escena con trípode, la de la pelea, que es también sumamente natural: "Nuestra violencia es así", señala Ruiz en la última entrevista citada.

Para este realizador chileno, hay en esta etapa de su trabajo cinematográfico un propósito indagatorio, a partir del cual diagnostica la conducta del chileno promedio. Así se verifica a partir de sus propias palabras, cuando dice, nuevamente en la misma entrevista, que "el cine nos hace evidente una serie de mecanismos del comportamiento que, generalmente por la actividad que uno desarrolla, se anulan o se olvidan". Esos mecanismos de comportamiento yacen en la cotidianeidad; sin embargo, es esa misma cotidianeidad empolvada por la rutina la que no nos permite ver y tomar conciencia de ellos. Por eso, un filme que pone ante los ojos del chileno su propia forma de ser y de vivir merece hasta incluso más de cuarenta años después seguir siendo comentado y examinado, sobre todo ante el curioso hecho de que a pesar del transcurso del tiempo Chile mantiene bastante inalterables las características generales de su temperamento retratadas fielmente en *Tres tristes tigres*.

3. *Palomita blanca*, 1973, Raúl Ruiz

Dirección: Raúl Ruiz
Producción: Sergio Trabucco
Guión: Raúl Ruiz
Música: Los Jaivas
Sonido: José De la Vega
Fotografía: Silvio Caiozzi
Montaje: Carlos Piaggio
Duración: 105'
Reparto: Beatriz Lapido, Rodrigo Ureta, Luis Alarcón, Bélgica Castro

Sinopsis y breve historia:

> "María es una joven estudiante de una población santiaguina durante el gobierno de Salvador Allende. En medio de ese álgido ambiente, se enamora de Juan Carlos, un joven de clase alta. Los obstáculos y las diferencias de clase aflorarán, todo acentuado en un contexto clave de la historia de Chile. El filme no alcanzó a estrenarse a tiempo en 1973 debido al golpe. Esperó 19 años para ser estrenada, gracias a que se encontraron unos negativos embodegados que se encontraban intactos. Es

> considerad[o] una de los filmes más importantes del cine chileno. Basada en la novela homónima de Enrique Lafourcade[6]."

Aquel "muestrario" de Chile que Ruiz ofrece en *Tres tristes tigres* antes de la llegada del gobierno de Salvador Allende, también se ve reflejado en la forma de tratar la historia de *Palomita blanca*, ya—sin saberlo Ruiz—en el último periodo del gobierno democrático socialista. A partir de la instalación de la dictadura militar, este filme permanecerá requisado y guardado en las bodegas de Chilefilms, no pudiendo ser visto sino hasta 1992, al haber regresado la democracia al país.

Cuando Ruiz señala en aquella citada entrevista publicada en 1972 que "prefiere registrar antes que mistificar el proceso chileno", esto nos hace pensar en las dos películas que estamos revisando. Ya hemos visto en la primera de qué manera esto cobra vida; pues en *Palomita blanca* la idea de registrar es aun más fuerte que en el filme anterior, ya desde su génesis. Ante el potente fenómeno de lectura de la novela *Palomita blanca* de Enrique Lafourcade, de 1971, Ruiz decide llevar a cabo su filme de un modo muy virado hacia la realidad desde antes de comenzar a rodarla. El proceso de casting incorpora a actores no profesionales, y genera una agitación tan grande que los estudios de Chilefilms quedan atiborrados de adolescentes esperando encarnar a la protagonista María. El éxito de la novela de Lafourcade había sido tal, que la idea de un filme sobre esta hizo un eco tremendo en los oídos de los chilenos. La sorpresa de Raúl Ruiz ante esta respuesta lo impulsó a realizar un documental, *Palomilla brava*, para dar cuenta de todo este asombroso proceso. Los actores protagónicos, finalmente, son Beatriz Lapido y Rodrigo Ureta, los cuales representan a dos personajes cuyas clases sociales son las mismas a las que ellos pertenecen en realidad. Esto es bastante interesante, pues le suma ese potente carácter documental al filme, que desde la primera escena se plantea en esa línea.

Veamos, entonces, cómo se sustenta esta afirmación acerca de que en *Palomita blanca* se transparenta una vocación documentalizante, desde el momento en que comienza (y, como ya sabemos, desde su concepción). El filme parte mientras vemos a María desplazándose por las céntricas calles de Santiago de Chile, como un componente más de lo colectivo. Luego, inmediatamente, este nos llevará a ver a la muchacha y a su amiga

---

[6] En http://www.cinechile.cl/pelicula-12. Discrepamos respecto a la afirmación que señala que la historia acontece "durante" el gobierno de Salvador Allende. Observamos que en el desarrollo de esta se dan claras indicaciones acerca del tiempo exacto en que acontece: inmediatamente antes de las elecciones en que Allende saldría vencedor, en 1970.

llegando al mítico festival de música Piedra Roja, una suerte de Woodstock chileno, donde ella conocerá a Juan Carlos, joven de clase social alta de quien se enamorará. Con música de Los Jaivas—clásica banda chilena de raíces populares que acompaña al filme completo con la banda sonora—, la película se detendrá largamente en esta secuencia del festival de música emblema del hippismo chileno, mostrando todo tipo de detalles en relación con la juventud de esa época: el modo de vestirse, de drogarse, de bailar, etc. A Ruiz le interesará mostrar a María en el contexto de la ciudad y la época antes de darle voz. La ubicación del personaje en lo colectivo será esencial. Y la música de Los Jaivas será fundamental en todo este proceso inicial de mostración—y a lo largo del todo el filme—, en el sentido de la enorme representatividad que ofrece esta agrupación respecto a la época de comienzos de los años 70 en Chile.

Ya después de esta parte inicial, María aparecerá contándonos la historia en una voz en off que mixturará una narración en primera y tercera persona de la protagonista, refiriendo cómo conoce a Juan Carlos y luego ambos se dirigen hacia la playa, donde se bañan desnudos. Comenzará ella a narrar en primera persona, mientras vemos lo que describe, para luego superponerse su misma voz en tercera persona, la cual predominará hacia el final. Estos serán claros inicios del vanguardismo que caracterizará a Ruiz en su quehacer cinematográfico hasta la muerte.

Cuando el realizador reflexiona sobre su trabajo en el séptimo arte en su libro *Poética del cine,* ya hemos visto que ataca la idea de un conflicto central centrípeto en la narración fílmica. A partir de la escena antes descrita, observamos concretamente cómo en sus filmes chilenos anteriores a su exilio en Francia comienza a vislumbrarse en estado quizás embrionario esta postura que él profesa. Es preciso que el espectador observe desde distintas perspectivas, y a ello responde este juego de voz en off de la protagonista en primera y tercera persona. La historia ha de ser contada desde el interior de la joven y desde una visión extrañamente externa también. Ruiz no quiere que el espectador se concentre en un punto, en una perspectiva, en un asunto. Así comenzará a gestarse su ataque al dominio de un conflicto central en el relato cinematográfico. Y esto, ya veremos, se refleja en variados y abundantes aspectos de *Palomita blanca.*

El filme se ocupará de situarnos en el contraste. Luego de la playa, María y Juan Carlos se dirigirán a la casa de él, donde se hará notorio el tratamiento de príncipe que recibe por parte del servicio doméstico. También a Ruiz le interesa revelar el modo de vida de aquel servicio doméstico de la cultura chilena, al cual, muy al estilo latinoamericano en general, le gusta ver telenovelas. Por lo tanto, antes de pasar del contraste de la clase privilegiada a la que pertenece el joven y la clase obrera a la que pertenece la muchacha, la cámara nos mostrará a las empleadas domésticas de la casa de Juan Carlos viendo la telenovela del momento en la cocina.

La decadencia del barrio marginal donde vive María se hará patente de inmediato, en cuanto la vemos llegar a su casa. A través de la voz en off, la muchacha nos contará que su madre es alcohólica y veremos entonces a esta golpeando a su hija. Luego se dejará entrever que el padrino la manosea. Y el protagonismo de la telenovela de moda también se manifestará en el lugar donde todo esto ocurre: el conventillo de María.

En su condición de socialista en favor de la Unidad Popular, Ruiz dejará ver en este filme el sentido de lo colectivo en toda su expresión. El romance de María y Juan Carlos sí tendrá relevancia, pero sobre todo servirá como punto de partida para mostrar el modo de vida, la agitación social y las diferencias de clases de la época. El sentido de la colectividad que caracterizaba la ideología socialista imperante en los cineastas de esos tiempos se hará presente de diferentes maneras. Por ejemplo, cuando Juan Carlos introduce a María en la vida social que él mantiene, en los lugares de moda de barrios a los que ella antes no ha accedido, vemos a la muchacha dentro de un grupo, y este grupo se encuentra en un espacio público donde hay diversas voces hablando al mismo tiempo sin que el sonido ponga el énfasis en nadie. Oímos como si estuviéramos ahí. Es decir, se pone al espectador frente al acontecimiento y no al acontecimiento frente al espectador. Lo que cobra protagonismo aquí no es María y su conversación, sino que el conjunto de personas, en el cual se oye una absoluta naturalidad en el tono de las conversaciones. Es lógico el vínculo que se infiere entre este tratamiento del sonido del filme y la teoría del conflicto central de Ruiz. Y también evidentemente con el afán de registro que posee su cine anterior al exilio.

El tratamiento del sonido recién descrito también aparece de un modo menos evidente pero también apreciable ya en *Tres tristes tigres*. Carlos Ossa Coo dirá de este filme lo siguiente: "Otro aspecto importante del filme era el lenguaje que utilizaban los protagonistas. Ruiz eligió una dicción, una cadencia fonética que corresponde exactamente a la de los ambientes que reflejaba" (1971: 80). Ossa Coo se refiere exclusivamente a la dicción y la cadencia fonética, que son aspectos importantísimos, pero también existe en aquel filme de 1968 ese indicado efecto de poner al espectador frente a los hechos como si estuviese ahí, escuchando tal como escucharía en la realidad concreta estando dentro de un bar, por ejemplo. Claro que en *Palomita blanca* esto cobrará más fuerza.

La teoría del conflicto central de Ruiz implica unos propósitos que él mismo se encargó de señalar el año 2003 en Chile, como consta en un reportaje del periódico La Tercera titulado "Palomita blanca, la comedia de la inocencia chilena" (en alusión al filme que en 2000 realizó el cineasta en Francia, con Isabelle Huppert). Allí el realizador expresa lo siguiente sobre la cinta que revisamos: "...en esta película experimenté por primera vez con técnicas que luego utilizaría en mis filmes europeos; la multiplicidad de los puntos de vista; la descentralización de los diálogos...". Estos dos focos de experimentación que nacen en *Palomita blanca* se reflejarán en muchos pasajes y sus tratamientos dentro de la narración. Ya hemos visto un ejemplo de ambos en la escena que describimos sobre el momento en que la pareja sale del festival de música y se dirige hacia la playa, con el relato de María en voz en off en esa dinámica entre la primera y la tercera persona. Ese será el primer momento en que los afanes descentralizadores de Ruiz se dejarán ver en el filme. Estos persistirán a lo largo de la cinta, en la cual la pareja será tan considerada como otros personajes que en la novela de referencia son sumamente secundarios. Veremos qué más atiende y desatiende Ruiz en función de dar vida a su contraria postura a la construcción de un conflicto central absorbente.

Hay en *Palomita blanca* un claro propósito de dar énfasis a momentos que pertenecen a las catálisis. Momentos que en un filme más convencional no tendrían mayor importancia acá se despliegan en un tiempo considerable: diálogos cotidianos, situaciones comunes y corrientes del diario vivir. Estos momentos no están en el filme con el fin de servir de escenario o contexto para la relación de la pareja, sino que sin lugar a dudas son tratados con un valor en sí mismos. La idea es que el espectador dirija su atención a un conjunto y una colectividad en un potente contexto socio-político.

En general, en este filme la cámara en cuanto a la visión y al audio se comporta como si estuviese frente a un trabajo de registro. Es muy frecuente ver a la pareja dentro de grupos de personas, o a María en un rol muy secundario en su lugar de residencia, un conventillo, marcado por la falta de privacidad y de momentos de soledad. Con toda esta diversidad de modos de mostrar a la pareja o a la protagonista se amplían las posibilidades de enfoque, y ello contribuye a dar importancia a elementos anexos o externos al conflicto amoroso, como, claramente, lo político.

El planteamiento sobre el conflicto central es notorio también a través de la desatención de Ruiz sobre aspectos de la vida de la joven protagonista que en la novela de Lafourcade son tratados con evidente interés: la violación por parte de padrastro, la que Ruiz insinúa sutilmente en un solo momento (cuando el sujeto, encarnado por Luis Alarcón, la acaricia de un modo inequívoco); y la muerte del hermanito, que ni siquiera se menciona. El involucramiento de Juan Carlos en el atentado al general Schneider[7], su participación en el movimiento Silo y su obsesión por conocer detalles de la anterior vida sexual de la muchacha son asuntos levemente tratados o derechamente desperfilados en la película.

Esta postura del realizador sobre el cine la veremos igualmente a partir del tratamiento de los personajes, ya que en consonancia con el afán de no poner la atención en la pareja protagónica, personajes que en la novela son sin duda secundarios acá cobran un rol diferente, mucho más activo, como la madrina y sobre todo la madre de María. La madrina, por ejemplo, representa a la típica mujer chilena pobladora[8] anticomunista de aquel entonces. El dibujo de los prototipos en este filme de 1973 es un propósito clarísimo. La independencia de estos personajes secundarios de la población en relación a María tiene el sentido de ilustrar a la sociedad de la Unidad Popular en Chile. Las acciones mostradas no están bajo la mirada omnipresente de la chica, como sucede en la novela, en que se narra la historia desde su perspectiva, al escribir en su diario de vida. Lo que Ruiz hace es un verdadero *collage*, tal como señala Barría Troncoso: "… las imágenes se organizan como un mosaico fragmentario que carece de un eje narrativo" (2011: 113). Esa ausencia de un eje narrativo se debe, además de su tendencia a huir de un conflicto central, a su interés por mostrar más que por contar. Mostrar fracciones representativas del Chile del socialismo.

Esta vocación documentalizante que observamos en los filmes referidos halla un sustento teórico importante en las palabras de Gaudreault y Jost (1995), cuando señalan que "en realidad, lo más frecuente es que se favorezca la actitud documentalizante allá donde sería de esperar una actitud 'ficcionalizante' […] La actitud documentalizante anima, pues, al espectador a considerar el objeto representado como un "haber-estado-ahí" (40). Variados elementos que hemos descrito de *Palomita blanca* cumplen con el objetivo de generar en el espectador ese efecto de "haber-estado-ahí". Cuando la cámara nos sitúa frente a un grupo

---

[7] René Schneider, militar chileno, Comandante en Jefe del Ejército en tiempos de la elección presidencial de Presidente de la 1970. Fue asesinado por un grupo de ultra-derecha, Patria y Libertad, en una tentativa de secuestro. El objetivo de esta acción era impedir la llegada de Allende al poder—luego de haber ganado las elecciones por mayoría relativa—, esperando desestabilizar al país y producir una intervención de las Fuerzas Armadas. Así se impediría que el Congreso ratificara a Allende como República.

[8] Mujer que vive en una población, en un conjunto de viviendas populares.

y el audio y la visión no se concentran en nadie ni nada puntualmente, involucrándonos como parte de la colectividad, nos hallamos, proponemos, frente a un mecanismo que responde a aquella finalidad. Muy decidor es un pasaje en que un vecino de María se asoma por la ventana para insultar a otros vecinos del barrio que están instalando propaganda política a favor de la derecha: la cámara se desplaza desde el vecino gritando improperios hasta mostrarnos finalmente a quienes pegan esa propaganda en los muros aledaños, a través de un paneo, pasando por la madrina, quien cuelga ropa como una vecina más que observa el hecho. En muchos episodios hay este tipo de ausencia de énfasis en personajes puntuales. Ese efecto conseguido, a partir tanto del sonido como de la visión, de un "espectador in situ" es una constante a lo largo de esta cinta de 1973.

Serán numerosas las escenas del filme en que María y Juan Carlos no están presentes y se nos muestran momentos de carácter cotidiano: diálogos de la familia de María discutiendo sobre la situación política, rencillas políticas callejeras, encuentros de personas en diferentes contextos, etc.

La banda sonora, que ya hemos mencionado, a cargo de la banda chilena Los Jaivas, fue trabajada muy en conjunto entre el realizador y los músicos en relación a las necesidades del filme y a las peticiones de Ruiz. Esta cobra un tremendo peso en la película, al punto de que hay variados momentos muertos, es decir, momentos en que no está realmente sucediendo nada concreto más que ver a María pasando por las calles o mirando fijamente a la cámara, por ejemplo, en que se le da un protagonismo evidente a esta música de gusto popular, al dejarla sonar no en función de acción alguna. Como se hace patente, variados rasgos del filme facilitan que este posea un carácter testimonial poderoso.

Palomita blanca tendrá un espíritu de registro tanto a puertas cerradas como en la calle. Un clásico de esta película es la escena en la que, mediante un extenso monólogo, un profesor de María despliega su visión sobre el arte, mostrándonos así el filme un extenso ejemplo de un acontecer cotidiano dentro de una sala de clases cualquiera en un liceo chileno. A Ruiz le interesa detenerse en lo que a él le parece importante y no en los acontecimientos nucleares de la novela en que se inspira ni en los momentos que más podrían atraer la atención de un público masivo.

Si bien no nos parece apropiado decir que la novela de Enrique Lafourcade pertenece a la categoría de "novela rosa", es verdad que el sentimentalismo de María es sumamente importante en esta obra y su estructura de diario de vida. En la película, la emocionalidad de María tendrá lugar a través de su voz en off hablando de sus sentimientos, lo que aparecerá de modo discontinuo a lo largo de la narración; pero sin lugar a dudas habrá una preponderancia de lo social, lo político y lo idiosincrásico. Y en la línea del registro, la cotidianeidad tendrá un rol fundamental.

En un pequeño artículo sobre las impresiones de la protagonista Beatriz Lapido al, por fin, en el año 1993, haber podido ver *Palomita blanca* junto a Ruiz y su mujer, la montajista y realizadora Valeria Sarmiento, en París—artículo que lleva por nombre "Palomita blanca según su protagonista Beatriz Lapido", aparecido en el periódico chileno La Tercera, el 29 de agosto de 2011—, la actriz recuerda su trabajo con el particular realizador comentando un par de aspectos de este que nos parecen relevantes a la luz de lo que observamos en estos filmes: "Irónico hasta la saciedad, cosa que deja patente en su obra… y sobre todo, hacía lo que le daba la real gana."

La ironía es constante en el cine de Ruiz. En el caso de los dos filmes que revisamos, aparecerá sutilmente una visión teñida de ligero sarcasmo de las típicas actitudes del chileno de diferentes clases sociales y en diversos contextos. Se configurarán los prototipos con todos sus relieves, y la ironía—pese a ser Ruiz socialista—se dejará caer sobre el dibujo de chilenos de todas las posturas ideológicas. Barría Troncoso en su citado trabajo dirá de él que "observa el fenómeno revolucionario bajo una mirada corrosiva e irónica, que no tiene equivalentes en el cine nacional" (23).

Nos interesa sobremanera lo que Beatriz Lapido señala en relación a que él "hacía lo que le daba la real gana". Su modo nada convencional de construir un filme acaba por ofrecer una cinta en que lo que se hace es describir desde peculiares aproximaciones al Chile de comienzos de los '70, con su clima fuertemente politizado. El tono descriptivo, pacientemente descriptivo, en este trabajo fílmico es notorio y muchas veces alcanza más fuerza que lo propiamente narrativo. Ello pesa en aquel carácter testimonial. Y es el resultado de la disposición del realizador frente a la película: no le interesa apresurarse para "no aburrir"; le interesa librar las escenas de un sentido concreto e interpretable en relación a las acciones de la historia. No le interesa complacer. Le interesa hacer "lo que le da la real gana". El crítico argentino Francisco Galidez dirá en esos años que "se nota en Raúl Ruiz la existencia de una auténtica personalidad cinematográfica, que le permite narrar y descubrir el mundo a su manera[9]" (en Ossa Coo, 1971: 80).

Justamente en relación a aquel carácter, Ruiz inventará instancias en el filme que no tienen referente en la novela, y que darán cuenta del periodo

---

[9] *Ercilla*, n° 1.794, pág. 75.

de la Unidad Popular y de la compenetración del pueblo con este momento. Muy decidor es aquel pasaje en que, durante una cena, el padrino de María recita el himno revolucionario *Venceremos*, el cual evidentemente alude al socialismo y a la Unidad Popular, ya que fue este himno el que llevó a Allende al poder.

Probablemente si la versión de Raúl Ruiz sobre *Palomita blanca* se hubiera apegado a aquella ficción claramente contextualizada que se halla en la novela de Lafourcade, no habría sufrido una severa censura; pero el régimen militar notó la amenaza que representaba para sus propósitos, justamente por lo que hemos ido definiendo a lo largo de estos párrafos: *Palomita blanca* se traduce en una poderosa fuente que da cuenta del momento histórico enardecido que tiene lugar en el año 1970 en Chile.

Raúl Ruiz en diversas entrevistas realizadas en esos tiempos se refirió a su modo de trabajar. En aquella muy citada "Prefiero registrar antes que mistificar el proceso chileno", él comentará sus impresiones acerca de la importancia de lo colectivo al momento de enfrentarse a la construcción de una película: "Pero es un hecho que trabajo en colaboración porque tomo hechos de la vida cotidiana que la gente que trabaja conmigo conoce mejor que yo". La gente que trabaja con él conoce, según él, mejor aquellos episodios cotidianos tan pormenorizados en sus cintas de aquel entonces porque él procura traerlos desde la calle, desde la realidad. Sobre todo en *Palomita blanca* esto es un aspecto fundamental, debido a la situación de los dos actores protagónicos.

El rol que tendrán los actores profesionales en estos filmes de Ruiz también es particular, en el sentido de que trasciende el puro hecho de actuar. En la misma entrevista, el cineasta chileno se expresa largamente sobre su visión acerca de los actores profesionales con quienes trabaja:

> "Para mí el ideal es combinar cierto tipo de actor profesional con actores no profesionales. Dadas estas condiciones: que el actor profesional desempeñe el papel casi de actor documental, en el sentido de que opere como animador..." (...) "Y la condición que deben cumplir éstos, me refiero a los no profesionales, es que conozcan bien la realidad que están re-presentando y de la cual no tienen capacidad de alejarse".

Algunos de los actores con que Ruiz trabaja en sus filmes chilenos anteriores al exilio estarán muy activos en la actuación durante esos tiempos, apareciendo en otras películas importantes, como por ejemplo Nelson Villagra, quien protagoniza *El chacal de Nahueltoro* (1969), de Miguel Littin. Y Luis Alarcón aparecerá en más de un filme de Ruiz. El realizador sudamericano volverá, tras la dictadura, a Chile a elaborar nuevos proyectos fílmicos donde la madrina de María en *Palomita blanca*,

Bélgica Castro, trabajará nuevamente con él, décadas después. Esto refleja una compenetración con sus actores[10]. Y la participación de estos en filmes implicados en la realidad chilena significó un alto nivel de compromiso con el contexto en que estaban sumergidos. Hacer filmes en esa época tenía un valor más allá de lo profesional.

Al realizador chileno le interesará mucho en esos tiempos no plegarse a una concepción de cine panfletario. Así lo aclarará en la entrevista de 1972 que hemos venido citando: "Uno comienza a plantearse la necesidad de hacer un tipo de cine que dé mayor participación, que tenga capacidad de análisis, que esté más abierto a la vida cotidiana y tenga mayor posibilidad de transformar nuestra realidad. Lo que no quiere decir hacer películas para incitar a las huelgas sino para conocer esa realidad que se quiere transformar". Barría Troncoso, desde una mirada muy posterior, identificará este carácter del cine de Ruiz de esos tiempos: "Ruiz se aleja del cine militante, entendido como una simple proclama realista que toma partido entre bandos en pugna, para ofrecer un cine decididamente autoral" (2011: 109). Dar a conocer la realidad es el objetivo de este realizador. La realidad chilena de aquel momento con todas sus aristas, sus dimensiones y los tiempos necesarios para dar cuenta de cómo funciona la cotidianeidad. "En este momento yo me inclino por trabajar en el registro de lo que está ocurriendo", dirá en aquella entrevista de 1972. Y su línea autoral, evidente desde la génesis de su trabajo, será una constante tanto en sus filmes chilenos como europeos.

4. *Valparaíso, mi amor*, 1969, Aldo Francia

Ficha Técnica
Director: Aldo Francia
Guión: José Román, Aldo Francia
Producción: José Troncoso
Música: Una de las canciones utilizadas como parte de la banda sonora fue el tema *La joya del Pacífico*, interpretada por Jorge Farías

---

[10] La relación de Ruiz con los actores se mantendrá próxima después del exilio también. En su trayectoria europea, actores como John Malkovich, Catherine Deneuve, Isabelle Huppert, Chiara Mastroianni, también estrecharán lazos con él, como consta en el proyecto inacabado del realizador que concreta su mujer, Valeria Sarmiento, el filme *Las líneas de Wellington*, en el que Malkovich tiene un rol más o menos fuerte, pero las otras actrices aparecen brevemente, sólo con el fin de hacerle un pequeño homenaje al realizador, tal como cuenta Sarmiento en el Festival de cine de Venecia en 2012.

Reparto: Hugo Cárcamo, Sara Astica, Liliana Cabrera, Marcelo, Rigoberto Rojo, Pedro Manuel Álvarez

Sinopsis y breve historia:

> "Historias inspiradas en hechos reales que ocurrieron en el puerto de Valparaíso. Cuatro niños de escasos recursos han quedado abandonados porque el padre, cesante, roba ganado para alimentarlos y la policía lo ha detenido. Enfrentados en forma brutal a la vida, desde su problemática situación social, se encaminan a una marginalidad difícil de eludir. Inspirada en la obra de Alain Resnais (*Hiroshima Mon Amour*, 1959) y en el neorrealismo italiano, muestra una historia rescatada de la crónica roja, la cual Aldo Francia y José Román llevaron al guión cinematográfico. Recorrió con éxito la Quincena de Realizadores del Festival de Cannes, la Semana Internacional del Cine de Barcelona y el Forum de Berlín en el año 1970[11]."

El tono general que presenta este filme de 1969 evoca rápidamente al Neorrealismo italiano, especialmente por la relación con la calle que posee. Los suburbios del puerto principal de Chile, Valparaíso, cobran un notorio protagonismo en el devenir de la historia. Y la importancia de los suburbios trasciende el hecho de mostrarlos: al igual que Raúl Ruiz, a Francia le interesa incluir a actores no profesionales extraídos desde los mismos lugares a los que ellos pertenecerán en el rol que representan.

Valparaíso, mi amor es un nombre bastante amable para un film que muestra descarnadamente la realidad y la imposibilidad de un destino de los niños marginales de un país latinoamericano. La historia parte con el padre de la familia protagónica cayendo preso, acusado de robo; entonces su compañera, que se ha hecho cargo de los niños, luego de la muerte de la anterior esposa del sujeto, debe de alguna manera alimentar a esta prole. Aprovechando las andanzas de los hermanos en busca de diferentes formas de llevar un aporte a la casa por las calles del puerto, Francia saca partido a las bellas imágenes que ofrece este lugar al espectador; y a partir de la pobreza y su cotidianeidad, del modo simple que tiene el pueblo para jugar y entretenerse, el realizador muestra las tradiciones de Valparaíso (lo que repetirá en *Ya no basta con rezar*) asentadas en los cerros, tales como elevar volantines o lanzarse cerro abajo en un carrito artesanal. La historia de los niños y su miseria es fundamental, pero esto no impide que el filme saque provecho de aquel puerto del Pacífico y exprima sus rincones y encantos con fines fílmicos.

---

[11] En http://www.cinechile.cl/pelicula-187.

La crítica social, transversal a las películas de la Unidad Popular y sus años inmediatamente previos, no se demora en aparecer en *Valparaíso, mi amor*. Porque, claro, no es un mero registro de la miseria de Valparaíso y de los fascinantes secretos que se hallan guardados en sus cerros; es un filme que se interioriza en la cruda realidad del puerto. En lugar de aquella ironía que cruza las películas de Ruiz, en Francia encontraremos una crítica social bastante explícita. Aquella que se desliza en la visión de Ruiz es más sutil, más deslizada a través de la mordacidad. Nos parece que Francia hace un reclamo social más manifiesto, y de destinatario más identificable: el poder de la burguesía.

En el caso de la película que revisamos, no se demorará en aparecer el asistencialismo a la casa miserable de la mujer (que además está embarazada) que se ha tenido que hacer cargo de los hijos del prisionero, como asimismo el periodismo sensacionalista. La mujer parece ser más bien ingenua, y no darse cuenta de cómo los periodistas que llegan a su hogar quieren obtener una perspectiva lo más ajustada posible a lo morboso de cómo se arregla la vida sin el padre sostenedor. Por otra parte, una fina señora de tono de voz y vestimenta claramente asociadas a la clase alta chilena, llega a hacerle una serie de preguntas a la pobladora, María, con el fin de, supuestamente, prestarle asistencia como representante de alguna institución de caridad. En esta escena vemos de modo incuestionable la relación vertical que establece la elegante señora con la mujer pobre, y cómo se desliza en ella un tenue pero identificable menosprecio por todo lo que hay en la casa y por la misma María. Cuando la pobladora le da un vaso con agua, la dama lo observa con detención, para ver si el agua está sucia, evidentemente.

Francia no necesitará más "ejemplos" para dar cuenta de lo irreversible de la pobreza chilena. Nadie está interesado realmente en ayudar a los pobres. Por ello, deben ellos por sí mismos encontrar cualquier medio, honesto o deshonesto, de sobrevivir. Entonces, en este camino de lucha por la sobrevivencia, las bellas—a pesar de la miseria—imágenes de los niños descendiendo de los cerros en dirección al mercado para ayudar a señoras a llevar las compras y así ganar "unos pesos", para contribuir a mantener la casa, irán trocándose paulatinamente por situaciones más y más degradantes, hasta que la situación familiar se convertirá en tragedia.

La mujer que sostiene a la familia ya no podrá tener control sobre los destinos de los hijos, a pesar de intentarlo. Por las pésimas condiciones de vida, el más pequeño morirá, los hijos más grandes se volverán ladrones y la hija encontrará en la prostitución el único modo de ganar dinero. Al igual que un filme neorrealista de la Italia de posguerra, *Valparaíso, mi amor* nos pone la miseria humana frente a los ojos sin anestesia, y nos entrega potentemente el mensaje de que para el pobre su situación es insalvable, de que no hay oportunidades para el marginado y de que la miseria engendra, inexorablemente, más miseria.

Carlos Ossa Coo, en su análisis del cine chileno de los años que rodean 1970, dirá sobre el primer filme de Aldo Francia unas palabras fundamentales: "El filme hacía un enfoque verista, sin falsas concesiones, de la vida sacrificada, dolorosa, desamparada, de los habitantes de los cerros de Valparaíso, alcanzando algunos momentos de notoria dignidad en la puesta de imágenes, que eludía convenientemente los golpes bajos, falsos melodramatismos, situaciones lacrimógenas" (1971: 90).

Es sumamente justo recalcar de las palabras de Ossa el punto de vista sobre el filme en relación al tratamiento de la miseria. Sí, la miseria es mostrada sin anestesia, como hemos dicho: es mostrado el sufrimiento de la mujer que debe sostener la casa, es mostrada la degradación de la familia, es mostrado el modo de vida precario de los suburbios del puerto chileno; pero nada de esto es enfocado con el fin de despertar lágrimas pasajeras en el espectador. El morbo—que vende hoy y probablemente siempre lo ha hecho—no es evitado únicamente por Francia, sino que también es ridiculizado a partir de la secuencia de los periodistas, que solo desean tomar la foto para mostrarla en el periódico con el fin de vender la imagen de la familia desgraciada.

¿Tiene algún fin Aldo Francia con su película? Creemos que sí. Como ya veremos más adelante, la conciencia social está fuertemente presente en este médico viñamarino, que incluso escribirá sobre la idea del cineasta revolucionario. Este filme persigue generar conciencia dándole espacio a la expresión de la pobreza en el cine, pero sin esos "golpes bajos" que indica Ossa. La pobreza habla por sí sola, simplemente apareciendo en todas sus dimensiones frente a la pantalla. No precisa de ser reforzada con énfasis absurdos en pormenores prescindibles, y mucho menos precisa de sentimentalismos que solo añadirían mal gusto a una cinta como esta. El sentimentalismo normalmente resulta ramplón. Muy diferente es el tratamiento sensible y fino, y por eso mismo pleno de sobriedad, que hace Francia de su film.

5. *Ya no basta con rezar*, 1972, Aldo Francia

Ficha Técnica
Director: Aldo Francia
Guión: José Román, Aldo Francia, Darío Marcotti, Jorge Durán
Productora: Cine Nuevo Viña del Mar / Emelco Chilena
Fotografía: Silvio Caiozzi

Música: Tiempo Nuevo, Osvaldo Rodríguez
Montaje: Carlos Piaggio, Rodolfo Wedeles
Reparto: Marcelo Romo, Tennyson Ferrada, Leonardo Perucci

Sinopsis y breve historia:

> "En 1972, Aldo Francia filmó *Ya no basta con rezar*, cinta en la que aborda las relaciones entre la fe cristiana y la creencia en la liberación social. Esta habría de convertirse en su última en su última obra, puesto que tras el golpe de Estado de 1973 se prometió a sí mismo no volver a filmar nunca más.
> La película retrata el proceso interno de un sacerdote católico que, enfrentado a las injusticias que observa en el entorno parroquial y ante la indolencia de la jerarquía eclesiástica, decide emprender por su cuenta el cambio social[12]."

Nuevamente en los cerros de Valparaíso, aquel llamado de atención a mirar la realidad de cerca, aquella invitación a reforzar en el espectador una conciencia social que ya estaba fuertemente instalada en el Chile de esos años y su emergente socialismo, vuelve a cobrar vida en el segundo y último filme de Aldo Francia, *Ya no basta con rezar.* Preservará aquel tono de registro, sobrio pero sin atenuantes, al que recurre *Valparaíso, mi amor*, pero tornándose sutilmente más agresivo, ya, de hecho, desde su título.

El interés por Valparaíso en sí y no solo como locación—un interés sin duda teñido de afecto—, se deja ver en este filme una vez más, tal como en la cinta anterior de Francia, que ya desde su nombre homenajea a aquel puerto. Ahora vemos una larga introducción totalmente dedicada a mostrar los encantos de la ciudad: sus casas casi colgando, sus ascensores, las vistas diversas al océano pacífico, etc. Luego de esta cariñosa presentación, aparecerán los créditos manteniendo diferentes vistas de rincones del puerto-bahía detrás, al mismo tiempo que oímos campanadas, algo muy propio del carácter de este lugar.

El problema de la caridad, levemente tratado en *Valparaíso, mi amor*, ya ahora será puesto en cuestión en un ciento por ciento. El joven sacerdote Jaime acude permanentemente a los ricos para pedir colaboraciones para los pobres, desde la absoluta buena intención. Poco a poco, va notando que más allá de darle cheques para llevar a "sus pobres", como les llaman, a aquellos no solo no les interesa realmente mejorar la vida de la gente de los cerros y las poblaciones, sino que además las

[12] En http://www.memoriachilena.cl/temas/dest.asp?id=aldofranciaboido(1923-1996)basta.

demandas de salarios y condiciones de trabajo dignos no son oídas y, aun más, son acalladas por la clase patronal. Este poder patronal está puntualmente representado por el dueño del astillero, quien, ya comenzando el filme, expone al sacerdote que las demandas por las que están movilizándose los trabajadores son absurdas. Justamente este sujeto es uno de los colaboradores del sacerdote en esta entrega permanente de cheques para "sus pobres".

El sacerdote protagonista—que no es el único que aparece en la historia, pero es el principal y el que nos interesa—comienza a estrechar su cercanía con la clase trabajadora y, ya no hallándole sentido a la caridad vacía de la clase patronal, se aleja de ella. Las mujeres de clase alta constantemente lo invitan a los "tés" que realizan, y paulatinamente la actitud del religioso se va volviendo más hosca; ahora cuando surgen discusiones sobre la realidad social él manifiesta opiniones fuertes que perturban incluso a sus compañeros sacerdotes. Finalmente, ya seguro de que la causa de la falta de dignidad de los pobres es la explotación consciente y deliberada de los ricos, el joven cura se decide a tomar partido.

Desoyendo todo llamado a la mesura que pueda venir de parte del sacerdote superior, que también frecuenta a los ricos, el protagonista se instala en una capilla en la población y, además, se une a la causa de los obreros que se encuentran en disputa por sus derechos laborales. Ahora el joven hombre solo los frecuenta a ellos y asiste a las tomas que hacen de las dependencias de la empresa—el astillero—cuyo dueño, ya lo hemos mencionado, es justamente quien era el mayor colaborador de la caridad a la que el párroco apelaba.

A través de las palabras que él expresa en las reuniones sociales a las que la gente de la clase alta lo convida, a través de las palabras de un médico de un consultorio de población—a quien los sacerdotes le llevan los cheques de los ricos para comprar medicamentos—, a través de las propias palabras de los trabajadores y, finalmente, a través de la mostración clara de la actitud abusiva del jefe, vemos cómo este filme se posiciona de un modo potente en un discurso, yendo más allá de la lupa que pone *Valparaíso, mi amor* en los ojos del espectador frente a la miseria humana. El primer filme de Francia nos muestra en detalle la situación de vida de los pobres que residen en los cerros de Valparaíso, pero hay un acercamiento a esta realidad sin explicitar posturas; solo hay insinuaciones. Los hechos hablan por sí solos y con eso basta. Esa mayor neutralidad del filme de 1969 contribuye a potenciar su carácter de registro.

En su trabajo de 1972, este médico y realizador viñamarino querrá ir más allá. Veremos que ya no solo los hechos llevan la carga del contenido del filme. Ahora, observamos, él querrá conducir la visión del espectador, querrá hacerlo tomar partido, tal como hace el sacerdote. Un ejemplo que clarifica esta idea es el momento en que llegan los sacerdotes a entregarle medicamentos y un cheque al médico del consultorio, y este sale con ellos a dar vueltas por los cerros, para adentrarlos en la crudeza del modo en que viven las personas allí, pero mientras la cámara—al igual que lo hace en *Valparaíso, mi amor*—pone ante nuestros ojos la miserable forma de vida marginal del puerto principal de Chile, la voz en off del médico acompaña estas imágenes, explicitando las condiciones que configuran este indigno escenario, y expresando claramente su opinión negativa en relación a la caridad. Señala que "no sacamos nada con hacer chequecitos o subvencionar un policlínico. Es muy fácil pagarse por anticipado un silloncito palco en el anfiteatro del cielo e ir a acostarse con la conciencia tranquila", y luego dirá: "mientras otros rezan, 'pongámole' el hombro", expresión esta última que en Chile alude a trabajar por algo a pesar de las dificultades.

Estas palabras del médico del policlínico, en conjunto con lo que el sacerdote Jaime observa y con el recrudecimiento del conflicto entre el dueño del astillero y sus trabajadores, harán un fuerte eco en la conciencia del religioso, que cada vez pondrá más y más en cuestión su condición de sacerdote, y llegará decididamente a la conclusión de que "ya no basta con rezar".

Hay un rasgo en esta película que se mantiene en relación a la anterior, y es que pese a la intención evidente de mostrar la miseria y la injusticia instaladas en Valparaíso, la dulzura en el tratamiento de este puerto como locación es permanente. Cuando el sacerdote y su compañero se desplazan hacia el policlínico donde los espera el médico para recibir la ayuda que le llevan, la cámara aprovecha—en cuanto los religiosos discuten sobre la pobreza y la fe—para ir exponiendo la belleza y el encanto de Valparaíso nuevamente, pero ahora—a diferencia de la presentación del filme—estas atracciones auténticas de la ciudad enmarcan la acción. Y el "himno" del puerto acompaña los pasos de ambos religiosos: "La joya del Pacífico". Hay en los dos filmes de Francia una intención clara de realzar la belleza simple de aquel puerto del Pacífico: los niños encumbran volantines, se deslizan en carritos artesanales aprovechando el declive de los cerros; los ascensores se utilizan para llegar a las partes altas de la ciudad, pero también ofrecen panorámicas deslumbrantes de la bahía y el océano. De la pobreza y sencillez de Valparaíso, Aldo Francia logra extraer las particularidades esenciales que conforman el carácter único de este lugar,

La potente toma de conciencia del sacerdote protagonista, y la explicitación de la desigualdad, la injusticia y del sinsentido de la caridad a lo largo de *Ya no basta con rezar*, llevan naturalmente a esta cinta a desembocar en uno de los finales más potentes que se recuerdan del cine chileno. Ya solidarizando del todo con las demandas de los trabajadores, Jaime va marchando con ellos en dirección al Palacio de Justicia, como uno más, vestido de modo común, sin sus ropajes de sacerdote, elevando el famoso grito de protesta de la época: "El pueblo unido jamás será vencido", totalmente sumergido en el colectivo. Al llegar a dicho palacio, los manifestantes reciben como respuesta de la policía un gas disuasivo, y el sacerdote, en medio de la multitud, es enfocado en primer plano cogiendo y lanzando una piedra hacia estas fuerzas de orden. Su imagen queda congelada en posición de haber arrojado la piedra y vemos aparecer en la pantalla una recia dedicatoria: "A mis amigos cristianos, por ser cristianos". Ya no bastó con rezar, y tampoco basta con solidarizar; ahora el sacerdote quiere participar con toda la fiebre de la clase oprimida en la búsqueda concreta y activa de la justicia social.

Pese al potente final que hemos descrito, hasta las últimas escenas del filme Aldo Francia mantendrá la tendencia a introducir o relacionar la acción con el devenir natural y los variados y particulares paisajes de Valparaíso. Así, cuando el joven sacerdote va marchando con los trabajadores hacia el Palacio de Justicia, en montaje alternado vemos también que están aconteciendo en la caleta festividades típicas de Valparaíso, en las que está participando el sacerdote mayor, con quien Jaime había mantenido discusiones acerca de la fe y la caridad. Mientras se desarrollan estas festividades, se escucha de fondo ese otro segmento del pueblo manifestándose, con aquel emblemático "El pueblo unido jamás será vencido" repetido una y otra vez. Interpretamos, más allá de la importancia que el realizador chileno da a Valparaíso en sí, un evidente sentido en esta construcción del final del filme, que a continuación explicaremos.

Sostenemos que el montaje que hemos descrito opera muy en función de realzar la figura del sacerdote. Esto es así porque, en su afán de mostrar la vida porteña, Francia podría haber elegido incluir esta secuencia de la celebración colectiva tradicional en otro momento y quizás dejándola brillar por sí misma, al no conectarla directamente con otro acontecimiento que, sin duda, le resta fuerza. Pero la mostración de la fiesta del modo en que está montada, queda sujeta al fortalecimiento de la figura del cura socialista. Al estar él marchando con la gente y, al mismo tiempo, mostrarse al otro eclesiástico—alternadamente—en un evento popular pero ajeno al clamor de la clase trabajadora, queda de manifiesto con fuerza la determinación del joven sacerdote Jaime de unirse a la causa obrera, y que él siente que su contribución a la justicia tiene más sentido ahí que en otra parte.

Sobre *Ya no basta con rezar* en su conjunto, Barría Troncoso expresa lo siguiente:

> "El director Francia trabaja dentro de los mismos parámetros de su anterior largometraje *Valparaíso, mi amor* (1969), mezclando actores profesionales con aficionados, rodando en espacios urbanos reconocidos (cerros porteños) y apelando a eventos de corte documental y costumbrista. La novedad está en la opción por la fotografía a color compuesta por Silvio Caiozzi y un guión que es más enfático en las opciones políticas en juego" (2011: 42).

De todas las palabras del crítico chileno sobre este filme, las que más llaman nuestra atención son las últimas. Ya hemos podido constatar que la inclusión de actores aficionados entrando en escena con actores profesionales (y muchos de estos últimos consagrándose en esos años), parece ser la tónica de aquella época en el cine. Francia también seguirá esta tendencia. Por otra parte, el aporte de Caiozzi—quien años más tarde ya sería uno de los más reconocidos realizadores chilenos, hasta el día de hoy—es importante en cuanto al salto que hay fotográficamente respecto a *Valparaíso, mi amor*, lo cual es notorio y resalta lo colorido que es el puerto chileno. Pero lo que más nos interesa es esta idea de que *Ya no basta con rezar* pondrá claramente un mayor énfasis en lo político; el realizador querrá ir mucho más lejos que el filme anterior en ello. Ya las imágenes de la miseria no hablan por sí mismas: ahora hay voces en off detallando los rasgos de esa pobreza, diálogos permanentes sobre ello, mostración explícita de descontento social y de la actitud patronal indiferente a las demandas de los trabajadores. Este filme ya no simplemente quitará ante el espectador el velo que frecuentemente no deja ver bien la miseria en todo su descarnado carácter, sino que además lo invitará a formarse una opinión. Y, por otra parte, el protagonista acá es claramente el sacerdote, el cristiano que está en pugna consigo mismo porque cree que la consecuencia está en la acción directa. En *Valparaíso, mi amor* queda la sensación de que el protagonista es un colectivo y que la familia protagónica funciona como ejemplo representativo de una realidad que abarca a un gran segmento de la población chilena y, particularmente, porteña. En su segundo filme, Francia partirá de aquella miseria en la que se enfocó en su primer trabajo para dar pie a una profunda reflexión sobre la fe, la consecuencia y el rol de un verdadero cristiano en la sociedad. Según Mouesca y Orellana (1998: 310), *Ya no basta con rezar* "expresa, años antes de que se popularice, las ideas de la 'teología de la liberación'". Vemos entonces que, además de tomar partido, Francia en su última película asume de algún modo riesgos.

Sumamente importante es recalcar, ante este enfoque con énfasis en lo político de su segundo filme, que—al igual que Ruiz—Francia querrá alejarse de una tendencia a lo panfletario. En su artículo "Cine y revolución", publicado en la Revista Primer Plano en 1973, se referirá ampliamente al rol del director de cine ante la realidad, pero negándose de modo rotundo a que los filmes de un cineasta revolucionario operen como panfletos: "panfletos cinematográficos, inflamados de odio, desequilibradamente emotivos, y que solo son vistos por otros tan exaltados como ellos. Pero estos panfletos son rechazados o no llegan a las masas. El criterio es la viga maestra que permite al cineasta revolucionario sopesar sus posibilidades". Y estas ideas suyas se materializan en *Ya no basta con rezar*, en el sentido de que él dejará hablar a todos los actores sociales, claro que tomando partido, claro que dejando que la decisión final del sacerdote de unirse a las demandas del pueblo se imponga frente a todos los eventos anteriores y a la conducta de la clase patronal, pero permitiendo que este segmento de la sociedad chilena dé a conocer su visión. Algo semejante lleva a cabo Raúl Ruiz en *Palomita blanca*, pues en ese filme a él le interesará que la clase burguesa tenga lugar en la pantalla al igual que la gente que vive agolpada en los conventillos.

Alicia Vega en *Re-visión del cine chileno* escribirá palabras muy clarificadoras sobre lo que hemos estado señalando sobre el segundo filme de Francia:

> "Así el industrial siempre tiene excelentes parlamentos, razona para impedir la huelga, se defiende si hay violencia, explica su posición de industrial (hecho importante por cuanto impide la caída del filme en el panfleto). Esto mismo ocurre con los personajes secundarios de la burguesía: ninguno tiene un texto que lo ridiculice, aunque -por cierto- no se opta por las sutilezas. (…) Aldo Francia, en otras palabras, reconoce el derecho de la clase privilegiada de expresar su opinión. Esta serenidad ante posiciones antagónicas constituye un mérito de "Ya no basta con rezar" si se considera que es un filme político y didáctico" (1979: 169).

Esa serenidad que según Vega mantiene *Ya no basta con rezar*, es un temple que también observamos en el cura, porque solo en el momento final la cinta nos sorprende con la reacción de él ante la represión policial, y cómo se congela la imagen y se termina el filme, dejando un mensaje claro sobre la posición del realizador a partir del texto de la dedicatoria, no nos es dado saber cómo reaccionará el padre después. Es este su único momento de exaltación.

La clase burguesa, entonces, como certeramente señala Alicia Vega, no es ridiculizada. Se le deja hablar y se deja hablar al pueblo. De esa manera realmente logra Francia su cometido de hacer un filme, como señala esta investigadora chilena, didáctico en términos políticos. Si demonizara a la clase alta no llegaría a hacer eco en la conciencia de potenciales espectadores de aquella clase privilegiada, y como realmente él busca un cambio social a través del cine, pretende llegar a todo tipo de chilenos. En su artículo ya citado sobre el cineasta y la revolución, dirá respecto a este punto que "hacer cine para activar a personas ya activadas tiene mucho de masturbación estéril. Es ridículo convencer a los convencidos de lo mismo. Es buscar aplausos con el único fin de ver lisonjeada la vanidad personal". Sin embargo, su sobriedad ante la postura revolucionaria del cineasta no tiene que ver con anular una toma de partido que se hace evidente sobre todo considerando la canción central de la película, interpretada por Gitano Rodríguez, cuya primera parte versa así: "Ya no basta con rezar/ no puedes permanecer pasivo/ es en la acción y en la lucha / donde se ve al buen cristiano / y en ella avanzarás".

Aldo Francia es un verdadero activista del cine, en el sentido de que se encarga en esos años de mover el cine latinoamericano en Chile y además se ocupa de potenciar el avance social a través de sus únicos dos largometrajes, antes de la caída total del cine y la cultura nacional debido a la llegada de la dictadura militar. Ante su postura sobre el cineasta y la revolución dirá gran cantidad de cosas inabarcables en un apartado, pero sí hallamos que las siguientes palabras resumen bellamente su visión como realizador de cine comprometido, en su artículo de 1973:

> "El cine debe apoyar el avance social, el avance colectivo, como preocupación primordial. Como elemento de comunicación masivo, no puede desentenderse de los intereses de la colectividad, y siempre debe tener como meta el avance social. Debe activar ese avance con inteligencia y en la mejor forma posible. Desentenderse de ello, afirmando que el cine es una mera entretención o un arte, significa una inmoralidad, y una inmoralidad humana y no simplemente cinematográfica".

Como se observa, la vida y el cine no son cosas disociadas para él. En ese sentido, Ruiz hará un cine mucho más centrado en lo que él desea hacer, lo que él escoge contar y con el fin de retratar, de registrar. Para Francia esto no bastará, y por ello dará un paso más en *Ya no basta con rezar* en relación a *Valparaíso, mi amor*, este último un filme que sí funcionará mucho más como registro. Su segundo y último trabajo tendrá un carácter aun mayor de cine comprometido, manteniendo esa vocación de registro del cine de la época, pero con un discurso político poderoso, aunque sobrio y justo con todos los actores de la realidad del Chile de los 70.

6. Conclusiones

Pasaron los diecisiete años de dictadura en Chile y Raúl Ruiz desarrolló su carrera en Europa, teniendo un éxito absoluto y convirtiéndose en uno de los cineastas más reconocidos de las últimas décadas. Su etapa chilena es conocida esencialmente por sus seguidores; Ruiz es incluso denominado como "Raoul" debido a sus estrechos vínculos con Francia. Por otra parte, al llegar la dictadura, Aldo Francia se decidió a no hacer más cine, y así fue. Fuera de Chile solo los verdaderos entendidos en cine latinoamericano lo conocen y saben de la importancia de su figura en la época de la Unidad Popular. Todos estos antecedentes han despertado el propósito de este trabajo de revisión, el cual ha sido ofrecer un análisis de dos fundamentales filmes chilenos de Ruiz y de los únicos dos largometrajes de Francia, desde la perspectiva del valor cultural que portan a la luz de los años en que fueron creados. El contexto socio-político tan específico de los años alrededor de 1970 inyecta su energía en los filmes analizados, los cuales de modo intencionado permiten que así sea. Lo colectivo e idiosincrásico se deja ver en los trabajos de ambos realizadores, cada uno con perspectivas diferentes del modo de hacer cine en esa época, pero ambos traspasados por ese afán de mostrar, de poner una lupa entre el espectador y la realidad.

Esperamos que la lectura de estos análisis contribuya a incrementar el conocimiento sobre el cine chileno del ayer, contrarrestando así la influencia de la dictadura en el blanqueamiento de la memoria.

Bibliografía

Francia, Aldo. 1973. "Cine y revolución". *Primer Plano* 5. Disponible en http://www.cinechile.cl/archivo-67.

Barría Troncoso, Alfredo. 2011. *El espejo quebrado, Memorias del cine de Allende y la Unidad Popular.* Santiago de Chile: Uqbar Editores.

Gaudreault, André, y François Jost. 1995. *El Relato cinematográfico: Cine y narratología.* Barcelona: Paidós.

Marín, Germán, y Lihn, Enrique. 1969. "Festival de Cine Latinoamericano" (entrevistas a Miguel Littin y Raúl Ruiz). *Cormorán. Revista mensual de arte, literatura y ciencias sociales* año 1/nº4. Santiago de Chile. Disponible en http://www.cinechile.cl/archivo-90.

Mouesca, Jacqueline, y Carlos Orellana. 1998. *Cine y Memoria del Siglo XX*. Santiago de Chile: Lom.

Ossa Coo, Carlos. 1971. *Historia del cine chileno*. Santiago de Chile: Quimantú limitada.

Ruiz, Raúl. 2000. *Poética del Cine*. Santiago de Chile: Sudamericana. Traducción del francés de Waldo Rojas.

S. Salinas, R. Acuña, F. Martínez, J.A. Said, y H. Soto. 1972. "Prefiero registrar que mistificar el proceso chileno" (entrevista a Raúl Ruiz). *Primer Plano* 4. Santiago de Chile. Disponible en http://www.cinechile.cl/archivo-65.

Vega, Alicia. 1979. *Re-visión del Cine Chileno*. Santiago de Chile: Aconcagua.

CHAPTER TWENTY-TWO

MISS BALA, LA NORMALIDAD DEL MAL Y LA DIMENSIÓN PSICOLÓGICA DEL MIEDO

MARISELA COLÍN RODEA
UNIVERSIDAD NACIONAL AUTÓNOMA DE MÉXICO

1. Introducción

El presente trabajo tiene por objetivo analizar la manera en que se narra la violencia en la película *Miss Bala,* dirigida por Gerardo Naranjo (2011). Esta obra es considerada por escritores como Juan Villoro una expresión estética de la violencia debido a la manera en que aborda el tema.

En nuestro estudio nos propusimos analizar la cinta "Miss bala" en cuanto discurso; entendiendo discurso en sentido amplio como un discurso en el que lo verbal interactúa con la imagen y ambos son parte de un mismo texto.

Para el desarrollo del trabajo planteamos las siguientes preguntas de investigación: ¿Cómo se narra la violencia? ¿Cómo se instala el miedo en la vida cotidiana? ¿Cómo se roba la identidad de un individuo hasta transformarlo en "el otro" desconocido para sí mismo? ¿Qué tipo de participación se propone al espectador?

El marco teórico desde el cual realizamos nuestro análisis es el de la teoría de las emociones. De acuerdo con el libro organizado por Moraña y Sánchez Prado (2012), se trata de un posible paradigma para comprender el siglo XXI. A través de él se busca promover una reflexión colectiva sobre el potencial de los lenguajes críticos del afecto, la emoción y la sentimentalidad. Se considera que el estudio de estos elementos permitirá reinterpretar las producciones canónicas de la cultura latinoamericana para encontrar formas de interrogar una contemporaneidad que, en palabras del autor, parece superar cada día más los lenguajes que tenemos para discernirla. En este sentido, *Miss bala* es un excelente texto para investigar las emociones; en nuestro caso, nos centramos en "la angustia" y el "miedo".

De la psicología social recuperamos la noción de "indefensión aprendida", debido a que ella nos permite llevar a cabo el análisis y establecer un marco interpretativo de estas dos emociones. Buscamos observar su relación con la noción de "normalidad del mal" que tanto puede intrigar a un espectador externo no habituado a los contextos de violencia que se viven actualmente en varias regiones de México.

La metodología se sirve del discurso de los medios (Charaudeau, 2009: 118), de las nociones de estereotipo sonoro (Perinau, 2000: 261) y de la metáfora visual (Sonesson, 2009: 1). Y la triangulación de los datos se contrasta con fuentes periodísticas, opiniones y crónicas sobre la película publicados en webs y blogs (López Portillo, 2011; Villoro, 2011). De esta manera, buscamos recuperar los significados implícitos y los hilos narrativos propuestos al espectador.

2. La historia

El contexto de la historia es la frontera norte de México con Estados Unidos. La historia de Laura Guerrero, protagonista, tiene lugar en Tijuana y en un lugar de Estados Unidos cercano a San Diego.

Imagen 22.1. Mapa de localización de Tijuana y San Diego

El siguiente resumen del escritor Juan Villoro nos presenta de manera clara la trama de la cinta:

> "Por insistencia de una amiga, la protagonista de la película se presenta a un concurso de belleza. No tiene mayor interés en el asunto; acepta por la resignación con que aceptamos tantas propuestas de los amigos. Sería difícil decir que comete un error. Después de inscribirse en el certamen, asiste a un sitio donde beben unos conocidos de la amiga. El ambiente, entre policiaco y perdulario (términos que por desgracia pueden ser sinónimos), alerta a la protagonista de que, ahora sí, ha cometido un error. De nuevo actúa en forma común: puesto que ya está ahí, decide quedarse un rato y partir. Pero ha cruzado una frontera decisiva, la línea de sombra de la que no hay retorno". Villoro (2011)

Laura había vivido con su padre y hermano ayudando a la venta de ropa. Hasta aquí su comportamiento había sido el de cualquier chica. Una joven de 23 años, alegre y soñadora, como suele serlo cualquier persona de su edad; podemos inferir esto al mirar la escena inicial enfocando el espejo de su cuarto rodeado de las fotografías y recortes de mujeres bellas y famosas. Su identidad al iniciar la película es la de una ciudadana común que por azar se encuentra con esa línea de sombra de la que habla Villoro, la cual la colocará en una situación de indefensión no solo ante el crimen organizado, sino ante otros actores discursivos del narcotráfico nacional e internacional.

Esa línea de sombra es la que separará la identidad de Laura Guerrero, hija de familia de la otredad, de esa Laura Guerrero inicialmente ganadora de un concurso de belleza, criminalizada, exhibida en la televisión con otros delincuentes, y despojada por este motivo de su título de belleza "Miss Baja California".

3. Realidad y ficción

El centro del relato es una historia de la vida real. Se trata de la historia de una reina de belleza que, circunstancialmente, ve su identidad robada por el narco. *Miss Bala* está basada en un incidente real en el que Miss Sinaloa 2008, Laura Zúñiga, fue detenida con presuntos narcotraficantes en un camión lleno de municiones fuera de Guadalajara, Jalisco. En *Miss Bala* se sugiere que la victoria de Zuñiga en el certamen de belleza fue fijada por elementos criminales; cuando es apresada, juzgada y sentenciada a 40 días de prisión, la falta de pruebas le permite quedar en libertad. En ese momento, Miss Sinaloa señala que ignoraba las actividades de su novio.

Posteriormente a la realización de la película *Miss Bala*, tiene lugar una historia de otra reina de belleza. María Susana Flores Gámez, Mujer Sinaloa 2012, muere en un enfrentamiento entre militares y narcos. Algunas personas asociarán la muerte de la joven con lo sucedido a la protagonista de la película. Así empezarán a circular imágenes en la red en donde Zúñiga es bautizada como Miss Bala. En esta ocasión la identidad del personaje, Laura Guerrero, será trasladada a la de María Susana Flores Gámez en la vida real.

Imagen 22.2. *Miss Bala*, realidad y ficción

La historia de Susana Flores Gámez es un poco diferente, ya que fue el narcotráfico quien exhibió una narcomanta exigiendo que se aclarase el asesinato de Flores Gámez, y señalando que ella no tenía nada que ver con el tráfico de drogas y el crimen organizado.

El tema de la belleza, el narco y el poder ha sido documentado en algunas publicaciones como *Miss Narco* de Valdez Cárdenas (2012), *La reina del sur* de Arturo Pérez- Reverte (2002) y *Las jefas del narco* de Arturo Santamaría (2012), entre otras.

4. Los carteles

La publicidad y difusión de la película mediante el uso de carteles es un tema importante. En la propuesta mexicana, la metáfora visual establece una relación de equivalencia entre el cuerpo femenino y un contenedor; podría ser una cartera o un animal de transporte, "un burro", que en realidad es el nombre con que se identifica a las personas que pasan dinero o droga de una frontera a otra. El título *Miss Bala* hace referencia a otra identidad, la de los narcotraficantes, y a su poder para incidir en la decisión de un certamen de belleza.

En el caso de los carteles extranjeros, en el de Inglaterra, por ejemplo, *Miss Bala* es presentada como una equivalencia orientada, del cuerpo y la bala; esto es, la figura depende de objetos que fueron anticipados y de un objeto ausente, una bala, ocupando el vacío un cuerpo femenino.

En el cartel de Estados Unidos se sobrepone la bandera mexicana a la imagen del personaje principal, Laura Guerrero. La identidad de la protagonista queda cubierta por un velo, por su nacionalidad mexicana, haciendo referencia a un territorio, a un país.

Imagen 22.3. *Miss Bala*, carteles

Colín, 2013.

En los Estados Unidos el certamen de belleza es un símbolo nacional. En la imagen del cartel americano se puede observar cómo las balas están sujetas a una carrillera y sustituyen la banda que normalmente ostenta una reina de belleza; en este caso, de acuerdo con la imagen original, debería ser la banda de "Miss Baja California".

La autora del blog *Té en Antara* señala como un error el hecho de involucrar a los Estados Unidos en el proceso de tráfico de armas y otras cosas, simplemente por esto la película no recibió el reconocimiento de la Academia que se esperaba. La autora explica que a Estados Unidos también le gusta verse en la pantalla grande; señala que el país es narcisista y ególatra, le gusta admirarse y a veces le gusta juzgarse, pero él mismo, no le gusta que otro le haga ver sus faltas y amoralidades. En su opinión, *Miss Bala* quiso hacerlo, quiso juzgarlo y le salió mal, se quedó pequeña en ese asunto; además del hecho de que se burla de un certamen como *Miss United States*, el cual en Estados Unidos está a la altura de la *Super Bowl* o incluso de la ceremonia de los *Oscar*, y para el cual se destina mucho dinero. Y se pregunta si el hecho de que se haya usado de esa manera un concurso tan amado por el público generó un rechazo de la película.

5. Metáfora del cuerpo

Otro asunto relevante de esta película es el señalado por Göran Sonesson (1996: 8), quien al referirse al tema *oposición a la identidad,* explica que la metáfora visual resulta muy a menudo la aserción de una equivalencia y que la naturaleza de ésta, a su vez, modifica las características del signo específico llamado imagen.

Así, al regresar a los carteles y a su forma de presentar la película de *Miss Bala* en cada país, podemos ver cómo cada uno, en cuanto publicidad, constituye una propuesta de pensamiento sobre el título y sobre el contenido del film.

En los carteles, la figura femenina constituye una metáfora de un referente concreto: un contenedor, una bala o una reina de belleza, como vemos en los esquemas siguientes:

Imagen 22.4. El cuerpo como objeto en los carteles

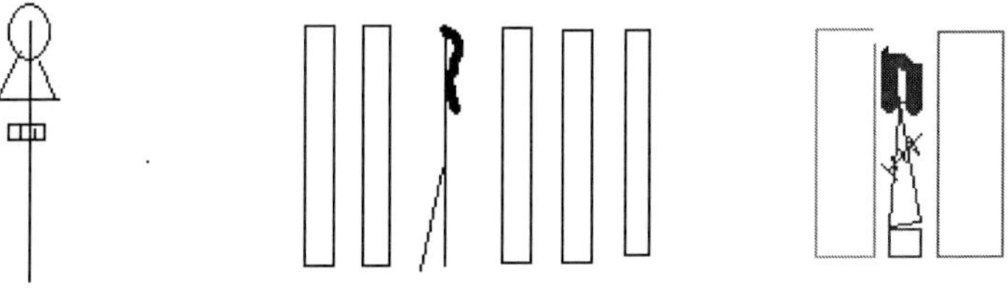

Colín, M. 2013

En estos tres esquemas identificamos la referencia al cuerpo en cuanto objeto. En el primer caso, el cuerpo como contenedor y medio de transporte; en el segundo, el cuerpo como bala, y en el tercer cartel, el cuerpo como elemento de un territorio.

En el primer cartel se hace referencia a la utilización del cuerpo y a su funcionalidad. La naturaleza de la configuración de la imagen muestra cómo el cuerpo cumple la función de contenedor de los dólares, como lo sería una billetera, una bolsa o una maleta.

En el segundo cartel se hace referencia al objeto, la bala. La figura femenina depende del objeto ausente anticipado por la secuencia de balas.

Y en el tercero, la belleza y la bandera como símbolo de territorialidad. Los colores aluden a los de la bandera mexicana, señalando implícitamente la situación de *Miss Bala* como un problema contenido y referido a un país, México.

6. Marco teórico

6.1. Elementos del contexto

Una lectura crítica de la película y de sus emociones conlleva una tarea ineludible: hacer una breve revisión de los cambios ocurridos a nivel nacional e internacional que nos permitan entender la dinámica del narcotráfico, su infiltración en instituciones y su presencia en la vida cotidiana de muchos ciudadanos. A manera de síntesis, revisemos varios planteamientos sobre la época actual:

En primer lugar, *Miss United States* nos pide observar que la desaparición casi total del Segundo Mundo—el socialismo—ya auguraba hace dos decenios que la configuración política del globo cambiaría profundamente. Ese Segundo Mundo, señala J. Poblete (2012), se ha esfumado, pero no han desaparecido los mecanismos autoritarios, represivos y corrompidos que lo caracterizaron. En el postsocialismo ruso o en el socialismo de mercado chino podemos reconocer todavía las lacras del antiguo régimen. Afirma que lo mismo ha ocurrido en el Tercer Mundo, aunque el proceso ha sido mucho más lento. Sin embargo, ya han aparecido las primeras señales de que se ha producido un cambio enormemente significativo. Las rebeliones en los países musulmanes del norte de África y del Cercano Oriente son signos que indican que esas regiones ya no viven tan sometidas a la lógica tercermundista y nacionalista. De hecho, las rebeliones combaten frontalmente las dictaduras que emanaron del proceso de descolonización. Bartra señala que El Tercer Mundo como cultura política se está extinguiendo y comenta que ya no queda de él más que un conjunto de ruinas ideológicas; lo que se ve es cómo la miseria sigue acosando a la gente que vive en estas porciones del mundo en tal grado que la corrupción y la violencia tardarán mucho en desaparecer.

Juan Poblete (2012: 69), por su parte, retoma la idea de que el miedo a los otros, el temor al riesgo y la inseguridad, son condiciones generalizadas de la vida en el capitalismo tardío. Para este autor, tanto delincuentes reales e imaginados como inmigrantes, documentados e indocumentados, son parte de la economía neoliberal que ha amurallado metafórica y físicamente a la clase media. Estos actores han colocado a la violencia y al crimen urbano como parte de la agenda pública, y a la ansiedad, el miedo y la desconfianza hacia el otro *racializado* o *informalizado* como el objetivo de las políticas de contención y de represión. Al mismo tiempo que se ha luchado por poner fin a las formas de servicios sociales, que favorecían sustancialmente a las clases medias, aliviaban la pobreza de los destituidos y hacían posibles algunas formas de movilidad social, integración y/o asimilación, se han multiplicado los presupuestos de seguridad interna y externa destinados a controlar a estos cada vez más temidos y destituidos cuasi-ciudadanos.

Noam Chomsky (2011) considera que primero hay que preguntarse lo que el gobierno mexicano está intentando hacer, y desde su punto de vista eso es un tanto opaco. Parece, en cierta medida, como si estuviera apoyando a uno de los cárteles contra el otro. Y concluye el analista que si eso es lo que intenta hacer, entonces no hay ninguna justificación y hay que llegar al corazón del asunto. Si quieren dejar las drogas, el narco, saben cómo hacerlo, y no es con acciones militares. Señala el lingüista que parte de la solución al tráfico de drogas fue dada por la declaración de los tres ex presidentes: Zedillo, Cardoso y Gaviria. Ellos presentaron un estudio hace unos dos años diciendo que criminalizar las drogas solo está creando el problema, y que de alguna manera las drogas deben ser legalizadas, como el alcohol, y reguladas. Así, no habría sindicatos del crimen. Considera que eso es parte de la cuestión; pero una parte más profunda está en los Estados Unidos. Es un problema de demanda que debe tratarse en este país, y no se está haciendo. Se ha demostrado que la prevención y el tratamiento son mucho más rentables que la acción de la policía, la acción fuera del país, el control de la frontera y así sucesivamente. Sin embargo, el dinero va en otra dirección y esta es la razón por la que las acciones emprendidas no tienen el impacto que deberían. Cuando desde hace décadas se llevan a cabo políticas que no tienen ninguna consecuencia para la prevención y el tratamiento del uso de drogas, hay que preguntarse si se está diciendo la verdad o si las políticas tienen un objetivo diferente. No se está reduciendo el consumo de drogas, concluye Chomsky.

La guerra del narcotráfico que vive México ha sido evidenciada desde el exterior, recientemente con la publicación en el Washington Post en EU de la lista de desaparecidos y la denuncia en la Corte Internacional de la Haya contra el ex presidente Felipe Calderón presentada por Humberto Moreira (2012: 23). En esta última denuncia se hace eco de datos periodísticos e informes oficiales sobre la guerra interna contra el narco que se convirtió en el eje rector de la política de Calderón durante su gobierno y que dejó entre 50 mil y 150 mil muertos, un millar de niños asesinados, 230 mil desplazados, la desaparición forzada de tres mil personas, cerca de cinco mil denuncias por torturas y tratos crueles e inhumanos cometidos por militares o marinos que, además, incurrieron en desapariciones forzadas, señala Moreira.

Javier Sicilia (2012), participante del Movimiento por la Paz con Justicia y Dignidad comentaba en una entrevista lo siguiente:

> "Desde *Saint-Antoine-l'Abbye* veo con una claridad deslumbrante la situación terrible de México, un país adolorido que se niega a asumir el horror; un gobierno que se negó durante seis años a asumir la responsabilidad del Estado, otro gobierno el de Peña Nieto, 2013-2018, que a pesar de sus buenas intenciones no se perfila mejor que el anterior; un país que se niega, con honrosas excepciones, a contar a sus muertos, a recabar sus historias y a buscar una ruta hacia la paz. Mientras más lo pienso, más entiendo que tenemos un largo trabajo que hacer con nuestra propia alma y con el alma colectiva de la nación".

Al finalizar su reflexión, Sicilia resalta el valor de la Ley de Víctimas y el Memorial a las Víctimas y concluye: "Imagino un lugar austero de estudio de la no violencia con un pequeño huerto y una panadería (…) la no violencia implica asumir el conflicto para buscar la verdad que lo trasciende. Eso sólo puede hacerse si hay un corazón dispuesto a encontrar una razón y no a imponer un criterio". Para Sicilia no hay más que una manera de continuar la lucha: "seguir de pie y amando, sólo el amor nos hace solidarios y verdaderamente libres".

6.2. Teoría de las emociones

Ante una cultura de la sangre extendida en los años recientes, Bartra (2012: 20) afirma que se observa la importancia del estudio y del entendimiento de las emociones en el seno de las mismas redes nacionales que sostienen a las sociedades modernas. Para este autor, al igual que para sociólogos, historiadores y antropólogos, actualmente las texturas emocionales parecen más interesantes que los textos, los discursos y los archivos. El autor observa que hay un retorno del *Dictum* de David Hume sobre que la razón es y debe ser esclava de las pasiones. Tal es el caso de la melancolía, una de las emociones más antiguas y temidas, la cual constituye un conglomerado mítico en la América Latina contemporánea. Existen diversas manifestaciones culturales, sociales, políticas y psicológicas en torno a la melancolía: gauchos tristes, poesía amarga, indios deprimidos, saudades urbanas, boleros quejumbrosos, tedios campesinos, andinos tristes, tangos nostálgicos y muchos más; pero igual se podrían explorar otros conglomerados míticos de emociones como la alegría, el miedo o el odio. De esta manera, Bartra afirma que la gran tragedia política de México a comienzos del siglo XXI radica en la profunda inmersión de la sociedad en la cultura del nacionalismo revolucionario instituido en el siglo pasado, y en la presencia del partido oficial del antiguo régimen que gobernó la Presidencia de la República de 2012 a 2018. El bicentenario de la Independencia y el Centenario de la

Revolución Mexicana son algunos de estos festejos que exaltan la identidad nacional y la instalan en el altar de la mexicanidad. El autor es claro cuando señala que más que intentar reconstruir una identidad en crisis, valdría la pena mirar hacia adelante para darle vida a una nueva cultura cívica democrática. De ahí la importancia de estudiar el ceremonial y la sentimentalidad que rodean la conciencia nacional más que la deidad misma.

6.3. Angustia y miedo

Como mencionamos, la angustia y el miedo son dos emociones propias de la película *Miss Bala*. Villoro (2011) al comentar la película dice que: "*Miss Bala* refleja una realidad donde abrir la puerta equivocada altera el destino para siempre". Este comentario con fuerte carga fatalista nos recuerda que la vida se mueve por el azar y que reaccionamos al miedo físico, lo enfrentamos protegiéndonos y evitando el golpe. Pero reaccionar al miedo mental cuando el ambiente moral y el contexto urbano han perdido sus límites, y cualquier ciudadano está expuesto a una agresión, parece un sentimiento complejo.

El tema de la angustia y el miedo ha sido un clásico en la psicología. Paul Diel (1986: 230) identificó su origen y concluyó que, en el nivel preconsciente, el temor, el espanto y la reacción de abandono se desencadenan frente al surgimiento brusco del peligro mortal. El ser humano, capaz de escrutar el porvenir, se vuelve consciente de su fin último, que es inevitablemente la muerte. Así, la angustia frente al peligro mortal se introduce en el corazón mismo de la vida, en la medida en que esta trata de espiritualizarse. En su libro *El miedo y la angustia*, el autor afirma que si la imaginación del fin seguro no invade totalmente a la vida de una angustia mortal y no desencadena las reacciones de temor y de abandono, es porque el dinamismo vital, al espiritualizarse, crea los medios de espiritualizar la angustia de la muerte, de convertirla en un sentimiento metafísico y sagrado. La amenaza aprehendida no se presenta ya de una manera súbita e inmediata, de donde se desprende que la imaginación, en vez de asustarse, tiene tiempo de percibir que la muerte no es solo un fenómeno de aniquilamiento: su aspecto inexplicable concierne al más allá del fenómeno (vida y muerte). La vida misma no podría existir si "el más allá" de su comienzo y de su fin no fuera sino una Nada.

El Dalai Lama, en su visita a México en 2010, señalaba que del miedo físico podemos protegernos y tomar las precauciones adecuadas, pero en el caso del miedo mental debemos trabajar nuestra mente para enfrentarlo.

6.4. Indefensión

Sin embargo, en la época actual la violencia expresada en asesinatos relacionados con armas y narcotráfico es un dato recurrente en la prensa nacional e internacional. La angustia frente al peligro mortal es una realidad y estadísticamente tiene una probabilidad alta. De ahí que otro concepto importante para entender el comportamiento de Laura Guerrero, protagonista de *Miss Bala*, es el concepto de "indefensión".

La indefensión aprendida fue postulada por el psicólogo Martin Seligman en 1975 en su trabajo *Helplessness: On Depression, Development, and Death*. Para este autor, la indefensión aprendida, o adquirida, es una condición psicológica en la que un sujeto aprende a creer que está indefenso, que no tiene ningún control sobre la situación en la que se encuentra y que cualquier cosa que haga es inútil. Como resultado, permanece pasivo frente a una situación displacentera o dañina, incluso cuando dispone de la posibilidad real de cambiar estas circunstancias. Seligman llevó a cabo un experimento en el que exponía a dos perros, encerrados en sendas jaulas, a descargas eléctricas ocasionales. Uno de los animales tenía la posibilidad de accionar una palanca con el hocico para detener esa descarga, mientras el otro animal no tenía medios para hacerlo. El tiempo de la descarga era igual para ambos, ya que la recibían en el mismo momento, y cuando el primer perro cortaba la electricidad, el otro también dejaba de recibirla. En cualquier caso, el efecto psicológico en ambos animales era muy distinto; mientras el primero mostraba un comportamiento y un ánimo normal, el otro permanecía quieto, lastimoso y asustado, con lo que la importancia de la sensación de control en el estado de ánimo parecía demostrada. Incluso cuando la situación cambiaba para el segundo animal, y ya sí podía controlar las descargas, era incapaz de darse cuenta y seguía recibiendo descargas sin intentar nada para evitarlo.

El uso del término *indefensión aprendida* o *adquirida* en nuestro análisis se aplica a la forma de actuar de la protagonista de la película, Laura Guerrero. Después de su fracaso al intentar salir de esa situación, cuando llorando y asustada pide perdón al narcotraficante y reconoce que cometió un error ("¡Perdón Señor! Cometí un error. ¡Déjeme ir!"), vemos cómo su campo de acción se vuelve cada vez más limitado

Observamos tres acciones más que nos hablan todavía de una iniciativa: reconocer que se equivocó, rechazar el dinero que le da el narcotraficante e intentar huir del local del certamen de belleza. Todo resulta inútil cuando se da cuenta de que saben quién es y dónde vive. Refugiarse en su casa es inútil, cuando ve el rostro en la televisión, cuando intenta tirar el dinero a la basura, pero sobre todo cuando los ve llegar al patio de su casa y amenazar a su padre arrodillado. Reconocer su error le lleva a pedir perdón a su padre en varias ocasiones, cuando los narcotraficantes invaden su domicilio y cuando ella es presentada en la televisión.

La indefensión aprendida de la que habla Seligman es un fenómeno determinante en la configuración de la propia identidad de Laura Guerrero. El espectador es testigo del proceso de indefensión aprendida. Los sueños de Laura son robados, su cuerpo es vejado, su libertad desaparece; de repente, ella está sola ante esa pesadilla. Su opción es cooperar; tal vez con una esperanza de que realmente la vayan a ayudar. Su identidad pierde el rasgo de ciudadana, sus derechos no existen; su dignidad está en manos de ese grupo criminal. Toda su identidad social ha sido ultrajada.

López Portillo (2011) se refiere a la “alegoría de la indefensión”; dice que *Miss Bala* fue más allá al recordarnos que nos hemos acomodado en la más despiadada indefensión. Reconoce que el personaje, Laura, nos muestra lo que tantos viven y nadie ve o nadie quiere ver.

En el blog *La hora del té en Antares* encontramos otro comentario que refuerza el alcance de la película. La autora se plantea diversas preguntas y reconoce que la situación de Laura Guerrero tiene muchas posibilidades de suceder; sobre todo, cuando se escuchan las noticias sobre que a alguien le encontraron armas o dinero o droga, gente que de la nada se involucró. Refiere diferentes situaciones, como la de chicos que se subieron al carro del amigo porque les iban a llevar a algún sitio y terminaron en la cárcel, o chicas que entraron a trabajar a un lugar y se vieron involucradas en una situación adversa. Concluye que es en serio, que realmente nos puede pasar a cualquiera. La referencia al “nosotros” imprime una mayor fuerza a su comentario. Sin una causa o una intencionalidad, la probabilidad de que nos pase existe.

En las siguientes palabras de Villoro (2011) se menciona el tema del azar y lo relaciona con el miedo: “en cualquier calle del país un coche se puede detener como un oscuro emisario del destino. ¿Quién bajará de ahí? ¿A quién subirán? Esa incertidumbre determina *Miss Bala*, impecable retrato del aire cargado de polvo, caos, impunidad y miedo que determina la hora mexicana”.

La incertidumbre que genera el azar encuentra una realidad posible al marcar el ahí en el que cualquier persona puede encontrarse de repente.

6.5. Narración

Cuando nos preguntamos sobre la forma en que se narra la violencia en *Miss Bala* y afirmamos que se trata de una narración estética de la misma, vemos la presencia explícita y reiterada de los elementos de la violencia en la indicación sonora y visual, a manera de implícitos. Estos elementos nos proponen asociar las acciones con la violencia proveniente de nuestros propios datos, leídos, oídos, vistos en la televisión o tomados de la red.

Es Juan Villoro quien refiere el cómo Gabriel García Márquez reflexionó sobre lo malas que eran las novelas sobre el tema de la violencia en Colombia. Decía que la falla estaba en la reproducción mecánica del horror. García Márquez señalaba: "El exhaustivo inventario de los decapitados, los castrados, las mujeres violadas, los sesos esparcidos y las tripas sacadas y la descripción minuciosa de la crueldad con que se cometieron esos crímenes, no eran probablemente el camino que llevaba a la novela".

Por este motivo, Villoro valora el trabajo de Gerardo Naranjo; considera que este director comprendió a la perfección que el espanto más profundo siempre es mental y creó intensas situaciones narrativas en espacios reducidos y con mínimos elementos:

> "En 'Miss Bala' Naranjo construye una historia de impecable rigor para recrear el violento clima mexicano. Lo más significativo de su estética es que entiende la dimensión psicológica del miedo. En un momento en que la sangre escurre de los periódicos, 'Miss Bala' se ocupa de algo inexplorado: la vida secreta del pánico, la forma en que el crimen invade la cotidianidad y corroe mentalmente a personas ajenas a los hechos delictivos".

El sintagma "la vida secreta del pánico" y la forma agentiva sobre la manera en que "el crimen invade la cotidianidad y corroe mentalmente a personas ajenas a los hechos delictivos" son evidentemente recursos centrales para narrar la violencia y el miedo.

Sin embargo, podemos agregar que el miedo mental no solo se instala en la cabeza de Laura Guerrero. Se trata de una tarea cognitiva que debe ser completada en la cabeza del espectador, y este hecho se logra mediante otro mecanismo de la narración: la *intersubjetividad* propuesta entre historia y espectador.

Al no recurrirse a una narración mecánica de la violencia, se usan estereotipos sonoros y visuales que proponen la participación del espectador. El propio lenguaje parece mantenerse en el ámbito de registros e idiolectos. La violencia verbal aparece acorde a la situación descrita, pero no en exceso. Los insultos son usados en situaciones esperadas, en frases como las siguientes: "¿Quién te mandó? ¿Qué chingados buscas? ¡Sígueme! ¡Haz lo que yo te diga! Le vamos a echar una mano. Te dije que yo me encargo de eso", por ejemplo.

6.6. Intensificación y extensión de una situación

El guion de Miss Bala nos ofrece una narrativa real y ficticia al mismo tiempo. Esto es, la historia se basa en un caso proveniente de la vida real, pero la narración teje sus hilos en torno a varios personajes involucrados en o por el narcotráfico:

Imagen 22.5. Personajes

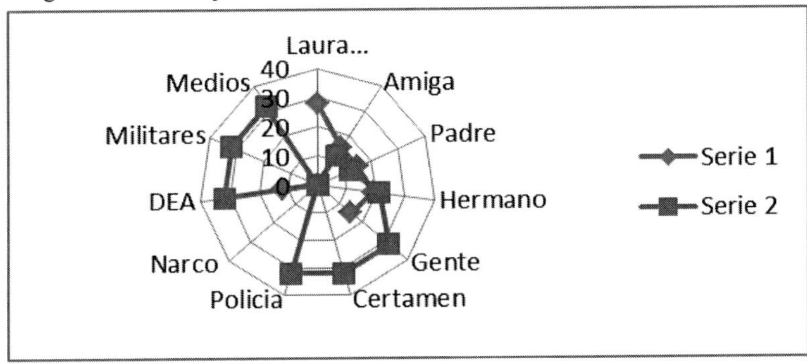

La serie 1 es el círculo de su familia y de su amiga. La serie 2 muestra diversos actores discursivos. La historia nos habla de algunas relaciones entre estos personajes, por ejemplo entre generales del ejército y jefes del narco, la presencia de la DEA en México, la corrupción de la policía y los servicios que prestan a los narcos. La encargada de la selección del certamen de belleza y los medios de comunicación, específicamente la televisión, forman parte también de esta segunda serie.

Por ejemplo, el espectador se encuentra ante una toma de la película realizada debajo de la cama, en donde se encuentra la protagonista. Desde ese ángulo se pueden ver los pies de dos individuos, el narcotraficante y el general hablando en voz baja. Allí solo se ven los zapatos, la gorra del militar de alto rango sobre un sillón y el arma que sostiene el narco; el espectador solo escucha un susurro de frases dichas entre ellos.

Después de un intento de asesinato del general, en donde Laura Guerrero, ahora Miss Baja California, era la carnada, la escena muestra la muerte de militares, uno que ocupó el lugar del general en la cama, y de varios narcotraficantes; el espectador puede ser testigo, al igual que lo es Laura, de la complicidad existente entre el narcotraficante y el general. El narcotraficante se quita el chaleco y se lo pone a un militar muerto, con ello se busca que se diga que el jefe del grupo de narcotraficantes murió. Una mirada a Laura Guerrero, aterrorizada debajo de la cama, nos informa que el narcotraficante sabe que ella está viva.

El valor simbólico de la escena es mostrar los acuerdos existentes entre la delincuencia organizada y algunos altos mandos del ejército. La traición no importa, ya que mueren elementos de ambos sectores, narcos y militares, y al final vemos que existía un acuerdo previo entre los jefes.

6.7. Intertextualidad e intersubjetividad

Si bien en la realidad narrada en la película podemos identificar la violencia mediante asociaciones con noticias de la prensa o de los noticieros, reconocer la incertidumbre como la norma del caos de nuestra época implica que se puede inculpar a cualquiera. La intertextualidad que establecemos con esos otros textos externos a la película nos da las verdaderas dimensiones del miedo y de la angustia. Esos textos nos confirman la presencia del narco y del ejército, no ya en un individuo sino en una comunidad, en una región, en un estado, en un país, en el mundo actual. Por ejemplo, uno de estos textos es el trabajo periodístico de Magali Tercero (2011), realizado a lo largo de tres años en Sinaloa con testimonios de personas de todos los grupos sociales. En este texto, la autora registra el habla de diversos informantes que muestran el nacimiento y evolución del cartel de Sinaloa, la violencia desatada a raíz de la presencia del ejército y la extensión de este modelo a otros estados del país, pasando por la capital, la Ciudad de México. Los temas recurrentes en su registro son: el papel del dinero sobre la moral de los habitantes, sobre el gobierno del estado y sobre el Estado mismo, y la dimensión de la violencia de la que habla García Márquez en Colombia, como resultado del uso de las drogas. La autora resalta el fenómeno descrito por Hobswan, sobre el "bandidismo", el sentimiento de enojo, frustración y revuelta existente en los ciudadanos excluidos en una sociedad. Estos se encuentran ante la posibilidad de cobrar a la sociedad lo que les negó en su calidad de ciudadanos, tal vez durante generaciones. La voz de un campesino señala que Badiraguato, en la sierra de Sinaloa, cambió cuando llegaron los bárbaros. Sinaloa es señalada como la cuna del narcotráfico y laboratorio del desastre de todo el país. La autora nos muestra cómo irrumpió la violencia en la vida cotidiana y lo que significa vivir con miedo, ya no en la película de *Miss Bala* sino en el mundo real.

En *Miss Bala* hay también un lado ficticio que podemos reconocer con ejercicios como el siguiente. Un espectador se coloca en el lugar del personaje y habla de la posibilidad de que eso suceda. Tenemos los dos ejemplos siguientes recuperados de un periódico y de un blog.

El primero es el de un hombre que toma distancia con las identidades de los personajes pero interactúa con los datos, sustituyéndolos por datos reales.

> "Dice que *Miss Bala* se pasó de la raya. ¿Cómo se les ocurre recordarnos de esa manera que nos hemos acomodado en la más despiadada indefensión? A esta película yo le hubiera llamado mejor 'Sálvese quien pueda'. ¿Para qué los rodeos? Laura llega a la pantalla a enseñarnos lo que tantos viven y nadie ve o nadie quiere ver. Alegoría de la indefensión de miles y miles y miles… que no tuvieron la suerte o hasta la mala suerte de sobrevivir. A uno nunca le dicen que está totalmente indefenso, o cuando menos uno nunca lo quiere saber. *Miss Bala* espeta lo que nadie quiere vivir o lo que nadie puede o quiere contar, justo porque lo vivió". López Portillo (2011)

Para este autor, la intersubjetividad entre la historia y el espectador se logra a partir del apelo a la realidad. Al hablar de intersubjetividad, se considera la relación entre los sujetos, los personajes y los espectadores, y ese contexto que el espectador conoce está lleno de "Lauras" y "Lauros".

El segundo caso es un comentario sobre la capacidad de acción de la protagonista, tomado del blog *La hora del té en Antares*:

> "A mí por ejemplo me hubieran matado desde el principio de la película, en la redada lo más probable es que me hubieran baleado (con mi suerte no lo dudo) si por alguna clase de milagro no me hubiera pasado nada, al salir seguramente me hubieran atrapado. Si no me atrapaban, pues de mensa volvía (no me hubiera importado mi amiga, la verdad. Si estuviera viva ella me hubiera llamado a mí o algo). Por lo cual se hubiera acabado la historia ahí. Pero si se me hubiera ocurrido ir a buscar a la amiga, jamás, jamás le hubiera pedido ayuda a la policía (está viendo y no ve ¿cómo a la policía? !aaargh!!), si por total y absurda estupidez lo hubiera hecho y me hubieran atrapado me mataban, ¿por qué? Pues porque yo no sé manejar!!! Y para colmo yo que estaba viendo la película no entendí las instrucciones!! No, no, no, les digo que conmigo no habría historia".

De esta manera se cuestiona la capacidad de la protagonista para realizar las acciones que le ordenan.

6.7.1. Estereotipo sonoro

En *Miss Bala*, el estereotipo sonoro anticipa el tema de la violencia, se pide al público que llene este vacío con información que él conoce o puede imaginar. El concepto de estereotipo sonoro y su funcionamiento se puede explicar en cuanto estructura, según Périnau de la siguiente forma:

> "El estereotipo sonoro en el cine se entiende cómo una estructura temático-narrativa o ideológica, como fenómenos sonoros, combinaciones audiovisuales relevantes de una sedimentación producido por el uso y la frecuencia y alimentado por la intertextualidad" (Perinau, 2000: 26)

El grito, el cambio o desvanecimiento de la imagen, el corte de las escenas de violencia, dejan al espectador la tarea de derivar los implícitos y en algunos casos de llenar los vacíos. Observamos nuevamente que el mecanismo que está funcionando es la intertextualidad propuesta por la narración y los textos que el auditorio tiene en su cabeza, que seguramente serán textos de noticieros y diarios en donde la violencia sí es explícita, una violencia con saña, imágenes de cuerpos heridos, desmembrados o descabezados, acompañados de textos sensacionalistas como los del periódico de nota roja "El Gráfico". Nadie puede sustraerse a este tipo de información que circula en diversos medios periodísticos y en noticieros de televisión todos los días en México.

6.7.2. El grito

Otro elemento importante en la narración de *Miss Bala* es el grito. El procedimiento es sencillo, el espectador ve una escena interrumpida; está frente a un mecanismo que corta la escena y delega al espectador la tarea de completarla. Cuando Laura es agredida físicamente, un grito nos informa sobre su miedo y su dolor. Al interrumpirse la escena, el espectador construye mentalmente ese miedo y el tipo de acciones que tuvieron lugar en ese vacío. El grito parece construir espacios mentales ya conocidos.

6.7.3. El llanto

El llanto desaparece del rostro de la protagonista, esta es una observación de López Portillo (2011). Las escenas en que Laura Guerrero llora están al inicio de la película. Posteriormente, hay más una actitud pasiva, una actitud de indefensión aprendida.

6.7.4. El cuerpo

Desde una perspectiva semiótica, tal como afirma López Portillo (2011), el cuerpo de Laura Guerrero simboliza la historia entera: delgado, vulnerable, golpeado, pisoteado, sangrado, pateado, violado y arrumbado. A partir de estos adjetivos podemos reconocer uno de los mecanismos de narración de la violencia:

> "El enorme moretón que llena la escena más de una vez funciona como bofetada para que el espectador sepa cuán fácil es ser lastimado, por cierto, al menos en la película, principalmente por 'las fuerzas del orden'; pasa Laura por el pasillo entre varios uniformados que más pegan cuando más vencida la tienen. Canija historia que con ésta y otras tantas escenas nos saca del cine para regresarnos a la realidad, aunque la cinta no haya terminado". López Portillo (2011)

El espectador regresa a la realidad aportando sus propios datos, en el lugar de la interpretación, como un receptor interpretante en la práctica social.

7. Comentarios finales y conclusiones

Al iniciar nuestro trabajo nos planteábamos responder a cuatro preguntas: ¿Cómo se narra la violencia? ¿Cómo se instala el miedo en la vida cotidiana? ¿Cómo se roba la identidad de un individuo hasta transformarlo en "el otro" desconocido para sí mismo? ¿Qué tipo de participación se propone al espectador?

Respecto a la primera pregunta sobre la narración de la violencia, hemos podido corroborar la idea de Villoro: *Miss Bala* es una propuesta estética de la violencia. El mayor miedo es mental, y en nuestro análisis hemos podido identificar los mecanismos que permiten llevar a cabo esta construcción del miedo mental. Se trata de mecanismos como el estereotipo sonoro, la metáfora visual, la intertextualidad y la intersubjetividad, los cuales son propuestos al espectador para que él complete las escenas o haga sus propias inferencias. Coincidimos con la afirmación de López Portillo según la cual "la película interactúa con la cotidianeidad y la indefensión aprendida de los personajes y del espectador. Su manera estética de narrar y entender el México del Siglo XXI es diferente".

La respuesta a la segunda pregunta sobre cómo se instala el miedo en la vida cotidiana está muy relacionada con la noción de indefensión aprendida o adquirida de Seligman. El sujeto intenta actuar, pero la presencia de los criminales en su vida, en su casa, en su cuerpo y en su mente le lleva a una actitud de indefensión.

En cuanto a cómo se roba la identidad de un individuo hasta transformarlo en "el otro" desconocido para sí mismo, el narcotraficante dice a Laura: "Haz lo que yo te diga". Esta orden parece sintetizar el proceso de indefensión en el que va cayendo la protagonista. El robo de su identidad social, de su ciudadanía, se ve acompañado de la corrupción de la policía, de la anulación de otra fuerza, la del Estado, que la proteja y haga valer sus derechos. El miedo acaba con la actitud de su propio padre, el cual no hace nada para defenderla. El otro elemento determinante es la criminalización de Laura Guerrero como miembro del grupo del crimen organizado. La televisión exhibe esta nueva identidad, una criminal que participa en el tráfico de drogas y en el intento de asesinato del General. La escena final, en la que Laura Guerrero en vez de ser conducida a la cárcel es liberada en un solar con las manos esposadas, no le devuelve su identidad social; ahora es una prófuga y no se sabe cuál será su destino.

La última pregunta es qué tipo de participación se propone al espectador. Como hemos visto, este debe derivar los implícitos y llenar los vacíos. Tal como señala Charaudeau, (2009: 119), el espectador, en cuanto sujeto receptor interpretante, construye efectos, algunos de los cuales pueden corresponder a los efectos previstos y otros le son propios, son los efectos producidos. La película propone efectos posibles; no todos serán parte del resultado de intercambio entre los efectos supuestos del sujeto comunicante y los efectos producidos por el espectador. No solo la intertextualidad, también la intersubjetividad, serán determinadas por los resultados del intercambio.

Para finalizar, es importante decir qué aporta este estudio para la teoría de las emociones. La lectura crítica de las emociones como el miedo y la angustia en la película *Miss Bala* señala que estas emociones no son propias de una región, sino más bien el común denominador de nuestra época. Por lo que hemos presentado, parece ser que la causa de la violencia está en la pobreza y la marginación de muchos ciudadanos durante generaciones. Parece ser también un rasgo del capitalismo tardío del neoliberalismo, pero hay sospechas que llevan a preguntarse, como lo hace Chomsky (2012), a quién beneficia esta guerra. En síntesis, no solo se trata de un miedo físico, es también un miedo mental que se contrapone, se especula, para reactivar economías mediante las guerras y la venta de armas.

Miss Bala nos muestra parte de los mecanismos, de las redes, de las formas de corromper y destruir a un Estado: el consumo de drogas, la manera de enriquecerse y de hacer política. Pero, sobre todo, nos muestra los mecanismos y el proceso de la indefensión aprendida y de la normalidad del mal. Las escenas de la película así lo muestran; la vida cotidiana continua ajena al acontecer de los enfrentamientos, la tortura y los secuestros que produce esta guerra de la droga.

Bibliografía

Bartra, Roger. 2012. "La batalla de las ideas y de las emociones". En Mabel Moraña e Ignacio Sánchez Prado (eds.), *El lenguaje de las emociones. Afecto y cultura en América Latina*, 17-38. Madrid / Frankfurt, Iberoamericana / Verveurt.

Charaudeau, Patrick. 2009. "Análisis del discurso e interdisciplinariedad en las ciencias sociales". En Luisa Puig (org.), *El discurso en el espejo*, 99-134. México, Instituto de Investigaciones Filológicas. México: UNAM.

Chomsky, Noam. 2011. "Noam Chomsky: Drug, Cartels and the Growing Border War. Noam Chomsky interviewed by Luis Fernando Cárdenas Guernica", 15 de agosto. Disponible en http://www.chomsky.info/interviewa/20110815.htm.

—. 2012. "Intencionales, las fallidas consecuencias de la lucha contra el narco: Noam Chomsky". *La Jornada. Sección Mundo*. Domingo 13 de mayo de 2012, página 21.

Diel, Paul. 1986. La angustia y el miedo. México: Fondo de Cultura Económica.

La hora del té en Antares, Blog. Disponible en http://sharondeestefania.wordpress.com/2012/02/08/un-breve-analisis-sobre-miss-bala.

López Portillo, Ernesto. 2011. "Miss Bala": anatomía de la indefensión". *Agencia el Universal | El Universal* – 21 de septiembre. Disponible en http://www.eluniversal.com.mx/editoriales/54788.html.

Moreira, Humberto. 2012. "Las atrocidades de calderonismo ante la corte de la Haya". *Proceso* 1886: 23.

Moraña, Mabel e Ignacio Sánchez Prado (eds.). 2012. *El lenguaje de las emociones. Afecto y cultura en América Latina*. Madrid / Frankfurt: Iberoamericana / Verveurt.

Naranjo, Gerardo (dir.). 2011. *Miss Bala* [Película], México: Canana Films. Distribución: 20th Century Fox. 113 min.

Perinau, Sylvie. 2000. "Montage et stéréotype au cinéma: le cas du sonore". En Robert Gauthier (ed.), *Le stéréotype: usages, formes et estratégies. Actes du 21 Colloque d'Albi. Langages et* signification, 261-270. CPST: Université de Toulouse – Le Mirail, Conseil Municipal d'Albi et Conseil General du Tarn.

Poblete, Juan. 2012. "La productividad del afecto". En Mabel Moraña e Ignacio Sánchez Prado (eds.), *El lenguaje de las emociones. Afecto y cultura en América Latina*, 55-72. Madrid / Frankfurt: Iberoamericana / Verveurt.

Seligman, Martin. 1975. *Helplessness: On Depression, Development, and Death*. San Francisco: W. H. Freeman.

Sicilia Javier. 2012. "Veinte meses después, Sicilia ante el espejo". *Proceso* 1886: 19.

Sonesson, Göran. 1996. "De la estructura a la retórica en la semiótica visual". *Signa. Revista de la Asociación Española de Semiótica* 5: 317-348.

Tercero, Magali. 2011. *Cuando llegaron los BÁRBAROS. Vida cotidiana y narcotráfico*. México: Ediciones temas de hoy.

Valdez Cárdenas, Javier. 2012. *Miss Narco, belleza y poder y violencia. Historias reales de mujeres en el narcotráfico mexicano*. México: Punto de lectura.

Villoro, Juan. 2012. "Miss Bala". *El sol de Torreón*. Disponible en http://www.elsiglodetorreon.com.mx/noticia/665200.miss-bala.html.

CHAPTER TWENTY-THREE

TAMBIÉN LA LLUVIA (2010), DE ICÍAR BOLLAÍN: EL REDESCUBRIMIENTO (AMARGO) DE AMÉRICA[1]

IGOR BARRENETXEA MARAÑÓN
UNIVERSIDAD DEL PAÍS VASCO

"Las interrelaciones historia-cine son múltiples y van desde la simple representación de los hechos históricos hasta la explicación de nuestro tiempo y nuestra sociedad" (Ferro, 1995: 21)

1. Introducción

También la lluvia es un filme que nos procura diversos interrogantes, entre ellos si el cine acabará sustituyendo a la Historia como preconizaba el historiador americano Rosenstone; de qué manera el cine puede acercarse al pasado, y para qué sirve la Historia repetida una y otra vez, reconstruida en aras del séptimo arte y del ansia de los productores por obtener beneficios. Estas son las cuestiones que vamos a intentar argumentar en este trabajo, en la medida en que el cine puede servirnos como reflexión sobre el modo en el que la Historia interactúa con la sociedad y en el que el cine lo hace con la Historia. El pionero de las relaciones de Historia y cine, el historiador Marc Ferro, escribía:

---

[1] 2010, España, Francia y México. Dirección: Icíar Bollaín. Efectos visuales: Blas Galera, Daniel de Madrid, Isidro Jiménez, Javier López Casado, Telson S.L. Fotografía: Alex Catalán. Guión: Paul Laverty. Montaje: Ángel Hernández Zoido. Música: Alberto Iglesias. Producción ejecutiva: Pilar Benito. Sonido: Emilio Cortés, Patrick Ghislain, Pelayo Gutiérrez. Vestuario: Nora Lia Alaluf, Regina Calvo. Reparto: Gael García Bernal, Luis Tosar, Karra Elejalde, Raúl Arévalo, Carlos Santos, Dani Currás, Juan Carlos Aduviri. Duración: 103 min.

> "El cine contribuye a la elaboración de una contra-historia, no oficial, alejada de esos archivos escritos que muchas veces no son más que la memoria conservada de nuestras instituciones. Al interpretar un papel activo contrapuesto a la historia oficial, el cine se convierte de este modo en un agente de la historia y puede motivar una toma de conciencia (Ferro, 1995: 17).

Sin duda, nos encontramos ante un filme que tiene esta clara y matizada intencionalidad; un cine, además, de acentuado compromiso social.

Para la actriz y directora Icíar Bollaín este era su quinto largometraje, tras *Hola, ¿estás sola?* (1995); *Flores de otro mundo* (1999), mejor película de la Semana de la Crítica en el Festival de Cannes; *Te doy mis ojos* (2003), Goya a la Mejor Película en los Premios de la Academia del Cine; y *Mataharis* (2007). A estas habría que añadir *Katmandú, un espejo en el cielo* (2011). La temática social y el punto de vista femenino es un elemento que destaca en su cinematografía, sin embargo, este proyecto era diferente. El protagonismo lo adquieren los indígenas de Bolivia, hombres y mujeres, y el propio pasado. Esto podría explicar por qué es el primer filme en el que Bollaín no interviene como guionista sino que lo firmaba Paul Laverty, colaborador habitual del director británico Kean Loach, cuya filmografía ha venido señalada por un cine socialmente comprometido y militante (Fuller y Loach, 1999).

También la lluvia es, así mismo, un doble retrato: la crítica a la historia del descubrimiento de América, y una toma de conciencia sobre la actualidad y la injusticia que se ha cernido sobre el mundo indígena desde la llegada de los primeros españoles.

2. Contexto del filme: La Guerra del Agua en Cochabamba

El 1 de octubre de 1492 Cristóbal Colón alcanzó el mar Caribe. Por fin, su sueño de encontrar las Indias por una ruta más corta, iniciada por los portugueses, parecía haberse conseguido. No fue así. Acababa de descubrir un nuevo continente. Este Nuevo Mundo maravilló y sedujo por igual a los nuevos españoles. Colón buscaba un paso hacia las Indias que evitara tener que bordear la costa africana. Pero, de improviso, el continente americano se abrió a sus descubridores como un lugar de oportunidades inimaginables. Les permitió, en algunos casos, emprender una nueva vida alejándose de los horrores, miserias y pobreza del Viejo Mundo. En otros, en cambio, fue un marco para satisfacer sus propias ambiciones personales que no podían ser cumplidas en España (aventureros, hidalgos, nobleza segundona). Imbuidos por el espíritu cristianizador, que había traído la lucha contra los musulmanes en la península, los españoles encontraron ante sí una serie de creencias paganas que debían ser convertidas, y, en consecuencia, llegaron muchos misioneros a cristianizar a estas gentes.

Casi cinco siglos más tarde de la llegada de los primeros europeos al continente americano, la sociedad boliviana, donde se ambienta el filme, ha vivido bajo los aspectos de un desigual desarrollo, en especial las poblaciones indígenas. Desde 1985, siguiendo las recomendaciones del Banco Mundial, en Bolivia se fueron implementando una serie de reformas sociales, políticas y económicas, denominadas Nuevo Ajuste Estructural, con el objetivo de cambiar de arriba abajo el país y lanzarlo a la Economía de Mercado (Gavaldá, 2003: 325). Desde esta perspectiva se llevó a cabo una reforma en lo que al agua potable y el alcantarillado se refiere (tras haberlo hecho en las estratégicas de hidrocarburos, minas y madera) (Kruse, 2005; Crespo y Fernández, 2001). Esta reforma fue aplicada al valle de Cochabamba, área semiseca, como medida para solventar los problemas que venía padeciendo por la mala distribución del agua potable. El Gobierno boliviano, en este nuevo panorama, estimó que la privatización sería la solución. El parlamento aprobó, en octubre de 1999, la Ley Nº 2029 de Agua Potable y Alcantarillado Sanitario, entregando, de este modo, la concesión de su gestión a un consorcio internacional llamado *Aguas del Tunari*[2]. No fueron atendidas ninguna de las demandas que se presentaron para evitar los posibles abusos que podrían darse por parte del consorcio (Crespo, 2000; Sánchez Gómez y Terhorst, 2005: 132).

Como reacción se formó la Coordinadora Departamental del Agua y la Vida, que agrupaba a numerosas organizaciones de la zona y que se enfrentó directamente a la nueva ley que sabían que traería consecuencias muy negativas para la zona (Gavaldá, 2003: 331).

El consorcio que explotaba la concesión incrementó de forma abusiva el precio del agua, como tanto se temía. Esto provocó la reacción inmediata de la población. El 11 de enero de 2000 se convocó una enorme movilización que sería reprimida con dureza con gases lacrimógenos por la policía. Sin embargo, eso no amilanó a la sociedad cochabambina y el 4 de febrero decidió tomar "simbólicamente" (Crespo, 2000: 61) la ciudad para presionar al gobierno hasta lograr la derogación de la ley y

[2] El consorcio, con sede en las Islas Caimán, estaba conformado por un conglomerado de empresas, siendo la principal Bechtel Enterprises, con participación mayoritaria americana y española, y orquestado para obtener pingües beneficios de la concesión, licitada de una manera no demasiado limpia.

consensuar otra que diera satisfacción a la demanda (no abusiva) de la distribución del agua. Pero las autoridades no querían ceder. Los enconados enfrentamientos provocaron 22 heridos y 135 detenidos. Y "la ciudad se convirtió en una batalla campal y las nubes de gases lo invadían todo, los restaurantes, los mercados, las peluquerías..." (Gavaldá, 2003: 334). La presión social en los medios de comunicación, mediante el uso de móviles, fax y web, fue tan continuada que el Gobierno, el 9 de abril, aceptó resignado las condiciones de la Coordinadora delegando en ella la administración de la empresa de aguas. Esta había alcanzado un notorio éxito porque había sido capaz de unir a distintos grupos (tanto urbanos como campesinos) en una causa común, con el fin de lograr un acceso público a los más esenciales recursos hídricos e incorporar "un principio de sustentabilidad" (Crespo, 2000; 65). Claro que no todas las batallas han sido ganadas contra esta globalización neoliberal abusiva contra los indios.

3. El "redescubrimiento" de América por Icíar Bollaín

3.1. La injusticia social y los personajes

Así, partiendo de este escenario, Iciar Bollaín nos invita a redescubrir lo que supuso para los indígenas la llegada de los colonizadores españoles al nuevo continente desde una *nueva perspectiva*. Y aunque el filme se ambienta en Bolivia, su contenido se pone al servicio de la defensa y garantía de la dignidad de los pueblos indígenas latinoamericanos. El punto de vista es sumamente original, puesto que utiliza como lugar de partida el cine desde dos perspectivas: una, como reveladora del pasado, y la otra, como una invitación a tomar conciencia de la situación de injusticia que aún viven muchos pueblos indígenas. "La contemporaneidad", afirma Montserrat Huguet, "está cargada de fábulas insertas en las memorias colectivas" (Huguet, 2002: 9), y el descubrimiento de América como hito que marca el inicio de la Edad Moderna es una de ellas. Sin embargo, el filme propone una lectura que va más allá de la memoria clásica, y lo hace desde una perspectiva singular. Como enuncia Rosenstone, el cine no pretende reemplazar a la Historia por completo como disciplina ni complementarla, sino que "es colindante" (Rosenstone, 1997: 63) a ella.

Las primeras imágenes del filme ya son muy ilustrativas del mundo en el que nos encontramos y se nos quiere sumergir. Sebastián, Costas y María, ayudante de Sebastián, que son varios de los personajes protagonistas, acaban de llegar en coche a un barrio a las afueras de Cochabamba para rodar una película. Estas tomas nos muestran un lugar pobre, de calles sin asfaltar y casas desconchadas y destartaladas, en las que vive gente sencilla que se aferra a la esperanza del día a día, algo que contrasta con el mundo desarrollado del que procede el equipo de rodaje. Estos primeros planos cobran mayor sentido al contraponerse con las imágenes finales, cuando Costas abandona el lugar, subido, esta vez, en un taxi. Los planos iniciales son nítidos, casi documentales, mientras que estas últimas imágenes se difuminan y se tornan borrosas (en un barrido), lo que hace que perdamos toda posibilidad de percibir lo que muestran, como si implicaran que la única realidad es aquella que se vive y se ve con los propios ojos. En cuanto nos alejamos de la realidad, en un guiño indirecto al espectador para que reflexione, nos olvidamos de ella, la perdemos de vista y se desfigura. El compromiso social no debería ser tan frágil a este respecto.

Avancemos y analicemos la importancia de los rasgos de los personajes principales. El primero que hay que destacar es Costas (Luis Tosar) el productor, encargado de buscar la financiación de la película y de resolver los problemas, rebajar las tensiones entre los actores y facilitar al director lo que necesita para el rodaje. Es un hombre con pocos escrúpulos. Está divorciado, no ve a su hijo ni sabe cómo es, pues este vive con su madre, pero tiene esa habilidad de saber con quién hablar y ponerse en contacto para lograr la financiación del proyecto (sufragado por inversores americanos). Su filosofía es que el dinero abre todas las puertas, sin entender lo importante que es vivir con humanidad y compromiso; compromiso que le guiará después a ayudar a la hija de Daniel. En la escena en la que se nos presenta a Daniel, este se rebela contra la decisión de Costas de disolver a los que han venido al casting, mostrando el productor su carácter frío y pragmático. No quiere complicarse la vida. Por eso, le advierte a Sebastián que no contrate a Daniel para hacer de líder indígena, pues imagina que traerá problemas. En esta contradicción, busca denunciar, a través del filme, la injusticia contra los indios por parte de los colonizadores españoles pero, mientras, aspira a tener un rodaje tranquilo, sin reclamaciones de ninguna clase. De hecho, no le importan las personas sino la ejecución del proyecto. Su desprecio llega a su punto culminante cuando habla por teléfono con los inversores, delante de Daniel, sin saber que este habla inglés, y expresa su intención de *explotar* a los indios. O cuando conversa con Sebastián y su ayudante en el land rover, y justifica las licencias históricas en la ambientación del filme porque aquí hay "miles de indígenas hambrientos", Aunque Sebastián le replica que puede ser un "churro" porque los actores indios son quechuas, indígenas de los Andes, y sus rasgos nada tienen que ver con los taínos caribeños. Pero para Costas "todos son iguales". Es el proyecto en sí del filme lo que le atrae y no la historia.

Costas defenderá esta libertad creativa por una cuestión económica; aunque añade, para reafirmar más la tiranía comercial, que si el filme se rodase en inglés, tendría el doble de presupuesto y público. Curiosamente, para Sebastián es innegociable el tema idiomático, ya que los "españoles hablan en español". Claro que María, su ayudante, un personaje sutil aunque secundario en la trama, interviene en la conversación para indicarle a Sebastián, no sin ironía, una gravosa contradicción: "Los españoles hablan español y los taínos que encontró Colón hablaban quechua".

Este inteligente diálogo apunta no solo a la diferencia que existe entre una producción anglosajona y otra en castellano u otro idioma, sabiendo que los circuitos de distribución de la primera son más poderosos, sino además pone en cuestión su falta de historicismo. Pero la directora incide en ello no para descalificar el carácter verídico de los hechos, sino para que nos demos cuenta de que toda película cuenta su "verdad", conforma *otra nueva realidad.*

Este aspecto se convierte en una crítica al séptimo arte, pues "todas las sociedades acogen las imágenes en función de su propia cultura" (Ferro, 1995: 25), en este caso, un mercado anglosajón lo hará en inglés. El cine no es Historia a secas (o no se puede entender como tal), pero sí encarna otro tipo de documento histórico, visual en este caso (Rosenstone, 1997: 52). Y, en ese sentido, el filme se reconduce en esa dirección en un diálogo abierto sobre la relación que existe entre el cine, la Historia y, por ende, el presente. Ahora bien, Bollaín sintetiza de forma magistral la cuestión de cómo se reconstruye el pasado. La imagen proyecta una idea de él; en este caso, la idea que tiene Sebastián, en una *fidelidad* histórica que, de todos modos, tampoco podría darse como en un espejo. Esta misma trasgresión no invalida la historia, sino que concibe *otra* pero que a todas luces "resulta terriblemente auténtica" (Ferro, 1995: 37).

Este nuevo sentido tiene que ver con su traslación al modo en el que determina el imaginario y, en este caso, la manera en la que el pasado nos puede ayudar a comprender el presente.

Sebastián (Gael García Bernal) es el director, que ha convencido a Costas de producir un filme tan arriesgado, queriendo ser fiel a la historia verídica. En apariencia, se le ve sensibilizado con el maltrato indígena. De hecho, cuando la convocatoria de casting abierto atrae a cientos de indios, él se muestra contrario a elegir a unos pocos y enviar a los demás a casa, como le exige Costas, por el esfuerzo que han llevado a cabo de andar docenas de kilómetros para lograr una oportunidad de intervenir en el filme y ganar algún dinero. La protesta de Daniel le lleva a contradecir a Costas y entrevistarlos a todos, e incluso, elegir a Daniel como líder indio para el papel de Hatuey, ante la reticencia del productor. Pero su actitud va cambiando en la medida en que el contexto y la realidad se interponen en el desarrollo del rodaje. Esto se destapa en la escena en la que pide a un grupo de mujeres indias, en un momento relevante del mismo, que actúen como si ahogaran a sus bebés en las aguas de un río próximo y estas se niegan a hacerlo porque no lo conciben. Sebastián no entiende su reacción. Aunque sus escrúpulos reaparecerán de nuevo al final cuando entre él y Costas pacten con el comisario de policía la liberación condicionada de Daniel, tras su detención en un altercado con la policía, cediendo ante la imperiosa necesidad de contar con él para concluir la película. Finalmente, volverá a mostrarse insensible cuando intenta impedir que Costas se vaya con Teresa, mujer de Daniel, para ayudar a Belén, aunque sabe que eso pone en peligro la culminación de su esfuerzo creativo.

De este modo, al inicio del filme, cuando discuten Costas y Sebastián por la elección de Daniel, Sebastián cierra el debate con un comentario muy esencial que dibuja su personaje: "La película es lo primero siempre". La obra cinematográfica perdurará, es su afirmación posterior, aunque eso implique injusticias, explotación o maltrato. Esta máxima la seguirá Sebastián hasta el final, sin importarle nada más y sin entender la contradicción que esto implica frente al mensaje del filme.

Otros personajes singulares son aquellos que encarnan a las figuras históricas como Antón (Karra Elejalde) que hace de Colón; Alberto (Carlos Santos), que hace de Fray Bartolomé de Las Casas, enamorado de su personaje al que considera "padre del derecho internacional"; y Juan (Raúl Arévalo), que hace de Fray Antonio Montesinos, el primer fraile que lanzó una arenga denunciando el maltrato indígena. Los tres, sobre todo Antón y Alberto, se convierten en dos antagonistas en el plano real del filme, a diferencia de lo que, en el fondo, encarnan sus personajes.

Antón, cuya carrera decae, se toma, sin embargo, muy a pecho su trabajo. Es un alcohólico y cínico impenitente que, al igual que Costas, ha fracasado en su matrimonio, pero a pesar de su adicción (su manera de huir de la áspera realidad), es más consciente que nadie de lo que está ocurriendo, a diferencia del Colón histórico. Al igual que Costas, Antón se convierte en un antihéroe consumido por la amargura y la pena; pero dispuesto a entregarse a su personaje porque es su única tabla de salvación, lo único que le ofrece un sentido como hombre y como profesional de la escena venido a menos. Durante una cena, tras una jornada de rodaje, Antón discute con Alberto. Alberto se identifica con el personaje que interpreta. Incluso se ve muy afectado cuando Antón le espeta que de Las Casas no fue tan santo como se le quiere presentar. De hecho, es cierto que en los primeros tiempos en los que vivió en Santo Domingo fue encomendero y aconsejó traer esclavos de África para sustituir la mano de obra indígena (Skidmore y Smith, 1996: 314; Bataillon y Saint-Lu, 1985: 26-27).

Pero, en el fondo, Alberto sigue interpretando un papel, ya que no estará interesado en implicarse ni conocer la situación de los indios, desvelando, así, como esta preocupación por el ayer "nos permite con buena conciencia desentendernos del presente" (Arteta, 2010: 38). Mientras, Antón, cínico y descreído, acaba por solidarizarse con los indígenas moral y activamente, Alberto, al igual que lo hará Juan, preocupado por su hijo que acaba de nacer, solo quiere marcharse de ese conflictivo lugar. Cierto es que ellos no dejan de ser actores que encarnan a unos personajes históricos, no son héroes, pero su actitud, identificándose con los personajes que interpretan en la comprensión y denuncia del abuso a los indígenas, se revela más tarde falsa; no es más que una pose.

No menos importante es Daniel (Juan Carlos Aduviri), elegido para interpretar a Hatuey, un histórico cacique que se rebeló contra la injusticia colonial española. Este cacique huyó de Santo Domingo a Cuba, donde impulsó una guerra de guerrillas que fue sofocada a sangre y fuego por el gobernador Diego Velásquez (siglo XVI). Hatuey, finalmente, acabó quemado por las autoridades tras ser capturado.

Daniel, que en modo alguno se identifica con su personaje, sin embargo es un hombre honesto y sincero que, a pesar de los intentos de Costas por sobornarle y tenerle lejos de la revuelta, se une a la protesta. La presentación del personaje a este respecto es clara cuando se planta ante la decisión de Costas de dejar de atender a los indios que les sobran en el casting. Daniel en ese punto se resiste, aunque Costas le ofrece contratar a su hija con tal de que no monte más "bronca". Pero esto tampoco le disuade porque para él es una cuestión de dignidad atender a todos aquellos que se han desplazado de distantes lugares buscando la oportunidad de participar. Daniel se convierte en *la voz de los indios*. Y encarna a ese *héroe* que, lejos de suscitar admiración por su compromiso, es observado por parte de Costas con "sospecha" (Arteta, 2010: 168). Daniel demostrará un carácter noble y generoso, porque no solo lucha por su familia sino por las gentes desfavorecidas. A pesar de ser un hombre de mundo, y necesitado, eso no le ha hecho perder un alto sentido de la integridad, en contraste con el productor.

3.2. La colonización de América latina

La directora no pretende llevar a cabo un retrato fiel ni exacto de la brutalidad de la colonización, tal y como se apuntaba al inicio. De hecho, lo que se representa es una cosmovisión sintética de las crueldades empleadas contra los indígenas de una manera singular e ilustrativa en conexión directa con los otros acontecimientos del filme. Primero emplea la recreación (cuando los actores ensayan el desembarco de Colón), luego la reconstrucción (escenas, cine dentro del cine), y, en paralelo, la mera creación (la caracterización de los personajes y la situación en Cochabamba).

Su desarrollo no es lineal, el pasado y el presente se mezclan en un encaje de piezas donde no existe una narración histórica al uso, son capítulos y bosquejos sueltos, que le sirven para dotarle de un contenido aún más audaz, jugando con el simbolismo y la reflexión histórica. El discurso rompe así los márgenes de la ficción, aunque todo sea ficción, para componerla en dos planos paralelos, singulares y complejos, pero bien concebidos, en los que la Historia tiene una pizca de pasado lejano y de inmediatez. Y plantea cómo el cine puede ayudarnos a "forjar una nueva relación con el pasado" (Rosenstone, 1997: 20), más viva, más auténtica y más comprometida.

La primera de estas concreciones históricas se produce tras una comida comentando el guión, en la zona ajardinada del hotel donde se hospeda el equipo de rodaje. Se encuentran sentados y vestidos de forma informal, ya que están llevando a cabo un improvisado ensayo de una escena. En este marco, no se escenifica el momento culminante del desembarco de Colón al nuevo mundo tal como se veía de forma tan lírica en la versión *1492. La conquista del Paraíso* (1992) de Ridley Scott, y, tal vez, ese sea (en relación al filme mencionado) el contrapunto en la elección de su planteamiento escénico. En esta escena se sintetizan en la voz de Colón las actitudes de los colonizadores a su llegada. El provecho económico, la necesidad de la comida y el interés por conocer el tipo de armas de los indios confirman el carácter de conquista de los nuevos territorios americanos. Colón quiere que su subordinado evalúe la situación como parte de un plan de dominación, no tanto como de una búsqueda espiritual.

Así, lo primero que preocupa a Colón es si poseen riquezas, el oro; no se interesa por su cultura o sus creencias, por la identidad de unas gentes que pronto serán sometidas por la fuerza. Este es un planteamiento muy logrado porque desvela que no trata de ser un relato amable del descubrimiento, sino que este fue motivado por la ambición y no otra cosa. Pero, además, se utiliza para ello una fórmula indirecta, establece ese nexo entre la realidad y la ficción (aunque todo sea ficción), una metafórica identificación del pasado con el presente.

Otro momento emblemático del filme será cuando se recree el encuentro de Colón (Antón) con los indios, en el que les agradece que hayan ido a recibirle. Esta escena es de reconstrucción, los actores van vestidos, esta vez, con los atuendos de la época. Colón comunica en un parlamento a los indios que los Reyes Católicos le han instruido para que se les trate "con respeto y cordialidad". Un traductor indio les expresa en su lengua las palabras del almirante. A continuación, a pesar de estas afables palabras, les exige que reconozcan "a la Iglesia y al Papa como legisladores del universo. Y a la vez que aceptéis al rey y a la reina de España como legisladores de estas tierras". Y les advierte de lo que supondría no acatar a estas autoridades. Tras escuchar al traductor, Hatuey (Daniel), quiere saber qué quieren de ellos. A modo de respuesta, Colón les hace entrega de un cascabel e indica que han de llenarlo con polvo de oro. En suma, les está exigiendo pagar impuestos, un concepto que los indígenas desconocían, pero que se convertiría en la fórmula que se usó para esclavizarlos, someterlos y, también, matarlos por agotamiento y violencia. Colón concibió que "los españoles dan la religión y toman el oro" (Todorov, 2005: 52), pero fue un reparto asimétrico y brutal. Tal como declara Antón en el filme, dispondrán de ellos *a voluntad* y eso es lo que, realmente, hicieron los nuevos conquistadores con los indios.

Esta mezcla singular de recreación histórica tiene mucho que ver con aquello que escribió Rosenstone de que los filmes quieren hacernos creer que son la realidad (Rosenstone, 1997: 49). Y, sin embargo, en este encadenamiento de planos, Bollaín va más lejos y construye dos realidades paralelas. Ambas, el presente del filme y la recreación histórica, se encabalgan en todo momento para mostrar en su contraste sus diferencias y semejanzas en una muy hábil analogía.

La película que pretenden llevar a cabo Sebastián y Costas corre en paralelo con el problema del agua en Cochabamba. En el filme, se ha mostrado la primera confrontación de las mujeres con las fuerzas policiales para impedir que pongan un candado a la canalización del agua, cerrando, así, su acceso libre. En la escena siguiente, se está procediendo a erigir un decorado para rodar el discurso de Montesinos ante los hacendados del Nuevo Mundo. Los operarios están trabajando en la construcción de una pequeña iglesia mientras Sebastián imparte una serie de instrucciones a Juan. Alberto también está presente, ya que aquí escuchará el sermón de Montesinos que influiría de forma determinante en Fray Bartolomé de Las Casas, convirtiéndolo en el gran adalid de los indios.

Juan se coloca tras el púlpito y ensaya su discurso. Sebastián hace la réplica como si fuese la voz de protesta de los prohombres de la isla y Juan prosigue aún con mayor intensidad y enfado su sermón como si realmente lo viviera. El sermón del filme, expresado a finales de 1511, fue verídico (Bataillon y Saint-Lu, 1985: 77-79). La recreación que se realiza acerca de este primer pronunciamiento contra la explotación de los indios es muy elocuente; pero, al mismo tiempo, enfatiza ese falso compromiso que los tres hacen sobre el tema y que se relaciona con sus actitudes futuras frente a la guerra del agua. Acompañando al parlamento, Bollaín, de forma muy intencionada, incluye primeros planos de los indios que están ayudando a construir el decorado, que observan y escuchan atentos lo que allí se pronuncia. Su presencia ofrece la doble perspectiva de que todo esto parezca real, como si estuviera ocurriendo en ese momento, no hace cinco siglos, y el discurso tuviera la misma vigencia reivindicativa de entonces. Y, así, insinúa que nada parece haber cambiado para ellos.

Aunque Sebastián, Alberto y Juan se muestran conmovidos ante el emotivo y sincero discurso, ninguno de ellos, fuera del plató de cine, es capaz de comprometerse con los indios. La escena, por ello, simboliza a las sociedades actuales, encarnada en estos personajes, a sus inercias morales y anestesias socioculturales.

Otra de las reconstrucciones históricas que se realizan, con enorme intencionalidad, escenifica el modo despiadado con el que se procedía a exigir a los indios el impuesto en oro del cascabel. De no conseguir la cuota exigida de polvo de oro (y no simplemente arena) se les castiga bárbaramente cortándoles la mano. La escena es escalofriante, tan real como si estuviera ocurriendo y fuésemos testigos de ello. Si bien, la directora, sutilmente, nos traslada de pronto a la sala de proyección. Se encienden las luces. Están viendo el resultado de la escena para el montaje final. Antón y Costas, sentados junto a Belén en el patio de butacas, se levantan de sus respectivos asientos y le dan a la niña la enhorabuena por su trabajo. Esta sale, seguida de Costas, a la entrada del cine donde está su padre, Daniel, quien se interesa por la proyección, a lo que ella le responde: "*No es real pero es bonita*". Belén, de una manera entre ingenua y clara, expresa en síntesis, y en definitiva, lo que es la esencia del cine.

Nuevas escenas muestran el trato inhumano perpetrado contra los indígenas por parte de los colonizadores, como las terribles cacerías humanas (Todorov, 2005: 48). Así se desvela cómo para los hombres del viejo continente la persecución de indios fue considerada un *deporte* (sangriento). Esto no evita señalar que sí hubo indígenas que mantuvieron relaciones cordiales con ellos pero, también, que aquellos que se negaban a pagar los impuestos, o no podían cumplir tales abusivas exigencias, o mantenían sus creencias paganas, eran tratados con refinada crueldad. Hubo quienes corrieron distinta suerte, siendo enviados como esclavos a España o ya, en su mayoría, acabaron en manos de los propios colonos, para trabajar en sus haciendas. El maltrato a la población autóctona fue general y es la parte menos visible de la historia del descubrimiento (Valera, 2006: 270).

Como continuación y colofón trágico de la escena en la que un grupo de indias huye de la persecución implacable de una partida de españoles en una de estas *cacerías humanas*, estas han de representar el ahogamiento de sus bebés en el río, pues sabedoras de la crueldad de los conquistadores, antes prefieren matarlos ellas mismas. Sebastián les indica cómo han de proceder. Deben introducir a sus hijos a media cintura en el río. Después, los sustituirán por muñecos. Sin embargo, de forma inesperada ellas se niegan. Sebastián pide a Daniel que le ayude a convencerlas, pero estas se cierran en banda. El instante nos advierte de la profunda desesperación que debieron de vivir las verdaderas indias que tuvieron que cometer tal acción. Pero aunque ocurriera en verdad, las mujeres no son capaces de concebirlo, les parece demasiado terrible, aún cuando solo han de representarlo. Tras lo cual las mujeres se alejan y abandonan la orilla del río. ¿Realmente es necesario recrear de manera tan descarnada esos sucesos; o el cine bien puede sugerirlo de otra manera con el mismo efecto traumático? Bollaín muestra toda la angustia de la historia verídica solo con la mera alusión.

La última de las escenas dedicadas al modo en el que se procedió a tratar a los indígenas en la época del descubrimiento es aquella en la que se realiza un auto de fe contra el líder indígena. En una zona inclinada han levantado varias piras donde se erigen sendos crucifijos. Decenas de indios son empujados y obligados por soldados armados a presenciar el castigo. Buscan dar ejemplo para evitar futuros actos de rebeldía. De Las Casas (Alberto), desesperado, quiere hacer cambiar de parecer al capitán español al mando, conminándole a que no lo haga porque eso dejará una profunda huella de animadversión durante generaciones contra ellos. Pero el capitán, impasible, no le escucha. Su actitud cínica se revela cuando el religioso le reprocha que esto no es cristiano, a lo que el militar, inspirándose de forma macabra en el Evangelio, y para consternación del fraile, ordena elegir a 13 indios para llevar a cabo el escarmiento como si fuesen los 12 apóstoles y Jesús. Esta maniobra no es tanto una crítica contra el cristianismo sino contra las idiosincrasias de la época; la conquista, la explotación y el sometimiento de los indígenas fueron la verdadera razón de la conquista de América. No fue un descubrimiento.

Porque, históricamente, a pesar de la defensa del fraile y de los Reyes Católicos, que se negaban a esclavizar a la población a requerimiento de Colón, o la emisión de la bula papal (1537) de Paulo III en la que caracteriza a los indios como hombres a semejanza de Dios, con lo que ello comportaba, la actitud de los colonos fue desaprensiva y metódicamente despiadada (Todorov, 2005: 173-174).

De vuelta al filme, una vez los reos son atados a las cruces, un sacerdote pasa ante ellos para recordarles la gracia divina y decirles que busquen el arrepentimiento. Al llegar a Hatuey (Daniel), este quiere saber si los cristianos van al cielo, a lo que el sacerdote le dice que solo los "buenos". La reacción de Hatuey, tras oír las palabras del traductor indio, es de desprecio, le escupe a la cara y de una patada le arranca la cruz que porta en la mano. El capitán español ordena callar a los demás indígenas y les ladra: "Esto es lo que os ocurrirá si desafiais a los cristianos". Y ordena prender las teas. En este postrero instante, Hatuey comienza a hablar con un alto tono de voz dirigiéndose a los indígenas congregados. De Las Casas agarra al traductor indio para saber lo que están gritando: "¡Os desprecio, desprecio a vuestro Dios, desprecio vuestra codicia!". De Las Casas exclama piadosamente: "¡Dios nos perdone!".

Los indios que están observando la escena comienzan a gritar el nombre del líder indio, a pesar de la presencia de los soldados. El humo de los pilares de madera se mezcla con los gritos reivindicativos. "¿¡Qué están gritando, padre!?", le pregunta el capitán, consternado. "¡Su nombre! que gracias a vos nunca será olvidado", le lanza con firme aseveración y profundo reproche el fraile.

Este marco verídico está recreado con veraz dramatismo. Una vez más da la impresión de que estamos viviendo en primera persona el fulgor amargo de un pasaje que encarna el maltrato dado a los pueblos indígenas en el pasado y la denuncia de la codicia con la que los europeos se comportaron. Sin embargo, la escena se encabalga sobre la realidad tras la cual se erige la filmación de la película de Sebastián. Tras valorar la evolución de la escena exclama: "¡Corten!".

Por fin, han logrado cerrar una de las partes más emblemáticas de la película. La denuncia social está ahí impresa en estas imágenes de inequívoca fuerza expresiva. Pero no acaba aquí, ya que esto pone fin a la colaboración de Daniel en el filme y la policía viene a buscarlo para conducirlo de nuevo a la cárcel. Tres policías se acercan y arrestan a Daniel, quien se resiste a irse con ellos. Pero aunque lo introducen en el coche policial, los extras no consienten que se lo lleven y acaban por volcar el coche. Liberan a Daniel y se lo llevan, tras inmovilizar a los policías. Sebastián y Costas, que se han acercado rápidamente y han intentado que la situación no se descontrole, ya que los policías han desenfundado sus armas, no han podido detenerlos. Sebastián comenta: "Es como un sueño esto, no me lo puedo creer".

Sus palabras tienen una significativa connotación, ya que el sueño es su filme, no los hechos reales que están viviendo (en el marco de la ficción fílmica). El pasado, la injusticia humana, no los vincula a lo que están padeciendo los indios, se aferra a la Historia para darle veracidad a su película, pero olvidándose de que existe un presente más importante. El filme explora, de esta manera, la naturaleza tan contradictoria del ser humano. Así, señala Arteta, "el sujeto se vuelve cómplice real de un daño que no ha querido entender ni cuyas justificaciones expresas se ha tomado la molestia de analizar" (Arteta, 2010: 67). Obsesionado, como está, con su proyecto.

3.3. La revuelta indígena y el precio del agua

Tal y como señala Bartolomé Clavero, el padre Bartolomé de Las Casas se ha convertido en un símbolo de la lucha indígena, en un mito utilizado a la hora de estimar, además, la defensa de los derechos humanos (Clavero, 2002: 66-67). Pero al igual que sucede en el filme, también es posible que ese mismo efecto haya sido contraproducente para los indígenas. El pasado, como Historia, nos ayuda a comprender lo ocurrido pero eso no es siempre suficiente. Por lo tanto, como nos indica Arteta, y es lo que Bollaín nos pretende inducir a pensar, "la tarea del presente no se agota en reivindicar o anteponer las atrocidades del pasado olvidado [...] consiste en denunciar y resistir primero los atropellos del momento" (Arteta, 2010: 39). Un aspecto sobre el que el filme incide con suma brillantez.

En la sección anterior hemos analizado los distintos elementos que se utilizan para radiografiar la triste historia del descubrimiento, cómo los indios fueron maltratados, humillados y violentados. Sin embargo la injusticia no acaba acaba aquí.

En paralelo al rodaje del filme, los extras tienen sus propias vidas.

El primero de los instantes que nos sitúa ante el problema del agua se muestra cuando un grupo de indios, en el que está Daniel, está cavando una zanja para poder canalizar el agua desde un pozo que han comprado a una distancia de 7 kilómetros de sus viviendas. Es una dura labor pero ellos la acometen con humor. La ayudante de Sebastián, María, está elaborando su propio documental sobre el desarrollo del rodaje y se ha acercado para entrevistar a Daniel. María quiere saber qué le motivó a intervenir en la película. Y lejos de encontrar una justificación social, un amigo responde por él: "Por la plata".

En otras palabras, no le mueve ningún interés espiritual. Es la diferencia con Alberto o Juan. Ellos se identifican con los personajes a los que encarnan, pero Daniel no. Sin embargo, es el más cercano a lo que Hatuey simboliza. María, entretanto, se interesa por saber qué estaban haciendo y los indios se lo explican. Esta se queda perpleja al descubrir la situación, pues desconoce que el acceso libre al agua sea tan dificultoso. Al poco, aparece un vehículo perteneciente a la empresa de aguas, y al verlo, sus semblantes cambian por completo y lo miran con profunda animadversión. El coche se detiene unos metros más adelante y se bajan dos operarios. Daniel se acerca acompañado de los demás hombres y se encara con ellos, forzándoles a marcharse precipitadamente. Esta secuencia se completa en un momento posterior cuando los operarios regresan protegidos, esta vez, por la policía. Una multitud de indígenas se congrega para evitar que restrinjan el acceso al suministro de agua. Se les advierte que este ya no es un bien público, sino privado y han de pagar un impuesto por ello. Unas mujeres buscan romper el cordón policial, sin conseguirlo, para impedir que se consume el cierre del acceso.

La revuelta social ante este atropello, por consiguiente, estalla. Vemos a Daniel, megáfono en mano, delante de la Casa de Aguas, frente a una multitud que le escucha, en protesta contra las abusivas medidas. Denuncia que pretenden cobrarles "hasta el agua que cae de nuestras cabezas", aludiendo así al título del filme. Nada, después de tantos siglos, parece haber cambiado para ellos. Costas observa a Daniel desde el otro lado de la calle. Unos policías detienen, al poco, a Daniel, comprometiendo así el rodaje. El productor todavía no entiende lo que supone para los indios el agua, ni advierte que el pasado solo sirve si somos capaces de comprometernos con el presente, lo que Arteta denomina "analfabetismo emotivo" (Arteta, 2010: 73). Su filme es un producto, algo que tiene un precio y unos beneficios, no un contenido humano ni social ni altruista. De ahí que cuando Daniel y su hija, Belén, se acerquen más tarde a ver la nave donde guardan el vestuario y la reproducción de una carabela, Costas se muestre conciliador con Daniel, queriéndole convencer de lo importante que es el proyecto, para alejarle de la protesta.

Sin ambages, le pide a Daniel que se mantenga al margen, al menos durante las tres semanas que restan para concluir el filme. Pero la conversación se ve interrumpida por una llamada al móvil de Costas. Es "la gente de la pasta" que quiere saber cómo avanza el rodaje. Al creer que Daniel no sabe inglés, el productor se ríe de lo barata que es la mano de obra, despreciando la labor de los indios que participan en el filme. Le ha creído un indio ignorante y no lo es. Daniel le ha entendido perfectamente y le reprueba sus palabras.

Costas cambiará de táctica y le intentará convencer de que se han sacrificado y han hecho un gran esfuerzo y le advierte que nadie ni nada va a arruinar este esfuerzo. Pero también ahí es cuando este se da cuenta de lo cruel que ha sido con Daniel. Y acudirá a la chabola donde vive con su mujer y su hija para congraciarse con él. Aunque no se entienden, el productor comienza a sensibilizarse.

El conflicto del agua cobra una repercusión más preocupante y altera de forma significativa los planes de rodaje. Los indios se reúnen para debatir la situación, lo que muestra su espíritu comunitario. Daniel aboga, en este marco asambleario, ante docenas de congregados para tomar la plaza y el edificio de aguas. Pero otro le replica que eso es la excusa que buscan para "una nueva masacre". Estas frases nos indican que ha habido otras situaciones parecidas, que no es la única vez que se han cometido atropellos contra ellos. Pero una mujer les recuerda que "todos necesitamos agua", con lo que están obligados a ir a la marcha. Por ello, la mayoría de los congregados vota por salir a pelear, por defender sus intereses y, por ende, su dignidad, al grito de "el agua es nuestra, carajo" (Crespo, 2000; 62).

Este marco representa el espíritu comunitario de los indios que, de forma democrática, hombres y mujeres, plantean una cuestión determinante que les afecta a todos ellos. No todos están de acuerdo con la decisión que van a tomar pero también saben que no tienen otro remedio. En esta defensa de sus intereses se palpa esta injusticia ancestral que parte de lo que ya hemos visto recreado en las escenas del filme.

El filme plantea de forma incisiva el modo en el que las autoridades valoran el conflicto.

Tras ver a Daniel en la misma plaza arengando a los indios para que luchen por sus derechos y dignidad, ya en el interior del hotel, el alcalde recibe muy amigablemente a Costas y al resto de actores, y comenta el gran honor de que estén rodando una película sobre Bartolomé de Las Casas, añadiendo cínicamente: "Un hombre poco valorado desde mi punto de vista". Su comentario desvela la hipocresía social que impera en el consistorio, ya que, en el fondo, de Las Casas fue, aún con sus contradicciones, el único que "contribuyó a mejorar la situación de los indios" (Todorov, 2005: 186). El alcalde utilizará la figura del religioso como fachada para enmascarar su falta de escrúpulos a la hora de valorar lo que está sucediendo. Para el alcalde no es más que una "trifulca doméstica, nada de lo que hay que preocuparse". Si bien, desde la ventana se ve una aglomeración de miles de personas en la plaza principal, lo que indica que es algo más que una mera trifulca, y nos indica también el desprecio que se muestra por tamaña movilización social. Sebastián, ingenuamente, le espeta al alcalde que la reivindicación es razonable. A lo que este le responde criticando el *analfabetismo* de los indios, de ahí que no entiendan los sacrificios que comporta el progreso. Y el alcalde proseguirá: "En fin, en este mundo globalizado, los indios se dedican a quemar los recibos del agua y lanzar piedras a la policía. El victimismo contra la modernidad". Esta frase sintetiza como ninguna otra la cuestión de la guerra del agua, la influencia del mundo globalizado que ha traído consigo la deshumanización, la falta de respeto hacia los derechos básicos de las personas.

El alcalde reproduce una injusticia del pasado en presente, lo que muestra una falta total de "imaginación moral" (Arteta, 2010: 106), puesto que es incapaz de reconocer lo que está ocurriendo, a pesar de su reivindicación histórica de la figura de de Las Casas. Entonces, Sebastián rompe una lanza por los indios y comenta que le parece injusto incrementar tan desproporcionadamente las tasas cobrando dos dólares al día. Pero el alcalde le replica: "Es curioso, eso es lo que me han dicho a mí que les pagan a los extras". A lo que Sebastián le responde que eso es porque tienen un presupuesto ajustado. "Eso es lo que nos pasa a todos", afirma el alcalde. De forma muy gráfica ambos se autojustifican. Sin embargo, la comparación es impropia, porque el acceso al agua es un bien necesario para vivir.

En ese momento, Costas le expresa su preocupación por el rodaje y quiere saber si el alcalde ha tomado medidas para solventar el conflicto. Pero este, vanidoso e inflexible, le responde: "Si cedemos un centímetro, estos indios nos llevarán a la Edad de Piedra". Tal y como indica Clavero, "de Las Casas ofreció una buena baza a los independentistas latinoamericanos porque, al denunciar a España, arrebataba la voz a la humanidad atropellada, la indígena, para regalársela a la parte invasora, ahora la criolla" (Clavero, 2002: 69). Es lo mismo que reproduce el político.

Los indios no están en contra del progreso sino del trato injusto y miserable que se les inflige, la propia dignidad que se les niega y la diferenciación que se establece con ellos de una forma desdeñosa como si formaran una parte secundaria de la sociedad. Y a pesar de que Sebastián ha pretendido, aunque sin mucha convicción, abogar por la causa india, se ve atrapado como espectador cómplice en esta historia porque él mismo participa de este círculo vicioso de la injusticia social. Los extras no merecen más porque son indios. Y él tampoco ha sabido hacerlo mejor ni encontrar una manera de actuar más noble (por ejemplo, pagando más a estos) haciendo posible que "el daño prosiga" (Arteta, 2010: 77), al no saber cómo evitar su propia impostura.

Aunque Bollaín confiere un simbolismo social y étnico a la reivindicación indígena, ya que lo une a su dignidad arrebatada tanto pasada como presente, alterando así el sentido de la guerra del agua, tal y como lo interpreta Crespo, el enfrentamiento al modelo neoliberal (Crespo, 2000; 62), el discurso y el recurso son bien utilizados porque ofrecen una lectura más rica y plural, aunque en el fondo este contencioso estuviera vinculado a los movimientos sociales de resistencia que han surgido ante estas privatizaciones salvajes. De ahí que la historia, tanto real como filmada, traspase lo que cuenta para convertirse en un retrato del maltrato dado a los habitantes del continente americano, revelando así qué hay de continuidad o discontinuidad en estas líneas temporales y mostrar el pasado no como un capítulo cerrado o concluido, sino como un proceso en el que persiste el desprecio o desconsideración al indígena en su marginación, sin capacidad de decisión propia, sin acceder ni controlar los servicios públicos (privatizados) y viendo impotente cómo sus derechos y costumbres ancestrales le son arrebatados, a la vez que se daña el ecosistema (Bonfill Batalla, 1988: 86-87).

De regreso al filme, tras la repercusión de los altercados, los que financian el filme telefonean a Costas para conminarle a que resuelva el tema o será el fin del rodaje, por lo que este y Sebastián se acercan a la casa de Daniel para convencerle, al ser uno de los líderes de la movilización, de que se distancie de los altercados para concluir la filmación. Le pretenden sobornar, conociendo su precaria situación. Costas, un hombre sin familia ni raíces, cree que todo se compra, no entiende de convicciones ni de dignidades humanas. Al final, Daniel acepta el dinero, aunque se niega a darle la mano para sellar el compromiso; en su mirada se entiende que lo hace por un sentido práctico. Cuando Costas y Sebastián se retiran, Daniel pide a su mujer que guarde la plata, "la vamos a necesitar", expresando así que solo les ha engañado por algo más preciado para él que toda la plata del mundo: cuidar a los suyos en previsión a lo que pueda ocurrirle. En efecto, Daniel no cumple su palabra y los altercados continúan.

Las protestas en Cochabamba han llegado, en el filme, a su punto culminante. El Gobierno, anuncia la televisión, reprocha a los manifestantes que lo que pretenden sea desestabilizar al país en un acto de subversión pero sin explicar, en modo alguno, el porqué de estas movilizaciones que se describen como actos que aspiran a sumir al país en un "estado de desorden y caos". Esto representa una crítica hacia los medios de comunicación públicos por la parcialidad de la información que ofrecen.

Costas, a pesar de todo, es un hombre con recursos y ha conseguido una nueva localización para el filme, lejos de los disturbios. Pero Alberto no se fía de que pueda garantizar su seguridad. Aquí es donde se perfila esa otra naturaleza humana a diferencia de los personajes históricos que encarnan. Antón le pregunta a Alberto con sorna: "¿Qué haría tu amigo Bartolomé?", revelando que uno no modela "su conducta presente siguiendo a los héroes del pasado" (Todorov, 2005: 264), sino aceptando la suya propia, la única que posee. Antón apuesta por acabar el filme, "se lo debemos", puesto que, de algún modo, la película se ha convertido para él en una manera de revelar la injusticia contra los indios en su doble vertiente. Es su trabajo, así lo entiende, su granito de arena en un mundo en el que no solo es difícil conocer la verdad, sino conseguir que las personas se comprometan con ciertas causas nobles.

Finalmente, Costas logra convencerles de que se queden hasta cumplir su contrato y el convoy se pone en marcha; pero los acontecimientos dan un nuevo giro cuando Teresa, la mujer de Daniel, va a buscarle. Está angustiada, necesita de su ayuda porque su hija, Belén, se encuentra herida de gravedad en el centro de la ciudad, en mitad de la batalla campal. Sabe que sólo él, con su influencia y dinero, puede hacer algo por ella, llevarla a un hospital para salvar su vida.

Costas se encuentra en una encrucijada; entiende que sin su presencia la película tampoco podrá continuar, pero no puede permitir que sobre su conciencia pese la vida de Belén.

Es el momento en el que el productor, como persona, se humaniza, y se va con ella. Sebastián le pide que no la ayude, aunque siente la situación. "Se diría que la compasión aún puede fingirse con mayor facilidad y, sobre todo, comprometer menos" (Arteta, 2010: 105), como es el caso. Además, esta es la excusa del filme para recrear los altercados en la ciudad de Cochabamba, sortear los piquetes y las barricadas, reproducir el enfrentamiento entre la policía y los manifestantes, sentir el palpitar de una sociedad que lucha por vencer las leyes injustas y la explotación, mientras Costas y Teresa van en pos de Belén. Costas consigue encontrarla en una especie de dispensario y se ofrece a llevar a cuantos heridos graves pueda hasta un hospital. Cuando una asistente le previene de que todo está bloqueado, él le indica que con "dinero" todo se puede. En este caso, el poder del dinero es salvador, mientras que en otros, como en el descubrimiento o la guerra del agua, trae consecuencias terribles para las personas. El acto de Costas permite que Belén viva.

Pero este no pretende alterar el curso de la historia, ni tan siquiera su gesto influye en el discurrir de los acontecimientos; ha dejado de ser un espectador pasivo para comprometerse (Arteta, 2010: 135), sin excusas, por una causa, más allá de él mismo y de lo que los demás quieren que haga, procediendo con la decencia de quien entiende que no puede actuar de otro modo por el peso negativo que ello tendrá en su conciencia. Y cuando va a buscar a Daniel, para darle noticias de Belén, se acerca al edificio de la empresa de aguas vacío, observa, las calles silenciosas y deshabitadas y a un sacerdote anunciando con una campanilla: "¡Detengan la lucha, el agua es de ustedes!".

En los instantes finales, el productor acude a la nave donde guardaban el vestuario, ahora desierto y desordenado, donde aún está la réplica de una carabela. De pronto, se le acerca Daniel. No hay ni un solo reproche por parte de Costas esta vez, sino que le pregunta por Belén y le anuncia que han sido noticia de muchos medios.

> "Daniel: Siempre nos cuesta tan cara, nunca es fácil. Ojalá hubiese otra forma pero no la hay. Y ahora queda lo más duro. ¿Qué vas a hacer vos?
> Costas: No sé, ayudar a Sebastián a acabar esto como sea... donde sea, aunque no sé cómo. Y, ¿tú Daniel? ¿Qué vas a hacer?
> Daniel: Sobrevivir, como siempre. Es lo que hacemos mejor."

Costas se compromete a ayudarle con Belén. Y Daniel le hace entrega de una cajita de madera. Un regalo. Cuando en el taxi Costas abre el regalo de Daniel se encuentra con un frasquito de agua, símbolo de todo lo que ha acaecido.

4. A modo de conclusión

El cine cuenta una historia con un lenguaje propio, diferente a la historiografía; se formula de otra manera más singular, simbólica y metafórica, con un contenido moral subyacente. Su forma de entender el pasado o de presentar la realidad no se asemeja a la escrita y, aún así, su capacidad de sugerencia y expresión incide en el público y el espectador con mayor fuerza, contribuye a condicionar su imaginario social, de ahí que sea tan importante como otra clase de documento histórico, y conlleve una profunda carga de conciencia sobre nosotros mismos y el mundo en el que habitamos.

En este caso, en *También la lluvia*, Bollaín parte desde una estructura narrativa posmoderna, rota y fragmentada. Utiliza un suceso trascendente, como es el descubrimiento de América, y otro de menor entidad, como la guerra del agua, en la ciudad de Cochabamba (Bolivia) y los une para convertirlos en un alegato social de primera magnitud en defensa de las poblaciones indígenas y el reconocimiento que estas no han logrado todavía. El filme no es una historia del descubrimiento de América *al uso* sino la puesta en escena de injusticias y brutalidades. Por ello, no es tampoco una radiografía de la sociedad boliviana, porque el tema de la guerra del agua, como hemos visto, tiene otros componentes distintos a los que se establecen en el filme, sino que es una apuesta a favor de la activación de la conciencia social y cómo el cine puede contribuir (o no) abiertamente a hacerlo.

Todo ello se configura en lo que Rosenstone denomina *invención verdadera* (Rosenstone, 1997: 60), aquella que se inserta en el discurso histórico con cierta validez, frente a aquellas *invenciones falsas* que lo encubren y no van más allá. En este caso, aunque la guerra del agua no es tanto una guerra indígena, sino una lucha contra las multinacionales, sí se revela como un firme garante histórico válido que nos invita a repensar el pasado y a comprender, así mismo, nuestro presente.

En consecuencia, los personajes principales de la película, Costas, Sebastián, Juan, Alberto, Antón o Daniel, este texto (la situación de los indios) y este subtexto (la historia de injusticias que no se acaban por cerrar) dialogan entre sí de una manera abierta y sincera, lo que permite valorar, en este caso, las idiosincrasias de las que partimos a la hora de entender lo que supuso para los indígenas del Nuevo Mundo el descubrimiento. El ansia voraz de oro (como símbolo de la riqueza) y la explotación de los indios para obtenerlo aún perdura en el tiempo con el tema del agua. Una nueva clase de imperialismo ha sustituido a los primeros colonos; se trata ahora de corporaciones internacionales producto del mundo globalizado[3]. Se pone de relieve críticamente la insaciable ambición humana y el daño que su codicia provoca en las personas, pero todo ello se cubre con un sencillo velo de esperanza. En su lectura final, considera que se puede cambiar el mundo mediante el compromiso y la solidaridad; todo puede hacerse desde los gestos y actos individuales. Los individuos, como Costas cuando salva a Belén, o Daniel, en su lucha contra el sistema, pueden aportar su granito de arena para lograr este cambio. Cada uno puede hacerlo posible si se compromete, sin necesidad de grandes heroicidades, como lo concibe el imaginario del cine, desde un cambio de mentalidades. Eso es lo que busca el filme, aparte de denunciar la terrible historia de unas poblaciones indígenas maltratadas permanentemente por la Historia.

---

[3] Un documental canadiense, *La corporación* (2003), retrata ese mundo deshumanizado pero, a la vez, destructivo de estas multinacionales. En él se trata el tema de la guerra del agua del filme.

Bibliografía

Arteta, Aurelio. 2010. *Mal consentido. La complicidad del espectador indiferente*. Madrid: Alianza.

Bataillon, Marcel y Saint-Lu, Andre. 1985. *El padre Las Casas y la defensa de los indios*. Madrid: Sarpe.

Bonfill Batalla, Guillermo. 1988. "Identidad étnica y movimientos indios en América Latina". En *Identidad étnica y movimientos indios*, compilado por Jesús Contreras, 81-94. Madrid: Ed. Revolución.

Chocano Mena, Magdalena. 2000. *La América colonial (1492-1763)*. Madrid: Síntesis.

Clavero, Bartolomé. 2002. *Genocidio y justicia. La destrucción de las Indias, ayer y hoy*. Madrid: Marcial Pons.

Crespo, Carlos. 2000. "La guerra del agua en Cochabamba: movimientos sociales y crisis de dispositivos de poder". *Ecología Política* 20: 59-70.

Crespo, Carlos y Fernández, Omar. 2001. L*os campesinos regantes de Cochabamba en la guerra del agua: una experiencia de presión social y negociación*. Cochabamba: Cesu/Fedecor.

De Pablo, Santiago. 2001. "Cine e Historia: ¿la gran ilusión o la amenaza fantasma?". *Historia Contemporánea* 22 (I): 9-28.

Fernández-Armesto, Felipe. 2004. *Cristóbal Colón*. Madrid: ABC.

Ferro, Marc. 1995. *Historia contemporánea y cine*. Barcelona: Ariel.

Fuller, Graham y Loach, Ken. 1999. *Ken Loach por Ken Loach*. Madrid: Alba editores.

Gavaldá, Marc. 2003. "La guerra del agua en Bolivia". En *Agua, ¿mercancía o bien común?*, varios autores, 323-345. Barcelona: Alikornio Ediciones, Barcelona, 2003.

Huguet, Montserrat. 2002. "La memoria visual de la historia reciente". En *La mirada que habla (cine e ideologías)*, editado por Gloria Camarero, 8-22. Madrid: Akal.

Kruse, Thomas. 2005. "La Guerra del Agua en Cochabamba, Bolivia: terrenos complejos, convergencias nuevas". En *Sindicatos y nuevos movimientos sociales en América Latina*, compilado por Enrique de la Garza Toleda, 85-119. Buenos Aires: CLACSO.

Maestre Alonso, Juan. 1988. "Luchas y reivindicaciones de los indígenas latinoamericanos". En *Identidad étnica y movimientos indios*, compilado por Jesús Contreras, 33-56. Madrid: Ed. Revolución.

Rosenstone, Robert A. 1997. *El pasado en imágenes*. Barcelona: Ariel.

Skidmore, Thomas E. y Smith, Peter H. 1996. *Historia contemporánea de América Latina*. Barcelona: Crítica.

Sánchez Gómez, Luis y Terhorst, Philipp. 2005. "Cochabamba, Bolivia: Asociaciones públicas y colectivas tras la guerra del agua". En *Por un modelo público de agua. Triunfos, luchas y sueños*, editado por Beatriz Martínez Ruiz, 131-140. Barcelona: El Viejo Topo.

Todorov, Tzvetan. 2000. *Los abusos de la memoria*. Barcelona: Paidós.

—. 2005. *La conquista de América. El problema del otro*. Madrid: Siglo XXI.

Valera, Consuelo. 2006. "La vida en la colonia durante el virreinato colombino". En *Cristóbal Colón, 1506-2006. Historia y leyenda,* coordinado por Consuelo Valera, 257-274. Palos de la Frontera (Huelva): Universidad Internacional de Andalucía.

CHAPTER TWENTY-FOUR

OTREDADES GENÉRICAS, OTREDADES FOTOGRÁFICAS: *BRACEA*, DE MALÚ URRIOLA, Y "LA CÁMARA OSCURA", DE ANGÉLICA GORODISCHER

YOLANDA MELGAR PERNÍAS
HUMBOLDT-UNIVERSITÄT ZU BERLIN

"Existe un ser que vive dentro de mí como si fuera su casa, y lo es".
Clarice Lispector (1974: 26)

1. Introducción

Desde mediados y finales de los sesenta, las avenidas de investigación en los estudios literarios se han encaminado de manera decidida por la apertura de estrategias interpretativas en las que el examen de los textos parte de la consideración de estos no como objetos autosuficientes, según los dictados estructuralistas, sino como cuerpos en movimiento y en relación simbiótica con los objetos circundantes. Estos objetos comprenden elementos tales como los discursos socioculturales e ideológicos que se cruzan en la gestación de los textos o las relaciones intermediales que se establecen en el caso de obras semióticamente híbridas. Como productos culturales, los textos literarios entablan en este sentido un diálogo en diferentes direcciones, generando una diversidad de miradas "otras" en la configuración de la realidad.

En este trabajo nos interesa investigar la apertura del texto en relación con la fotografía y su imbricación con el discurso de género en los textos de dos autoras latinoamericanas contemporáneas: la colección de poesía *Bracea* (2007), de la chilena Malú Urriola, y el relato "La cámara oscura" (2009), de la argentina Angélica Gorodischer.

El motivo que nos ha llevado a proponer la lectura en paralelo de dichos textos es que ambos, aunque de forma diversa, se sirven de la fotografía como soporte en la expresión de la otredad femenina. Así, esta se expresa valiéndose de un medio que es, en sí mismo, intrínsecamente otro: otro en su presencia visual (visible) en los textos literarios, por lo común exclusivamente lingüísticos, y otro en su presencia textual (invisible), en tanto que encarnación semántica de otra realidad, de otra mirada. La fotografía, presente de manera visible (Urriola) o de manera invisible (Gorodischer), se convierte así en seno de posibilidades semánticas inusitadas en la formulación de una otredad identitaria femenina en el contexto latinoamericano.

No queda duda de que, en términos generales, las mujeres en el ámbito latinoamericano han existido históricamente al margen de los ámbitos de poder. Si bien los movimientos de emancipación propiciados por el feminismo a partir de la segunda mitad del siglo veinte han contribuido en gran medida a la transformación de las mentalidades, la visión de la mujer en Latinoamérica como ser de esencia excéntrica y negativa al margen de la nación y de la historia no es hoy, en modo alguno, mero recuerdo del pasado. Dentro de la lucha por lo que Jean Franco (1989: xi), llama "poder interpretativo", el papel de las escritoras en Latinoamérica, particularmente relevante a partir de la década de los ochenta, ha sido central en la articulación de discursos desestabilizadores del "gran relato" institucionalizado. Estos discursos parten de una posición común a muchas escritoras latinoamericanas que, según señala Franco (1992: 74-75), implica "no tanto una confrontación de un patriarcado dominante con una nueva posición femenina, sino más bien una desestabilización del *status quo* en que el poder/conocimiento se identifica como masculino[1]".

Una forma particularmente interesante de efectuar tal desestabilización es la que tiene lugar en nuestros textos, en los que el lenguaje propio de la fotografía proporciona una manera extraordinariamente fecunda en la expresión de una otredad femenina. En las siguientes secciones analizaremos esa otredad en la colección poética de Urriola y en el relato de Gorodischer.

---

[1] "Many Latin American women understand their position to be not so much that of confronting a dominant patriarchy with a new feminine position but rather that of unsettling the stance that supports gender power/knowledge as masculine." (Esta traducción y las siguientes son de la autora de este artículo).

2. *Bracea*, de Malú Urriola: La dialéctica del dos

Nacida en Santiago de Chile en 1967, Malú Urriola es una de las voces poéticas más sobresalientes en el Chile actual e integrante del elenco de poetas receptores del reconocido Premio Pablo Neruda, que obtiene en 2006. Su apuesta estética es muy variada en cada libro, pues en cada uno de ellos le gusta, según afirma la autora, "levantar pequeños mundos, que cada libro sea diferente el uno del otro, prefiero arriesgarme, hacer cosas como fundir género, prosa poética, reelaborar cosas" (en Montecinos, 2006). Dentro de los microuniversos que conforman sus obras, algo que acaso circule por todas ellas sea la exploración de la identidad de la mujer y la marginalidad como temática.

Bracea está compuesta por un *collage* de fragmentos verbales (poemas y prosa poética), fotografías e ilustraciones que refieren poéticamente retazos de la infancia y preadolescencia de una yo femenina en el seno de una familia disfuncional y en un entorno poblado por cuerpos físicamente anormales[2]. Once son los capítulos que componen la obra, la mayoría de los cuales se refieren a los personajes que pueblan su universo: "Mi hermana y yo", "J. P. Junior", "Tres Piernas", "El padre de Tres piernas", "Nuestra Madre", "Nuestro Padre" y "La Otra".

En el primer capítulo del libro, titulado "El cardo", hallamos una primera declaración reveladora de la yo poética: "Pues yo quisiese ser ese cardo abrazado por el viento y no ser lo que soy. Un cardo contra el viento, no es lo mismo que la condena de ser dos" (Urriola, 2007: 11[3]). El dos es un motivo que se repite con insistencia a lo largo del texto: la voz poética es una yo que es dos y que se funde con el plural nosotras, equivalente a "mi hermana y yo"; la madre es, igualmente, dos, como dos es el perro del segundo capítulo homónimo "El perro", que se convierte en dos por el atropello del tren (p. 17):

> "Unos metros más allá,
> las patas traseras, fatalmente separadas del cuerpo,
> aún rasguñaban la tierra queriendo volver a ser un perro.
> Imposible.
> Así, tan desmembrado por un corte perfecto. Imposible pensar que pudiese ser posible.
> Salvo por un desdeñoso, cándido deseo, de volver a unir aquello que yace separado.
> *But*

---

[2] Más adelante nos referiremos a la cuestión de la anormalidad.

[3] Todas las citas de *Bracea* en este artículo proceden de esta fuente. En las siguientes citas se dará únicamente el número de página.

El *1* se había convertido en **2**

y ***2*** son ***2***[4]"

Como vemos, el dos simboliza la desmembración de la unidad, la añoranza de lo uno, de "la liberadora certeza de que uno es uno" (p. 18). Es significativamente a través del dos representado en el perro como la yo y la hermana conocen la división esencial entre vida y muerte: "Así es que en una solita semana mi hermana y yo entendimos que todo, todo, era fugaz" (p. 21). La muerte vuelve a aparecer en forma de vida en tránsito hacia la disolución el día en que el padre se lleva el lechón que las niñas habían criado y lo vende al carnicero del pueblo. Frente a la muerte representada por el animal, la vida es asimismo "un animal que muta todos los días" (p. 36).

La yo poética vive con su padre y su madre "en una casa ruinosa en las afueras de la ciudad" (p. 27), con lo que de nuevo se insiste en el dos: la ciudad (dentro), frente a la casa "en las afueras de la ciudad" (fuera). Las relaciones entre el padre y la madre, de forma paralela, están simbólicamente dominadas por el dos: la incomunicación, la incomprensión y las malas maneras entre los progenitores subrayan la discrepancia, la polaridad y la escisión. El padre, por un lado, abandona a menudo el hogar con un "portazo en nuestros corazones" (p. 28), harto de soportar ya más la "vida de mierda" (p. 28) que lleva en el seno familiar. La madre, por otro lado, desprecia al padre, pero—como afirma la hija—"quería un marido y un hogar. Y más que mal, había sido con nuestro padre con quien lo había formado" (p. 38).

Más allá de esa ruptura, el dos es también parte del uno: dos es la yo femenina en los personajes de la madre y de la hija. En efecto, la madre está compuesta por "dos polos" (p. 87):

> "Uno que dice que sí a todo, y otro que contesta que no.
> Nuestra madre cocina, lava, plancha. La otra lee, va a la peluquería y mientras le arreglan el pelo, se lo lavan, se lo peinan, cierra los ojos y se abandona a unas manos desconocidas, que de vez en cuando, por el trabajo que realizan, se confunden con una caricia".

Una madre vive en la casa con el padre, la otra sueña con dejar al marido e ir en busca de otra vida, de otro lugar donde ser otra y escribir otra historia como la que escribe en las cartas que remite a un destinatario

[4] Nótense las convenciones tipográficas (cursiva, tamaño de letra, empleo de números) para enfatizar la centralidad del dos frente al uno.

que nunca responde para así aliviar el "peso [de] vivir la vida de nuestra madre" (p. 87). Al paso del tren, afirma la hija, los ojos de la madre soñadora "se van detrás braceando como lo hacen las mariposas" (p. 88).

De igual modo, la yo poética es también dos, una "mi hermana y yo" que oscila entre bracear y el vacío, entre la palabra y el silencio (p. 30):

> "Cuando oscurece y los búhos comienzan a buhar, mi hermana me cuenta que el diablo se nos puede aparecer en cualquier momento. Pero también dice eso de los espejos.
> Cuando ella dice esas cosas que me asustan, yo empiezo a bracear y ella teme caerse al vacío, entonces se calla".

El dos que conforma la identidad de la madre y de la hija las hace monstruosas a los ojos del padre, ya que estas no se ajustan a los discursos hegemónicos de normalidad que representa el progenitor: "Mi hermana me dijo que nuestro padre nos odia porque somos monstruosas" (p. 41). La yo que escribe se niega a creerlo, "pues aunque nuestro padre nos mire con desprecio, no somos en modo alguno diferentes de los demás" (p. 41).

La yo hermana, sin embargo, prueba su afirmación echando mano de un libro, encarnación, en la línea foucaultiana[5], del poder discursivo de lo escrito y de la ley sancionada por la hegemonía (p. 41):

> "… mi hermana sacó un libro que tenía escondido debajo de la cama, lo abrió y lo puso frente a nuestros ojos.
> Somos un monstruo igual a nuestra madre—dijo.
> Nuestra madre es hermosa—contesté.
> Mi hermana dijo: Son dos. Y dos son dos.
> Por eso vivimos en las afueras de la ciudad".

A través de este diálogo nos vamos acercando a la génesis del dos que articula el texto. En él se enfrentan dos sistemas de valores, cada uno de los cuales está representado por una de las yos. Una—la yo hermana—representa el sistema que se acomoda a las reglas hegemónicas de definición identitaria simbolizadas por la figura paterna, según las cuales el sujeto es un monstruo al no conformarse a los valores de normalidad. La otra—la yo que escribe o yo poética—encarna una mirada que se enfrenta a tales discursos de normalidad para establecer sus propios parámetros. De esta manera, hallamos en el texto una suerte de inversión/subversión ideológica por la que lo que es monstruoso desde el punto de vista

---

[5] Desde la perspectiva de Michel Foucault (1990: 100), el poder y el discurso van de la mano: "Es en el discurso que el poder y el conocimiento están unidos." ("It is in discourse that power and knowledge are joined together").

normativo de una de las yos es considerado bello desde la perspectiva de la otra yo.

En este punto es oportuno considerar las teorizaciones de Michel Foucault en torno a la normalidad. Según el filósofo francés, los paradigmas normativos de normalidad contienen un significado político y conllevan una voluntad de poder que se manifiesta en la producción prescriptiva de identidades[6]. Con su respuesta afirmativa ("Nuestra madre es hermosa", p. 41), la yo poética modifica los valores de los polos monstruosidad-normalidad establecidos por el orden hegemónico, transformando la monstruosidad femenina en objeto bello[7]. Precisamente aquí reside, siguiendo los postulados de Rosi Braidotti (1997: 62), la importancia de la afirmación del monstruo femenino: en tanto que este constituye una desviación o anomalía de las normas sociales (patriarcales), su reivindicación se convierte en un acto de emancipación de las limitadoras convenciones establecidas de género.

La discrepancia de visiones en torno al monstruo sugiere la división del yo femenino de *Bracea* entre la yo poética y la yo hermana: la primera corresponde a una yo emancipada de las definiciones hegemónicas, mientras que la segunda se adscribe a tales definiciones y representa una identidad normativa contigua a la posición que ocupa el padre (p. 46):

> "El silencio entre mi hermana y yo nos separa un instante.
> Yo no sé qué estará pensando, pero mira hacia fuera de la ventana como nuestro padre cuando tiene el cuerpo aprisionado dentro de la casa".
> La separación entre las dos yos nos lleva al lugar doble ocupado por la mujer en el orden patriarcal según las teorías de Luce Irigaray (1977): por un lado, la función de la mujer en lo simbólico (patriarcal) y, por otro lado, su posición fuera de los discursos dominantes que no se consume en su

---

[6] De especial importancia en este tema son los cursos sobre la anormalidad dictados por Foucault y recogidos en *Abnormal: Lectures at the Collège de France, 1974-1975*.

[7] Recordemos que la monstruosidad femenina (en forma de locas o enfermas) cuenta con una nutrida tradición en la literatura de autoría femenina, y así encontramos trabajos clásicos en este campo como *Madwoman in the Attic*, en el que Sandra M. Gilbert y Susan Gubar estudian, en el contexto de la literatura inglesa del siglo diecinueve, el motivo de la mujer que se niega a conformarse a la imagen de la mujer angelical y que es considerada, por tanto, como la loca. En el ámbito de la literatura latinoamericana, la monstruosidad femenina es un motivo que se repite en los textos de muchas escritoras, como las mexicanas Inés Arredondo, Carmen Boullosa, Rosario Castellanos, Elena Garro o Susana Pagano, y las argentinas Alejandra Pizarnik, Silvina Ocampo o Alfonsina Storni, por nombrar solo a unas cuantas.

identidad social[8]. Este lugar doble configura la escisión subjetiva femenina, una escisión que genera una angustia esencial representada en *Bracea* por medio de dos signos: el cuerpo de la mujer desnuda que flota en el canal, cuyo desenlace es signo de "un dolor esencial insufrible" (p. 21), y la melancolía que sufre la madre, "una pena infinita como el mar, que hace que las mujeres, a medianoche, cuando nadie las ve, encumbren el tranco y se metan mar adentro buscando ver si el infinito líquido más salado que sus lágrimas logra ahogarles la pena" (p. 94).

Si la identidad poética y su universo están esencialmente divididos en dos, dos es también el texto que expresa el yo, conformado por palabra e imagen. Central en el universo literario de *Bracea* es, en efecto, la "interferencia", en términos de Mary Ann Caws[9], del objeto verbal y el objeto visual, el segundo de los cuales está compuesto por dibujos y fotografías en blanco y negro, sin título ni leyenda. El diálogo verbo-visual del dos conforma lo que W. J. T. Mitchell (1994: 89) denomina "imagen/texto" ("image/text"), definido por este como "un espacio problemático, un hueco o ruptura en la representación[10]".

La primera traducción visual que nos interesa destacar la encontramos en el tercer capítulo, "La casa". En este encontramos el retrato de una pareja (Fig. 1) que evoca un anuncio publicitario de mediados de siglo, en el que el hombre le presenta a la mujer un transistor de radio ante el gesto maravillado de esta. El hombre, de pie y con semblante orgulloso, contrasta con la mujer, sentada y en actitud receptiva:

[8] En esa dirección se puede entender el epígrafe de Clarice Lispector de una de las secciones de *Bracea* (p. 69), que es, asimismo, el epígrafe del presente artículo: "Existe un ser que vive dentro de mí como si fuera su casa, y lo es".

[9] Para Caws (1989: 4), "la interferencia mutua de dos objetos, uno visual y otro verbal, implica un diálogo en el que el lector u observador participa y que promueve, y que, junto con otros diálogos, forma parte de una conversación más general". ("The mutual interference of two objects, a visual and a verbal one, involves a dialogue, which the reader or observer enters into and sponsors, and which with other dialogues form part of a more general conversation").

[10] "A problematic gap, cleavage, or rupture in representation". Conviene añadir que Mitchell hace uso de las convenciones tipográficas para establecer diferenciaciones entre el citado "imagen/texto", que enfatiza la ruptura, el "imagentexto" ("imagetext"), en referencia a obras sintéticas que combinan imagen y texto, y el "imagen-texto" ("image-text"), que designa relaciones entre lo visual y lo verbal.

Fig. 24.1. (p. 40[11])

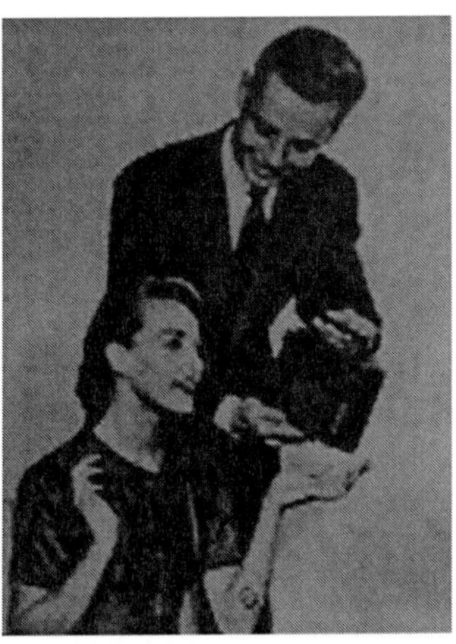

El texto verbal adyacente a la imagen se refiere a la compra por parte del padre de cosas—desde la perspectiva de la madre—"inservibles" (p. 40) con el poco dinero de que disponen. De esa manera, la fotografía no retrata la realidad de la familia; antes bien, lo que pone en evidencia es el contraste paródico entre la construcción de lo real representada en ella y la realidad narrada de la familia. Como veremos, esta imagen establece una nota de desdoblamiento y simulación que caracteriza en general los signos visuales en *Bracea*.

En el siguiente capítulo, "Mi hermana y yo", hallamos dos retratos de estudio que representan la voz poética protagonista como bebé (Fig. 2) y como preadolescentes (Fig. 3):

[11] Conviene señalar que las imágenes de *Bracea* no presentan una gran calidad, lo que, como veremos, forma parte de la semántica textual. En su comentario acerca del proceso de composición de *Bracea*, Urriola afirmó haberlas sacado de internet para construir su texto: "con esas fotos que yo saqué de internet construí *Bracea*. La construcción del texto fue a partir de esas imágenes que encontré en internet, no al revés" (en comunicación personal con la autora).

Fig. 24.2 (p. 51)

Fig. 24.3 (p. 55)

En el capítulo "Nuestra madre", asimismo, encontramos un retrato similar de la progenitora (Fig. 4):

Fig. 24.4 (p. 85)

Esta tríada de fotografías retratan literalmente el doble lugar de la identidad femenina: la una que es dos, el dos que es la yo y la otra de la yo convertidas en el texto en la unión/escisión "mi hermana y yo"—en el caso de la identidad protagónica—y "nuestra madre" y "la otra"—en referencia a la antecesora[12]. El núcleo de estos retratos está constituido por las relaciones de similitud y diferencia entre los personajes representados; a ello se añade la manipulación de las imágenes, que se manifiesta en las sombras y formas ambiguas que las componen (particularmente en la zona de contacto de los cuerpos) y en la calidad de irreal de lo retratado, que tan solo perfila las formas sin definirlas con precisión[13]. Lo familiar o *heimlich*—el retrato de estudio fotográfico—se funde así en ellas con su aparente opuesto—lo extraño/siniestro o *unheimlich*[14]—, lo cual desfamiliariza la fotografía autobiográfica como retrato del yo. Lo *unheimlich* del retrato, verbalmente indefinible, genera una "resistencia al significado" (Mitchell, 2005: 9) en forma de lo que Roland Barthes

[12] Estas fotografías dobles son reminiscentes del famoso y teorizado retrato de las "Gemelas idénticas" (1967), de Diane Arbus, cuyos retratos se mueven, de modo similar, en la frontera entre lo normal y lo marginal o monstruoso.

[13] Con ello nos referimos al color de las imágenes, a la baja calidad (intencionada) de estas y al sabor a antiguo que transmiten sus formas, que parecen dibujadas.

[14] Según Sigmund Freud (1960: 231), lo *unheimlich* corresponde a ese tipo de espanto que se remonta a lo familiar y conocido y que, supuestamente, se opone a lo *heimlich*.

llamaba *punctum*[15], en cuyo centro se erigen dos cuerpos iguales y distintos[16].

Frente a la visión convencional de la fotografía como espejo de la realidad o, en palabras de Allan Sekula (1988: 454), "el mito establecido de la verdad fotográfica[17]", las fotografías desfamiliarizadas ponen de relieve de manera explícita su irrealismo, su carácter como construcción o, según señala Linda Hutcheon (2002: 32), como "interpretación (en verdad, como creación) de su referente, no como medio de acceso directo e inmediato a él[18]". Mediante la ficcionalización manifiesta de las fotografías, Urriola altera la percepción convencional de estas, rebatiendo la plenitud prometida por el medio fotográfico y revelando fisuras, las mismas fisuras que se expresan textualmente y por medio de las cuales puede la escritora representar disonancia y doblez como intrínsecas a la identidad protagónica. La diferencia inscrita a través de la desfamiliarización fotográfica se puede entender, en ese sentido, como la creación explícita de un espacio más allá de lo fotografiable, de lo consciente o explicable con palabras[19], un lugar de resistencia ideológica que Teresa de Lauretis (1987: 26) denomina "espacio-fuera" ("space-off") y que define como "el espacio no visible en el marco pero deducible a partir de lo que el marco hace visible[20]".

El retrato autobiográfico en *Bracea* es, de ese modo, registro de lo sentido por la yo, de su memoria propia, que es, por tanto, ficción: "Lo que siento, pienso, recuerdo, duelo, gozo, en este momento exacto quedará

---

[15] En su clásico estudio sobre la fotografía, *La chambre Claire*, Barthes (2000: 26-27) distingue entre *punctum* y *studium*. El primer concepto es definido por el teórico como la herida que deja la imagen fotográfica, mientras que el segundo corresponde al mensaje semiótico que esta contiene.

[16] Al *punctum* también contribuyen los elementos que sugieren la mencionada manipulación de las imágenes, tales como la contorsión de los rostros y los cuerpos en el caso de la fotografía de los bebés (Fig. 2), las formas anómalas de las manos en la fotografía de las niñas preadolescentes (Fig. 3) o el espacio intermedio entre los cuerpos en las tres imágenes (Fig. 2, 3 y 4), ocupado por la unión forzada (Fig. 2) y la oscuridad e indefinición (Fig. 3 y 4).

[17] "The established myth of photographic truth".

[18] "As interpreting (indeed, as creating) its referent, not as offering direct and immediate access to it".

[19] Recordemos en este sentido que para Walter Benjamin (1977: 371), la cámara es un instrumento que amplia nuestra visión a través de la incursión de "la óptica insconciente" ("das Optisch-Unbewußte") que escapa al ojo humano (espacio consciente).

[20] "The space not visible in the frame but inferable from what the frame makes visible".

plasmado en un papel" (p. 55), afirma la yo poética en relación con su retrato. La desvinculación manifiesta de concepciones de referencialidad fotográfica da a luz, pues, a otra realidad, una realidad subjetiva inexpresable por la palabra: "Creo que el clic de la cámara me roba algo que no alcanzo a definir" (p. 55). La ruptura semiótica[21] inherente al "imagen/texto" conjura, en efecto, una esfera semántica inexpresable, lo que Mitchell (2005: 9) explica como "un residuo o 'valor excedente' que va más allá de la comunicación, la significación y la persuasión[22]", forjándose con ello un hueco indecible que recoge el testigo de una yo demasiado "otra" para ser articulada por la palabra.

Es en este sentido que las palabras existentes, insuficientes para la expresión, bracean, se liberan: "Tal vez las palabras vehementes puedan librarse y salir braceando como un centenar de mariposas de colores, negras y azules, dispersándose en el aire, liberadas de esta jaula infame" (p. 56). En *Bracea*, la fotografía constituye, así, la representación de lo indecible, la otredad de "las palabras vehementes", que de ese modo se liberan de la crisálida o "jaula infame" del lenguaje—el orden simbólico—"braceando" para transformarse en mariposas visuales[23] en su viaje hacia otro orden. Ese orden—el orden semiótico[24]—constituye una dimensión "otra" donde "refulgen las palabras que nadie mira" (p. 57). Tal deseo de bracear al "otro lado" guía el alma de la yo poética (p. 91):

> "Ahora mi mente está hablando de acá
> como si se hubiese marchado a alguna parte.
> Cantan los grillos, aunque yo sé que no cantan [...].
> Pasa braceando una mariposa y mi alma se va braceando detrás de ella hasta
> que desaparece..."

---

[21] Como señala Michael Titzmann (1990: 374), el texto (verbal) y la fotografía pertenecen a órdenes semióticos diferentes y, desde esta perspectiva, los significados evocados por la imagen fotográfica no pueden expresarse completamente a través del signo lingüístico.

[22] "Some residue or 'surplus value' that goes beyond communication, signification, and persuasion".

[23] Nótese la forma de mariposa que componen los cuerpos de los bebés y de las madres en las fotografías respectivas (Fig.2 y 4), así como los cuellos de mariposa de los vestidos de las niñas preadolescentes (Fig.3).

[24] Tomamos aquí la diferenciación establecida por Julia Kristeva en su ensayo *La révolution du langage poétique* (1984), en el que la filósofa distingue entre lo semiótico y lo simbólico como subyacentes al proceso de significación: lo semiótico corresponde a la dimensión preverbal que queda fuera de la estructura edípica de la vida social, que para Kristeva es equivalente a lo simbólico.

De nuevo aquí, las mariposas. De nuevo, bracear, soñar con salir de la crisálida y abrazar otras vidas. Persiste con ello el vaivén del dos: entre la yo y la otra, entre el acá y el allá, entre la palabra y la fotografía, entre el canto del grillo y el silencio, entre la mariposa que bracea acá y el más allá en el "que desaparece".

El dos del "imagen/texto" se prolonga en los capítulos siguientes con las fotografías trucadas de los personajes anómalos que pueblan el universo de *Bracea*, personajes que convencionalmente responderían a la categoría de monstruo: J. P. Junior, que "tiene piernas solo hasta las rodillas" (p. 61) y es supuestamente hermano de la madre (Fig. 5), "Tres Piernas" (Fig. 6) y "El padre de Tres Piernas" (Fig. 7):

Fig. 24.5 (p. 59)

Fig. 24.6 (p. 67)

Fig 24.7 (p. 81)

Estas fotografías, como las analizadas anteriormente, ponen visualmente de relieve la existencia de una realidad al margen, poblada por seres aberrantes según las definiciones hegemónicas de normalidad. Frente a ese margen "anormal", el padre de familia representa la normalidad de un cuerpo que es uno, tal y como queda representado en la fotografía incluida en el capítulo "Nuestro padre" (Fig. 8). A diferencia de las anteriores, la fotografía del padre corresponde al retrato de dos hombres disímiles, dos cuerpos de gestos desiguales que, por contraste, insisten en la separación, en la normalidad del uno, referido ahora en singular como "mi padre" ("el de la izquierda", p. 93) y ubicado—a diferencia de las fotografías de estudio de la hija y de la madre—en el espacio público (masculino):

Fig. 24.8 (p. 93)

La anormalidad de "Tres piernas" desencadena el rechazo por parte del espacio público, cuya voz queda representada en la yo hermana, de la que "Tres Piernas" está enamorado. Significativamente, la yo hermana lo repudia declarando que la distancia entre ellos es "pertinente" (p. 76). Frente a su respuesta, "Tres piernas" declara no conocer "el significado de la palabra pertinente" (p. 77): la lógica normativa de "lo pertinente", en efecto, no pertenece al lenguaje "otro" de la anormalidad, de lo monstruoso. Repudiado por las palabras "pertinentes", el silencio es el refugio de "Tres piernas", según le confiesa este a la yo poética: "La única vez que habló en esos meses, me dijo que corriendo en el silencio había encontrado la perfecta ecuanimidad. Que las palabras detienen" (p. 80). La búsqueda de normalidad en aras del amor de la yo hermana lo lleva a provocarse la amputación de la pierna al paso del tren para así convertirse en un chico normal—en un cadáver normal.

Así pues, en *Bracea*, como hemos visto, el uno se opone al dos, lo normal a lo monstruoso, el padre a la madre, la palabra a la fotografía. En este universo de dobleces difícilmente conciliables, la yo hermana extraña suplir el hueco con la palabra "padre" (p. 101). La yo poética, en cambio, busca otra esfera más allá del orden patriarcal en el "espacio-fuera", un espacio presente en el signo fotográfico y en las palabras "otras" que le permitan escribir su historia: "Yo extraño las palabras que no conozco" (p. 101). Es en busca de esas palabras "desconocidas" que la yo poética parte en el último capítulo, titulado "El viaje", en el que el desplazamiento de la yo tiene por objetivo "encontrar otra orilla, otra punta de lápiz donde comenzar una nueva vida" (p. 113). El viaje femenino final "mar adentro" (p. 94) nos plantea, así, la construcción de significado más allá de lo conocido, más allá del marco de la fotografía, hacia "otra orilla" donde "otra punta de lápiz" pueda escribir otra historia, donde otra lente pueda enfocar "una nueva vida".

3. "La camára oscura", de Angélica Gorodischer: El alumbramiento de la yo

La fotografía como expresión de una realidad "otra" está también presente en el siguiente texto que analizaremos, el relato "La cámara oscura". En esta ocasión, sin embargo, no encontramos la fotografía de manera visible sino solo de modo verbal, en forma de lo que Marianne Hirsch (1997: 3) describe como "fotografías en prosa" ("prose pictures").

Angélica Gorodischer nace en Rosario, Argentina, en 1928 con el nombre de Angélica Beatriz del Rosario Arcal. Tras su matrimonio con el judío Sujer Gorodischer, adopta el apellido de este para publicar. Es autora de una obra vasta y heterogénea, que incluye registros como la ciencia ficción, el cuento fantástico o la novela policíaca. Los personajes de su amplia producción son, en su mayoría, femeninos, como femenina es la mirada que adopta en ella, caracterizada por Graciela Aletta de Sylvas (1996: 91) como "una toma de posición frente al lugar de la mujer en la sociedad y una indagación sobre su identidad. Su literatura es una manera de desentrañar la realidad y hacer explícitas diferentes facetas de la mujer".

El relato "La cámara oscura", incluido en la colección homónima publicada en el 2009, narra, a partir de una fotografía, una historia ocurrida años atrás: la inesperada fuga de la abuela del narrador, Gertrudis, con el fotógrafo de provincias que recorría el campo tomando retratos de familia. El motivo alrededor del cual Gorodischer construye su relato, el retrato que el fotógrafo toma de los antecesores del narrador, genera un desencuentro entre las visiones opuestas del nieto narrador y la de la esposa de este: el primero desea desterrar la fotografía como motivo de vergüenza familiar, mientras que la segunda representa la firme voluntad de recuperar la fotografía del olvido y hacerla visible en un lugar de honor en la casa.

La narración desde la perspectiva del nieto significa la puesta de relieve de una visión crítica con respecto a la actuación de la abuela por su comportamiento—desde el punto de vista de su antecesor—incomprensible. Esta visión constituye la posición masculina normativa o hegemónica[25] en el seno del universo judío en el que se inscribe el relato[26], una posición según la cual la mujer está subordinada a una narración patriarcal que no le está permitido alterar. Para poner en escena esta visión en su relato, Gorodischer emplea la técnica del monólogo interior, lo cual le permite exponer la narración patriarcal y establecer una distancia irónica con respecto a esta, desarticulando de esa manera su discurso.

La primera pregunta que se plantea el yo del narrador en su monólogo ya es reveladora de la versión normativa de feminidad representada por este: "Hágame el favor. Quién entiende a las mujeres" (p. 103). Tal formulación, que constituye la razón de ser de su discurso, se hace eco de la concepción freudiana del ser femenino como continente oscuro, lo cual delinea una geografía ficticia en cuyo centro se erige el brillo luminoso del ser hegemónico (masculino) como medida de todas las cosas. Al carácter convencional de tal pregunta se une otra manera común de ver a la mujer: esta es un objeto juzgado en función de su belleza desde la mirada del hombre. En el marco de esta mirada, el yo narrador inicia la narración hablando de su esposa—a la que llama "*mi* Jaia" (p. 103[27])—como objeto de deseo de muchos pretendientes, "tan rubia y con esos ojos y esos modos y la manera que tiene de levantar la cabeza" (p. 103). Si la mujer es el objeto bello, "dulce y suave" (p. 104), el hombre es el sujeto protector y sostén de su bienestar, como revelan comentarios tales como el siguiente: "Jaia sabe que puede darse sus gustos y que yo nunca le he hecho faltar nada ni a ella ni a mis hijos, y que mientras yo pueda van a tener de todo y no van a ser menos que otros, faltaba más" (p. 105). En el seno de esa

---

[25] La censura de la abuela por parte del narrador corresponde a la postura masculina normativa fundada en la afirmación del privilegio del hombre, por lo que en ese sentido podemos afirmar que este personaje encarna el modelo de "masculinidad hegemónica", definida por el sociólogo R. W. Connell (1995: 76) como aquella que ocupa la posición hegemónica en un conjunto determinado de relaciones de género.

[26] Además de formar parte de la identidad de la autora, el elemento judío en el relato se pone de manifiesto en la historia de la familia emigrante, venida de Rusia, así como en los nombres de los personajes (Jaia, Samuel, Aarón, Abraham, Isaac Rosemberg) y en algunas expresiones empleadas, como "zi is gevein tzi miss" (p. 104) o "mein taier meidale" (p. 107). (Todas las citas de "La cámara oscura" en este artículo proceden de Gorodischer, 2009). En las siguientes referencias se dará únicamente el número de página).

[27] Énfasis de la autora de este artículo.

mirada hegemónica, que la reacción de *su* Jaia fuera ponerse "hecha una fiera" (p. 104) cuando le dijo que quitara la foto de su abuela de "encima del estante de la chimenea en un marco dorado con adornos" (p. 104) es para él absolutamente incomprensible.

A la narración inicial de la "extraña" reacción de Jaia sigue el relato de la vida de la abuela Gertrudis desde un punto de vista teñido por la antipatía y la censura por parte del nieto. Nació Gertrudis en el barco que traía a su familia a Argentina desde la Rusia de origen. Ponerle nombre, señala el narrador, ya había sido harto difícil, ya que su familia lo tenía pensado si era chico, pero "no se les había ocurrido que podía ser una chica y que una chica también necesita un nombre" (p. 110). Por ello, ante la confusión en la oficina de inmigración, originada además en el hecho de que la familia no hablaba español, la recién nacida no recibe un "buen y honesto nombre judío", sino el nombre de Gertrudis, un nombre sin tradición ninguna en la familia y que anticipa la ruptura que, años más tarde, efectuaría como consecuencia de su fuga. De adolescente, continúa el narrador, "ya era horrible" (p. 111), además de antipática, por lo que las esperanzas de la familia de "sacarse de encima semejante clavo" (p. 113) habían sido escasas hasta que el abuelo León, que había enviudado recientemente, apareció en el horizonte "como una bendición del cielo" (p. 111). A diferencia de la abuela, quien, según el nieto, "no hizo nunca nada bien ni a tiempo, ni siquiera nacer" (p. 108), "León había nacido como se debe, en su casa, o mejor dicho en la de sus padres, y desde ese momento hizo siempre lo que debía y cuando debía" (p. 111).

La preparación de Gertrudis para la llegada de León incluía una serie de recomendaciones para atraer al hombre: "que no hablara aunque eso no hacía falta, y que mirara siempre al suelo para que no se le notara la bizquera que eso era útil pero tampoco hacía falta, y para que de paso se viera que era una niña inocente y tímida" (p. 112). Era esa docilidad e inocencia lo que venía buscando León, que había *elegido* a Gertrudis "precisamente porque era tan fea" (p. 112), ya que en su anterior matrimonio había tenido una difícil experiencia: su guapísima mujer les había hecho la vida imposible a su marido y a su familia; "para colmo", añade el narrador, "no tuvo hijos" (p. 112). El nieto reconoce, no obstante, los "méritos" de la abuela Gertrudis: era taciturna, trabajadora, sumisa y aceptaba la inclinación a las mujeres del abuelo León sin hacer ningún escándalo, ya que—añade el narrador—"esas son cosas que una mujer sabe que hay que perdonarle a un hombre" (p. 115). "Y francamente"—continúa la voz narradora—"no había derecho a hacerle eso a mi abuelo, ella que tendría que haber estado más que agradecida porque mi abuelo se había casado con ella" (p. 115).

En la descripción de la genealogía de la familia salta, pues, a la vista la oposición entre el modelo de hombre, encarnación de la "masculinidad hegemónica[28]", y el "antimodelo" de mujer, juzgada en función de su desviación de un paradigma femenino establecido por la norma patriarcal. Dentro de este marco genérico, frente al ser masculino, portador de todos los derechos, el ser femenino se dibuja como casi inexistente o, como mucho, como un "problema" por resolver. Es desde esta perspectiva "excéntrica" como Gorodischer revela la historia de la abuela sin revelarla, ya que, en realidad, nada podemos conocer de Gertrudis a través del filtro narrativo patriarcal representado por el nieto. En efecto, el patrón de mujer cortado por la visión narradora arma un entramado ficticio de género que pone de relieve una preconcepción de mujer que nada tiene que ver con quién es Gertrudis.

Significativamente, la ideología de género representada por la perspectiva del nieto queda patente de manera marcada en la descripción de la controvertida fotografía, que el narrador traza desde una mirada absolutamente sesgada por el prejuicio patriarcal (p. 104):

> "Pero es cierto que era fea mi abuela Gertrudis, fea con ganas, chiquita, flaca, negra, chueca, bizca, con unos anteojos redondos de armazón de metal ennegrecido que tenían una patilla rota y arreglada con unas vueltas de piolín y un nudo, siempre vestida de negro desde el pañuelo en la cabeza hasta las zapatillas. En cambio mi abuelo León tan buen mozo, tan grandote, con esos bigotazos de rey y vestido como un señor que parece que llena toda la foto y los ojos que le brillan como dos faroles. Apenas si se la ve a mi abuela al lado de él, eso es una ventaja".

Para el nieto, en efecto, el héroe León "*parece* que llena toda la foto[29]" en una "fotografía en prosa" (Hirsch) en la que se pone claramente de manifiesto lo que Hutcheon (2002: 32) señalaba en torno a la imagen fotográfica "como interpretación (en verdad, como creación) de su referente, no como medio de acceso directo e inmediato a él"".

Frente a una narrativa que invisibiliza a la mujer, el fotógrafo recién llegado simboliza una mirada "otra", una mirada representada por el objetivo fotográfico capaz de hacer visible lo que hasta entonces era invisible. Entre la abuela y el fotógrafo, en efecto, se establece un vínculo inusitado, del que solo llegamos a conocer breves trazos. Por los pocos datos de que disponemos, sabemos que Gertrudis se había negado a salir en el retrato de familia, a pesar de la insistencia de León, hasta que el

---

[28] Véase nota 25.

[29] Nótese la fuerza del verbo "parecer", que enfatiza la presencia de la mirada subjetiva.

> fotógrafo se acercó a ella y "le dijo que si alguien tenía que salir en la foto, era ella; [...] y que él sabía muy bien lo que era no querer salir en ninguna foto" (p. 116). De esta insinuada complicidad pasamos al episodio de la inesperada fuga de la abuela, quien sin previo aviso había abandonado al marido y a los hijos para dar vida a la otra Gertrudis de la fotografía: no la mujer descrita por el nieto, sino la captada por el ojo del fotógrafo, la Gertrudis radicalmente "otra" que rompe los moldes de "buena mujer" trazados por el nieto. La motivación de tal acto, según hemos visto, está absolutamente fuera de la comprensión del nieto, por lo que para este era "una ofensa para una familia como la mía tener en un lugar tan visible la foto de ella que parecía tan buena mujer, tan trabajadora, tan de su casa y que un día se fue con otro hombre abandonando a su marido y a sus hijos de pura maldad nomás, sin ningún motivo" (p. 120).

Irónicamente, es la ruptura del patrón genérico femenino, simbolizada en la misma fotografía tomada por el amante, lo que hace a Gertrudis "tan visible" y la coloca en el centro y razón de ser de la narración, aflorando con ello otra fotografía diferente de la descrita por el narrador en la que la abuela ocupa el espacio central, y el abuelo el espacio del margen. Esta operación de visibilización de lo invisible, sin embargo, no puede tener lugar más que dentro de los límites discursivos de la narración del nieto, cuyo acto narrativo se origina en la incomprensión, censura y falta de conocimiento de la abuela. Debido a esa limitación, la figura central de esa fotografía "otra" en la que la abuela ocupa el centro tiene necesariamente unos perfiles difusos: frente a la imposibilidad de dibujarlos explícitamente desde la perspectiva masculina hegemónica del narrador, Gorodischer recurre a la insinuación y la sugerencia. Desde el horizonte de lo insinuado o "no dicho" puede el lector cómplice entender la crítica implícita que la escritora efectúa de la posición del nieto a través de su monólogo interior, que deja entrever la mirada miope del que afirma conocer bien a la esposa[30] cuando salta a la vista la tesis contraria. La dimensión de lo "no dicho" se incorpora, de igual modo, en la respuesta de Jaia, que reacciona furiosa ante el empeño del marido de ocultar la fotografía llamándolo "desalmado" o "bruto sin sentimientos" (p. 106) y negándose a explicarle el porqué de su reacción. Una reacción que, sin embargo, no solo encierra furia, sino también pena, como muestran los lloros nocturnos que el marido cree escuchar pero que enseguida corrige ignorantemente afirmando "debo haberme equivocado" (p. 107).

Lo "no dicho", del mismo modo, queda simbólicamente representado a través de la fotografía tomada por el amante, que saca a la luz la yo de la

---

[30] Así, señala el marido, "hace diez años que estamos casados y la conozco muy bien" (p. 106) o "yo la conozco" (p. 108).

abuela a la que el nieto no tiene acceso y que, por tanto, permanece "no narrada". Desde esta perspectiva, la Gertrudis interpretada verbalmente por medio de la fotografía descrita en el texto, que ocupa un espacio nimio y exhibe un rostro de mujer trazado por la visión masculina hegemónica, se torna en la Gertrudis de rostro indefinido—lo "no dicho"—ubicada en el centro de la imagen y simbólicamente "interpretada" o "creada", en términos de Hutcheon, por el ojo fotográfico. A través del "imagen/texto[31]", en nuestro relato hallamos, pues, una interacción entre la visibilidad y la invisibilidad, entre el decir y el no decir: a la invisibilización de la abuela operada literalmente por la narración se contrapone la "otra cara" no discursiva—esto es, "no dicha"—simbolizada por la fotografía, una fotografía que, sin embargo, la dice, la hace visible. La fotografía desempeña, en ese sentido, un papel central en la semántica del texto como signo restaurador de la identidad entre el objeto y su imagen. Que Gorodischer tome el motivo fotográfico para representar otra versión de Gertrudis no es, naturalmente, casual: "la fotografía", señala Jessica Evans (1999: 129), "está firmemente integrada en las formas en las que modelamos nuestra identidad y otros la modelan por nosotros[32]", constituyendo, de esta manera, un instrumento central en la interpretación o creación de representaciones alternativas del sujeto.

Es de esta manera tan singular como Gorodischer cuenta la historia de Gertrudis sin contarla, siendo el retrato fotográfico el signo de lo que está presente pero es indecible en el marco de la mirada masculina hegemónica. A través de la perspectiva "otra" implícita en la fotografía, la autora argentina articula fisuras y rupturas que resisten la narración hegemónica de la identidad femenina. Esa fotografía "otra" conforma, simbólicamente, el "espacio-fuera" que teorizaba De Lauretis (1987: 26), "un espacio no visible en el marco pero deducible a partir de lo que el marco hace visible", que, como en *Bracea*, desfamiliariza la mirada para desplazarse al "otro lugar de esos discursos [hegemónicos]: esos otros espacios discursivos y sociales que, (re)construidos por las prácticas feministas, existen en los márgenes (o 'entre líneas' o 'a contracorriente') de los discursos hegemónicos y en los intersticios de las instituciones, en

---

[31] Tomamos aquí en sentido amplio la anteriormente mencionada definición de Mitchell (1994: 89) de la "imagen/texto" como "un espacio problemático, un hueco o ruptura en la representación", ya que en este caso la fotografía aparece solo de forma invisible.

[32] "Photography is firmly integrated into the ways in which we all manage our identities and have them manage for us".

las contraprácticas y nuevas formas de comunidad[33]". En "La cámara oscura" la fotografía significa, pues, un espacio "otro" que posibilita la creación de nuevos referentes, la expresión de identidades alternativas. Después de todo, el medio fotográfico, nos recuerda Susan Sontag (1990: 119), "proporciona un sistema único de revelaciones: [...] nos muestra la realidad como *no* la habíamos visto antes[34]".

Es acaso la presencia de una realidad "otra" lo que inconscientemente perciba el nieto en la fotografía de la abuela y provoque su aprensión y consecuente rechazo, ya que, como afirma Evans (1999: 17), "subyace el miedo de que las imágenes nos abrumen, en parte debido a que son extraordinariamente inmediatas en su impacto y poderosas en los significados y sentimientos que transmiten, a pesar de que su significado y referencia precisa queden de alguna manera indeterminados[35]". Acaso sienta que, ante la imagen, la realidad, como señalaba Sontag[36], se convierte en una sombra. O que en ella resida la conciencia y el deseo de la abuela, la conciencia y el deseo de la esposa[37]. El rechazo de la fotografía por parte del nieto sería, en este sentido, su miedo a la imagen como portadora de una "óptica inconsciente[38]", una óptica significadora de peligro y desestabilización para la posición hegemónica que ocupa como hombre.

4. Conclusión

A lo largo del presente estudio hemos visto cómo en nuestros textos la esfera subjetiva femenina pertenece a una dimensión que la escritura por sí sola parece incapaz de representar. En *Bracea* las palabras, insuficientes para la expresión, bracean para transformarse en imagen, de tal suerte que

---

[33] "The elsewhere of those discourses: those other spaces both discursive and social that exist, since feminist practices have (re)constructed them, in the margins (or 'between the lines' or 'against the grain') of hegemonic discourses and in the interstices of institutions, in counterpractices and new forms of community".

[34] "Photography provides a unique system of disclosures: [...] It shows us reality as we had *not* seen it before".

[35] "There is a fear that images will overwhelm us, partly because they are both extremely immediate in their impact and powerful in the meanings and feelings they convey, yet their precise meaning and reference remain somewhat unfixed".

[36] Sontag (1990: 180) nos recuerda que "las imágenes son más reales de lo que cualquiera pudiera haber supuesto". ("Images are more real than anyone could have supposed".)

[37] Conviene tener presente que Mitchell dedica uno de sus estudios, *What Do Pictures Want*, al examen del deseo de las imágenes.

[38] Véase nota 19.

la identidad femenina se sitúa en un espacio indefinido ubicado entre escritura y fotografía, entre palabra y silencio, entre la yo y la otra. En "La cámara oscura", por su parte, la limitación de la perspectiva narrativa ha de echar mano de otra dimensión—la fotográfica—para la expresión de lo que permanece invisible para los discursos hegemónicos. Es en esos sentidos que en nuestros textos la fotografía o "escritura de la luz" toma el testigo de la palabra para convertirse en escritura de las sombras—o invisibilidades—verbalmente inexpresables que componen la yo. Con su hueco de indecibilidad, sus dobleces y sus ambigüedades, el "imagen/texto" constituye, pues, un acto de revelación que quiebra la singularidad semántica del uno para abrir nuevas posibilidades particularmente apropiadas para la construcción de una conciencia "otra". La fotografía, en este contexto, exhibe su poder para mostrar otro mundo, para, en términos de Jean Baudrillard (2010: 53), "exhumar su otredad, enterrada bajo su supuesta realidad, hacerlo aparecer como un extraño *attracteur étrange* y captar esa extraña atracción en una imagen[39]".

Bibliografía

Fuentes primarias

Gorodischer, Angélica. 2009. "La cámara oscura". En *La cámara oscura*, 103-120. Buenos Aires: Emecé Editores.

Urriola, Malú. 2007. *Bracea*. Santiago de Chile: Lom.

Fuentes secundarias

Aletta de Sylvas, Graciela. 1996. "Ser mujer en la escritura de Angélica Gorodischer". *Scriptura* 12: 91-100.

Barthes, Roland. 2000. *Camera Lucida: Reflections on Photography*. Londres: Vintage.

Baudrillard, Jean. 2010. "Denn die Illusion steht nicht im Widerspruch zur Realität (1998)". En *Texte zur Theorie der Fotografie*, editado por Bernd Stiegler, 50-58. Stuttgart: Reclam.

Benjamin, Walter. 1977. "Kleine Geschichte der Photographie". En *Gesammelte Schriften* II, 1, editado por Rolf Tiedermann and Hermann Schweppenhäuser, 368-385. Frankfurt am Main: Suhrkamp.

---

[39] "Ihre Alterität, die unter ihrer vorgeblichen Realität vergraben ist, freizulegen, dieses Objekt wie einen *attracteur étrange* hervortreten zu lassen und diese seltsame Attraktionskraft in einem Bild festzuhalten".

Braidotti, Rosi. 1997. "Mothers, Monsters, and Machines." En *Writing on the Body: Female Embodiment and Feminist Theory*, editado por Katie Conboy Sarah Stanbury y Nadia Medina, 59-79. Nueva York: Columbia University Press.

Caws, Mary Ann. 1989. *The Art of interference: Stressed Readings in Verbal and Visual Texts*. Princeton: Princeton University Press.

Connell, R. W. 1995. *Masculinities*. Cambridge: Polity Press.

De Lauretis, Teresa. 1987. *Technologies of Gender: Essays on Theory, Film and Fiction*. Bloomington: Indiana University Press.

Evans, Jessica. 1999. "Introduction". En *Visual Culture: The Reader*, editado por Jessica Evans y Stuart Hall, 127-137. Londres/Thousand Oaks,/Nueva Delhi: Sage Publications, in association with The Open University.

Foucault, Michel. 1990. *The History of Sexuality. Volume 1: An Introduction.* Londres: Penguin.

—. 2003. *Abnormal: Lectures at the Collège de France, 1974-1975*. Londres: Verso.

Franco, Jean. 1989. *Plotting Women: Gender and Representation in Mexico*. Londres: Verso.

—. 1992. "Going Public: Reinhabiting the Private". En *On Edge: The Crisis of Contemporary Latin American Culture*, editado por George Yúdice, Jean Franco y Juan Flores, 65-83. Minneapolis: University of Minnesota Press.

Freud, Sigmund. 1960. "Das Unheimliche". En *Gesammelte Werke: Zwölfter Band. Werke aus den Jahren 1917-1920*, editado por Anna Freud, Marie Bonaparte, E. Bibring, W. Hoffer, E. Kris y O. Osakower, 3ª ed., 227-268. Frankfurt am Main: S. Fischer.

Gilbert, Sandra M., y Susan Gubar. 1979. *Madwoman in the Attic: The Woman Writer and the Nineteenth-Century Literary Imagination*. New Haven: Yale University Press.

Hirsch, Marianne. 1997. *Family Frames: Photography, Narrative, and Postmemory*. Cambridge: Harvard University Press.

Hutcheon Linda. 2002. *The Politics of Postmodernism*, 2ª ed. Nueva York: Routledge.

Irigaray, Luce. 1977. *Ce sexe qui n'en est pas un*. París: Éditions de Minuit.

Kristeva, Julia. 1984. *Revolution in Poetic Language*. Nueva York: Columbia University Press.

Lispector, Clarice. 1974. *Uma aprendizagem ou o livro dos prazeres*. Río de Janeiro: Livraria José Olympio Editoria.

Mitchell, W. J. T. 1994. *Picture Theory: Essays on Verbal and Visual Representation*. Chicago: University of Chicago Press.

—. 2005. *What Do Pictures Want?: The Lives and Loves of Images*. Chicago y Londres: The University of Chicago Press.

Montecinos, Erika. 2006. "Malú Urriola, escritora, poeta y guionista: 'A las mujeres las borran de la historia'". *Letras* 5. Disponible en http://www.letras.s5.com/mu231206.htm.

Sekula, Allan. 1988. "On the Invention of Photographic Meaning". En *Photography in Print: Writings from 1816 to the Present*, editado por Vicki Goldberg, 452-73. Albuquerque: University of New Mexico Press.

Sontag, Susan. 1990. *On Photography*. Nueva York: Picador, Farrar, Straus, Giroux.

Titzmann, Michael.1990. "Theoretisch-methodologische Probleme einer Semiotik der Text-Bild-Relationen". En *Text und Bild, Bild und Text*, editado por Wolfgang Harms, 368-384. Sttutgart: Metzler.

Chapter Twenty-Five

Una Aproximación a las Representaciones Homoeróticas de Nahum B. Zenil: Performatividad y Resistencia

Sofía G. Solís Salazar
Universidad Autónoma de Barcelona
Fondo Nacional para la Cultura y las Artes de México

1. Introducción

Nahum B. Zenil es reconocido por sus pinturas elaboradas en las décadas de los 80 y 90. Su obra es presa de la narración autobiográfica transferida al autorretrato, y esta constante repetición de sí mismo ha chocado con la crítica formando dos bandos interpretativos: por un lado, se le considera exhibicionista, esquizofrénico y fragmentado; por el otro, se trata su obra como la confesión de un secreto profundo, la sátira y la parodia propia de una relación simbiótica y tortuosa con la sociedad (Espinosa, 1999; Moreno, 2007)[1]. Estas exégesis relacionadas con el ámbito de la historia del arte han sido reiterativas a la hora de caracterizar su obra; de esta manera, han retenido su valor crítico-político en relación con la identidad nacional y sexual mexicana. Este ensayo tiene como objetivo presentar una argumentación transversal que permita la aproximación a su obra alejada de estas dos posturas.

Sus piezas son generalmente relacionadas con el "movimiento" pictórico del neomexicanismo. Sin embargo, su relación con el mismo se limitó a las coincidencias compositivas que compartía con otros artistas de

[1] Según Teresa del Conde, Zenil ha asumido su homosexualidad "desde edad relativamente temprana" (Del Conde, 2001: 582).

su época, no a un esfuerzo de colaboración colectiva. En este sentido, se podría inferir que una generación de artistas producía distintas expresiones plásticas que fueron consideras como "nuevos mexicanismos". Es decir, su contenido se asociaba con nociones de lo "propio", "lo mexicano[2]". En otras palabras, una reflexión introspectiva sobre la identidad. Zenil realiza esta búsqueda desde la reiteración del homoerotismo que contiene la crítica al "deber ser" nacional. Este artículo propone un análisis de obra desde la mancuerna sexualidad/nacionalismo, con el fin de exponer la fricción que surge de ambas en relación con la legitimidad de la identidad homosexual. Desde este punto de partida se expondrá un nuevo acercamiento a sus pinturas, siempre desde una postura que colabore con la diversidad cultural y sexual. Esta aproximación se refiere primordialmente a la tensión antes descrita, mirando así a su obra únicamente desde el eje sexualidad / nacionalismo[3].

A este propósito, se plantean en primer término los principios de la teoría de la performatividad desarrollada por Judith Butler, con el fin de mostrar la relación entre sexo y género; así como las mediaciones de la identidad sexual con el "ser" nacional. Esta propuesta de análisis se basa en las premisas dispuestas por el construccionismo social, las cuales asumen que tanto la identidad como la realidad (objetiva y subjetiva) son productos de procesos de socialización, normalización e institucionalización de paradigmas sociales que regulan y administran la realidad de la vida cotidiana. Butler reordena este supuesto teórico para habilitar salidas de resistencia que fragmentan la actitud binominal de la matriz heterosexual. A este tenor, las piezas de Zenil son afines a este planteamiento, ya que conforman un *corpus* plástico que aboga por la diversidad sexual. De igual manera, a este desarrollo metodológico se suma la premisa del nacionalismo mexicano como proyecto político de homogeneización identitaria, el cual pretendió normar la sensibilidad social y subjetiva del cuerpo y la sexualidad en México. Entonces, es así como se resuelve la tesis que propone este trabajo: la obra pictórica de Nahum B. Zenil pone en tensión la armonía discursiva que ata al "ser nacional" con la identidad sexual[4].

---

[2] Para más sobre el neomexicanismo, véase Eckmann, 2000 y Debroise, 2006.

[3] Su obra también ha sido asociada con la representación de la iconografía religiosa. El análisis de este aspecto se explorará en trabajos posteriores de investigación.

[4] Debido a la dificultad de encontrar un compendio de su basta obra en línea se remite el siguiente vínculo con el fin de ilustrar este trabajo con algunas de sus piezas: http://www.queer-arts.org/archive/show4/zenil/zenil.html.

2. Homoerotismo y cita performativa

Judith Butler (1986: 35) analiza las fricciones entre el sexo y el género a través de la frase de Simone de Beauvoir: "no se nace mujer, se llega a serlo[5]". La frase sugiere que tener sexo femenino y llegar a ser mujer son cuestiones diferentes. Es decir,

> "el término 'femenino' designa un conjunto fijo y auto-referencial de hechos corporales naturales (una presunción, por cierto, que se ve muy perjudicada por el *continuum* de variaciones cromosómicas), y el término 'mujer' designa a una variedad de modos a través de los que estos hechos adquieren significado cultural" (Butler, 1986: 36)[6].

Esto es, el sexo es en sí mismo irrebatible, se tiene uno y no otro. En cambio, el género es la interpretación de los valores culturales del sexo. Sustentar un género es estar supeditado a las definiciones culturales que circunscriben al cuerpo (Butler, 1986: 36). En otras palabras, el género constituye el proceso de dar forma al cuerpo bajo supuestos culturales.

Entonces, sobre el conflicto de la correspondencia entre sexo y género, Butler argumenta que no existe un sexo pre-discursivo sobre el cual se sustente la acción constructiva del género. Es decir, "no se puede eludir a un cuerpo que no haya sido desde siempre interpretado mediante significados culturales; por tanto el sexo podría no cumplir los requisitos de una facticidad anatómica pre-discursiva. De hecho se demostrará que el sexo, por definición, siempre ha sido género" (Butler, 2007: 57). En otras palabras, el sexo se ha considerado como algo que dice la verdad del cuerpo, que antecede a toda construcción. Sin embargo, la única posibilidad de acceder al sexo es mediante la interpretación de su significado, por lo que la sustancia del sexo se escapa a toda aprehensión solo a través de su materialización en el género. Para explicarlo mejor, la materialidad del cuerpo está sujeta a la encarnación de las normas de la sexualidad, ergo la materialidad del sexo está basada, asimismo, en la reiteración constante de las normas de género. Misma que se sustenta en su simulacro dentro del espacio de lo "natural" (como la correspondencia de hombre-masculino, mujer-femenino) que da por sentado el binarismo del sexo. De esta manera, aunado a las expresiones específicas del deseo, como manifestación de cierto comportamiento sexual, fabrica una tríada

---

[5] "One is not born, but rather becomes a woman" (Beauvoir, 1973: 301).

[6] "the term 'female' designates a fixed and self-identical set of natural corporeal facts (a presumption, by the way, which is seriously challenged by the continuum of chromosomal variations), and the term 'woman' designates a variety of modes through which those facts acquire cultural meaning".

discursiva (sexo/género/deseo) que conforma la fantasía de un sistema cerrado y naturalizado de conducta e identidad sexual: la heterosexualidad. A esta sazón del modelo heterosexual Butler añade:

> "[e]sa heterosexualidad institucional exige y crea la univocidad de cada uno de los términos de género que determinan el límite de las posibilidades de los géneros dentro de un sistema de género binario y opuesto. Esta concepción del género no sólo presupone una relación causal entre sexo, género y deseo: también señala que el deseo refleja o expresa al género y que el género refleja o expresa al deseo. Se presupone que la unidad metafísica de los tres se conoce realmente y que se manifiesta en un deseo diferenciador por un género opuesto, es decir, en un forma de heterosexualidad en la que hay oposición". (Butler, 2007: 80)

Es decir, este proceso que naturaliza una heterosexualidad obligatoria y demanda el binarismo del género promueve su regulación mediante las prácticas heterosexuales del deseo. La distinción que remarca las diferencias de género (masculino/femenino) que se obtiene con el cumplimiento de la matriz heterosexual vigoriza la definición y el alcance de ambas categorías; así como también fortalece la congruencia del sexo/género/deseo (Butler, 2007: 81). En este sentido, el deseo homosexual excede los límites de esta lógica discursiva. Es decir, la linealidad que determina la coherencia interna y objetivada del sexo/género/deseo simula a la conducta homosexual como una "desviación" de la dirección marcada por la naturalidad de la institución heterosexual. La posición irrefutable, en tanto ilusión axiomática y objetiva, de este aparato discursivo coloca a la homosexualidad en la periferia de lo social y la materialidad de su cuerpo como precario y vulnerable.

Este nudo argumentativo es de gran importancia, ya que junto con el proyecto político del nacionalismo formuló el encabezado del "deber ser" del mexicano (en términos de la fijación de roles genéricos que han perdurado a través de los años: el macho y la mujer abnegada)[7]. Es decir,

---

[7] En México, después de un periodo colonial de tres siglos, la guerra de Independencia, diferentes invasiones y la imposición de una dictadura, el nacionalismo adoptó la forma de modelo integracionista de la diversidad cultural que habitaba en el país. Indígenas, mestizos y burgueses fueron penetrados por una nueva retórica nacionalista. El primer eslabón de este discurso fue la implantación de programas educativos a través de la Secretaría de Educación Pública; segundo, la materialización de un sueño wagneriano con la ayuda las artes. Fue la estética, en sus diferentes disciplinas—somática, léxica, escópica, etc.—, la que orquestó durante esta etapa la construcción de la realidad de lo mexicano. Esta conjunción educativa y plástica formó parte de una estrategia socializante y normalizadora de

como proyecto político el nacionalismo dictó las normas que conformaron el *corpus* histórico de los roles de género y las identidades sexuales. A la correspondencia o coherencia que vinculaba el seno de la matriz heterosexual se sumó la noción de pertenencia idiosincrática de la cultura mexicana. Para explicarlo mejor, en la linealidad de la correspondencia interna de la norma heterosexual del sexo/género/deseo se aglutinó la expresión de una identidad nacional específica, de modo que ambas comportaron un sistema coherente. Esta amalgama se encubre, de igual forma, tras la fantasía de la naturalidad de la identidad. Es decir, se transforma en un discurso cerrado, monolítico, a manera de congruencia axiomática. De esta forma, cualquier intento siquiera de variación anula la condición de pertenencia social. Entonces, la ilación esencialista se anota de la siguiente manera: hombre/masculino/heterosexual/mexicano, la cual fue transformándose en un palíndromo común: ser macho es ser mexicano, ser mexicano es ser macho. Es así como quedan bien delimitados el dentro y fuera del ámbito social mexicano, tanto que la consecución de las normas de género dan pie a la distinción de pertenencia nacional.

Trabajando desde la premisa en la que Zenil elimina este aparato discursivo de identidad nacional e identidad sexual, a continuación se presenta una breve revisión de la teoría performativa con el fin de presentar una argumentación teórica que sustente el valor crítico de sus piezas. Entonces, retomando a Butler, es preciso mencionar, de inicio, que la teoría performativa toma como base la siguiente suposición: "el género es performativo puesto que es el efecto de un régimen que regula las diferencias de género" (Butler, 2007: 84). Es decir, la performatividad no constituye una acción autónoma, sino la conjunción de una práctica reiterativa de un discurso que produce aquello que enuncia (Burgos, 2012: 101). Este supuesto sostiene que el género es constantemente reproducido, o performado, lo cual permite inferir, entonces, que no es una característica invariable y estable de la identidad (Reverter, 2004: 206). Para explicar mejor este hilo argumentativo, Butler acude, en primer

la identidad nacional. Se podría decir que su presencia silenciosa, aún hoy en día, es el efecto de la internalización de sus normas. En paralelo a esta integración artística, se afincaba en el país un poder central político que se extendió desde aquel momento hasta los albores del siglo XXI. El nacionalismo provino de la constitución de este Estado nacionalista, y no fue sino hasta 1968 que el desencanto de sus manifiestos se vio con más claridad. Asimismo, el macho se define como el espectáculo de lo que significa ser hombre: heterosexual incorrupto y de carácter áspero con gestos ariscos. En cambio, la mujer abnegada es el símbolo de la perfección de la mujer mexicana, de actitud discreta, desvivida y servil a la familia (Mandoki, 2007: 186; Alegría, 2005: 273). Más información sobre el nacionalismo en Montalvo (1985).

término, a la enunciación performativa de Austin. Esta teoría distingue entre dos actos del habla: los constatativos y los performativos. Los primeros describen un escenario que se estima bajo la condición de verdadero o falso. Los segundos "producen aquello a lo que se refieren", es decir, a manera de emisiones engendran lo que enuncian, por ejemplo: "os declaro marido y mujer". Estos últimos suponen un individuo con una posición de autoridad que pronuncia las sentencias y su eficacia radica, no en un juicio de verdadero o falso, sino en el éxito o el fracaso de su acción. En otras palabras, "los actos de habla performativos son palabras de autoridad en las que el poder opera en forma de discurso" (Preciado y Bourcier, 2001: 42). Sin embargo, dentro de esta acción, a su vez, yace latente el riesgo de fallo o contaminación que transforma a la enunciación performativa en error, accidente, parásito. Por esta razón, Austin, en el intento de describir un buen uso de este acto, identificó tres escenarios en los que se incurre en el fallo sistemático del acto del habla performativo: el teatro, la citación literaria y el soliloquio. Entonces, determinó a esta terna de aplicaciones como "parasitarias", "contaminantes", "accidentales" (Preciado y Bourcier, 2001: 42).

Ante tal amenaza de fracaso, Butler aplica la crítica que realiza Jacques Derrida a las definiciones de Austin. Derrida plantea otra posibilidad sobre la eficacia de estos escenarios en punto de fallo. Propone que los actos "parasitarios" son citas fuera del contexto de autoridad de una escena, un texto o un monólogo (Derrida, 1982: 325; Preciado y Bourcier, 2001: 43). Para Derrida, esta circunstancia descontextualizada constituye una vía posible para un acto de habla performativo exitoso considerando que en sí mismo constituye de alguna manera ya una cita (Derrida, 1982: 326)[8]. Es decir, a pesar de la apreciación fuera de ámbito performativo, su eficacia radica en la repetición de la cita que hace referencia a un orden previo significativo, si se quiere histórico. En este sentido, no se trata de un acto que concluye con su enunciación, sino de un acto que desborda el contexto y le otorga a la cita un carácter iterable (Córdoba, 2003: 92).

De igual modo, la fuerza performativa proviene de su condición iterable: "no procede ni del lenguaje mismo ni de la autoridad concreta que lo pronuncia, sino de la posibilidad de *cortar* un determinado enunciado y *desgajarlo* de un determinado contexto de poder, así como de la posibilidad de *desplazarlo e injertarlo*, por así decirlo, en otro" (Preciado y Bourcier, 2001: 43). La performatividad es la consecuencia de esa movilidad, en tanto enunciación de autoridad descontextualizada y, a su vez, de carácter inestable en cuanto a su capacidad de emanciparse de su

---

[8] Como el acto de abrir una sesión o inaugurar un barco pueden ser considerados, asimismo, como citas (Derrida, 1982: 326).

argumento fundacional y operar en un contexto diferente, múltiple y, por lo tanto, no determinable (Córdoba, 2003: 92). Bajo estas circunstancias, la efectividad de la performatividad estriba en la eventualidad de su fallo. Por esta misma razón, su fuerza procede de la instauración y reiteración de un escenario repetitivo en el que la cita pueda ser continuamente performada. Es decir, su poder radica en el "proceso de repetición regulado" de la performación (Preciado y Bourcier, 2001: 43). Este esquema de la crítica derridiana le permite a Butler inferir, entonces, que "la performatividad es un proceso de iterabilidad, una repetición regularizada de normas" (Reverter, 2004: 208).

Asimismo, la iterabilidad como atributo de significación imprecisa sugiere un espacio abierto de variación. Es decir, una condición inestable de la identidad, por lo que la delimitación de su significado operará conforme a los mecanismos de exclusión de otras posibilidades (Córdoba, 2003: 93). Se requiere de la formulación de una exterioridad (un otro), delimitada a través de los mismos procesos de producción y reproducción performativa de la identidad, sobre la que recaiga y que, a su vez, ejecute el dispositivo de la exclusión. La presencia del otro, entonces, en primera instancia muestra la condición de fallo e incompleta de la identidad; además, figura como la representación del orden regulado y como artefacto de los medios de exclusión y represión (Córdoba, 2003: 93). En este sentido, los ejercicios de exclusión, a la vez que definen, además establecen "qué es lo humano inteligible y qué queda fuera de las fronteras de lo humano, rechazado como inhumano, como lo abyecto inconcebible" (Burgos, 2012: 101). Es decir, demarcan categorías que relegan a condiciones precarias a colectividades que quedan excluidas del orden hegemónico (Burgos, 2012: 103).

No obstante, lo que se halla excluido "posee el ímpetu preciso para irrumpir en el interior del discurso, desbaratando, desplazando, las fronteras y el significado de las categorías formuladas" (Burgos, 2012: 102). En otras palabras, si la construcción dentro de la extensión performativa se comprende por un proceso que no es iniciado por el sujeto, pero que actúa a través de la reiteración de las normas del sexo/género/deseo para la formación del mismo, este proceso es igualmente la sazón para su desestabilización. La problematización de la normatividad puede ser considerada si se piensa que en el espacio de la reiteración también puede ser identificado lo excluido. Es decir, en el mecanismo de repetición pueden surgir hendiduras efectivas que entorpezcan la institucionalización de la norma y sus corolarios (Burgos, 2012: 102). O sea, se infiere que desde una posición de exterioridad lo excluido puede fisurar la lógica naturalizada/naturalizante del triunvirato sexo/género/deseo, así conformando una acción que supondría la desconstrucción de la matriz heterosexual.

Esta posibilidad de resistencia desde la exclusión es explorada por Butler en el caso de las acciones que subvierten las nominaciones ofensivas. En principio, argumenta que, aunque indeseables, los insultos también constituyen una de las formas por las que el individuo es gestado dentro del marco de la interpelación. Es decir, es a través de este acto de ser nombrado por el que el sujeto es reconocido y cobra existencia. Según Butler, la regulación jurídica (censura) de la enunciación ofensiva restringe la posibilidad de la acción performativa de ser reconocible/reconocido. Asimismo, discute que el consentimiento del insulto brinda la oportunidad y la posibilidad de que el individuo interpelado pueda responder al agravio (Butler, 1997: 26). En otras palabras, la resistencia vendrá de la desestabilización de la norma al encontrar la fractura en su orden y contrarrestar su efecto al resignificar sus definiciones. Si la autoridad de las normas proviene de su cita, "habrá que ser asimismo citando como podrá ser factible el desplazamiento de la ley" (Burgos, 2012: 102).

Entonces, se podría decir que el nacionalismo proporcionó las citas que se performaron hasta constituir estereotipos rígidos de la sexualidad (macho y mujer abnegada). Su persistente apelación fue definiendo el cuerpo normado e institucional. Sin embargo, en base a la exposición presentada sobre la teoría de la performatividad, también sería posible inferir, entonces, que Zenil acude a la apelación de la cita homoerótica como una posibilidad de resistencia. Es decir, la reiteración en el autorretrato y la temática homoerótica como práctica performativa formula una cita constante que elimina la uniformidad del género y revoca el binarismo. En este sentido, una de sus mayores críticas como imitador repetitivo o recurrente en la representación del homoerotismo deja de ser su mayor defecto para transformarse en su mayor cualidad como un dispositivo que abre un espacio de resistencia a la normatividad sexual.

Para explicarlo mejor, la reiteración de la representación homoerótica de las piezas de Zenil contribuye a quebrantar los argumentos que sostienen la coherencia de la identidades sexual y nacional. El deseo homosexual se presenta como una cita que desestabiliza los paradigmas de la sexualidad, a la par que demanda el reconocimiento y la pertenencia a la comunidad nacional. Su obra se transmuta como un artefacto que permite la reiteración de la cita homosexual, la cual, a su vez, desmorona las nociones de la "esencia" del sexo, del género y del deseo. Es decir, presenta composiciones en las que desenmascara al esencialismo silencioso que domina las definiciones y las prácticas sociales.

3. Conclusión

Entonces, a sazón de la argumentación presentada, Zenil provoca el reconocimiento de las definiciones culturales vigentes y sus métodos de exclusión e inclusión, a la vez que propone la revisión del proceso que se oculta detrás de su superficie. Es decir, se estima que sus pinturas hacen visibles los procesos de socialización que se fortalecieron desde principios del siglo XX con extenuante reiteración, lo cuales resultaron en un aparato discursivo que procuraba moldear un cuerpo nacional normado. Su obra excede el sustrato del lienzo para abrir un espacio político que se hace visible en la medida que modifica el ámbito social y no solo se nutre del mismo. Es decir, colabora con la apertura de un espacio para la discusión sobre pertinencia del esencialismo y la inclusión de la diversidad sexual y cultural. Para subrayarlo aún más, sus piezas critican la ortodoxia heterosexual aliada con la nacional, que aniquila y disminuye la legitimidad de la identidad homosexual dentro de los ámbitos de lo sexual, lo social y, por tanto, de lo político.

En suma, a través de la apelación homoerótica supera los discursos, o interpretraciones, que habían enmarcado a su obra hasta el momento (confesión/exhibicionismo) y se extiende a una crítica más extensa de la cultura contemporánea mexicana. Es decir, introduce los significados del cuerpo y la realidad subjetiva dentro de la espesura de la hegemonía del género y la identidad nacional a la sincronía de su lógica interna, la cual circunscribe las expresiones legítimas de "lo mexicano" y delimita las fronteras que restringen lo que es considerado como normal/anormal, sano/enfermo, natural/pervertido. La resistencia que propone es una suerte de dialéctica que fragmenta los significados nacionales y sexuales, y para la cual solicita desvelar las políticas de representación y el andamiaje de significaciones que persisten históricamente. Muestra las menudencias de los proyectos políticos y evidencia una crisis de su aparato operativo.

Por último, para puntualizar las conclusiones, la pintura de Nahum B. Zenil se presenta como una representación plástica y crítica del modelo de la heterosexualidad vinculado a la definición de la identidad nacional. Su obra se introduce dentro del terreno de la resistencia al inscribir al deseo homosexual dentro de un discurso reiterativo que transgrede la norma de género. En este sentido, las piezas de Zenil se perfilan como un agente crítico que arrolla la uniformidad del género y aboga por la apertura y la inclusión de la diversidad sexual y cultural.

Bibliografía

Alegría, Juana. 2005. "La sexualidad de la mexicana". En *Anatomía del mexicano*, editado por Roger Bartra, 273-280. México: Random House Mondadori, S.A. de C.V.

Bartra, Roger. 2005. *Anatomía del mexicano*. México: Random House Mondadori, S.A. de C.V.

Burgos, Elvira. 2012. "Butler: políticas performativas". En *Perspectivas: Una aproximación al pensamiento ético y político contemporáneo*, coordinado por J. M. Aragüés y J. L. López, 89-114. Zaragoza: Prensas Universitarias de Zaragoza.

Butler, Judith. 1986. "Sex and Gender in Simone de Beauvoir's *Second* Sex". *Yale French Studies* 72: 35-49.

—. 1997. *Excitable speech: A Politics of the Performative.* Nueva York y Londres: Routledge.

—. 2007. *El género en disputa. El feminismo y la subversión de la identidad*. Barcelona: Ediciones Paidós Ibérica, S.A.

Córdoba, David. 2003. "Identidad sexual y performatividad" en *Athenea Digital*, 87-96, núm. 4.

De Beauvoir, Simone. 1973. *The Second Sex*. Nueva York: Vintage Books.

Debroise, Olivier. 2006. *La Era de la discrepancia: arte y cultura visual en México.* México: Universidad Nacional Autónoma de México.

Del Conde, Teresa. 2001. "La *eterna repetición* de la huida. Nahum B. Zenil". En *Encuentros y Desencuentros en las Artes. XVI Coloquio Internacional de Historia del Arte*, 573-585. México: Universidad Nacional Autónoma de México.

Derrida, Jacques. 1982. *Margins of Philosophy.* Brighton: The Harvester Press.

Eckman, Teresa. 2000. *Chicano Artist and Neo-Mexicanist: (De) Constructions of National Identity.* Albuquerque: The University of New Mexico.

Espinosa, Santiago. 1999. "El Gran Circo del Mundo". En *El Gran Circo del Mundo,* 11-30. México: Museo de Arte Moderno-Sociedad Mexicana de Arte Moderno.

Mandoki, Katya. 2007. *La construcción estética del Estado y la identidad nacional. Prosaica III.* México: Siglo XXI Editores, S.A. de C.V.

Montalvo, Enrique. 1985. *El nacionalismo contra la nación*. México: Editorial Grijalbo.

Moreno, Edwina. 2007. "La obra de Nahum B. Zenil: una aproximación a la pintura pornográfica y obscena". En *Addenda: ¿Qué hacer después de la orgía? El destino de la imagen en la cultura contemporánea*, coordinado por F. Giménez, 133-139, núm. 15, CENIDIAP.

Preciado, Beatriz y Marie Hélène Bourcier. 2001. "Contrabandos queer". En *Miradas sobre la sexualidad en el arte y la literatura del siglo XX en Francia y España*, editado por J. V. Aliaga, 33-46. Valencia: Servei de Publicacions de la Universitat de València.

Reverter, Sonia. 2004. "Los límites de la subversión". En *La passió per la llibertat. Acció, passió i política. Controvèrsies feministes*, editado por F. Birulés y M. I. Peña, 205-210. Barcelona: Universitat de Barcelona.

CHAPTER TWENTY-SIX

BARBARISM AND IDENTITIES IMPOSED ON THE NATIVES OF THE NORTHERN MEXICAN BORDER DURING THE NINTEENTH CENTURY

JORGE CHÁVEZ CHÁVEZ
UNIVERSIDAD AUTÓNOMA DE CIUDAD JUÁREZ-MÉXICO

"Western society invented the Church and religion that it needed [...] The whole society participated in this [...]."[1]
Amin Malouf (2009: 83)

1. Introduction

Those who enjoyed films of the *western* genre throughout their childhood and teenage years can see how George Custer was capable of killing over 20 apaches, in the same movie, without the slightest hint of remorse. According to the plot, he would do it to save the civilized pioneers from the savage Indians of the legendary American Old West. After all, they were films' "bad guys". This can be seen, for example, in many movies with John Wayne. In *Fort Apache*, 1948, the synopsis says that an officer who occupies one of the most important positions and highest ranks in town must move quickly to Fort Apache, located on the country's most dangerous border.[2]

[1] "La sociedad occidental inventó la Iglesia y la religión que necesitaba [...] Toda la sociedad participó en ello [...]".
In this sense, the colonial society invented the barbarians in North America to justify their presence and impose their civilization, and the nineteenth-century Mexico Northern society considered them its enemies.
[2] See *Fort Apache*, http://www.peliculas21.com/john-wayne/.

Over time, the genre's notion of Indians as "enemies and savages" changed, as their human side came into focus. Then, they came to be seen only as "barbarians" or "savages," as in the film *A Man Called Horse* (1970), starring Richard Harris, and directed by Elliot Silverstein, where a British aristocrat is trapped in 1825 by the Dakota Indians until he earns their respect. The same can be observed in the genre's most recent film to approach the subject of Indian vs. soldier relationship (*Dances with Wolves*, 1990, directed by Kevin Costner), where, once again, a soldier is sent during the Civil War (or American Civil War, between 1861 and 1865), to the "Indian border", where he bonds with a group of Sioux, eventually becoming one of them. While recognizing their human aspect, as we shall see, the film continues calling Native Americans (nomadic and sedentary) "barbaric" and "enemies." All those were stories about the advance of colonial boundaries trying to break the Indian borders to impose their civilization. However, when we enjoyed the early westerns, we only saw the adventures of cowboys, soldiers and settlers, fighting against rebellious and wild Indians, in particular Apaches and Comanches, the most representative ones due to their resistance to colonization.

2. The Northern Mexican Frontier

Since Spain endeavored to protect its northern borders from British colonial advance, and then from the North American one, this was a hard to reach area, after 1821. It was populated by pioneers and daring settlers, and crossed by groups of Apaches and Comanches. (See Operé, 2001: 185-186). The War of Independence forced presidial troops, in charge of protecting the borders of colonial advance in this new Spanish land, to negotiate peace treaties with the natives, or to subject them through war. They had to pursue insurgents, which allowed the so-called barbarians to intensify their attacks in the provinces north of the capital of New Spain (later, states located on the northern border of Mexico). These attacks did not cease until the late nineteenth century. In his Report to Congress on December 9, 1846, the Minister of War and Navy, Juan Nepomuceno Almonte, natural son of Generalissimo José María Morelos y Pavón, who later supported Maximilian of Habsburg to become emperor of Mexico, stated:

> "[...] In the early days of 1811 things changed in the border] [...], because the chiefs separated the presidial companies from the sole and exclusive purpose of their creation, and they dedicated them to contain the spirit of revolt against the mother country, which, as a ray of light, came to penetrate in those states. Nothing good was done again to contain the wild,

which insolent with the weakness of their fighters and trained by adventurers unworthy of belonging to the human species, came to know very well the handling of all weapons to make war more successfully for them and more damaging to our inner states".[3]

Texas, which would become an independent republic in 1835, was mostly populated by Anglos. The Comanches were relatively manageable, and during the 1840's increased their attacks on Mexican territory. Buffalo Hump led incursions into the states of San Luis Potosí, Zacatecas, Chihuahua, Tamaulipas, Coahuila and Nuevo León. (See Operé, 2001: 186). After a war between Mexico and the United States, begun in 1846, in which the Americans had every advantage to win (Vázquez, 1996: 67-78), there is a massive influx of settlers, which will significantly change the life issues on the border.[4] It was inevitable for the Mexican authorities to keep to what the United States called the American Southwest after winning the war. By 1846,

> [...] The border was protected by just 1200 or 1300 Mexicans, almost without weapons. The North American reports indicated that the Mexican army barely worthy of the name, because it was more like a ghost with many senior officers dedicated to politics, and untrained soldiers, who abandoned at the first opportunity. The cavalry and artillery, who had had some fame, had declined due to budget and staff renewal. The weapons were so outdated that could hardly compete with the modern equipment of North Americans."[5]

---

[3] "[...] en los primeros días del año de 1811 las cosas variaron en la frontera] [...], porque separando los mismos jefes a las compañías presidiales del fin único y exclusivo de su instituto, las dedicaron a contener el espíritu de insurrección contra la metrópoli, que cual un rayo de luz llegó a penetrar en aquellos estados. Nada de provecho volvió a hacerse para contener a los salvajes, que insolentados con la debilidad de sus combatientes y adiestrados por aventureros indignos de pertenecer a la especie humana, llegaron a conocer muy bien el manejo de todas las armas para hacer la guerra con mejor éxito para ellos y más estragos para nuestros estados internos". Almonte (1846: 33-34).

[4] Regarding what the imposition of the American border implied, see *La frontera que vino del norte* (González, 2008: *passim*).

[5] "[…] la frontera estaba protegida por apenas unos 1200 o 1300 mexicanos, casi sin armas. Los propios informes norteamericanos indicaban que el ejército mexicano apenas si merecía tal nombre, pues era más bien un fantasma con muchos altos oficiales dedicados a la política y soldados de leva y sin instrucción que desertaban a la primera oportunidad. La caballería y la artillería, que habían tenido cierta fama, habían decaído por falta de presupuesto y renovación de

That cordon of garrisons formed around 1760,[6] far to the north of the Spanish colonial frontier, separated California, Alto Sonora (Arizona), New Mexico and Texas. Thus, the Alta California, New Mexico and Texas became isolated points of advance for the Spanish Empire. In the Constitution of Apatzingan itself, drafted in 1814 during the insurgent movement commanded by José María Morelos y Pavón, this strip was considered too far to the north. This can be seen in the call to insurrection that was made to form the Mexican Republic: it included the central area, without going beyond Durango, Sonora, Coahuila and Nuevo Leon. For decades, the Alta California, New Mexico and Texas functioned as a border under the concept of *frontera*[7], even before they became part of the United States. By 1844, the Mexican government recognized as its borders: Chiapas to the south and the aforementioned states to the north, not recognizing the Texan Independence of 1835 (See Weber, 1988: 15-25).

From the ancient mythical frontiers in the quests for El Dorado, or Cibola, especially during the 16th century, various frontiers were constructed: those of colonial advance, Indian, missionary, presidial, agricultural and political ones.[8] As Operé points out: "In the history of the [American] continent, the border is associated with a vague idea of adventure and danger, savagery and journey into hell"[9] (Operé, 2001:13). There were two borders of confrontation since the beginning of colonization during the mid-sixteenth century: the border created by the Spanish colonial advance (looking for mines and mythical places) until the late nineteenth century, and those borders established by the indigenous groups.

---

cuadros. Las armas eran tan anticuadas que difícilmente podrían competir con el moderno material de los norteamericanos". (Vázquez and Meyer, 1997: 3).

[6] Regarding the "lines" or "cordons" of garrisons or *presidios*, which represented the Spanish septentrional colonial advance, see Arnal (2006).

[7] The Spanish *frontera* is a catch-all term that can mean either border or frontier.

[8] Regarding the definition of frontiers, see Chávez (2004: 387-420).

[9] "...en la historia del continente [americano], la frontera está asociada a una vaga idea de aventura y peligro, salvajismo y viaje a los infiernos".

3. The War against the Barbarian in Independent Mexico: Justification of their Barbarism and Ratification of their Identity as Enemies

If we look at the history[10] of Northern Mexico we can see how the authorities, members of the elite (national and regional), as well as common local societies, used terms such as "barbaric" or "savage" to legitimize warlike actions. This ended with the colonization of territories that were under native control, following Mexico's independence from the Spanish metropolis in 1821 and the loss of the modern American Southwest, between 1835 and 1848, due to both the Texan Independence and the US-Mexico War, where the political border we currently adhere to was defined. During this time, and due to ideas from the Enlightenment[11], they attempted to incorporate the natives into civilized society by peaceful means. Mexican authorities based their political actions on Darwinian evolutionism to justify a war of pacification, or extermination, against the insurgent nomadic and sedentary groups.[12]

Because of the alleged barbarism in which they lived, and due to their resistance to the new Mexican authorities, their heritage did not become a part of the Mexican national identity. This identity was constructed in the 19th century, as it happened with the Mesoamerican groups that developed societies with a fixed State, studies on Astrology, and important edifications (Mexican pyramids) before the conquest and colonization by the Spanish crown in the 16th century. Initially, Indians were not considered part of that Mexican identity because they were nomads that resisted all efforts at colonization (both by Spanish and Mexican authorities).[13] Afterwards, due to the incorporation into the United States, they became the "barbarian northern Indians".

---

[10] Through the press, the War Memoirs, engravings, governors' reports, travel diaries, or reports of the civil and military authorities on the state of the war against the "barbarians", published throughout the 19th century, and even in the 20th century, particularly in the 1880s and 1890s, when the last Apache leaders were captured and taken to reservations in the South of North America.

[11] Regarding these political actions that follow the Enlightenment's ideals, see Weber (2007: 39-138).

[12] See Chávez (2003) for the actions that Mexican authorities took to incorporate Indians to the development of society during the 19th century.

[13] Although, since the end of the 18th century, when *criollos* constructed their identity to confront that of the *peninsulares*, that Mesoamerican world will be rescued as a part of their past. As an example, see the work of Francisco Javier Clavijero (1731-1787), historian and religious. After his order was expelled from

Despite their cultural contributions to the construction of the Mexican Nation-State, it should be noted that the constant confrontations between colonists (first Spaniards, their descendants and allied Indians, then Mexicans and Americans), against Natives (nomadic and sedentary) of the former Novohispanic Septentrion, allowed for the creation of regional cultures which, once linked to and dependent of the colonization that originated from the center of New Spain, formed part of the Mexican nationality. The most representative and officially recognized cultural contribution has been the armed movement which began in 1910, later known as the Mexican Revolution, which was part of the construction of modern Mexico.

Culturally, and as a product of the cultures developed in this borderland, we have the female symbols embodied in the women soldiers, "*soldaderas*", whose highest representation is "la Adelita". Among male symbols, the "rude and simple people" from the North, who first fought against the barbarians and then against the *porfiristas* authorities, stand out.[14]

Due to the formation of regions within the vast and ample territory known as New Spain before 1821, the independent Mexico faces a pressing need to unify the newly-liberated country. It was necessary to make it into a modern Nation-State; similar to those that began to emerge in Europe and America, between the late 18th century and early 19th century. In order to achieve this, a homogenization of its population was required, both economically and racially. In *Memorias de la Dirección de Colonización e Industria, Fomento y Colonización*, there is an intention of redistributing and privatizing the properties that were under the communal regime of those "formerly known as Indians", in order to incorporate them into the rest of society without any type of bonds that would distinguish them from other Mexicans. This proposal can also be found in the works of Simón Tadeo Ortiz de Ayala (1822),[15] Lorenzo de Zavala (1831),[16] José

all Spanish territories in 1767, he wrote in Italy his *Historia antigua de México*, 1780 (published later in Mexico, Ed. Porrúa, Col. de escritores mexicanos), where he rescues the Mexican world, and he condemns *Investigaciones filosóficas sobre los americanos*, by Cornelius de Paw. His writings, with others written by "illustrated creoles," defined what Mexican nationality will be during the independent Mexico times.

[14] See Chávez (2011). Regarding this topic, Weber says that the culture in this region was not that homogeneous. It was formed according the customs of each region, what combined and produced variations in the Hispanic culture (Weber, 1988: 22).

[15] Ortiz de Ayala (1968).

[16] De Zavala (1981).

María Luis Mora (1836-1837)[17] and Lucas Alamán (1849-1852),[18] just to mention a few of the most representative intellectuals and politicians of the first half of the 19th century.

For its part, the press was responsible for promoting the need to build a new nation state, and the indigenous population who was opposed to this project represented the backwardness of the country. To do this, they published news where they showed both its backwardness as its state of barbarism for opposing the "progress of Mexico". It was considered that they lived in backwardness for continuing to adhere to their communal organization and to the traditions unique to each group, both prehispanic and colonial (language, education, social organization, religious manifestations, and so on). Their rebellion against government regulations that sought to incorporate them into the rest of society was also dangerous. As an example, we have the following note published by the *Monitor Republicano* (a newspaper published in the Mexican capital), which fears that Indians may control Mexico again:

> "[The Indians] will return to the divisions and wars that destroyed them before 1523; divided the country into various kingdoms, empires and dominions, and burning a general conflagration, the foreign powers will not see impassively these scenes of blood and destruction and will come upon Mexico, that uneducated people will not be able to defend. The country will end forever".[19]

The national project, created under the principles of liberal thinking, required the cultural and biological elimination of its contemporary Indians. For this, they proposed to eliminate the communal property regime in favor of private property, to force them into commercial agriculture, and to change their education and customs, to incorporate them into the development of the nation. In time, this grew to include their submission by force when they opposed this policy. As an example of this change, there are two characters that had penetrated the highest levels of Mexican society: Benito Juárez, as president of Mexico, imposed the *Leyes de Reforma* in the 1857 Constitution, which established the

---

[17] Mora (1978).

[18] Alamán ((1849-1852).

[19] "[Los indios] volverán a sus divisiones y guerras que los destruían antes del año de 1523; dividido el país en diversos reinos, imperios y señoríos e incendiando una conflagración general, las potencias extrañas no verán impasibles las escenas de sangre y destrucción [;] caerán sobre México que los incultos habitantes de él no podrán defender. La patria se acabará para siempre". *Monitor Republicano*, June 23, 1849.

separation of Church and State and a governmental regime based on liberal thinking, and Ignacio Manuel Altamirano, creator of literary and intellectual groups during the second half of the 19th century, known thereafter as "national Mexican literature."

Mexican authorities and elites (regional and national), used every means in their power to suppress and subdue these "northern barbarians". They continued to be the "Indian enemies". After 1847, Ministers of war mentioned that "Indian invaders", aggressors, were often accompanied by Texan filibusters when they committed atrocities against populations in the states of the northern border. In this regard, Mariano Arista, as Minister of War, reported in its 1851 Annual Report continued incursions by "wild Indians, incited by Texans. As in colonial times, he proposed to Congress to make war on their own "*aduares*" (encampments; name given to the villages of the Indians, where they were children, women and elderly). He also proposed establishing agreements with the United States to chase them on both sides of the border, and not to have any "peace treaties" with the Indians coming from that country.[20] This showed that, by mid-19th century, the authorities of neither country were able to keep them under control.

Subduing them by use of armed repression and other methods aroused controversy between the northern and central oligarchies (reported by the *Monitor Republicano* in 1850). While the former, whose armed conflicts with these groups were constant, proposed the creation of militias to attack them, the latter criticized this proposal, considering it a measure that was contrary to civilized life. However, this viewpoint proved to be only one position within the policy meant to achieve an integration of the indigenous population into the development of the nation, as evidenced by a *Bando* published in Puebla on April 5th 1868, where Benito Juárez, acting as president, established that out of the 1,139,534.85 pesos, which corresponded to the monthly expense budget, the amount of 20,000 pesos would be spent towards the states of Coahuila, Chihuahua, Durango and Nuevo Leon, destined to the "reduction of barbarians."[21]

This provision marked a new kind of official policy regarding any "insurgent Indian" against the new regime established during the second half of the 19th century. This would turn them into the "barbarous enemy

[20] Arista (1851: 10-14).

[21] *Bando publicado en Puebla de Zaragoza el 5 de abril de 1868 por el gobernador constitucional Rafael J. García, insertando el decreto expedido en México el 28 de marzo anterior por el Congreso de la Unión y publicado el día 30 por el presidente Benito Juárez, determinando que el presupuesto de egresos mensual de la federación es de $1.139,534.85*, Puebla, 1868, una hoja.

of western civilization and the Mexican State". It was a policy that abandoned the principles of the Enlightenment, to completely focus on the ideals of social Darwinism, referring to survival of the fittest.[22] In regards to this, the issue of *Monitor Republicano*, dated 23rd of February 1873, explains who the "barbarians" are:

> "Barbarians are everywhere. In Mexico we had an irruption of them with [Manuel] Lozada and his hordes of savages [in Tepic, Nayarit] who wanted to reform the Republic in their own way, i.e., through looting and arson. In Spain the Carlist armies tried to kill the infant republic through the Inquisition of bonnet and cassock."[23]

Similar to this report, a note was published in the *Periódico Oficial del Estado de Chihuahua*, on October 3rd 1885, which recounts the triumph of Joaquín Terrazas over a group of Apaches on the hill known as Tres Castillos,[24] becoming a "tireless enemy of the Apaches".[25]

Another report that alludes to the alleged "Apache barbarism" was published by *El Universal,* on January 19th 1894. Titled "Anthropophagous Indians", it goes back to the time when the Apaches had surrendered to American authorities, in charge of confining them in reservations along their southern border. It recounts the spectacle of a circus act staged in San Antonio, Texas, where a group of Apaches was displayed inside a cage "drinking blood and eating the "'still beating' flesh of a live hare thrown inside the cage". The dialogue narrated at the end of

---

[22] As the nineteenth century Hispanic leaders were painting the Indians as savages, Weber says, they found that it was more convenient to forget the successful agreements forged by Spain with independent Indian societies of the eighteenth century and, instead, they looked for a more useful model in the conquests of the sixteenth century. The "enthusiastic optimism" of the Enlightenment, with its idea that all mankind can grow in rationality and progress to resemble Europeans, gave the step to the severe and oppressive social Darwinism that conceived progress in terms of winners and losers. Weber, 2009: 104-105.

[23] "Bárbaros en todas partes hay. En México hemos tenido irrupción de ellos con [Manuel] Lozada y sus hordas de salvajes [en Tepic, Nayarit] que querían reformar la República a su modo, es decir, por medio del pillaje y el incendio. En España los ejércitos carlistas trataron de matar la naciente república por medio de la inquisición del bonete y de la sotana".

[24] Here, the famous Victorio, considered a "fierce enemy of civilization and mankind", would lose his life at the hands of Tarahumara *cacique* Mauricio Corredor who, in exchange for the "civilization" that was offered to him, became a regional hero, like Terrazas.

[25] "La Victoria de Tres Castillos" (1910: 201-223).

the performance—while still considering them to be barbaric—resorts to irony to mock their defeat:

"- Boss, boss [says an Apache]
- Don't you remember me, boss? [He told to a Mexican who visited the circus]
- Remember you?
- Yes, Mateo López, your gardener
- What a surprise! You, here?
- Yes, boss, I was clean, and to earn an honest living, I became an Apache."[26]

4. Imposed Identities

In his book *The Apaches, Eagles of the Southwest* (1979), Donald E. Worcester explains that the Apaches called themselves *Nednhi* (or *Nedni*), which means "the enemy people".[27] The Word **Apache**, with which we identify these nomads[28] of Atapascan origin, derives from the Hispanization of the Zuni word *apachú*.[29] Regardless of the fact that they call themselves *diné* in Atapascan,[30] which means "the people", or that the legendary Geronimo would mention in his memories that they were self-

[26] "- Patroncito, patroncito [dice un apache]
- ¿Ya no se acuerda de mí, patroncito? [le dijo a un mexicano que visitó las instalaciones del circo]
- ¿De ti?
- Sí Mateo López, su jardinero
- ¿Cómo? ¿Y tú aquí?
- Sí, patroncito, estaba limpio, y para ganarme honradamente la vida, me he hecho apache."

[27] Worcester (1992: 5) says that *Nednhi* was a band of the Chiricahuas in the South, and it means "enemy of the people." In *Wikipedia* it is said that Apaches called themselves *Ndee*, that is, "the people."

[28] They arrived to the lands currently in New Mexico, northern Chihuahuaand Sonora in the mid-15th century, and especially at the end of the 18th century and throughout the 19th century.
This nomadic condition has also been seen as part of the barbarians, and not very well considered inside Christianity. See Fernández de Rota (2004: 29).

[29] Worcester says that the Indians who wandered among New Mexico, Arizona and Northwest Mexico, were the jicarillas, mezcaleros, mimbreños, mogollones, chiricahuas, tontos, coyoteros and pinaleños Apaches. Apache, a name given to the Atapascan people, comes from the zuñi word *apachú*, meaning "enemy". See Worcester (1992: 3-5).

[30] See Worcester (1992: 5 and 7).

identified as *bedonkohe, chokonen, chihenne* and *nedni,*[31] we continue to call them Apaches, that is to say, *the enemy.*

Picture 26.1. Geronimo (*Goyaałé*). Chiricahua Apache (1887). Taken by Ben Wittick (1845-1903)

Studio portrait. Wearing suede and brandishing a rifle, he had already surrendered and lived in a reservation in Florida

Many of the nomadic and sedentary groups that populated North America before the arrival of the Spanish in the mid-sixteenth century were typified as "barbarians"[32] and "savages"[33] by their descendants

---

[31] See Barrett (1975: 33-35).

[32] The barbaric colonial category has its origins in ancient Greece. Bartra (1998: 15) indicates that Aristotle said that for the Greeks, Barbarians were those who had no access to the logos, to reason, because the man only learns their moral capacities in the city. This category was used during the Middle Ages in Europe to refer to non-Catholics, and also to "foreigners," becoming synonymous of enemy. See Duby (1995: 49-76).

The settlers of European origin (Spanish and American-born descendants) who came to colonize the new Hispanic lands in the mid sixteenth century used that word to refer to the natives (particularly the nomads) who resisted colonization, who were also type-cast as wild.

[33] According to Bartra, ancient Greeks thought that savages (*Agrioi*) were beings that have not been domesticated: "así *agrios* es la antítesis de *hemeros*" ("domesticado" o "dócil", vinculado a civilización). "[...] The ancient Greeks also defined, within his world, a variety of wild creatures—human and half-human—,

(*criollos, mestizos,* mulattos and other breeds), and allied Mesoamerican Indians, as they had done with Apaches.[34] These are categories used against any Native American group (Mesoamerican or otherwise) that resisted European colonization for a time, and they appear in the stories of Europeans who traveled across the New World, between the 16th and 18th centuries. In many of these stories they appear living with fantastic creatures.[35]

In order to distinguish "one barbarian from another," they used *vocablos*, or words from the colonizers' lexicon, which were used to refer to their enemies. This is how the word *apachú* was Hispanicized; the same thing happening to *lakota,* "the people", settled north of the Missouri river, along with the *nakota* and *dakota*, who define themselves as the *Dakota*, which means "friend" in their native tongue.[36] Europeans who colonized the lands which are now within state lines of Minnesota, North Dakota, South Dakota, Nebraska and Wyoming, labeled them as *Sioux.* The term comes from the archaic French-Canadian word *nadowessioux*, which would translate as "snake" or "enemy".[37] In other words, the names with which they are currently known stem from the relationships they established with the colonizers: allied or enemy Indians.[38]

---

which contributed as much as their fantastic ideas about the barbarians to trace the outline of Greek reason." "[...] los antiguos griegos también definieron, *en el interior de su mundo*, una gran variedad de seres salvajes—humanos y semihumanos—que contribuyeron tanto como sus ideas fantásticas sobre los bárbaros a trazar el contorno de la razón griega". See Bartra (1998: 15-17).

[34] See Gatewood (1993: 71-90). The Apache surrender came about around 1886, to lieutenant Charles B. Gatewood, at the hacienda de Cuchuta, in Sonora, Mexico.

[35] The journals and writings of Christopher Columbus (*Diario,* 1492), Amerigo Vespucci (*Mundus Novus,* 1503) and Theodor de Bry (*America*, 1592) particularly stand out; many of them based on Marco Polo's *Books of the Marvels of the World.* As an example, we have what Columbus wrote on his first trip to the Antilles, in the entry dated Sunday, November 4, 1492, where he describes the "caribes" and "cyclopes" that inhabit them: "He understood also that far from there, there were men with only with one eye and others with dogs' snouts who eat men, and that in taking one beheaded him and drank his blood and cut its nature." "Entendió también que lejos de allí había unos hombres con un ojo y otros con hocicos de perros que comían a los hombres y que en tomando uno lo degollaban y le bebían su sangre y le cortaban su natura". Colón (1991: 54).

[36] See Textos Branda (2007b).

[37] Johansen and Maestas (1980).

[38] In relation to the concept of Indian as a colonial category, Guillermo Bonfil Batalla states that it appears with the colonization of America and destroys all the distinctions that natives used. Batalla (1972: 105-124).

Picture 26.2. Red Coud and several Sioux chiefs (c. 1880)

Source: Brady-Handy Collection. Library Collection

Another example: the word Comanche comes from the Utes, who used the term *Komantcia* to refer to their enemies, as was pointed out by David J. Weber in his book *Barbarians.*[39] Ernest Wallace and E. Adamson Hoebel explain that prior to 1726, *Komantcia* was used by the Ute to refer to the Comanches due to the fact that they were their enemies, although they also used the term when referring to the Arapaho, Cheyenne and Kiowa. This was later used, during Hispanic times, to refer to "somebody who fights all the time/alguien que lucha todo el tiempo". (See Wallace and Hoebel, 1986: 4-5).[40]

---

[39] Weber (2007: 35).

[40] The Spanish version of one of the most widely used internet dictionaries, *Wikipedia*, mentions the following:

"There are several theories about the origin of the name Comanche. The most accepted is that Komantcia derived from a Spanish corruption of 'Kohmahts', the name given by the Ute people. 'Kohmahts' is translated several times as 'enemy', 'the one who wants to fight', 'against which to fight' or 'alien'. [Also], [...] it may come from the Spanish *camino ancho* (wide road). The early French and North American explorers [...] [knew them as the] Padouca (or Paducah), their name in the Siouan language (used by the Sioux). [They] [...] preferred to be called the *Numunuu*, which means 'the people' or 'people'"

Original: "Hay varias teorías sobre el origen del nombre comanche. La más aceptada es que deriva de *Komantcia*, una corrupción del español de Kohmahts, el nombre dado por los Ute a la gente. Kohmahts es traducido varias veces como 'enemigo', 'el que quiere luchar', 'contra el que se va a luchar', o 'extranjero'.

Picture 26.3 Quanah Parker (1892), of the Kwahadis, one of the groups classified as Comanche. Important warrior chief of the 1870's.

Noted for leading a Comanche-Kiowa-Cheyenne-Arapaho coalition against the buffalo hunter camp Adobe Walls in 1874. Surrendered on June 2nd, 1875. Half-breed, but culturally raised as a Comanche

To summarize, some of the series of attributes such as "barbarians, savages, enemy Indians, vandals or slackers", among others, derived from the names of groups that continuously attacked Europe during the Middle Ages,[41] the colonization defined a space where the natives of the region were described and named based on the type of contact that had with them and their acceptance or resistance to colonization. They could only be "friends" or "enemies". Furthermore, depending on their state of "evolution" and degree of acceptance of Christian conversion, according to colonists, natives were grouped into tribes, bands and nations.[42]

[También], […] puede venir del español *camino ancho*. Los primeros exploradores franceses y estadounidenses […] [los conocieron como] Padouca (o Paducah), su nombre en la lengua Siouan (usada por los Sioux). [Ellos] […] preferían llamarse los *Nʉmʉnʉʉ*, que quiere decir 'el Pueblo' o 'las personas'. "Comanche (etnia)" (2012), *Wikipedia*.

[41] See Duby (1995: 49-76).

[42] For Spanish colonial authorities, an Indian nation included many small groups of tribes and villages, who also received more specific names than "Chichimeca".

5. The Apaches of the Northern Mexican Border

Among the groups of nomads in the political border between Mexico and the United States, the Apaches, one of the Indian nations considered as the most "barbaric" by the settlers at the end of the 18th and 19th centuries, stand out. In order to better classify this so-called "Indian nation," they were divided into several diverse subgroups. They were labeled (or surnamed) according to the place where they were first discovered, their activities, or a certain characteristic that identified them.[43] The *mezcalero* Apaches (currently living at a New Mexican reservation), got their name from the fact that they were seen producing and consuming mescal. The *vaqueros* (from "vaca"/cow) hunted buffalo, and the *faraones* (pharaohs) acquired this name due to their haircuts. Others were classified as *jicarillas*, because they weaved small baskets (from "jícara", small bowl). There were *Mimbreños*, seen in the Mimbres Mountains (in southwest New Mexico, from "mimbre", wicker); *gileños*, for roaming the source of the Gila River (New Mexico) and *mogollones,* found in the Mogollon Mountains (between Arizona and New Mexico).[44] It is noteworthy that, on more than one occasion, one group would be confused by another within the same nomadic circuit. It was not uncommon for Janos and Jocomes to pass as Apache. It is likely that this confusion stems from the crossbreeding between these groups, either due to their similar physical appearances, clothing or hunting methods.[45]

These "national" groupings became the basis for the Spanish policy and action in their conquest and colonization of the "Gran Chichimeca". (Powell, 1984: 48). The label "nation" also was used to refer to Northern nomad groups. The Jesuit Andrés Pérez said in 1645: "Those that I call nations are not as populated as those in Europe, because these barbarian nations are smaller in population, but many in number and even more numerous in languages, and they do not trade but rather rage continuous wars with each other." (Radding, 1995: 15-16).

Original: "las que llamo naciones no se ha de entender que son tan populosas como los que se diferencian en nuestra Europa, porque éstas bárbaras son mucho menores de gente, pero muchas en número y las más en lengua, y todas en no tener comercio, sino continuas guerras unas con otras".

Weber (2007: 34-35) also talks about this classification, linked to the Indians' state of barbarism or savagery (which were synonyms colloquially). They were more or less barbarian depending on their Christianity.

[43] Cf. Sheridan 2002: 77-106. Weber, 2007: 415-416, note 61. Almada, 1968: 35-40.

[44] See Almada (1968: 36).

[45] Weber (2007: 35).

According to David Weber, we must take into account the circumstances under which colonization and domination happened. Colonization caused the creation of alliances among different groups (nomadic, semi-nomadic and sedentary), even if they had been rivals before. Now they had a common enemy: the European settler.[46]

The most representative conflict of the colonial period was the one led by the Pueblo Indians against the friars and military men that founded Santa Fe, New Mexico, in 1680.[47] Under this perspective, it becomes difficult to establish a possible ethnic origin for each group of northern Natives with which to fully identify each, due to the amount of crossbreeding. It is possible, however, to classify them based on the identities that they are currently assuming.

It must also be taken into account that the description of the people in the North depended on how far south the observer was, according to Weber. For instance, Atapascan-speaking groups absorbed others, such as Paiute and Pueblo Indians, who became Navajos. By the 18th century, many Indian communities have assimilated some Africans and Europeans, and some aspects of their cultures. Racially, many of the Indians were, like the Spaniards, mestizos.[48]

It is therefore significant that groups of hunter-gatherers who settled in the former Spanish Septentrion were losing their original names as colonization progressed. Being identified as the enemy only defines the type of confrontation that occurred between natives and settlers. In particular, those who resisted longer were considered "barbaric", "savage", "hostile Indians", "slackers", "hooligans", etc. It is noteworthy that at least one of these names transcended the American borders to be used in Europe as a synonym for delinquent. Still, in the Spanish Language Dictionary (*Diccionario de la Lengua Española*) of 1925, "apache" was synonymous with bandit.

> "**Apache.** 1. adj. Said of certain wild and bloodthirsty Indians who lived in the confines of the old northwestern area of the province of New Spain. / / Fig. Bandit or robber of Paris, and by extension, of large populations".[49]

---

[46] Weber (2007: 30-35) and Boccara (2001).

[47] Since early 1600, hostilities began between Spanish and Apaches. Twelve years after the great revolt of the Pueblo Indians in 1680, in which they participated, they began to dabble in Nueva Vizcaya, Sonora, New Mexico and Texas. Griffen (1988: 4).

[48] Weber (2007: 35-36).

[49] "**Apache.** 1. adj. Dícese de ciertos indios salvajes y sanguinarios que habitaron en los confines del antiguo noroeste de la Provincia de Nueva España. Ú. t. c. e. s.

The colonial legacy has been so strong that nowadays we have little or no knowledge of how the Indians identified themselves. The Apaches divided themselves into five groups: *be-don-ko-he*, *chi-hen-he*, *chi-e-ahen*, *cho-ko-en* and *nedni*. According to their mythology, they were created by Usen, who assigned each group a territory with all the means to survive. This information can be found in the *Geronimo: His Own Story*, or should we say, *Goyahkla*, his name in the language of the *be-don-ko-he*, the result of the interviews done between 1905 and 1906 by S.M. Barrett, General Inspector of Education in Lawton, Oklahoma. Jeronimo had been on a reservation for more than twenty years, very far from the prairies of Arizona and New Mexico, where he had travelled with his warriors, who often attacked populated areas on the Mexican side of the border.

6. Conclusion

Many reports regarding the political actions intended to subdue the Indians were also published; some of these actions were repressive (use of weapons to subdue the "upstart Indians" or "barbarians"), some inclusive (providing Mexican civic, historic and technological education; encouraging cultural and biological crossbreeding; privatizing their communal property). Consequently, this should culminate in acculturation, where they would accept and defend the values that define the "Mexican homeland". This is to say, to have a homogenous culture for the entire society, similar to the process of evangelization undertaken by the religious orders (Franciscans, Jesuits) during the Spanish colonial period. Newspapers joyously reported when they accepted the imposed values of the dominant group, that is, their conversion. For instance, the report titled "Monumento a un indígena patriota" (Monument to an Indian Patriot), about the mayor of Jaltipan, Morelos, who attacked the French, enemies of the Liberal Party headed by Benito Juárez;[50] or reports dealing with the "Pacificación de indios rebeldes en Yucatán" (Pacification or rebellious

// fig. Bandido o salteador de Paris, y, por ext., de las grandes poblaciones". *Diccionario* (1925: 92, col.1).

In the 2011 *Diccionario*, the Apache definition of "savage" changes to "nomad" ("**1,** adj. Se dice del indio nómada de las llanuras de Nuevo México, caracterizado por su gran belicosidad. U. t. c. s.") Although, figuratively, they continue to consider him a bandit of Paris, or large populations. ("**2.** m. Bandido o salteador de París y, por ext., de las grandes poblaciones").

[50] *Monitor Republicano*, September 6, 1891.

Indians in the Yucatan),[51] previously called the "savage Mayas" or the "southern barbarians".

For some regional historians in northern Mexico,[52] Geronimo's capture marked the end of the "war against barbarians". In 1894 there were some Apache incursions within the Chihuahuan territory, and they were considered by many as nothing more than bandit attacks, although some people feared the possibility of war; the fear of the "barbarian" was rekindled. According to the press, the new attacks (or incursions) where lead by an Apache named Kid. They went on until 1896.[53] The reality is that people in the north began to have more confidence in colonizing land previously controlled by these natives.

While it is true that the Apache had been subdued by the mid-point of the 20th century, their image of "barbarians" has not changed. In his book, *Los grandes problemas nacionales* in 1909, Andrés Molina Enríquez, an important politician and ideologist between the time of the *Porfiriato* and the revolutionary movement started in 1910, describes the Apache as if they had not changed since the end of the 18th century, just in the moment when the authorities started to repress their actions against the colonists. By the first decade of the 1900's they were already under the control of North American authorities and had been relocated to reservations, but still they were criticized by the "barbarous way" in which they hunted in order to survive.

> "[...] The captured horses fall prey to the den of these wolves and wolf cubs with human figure, who salute their death with howls of joy [...] Eager, anxious, with sharp teeth, they do not always wait for their prey to die. Throwing themselves on them, they devour them still alive; some cut and puncture, other pull out the members and torn them to pieces by force of jerks, without worrying over the victim's suffering [...] [and] the hearts [of these animals] are considered a delicacy [for these Indians]".[54]

---

[51] *Monitor Republicano*, June 27, 1895.

[52] See Almada (1968: 40).

[53] *El Universal*, January 19, 1894, page 3 and January 15, 1986, page 2.

[54] "[...] las caballerías capturadas caen muertas ante el cubil de esos lobos y lobeznos con figura humana, que saludan su muerte con aullidos de alegría [...] Ávidos, ansiosos, con los dientes afilados, no siempre esperan a que sus presas mueran. Arrojándose sobre ella, las devoran vivas aún; unos cortan y pinchan, otros arrancan los miembros y los hacen pedazos a fuerza de tirones, sin preocuparse más de los sufrimientos de la víctima [...] [y] las entrañas [de estos animales] pasan por bocado exquisito [para estos indios]". Molina (1975: 75).

That is a description firmly rooted in Social Darwinism and Positivistic thinking, in vogue during the *Porfiriato* within the group of intellectuals who were known as "scientists." Among them was Molina Enríquez, who, in order to "scientifically" state the reasons why the Indians still lived in a state of barbarism, concludes:

> "Lacking proper farming and domesticated animals, the pantry of these wretched people is frequently empty [...] the climate and soil make Apaches, and the Bedouins of Kourdes in Asia, more or less under the same latitudes,
> become nomads, hunters, bandits and thieves in the Americas".[55]

The Apache, "the enemy," became a legend as time passed by, that of the "ferocious barbarian Indian of the north." After they were subdued and confined to reservations in the southern United States, the Chihuahuan government focused on an attempt to "civilize" another group in order to exploit the forest resources of the Tarahumaran Sierra (Chihuahua, Mexico).[56] They were called "American troglodytes"[57] by Carl Lumholtz; and better known as *Tarahumaras* (or as they call themselves, *rarámuris*, the people). The same forest yielded a substantial profit for investors, especially after the railroad line that connected Chihuahua to the Pacific Ocean was constructed. In the early 20th century, there was once again talk of "civilizing" the "fierce" Apache, but these were already defeated, what is clearly visible in the photographs taken at the time. They were just another legend, an attraction to be presented in the travelling circus owned by Buffalo Bill, another former foe. The ancient enemies had become "friends".

---

[55] "Como carecen de agricultura propiamente dicha y de animales domésticos, la despensa de estos desgraciados está vacía frecuentemente [...] el clima y el suelo transforman en nómadas, cazadores, bandidos y ladrones a los apaches en el continente americano, y a los beduinos de Kourdes en el continente asiático, poco más o menos bajo las mismas latitudes". Ibídem.

[56] See Chávez (2007: 110-132).

[57] See Lumholtz (1986: vol. II).

References

Alamán, Lucas. 1849-1852. *Historia de Méjico desde los primeros movimientos que prepararon su independencia en el año de 1808, hasta la época presente*. Mexico: Imp. de J. M. Lara.

Almada, Francisco R. 1968. *Diccionario de Historia, Geografía y Biografía Chihuahuenses*. Mexico: Universidad de Chihuahua-Depto. Investigaciones Sociales-Sección Historia.

Almonte, Juan Nepomuceno. 1846. *Memoria del Ministerio de Estado y del Despacho de Guerra y Marina del Gobierno Supremo de la República Mexicana, leída al Augusto Congreso Nacional el día 9 de diciembre de 1846 por el general Almonte*. Mexico: Imprenta de Torres.

"Apache". 2001. *Diccionario de la Lengua Española*. Madrid. Available at http://buscon.rae.es/draeI/SrvltConsulta?TIPO_BUS=3&LEMA=apache.

Arista, Mariano. 1851. *Memoria del secretario de estado y del despacho de Guerra y Marina, leída en la Cámara de Diputados el 3, y en la de Senadores el 4 de enero de 1851*. Mexico: Imprenta del Gobierno.

Arnal, Luis. 2006. "El sistema presidial en el septentrión novohispano, evolución y estrategias de poblamiento." *Scripta Nova. Revista Electrónica de Geografía y Ciencias Sociales*. Barcelona: Universidad de Barcelona. Vol. X, núm. 218 (26). Agosto 1st. Available at http://www.ub.edu/geocrit/sn/sn-218-26.htm.

Bando publicado en Puebla de Zaragoza el 5 de abril de 1868 por el gobernador constitucional Rafael J. García, insertando el decreto expedido en México el 28 de marzo anterior por el Congreso de la Unión y publicado el día 30 por el presidente Benito Juárez, determinando que el presupuesto de egresos mensual de la federación es de $1.139,534.85. Puebla. One page.

Barrett, S.M. (ed.). 1975. *Gerónimo. Historia de su vida*. Introduction by Frederick W. Turner III. Spain: Hipótesis/Grijalbo.

Bartra, Roger. 1998. *El salvaje en el espejo*. Mexico: UNAM (Coordinaciones de Difusión Cultural y Humanidades)-Ed. Era.

Boccara, Guillaume (CNRS-CERMA). 2001. "Mundos Nuevos en las Fronteras del Nuevo Mundo. Relectura de los procesos coloniales de etnogénesis, etnificación y mestizaje en tiempos de globalización". In *Nuevo Mundo, Mundos Nuevos*. Available at http://nuevomundo.revues.org/index426.html.

Bonfil Batalla, Guillermo. 1972. "El concepto de indio en América Latina". In *Anales de Antropología*. Mexico: UNAM, vol. IX: 105-124.

Clavijero, Francisco Xavier S. J. 1916. *Historia antigua de México*. Mexico: Porrúa (Col. Sepan Cuántos 29).

Colón, Cristóbal. 1991. *Los cuatro viajes del Almirante y su testamento*. Madrid: Espasa-Calpe (Col. Austral). Edition and prologue by Ignacio B. Anzoátegui, 10ª. Ed. 1991, p. 54.

"Comanche (etnia)". 2012. *Wikipedia*. Available at http://es.wikipedia.org/wiki/Comanche_(etnia).

Chávez Chávez, Jorge. 2003. *Los indios en la formación de la identidad nacional mexicana*. Mexico: Universidad Autónoma de Ciudad Juárez (UACJ).

—. 2004. "Las imaginarias fronteras septentrionales. Su papel en la génesis de una cultura regional". In *Desierto y fronteras. El norte de México y otros contextos culturales*, 387-420. Mexico: UNAM-Instituto de Investigaciones Antropológicas-Plaza y Valdés.

—. 2007. "Orígenes del indigenismo chihuahuense durante el Porfiriato." *Septentrión. Revista de Historia y Ciencias Sociales*. Mexico: Instituto de Investigaciones Históricas de la Universidad Autónoma de Tamaulipas, 2: 110-132.

—. 2011. *Culturas de contacto. Aproximación al estudio de una cultura regional asentada en territorio de las antiguas Nueva México y Nueva Vizcaya*. Germany: Editorial Académica Española, LAP LAMMBERT Academic Publishing GmbH & Co.

De Zavala, Lorenzo. 1981. Ensayo histórico de las revoluciones en México desde 1808 hasta 1830. Mexico: SRA-CEHAM, 2 vols.

Duby, Georges. 1995. *Año 1000, año 2000. La huella de nuestros miedos*. Chile: Ed. Andrés Bello.

El Universal. 1894. Mexico. January 19, page 3.

—. 1896. Mexico. January 15, page. 2.

Fernández de Rota, José Antonio. 2004. "Los paisajes del desierto." *Desierto y fronteras. El norte de México y otros contextos culturales*. Mexico: UNAM-Instituto de Investigaciones Antropológicas-Plaza y Valdés, 21-36.

Gatewood, Teniente Charles B. 1993. "La rendición de Gerónimo." In *Gerónimo. El final de las guerras apaches*, 71-90. Spain: Hesperus.

Gobierno del Estado. 1910. *Informes de los gobernadores del estado de Chihuahua*. Chihuahua: Imp. del Gobierno.

González Herrera, Carlos. 2008. *La frontera que vino del norte*. Mexico: Taurus (Pensamiento).

Griffen, William B. 1988. *Apaches at War and Peace: the Janos Presidio. 1750-1858*. USA: University of New Mexico, Alburquerque.

Hill, Ruth Beebe. 1980. *Hanta yo. Las raíces de los indios*. Spain: Ed. Grijalbo, 2 vols.

Johansen, Bruce, and Roberto Maesta. 1980. *Wasi' chu. El genocidio de los primeros americanos*. Mexico: FCE. 2 vols.

"La Victoria de Tres Castillos". 1880. In *Periódico Oficial*. Chihuahua: IV/45, October 3.

Lumholtz, Carl.1986. *El México desconocido*. Facsimilar edition of that published in New York by Charles Scribner's Sons in 1904. Mexico: INI (Col. Clásicos de la antropología, 11), vol. II.

Malouf, Amin. 2009. *Identidades asesinas*. Barcelona: Alianza Editorial.

Molina Enríquez, Andrés. 1978. *Los grandes problemas nacionales (1909)*. Mexico: Ed. Era.

Monitor Republicano. 1849. Mexico. June 23.

—. 1891. Mexico. September 6.

—. 1895. Mexico. June 27.

Mora, José María Luis. 1963. *Obras sueltas*. Mexico: Biblioteca Porrúa, 26.

Mora, J. M. L. 1978. *México y sus revoluciones*. Mexico: Porrúa, 3 vols.

Operé, Fernando. 2001. *Historias de la frontera: el cautiverio en América hispánica*. Mexico: FCE.

Ortiz de Ayala, Simón Tadeo. 1968. *Resumen de la estadística del imperio mexicano (1822)*, Mexico: UNAM (Nueva Biblioteca mexicana, 10).

Powell, Philip W. 1984. *La guerra chichimeca (1550-1600)*. Mexico: FCE-CULTURASEP (Lecturas mexicanas, 52).

Radding Murrieta, Cynthia. 1995. *Entre el desierto y la sierra. Las naciones o'odham y tegüima de Sonora, 1530-1840 (Historia de los pueblos indígenas de México)*. Mexico: CIESAS-INI.

Real Academia Española. 1925. *Diccionario de la Lengua Española*. Madrid: 15a. Ed., Calpe.

Sheridan Prieto, Cecilia. 2002. "Reflexiones en torno a las identidades nativas en el noreste colonial." *Relaciones* 92: Vol. XXIII, 77-106.

Textos Branda. 2007a. "Las Américas. Historias y leyendas de sus nativos pobladores." *Culturas de nuestro mundo*. Available at http://www.miljardines.es.

—. 2007b. "La gente Lakota." *Culturas de nuestro mundo*. Available at http://www.miljardines.es.

Tratado de Guadalupe-Hidalgo. 1848. Available at http://es.wikisource.org/wiki/Tratado_de_Guadalupe_Hidalgo.

Vázquez, Josefina Zoraida. 1996. "La guerra inevitable." In *El México olvidado I. La historia del pueblo chicano*. Mexico: UACJ–UTEP (Col. Sin Fronteras), pp. 67-78.

Vázquez, J. Z., and Lorenzo Meyer. 1997. "El expansionismo y la guerra". In *1847-1997. A 150 años de la guerra México-Estados Unidos*. Mexico: *La Gaceta del FCE*. September. Nueva Época, 321: 3-8.

Wallace, Ernest, and E. Adamson Hoebel. 1986. *The Comanches. Lords of the South Plains*. Oklahoma: University of Oklahoma Press.

Weber, David J. 1988. *La frontera norte de México, 1821-1846. El sudoeste norteamericano en su época mexicana.* Mexico: FCE.

—. 2007. *Bárbaros. Los españoles y sus salvajes en la era de la Ilustración*. Barcelona: Ed. Crítica.

—. 2009. "Escribiendo a través de fronteras. Los españoles y sus salvajes en la era de la Ilustración". In *De la barbarie al orgullo nacional. Indígenas, diversidad cultural y exclusión. Siglos XVI al XIX*. Mexico: UNAM.

Wikipedia. 2012. "Apache (etnia)." Available at http://es.wikipedia.org/wiki/Apache.

Worcester, Donald E. 1992. *The Apaches. Eagles of the Southwest*. Oklahoma: University of Oklahoma Press.

CHAPTER TWENTY-SEVEN

LATINAS, CULTURE AND GLOBALIZATION: UNVEILING GENDERED INEQUALITIES

BERTA E. HERNÁNDEZ-TRUYOL
UNIVERSITY OF FLORIDA—LEVIN COLLEGE OF LAW

"Because I, a mestiza,
continually walk out of one culture
and into another,
because I am in all cultures at the same time,
alma entre dos mundos, tres, cuatro
me zumba la cabeza con lo contradictorio.
Estoy norteada por todas las voces que me hablan simultaneamente."
(G. Anzaldúa, 1987: 773)

1. Introduction

Latinas experience much world traveling, including their journeys through the *mundos* of gender inequality (M. Lugones, 1990: 391-92). Latinas travel between various and varied multiple worlds, psychic and physical—from *casa y familia* (home and family) to *calle y trabajo* (street and job); from *español* to *inglés* to *espanglish* (Spanish to English to Spanglish); from *tía* (aunt) to lawyer; from *hija* (daughter) to *profesora* (teacher); from *normativa* (normative) to outsider. We weave our way, as we weave our hair, in and out of these worlds, being foreign, outsiders, in all spaces. Latinas journey through race, gender, color, ethnicity, nationality, ancestry, and language with the *cultura Latina* (Latin culture) being a strong lens that defines them in this globalized world.

Globalization[1] is a powerful and dynamic mostly economic force in which cultures meet, interact and create change both locally and abroad.

---

[1] "Globalization ... is the process by which movements of capital, information, and persons within and across national borders serve to influence local norms,

International trade, central to globalization, also affects culture by facilitating movements of persons, information, and traditions across borders. Technology has revolutionized human interaction and created conditions that enable increasing familiarity with cultures, customs, and religions not long ago deemed obscure (B. Hernández-Truyol, 2002: 358). Yet, the closeness of peoples and familiarity with cultures does not automatically result in an embrace of such differences. Thus, globalization, perhaps unwittingly, has inflamed religious, national, ethnic, and racial hatreds and strife; as well as sex and gender subordination and marginalization.

Moreover, not everyone is sharing in the economic benefits of globalization. Many in the global community, particularly racial and ethnic minorities and women (particularly when they are also racial and ethnic minorities) in first world states, most people in third world states, and indigenous people in all states—North and South, East and West alike, are far from living in conditions minimally necessary for human thriving. These populations are experiencing a widespread pattern of inequality in access to education, health, nutrition, and participation in the political and economic sphere.

Women's reality globally is one of inequality. In 1910, Bebel (A. Bebel, 1918) first asked "the woman question." He examined the social location and role of women with the aim of maximizing women's participation in and contributions to society, especially in the political and economic spheres. Significantly, the inquiry remains hugely relevant today.

The mere ongoing need to ask the woman question underscores the reality of the ubiquity of gender gaps. Still today, world data show that gender gaps persist. Women do not fare as well as men in any reporting category—health, education, welfare, economic well-being, work and its conditions including pay, or political participation. Women also experience an "asset gap" as they own only a fraction of land, and a gap in political representation (Hausman, Tyson & Zahidi, 2007), although studies show that women in politics make a difference (B. Hernández-Truyol, 2011a). Worldwide, human beings experience privation at a disproportionate rate because they are women—realities that cut across religion, race, class and nation (B. Hernández-Truyol, 2011b). Latinas are no exception and, for them, culture—in the sense of that complex of information that provides context, forms identity, and influences one's perception of the world—plays a large role.

---

traditions, processes of learning, the exchange of information and goods, and lifestyles" (B. Hernández-Truyol, 2002: 358).

In the economic context, the woman question raises the issue of what, if any, relation culture, and globalization have to these gender gaps. As written, trade laws do not mention gender/sex. Yet, as this work will show, there is a large interplay between the impact of trade and Latinas' lives. For instance, insofar as trade structures and policies lead to migrations from rural to urban areas in the search for labor, they destroy familial structures and exacerbate existing cultural pressures on groups. It is not debatable that trade laws result in the creation of jobs. Nonetheless, many of these so-called opportunities are low-paying jobs without benefits that are filled by women. Such employment takes women away from the home and into the public marketplace, replacing reproductive work with economically admeasurable productive wage work. This shift, as it results in cultural shifts with respect to women's proper location, can both empower and endanger women in society and within the family.

This chapter explores culture and gendered inequality in the Americas by examining the impact of *la cultura Latina* on Latinas in the context of the trade regime, especially with respect to wage labor. The first section of this chapter focuses on Latinas' cultural space, including prevalent gendered tropes of the *cultura Latina.* The next section establishes the relationship of law and culture. This part presents the international legal framework relevant to the work, those provisions of the international and regional frameworks that mandate sex equality. Further, it engages how the framework establishes a paradigm in which normative standards address the interrelations of equality and culture. Finally, the work examines Latinas in the global workplace and shows how gendered cultural tropes affect Latinas' lives, including the gendered issues raised by terms and conditions of work and the cultural implications and transformations in social and economic positions and structures that may result from women joining the work force. To be sure, women in the Americas have experienced particularly debilitating outcomes because of the gendered tropes that permeate the *cultura Latina.*

In view of these realities, how can Latinas take advantage of the positive outcomes of increased world interactions and develop, expand and transform their culture to avoid deleterious consequences? The conclusion suggests that the human rights system, by enabling a broad vision of human flourishing, creates conditions that promote the thriving of Latinas both as individuals and as members of larger communities. Using human rights as an instrument of justice brings to the foreground the reality that viable cultural alternatives exist to create structures and to craft dialogues that will bridge Latinas' inequalities.

2. Latinas and La Cultura Latina

"Como casi todos los pueblos, los mexicanos consideran a la mujer como un instrumento, ya de los deseos del hombre, ya de los fines que le asignan la ley, la sociedad o la moral. Fines, hay que decirlo, sobre los que nunca se le ha pedido su consentimiento y en cuya realización participa solo pasivamente, en tanto que 'depositaria' de ciertos valores. Prostituta, diosa, gran señora, amante, la mujer transmite o conserva, pero no crea los valores y energías que le confían la naturaleza o la sociedad. En un mundo hecho a la imagen de los hombres la mujer es solo un reflejo de los hombres. Pasiva, se convierte en diosa, ser que encama los elementos estables y antiguos del universo; la tierra, madre y virgen; activa es siempre función, medio, canal. La feminidad nunca es un fin en sí mismo como lo es la hombría."[2] (O. Paz, 1980: 35-36)

The *cultura Latina* has stringent cultural expectations/interpretations of Latinas, simply because of their sex. As the quoted passage reveals, the Latino, in his dominant position in the family, church, and state, defines who and what the Latina is. The Latina does not participate in, or consent to, the definition of who or what she is, does, believes. She is fabricated and sculpted in the image, desire, and fantasy of the Latino. The Latina is a "vessel" relegated to be the repository of cultural values that she did not create, but for the preservation and transmission of which she is held responsible. Including the transmission of those values that render her subordinate to the Latino.

From an early age Latinas are socialized to be feminine and deferential; to be mothers and wives. Their most important goal is to get married, have children, and serve their families. Their playthings—*muñequitas, jueguitos de cocina y de casa*[3] (O. Paz, 1980)—prepare Latinas from infancy for their roles in their adult lives—home-making and

[2] Author's translation: "Like most of all other peoples, the Mexican considers woman as an instrument, sometimes of masculine desires, sometimes of the ends assigned to her by morality, society and the law. It must be admitted that she has never been asked to consent to these ends and that she participates in their realization only passively, as a 'repository' of certain values. Whether as prostitute, goddess, *grande dame* or mistress, woman transmits or preserves—but does not believe in the values and energies entrusted to her by nature or society. In a world made in man's image, woman is only a reflection of masculine will and desire. When passive, she becomes a goddess, a beloved one, a being who embodies the ancient, stable elements of the universe: the earth, motherhood, and virginity. When active, she is always function and means, a receptacle and a channel. Womanhood, unlike manhood, is never an end in itself."

[3] Author's Translation: dolls, kitchen sets, and homemaker games.

family caretaking, first siblings, then children and husband, then parents and other elderly relatives. The feminist critique of such male defined, female role normativity is extensive. Latinas' gendered existence, their subordination to men, is a mandate derived from family, church, and culture (G. Bonilla-Santiago, 1992: 11). Latinas' multiple "othering" is sometimes further compounded by sexuality and correlative homophobia as exacerbated by cultural and religious exigencies (G. Anzaldúa, 1987: 19-20; G. Bonilla-Santiago, 1992; 31-32). The still predominant Latina/o norms on sex and the *cultura Latina's* normative dictates on culture (G. Bonilla-Santiago, 1992:4) and language create barriers to Latinas' equality and result in a Latina underclass within her own *comunidad.*

The predominantly Catholic religious influences aggravate Latinas' gender subordination (G. Bonilla-Santiago, 1992:11-15). The Latina identity revolves around the mythical "ideal woman" imagined in the image of the Virgin Mary.[4] This construct, called *marianismo* (A. Gil & I. Vazquez, 1996), "glorifie[s] [Latinas] as strong, long-suffering women who ha[ve] endured and kept Latino culture and the family intact" (G. Bonilla-Santiago, 1992:11; P. Hondagneu-Sotelo, 1994: 9). *La cultura Latina* insists that the women be chaste and passive, submissive and humble, respectful and deferential, self sacrificing and selfless. Ironically, in trying to be the Virgin Mary, the Latina ends up aspiring to be a saint, superhuman.

This mythical ideal for Latinas, *marianismo*, sharply contrasts with its better known counterpart, *machismo,* which molds men as "cold, intellectual, rational, profound, strong, authoritarian, independent and brave" (G. Bonilla-Santiago, 1992: 11). One book sharply captures the male/female dichotomy in the culture describing *machismo* as having a "dark side"

> "[that] mandates that men have options, and women have duties. It means that a man's place is *en el mundo,* in the world, and a woman's place is *en la casa,* in the home. It means that your brother is praised for being ambitious, while you are discouraged for that same quality. And it means that first your father, then your brothers, then your husband give the orders and you obey them." (R. Gil & I. Vazquez, 1996: 6)

Even Latina mental health professionals, writing to liberate Latinas from cultural strictures, appear to internalize the male dominant, male identified, cultural perspective (R. Gil & I. Vazquez, 1996: 94). For

---

[4] Significantly, 85% of Latinas consider themselves Catholic, and many hold political and social views that are influenced by religious doctrine.

example, they suggest that the oppressive machismo paradigm can have a "light" side that should be encouraged (R. Gil & I. Vazquez, 1996: 5). This *"machismo* light" has a man performing all the stereotypical roles-carrying heavy packages for, ceding the best seat to, and opening doors for his *dama* (R. Gil & I. Vazquez, 1996). Conversely, the authors direct Latinas to scheme coquettishly to evoke such protective behavior. In embracing these cultural "commandments," the authors reinforce culture-based, gendered stereotypes and roles behind the veil of Latina liberation. Tragically, the authors engage in the very Latina-subjugates-Latina conduct that they claim to loathe in their definition of *marianismo.*

The *cultura Latina's* gender binary role mandates of marianismo and machismo have to be understood in relation to each other. The male belongs in the public sphere and the female—at least the *buena mujer* (good woman)—in the private sphere. Under this paradigm, the Latino controls the family's public reputation, and the Latina serves the family's private reputation by singly managing all practical responsibilities of the family and home (C. Hayes, 2004: 345-46). Public women—epitomized by prostitutes—have defied the boundaries of their appropriate place and are *las mujeres malas* who are not respectable and do not deserve or get *respeto* (respect). *La buena mujer* exists in the home and is to be a virgin until she gets married.

Men dominate public discourse, go to work and provide for the family. They have no (hetero)sexual boundaries and are encouraged to engage in pre- (and extra-) marital conquests (R. Burgos-Sasscer & F. Hernandez Giles, 1978: 75). Men are judged on the *machismo* scale in direct proportion to the extent of their sexual exploits.

The cultural proscriptions imposed on Latinas have broad socio-economic consequences. For example, Latinas are the poorest of any demographic group in the United States. (B. Hernández-Truyol, 1998: 10-15, 52-59) Even when circumstances require that they enter the public sphere by joining the labor force, they pursue positions that replicate their "appropriate" conduct—those "feminine" occupations as caretakers: nannies, cooks, maids, jobs at the bottom of the pay scale (probably because they so well replicate their "natural" role as wife, mother, housewife). (G. Bonilla-Santiago, 1992: 8)

From a Latina-feminist perspective, these gendered roles are so firmly ingrained in culture that their mythical character has transmogrified into cultural mandates. They constitute absolute tradition and cultural truths. As such, they are virtually impenetrable barriers preventing any deconstruction and reconstruction of cultural gender standards notwithstanding their perpetuation of inequality.

3. Culture, Law and the Human Rights Framework: Unveiling Latinas' Inequality

Given the large role of culture in the *cultura Latina,* it is appropriate to briefly present the relationship between law and culture (B. Hernández-Truyol, 2003). Most Western legal theories, from Greek classical, to legal positivism to sociological theories, start with a basic common presumption that law is a mirror of society, which operates to maintain social order. The mirror thesis is the idea that, "[l]egal systems do not float in some cultural void, free of space and time and social context; necessarily, they reflect what is happening in their own societies. In the long run, they assume the shape of these societies, like a glove that molds itself to the shape of a person's hand" (L. Friedman, 1996). Simply stated, "law mirrors…a part of social life" (S. Lukes and A. Scull, 1983).

The assumption that law is a mirror of society and thus functions to maintain social order is strong. It is routinely asserted by social and legal theorists without supportive evidence or argument, with a sense that it is self-evident. This perhaps explains why this theory remains dominant as to the relationship between law and culture. This broad and blind acceptance, in a peculiar way, makes logical sense. Laws are, in essence, codified forms of the customs and habits of the societies in which they originate. To some extent, as well, they reflect conduct that is deemed appropriate and acceptable. Conduct that is viewed as illegitimate would not be embraced by codification or as accepted practice. We agree to live by those norms by which we have led our lives, thereby legitimizing generally accepted conduct and entrenching the community's status quo.

Mirror image theorists react against the universalist character of natural law theories and argue that reason applied to different circumstances would result, not in one universal law, but rather in laws as varied as the nations in which they apply. In this analysis, all facets of a society would have an impact on what sort of laws would be appropriate for that particular society. Such a view suggests that culture *is* law, a proposition that makes sense because law is a set of norms that guides and informs human behavior and interaction, including cultural norms, conduct, perceptions, understandings, and interactions.

Significantly, such perspective translates to the reality that law need not be made by the state to be effective. Rather, everyday codes of conduct, in settings such as family, community, peers, business, schools, churches, and other voluntary associations and organizations, such as the norms described above with respect to the *cultura Latina*, all *are* law, whether or not they are recognized and codified by the state's legal apparatus. In some contexts, this "living law" may be even more effective than the legal norms created by the state, some of which do not reflect the norms of society generally. Problems arise when tensions exist between the informal norms and the state-sponsored mandates.

Numerous tools such as education; persuasion; economic incentives or disincentives; time, place and manner restrictions; shunning; or outright coercion or prohibition of undesirable conduct may cause norm change. Of course, in all of the analyses, one must be sensitive to the subordinating or marginalizing consequences of cultural tropes imposed by the powerful on the vulnerable—be it the state or segments of society. This complex of relations and institutions—private and public, formal and informal—structures the *cultura Latina*. In the end, these visions of law are cross-constitutive: culture creates law and law creates culture—for both good and bad.

The acceptability or unacceptability of norms reflect or embody the will of the community, while community norms generate compatible behavior. This cross-constitutive process is grounded in community morality and reason, which also serve as legitimizing forces for law. Those laws that conflict with moral codes or that seem irrational are unlikely to win the support and consent of the dominant actors and thus are unlikely to become practiced law notwithstanding their possibly deleterious impact on the subordinated, marginalized and vulnerable members of the community. For example, the gendered roles imposed by the *cultura Latina* have been resistant to the global norms on sex equality despite the disempowering impact on Latinas.

The foundational human rights documents—the Universal Declaration, the International Covenant of Civil and Political Rights (ICCPR), and the International Covenant on Economic, Social and Cultural Rights (ICESCR)—all prohibit discrimination based on sex. Notwithstanding these general prohibitions against sex discrimination, inequality that violates principles of non-discrimination and "respect for human dignity"[5] persisted.

Thus the world community concluded that the 1979 Convention on the Elimination of all forms of Discrimination against Women (CEDAW) was

[5] Other concerns are that sex discrimination "is an obstacle to the participation of women, on equal terms with men, in the political, social, economic and cultural life of their countries, hampers the growth of the prosperity of society and the family makes more difficult the full development of the potentialities of women in the service of their countries and humanity;... [and] in situations of poverty [raises concerns about lack of] access to food, health, education, training and opportunities." CEDAW, art. 5(a).

necessary. CEDAW elaborates, in some 30 articles, precisely what actions constitute sex discrimination. Significantly, CEDAW reaches both the public and private spheres, and forbids discrimination in education; in employment; in health care; in political life; in the family; before the law; as to financial credit; in participation in sports; and in preservation of nationality; as well as with respect to culture and cultural traditions. CEDAW specifically recognizes that there are some cultural tropes that might be harmful to women and requires that state parties eliminate such cultural tropes. It requires State parties "[t]o modify the social and cultural patterns of conduct of men and women, with a view to achieving the elimination of prejudices and customary and all other practices which are based on the idea of the inferiority or the superiority of either of the sexes or on stereotyped roles for men and women". This mandate is not a hegemonic attack on culture; it is an articulation of the reality that culture often is utilized as a pretext to subordinate women.

CEDAW's preamble specifically notes that the state parties are "aware that a change in the traditional role of men as well as the role of women in society and in the family is needed to achieve full equality between men and women." CEDAW's article 2 mandates that states enact laws to change the culture of inequality. Subsection (f) requires state parties "to take all appropriate measures, including legislation, to modify or abolish existing laws, regulations, *customs and practices* which constitute discrimination against women." Article 3 requires that states take measures in, among other fields, the *cultural* field, to "ensure the full development and advancement of women, for the purpose of guaranteeing them the exercise and enjoyment of human rights and fundamental freedoms on a basis of equality with men." Article 5 requires that states modify the social and cultural patterns of the conduct of men and women, with a view to achieving the elimination of prejudices and customs and all other practices that are based on the idea of the inferiority or the superiority of either of the sexes or on *stereotyped* roles for men and women. Finally Article 13 requires state parties to take measures to eliminate discrimination against women in economic and social life, specifically including the right to participate in all aspects of cultural life.

In the case of CEDAW, it is incontrovertible that the law seeks to make cultural change take place. Yet while the ratification of the treaty evidences a willingness to have law change culture, at least at the formal state level, the reservations to CEDAW—those unilateral statements made by states to opt out of or limit certain provisions of a treaty—show cultural resistance to attempted legal transformations. States with regularity exhibit their willingness to use the weight of their international legal personality to prevent changes in culture and tradition.

Beyond these international instruments, regional documents specific to the Americas provide additional sources of protection for women in the region. First, the OAS Charter, in Article 3(1) reaffirms the principle that the American States embrace “the fundamental rights of the individual without distinction as to race, nationality, creed, or sex.” Also, in Article 45(a) the member states expressly embrace the principle that “[a]ll human beings, without distinction as to race, sex, nationality, creed, or social condition, have a right to material well-being and to their spiritual development, under circumstances of liberty, dignity, equality of opportunity, and economic security.”

In the same vein, Article II of the American Declaration provides that “[a]ll persons are equal before the law and have the rights and duties established in this Declaration, without distinction as to race, sex, language, creed or any other factor.” Other articles also provide specific protections that are especially relevant to women. For example, Article VI protects the right to establish a family that is recognized as the basic unit of a society; Article VII protects women, during pregnancy and nursing, and children; Article IX protects the right to health and well-being; Article XIV protects the right to work and fair pay; and Article XXIII protects the right to property.

Similarly, in Article 1(1) of American Convention on Human Rights, (ACHR) state parties commit to respect the rights and freedoms articulated in the Convention in a non-discriminatory manner. Article 17 recognizes the rights of the family and provides that the family is “[t]he natural and fundamental group unit of society...;” recognizes the right of men and women of marriageable age to marry; and provides that “[n]o marriage shall be entered into without the free and full consent of the intending spouses.” Last, Article 3 of the Protocol of San Salvador reiterates state parties’ obligation not to discriminate on the same grounds listed in Article 1 of the ACHR.

In the Americas, there is another significant document establishing norms against violence against women, the Inter-American Convention on the Prevention, Punishment and Eradication of Violence Against Women, known as Belem do Para. The denunciation of violence is significant because expanding the idea of violence to include economic violence such as hunger, homelessness, analphabetism, unemployment, and under-compensation would cover violent acts that deprive women and their children of health and life, especially in the Americas where the persistent and pervasive problem of violence against women often is exacerbated and inflamed both by culture and trade.

But beyond violence, examples of persistent sex-based discrimination readily surface in the Americas. For example, 85% of maquiladora workers in Juarez are women, employed in industries such as apparel and semiconductor assemblage that involve working with small pieces or parts that require delicate handiwork (M. Fernández-Kelly, 1997). Women seek maquiladora jobs because of the need to support their families in the face of under- or unemployment by male family members. The result often is devastating to families as the last section of this chapter will show.

Other places in the Americas provide further examples of gendered realities (B. Hernández-Truyol, 2001). There are restrictions on the exercise of a profession or work by women insofar as the authorization of the husband is required in Bolivia, Guatemala, Panama, Peru, and the Dominican Republic. There is differentiation between men and women with respect to the authorization to contract marriage (Bolivia and Brazil) or to remarry (Mexico and Costa Rica). Inequalities exist between men and women with respect to acquiring, administering, and disposing of assets of the conjugal union. For example, Argentina gives husbands a preference over assets whose origins cannot be determined; in certain cases, Chile grants the husband the right to administer the assets of the conjugal union as well as those of the wife; and Brazil does not recognize a married woman's equal capacity with her husband to administer certain assets. Differences also exist between men and women with respect to parental authority. In Chile, the father exercises parental authority, authority that the state confers upon the mother only in the father's absence. Bolivia, Costa Rica, Ecuador, and Guatemala classify women with minors in labor legislation. There also exist restrictions on women's right to property. For instance, the Constitution of the Dominican Republic restricts *campesinas* (rural women) from owning plots of land. There even is gender inequality with respect to treatment regarding certain criminal offenses. El Salvador and Venezuela treat men and women differently regarding adultery.

Beyond *de jure* inequalities, *de facto* inequalities also persist. For example, in Costa Rica, as of 1990 the average monthly salary of women was 82% of that of men. In rural areas, 60% of women earn less than the minimum wage and 34% just one half that amount. In Brazil, income earned by women is equivalent to 54% of that received by men. In Uruguay, as in the United States, women earn 75% of the income received by men (IACHR, 1998). All these realities are culture bound and affect Latinas negatively. Thus, when designing solutions to address women's persistent inequality in Latin America, policy officials must confront the realities of the *marianista/machista* culture.

4. Latinas and Globalization: The Impact of Culture

The General Agreement on Tariffs and Trade sets out the rules for trade. These norms are designed to allow states to make full use of their comparative advantage by removing impediments to the free movement of goods, primarily through non-discrimination provisions. The Most Favored Nation Clause requires WTO Members to provide the same treatment to imports from all Members that it gives to its most favored trading partner. The National Treatment Clause requires that foreign goods face equal conditions of competition in the market as like domestic products. These extensive rules while promoting free trade, do not allow unfettered action. Article XX contains ten exceptions to the nondiscrimination rule which expressly allow a state to discriminate to protect public morals, to conserve exhaustible natural resources, to protect human, animal, or plant life or health, and to preserve national treasures.[6] Article XX(a)'s protection of public morals provides human rights norms an entry into the trade regime to be a tool to protect Latinas in the global marketplace. Over the years states have restricted trade on the basis of the "immorality" of activities in other countries, from prohibitions of trade with countries practicing slavery to the ban on child pornography (S. Charnovitz, 2002). It should also reach immoral acts of sex discrimination.

---

[6] GATT, art. XX: "Subject to the requirement that such measures are not applied in a manner which would constitute a means of arbitrary or unjustifiable discrimination between countries where the same conditions prevail, or a disguised restriction on international trade, nothing in this Agreement shall be construed to prevent the adoption or enforcement by any contracting party of measures: (a) necessary to protect public morals; (b) necessary to protect human, animal or plant life or health; (c) relating to the importations or exportations of gold or silver; (d) necessary to secure compliance with laws or regulations which are not inconsistent with the provisions of this Agreement ...; (e) relating to the products of prison labour; (f) imposed for the protection of national treasures of artistic, historic or archaeological value; (g) relating to the conservation of exhaustible natural resources if such measures are made effective in conjunction with restrictions on domestic production or consumption; (h) undertaken in pursuance of obligations under any intergovernmental commodity agreement ...; (I) involving restrictions on exports of domestic materials necessary to ensure essential quantities of such materials to a domestic processing industry ...; U) essential to the acquisition or distribution of products in general or local short supply....".

Numerous human rights principles are relevant to the trade intersection. As set out in the prior section, international and regional human rights norms prohibit discrimination on the basis of sex. The ICCPR also protects certain civil and political rights. These include the right to life, which includes a general disapprobation of the death penalty and an outright prohibition against imposing the death penalty on pregnant women and minors; the prohibition against torture or cruel and inhumane degrading punishment; the prohibition against slavery and servitude; the right to liberty and security of the person; the inherent dignity of the human person; the right to liberty of movement, including freedom to choose residence; the right to personhood; the right to privacy; the right to freedom of thought, conscience and religion; the right to hold opinions without interference and freedom of expression; the right to peaceful assembly; the prohibition of war propaganda; the right to freedom of association; the right to protection of the family; the right of children not to be discriminated on any category as earlier listed; the right to take part in the conduct of public affairs of the state; and the right to protection of culture, as well as numerous provisions for protection of procedural rights.

The ICESCR protects economic rights relevant to the well-being of Latinas in the global marketplace. Specifically, these include the right to work; favorable conditions of work; form trade unions; social security; protection of the family; adequate standard of living including adequate food, clothing and housing; health; education; and take part of cultural life.

CEDAW protects both civil and political rights as well as social, economic and cultural rights. It not only protects women from discrimination based on cultural gendered tropes, it also has mandates that women workers be guaranteed social security, equal pay for work of equal value, maternity leave with pay and without loss of benefits or seniority, and family health insurance (CEDAW, 1979: art. 11).

Also relevant to the role of women and trade is the provision in the Beijing Declaration and Platform for Action calling on all governments to "ensure that national policies related to international and regional trade agreements do not have an adverse impact on women's new and traditional economic activities."

Notwithstanding legal protections, Latinas are far from enjoying equality in the global marketplace. Some facts about women's realities are a stark juxtaposition to their supposed legal equality. First, take note of these "Amazing 70% Factors." Women constitute 70% of the world's absolute poor; women work about 70% (two-thirds) of the world's working hours; yet earn only one-tenth of the world's income and own less than one-tenth of the world's property (Canadian Council for International

Co-operation, 2001); women's wages are about 70% of those of men for comparable manufacturing labor. (Infoplease, 2006) Although recent research reveals that a miniscule number of women earn en par with men, the overwhelming majority of the world's women continue to earn significantly less than men. (ICFTU, 2003:1) These facts are grounded on the reality of global gendered work segregation which places women in the lower compensated so-called pink collar jobs (B. Hernández-Truyol, 2005: 5).

In addition, because of gender differences—real or imposed—women hold a majority of the jobs that are especially sensitive to outsourcing and other changes brought on by the trade agreements, market forces, and other realities of globalization, such as low-paying, no-benefit jobs in apparel, small item assembly, and services. For example, women hold 90% of the jobs in export processing zones (EPZs) worldwide, such as the maquiladoras in Mexico (M. Fernández-Kelly, 1997: 203; UNDESA, 1999).

The trade system—globalization—exists in a world of at least theoretical legal equality of women. Thus, the trade community insists that there is no need for special protection of women. Indeed, NAFTA's labor side agreement specifically makes non-discrimination and equal pay for equal work principles applicable to women. Yet, as the 70% factors have shown, women do not fare well in globalization. With the *cultura Latina's* gendered construct, Latinas are far from enjoying the equality to which they are legally entitled.

Focusing on women in the Americas, their cultural environment—the *machista/marianista* paradigm that renders the man the public actor and the woman the private player—is relevant (B. Hernández-Truyol, 1997). While this remains as the cultural model at home, globalization and its trends have taken women from the home into the so-called productive economic sector.

As already noted, it is women, particularly ethnic and racial minority women, who are most likely to be found working countless hours on the global assembly line; women have only 10-15% of the "sexy" overseas jobs with US multinationals. The terms and conditions of the global assembly line jobs—international and often local laws notwithstanding—are rooted in societal views of gender difference, of gender, class, and race hierarchies. Indeed the World Bank has noted that the gains from trade "have been significantly superior for richer, more educated women who are not members of groups facing racial or ethnic discrimination." (C. Piras, 2004: 21).

Guatemala presents a good for example of the cultural tropes at play, unimpeded with the hands-off approach of trade to gender, that keep women from enjoying the aspirational economic well-being trade is anticipated to provide. Here are a few “country realities”: Since 2002 Guatemala has experienced a sharp rise in violence against women, including a tripling of female murder victims (USDOS, 2007; USDOS, 2004). Its laws are complicit in the perpetuation of the problem, providing that domestic violence cannot be prosecuted unless signs of injury are still visible 10 days after the attack. Marital rape is not a criminal offense. And the penal code allows a man who rapes a woman over 12 years of age to escape punishment by marrying her (USDOS, 2007).

Significant in the trade perspective is the workplace environment which reflects the socio-cultural environment of gender subordination and inequality. There exists rampant discrimination in the formal sector which drives an even higher number of women to the informal sector where the regulation is lax if at all existent (HRW, 2002).

For example, domestic workers fall under a separate labor code that waives the 8-hour workday and increases it to 14 hours; do not have a right to the minimum wage, the right to a written employment contract, or the right for a full days rest on Sunday. Moreover, employers are not required to register with the labor ministry making labor violations possible and undetectable. Women’s main fields of employment are agriculture, manufacturing, commerce and service. In these fields women earn less than men—women’s average wage in 2002 was $2,000/year; men’s average annual wage was $6,100—and are, for all intents, absent from the ranks of managers (USDOS, 2007). This pattern drives women to the *maquilas*[7] where, in 2004, they comprised 80% of all the workers.

The Guatemalan *maquilas* themselves are not nirvana. To be sure, they hold the promise of better pay (MADRE, 2014), but illegal discrimination and hostile conditions are prevalent, including pregnancy tests as a condition of hiring (HRW, 2002). Documented cases reveal that some women are required to waive their right to have any more children before they are hired so as to limit their claim to the maternity leave to which they are legally entitled. There exists also intimidation and threats of reprisals in the workplace that operate to prevent women from joining unions. Sexual harassment is rampant. Notwithstanding proposals to criminalize such conduct in the workplace the state has failed to adopt legislation prohibiting that conduct.

---

[7] Maquilas (as they are known in Guatemala) or maquiladoras are assembly-for-export industries.

Guatemala is not alone. The situation is much the same in Mexico although there the laws do prohibit harassment (M. Fernández-Kelly, 1997: 203; E. Arriola, 2000). In fact, regarding Mexico it is interesting to review the data of studies that have analyzed the impact of NAFTA. These studies mostly looked at the processes of trade liberalization and the structural implementation of economic policies and the impact these had on the labor force, including the female labor force. The results reveal that, due to changes in both economic and social conditions, women entered the labor force at a pace greater than men. However, notwithstanding an increased rate of participation, women tended to be concentrated in the lower paying jobs and in the informal sector jobs, a phenomenon that is not unique to Mexico. (A. Cotter, 2004)

Consequently, although women have started to participate in the labor force at a higher rate, it does not translate to an improved standard of living. Specifically, studies show that women find increased employment in agriculture, and particularly in the vegetable and fruit export fields, where they also find longer working hours and piece-work which effectively result in the worsening of their working conditions.

Women's employment in the maquiladoras is an example of the double-edged sword of women's increased participation in the global labor force. The first concern for Latinas is the global marketplace's structural gender biases that go unchallenged. It is especially problematic in a context that does not contest the trade regime's claim that it operates in a gender neutral fashion despite ample evidence to the contrary.

For Latinas, these structural biases are compounded by the cultural gendered tropes. The cultural mandate of subservience and obedience that emerged in the private sector—the home—does not disappear because Latinas journey to the public sphere. Moreover, the correlative mandate that the proper geography for Latinas is the home does not dissipate simply because economic hardships result in women moving from that permissible zone. These realities cause cultural tensions that result in sometimes fatal consequences for Latinas.

Latinas' desirability for employment in the global economy is tied to the *cultura Latina's* gendered tropes. In fact, women were deemed the most desired and desirable workers in the maquiladoras not only because the jobs were low-paying and low-skill—conditions to which women would accede, but also because, in line with cultural expectations, women were considered to be more docile, more responsible, more respectful, and more apt to obey orders. To be sure, gender disparities in maquiladora employment always existed because, while the majority of the workers were women, inevitably the managers—the bosses who gave the orders and had to be respected—were men. Of course, this, too, is consistent with the cultural gendered norms.

As time passed, two factors resulted in women's employment growing in absolute terms but decreasing in relative terms. One, there was a scarcity of all jobs, in part due to the availability of even cheaper labor in Asia which resulted in employers moving their factories across the globe. Two, maquiladora employers began placing a premium on higher skills in the workers and hiring more men once the work shifted from textile to electronics and transportation equipment.

Interestingly, in the cultural context, it appears that notwithstanding the questionable conditions of the *maquilas*, they have served the purpose of providing women a new sense of self. The regular wage work—even at the *maquilas*, as well as the improved access to other public spaces that leaving the home facilitated for Latinas, have had an impact on gender relations. The productive work that required women to leave their designated realm of the home has provided women a sense of empowerment and personal autonomy. For example, Latinas who became wage workers outside the home pushed against the cultural norms. These Latinas gained more control over budgeting and other decisions within the home and obtained greater leverage in asking men to participate in household work (A. Cotter, 2004). This is a small entrée into effecting paradigmatic shifts in the *cultura Latina's* gendered tropes.

Women's increased independence contrasts with men's loss of control and domination over them and the household. Because of the machista climate, many men are uncomfortable with women's new social location. As one man expressed in an interview with a sociologist studying the maquilas, "since women started working in the maquiladoras they have lost all sense of decorum"(M. Fernández-Kelly, 1997: 214). Perhaps, increased violence is the result of resistance by men, who have historically been the dominant (and domineering) actors in the public and private spaces, as well as the sole economic providers, to any disruption of the existing cultural order that will have an impact on their privileged cultural location.

Women workers' access to public resources and services allows them to become integrated into mainstream society; their increased participation creates the possibility of women emerging as more forceful and visible public actors. Yet, the privatization process has created immense holes in the proverbial social safety net, consequences that disproportionately affect women. Indeed, it is women who bear the brunt of neoliberal economic austerity measures that result in reduced health care, childcare, education, and social security assistance. So from many angles it becomes clear that trade is gendered, even if it may be facially neutral, and that cultural tropes and trade policies taken together affect Latinas and their location in both the public and private spheres.

5. Conclusion

La cultura Latina constitutes an example of a geography where the acceptance, incorporation, and deployment of human rights norms can result in gender justice. Globalization is having a profound impact on culture. Thus, while it is important that dominant economic forces not use the trope of culture as a sword to eviscerate local traditional practices, heading down the homogenizing road of globalism, it is equally as important that minority cultures not use culture and tradition as a shield to insulate harmful patriarchal local practices, such as discrimination against and subordination of Latinas.

The human rights norms that mandate equality regardless of cultural tropes can be deployed to make the gender justice promise of the human rights a reality for Latinas.

It is plain that law provides protections to Latinas with respect to their participation both in the home and at work. However, it is important to recall that law is best understood as a mirror of culture. Although laws are in place to trump culture when the cultural norms are discriminatory, as the maquila examples show, for Latinas there is a tension, a disconnect, because the equality norms do not mirror the cultural gendered paradigms. The reality for Latinas in the global marketplace is that cultural norms dominate and thus the legal protections fail to eradicate Latinas' inequalities. For Latinas to enjoy their right to legal equality there is a need for a paradigmatic shift in the *cultura Latina*. The empowerment Latinas have experienced as a result of becoming actors in the global marketplace is a starting point for effecting cultural transformations that will enable Latinas' full personhood. Human rights norms can be a positive factor in the journey of cultural change.

Bibliography

Primary Sources

Additional Protocol to the American Convention on Human Rights in the Area of Economic, Social and Cultural Rights, Nov. 17, 1988, O.A.S. T.S. 69.

American Convention on Human Rights, Nov. 22, 1969, O.A.S. T.S. No. 36, 1144 U.N.T.S. 123.

American Declaration of the Rights and Duties of Man, O.A.S. Res. XXX, adopted by the Ninth International Conference of American States (1948).

Beijing Declaration and Platform for Action, Fourth World Conference on Women, Beijing, China, Sept. 15, 1995, U.N. Doc. A/CONF.177/20 Annex I (1995) and AICONF.177/20/Add.1 Annex II (1995).

Charter of the Organization of American States, Apr. 30, 1948, 2 U.S.T. 2394, T.I.A.S. No. 2361, 119 U.N.T.S. 3.

Convention on the Elimination of All Forms of Discrimination Against Women, Dec. 18, 1979 G.A. Res. 180, U.N. GAOR, 34th Sess., 19 I.L.M. 33, U.N. Doc. A/34/180. Available at http://www.hrweb.org/legal/cdw.html.

General Agreement on Tariffs and Trade, April 15, 1994, 1867 U.N.T.S. 190.

Inter-American Convention on the Prevention, Punishment and Eradication of Violence Against Women, entered into force Mar. 5, 1995, 331.L.M. 1534.

International Covenant on Civil and Political Rights, G.A. Res. 2200A (XXI), at 52, U.N. Doc. N6316 (Dec. 16, 1966) (ICCPR).

International Covenant on Economic, Social, and Cultural Rights, G.A. Res. 2200A (XXI), at 49, U.N. Doc. N6316 (Dec. 16, 1966) (ICESCR).

North American Free Trade Agreement, Dec. 17, 1992, 32 I.L.M. 289 (pts. 1-3), 32 I.L.M. 605 (pts. 4-8), entered into force Jan. 1, 1994.

North American Agreement on Labor Cooperation, Sept. 14, 1993, 32 I.L.M. 1499.

Universal Declaration on Human Rights, G.A. Res. 217A (Ill), at 71, U.N. Doc. N810 (Dec. 10, 1948).

Secondary Sources

Anzaldúa, Gloria. 1987. *Borderlands/La Frontera: The New Mestiza*. San Francisco: Aunt Lute Foundation.

Arriola, Eliva R. 2000. "Voices from the Barbed Wires of Despair: Women in the Maquiladoras, Latina Critical Legal Theory, and Gender at the U.S.-Mexico Border." *DePaul LawReview* 49: 729-816.

Bebel, August. 1918 *Woman: Past, Present and Future*, trans. Meta L. Stem. New York: Boni & Liveright.

Becker, Mary. 1994. "Strength in Diversity: Feminist Theoretical Approaches to Child Custody and Same-Sex Relationships." *Stetson Law Review* 701: 707-710.

Bonilla-Santiago, Gloria. 1992. *Breaking Ground and Barriers: Hispanic Women Developing Effective Leadership*. San Diego: Marin Publications.

Burgos-Sasscer, Ruth, and Francis Hernández Giles. 1978. *La Mujer Marginada: Por la Historia: Guia de Estudio*. San Juan, Puerto Rico: Editorial Edil.

Canadian Council for International Co-operation. 2001. "Achieving Gender Equality." In *Meeting The Global Challenge to Eliminate Poverty: A Canadian 10-Point Agenda*, http://www.ccic.ca/e/001/agenda_4_achieving_gender_equity.shtml.

Charnovitz, Steve. 2002. *Trade Law and Global Governance*. London: Cameron May.

Cotter, Anne-Marie Mooney. 2004. *Gender Injustice: An International Comparative Analysis of Equality in Employmen*t. Farnham: Ashgate Pub Ltd.

Fernández-Kelly, María Patricia. 1997. "Maquiladoras: The View from the Inside*." In The Women, Gender and Development Reader*, edited by Nalini Visvanathan et al., 213-215. London: Zed Books.

Finley, Lucinda M. 1989. "Breaking Women's Silence in Law: The Dilemma of the Gendered Nature of Legal Reasoning." In *Faculty Scholarship Series*. Paper 4011. Available at http://digitalcommons.law.yale.edu/fss_papers/4011.

Friedman, Lawrence. 1996. "Borders: On the Emerging Sociology of Transnational Law." *Stanford Journal of International Law* 32: 65, 72.

Gil, Rosa Maria, and Carmen Inoa Vazquez. 1996. *The Maria Paradox*. London: Perigee Books.

Hausman, Ricardo, Laura D. Tyson, and Saadia Zahidi. 2007. *The Global Gender Gap: Report 2007*. Switzerland: World Economic Forum.

Hayes, Candace. 2004. "Here come Comes the Brides' March: Cultural Appropriation and Latina Activism." *Columbia Journal of Gender and The Law* 13: 328, 345-46.

Hondagneu-Sotelo, Pierrene. 1994. *Gendered Transitions: Mexican Experiences of Immigration*. Berkeley: University of California Press.

Hernández-Truyol, Berta Esperanza. 1997. "Borders (En)gendered: Normativities, Latinas, and a LatCrit Paradigm." *New York University Law Review* 72: 882-927.

—. 1998. "Las Olvidadas-Gendered in Justice/Gendered Injustice: Latinas, Fronteras, and the Law." *Journal of Gender, Race & Justice* 354: 10-15, 52-59.

—. 2001. "Latinas, Culture and Human Rights: A Model for Making Change, Saving Soul." *Women's Rights Law Reporter* 23: 21.

—. 2002. "Human Rights, Globalization, and Culture: Centering Personhood in International Narrative." *Moral Imperialism: A Critical Anthology*, 353-369. New York: NYU Press.

—. 2003. "Globalizing Law and Culture: Towards a Cross-Constitutive Paradigm." *Albany Law Review* 67: 617-627.

—. 2005. "Law Is Not Enough, review of *Gender Injustice: An International Comparative Analysis of Equality in Employment"*, by Anne-Marie Mooney Cotter. *George Washington International Law Journal* 37: 1031-1052.

—. 2011a. "On Que(e)ring Feminism: Reclaiming the F Word." *Issues in Legal Scholarship 9*. www.degruyter.com.

—. 2011b. "Unsex CEDAW? NO! SuperSex It." *Columbia Journal of Gender and Law* 20: 195.

Human Rights Watch (HRW). 2002. "From The Household to The Factory: Sex Discrimination in The Guatemalan Labor Force." Available at http://hrw.org/reports/2002/guat/index.htm#TopOfPage.

IACHR, OAS. 1998. Report of the Inter-American Commission on Human Rights on the Status of Women in the Americas, Part Ill. Analysis of the Information Received from Member States and Nongovernmental Organizations, OEA/Ser.L.N/11.100 Doc. 17, Oct. 13. Available at http://www.cidh.oas.org/countryrep/Mujeres98-en/Chapter%203.htm.

Infoplease.com. 2006. "Women's Earnings as a Percentage of Men's 1951-2005." Available at http://www.infoplease.com/ipa/A0193820.html.

Institute for Women's Policy Research. 2011. "The Gender Wage Ratio: Women's and Men's Earnings, Fact Sheet IWPR #C350." Available at http://www.iwpr.org/pdf/C350.pdf.

International *Confederation* of Free Trade Unions/ICFTU. 2003. "Equality Through Pay Equity." *Trade Union World* 2.

Lugones, María. 1990. "Playfulness, 'World'-Travelling, and Loving Perception." In *Making Face, Making Soul/Haciendo Caras,* edited by Gloria Anzaldúa, 390-402. San Francisco: Aunt Lute Foundation.

Lukes, Steven, and Andrew Scull. 1983. *Durkheim and the Law*. Oxford: Martin Robertson.

MADRE.Org. 2014. "Guatemala: Country Overview." Available at http://www.madre.org/index/meet-madre-1/where-we-work-53/guatemala-167.html.

Molina, Papusa. 1990. "Recognizing, Accepting and Celebrating our Differences." In *Making Face, Making Soul/Haciendo Caras*, edited by Gloria Anzaldúa, 326-331. San Francisco: Aunt Lute Foundation.

Paz, Octavio. 1980. *El Laberinto de Ia Soledad*. New York: Grove Press.

Piras, Claudia. 2004. "An Overview of the Challenges and Policy Issues Facing Women in the Labor Force." In *Women a Work: Challenges for Latin America*, edited by Claudia Piras, 3-21. Washington, D.C.: Inter-American Development Bank.

United Nations Department of Economic and Social Affairs (UNDESA), 1999. *1999 World Survey on the Role of Women in Development: Globalization, Gender and Work*. New York: United Nations.

United Nations Statistic Division. 2005. "Statistics and Indicators on Women and Men." Available at http://unstats.un.org/UNSD/demographic/productslindwm/ww2005/tab5g.htm.

U.S. Dept. of State (USDOS). 2004. "Country Reports on Human Rights Practices-2003: Guatemala." Available at http://www.state.gov/g/drllrls/hrrpt/2003/27900.htm.

—. 2007. "Country Reports on Human Rights Practices-2006: Guatemala." Available at http://www.state.gov/g/drl/rls/hrrpt/2006/78893.htm.

CONTRIBUTORS

Teresa Fernández Ulloa received a Ph.D. in Hispanic Philology, with a concentration in language and linguistics, specialization in Sociolinguistics, from the Universidad de Deusto, Bilbao, Spain. She is an Associate Professor at the California State University, Bakersfield, where she teaches courses on Spanish language, linguistics, literature and methodology of language teaching. She has also taught at the University of Deusto (Bilbao, Spain), the East Carolina University (North Carolina, USA), and the University of Cantabria (Santander, Spain). Her areas of research are Sociolinguistics, focusing on languages in contact and discourse analysis, and methodology of language teaching (Spanish as first and second language.) Her recent publications include: *La educación plurilingüe en España y América* (co-editor with H. Urrutia Cárdenas, 2005); "Rasgos acústicos de la prosodia acentual del español" (2006); "Lost in translation: la educación bilingüe en los Estados Unidos" (2008), *Claves y análisis del discurso político en el País Vasco* (co-editor with H. Urrutia Cárdenas, 2009), *Ideology, Politics and Demands in Spanish Language, Literature and Film* (editor, 2012), "Facebook y Twitter en la enseñanza del español como lengua extranjera" (2012), "Teaching media competence in the classroom: Television, advertising and film" (2013), and *Otherness in Hispanic Culture* (editor, 2014).

Erin Hogan is an Assistant Professor of Spanish at the University of Maryland Baltimore County. She earned a Ph.D. from the University of California Los Angeles (2011) in Hispanic Languages and Literatures, where she specialized in the contemporary literature and film of Spain. Her interdisciplinary research focuses on the biopolitics and representations of children in contemporary Spain. She is interested in how children's voices and bodies are appropriated for political ends and the relationship between voice, selfhood, and human rights. She has published on the construction of childhood in the Spanish literary, visual, and cinematic arts from the eighteenth century to the present. Her recent article, "The voice, body and ventriloquism of Marisol in *Tómbola* (Lucía 1962)", appears in Studies in Spanish and Latin American Cinemas.

Steven Gamboa, M.A., History, Universidad de Navarra (Spain); M.A. Philosophy, University College, Cork (Ireland); M.A. Philosophy, Claremont Graduate University (USA). Ph.D. in Philosophy, Claremont

Graduate University. He works as Associate Professor at the California State University, Bakersfield. His research is focused on the intersection between thought, language, and reason. Areas of research interest include epistemology, philosophy of mind, philosophy of science, inductive logic and confirmation theory, and naturalized ethics. Recent publications: "Hume on Resemblance, Relevance, and Representation" (2007), "In Defense of Analogical Reasoning" (2008), "The Liberation Philosophy of Ignacio Ellacuría" (2012), "Neo-Empiricism and Intentionality" (2012), and "Practical Consequences Deduced from Speculative Principles? The Political Implications of Hume's Philosophy" (2013).

Nereida López Vidales holds a doctoral degree in Political Sciences and Sociology by the Universidad del País Vasco (Spain). She graduated in Journalism in 1986, and has worked several years in different mass media. Since 1997, and after graduating in Political and Administration Sciences and Political Sociology, she combines professional journalism with university teaching. Her basic lines of academic investigation are focused in technology in mass media, media consumerism trends, and the creation of new entertainment contents for digital leisure. Currently, she combines undergraduate and graduate university teaching at the University of Valladolid, RNE, COPE Foundation and Universidad Complutense de Madrid, as an expert in new technologies in RTVE Institute. She is the director and founder of Observatorio del Ocio y el Entretenimiento Digital (Leisure and Digital Entertainment Observatory, OCENDI, www.ocendi.com), and collaborator in several mass media. Among her publications: "Audioblogs y tvblogs, herramientas para el aprendizaje colaborativo en periodismo" (2013), "La televisión de los jóvenes es entretenida e interactive" (2013), "Television cosumption trends among the digital generation in Spain", *Radio 3.0. Una nueva radio para una nueva era. La democratización de los contenidos* (2011), and "Viejas nomenclaturas, nuevas competencias. Perfiles profesionales en la radio española" (2011).

Teresa Barceló Ugarte has a Ph.D. in Communication Sciences at the Universidad CEU San Pablo, Madrid (Spain). She is Professor at that University since 2005/06. Her research focuses on the technology applied to audiovisual media. She collaborates with the research groups OCENDI (Observatorio del Ocio y el Entretenimiento Digital/Leisure and Digital Entertainment Observatory) and INCIRTV (Grupo Emergente de Investigación en Convergencia Internet, Radio y Television/Emerging Group of Research on Internet, Radio and Television Convergence). Some of her publications are: *Convergencia de medios. Nuevos desafíos para una comunidad global* (2012), with M. Alcudia and J. M. Legorburu;

"HbbTV hacia un modelo de convergencia en televisión" (2011), with J. C. del Ama and M. Sánchez; "Hacia la ubicuidad de los contenidos audiovisuales interactivos en las tres pantallas: televisión, móvil e Internet" (2010), with M. Sánchez.

M. Julia González Conde has a Ph.D. in Journalism (at UCM, 2000) and she is a Professor in the Department of Journalism II, of the Faculty of Information, Universidad Complutense de Madrid, Spain. She teaches Multimedia to Journalism students. Previously she taught Audiovisual Communication (radio and TV). She has worked at the public radio for 8 years (RNE). She has taught communication courses in various institutions such as the American House, the Women's Institute, the Complutense University Foundation or the RTVE Institute, among others. She was a Collaborator Professor at Bamberg University (Germany) from 2010-11. She currently belongs to several research groups related to communication (Cybermedia), the new journalist professional profile (Mediacom) and digital culture (OCENDI). Some of her publications include: "Indicadores de calidad e innovación docente en programas online de postgrado universitario" (2014) "Competencias didácticas en cursos online de postgrado universitario" (2012), both with C. Salgado Santamaría; "La ciberradio. Una alternativa de futuro para la radio" (2010); "La radio el sonido de la supervivencia" (2009); and "Interactividad a toda costa" (2009).

Francesco Screti holds an M.A. in Communication Studies (Università di Torino, Italy) and a Master of Advanced Studies in Linguistics (Universidad de la Coruña, Spain). He is currently preparing his PhD dissertation in Discourse Analysis (Université de Fribourg, Switzerland). Among his recent publications: "La granja nacionalista española. El toro (español), la vaca (gallega), el burro (catalán), la oveja (vasca) y el jabalí (vasco), símbolos identitarios en competición" (2012).

Annabel Martín is an Associate Professor of Spanish, Comparative Literature, and Women's and Gender Studies at Dartmouth College. Working within the field of cultural studies and with a particular interest in nationalism, her research and publications pay special attention to the narratives of cultural and gender identity in contemporary Spanish culture. She is the author of the book, *La gramática de la felicidad: Relecturas franquistas y posmodernas del melodrama* (2005) on mass culture and its multiple political readings from early Francoism to the more contemporary period. Currently, she is studying the cultural context surrounding the end of ETA terrorism in Spain and the role the arts play in processes of reconciliation in her forthcoming *Rest in Peace: The Basque Political Contours of the Arts*, a collaborative project with Basque artists Bernardo

Atxaga, Julia Otxoa, and Helena Taberna, among others. Annabel Martín is also a member of a research team at the Universitat de València (Spain) studying tourism and national identity, a member of an interdisciplinary working group at the Universidad Pública de Navarra (Spain), studying the context of political violence and reconciliation in the Basque Country.

Txetxu Aguado teaches in the departments of Spanish, Comparative Literature, and Women and Gender Studies at Dartmouth College. His research studies the interplay of post-utopian narratives, aesthetics, and politics in Spanish essay writing as well as the articulation of national, postnational, and peripheral identities in contemporary Spain. His book, *La tarea política: narrativa y ética en la España posmoderna* (2004), focuses on the role the literary (narrative) plays in the formulation of political and identitarian projects for Spanish civil society. His second book, *Tiempos de ausencias y vacíoés: escrituras de memoria e identidad* (2010), analyzes the Spanish political context and its multiple imaginings of statehood, cultural identity, and history.

Iker González-Allende received his B.A. in Hispanic Philology from the Universidad de Deusto (Bilbao, Spain), and his M.A. and Ph.D. in Spanish Literature from the University of Illinois at Urbana-Champaign. He is currently an Associate Professor of Hispanic Studies and Program Faculty of Women's and Gender Studies at the University of Nebraska-Lincoln. His areas of expertise are 20th-21st century Spanish literatures and cultures, the Spanish Civil War, Basque studies, gender, masculinity and queer studies; exile and migration studies, and national identities. He is the author of two books: *Líneas de fuego: Género y nación en la narrativa española durante la Guerra Civil (1936-1939),* 2011, and the edition of Pilar de Zubiaurre, *Evocaciones: Artículos y diario (1909-1958)*, 2009.

Guillermo Aguirre Martínez has a Ph.D. in Comparative Literature at the Universidad Complutense de Madrid, Spain, with a research on José Ángel Valente's imaginary. His studies range from the relation between aesthetics and power, to the symbolism on modern art. This year he has completed an investigation stage at the University of Edinburgh, where he has studied the confluences between primitive and modern aesthetics. Some of his recent publications are: "Aproximación al fenómeno religioso desde la obra poética de José Ángel Valente y la obra poética de Anish Kapoor" (2012), "Palabra poética y poder. Divergencias y convergencias" (2012), "El mundo sumergido de Juan Eduardo Cirlot" (2012), and "El símbolo como espacio de reunión entre un orden sensible y otro trascendente en la poesía de José Ángel Valente" (2012).

Inmaculada Rodríguez-Moranta is a Doctor of Hispanic philology from the Universidad de Barcelona, Spain, where her thesis won the "Premio Internacional Academia del Hispanismo 2012" award. Currently, she is a Professor at the Spanish modern and contemporary literature department at the Rovira i Virgili University. Her most recent publications and projects are focused on the study of the ideological and social content in turn of the century literary magazines, on the cultural dialogues between Iberian literatures and on the G. Martinez Sierra epistolary. She is the author of the book *La revista Renacimiento (1907). Una contribución al programa ético y estético del modernismo hispánico*, and other publications: "Recepción y traducción de la literatura extranjera en la revista *Luz* (1897-1898)" (2010), "Gregorio Martínez Sierra, entusiasta *catalanizante*. Quince cartas a Joan Maragall" (2011), "Hacia un 'porvenir azul'. Proyectos modernistas de S. Rusiñol y G. Martínez Sierra" (2012), "Liras y lanzas: los caminos cruzados de *Helios* y *Alma española*" (2013).

Miguel Soler Gallo has a degree in Spanish and a master's degree in Hispanic studies both from the Universidad de Cádiz, Spain. He is currently working on his Ph.D. thesis about Post-War Spanish women's narrative. He combines research on Spanish literature with teaching Spanish as a foreign language at the Universidad de Cádiz. His main research lines focus on contemporary Spanish literature, more specifically on Post-War Spanish Women's narratives, female culture during Franco's dictatorship, the relationships between writing-power-women, or the literatry work of Andalusian authors. Some of his most recent publications include: "La novela romántica falangista femenina de los años cuarenta" (2012), "Los inicios literarios de Eduardo Mendicutti: sobre cuatro cuentos en *La Estafeta Literaria* (1970-1975)" (2012), "Mercedes Formica-Corsi Hezode (1913-2002): narradora andaluza de la Generación del 36" (2012), and "Coetaneidad e Historia: un canto elegíaco a Andalucía la Baja en *Universo sonámbulo* de Ángel García López" (2011).

Agnès Toda i Bonet has a degree in Catalan Philology at the Universitat Rovira i Virgili (Tarragona, Spain). She has completed the doctoral courses of Catalan Literature and Literary Theory and Comparative Literature at the Universitat Autònoma de Barcelona, Spain. She has worked as a Catalan lecturer at the Ljubljana University and the University of the Basque Country. Presently, she is working at the Universitat Rovira i Virgili, and she is doing her dissertation on the cultural resumption in a particular area of the Catalan region, and she has published several articles related to this topic. She has done research on Maria Aurèlia Capmany and the importance of her works against francoism; and on Mercè Núñez Targa, whose book has been translated into the Catalan language: *La presó de Ventas.*

Beatriz Soto Aranda has a Ph.D. in Applied Linguistics and a degree in Arabic Philology. She is an Associate Professor at CES Felipe II (Universidad Complutense de Madrid, Spain), where she teaches courses on Spanish Culture and Civilization through texts and Spanish language for translators and interpreters. Her research areas are SLA, focusing on interlingual and intercultural transfers in the production of Spanish for Academic Purposes. With regard to Translation Studies, her research deals with the analysis of constructing the canon of children's and youth Spanish literature and the role of translation in the shaping of cultural stereotypes. Some of her recent publications: *Escuela e Inmigración: la experiencia española* (2012) and *Últimas tendencias en Traducción e Interpretación* (2011).

Javier Barbero Andrés has a Ph.D. in English Philology, with a concentration on language and linguistics, specialization in Sociolinguistics, at the Universidad de Salamanca, Spain. He also has a degree in Hispanic Philology. He is an Associate Professor at the Universidad de Cantabria, Spain. His areas of research are Sociolinguistics, focusing on discourse analysis, semiotics, and methodology to teach English and Spanish as second languages. Some of his recent publications: "Las competencias básicas en el área de lenguas extranjeras" (2008); "La mediación lingüística e ideológica a través de los anglicismos: España entre dos siglos" (2011); "CLIL: Perspectives from a Competency-Based Approach in the Spanish Context (2012) and "Innovación Docente en la Universidad de Cantabria: integración transversal de lengua inglesa y contenidos" (2012).

Luis Velasco Martínez holds a BA in History, an MA in Contemporary History (Universidad de Santiago de Compostela, Spain) and several postgraduate certificates in his main fields of research. A postgraduate student hired by the USC, he has been an invited researcher at the University of Buenos Aires (Argentina). He has attended many conferences and developed lectures related to his doctoral dissertation topic; war veterans' memories under the direction of Professor Xosé Manoel Núñez Seixas (Ludwig-Maximilians-Universität, München) and Dr. Ramón López Facal (USC).

Juan José Varela Tembra holds a PhD in Applied Linguistics, an MA in English Philology, an MA in Religious Sciences, and a BA in TEFL for Primary Education (Universidad de Santiago de Compostela, Spain). He was a postgraduate student at Middlebury College (USA), and a Spanish language and culture assistant at the Instituto Politécnico de

Castelo Branco (Portugal). Since 2002 he has taught English language and literature, and Applied Linguistics at the Theological Institute in Santiago de Compostela. He has been a visiting researcher at the University of Ljubljana (2009) and at the University of Reading (2008). His research interests lie in the fields of cultural and sexual identity issues in ELT, existential competence, ELT teacher training, and Spanish as a Foreign/Second Language. He has been a full-time researcher in teacher training projects of the European Commission and the Spanish Ministry of Science and Innovation. Among his publications: *Echoes from New Zealand* (2011), "Ways to Develop Basic English Writing Skills in Albanian and Spanish Students" (2011), "El mundo al revés en el 'Elogio de la locura' de Erasmo de Rótterdam como base para la didáctica de la historia de las mentalidades" (2010), Las narraciones propias de los itinerarios deviaje de los peregrinos a Tierra Santa, el itinerario de Egeria (2010), and "La lingüística de corpus como mediadora en la investigación. 'Analizar datos: describir variación'" (2010).

Ángel Rodríguez Gallardo has a Ph.D in Spanish Philology, with a concentration on language and linguistics, at the Universidad de Santiago de Compostela (Spain). He also has a Master in Modern History and another in Audiovisual Contents. He is an Associate Professor at the Universidad de Vigo, Spain, and Visiting Professor at the Universidade de Coimbra, Portugal. His areas of research are Analysis of Discourse in different areas: media, cinema, economics, letters and history. Some of his recent publications: *La escritura femenina contemporánea. Cartas de Enriqueta Otero Blanco* (2009), *La escritura cotidiana contemporánea. Análisis lingüístico y discursivo* (2011), "The Function Theory and its application on Manuals of Economy" (2013), and "Trauma as transgenerational discourse: applying it to the Spanish case" (2014).

Margarita Hidalgo is Professor Emerita of Spanish linguistics and sociolinguistics at San Diego State University where she developed the instructional materials and testing instruments for a mini-track of Spanish for U.S. Hispanics. She has studied language attitudes along the Mexico-U.S. border, language maintenance and shift in the U.S. Southwest, English in Mexico, koineization, comparative dialectology, variation of New World Spanish, bilingual education, and reversing language shift. Her publications examine issues related to society, language and ethnicity, and the ways in which they interact when language is either a dependent, independent or interdependent variable. Her publications include: *Mexican Indigenous Languages at the Dawn of the Twenty-First Century* (editor, 2006), *Between Koineization and Standardization: New World Spanish Revisited* (editor, 2001), "Indicators of Bilingualism and Identity: Samples from the Spanish-speaking world" (2008), "El español de América en los archivos de la Inquisición. Nueva España 1527-1635" (2011), and "Estratificación sociolingüística y koineización en Nueva España. Siglo XVI" (2013).

Piotr Sobolczyk works at the Institute of Literary Research of the Polish Academy of Sciences. He has been an Adjunct Professor at the Institute of Literary Research of the Polish Academy of Sciences on a postdoctoral program, and a Lecturer at Jagiellonian University in Kraków, where he finished his MA and PhD studies in comparative literature and literary theory. He is the author of 6 books, including *Tadeusza Micińskiego podróż do Hiszpanii* (2005) [*Tadeusz Miciński's travels in Spain*], a book on comparative Polish-Spanish literatures. He has translated Spanish poetry and narrative into Polish, e.g., Terenci Moix, Luis Cernuda, Jamie Gil de Biedma, Vicente Aleixandre, Leopoldo María Panero, Joan Brossa, Ramón Gómez de la Serna…, as well as English literature classics, e.g., Harold Pinter. He also writes criticism on contemporary Polish poetry and Polish gay narrative. He is currently working on a book on Polish gay literature after 1989 in queer readings.

Ana Chiarelli is currently a third year graduate student in the PhD program in Hispanic Studies at The University of Western Ontario, Canada, where she also participates in the Collaborative Graduate Program in Migrations and Ethnic Relations that brings together faculty and graduate students interested in migration, ethnic relations, integration and cultural diversity studies. Her areas of research are focused on Spanish American migrant literature of the 21st century written in Spanish in Canada, the United States of America and Spain. She also has a special interest in Literature and Film as history and identity depiction media.

Cristian Molina has a Ph.D. in Humanities and Arts, and a Master in Argentine Literature. He has a postdoctoral fellow of the CONICET (Consejo Nacional de Investigaciones Científicas y Técnicas), Buenos Aires, Argentina. His master's thesis studies the relationship between literature and market in Argentina, from 1990 to 2008, in the accounts of market by Benesdra Salvador, Cesar Aira and Cucurto Washington. His doctoral thesis focused on the *Market Accounts in the Cono Sur (1990-2008). Aira, Fuguet and Noll.* Some of his recent publications: "Relatos de mercado en el Cono Sur. Aira, Fuguet, Noll" (2012), "Una máquina del realismo atolondrado. Los relatos de mercado de Washington Cucurto" (2012), "Exilios económicos en los relatos de mercado de Washington Cucurto y Salvador Benesdra" (2012) and "Relatos de mercado en Argentina. El caso Benesdra" (2012).

Silvia Donoso Hiriart has a Master's degree in Contemporary Spanish American Literature, with an emphasis on relations between literature and cinema, from the Universidad Austral de Chile. She is a PhD student in Comparative Studies at the Universide de Lisboa (Lisbon, Portugal). Her areas of research are comparative studies between literature and cinema. Some of her recent publications in Spain and Portugal: "El modo cinematográfico en el relato de *Hijo de Ladrón* (Manuel Rojas)" (2012) and "*Palomita blanca* de Raúl Ruiz, adaptación fílmica de vocación documentalizante" (2011).

Igor Barrenetxea. Teaching Degree (1997) and Degree (long-cycle) in History (2001) from the Universidad del País Vasco (Spain). Diploma in Advanced Studies (DEA) in Contemporary History from the UPV (2003) with the thesis *The Spanish Second Republic in Fiction Films in the 1990s*. Currently working on his PhD thesis: *The Spanish Second Republic: Film, History and Memory*.

Marisela Colín Rodea has a Ph.D. in English Philology, with a concentration in Applied Linguistics, with specialization in lexical studies at the Universitat Pompeu Fabra in Barcelona, Spain. She also has a degree in Applied Linguistics, specialization in Portuguese at the Instituto de Estudos da Linguagem, Universidade Estadual de Campinas, in São Paulo, Brazil. She is an Associate Professor at the Universidad Nacional Autónoma de México. His areas of research are Lexicology and Sociolinguistics, focusing on discourse analysis, terminology, and methodology to teach Portuguese as second languages. Some of her recent publications: "Aproximaciones a la (des)cortesía verbal en español" (2011) and "Selecciones lingüísticas y discursivas en la "visibilización" de la dimensión moral de la violencia: el insulto moral" (2011).

Yolanda Melgar Pernías. Lecturer in Spanish and Latin American Literature at Institut für Romanistik der Humboldt-Universität zu Berlin, Germany. Among her research interests are: narrative by Latin American women writers (particularly Mexican, Chicanas and Latin American Jewish authors), gender studies, memory and exile, the interactions between photography and literature.

Sofía G. Solís Salazar is a Ph.D. Candidate at the Universitat Autònoma de Barcelona in the Department of Philosophy. Her field of research is directed to the study of identity and sexuality related with art and visual culture. She is a holder of the National Fund for the Culture and the Arts of Mexico and the National Scholarship Programme of the Slovak Republic. One of her latest publications: "Subversion of sexual and national identities in mexican contemporary art" (2011).

Jorge Chávez Chávez is a Doctor in Anthropology, with a specialization in Ethnohistory and History of Northern Mexico from the Universidad Nacional Autónoma de México (UNAM), at Instituto de Investigaciones Antropológicas (IIA). He is a professor/researcher at the Universidad Atónoma de Ciudad Juárez (UACJ), working on the Colonial History of Northern Mexico and History of Independent Mexico. His areas of research are History and Anthropology, with a focus on Apachería, construction of regional cultures in North Mexico (Chihuahua and New Mexico)-Colonial-19th century, and policies regarding Indians-19th century. Some of his recent publications: "Los bárbaros de Chihuahua en los relatos de viajeros. Siglo XIX" (2012), "Entre Rudas y bárbaras" (2011), and "La barbarie retratada. Fines Siglo XIX-principios del XX" (2011).

Berta Esperanza Hernández-Truyol, LL.M., New York University School of Law; J.D., Albany Law School of Union University (cum laude); B.A., Cornell University. She joined faculty at the University of Florida in 2000, and named Levin Mabie & Levin Professor of Law in 2000. Among her recent publications: "On Que(e)rynig Feminism: Reclaiming the F Word" (2012), "Unsex CEDAW? No! SuperSex It" (2012), "A Rose by any Other Name" (2011), "Unsexing Pregnancy" (with Vivian Gutierrez) (2010), *Just Trade: A New Covenant Linking Trade and Human Rights* (with Steven Powell) (2009), and "Embargo or Blockade? The Legal and Moral Dimensions of the US Economic Sanctions on Cuba" (2009).

INDEX